Dieser Band ist der erste von vier Bänden über die Mittelmeerwelt im Altertum im Rahmen der FISCHER WELTGESCHICHTE. *Er behandelt in chronologischer Folge die Geschichte der Griechen und Perser von etwa 520 v. Chr. bis zum Tod Alexanders des Großen – jene Epoche, in der Freiheit und Autonomie des Menschen zum erstenmal gegen einen übermächtigen Staat, den persischen, kämpften.*

Neben den politischen Ereignissen werden die geistigen und religiösen Strömungen sowie die sozialen und wirtschaftlichen Verhältnisse dargestellt und als wirksame Kräfte geschichtlichen Lebens beschrieben. Der Herausgeber des Bandes, Prof. Hermann Bengtson (Universität München), schildert die historische Entwicklung der griechischen Staatenwelt und ihre Auseinandersetzung mit dem persischen Achämenidenreich. Besondere Kapitel sind den orientalischen Kulturen und Ländern gewidmet, die, abgesehen von dem größten Teil Arabiens, im Zuge der persischen Expansion dem Reich des Großkönigs eingegliedert worden sind. Prof. Werner Caskel † (Universität Köln) ist der Autor des Kapitels über die Zivilisation der arabischen Halbinsel. Prof. Maurice Meuleau (Centre National de la Recherche Scientifique) zeichnet für die Geschichte Mesopotamiens, Prof. Morton Smith (Columbia University, New York) für den Abschnitt über Israel verantwortlich. Prof. Edda Bresciani (Università Pisa) beschrieb die Geschichte Ägyptens. Der Herausgeber verfaßte das Kapitel über Syrien unter der persischen Herrschaft. Der Band ist in sich abgeschlossen und mit Abbildungen, Kartenskizzen und einem Literaturverzeichnis ausgestattet. Ein Personen- und Sachregister erleichtert dem Leser die rasche Orientierung. – Die Geschichte der Mittelmeerwelt im Altertum findet in Band 6, 7 und 8 der FISCHER WELTGESCHICHTE *ihre chronologische Fortsetzung.*

DER HERAUSGEBER DIESES BANDES

Hermann Bengtson,

geb. 1909 in Ratzeburg; 1935 Promotion zum Dr. phil. in München; 1940 Privatdozent in Heidelberg, 1941 in München; 1942–45 planm. außerordentlicher Professor in Jena; 1952–63 ordentlicher Professor in Würzburg, 1963–67 in Tübingen, seit 1967 Vorstand des Seminars für Alte Geschichte an der Universität München. Als Forscher ist er vor allem durch seine Arbeiten auf dem Gebiet der griechischen und hellenistischen Geschichte bekannt geworden. Sein Hauptwerk, die ›Griechische Geschichte von den Anfängen bis in die römische Kaiserzeit‹, erschien 1950 in erster, 1969 in vierter Auflage. Weitere wichtige Werke: ›Einführung in die alte Geschichte‹ ([7]1975); ›Grundriß der römischen Geschichte mit Quellenkunde‹ (in: Hb. d. Altertumswissenschaft, Abt. 3/5, [2]1970) und ›Herrschergestalten des Hellenismus‹ ([1]1974). Bengtson ist Herausgeber des ›Handbuchs der Altertumswissenschaft‹, Mitherausgeber der Zeitschrift ›Historia‹ und der ›Münchener Beiträge zur Papyrusforschung und antiken Rechtsgeschichte‹. Unter seiner Leitung erscheint eine mehrbändige Quellensammlung mit dem Titel ›Die Staatsverträge des Altertums‹.

Fischer Weltgeschichte

Band 5

Griechen und Perser
Die Mittelmeerwelt im Altertum I

Herausgegeben von

Hermann Bengtson

Fischer Taschenbuch Verlag

Umschlagentwurf: Wolf D. Zimmermann
unter Verwendung des Fotos ›Statue des Perikles‹ im British Museum, London
(Foto Marburg)

Harald und Ruth Bukor zeichneten die Abb. 4, 13, 15, 19, 22, 23

Illustrierte Originalausgabe
des Fischer Taschenbuch Verlages
mit 24 Abbildungen

1.– 30. Tausend: Februar 1965
31.– 52. Tausend: April 1965
53.– 67. Tausend: März 1967
68.– 72. Tausend: März 1971
73.– 77. Tausend: Oktober 1972
78.– 82. Tausend: Februar 1974
83.– 87. Tausend: Mai 1975
88.– 92. Tausend: Mai 1976
93.– 97. Tausend: Juni 1977
98.–102. Tausend: Februar 1979
103.–107. Tausend: Mai 1980

Wissenschaftliche Leitung: Jean Bollack, Paris

Fischer Taschenbuch Verlag GmbH, Frankfurt am Main

Gesamtherstellung: Hanseatische Druckanstalt GmbH, Hamburg
Printed in Germany
980-ISBN-3-596-60005-7

INHALTSVERZEICHNIS

MITARBEITER DIESES BANDES

Prof. Dr. Hermann Bengtson (Universität Tübingen)
Vorwort, Kapitel 1–15, 19 und Schlußwort

Prof. Dr. Edda Bresciani (Universität Pisa)
Kapitel 16

Prof. Dr. Werner Caskel (Universität Köln)
Kapitel 20

Prof. Dr. Maurice Meuleau (Centre National de la Recherche Scientifique) Kapitel 17

Prof. Dr. Morton Smith (Columbia University, New York)
Kapitel 18

Leopold Voelker (Berlin)
übersetzte Kapitel 16 aus dem Italienischen,
Kapitel 17 aus dem Französischen und Kapitel 18 aus dem Amerikanischen.

Vorwort

Jede Darstellung der Geschichte der Perser und Griechen von Dareios I. bis Alexander steht vor einer ernstlichen, durch die Quellenlage bedingten Schwierigkeit: für die Geschichte des Perserreiches besitzen wir nur ein ganz unzulängliches Quellenmaterial, ein paar altpersische Inschriften und einige wenige Angaben der griechischen Überlieferung. Dieser Tatsache muß sich jeder bewußt sein, der es unternimmt, die weltgeschichtliche Bedeutung des Perserreiches herauszustellen. Ganz anders steht es dagegen mit der Geschichte der Griechen. Zahlreiche literarische und inschriftliche Quellen gestatten es, das politische und kulturelle Leben dieses begabtesten aller Völker des Altertums in den wesentlichen Zügen zu verfolgen. Natürlich bleiben auch hier manche Lücken, vor allem ist die sog. Pentekontaëtie, der Zeitraum von ungefähr 50 Jahren zwischen 479 und 431 v. Chr., eine quellenarme Zeit; der von der Forschung aufgewandte Scharfsinn hat hieran auch in letzter Zeit nichts ändern können. Aber dank der griechischen Geschichtsschreibung, in der Herodot und Thukydides an der Spitze stehen, werden doch die großen Gestalten der hellenischen Geschichte immer wieder lebendig.

Aus mancherlei Gründen habe ich auf historische Parallelen, insbesondere auf solche aus der eigenen Zeit, verzichtet. Sie werden sich dem denkenden Leser vielfach von selbst ergeben.

Für die Darstellung der Geschichte und Kultur einiger wichtiger Sondergebiete sind diesem Band eigene Abschnitte, verfaßt von Spezialisten, beigegeben. Sie runden das Gesamtbild in erwünschter Weise ab und werden gewiß viele dankbare Leser finden.

Tübingen, 1964 Hermann Bengtson

1. Das Perserreich und die Griechen um 520 v. Chr.

Die Geschichte der Alten Welt steht seit der Begründung des Achämenidenreiches durch den älteren Kyros (550 v. Chr.) in immer stärkerem Maße unter der Vorherrschaft der östlichen Großmacht. Trotz des Mißerfolges des Xerxes bei Salamis (480) hält der persische Druck auf Griechenland an, erst der Friede des Kallias (449/8) führt zu einem labilen Gleichgewicht, jedoch nur für wenige Jahrzehnte. Mit dem Eingreifen Persiens als Spartas Verbündeter in den Peloponnesischen Krieg (412) beginnt eine neue Periode der persischen Hegemonie; sie gipfelt in dem für die Griechen so deprimierenden Königsfrieden des Jahres 386. Erst mit dem Aufstieg Makedoniens unter König Philipp II. (359–336) bildet sich diesseits der Ägäis ein Gegengewicht gegen das Perserreich. Der Feldzug Alexanders, des Sohnes und Erben Philipps, hebt schließlich in wenigen Jahren das Reich der Achämeniden aus den Angeln; nach dem Untergang des letzten Perserkönigs, des Dareios III. Kodomannos, tritt Alexander an seine Stelle, die Idee einer makedonisch-iranischen Völkerverschmelzung wird geboren, ihre Verwirklichung aber durch den frühen Tod Alexanders (323) verhindert. In den Diadochenkämpfen triumphiert das konservative Makedonentum, das Gewicht des bodenständigen iranischen Volkstums bleibt jedoch erhalten, es lebt auch politisch im 3. Jahrhundert v. Chr., im Kampf mit den Seleukiden, wieder auf; die Traditionen des Achämenidenreiches werden durch das parthische Arsakidenreich neu belebt, ein Reich, das seit seiner Begründung (247 v. Chr.?) ein nicht zu unterschätzender Gegner zuerst der Seleukiden, später auch des Imperium Romanum geworden ist (Schlacht bei Carrhae, 53 v. Chr.). Um vieles verschärft sich der Gegensatz zwischen Römertum und Iraniertum seit der Begründung des neupersischen Reiches der Sassaniden (226 n. Chr.). Von da an beruht die Geschichte des ausgehenden Altertums auf vier Augen, auf Rom und Neupersien, bis die Herrschaft der Sassaniden durch die Expansion der Araber zusammenbricht (Schlacht bei Nihawend, 642 n. Chr.). Diese mehr als tausendjährige Entwicklung iranisch-westlicher Beziehungen ist natürlich nicht denkbar ohne eine Fülle von gegenseitigen Anregungen geistiger und künstlerischer Art. Es ist allgemein bekannt, daß die Griechen zum Aufbau des Achämenidenreiches einen hervorragenden Beitrag geleistet haben; Ärzte, Gelehrte und Baumeister haben am persischen Hofe gewirkt, auch der Anteil des griechischen Söldnertums am persischen Heer ist schwerlich zu überschätzen. Noch die Arsakiden sind sich der Bedeutung der griechischen Kultur in hellenistischem Gewand vollauf bewußt gewesen. Zwischen dem Reich der Achämeniden und dem der Arsakiden aber steht das Reich Alexanders und seiner Nachfolger, das Reich der Seleukiden, unter denen sich die griechische Kultur bis tief hinein nach dem Iran und nach Indien verbreitet hat. Ohne Alexander keine griechische Weltkultur, ohne den Hellenismus kein Imperium Romanum! Für die Zivilisation der römischen Kaiserzeit ist die hellenistische Komponente von ganz wesentlicher Bedeutung, nicht minder für den Sieg des Christentums, dessen Gemeinden am Ende des Altertums in den weiten Räumen zwischen Irland und Indien zu finden sind.

Die Frage muß zum mindesten gestellt werden, ob und inwieweit es berechtigt ist, die Geschichte des Altertums als eine Auseinandersetzung der griechisch-römischen Kultur mit dem Iraniertum zu betrachten. Ernst Kornemann hat dies bejaht; so eindrucksvoll das von ihm errichtete Gebäude auch sein mag, es bleiben Zweifel. Und diese Zweifel beruhen nicht allein auf der bekannten Untätigkeit des Perserreiches in entscheidenden Stunden der antiken Geschichte, sie melden sich vor allem an, wenn man die griechische Kultur des 5. und des 4. Jahrhunderts v. Chr. mit dem geistigen Leben im Perserreich konfrontiert. Bei aller Hochachtung vor den Leistungen der Perser, im Monumentalbau findet sich in dem ganzen weiten Reich nichts, was in seinem künstlerischen Gehalt auch nur annähernd mit den Bauten des perikleischen Zeitalters vergleichbar wäre. Und vollends dem freien Walten des griechischen Geistes in Philosophie, im Drama und in der Geschichtsschreibung hat das Persertum nichts Gleichwertiges entgegenzustellen. Und dabei waren viele Jahrzehnte hindurch die Tore hüben und drüben weit geöffnet. Es ist bezeichnend, daß Herodot es gewesen ist, der uns eine auch heute noch unübertroffene Beschreibung des Perserreiches gegeben hat; die altpersischen Inschriften, so wichtig ihre Angaben auch sein mögen, gehören in die Reihe der altorientalischen Herrscherdekrete, die zur Verherrlichung des Großkönigs geschaffen worden sind. Während im Griechentum das Individuum auf dem Gebiet der Politik und des geistigen Lebens sich nach Maßgabe seiner Neigung und Begabung entfaltet, kennen wir aus dem Achämenidenreich außer den Namen der Großkönige nur wenige ihrer engsten Mitarbeiter und Freunde, und auch diese zumeist nur aus der griechischen Überlieferung. Wenn auch das Perserreich seit Dareios I. (522–486) eine politische Machtzusammenballung gewesen ist, wie es sie in der Geschichte der Alten Welt vorher niemals gegeben hatte, so ist doch darüber nicht zu übersehen, daß das kleine Griechenland eine unvergleichlich höhere Bedeutung für das Geistesleben besessen hat. Das 5. und das 4. Jahrhundert v. Chr. werden in ihrer geistigen Physiognomie einseitig durch das Griechentum geprägt; in diesen Jahrhunderten sind die Grundlagen des abendländischen Geisteslebens geschaffen worden, sicherlich nicht ohne außergriechische Einflüsse, aber doch im wesentlichen durch die geistigen Leistungen der Griechen selbst. Das Reich der Perser, das auf politischem Gebiet nicht zu ignorieren war, erschien den Griechen trotz aller friedlichen und kriegerischen Berührungen weithin als fremdartig, durch die Perserkriege ist das Verständnis der Hellenen für ihre östlichen Nachbarn eher verringert als vermehrt worden. Besäßen wir nicht das Werk des Herodot, so wäre uns nicht nur der politische, sondern auch der geistige Hintergrund der großen hellenisch-persischen Auseinandersetzung vollständig verschlossen. Außerdem fehlte es, von wenigen Ausnahmen abgesehen, bei den Griechen an einem wirklichen Verständnis für die Eigenart des persischen Stammes und des Achämenidenreiches. Man hat sich auf griechischer Seite nie ernstlich darum bemüht, die tragenden Kräfte des Persertums, welche das Reich und seine Völker zusammenhielten, zu erforschen. Die Perser — oder wie die Griechen sie zumeist nannten, die ›Meder‹ — waren und blieben Barbaren, in der Stellung des Großkönigs zu den Untertanen sahen die Griechen ödesten Despotismus, in der Treue der persischen Mannen zu dem angestammten Herrscherhaus blinden Gehorsam, jede tiefere Einsicht sprachen sie den persischen Untertanen ab. Trotz vielfacher Berührungen im Handel, in der Wirtschaft, auch im geistigen Leben, standen Hellenen und Perser ohne innere Kontakte nebeneinander, und zwar zwei volle Jahrhunderte lang. Diese Tatsache hat es letzten Endes verschuldet, daß wir von den Persern so bitter wenig wissen. Da sich dieser Zustand auch in Zukunft nicht wesentlich ändern wird, muß man sich damit abfinden, daß wir dem Persertum sicherlich nicht in der gleichen Weise gerecht zu werden vermögen wie den Griechen, die uns eine Fülle von historischen Zeugnissen hinterlassen haben.

Eine Epoche der vorderasiatischen Geschichte ist der Zusammenbruch des Assyrerreiches am Ende des 7. Jahrhunderts v. Chr. Die gesamte Völkerwelt Vorderasiens, von Armenien und Ostanatolien bis hin nach Ägypten, hatte Jahrhunderte unter dem Schrecken der Assyrer gestanden, ihr Heer galt als unüberwindlich, und den Belagerungsmaschinen der Assyrer hielt keine Stadtmauer stand. Gegen Ende des 7. Jahrhunderts zeigten sich die ersten Risse im Gebälk des einst so stolzen Reiches, und als im Jahre 612 Ninive, die Hauptstadt des Reiches, in Trümmer sank, da standen dort die Heere der Neubabylonier (Chaldäer)

und der Meder, die hier zum erstenmal Weltgeschichte gemacht haben. Der medische Herrscher Kyaxares ist es gewesen, der auch dem letzten ephemeren Reich der Assyrer, der Herrschaft des Assur-uballit in Ḫarran in Nordmesopotamien, im Jahre 610 ein Ende setzte. Seit dieser Zeit gehörte das nördliche Zweistromland den Medern, eine sehr wichtige Erwerbung, die den von den Höhen des Zagros herabsteigenden Medern die Verbindung mit den uralten Städten der mesopotamischen Hochkultur sicherte. Der medische Vorstoß über Armenien nach Kappadokien brachte die Iranier in Konflikt mit den Lydern, es kam am Halysfluß in Ostanatolien zu einem kriegerischen Zusammenstoß und dann zu einem Vertrag, der den Fluß als Grenze zwischen Lydien und Medien bestimmte (585). Seit diesem Jahr steht Vorderasien unter dem Zeichen von vier Großmächten: Medien, Neubabylonien, Lydien und Ägypten. Von diesen Reichen ist das medische zweifellos das größte, es ist das erste Reich, das durch die Iranier errichtet worden ist.
Kyaxares' Nachfolger Ištuwegu, den Herodot Astyages nennt, ist eine schwache Persönlichkeit, seine lange Regierung (585 bis 550) zeigt wenig heroische Züge. Als Vasallenfürst des Mederkönigs herrschte in Anschan, einer Landschaft der Persis, Kambyses aus dem Hause der Achämeniden. Er stand mit dem Meder Astyages in besten Beziehungen und war dessen Schwiegersohn. Aus der Ehe des Kambyses und der medischen Prinzessin Mandane ist Kyros hervorgegangen, der 559 in Pasargadai die Nachfolge seines Vaters Kambyses angetreten hat. Kyros ist der Herrscher, der zum erstenmal den persischen Stamm an die Spitze der iranischen Völkerfamilie geführt hat. Mit der Erhebung des Kyros gegen die Vorherrschaft der Meder beginnt im Jahr 550 der Aufstieg des Persertums unter der Herrschaft der Achämeniden. Die Beseitigung der Vorherrschaft des Mederkönigs ist aber nicht gleichbedeutend mit einer Unterdrückung der Meder: die adligen Geschlechter der Meder hatten an allen Erfolgen des neuen Herrschers, aber auch an allen Ehren ihren vollen Anteil. Es ist kein Zufall, wenn Meder und Perser in der griechischen Überlieferung in einem Atemzug genannt werden und der Ausdruck ›Meder‹ gleichbedeutend mit ›Perser‹ ist. Die folgende Expansion stellt die Entfaltung der iranischen Doppelnation unter der zielbewußten Führung des Kyros dar. Dieser König ist als das leuchtende Vorbild der persischen Herrscher auch in die griechische Überlieferung eingegangen. Fast zwei Jahrhunderte später hat der Athener Xenophon die Gestalt des jungen Kyros in lichten Farben geschildert; es ist die ›Kyrupädie‹, ein antiker Fürstenspiegel, der in alter und neuer Zeit viel gelesen und literarisch oft nachgeahmt worden ist.

Wie der Meder Kyaxares, so wandte sich auch Kyros zunächst gegen die Lyder, dieses Mal allerdings mit durchschlagendem Erfolg: nach einem Siege bei Pteria verfolgten die Perser das lydische Heer unter Kroisos bis nach Westkleinasien, auf dem Kyros-Felde zeigten sich die persischen Waffen wiederum den Lydern überlegen, und nach einer kurzen, angeblich nur vierzehntägigen Belagerung war Sardes, die Hauptstadt des Lyderreiches, und mit ihr die für uneinnehmbar gehaltene Zitadelle in den Händen der Perser, der Lyderkönig Kroisos war kriegsgefangen (547).

Der Sturz des Kroisos, der durch vielfache Bande mit dem Griechentum verbunden war, kennzeichnet eine neue Epoche auch in dem Verhältnis zwischen Griechenland und Persien. Im Jahr 547 beginnt der unmittelbare Kontakt zwischen den Hellenen und Persern, der nun in der Geschichte der beiden Völker nicht mehr abgerissen ist. Die griechischen Gemeinden an der Westküste Kleinasiens waren Untertanen des Lyderkönigs gewesen, die Herrschaft der Lyder war von den kleinasiatischen Griechen als wenig drückend empfunden worden, zumal sich die Lyder mit Eifer der griechischen Kultur erschlossen hatten. Das lydische Königshaus war sich der großen Bedeutung der hellenischen Städte immer bewußt gewesen, und anderseits hatten die Griechen von den Lydern das Münzgeld übernommen, mit dessen Einführung die Wirtschaft des Mittelmeerraumes auf neue Grundlagen gestellt worden ist. Dem Kyros waren die Griechen und ihre Bedeutung in Kleinasien nicht unbekannt, vor dem entscheidenden Waffengang hatte er ihnen Unterhandlungen angeboten, aber nur Milet war so klug gewesen, sich offen auf die Seite des Kyros zu stellen. Während nach dem Fall von Sardes alle anderen kleinasiatischen Griechen dem direkten Regiment der persischen Satrapen unterstellt wurden, erhielt Milet einen persischen Freundschafts- und Bündnisvertrag, es ist der erste in der langen Reihe der griechisch-persischen Verträge. Ein Teil der Griechenstädte mußte übrigens durch den Feldherrn des Kyros, Harpagos, unterworfen werden, da sie sich weigerten, den Persern ihre Tore zu öffnen. Vergeblich hatten die Spartaner durch eine Gesandtschaft zu intervenieren versucht. Ihrer Aufforderung, die Ioner nicht anzugreifen, leistete Kyros keine Folge. Als der Aufstand des Lyders Paktolos zusammengebrochen war, zogen die Perser andere Saiten auf: sie sicherten das ganze Land durch Besatzungen und Militärkolonien, in den Griechenstädten vertrauten sie das Regiment persischen Parteigängern unter den Hellenen an, die ihrerseits einen Rückhalt an der Fremdherrschaft fanden. Auf jeden Fall blieb es den Ionern nicht lange verborgen, daß die persische Herrschaft mit ihren Satrapen und Garnisonen sehr viel drückender und unangenehmer war als jene der Lyderkönige, die sich der besonderen Bedeutung der Griechenstädte in ihrem Reich immer bewußt geblieben waren. Die griechische und die persische Staatsidee verhielten sich zueinander wie Feuer und Wasser, sie waren miteinander unvereinbar.

Nach der Eroberung des Lyderreiches war Persien eine Großmacht, eine Weltmacht wurde es, als Kyros den iranischen Osten bis hin zu den Grenzen Indiens und schließlich auch Babylonien, das Reich der Chaldäer oder Neubabylonier, unterworfen hatte. Der städtereiche Süden des Zweistromlandes mit seiner uralten Tempelkultur mußte auf die Perser eine unwiderstehliche Anziehungskraft ausüben, ähnlich wie das spätere Mesopotamien unter den Seleukiden auf den Staat der Arsakiden. Babylonien, obwohl politisch unter seinem König Nabonid im Niedergang begriffen, war immer noch der Mittelpunkt des Handels und der Wirtschaft in Vorderasien, es stand mit allen Ländern Vorderasiens in Handelsbeziehungen, auch mit Ionien. Die Wehrkraft Babyloniens war jedoch nicht mehr auf alter Höhe, und der König Nabonid hatte in seinem Verhalten gegenüber der mächtigen Priesterschaft des Gottes Marduk in Babylon keine glückliche Hand bewiesen. So hatte der Perserkönig ein leichtes Spiel. Der Kampf um Babylonien endete nach wenigen Monaten mit dem Einzug des persischen Statthalters des Gutäerlandes, Gobryas (babylonisch Gubaru), in Babylon, sechzehn Tage später, am 29. Oktober 539, folgte Kyros nach. Von Babylon aus entfaltete der Sieger eine massive Propaganda, in der er nicht verfehlte, auf sein gutes Verhältnis zu den Göttern des Landes, zu Bêl-Marduk und Nabû, hinzuweisen. Die Herrscher Syriens beeilten sich sehr bald, dem neuen Herrn ihre Reverenz zu erweisen. Das Perserreich hatte wenig später in Syrien und Phönikien das Meer erreicht, die Flotten der phönikischen Seestädte standen dem Kyros zur Verfügung. Die religiöse Toleranz des Achämeniden wurde notorisch, als Kyros von Ekbatana aus den Wiederaufbau des Tempels in Jerusalem dekretierte, ein Erlaß, der ihm für alle Zeiten die Dankbarkeit des jüdischen Volkes gesichert hat (538).

Das neubabylonische Reich mit seinen Nebenländern wurde in Personalunion mit der Krone Persiens vereinigt, Kyros war von nun an nicht nur König der Meder und Perser, sondern auch König des Landes *Babilû û Ebir-nâri*, ›König Babyloniens und des Landes jenseits des Stromes‹, d. h. des Euphrats. Der Begründer des persischen Weltreiches fand sein Ende im Kampfe mit den ›Saka mit den spitzen Mützen‹, den Massageten, die, ausgehend von dem Steppengebiet zwischen dem Kaspischen Meer und dem Aralsee, immer wieder die offene Nordostflanke des Reiches bedrängt hatten (530).

Dem großen Eroberer folgte sein ältester Sohn Kambyses (530 bis 522). Er hat zuerst den Tod des Vaters an den Massageten gerächt und ist dann, im Jahre 525, zur Eroberung Ägyptens geschritten, des letzten der alten großen orientalischen Kulturreiche. Wieder finden wir den persischen Großkönig im Bunde mit Griechen. Polykrates, der Tyrann von Samos, soll mit ihm ein Bündnis geschlossen und einen Teil seiner Flotte für den Zug gegen Ägypten zur Verfügung gestellt haben. Ernsthaften Widerstand vermochten die Ägypter nicht zu leisten, der letzte einheimische Pharao, Psammetich III., wurde zunächst als Vasallenfürst belassen, dann aber, nach einem Aufstand, getötet. Dem Versuch des Kambyses, die Griechen der Cyrenaika zu unterwerfen, blieb ein Erfolg ebenso versagt wie einer Expedition nach Nubien. In der antiken Überlieferung ist das Bild des Kambyses in dunklen Farben gezeichnet, er gilt nicht nur als der Urheber des Mordes an seinem jüngeren Bruder Bardya, sondern auch als ein ganz intoleranter Wüterich gegenüber den Göttern des Nillandes. Wie dem nun auch sein mag – als Kambyses nach dreijährigem Aufenthalt in Ägypten auf die Kunde von der Erhebung des falschen Bardya (Gaumāta) nach Syrien zurückkehrte, da ereilte ihn der Tod, und zwar ein natürlicher Tod (kein Selbstmord, wie man früher angenommen hatte).

Die Erhebung des Gaumāta (des ›falschen Bardya‹) hatte das persische Großreich in ein Chaos gestürzt. Gaumāta, der Magier, stützte sich bei seiner Erhebung vor allem auf die mächtige Priesterkaste, die durch ihn das Heft in die Hand zu bekommen versuchte. Eine Reihe besonders volksfreundlicher Maßnahmen, darunter ein dreijähriger Steuererlaß, gewann ihm die Massen, während der Einfluß des Adels in jeder Hinsicht beschnitten wurde. Man kann diese Ereignisse in ihrer Bedeutung für die innere Struktur des Perserreiches schwerlich überschätzen, sie bedeuten zweifellos eine ganz entschiedene Abkehr von den alten wehrhaften Traditionen, wie sie unter Kyros gepflegt worden waren.

Die Erhebung des Gaumāta rief sehr bald die Gegenkräfte auf den Plan: Dareios, Sohn des Hystaspes, des Satrapen von Parthien, aus einer Nebenlinie der Achämeniden stammend, verband sich mit sechs vornehmen Persern; das Ziel der Verschwörer, die Vernichtung des Gaumāta, wurde binnen weniger Wochen – angeblich soll Gaumāta im ganzen nur zwei Monate regiert haben – erreicht; in einer Burg in der Nähe von Ekbatana wurde der Magier von Dareios niedergestoßen. Der Krönung des Dareios in Pasargadai und seiner Vermählung mit Atossa, der Tochter des Kyros, folgten schwere Zeiten, das Reich wurde von gefährlichen Aufständen erschüttert, sie hatten in Elam und Babylonien ihren Ausgangspunkt, griffen aber bald auch auf die iranischen Kerngebiete über. In Medien war es der Dejokide Frawartiš, der unter dem Namen des Chathrita den Versuch unternahm, das Mederreich wiederzuerrichten, die Landschaften Parthien und Hyrkanien schlossen sich ihm an, und auch Armenien fiel von Dareios ab. In der großen Monumentalinschrift auf der Felswand von Behistun hat Dareios einen ausführlichen Bericht über seine Kämpfe und Siege gegen die Aufständischen gegeben; es war eine Vielzahl von mächtigen Gegnern, die zum Teil bei der Bevölkerung ihrer Länder einen Rückhalt fanden. Noch heute erscheint es wie ein Wunder, daß Dareios in der kurzen Frist eines einzigen Jahres (und weniger Wochen) — an diesem seinem ausdrücklichen Zeugnis zu zweifeln, besteht kein Grund — die Oberhand behielt. Am Ende des Jahres 521, nach der Niederwerfung des Aracha in Babylonien, des letzten der Empörer (Dareios nennt sie Lügenkönige), waren die Kämpfe beendet, das persische Großreich lag dem Sieger zu Füßen.

Über die Reichsordnung des Dareios ist viel geschrieben worden. Seitdem Eduard Meyer das Perserreich der Achämeniden als einen Kulturstaat hohen Ranges geschildert hat, ist die Forschung mehr und mehr zu einer sehr positiven Beurteilung der Leistung der ersten Achämeniden gelangt. Diese Leistung erscheint noch um so größer, wenn man die weiten Entfernungen in dem Riesenreich mit in Betracht zieht, die jeder geordneten Reichsverwaltung die größten Hindernisse bereiten mußten.

Die Neuordnung des Reiches durch Dareios muß sich in den Jahren von 518 bis 514 vollzogen haben. Sie war sicher das Ergebnis eines umfassenden Planes, den der Großkönig Dareios selbst gefaßt und den er mit Hilfe seiner Mitarbeiter und Vertrauten Punkt für Punkt durchgeführt hat. Im ganzen gesehen stellt sich die Reichsordnung als ein elastischer Kompromiß zwischen der feudalistischen und der zentralistischen Staatsidee dar. Grundlage ist das persönliche Treueverhältnis des Großkönigs zu seinen Untertanen, die sich ihm zu unbedingtem Gehorsam verpflichtet fühlen. Die führende Rolle im Reich ist den Persern zugedacht, sie stellen die Satrapen und die Befehlshaber des Reichsheeres, die anderen Völker haben sich — mit Ausnahme der Meder — im wesentlichen mit untergeordneten Funktionen zu begnügen. Was wir den altpersischen Inschriften, vor allem den Königsinschriften von Behistun, Naqš-i-Rustam, Persepolis und Susa, und was wir anderseits griechischen Quellen, und unter ihnen vor allem Herodot (III 89 ff.), entnehmen können, ist das Folgende: Dareios hat offenbar eine Neueinteilung des riesigen Reiches vorgenommen, und zwar von der Art, daß er die gesamte ungefüge Ländermasse in Satrapien (in den Inschriften heißen sie ›Länder‹) eingeteilt hat.

Abb. 1: Bogenschütze der Leibwache Dareios' I. aus dem Palast in Susa

Über diese ›Länder‹ wurden Statthalter gesetzt, für die der Titel ›Satrap‹ der offizielle war. Satrap, altpersisch *xšathrapavan*, bedeutet etwa ›Schirmer der Herrschaft‹. Der Titel stammt möglicherweise noch aus der Sphäre des Mederreiches. Übrigens hatte es auch schon unter Kyros Satrapen gegeben, es waren dies große Feudalherren, die wahrscheinlich über riesige Territorien geboten. Dareios hat eine Neueinteilung des Reiches vorgenommen, dabei sind die alten feudalen Satrapien verkleinert und grundsätzlich auf die gleiche rechtliche Stufe gestellt worden. Alle Satrapien waren zu Abgaben an den Großkönig verpflichtet: ohne Tribute konnte man im Orient nicht regieren, und Dareios hat hier nur ein Prinzip weitergeführt, das früher die Assyrer zur Anwendung gebracht hatten.
Wenn wir nun eine Liste der Satrapien des Dareios geben, so muß dazu bemerkt werden, daß bereits im Lauf der Regierung des Dareios gewisse Veränderungen stattgefunden haben, die sich freilich nur sehr schwer im einzelnen erfassen lassen. Nach der Inschrift von Behistun, die die früheste der großen Königsinschriften ist, gab es folgende Satrapien: 1. Persis; 2. Huza (Elam); 3. Babairu (Babylon); 4. Athura (Assyrien); 5. Arabaya (die nordarabische Dschesirê); 6. Mudraya (Ägypten); 7. die Satrapie am Meer (Südkleinasien); 8. Sardes; 9. Yauna (Ionien); 10. Mada (Medien); 11. Armina (Armenien); 12. Kappadokien; 13. Parthien; 14. Zranka (Drangiane); 15. Haraiwa (Areia); 16. Huwarazmiya (die Chorasmier); 17. Baktrien; 18. Sogdiana; 19. Gandhara; 20. Saka (das Land der Skythen); 21. Tatagus (Sattagydien); 22. Harahuwati (Arachosien); 23. Maka (Lokalisation zweifelhaft). Zu diesen Ländern der frühen Zeit des Dareios treten später noch einige andere hinzu, vor allem Putiya (Libyen), Kusiya (Nubien), nach dem Skythenzug des Dareios auch noch Skudra (Thrakien). Von den Tributen sollen hier nur die der sehr reichen Satrapien Babylonien und Ägypten erwähnt werden. Babylonien, das nach Herodot überhaupt das ertragreichste Land des ganzen Reiches gewesen ist, hatte einen Gesamttribut in der Höhe von 1000 Silbertalenten zu entrichten. Im einzelnen bestanden die Abgaben aus Edelmetall in Gefäßformen, aus feinen Gewändern und aus Buckelrindern, an denen das Land besonders reich war und die zur Verpflegung des großköniglichen Hofes und des Heeres bestimmt waren. Ägyptens Gesamtleistung wird von Herodot auf 700 Silbertalente veranschlagt, das Nilland hatte vor allem Korn und Vieh zu liefern; ob in die Summe die Erträge aus der Fischerei des Möris-Sees miteingeschlossen sind, ist umstritten. Auch sie haben dem Großkönig beträchtliche Einkünfte gebracht. Zahlreiche andere Satrapien hatten übrigens Pferde zu stellen, die für das Reichsheer von großer Bedeutung waren.

Die Tribute liefen in zentralen Schatzhäusern in den königlichen Residenzen zusammen. Das Reich war nur durch eine bis ins einzelne ausgebildete Bürokratie und mit Hilfe einer einheitlichen Sprache zu verwalten. An der Spitze der Verwaltung stand der Hazarapatiš, griech. Chiliarchos, der als Chef der Leibgarde des Großkönigs zum Großwesir des Reiches emporgestiegen war. Dieser Großwürdenträger, der ›Erste nach dem König‹, war neben dem Herrscher der eigentliche Regent des Reiches. Von den Schatzhäusern vermitteln uns die amerikanischen Ausgrabungen in Persepolis einen interessanten Eindruck. Hier ist das Schatzhaus (ganzaka) wiedergefunden worden und mit ihm eine Fülle (mehrere Tausende) von Tontafeln in elamischer Sprache mit Abrechnungen über Verpflegungslieferungen, die uns einen lebendigen Einblick in das Getriebe der lokalen Verwaltung gestatten. Die Verwendung des Elamischen in Persepolis ist übrigens ein Sonderfall, der durch die Stellung Elams und seiner uralten Kultur am Persischen Golf eine Erklärung findet. Sprache der königlichen Kanzlei und überhaupt Sprache der Reichsverwaltung war das Aramäische, und zwar in der besonderen Form des Reichsaramäischen. Urkunden in diesem Idiom finden sich selbst in den entlegensten Teilen des Achämenidenreiches, in Elephantine in Oberägypten ebenso wie in Sardes und in Indien, auch aus der Bibel, aus einigen Kapiteln des Buches Esra, ist das Reichsaramäische bekannt. Wenn auch diese Sprache durchweg von Schreibern verwandt werden mußte, deren Muttersprache sie nicht war, so wurde dies dadurch wieder aufgewogen, daß nun das gesamte Riesenreich eine einheitliche Verwaltungssprache besaß. Außerdem waren die der phönizischen Schrift entlehnten Buchstaben sehr viel leichter auf biegsamem Schreibmaterial (Leder und Papyrus) anzubringen als die Keilschrift, die im Grund eine Monumentalschrift war und blieb. Ob Dareios eine eigene neue Keilschrift auf seinen Monumentalinschriften eingeführt hat, ist fraglich, auf jeden Fall hütete er sich aus guten Gründen, diese nun auch für den Gebrauch der Kanzlei zu verwenden. Selbst die beste Verwaltung ist wenig wert, wenn es ihr nicht gelingt, ihre Anordnungen binnen kurzer Frist zur Kenntnis der untergeordneten Stellen zu bringen. Für die Nachrichtenübermittlung gab es im Achämenidenreich ein vorzüglich organisiertes Postwesen, das wahrscheinlich an ähnliche Einrichtungen der Assyrer anknüpfte. Quer durch Vorderasien führte eine Reihe von Fernstraßen, durch die vor allem die großköniglichen Residenzen – Susa, Persepolis, Ekbatana – mit den übrigen Teilen des Reiches in Verbindung standen. Die bekannteste ist die sog. Königsstraße, die Herodot beschrieben hat. Auf ihr gelangt man von Sardes in Lydien durch Kappadokien an den oberen Euphrat und von

Abb. 2: Palast des Großkönigs in Persepolis

diesem zum Tigris. Über die Zagrospässe hinweg – die genauere Straßenführung ist nicht bekannt – erreichte die Königsstraße die Residenz Susa. Durch häufiges Wechseln der Pferde und der Boten vermochte man in kürzester Frist selbst große Entfernungen zu überwinden, an einem einzigen Tage bis zu 300 Kilometer, so daß eine Botschaft von Susa nach Sardes nicht mehr als sieben Tage unterwegs war. Das achämenidische Postwesen haben sich später Alexander und die Diadochen zum Vorbild genommen, und auch der *cursus publicus* der Römer knüpft mittelbar wieder an die Perser an.

Zweifellos hatte die persische Reichsverwaltung auch ihre Schattenseiten. In allen Satrapien hatte der Großkönig seine Vertrauensleute, die im Volksmund die ›Augen‹ und die ›Ohren‹ des Großkönigs genannt wurden und die von fern an die *missi dominici* Karls des Großen erinnern. Diese Männer hatten ihrem Gebieter über alles zu berichten, was sie an Bemerkenswertem in Erfahrung brachten. Da sie dem Großkönig unmittelbar unterstellt waren, standen sie in der Regel mit den Satrapen und den lokalen Behörden auf gespanntem Fuß. Überhaupt war dieses echt orientalische System nur zu sehr geeignet, die Bespitzelung zu fördern und die Moral und den Diensteifer der anderen Beamten zu untergraben.

Wirtschaftlich standen die Gebiete des Achämenidenreiches auf ganz verschiedener Stufe. Während in Kleinasien und in Babylonien, teilweise wohl auch in Ägypten, die Münzgeldwirtschaft existierte, verharrten die anderen Länder des Reiches vielfach im Zustand einer reinen Naturalwirtschaft. Es ist das unbestreitbare Verdienst des Dareios, der für wirtschaftliche Dinge eine ungewöhnliche Begabung besaß, hier durch die Einführung einer Reichsmünze einen gewissen Wandel geschaffen zu haben. Es handelt sich um die Einführung einer Goldmünze, des Dareikos; die Münze enthielt 8,42 g Gold, sie hatte das halbe Gewicht des Statérs von Phokaia, einer sehr gebräuchlichen griechischen Handelsmünze. Anderseits stellte ihr Gewicht den 60. Teil der babylonischen Mine dar. Der Dareikos, auf dem der Großkönig als kniender Bogenschütze abgebildet war (aus diesem Grunde wurde die Münze im Volksmund ›toxótes‹ genannt), stand also durch sein Gewicht mit den beiden bedeutendsten Wirtschaftssystemen des Reichs in Beziehung; wir können nicht annehmen, daß dies ein Zufall gewesen ist. Neben der Goldmünze gab es auch eine solche aus Silber von 14,9 g, die babylonisch *schiklu*, griechisch *siglos* genannt wurde. Allerdings ist Dareios, ebenso wie seine Nachfolger, bei dieser Münzreform auf halbem Weg stehengeblieben. Die Perserkönige haben nämlich weithin das Edelmetall gehortet; es wurde in den Schatzhäusern der königlichen Residenzen thesauriert, ohne den geringsten Nutzen zu

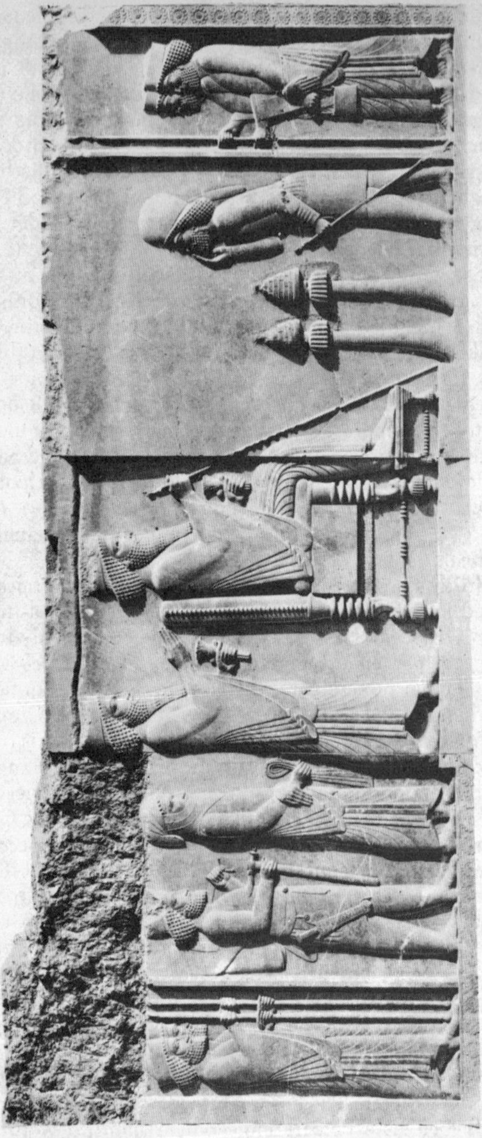

Abb. 3: Dareios und Xerxes. Relief im Hundertsäulensaal des Königspalastes in Persepolis.

stiften. Es ist wahrscheinlich, daß auf diese einseitige Politik der Thesaurierung manche wirtschaftliche Schwierigkeiten des Perserreiches zurückzuführen sind. Um ihre fremden Söldner, und unter ihnen vor allem die griechischen, zu entlohnen, dazu haben die Perserkönige, auch gerade im 4. Jahrhundert, immer genügend Geld besessen. Die Parallele zu Byzanz, das durch seine Finanzkraft nicht selten den Lauf der Politik bestimmt hat, liegt hier nahe.

Die Pracht und Macht des persischen Weltreiches finden in den Bauten der Achämeniden ihren sinnfälligsten Ausdruck. Die früheren Herrscher, vor allem Kyros I., hatten in Pasargadai residiert. Hier existiert noch heute das Grab des Älteren Kyros, das Alexander der Große restaurieren ließ. In betontem Gegensatz zu der sehr einfachen Lebensart des Älteren Kyros stehen die Prachtbauten des Dareios und des Xerxes in Persepolis, das eigentlich ›Persai‹ geheißen hat. Überblickt man hier das weite Ruinenfeld, so ist die ordnende Hand des Baumeisters auch heute noch unter den Trümmern spürbar. Persepolis, wie es die Griechen nannten, ist keine eigentliche Residenzstadt, sondern eine Pfalz. Hier findet sich vor der grandiosen Bergkulisse des Kuh-i-Rahmat ein ganzer Komplex imposanter, aufeinander abgestimmter Bauten: die Apadana (Audienzhalle) des Dareios, sein Palast, der Palast des Xerxes, die Ratshalle, der Hundertsäulensaal, der Harem, der heute als Expeditionshaus dient, und das Schatzhaus. Alle Bauten waren mit prächtigen Reliefs geschmückt; die auf ihnen erscheinenden Figuren, angefangen vom Großkönig bis hin zum letzten Soldaten und Tributbringer, sind mit größter Sorgfalt ausgeführt, ihre Kleidung und Bewaffnung ist so genau wiedergegeben, daß wir die meisten der abgebildeten Personen ohne weiteres nach ihrer völkischen Herkunft bestimmen können. Besonders berühmt ist das Relief aus dem Hundertsäulensaal: dem auf einem erhöhten Thron sitzenden Großkönig naht sich ein Würdenträger, der seinen Mund mit der Hand verdeckt. Noch heute gilt es im Orient als höflich, einen Höhergestellten nicht mit dem Atem des Mundes zu belästigen. (Mit der Proskynese hat die Haltung dagegen nichts zu tun.) Teilweise erinnert die Ausführung der Reliefs an assyrische Vorbilder; im übrigen sind aber die Bauten unter Mithilfe zahlreicher Völker des Reiches aufgeführt worden. So erscheinen zum Beispiel in der Inschrift des Dareios vom Bau der Pfalz zu Susa nicht nur die Babylonier und die Ägypter, sondern auch die Ioner und Karer aus Kleinasien. Am Fuße eines Königsreliefs des Dareios in Persepolis haben sich in den Ritzzeichnungen zweier Köpfe griechische Künstler verewigt. Hinter den großartigen Bauten in Persepolis stehen die Königsgräber unweit dieser Pfalz in

der Felsenwand von Naqš-i-Rustam und das große Felsrelief von Behistun am ›Tor von Asien‹ in ihrer Monumentalität nicht zurück. Das nach altorientalischen Vorbildern gestaltete Relief von Behistun zeigt Dareios als den Sieger über den falschen Bardya und über die Lügenkönige. Über der Szene schwebt Ahuramazda, der dem Großkönig den Ring, das Symbol der Herrschermacht, entgegenstreckt. Die dreisprachige Inschrift an der steilen Felswand in Babylonisch, Altpersisch und Elamisch hat als einer der ersten der deutsche Forschungsreisende Carsten Niebuhr abzuschreiben versucht, wobei ihm das grelle Sonnenlicht und die weite Entfernung die größten Schwierigkeiten bereiteten, ganz abgesehen davon, daß die Keilschrift damals, im Jahre 1766, noch nicht entziffert war. Dies ist erst im Jahre 1802 durch den jungen Gymnasiallehrer Grotefend in Hannover geschehen.
Wer diese Bauten und Reliefs geschaffen hat, darüber schweigt die Überlieferung. Die Männer waren Meister ihres Faches, vor allem jener Baumeister, auf den der Plan der Pfalz von Persepolis zurückzuführen ist. War es vielleicht ein ostgriechischer Meister, der hier mit feinem Gefühl für den Raum und die grandiose Umgebung ein unvergleichliches Meisterwerk geschaffen hat? Wir wissen es nicht; auf jeden Fall vereinigen sich in dem Bauplan noble Großzügigkeit, repräsentative Gestaltung mit einem disziplinierten Raumgefühl, das, ohne zu übertreiben, ganz der Zweckmäßigkeit dient. Die Bauten sind jedenfalls ein Spiegelbild der besten Traditionen des persischen Geistes, der viele fremde Anregungen in sich aufgenommen und doch etwas Eigenes und Charakteristisches geschaffen hat.
Von dem Geist des großen Organisators und Feldherrn Dareios lassen uns seine eigenen Inschriften noch einen Hauch verspüren. Die große Inschrift von Behistun ist freilich in erster Linie ein historisches Dokument, für die Ethik des Dareios zeugt dagegen vor allem die Grabschrift von Naqš-i-Rustam. In ihr rühmt Dareios die Gnade Ahuramazdas: »Durch die Gnade Ahuramazdas bin ich von der Art, daß ich ein Freund bin des Rechts, daß ich nicht ein Freund bin des Schlechten. Es ist nicht mein Gefallen, daß der Arme vom Mächtigen Unrecht erdulde, noch ist es mein Gefallen, daß der Hohe um des Niedrigen willen Unrecht erdulde. Was recht ist, das ist mein Gefallen.« »Soweit mein Körper die Kraft hat, bin ich als Krieger ein guter Krieger. Wenn es meinem Verstand zweifelhaft erscheint, wen ich als Freund und wen ich als Feind betrachten soll, dann gedenke ich zuerst der guten Taten, ob es nun ein Feind oder ein Freund sei, den ich vor mir habe.« »Geübt bin ich mit Hand und Fuß. Als Reiter bin ich ein guter Reiter, als

Schütze bin ich ein guter Schütze, zu Fuß wie zu Pferd, als Lanzenwerfer bin ich ein guter Lanzenwerfer, zu Fuß wie zu Pferd. Und die Fähigkeiten, mit denen mich Ahuramazda bekleidet hat, und ich habe die Kraft gehabt, sie zu nutzen, durch Ahuramazdas Gnade habe ich, was ich geleistet habe, mit diesen Fähigkeiten gewirkt, die mir Ahuramazda verliehen hat.« Es besteht kein Grund, an dem Glauben des Dareios zu zweifeln: sein Bekenntnis am Ende eines langen und ruhmvollen Lebens ist stolz und demütig zugleich; Dareios ist ein König, der sich seiner hohen Würde voll bewußt ist. Was er geschaffen hat, ruht auf einem festen Fundament: es ist das Vertrauen zu Ahuramazda, der den Großkönig in seinen Schutz genommen hat.

Von dem Glauben der alten Perser zu sprechen ist sehr schwierig. Wir wissen von ihrer Religion zu wenig, daß jede Aussage mehr oder weniger fragwürdig bleiben muß. Über der Religion der Perser leuchtet der große Name des Religionsstifters Zarathustra; welcher Zeit aber sein Leben angehört, ist immer noch umstritten. Lebte er um die Wende vom 7. zum 6. Jahrhundert, oder gehört sein Wirken in eine viel frühere Zeit? Waren die Achämeniden überhaupt Zarathustrier? Die sog. *daiva*-Inschrift des Xerxes, eine Fundamentinschrift aus Persepolis, scheint dafür zu sprechen; man hat dafür vor allem das Vorkommen des Ausdrucks *rtavan* in der Inschrift angeführt und dieses Wort mit dem zarathustrischen Begriff des *rtm* zusammengebracht, das die göttliche Heilsordnung bezeichnet. Wie dem nun auch sein mag — das persische Volk verehrte bildlose Gottheiten unter freiem Himmel, von denen in der Zeit des Herodot zwei, Mithras und Anahita, zu festen Gestalten geworden sind. Eine für uns kaum zu durchschauende Rolle spielen schließlich die Magier, mit deren Religion der Feuerkult verbunden ist. Die Magier haben auch im politischen Leben eine wichtige Stellung eingenommen.

Einer der großen Baumeister des persischen Weltreiches ist Dareios, er ist es, der dem Reich seinen eigentlichen Charakter gegeben hat. Es ist nicht zu übersehen, daß sich in die leuchtenden Farben auch dunkle Schatten eindrängen, die, je länger das Reich bestanden hat, um so düsterer geworden sind. Unzweifelhaft ist die persische Auffassung vom Herrschertum und vom Verhältnis des Großkönigs zu den Untertanen mit der abendländischen und insbesondere mit der griechischen Freiheitsidee ganz unvereinbar. Für den Großkönig sind alle Untertanen, gleichgültig, welchen Standes oder welcher Herkunft, letztlich Sklaven, und es ist sicherlich kein Zufall, wenn kein einziger der Helfer des Dareios in der Überlieferung wirkliches Relief erhält. Das Leben des Großkönigs vollzieht sich zudem in bewußter Isolierung vom Volk, nur die Großen und Mächtigen dürfen ihn bei den Audienzen von ferne erblicken. Sicher, kein Herrscher der Welt kann auf Gewalt verzichten, aber es kommt darauf an, daß diese Gewalt nicht um ihrer selbst willen, sondern zur Durchsetzung einer sittlichen Idee angewandt wird. Wir erschrecken, wenn wir hören, in wie unmenschlicher Weise Dareios die ›Lügenkönige‹ verstümmeln ließ und wie hinterhältig er beispielsweise den Satrapen Oroites von Sardes aus dem Wege räumen ließ. Freilich betrachtete sich Dareios bei dem Tode des Kambyses als legitimer Nachfolger der Achämeniden; ob er aber der einzige war, der dies von sich behaupten konnte, bleibt zweifelhaft. Überhaupt macht es sich Dareios in seinen Prunkinschriften doch wohl etwas zu leicht, indem er die Wahrheit und das Recht immer auf seiner Seite, die Lüge und das Unrecht immer bei seinen Gegnern findet. Zarathustra hatte aus dem Kampf der Wahrheit gegen die Lüge den unerbittlichen Kampf des Glaubens gegen seine Widersacher gemacht – eine sehr gefährliche Wendung. Dareios hat diese Entwicklung, ins Politische gewandt, weitergeführt und damit letzten Endes das Recht des Stärkeren legitimiert. Welche Gründe hatten die Achämeniden, die sie zu einer für die damalige Zeit unfaßbaren Toleranz gegenüber den fremden Religionen geführt haben? Wollten Kyros und Dareios die fremden Untertanen wirklich vom staatlichen Leben ablenken und ihnen den Verzicht auf die politische Macht dadurch erträglich machen, daß sie ihnen auf dem Feld der Religion alle nur erdenkliche Freiheit gewährten? War dies die Freiheit, die die Perser meinten? Wir finden hierauf keine Antwort. Den Griechen genügte diese Freiheit nicht, das zeigt der ionische Aufstand, der das Perserreich zu einer kritischen Stunde erschüttert hat (500/499–494).

Trotz der Vielzahl der Völker ist das persische Weltreich ein einheitlicher Körper, der durch den Willen des Großkönigs regiert wird. Ganz anders die griechische Welt! Sie bietet um 520 v. Chr. das Bild einer weitgehenden Zersplitterung. Allerdings erstreckt sich der griechische Lebensraum von der Ägäis bis nach Spanien, von Südrußland bis Ägypten und Libyen, aber es ist, abgesehen vom griechischen Mutterland, eine im wesentlichen punktförmige Ausdehnung: an vielen Küsten des Mittelmeeres finden sich griechische Siedlungen, aber sie sind vielfach auf sich allein gestellt und entbehren des inneren Zusammenhalts. Wohin man auch blickt: die vielen griechischen Gemeindestaaten, die Poleis, stehen unverbunden nebeneinander, es gibt nicht einmal eine große gemeinsame Idee, ein hellenisches Nationalgefühl, das sich vielmehr erst am Vorabend des großen Perserkrieges zu bilden beginnt. Wohl versammelt sich alle vier Jahre die Blüte der griechischen Jugend aus Hellas und aus den griechischen Kolonien zu den heiligen Festspielen in Olympia, und in den Siegerlisten stehen neben den Hellenen des Mutterlandes auch so manche Namen von Griechen aus Unteritalien und Sizilien, aber dies ändert gar nichts an dem Zustand der staatlichen Zersplitterung. Gewiß gibt es außer der gemeinsamen Abstammung von dem mythischen Ahnherrn der Hellenen noch andere Elemente, die ein geistiges Band zwischen den Griechen der verschiedensten Stämme knüpfen: das ist vor allem die panhellenische Götterwelt, wie sie in den Epen Homers sich entfaltet. Neben den Göttern Homers aber steht die Fülle der lokalen Göttergestalten, jede einzelne Stadt und jeder Stamm verehrt seine eigenen Götter, und gerade in unserem Zeitalter sind die Tyrannen in Sizilien und im Mutterland am Werk, den Göttern in großartigen Tempelbauten würdige Heimstätten zu bereiten. Es fehlt vor allem auch an einer gemeinsamen Literatursprache, wie sie erst im Verlauf des 5. Jahrhunderts durch das Attische geschaffen worden ist.

Der Kern des Griechentums ist immer noch das griechische Mutterland. In ihm nimmt Sparta eine führende Stellung ein. Mit der Eroberung des messenischen Fruchtlandes und mit der Versklavung der unglücklichen Messenier ist Sparta der erste Staat der Peloponnesos, und diese Stellung hat die spartanische Staatsführung durch eine hervorragende Vertragspolitik etwa seit der Mitte des 6. Jahrhunderts noch weiter auszubauen verstanden. Seit 550 steht Sparta, der Staat der Lakedämonier, an der Spitze des sog. Peloponnesischen Bundes, einer Organisation, die nahezu die gesamte Peloponnesos, freilich mit der bemerkenswerten Ausnahme von Argos, umfaßt. Mit Argos ist Sparta bitter verfeindet. Der Grund ist der Besitz der fruchtbaren Landschaft Kynuria, um die auch noch in den folgenden Jahrzehnten (Schlacht bei Sepeia, 494) erbittert gerungen wurde. Gegenüber Sparta und dem von ihm geführten Peloponnesischen Bund hatten alle anderen Staaten des Mutterlandes nur zweitrangige Bedeutung. Unter den Seestaaten sind Athen, Korinth und Ägina die wichtigsten. Durch seine Lage am Isthmos ist Korinth vor den beiden anderen im Vorteil, es besitzt am Ionischen Meer eine Reihe von Kolonien, die sich in enger Abhängigkeit von der Mutterstadt befinden; die wichtigsten sind die reiche Insel Korkyra (Korfu), ferner die Städte Dyrrhachium (Durazzo) und Apollonia. Auch Potidäa auf der Halbinsel Chalkidike ist eine korinthische Tochterstadt. Athen steht damals unter der Tyrannis des Hauses der Peisistratiden, der beiden Söhne des Peisistratos, Hippias und Hipparch. Ihr Vater Peisistratos hatte den Grund zu einer Entfaltung der athenischen Seemacht gelegt; unter seiner Herrschaft war nicht

nur die Insel Salamis, der Zankapfel zwischen Athen und Megara, endgültig in athenischen Besitz übergegangen, auch an den Dardanellen, der Meeresstraße zwischen Europa und Asien, welche die pontischen Getreideschiffe auf ihrem Wege nach Athen durchfahren mußten, hatte Athen schon seit vielen Jahren einen wichtigen Stützpunkt inne: es war die Stadt Sigeion, die schon unter Solon athenisch geworden war. Der Tyrann Peisistratos verfügte dazu über wertvolle Besitzungen im thrakischen Hinterland von Thasos; es waren die Goldminen vom Pangaion, deren Erträge Peisistratos zur Entlohnung der fremden Söldner benötigte. Dadurch, daß die Perser sich auf der europäischen Seite des Hellesponts festsetzten, vor allem aber seit dem Skythenfeldzug des Dareios (513/12), wurden diese Besitzungen in den politischen Machtbereich der Perser miteinbezogen; es ist immerhin möglich, daß der Verlust der reichen Einnahmequellen den Sturz der Tyrannis in Athen mitheraufbeschworen hat.
Im griechischen Mutterland lebten die Hellenen nach ihren eigenen Gesetzen, alle Staaten waren autonom, fremde Herren erkannten sie nicht an. Ganz anders die Hellenen in Kleinasien. Die Griechenstädte von der Propontis (Marmarameer) bis hin nach Lykien standen unter der Herrschaft persischer Satrapen. Wenn ihr städtisches Eigenleben auch in der Regel von den Persern nicht angetastet wurde, so hatten diese doch in vielen Städten Tyrannen zur Macht verholfen, die sich naturgemäß auf die Waffen der Perser zu stützen pflegten. Das kulturelle Leben Ioniens wurde durch die politische Entwicklung nicht wesentlich beeinträchtigt. In Milet lebten Anaximander und Hekataios, von denen der letztere als Geograph und auch als Geschichtsschreiber, auf diesem Gebiet als Vorläufer des Herodot, hervorgetreten ist; in Ephesos finden wir Heraklit, den ›Dunklen‹, und den Jambendichter Hipponax, der letztere konnte sich freilich in seiner Heimatstadt nicht halten und mußte nach Klazomenai übersiedeln. Aus Samos stammte Pythagoras, der in Unteritalien eine neue weite Wirkungsstätte seines vielseitigen Geistes gefunden hat. Seine Leistungen als Mathematiker stehen am Anfang der griechischen mathematischen Wissenschaft, als Politiker hat Pythagoras vor allem in Kroton gewirkt. Seine Anhänger schlossen sich um ihn zu einem Bund zusammen, durch seine Lehren, vor allem durch die Idee der Seelenwanderung und durch das Verbot, Fleisch zu essen, hat er auf seine Zeitgenossen einen tiefen Eindruck hinterlassen. Seine Gedankenwelt ist aufs engste mit dem Ideengut der Orphiker verbunden, einer religiös-mystischen Strömung, die in jenen Tagen viele Anhänger gewonnen hat.

Von besonderer Bedeutung ist der Sturz der Tyrannis des Polykrates von Samos (um 522). Der Satrap von Sardes, Oroites, hatte es verstanden, den Tyrannen auf kleinasiatisches Gebiet zu locken, und ihn dann umgebracht. Nachdem zunächst der ehemalige Geheimschreiber des Polykrates, Maiandrios, eine kurze Zeit über Samos geherrscht hatte, führten die Perser Syloson, den Bruder des Polykrates, auf die Insel zurück, der hier als persischer Vasall die Zügel der Regierung in die Hand nahm. Damit war auch Samos in das persische Weltreich eingegliedert, der erste Schritt zur Beherrschung der Ägäis getan. Die Griechenstädte am Schwarzen Meer waren bisher von der Expansion des Perserreiches unberührt geblieben. Dies änderte sich, als, wahrscheinlich im Jahre 513/12 v. Chr., Dareios sich zu seinem Skythenzug rüstete. Das Ziel dieser mit großem Aufwand unternommenen Expedition ist schwer festzustellen. Die Skythen hatten, aus dem Steppengebiet zwischen Aralsee und Kaspischem Meer hervorbrechend, immer wieder die offene Nordostflanke des Weltreiches bedroht. Wollte Dareios sie durch einen Angriff vom Westen, von der unteren Donau her, im Rücken fassen? Hat Dareios dabei, wie Eduard Meyer vermutete, den Don mit dem Jaxartes verwechselt und so die gewaltigen Entfernungen beträchtlich unterschätzt? Wir wissen es nicht, nur so viel ist sicher, daß die Expedition sorgfältig vorbereitet und unter Beteiligung auch von ionischen Kontingenten als eine kombinierte Aktion durchgeführt worden ist. Der ionische Baumeister Mandrokles überbrückte den Bosporus, wodurch zum erstenmal Europa und Asien miteinander verbunden wurden; über diese Brücke rückte das Landheer des Dareios durch Thrakien an die untere Donau vor, von hier nach einem weiteren Brückenschlag in die Steppe Bessarabiens. Die Skythen ließen sich nicht zum Kampf stellen, so daß die Perser schließlich zur Umkehr gezwungen wurden. Es ist nicht wahrscheinlich, daß Dareios den Dnjestr oder einen der anderen großen südrussischen Ströme überschritten hat. Trotzdem war das Unternehmen kein völliger Mißerfolg: Thrakien gehörte von nun an als europäischer Brückenkopf dem Perserreich an und mit ihm die hellenischen Gemeinden am Westpontos. Der persische Koloß war wiederum um ein beträchtliches Stück dem griechischen Mutterland näher gerückt.
Auch im Westen zogen für die Griechen dunkle Wetterwolken herauf. Die Völkerwelt Italiens gerät in Bewegung, dazu verstärkt sich der politische Druck vor allem der Etrusker, die nicht nur in Oberitalien, sondern auch in Kampanien dominieren. Die reiche Handelsstadt Kyme (Cumae) wäre verloren gewesen, hätte sie nicht in der Gestalt des Aristodemos einen fähigen Feldherrn gefunden, der sich später zum Tyrannen der Stadt

emporgeschwungen hat. Kyme ist sicherlich nur ein Beispiel für die Bedrängnis der unteritalischen Griechen. Im übrigen aber machten auch innere Zwistigkeiten den Hellenen in Italien zu schaffen. So standen Kroton und Sybaris in schärfstem Gegensatz zueinander; ein neuerdings gefundener Vertrag aus Olympia zeigt, daß die Sybariten sich mit den Serdaiern verbündeten. Kann man in diesen die Sarden erblicken? Auf jeden Fall hat das Bündnis den Sturz und den Untergang von Sybaris nicht verhindert. Im Jahre 511/10 fiel die Stadt dem Angriff der Krotoniaten zum Opfer. Sybaris wurde völlig zerstört und das Wasser des Krathis über seine Ruinenfelder gelenkt. Italienische Forscher glauben, die Stätte des alten Sybaris nunmehr wiedergefunden zu haben.

Auch in den sizilischen Griechenstädten ist gegen Ende des 6. Jahrhunderts überall die Tyrannis im Vormarsch: dies gilt von Zankle, Himera, Selinūs, Agrigent, Gela, Leontinoi; Syrakus dagegen, eine der größten sizilischen Griechenstädte, ist durch innere Parteikämpfe gelähmt. Mit der Begründung der Tyrannis von Gela unter Kleandros und, nach dessen Ermordung, unter seinem Bruder Hippokrates beginnt in Wahrheit ein neues Zeitalter in Sizilien: Hippokrates unterwarf die benachbarten Sikeler, aber auch die Städte Kallipolis, Naxos und Leontinoi, er siegte über die Streitkräfte von Syrakus, das mit Mühe und Not, unter Abtretung von Kamarina, dieses Mal noch seine Unabhängigkeit behaupten konnte.

Das westliche Griechentum, dem doppelten Druck der Karthager und Etrusker ausgesetzt (Seeschlacht bei Alalia auf Korsika, etwa 540), war infolge seiner weitgehenden Zersplitterung in Gefahr, unter fremde Herrschaft zu geraten. Trotz der kriegerischen Auseinandersetzung mit den Etruskern ist und bleibt aber die Bedeutung des griechischen Handels immer noch außerordentlich groß. Die Qualität der griechischen Handwerksarbeit war ganz unerreicht; das zeigen die reichen Vasenfunde in den etruskischen Gräbern, aber auch ein Einzelstück wie der große, kostbare Mischkrug, den man tief im Innern des heutigen Frankreich, in Vix (bei Chatillon-sur-Seine), gefunden hat. Es ist anzunehmen, daß er auf dem Wege über Massilia, die phokäische Gründung unweit der Rhône-Mündung (600 v. Chr.), dorthin gelangt ist. Aber auch Spina an der Po-Mündung war ein wichtiger Hafen der Etrusker, der die Verbindung mit Griechenland aufrechterhielt. Seine eigentliche Blütezeit fällt jedoch erst in die zweite Hälfte des 5. Jahrhunderts.

Mit der weiten Verbreitung der griechischen Polis bis hin nach Ägypten (Naukratis), nach Südrußland und Spanien hält die Verbreitung der griechischen Zivilisation und des griechischen Geisteslebens gleichen Schritt. Griechische Wissenschaft und Philosophie ist gleichermaßen zu Hause in Ionien und in Unteritalien, selbst kleine und unbedeutende Städte wie Elea (Velia) beherbergen bedeutende Geister in ihren Mauern (Zenon von Elea), und ihre Lehren sind ebenso wie die panhellenische Götterwelt ein Besitz des gesamten Griechentums. Politisch in eine unübersehbare Zahl von autonomen Gemeindestaaten (Poleis) aufgespalten, wird die griechische Welt durch den Geist seiner Denker und Philosophen zu einem Makrokosmos zusammengeschlossen, in dem die einzelnen Glieder ein reiches Eigenleben entfalten. Wohin man auch blickt – überall zeigt sich frisches Leben, in dem sich die Vielfalt des griechischen Geistes widerspiegelt.

2. Der Sturz der attischen Tyrannis und die Reformen des Kleisthenes

Mit der Tyrannis des Peisistratos (561–528/27) hatte in Athen ein neues Zeitalter begonnen. Peisistratos ist es gewesen, der die Außenpolitik Athens aktiviert und die Bürger auf neue Ziele hingewiesen hat. Allerdings ließ sich die Existenz der Tyrannis mit dem Freiheitsgefühl der Athener nicht vereinbaren; es ist daher kein Zufall, daß Peisistratos nicht weniger als zweimal vertrieben wurde, aber er kehrte immer wieder zurück und starb 528/27 eines natürlichen Todes. Peisistratos hatte die Stadt mit großartigen Bauten geschmückt, überhaupt ist seine Regierung und die seines Hauses eine künstlerisch außerordentlich schöpferische Epoche. Es sei nur daran erinnert, daß noch unter Peisistratos der erste und entscheidende Schritt zur Entstehung der klassischen Trägodie dadurch getan wurde, daß der Athener Thespis aus Ikaria dem tragischen Chor einen einzelnen ›Antworter‹ (Hypokrites) gegenüberstellte (534) – mag es von hier aus auch noch ein weiter Schritt zu dem klassischen Drama des folgenden Jahrhunderts gewesen sein, der Anfang war gemacht, und zwar auf eine ebenso geniale wie einfache Weise. Peisistratos' Söhne haben nach dem Tod des Vaters die von ihm eingeschlagene Linie der äußeren und inneren Politik fortgesetzt. Allerdings wurde der Himmel über den Tyrannenherrschaften in Griechenland immer dunkler: Lygdamis von Naxos, ein Freund und Verbündeter des Peisistratidenhauses, mußte der Macht der Spartaner weichen, und mit dem Sturz des Polykrates von Samos (522) war ein anderer Eckpfeiler der Sozietät der Tyrannen gefallen. Dazu kam die Expansion des persischen Weltreiches, das seit dem Skythenzug nicht nur Thrakien, sondern auch die Besitzungen der Peisistratiden an der Nordküste der Ägäis erreichte. Von den beiden Söhnen des Peisistratos, die seine Nachfolge in Athen antraten, war Hipparch, obwohl der jüngere, die markantere Persönlichkeit. In seinen künstlerischen und literarischen Neigungen fand er jedoch in seinem Bruder Hippias die notwendige Unterstützung. Im übrigen haben sich beide mit Inbrunst den mystischen religiösen Strömungen ihres Zeitalters hingegeben, sie hingen den Geheimlehren der Orphik an, und von Hippias wird berichtet, daß er ein ganz besonders guter Kenner der Orakel gewesen sei, die damals alle Welt bewegten. Als der athenische Orakeldeuter Onomakritos dabei ertappt wurde, ein Orakel gefälscht zu haben, da schickte ihn

Hippias, obwohl er mit ihm eng befreundet war, in die Verbannung. Man darf hierbei nicht übersehen, daß die Orakel auch in politischer Hinsicht von großer Bedeutung gewesen sind. Mit ihrer Hilfe wurden politische Unternehmungen in Szene gesetzt, andere verhindert. Hipparch war ein Freund der Dichter, denen er an seinem Hofe in Athen eine Heimstatt bereitete. So lebten in Athen Lasos von Hermione und Pratinas von Phliūs, dieser allerdings vielleicht erst in späterer Zeit. Von Hipparch selbst finden sich auf den Hermen an den attischen Landstraßen kurze epigrammartige Sinnsprüche, die der Nachwelt lange im Gedächtnis geblieben sind.
Nicht alle athenischen Bürger waren unter der Tyrannis im Land geblieben, insbesondere das mächtige Geschlecht der Alkmeoniden hatte es vorgezogen, das Brot der Verbannung zu essen, möglicherweise aber erst nach dem Jahr 525, für das durch ein in seiner Bedeutung allerdings nicht ganz eindeutiges Inschriftenfragment der Alkmeonide Kleisthenes als Archon bezeugt ist. Das über allen Tyrannen schwebende Verhängnis erfüllte sich zuerst an Hipparch. Er endete unter den Dolchen der Verschwörer Harmodios und Aristogeiton, die ihn, als er gerade den panathenäischen Festzug ordnete, hinwegrafften. Dem Attentat lag übrigens kein politisches, sondern ein persönliches Motiv zugrunde: Hipparch hatte Harmodios bei einer früheren Gelegenheit beleidigt. Politisch oder nicht – die Tat erschütterte die Herrschaft des Peisistratidenhauses in ihren Grundfesten. Hippias' Herrschaft nahm nun die Züge einer ausgesprochenen Gewaltherrschaft an: er befestigte den Hügel von Munichia, um von hier aus freien Zugang zur See zu haben, die Bürger wurden entwaffnet, und ein Versuch der Alkmeoniden, die Tyrannis zu stürzen, endete mit dem Mißerfolg von Leipsyhydrion: das von den Verbannten besetzte Kastell mußte wieder geräumt werden. Aber die Alkmeoniden ließen nun nicht mehr locker: sie bedienten sich des delphischen Orakels, dessen Priester ihnen verpflichtet waren. Das Orakel forderte die Spartaner auf, die Bande der Freundschaft mit Hippias zu lösen und die Tyrannis auf dem Boden Attikas zu beseitigen. Das Gebot der delphischen Pythia stürzte die Spartaner in einen schweren Konflikt, schließlich aber siegte die Überlegung, daß Sparta als führende Macht sich dem Willen des delphischen Gottes nicht entziehen durfte. Man versuchte es zunächst mit einem Handstreich, aber die spartanische Streitmacht erwies sich als zu schwach gegenüber der vereinten Kraft des Hippias und der Thessaler. Sparta war gezwungen, nunmehr das Aufgebot des Peloponnesischen Bundes mobil zu machen, die thessalischen Reiter kamen gegenüber dem Hoplitenheer nicht auf, Hippias, der sich auf die

Akropolis geflüchtet hatte, mußte gegen die Zusicherung freien Abzuges kapitulieren. Er begab sich zu Schiff nach Sigeion, wo er fortan als persischer Vasallenfürst regierte (510). Das ist das Ende der athenischen Tyrannis, die mehr als 50 Jahre lang gedauert hatte.

Wie der Peisistratide Hippias, so war auch der Jüngere Miltiades Untertan des persischen Großkönigs geworden. Nachdem er für seinen Bruder Stesagoras die Herrschaft auf der thrakischen Chersonesos angetreten hatte — die Halbinsel war einst von dem Älteren Miltiades im Einverständnis mit Peisistratos besiedelt worden — folgte er dem Dareios, wie die übrigen hellenischen Tyrannen in Kleinasien und in den Städten der Propontis, auf seinem Zuge gegen die Skythen. Miltiades ist es bekanntlich gewesen, der den griechischen Tyrannen den Rat gegeben hat, die über die untere Donau geschlagene Brücke abzubrechen und damit das Heer des Dareios seinem Schicksal in der bessarabischen Steppe zu überlassen. Es ist klar, daß der (nicht befolgte) Brückenrat der Grund gewesen ist, weswegen Miltiades die Chersonesos verlassen mußte; erst als die Flammen des Ionischen Aufstandes emporloderten, ist er dorthin, wenn auch nur für wenige Jahre, zurückgekehrt (499/98—493).

Nach der Vertreibung des Hippias traten in Athen die Alkmeoniden als die Retter der Stadt hervor, und unter ihnen vor allem Kleisthenes, der Sohn des Megakles, dessen Name mit der Geschichte Athens auf immer verbunden ist. Was sollte nun nach dem Sturz der Tyrannis in Athen werden? Hatte es einen Sinn, die Vorherrschaft des Adels wiederaufzurichten? War der Adel überhaupt noch imstande, die vielfältigen Aufgaben der Politik, der Wirtschaft und des geistigen Lebens in ausschließlicher Weise zu bewältigen? Zudem schreckte die Erinnerung an die Zeiten, in denen die verschiedenen Adelsfamilien mit ihren weitverzweigten Gefolgschaften für den inneren Hader verantwortlich gewesen waren; dieser Streit hatte einst dem Peisistratos zur Macht verholfen. Es kennzeichnete die politische Einsicht des Alkmeoniden Kleisthenes, daß er auf rückwärtsgerichtete Reformen verzichtete. Das, was er mit Zustimmung des athenischen Volkes geschaffen hat — ob als Archon, als Nomothet oder in einer anderen amtlichen Stellung, ist unbekannt —, ist die Grundlage eines neuen athenischen Staates geworden, dessen Palladium die Isonomie, die Gleichheit der Bürger vor dem Gesetz, gewesen ist. Hatte bisher der Adel (die Eupatriden) mit seinem mächtigen Anhang die Geschicke Athens bestimmt, so wurde dies jetzt grundlegend anders. Durch eine neue Einteilung des attischen Volkes hat Kleisthenes die alten Geschlechterverbände auseinandergerissen und sie dadurch ihrer politischen Bedeutung beraubt; lediglich als Kultverbände blieben die alten Geschlechterphylen bestehen. Kleisthenes teilte das attische Land mit Einschluß der Stadt Athen in drei ›Zonen‹, in die Stadt (*ásty*), die Küste (*paralía*) und das Binnenland (*mesógeia*), und diese drei ›Zonen‹ wieder in je zehn Einzelteile, die ›Drittelstücke‹ (*tríttyes*). Je eine der Trittyen aus drei verschiedenen Zonen wurde miteinander zu einer neuen Phyle verbunden. Dabei spielte die Lage der Trittyen zueinander keine Rolle, angeblich wurden die neuen territorialen Phylen durch das Los konstituiert. Ihre Namen erhielten sie von attischen Heroen. Nach diesen neuen Phylen nannte sich von nun an der attische Bürger. – Die neue Einteilung ist so künstlich konstruiert, daß man hierfür schwerlich ein Vorbild im gleichzeitigen Hellas finden wird. Sie kann nur dem Kopf eines Mannes entsprungen sein, der sein politisches Ziel um jeden Preis erreichen wollte: dieses Ziel aber war die Schaffung des attischen Volkes, das von nun an als Gesamtkörper, eingeteilt in 10 Phylen, 30 Trittyen und etwa 100 Gemeinden (*demoi*), in Erscheinung tritt. Die nun folgende Geschichte Athens und Attikas ist nicht denkbar ohne diesen schlechthin revolutionären Akt des Kleisthenes; dieser Mann verdient zweifellos den Ehrentitel eines Ahnherrn der attischen Demokratie. Mit der Phylenreform verbunden ist die Neuorganisation des athenischen Heerwesens. Jede der zehn Phylen hatte ein Kontingent Fußvolk zum Heer zu stellen; an der Spitze des Phylenaufgebots stand ein Stratege, an der Spitze des gesamten Heeres der Polemarch, der noch in der Schlacht bei Marathon der eigentliche Befehlshaber des athenischen Heeres gewesen ist.

Als politische Behörde schuf Kleisthenes einen Rat aus 500 Mitgliedern, der nunmehr an die Stelle des solonischen Rats der Vierhundert getreten ist. Jede Phyle stellte 50 Mitglieder, von diesen jede Gemeinde (*demos*) eine ihrer Bevölkerungszahl entsprechende Anzahl von Ratsherren. Um den Rat (die *bulé*) aktionsfähig zu machen, wurde dieser in zehn Sektionen nach den einzelnen Phylen geteilt, von denen jede den zehnten Teil des Jahres die Geschäfte zu führen hatte. Es besteht kein Zweifel, daß Kleisthenes in der Konstituierung des Rates eine sehr glückliche Hand besessen hat. Zum erstenmal in der Geschichte Athens ist hier die Idee der Repräsentation des attischen Volkes in einem wichtigen politischen Organ verwirklicht, und zwar in einer Weise, die als ebenso vorbildlich wie neu bezeichnet werden muß.

Um eine Wiederkehr der Tyrannis ein für allemal zu verhindern, schuf Kleisthenes die Institution des Ostrakismos, das ›Scherbengericht‹. Alljährlich wurde in der Volksversammlung

(*ekklesía*) die Frage gestellt, ob ein Ostrakismos zu halten sei. Wurden hierbei 6000 Stimmen erreicht, so mußte derjenige unter den Bürgern, der die höchste Stimmenzahl erhalten hatte, auf zehn Jahre Athen und Attika verlassen, übrigens ohne an seinem Eigentum Schaden zu erleiden. Erstaunlicherweise ist der erste Ostrakismos erst im Jahre 487 gehalten worden — volle 20 Jahre lang hatte sich also der attische Demos durch keine neue Tyrannis bedroht gefühlt; die von einem Teil der Forschung vertretene Ansicht, der Ostrakismos sei erst damals (487) eingeführt worden (und nicht schon 20 Jahre früher), ist nicht wahrscheinlich; sie scheitert außerdem an der ausdrücklichen Angabe des Aristoteles in seiner »Staatsverfassung der Athener« (c.22,1). Es war kein Wunder, wenn die Reformen des Kleisthenes auf harten Widerstand, insbesondere bei den Eupatriden, gestoßen sind. Sein Widersacher Isagoras bestimmte die Spartaner zur Intervention in Athen (508). Aber der Demos wollte sich die neuen Errungenschaften nicht entreißen lassen, die Athener nahmen die Waffen in die Hand und schlossen Isagoras und den Spartanerkönig Kleomenes in der Akropolis ein. Nachdem sie auf freien Abzug kapituliert hatten, kehrten Kleisthenes und seine Parteigänger nach Athen zurück. Als sich eine erneute Intervention der Spartaner abzeichnete, schlossen die Athener, sicher auf Anregung des Kleisthenes, ein Bündnis mit dem persischen Satrapen Artaphrenes von Sardes (507). Dieser Schachzug erwies sich jedoch als unnötig: das peloponnesische Bundesheer hatte wenig Neigung, gegen die Athener zu kämpfen, es löste sich praktisch auf, und über die Verbündeten der Spartaner, die Böoter und Chalkidier (auf Euböa), errangen die Athener entscheidende Siege, angeblich an dem gleichen Tag (506). Der Staat des Kleisthenes hatte damit im Feld seine Bewährungsprobe bestanden. Sehr bedenklich und gefährlich war dagegen das Bündnis mit den Persern; es wundert uns nicht, wenn die Athener, als sich die Wetterwolken verzogen hatten, ihre eigenen Gesandten desavouierten, die für den Abschluß des Vertrages verantwortlich gewesen waren.
Kleisthenes' Ende ist unbekannt. Mit seinen Reformen hat er sich selbst ein unvergängliches Denkmal gesetzt. In dem alten Adelsrat des Areopag, in der von Kleisthenes geschaffenen Bulé der Fünfhundert, in der Volksversammlung und nicht zuletzt in den verschiedenen Ämtern finden die athenischen Bürger nach ihren Neigungen und Fähigkeiten die Möglichkeit zu politischer Betätigung. Freilich wurden die Archonten immer noch den Angehörigen der obersten Schatzungsklasse, den Pentakosiomedimnoi, den ›Fünfhundert-Schefflern‹, entnommen, und in den Areopag gelangten nur die gewesenen Archonten, und auch sie nur, wenn sie ihr Amt ohne Beanstan-

dung verwaltet hatten – aber was bedeutete diese Einschränkung gegenüber der Tatsache, daß nunmehr vielen Tausenden attischer Bürger die Betätigung in Rat und Volksversammlung offenstand? Hatte die Verfassung des Kleisthenes Gelegenheit, sich zu verfestigen, so mußte sich im Lauf der Jahre eine politische Führungsschicht und neben ihr eine breite Masse politisch erfahrener Bürger bilden, wie sie in jedem Staat ganz unentbehrlich ist. Ja, noch mehr! Das allgemeine Interesse am Staatswesen und am Staatswohl mußte in dem gleichen Maß steigen, je mehr Bürger sich an seinem Dienst beteiligten.
Mit seinen kühnen Neuerungen auf dem Gebiet der Politik steht die konservative Haltung des Kleisthenes zu allen sakralen Dingen in ganz betontem Gegensatz. Kleisthenes ließ die vier alten ionischen Stammesphylen, die Hopleten, Argadeis, Geleontes und Aigikoreis, bestehen, ebenso die alten sakralen Trittyen (die nichts mit den neugeschaffenen lokalen Trittyen zu tun haben), die Phratrien und die Priesterschaften – es wäre ein schwerer Fehler gewesen, diese uralten Institutionen anzutasten, wovor sich auch Kleisthenes mit Bedacht gehütet hat. Aber er hat als echter Staatsmann das eigentlich Politische herausgelöst und auf eine neue Grundlage gestellt, die sich als tragfähig erwiesen hat, solange es überhaupt einen selbständigen attischen Staat gegeben hat.
Die von Kleisthenes geschaffene athenische Isonomie befand sich in Griechenland in einer durchaus isolierten Situation; wohin man auch blickte: nirgends gab es Staaten mit ähnlicher Verfassung, überall behauptete die Adelsherrschaft das Feld. Dazu kam, daß Sparta als Vormacht des Peloponnesischen Bundes allen anderen griechischen Staaten weit überlegen war. Ob freilich der Peloponnesische Bund auch andere, größere Aufgaben außerhalb Griechenlands zu lösen imstande war, diese Frage blieb vorläufig offen. Bisher hatte Sparta überseeische Expeditionen zumeist abgelehnt oder doch nur mit halbem Herzen durchgeführt wie seinerzeit gegen Polykrates von Samos. Die früheren Betrachtungen der griechischen Geschichte gingen zumeist vom Nationalgedanken des 19. Jahrhunderts aus; sie sahen im Griechentum eine völkische und ideelle Einheit und sprachen ohne weiteres von der griechischen Nation so, wie man von einer deutschen oder italienischen Nation zu sprechen pflegte. Diese Betrachtungsweise kann heute wohl als überwunden gelten. Es ist vor allem das Verdienst des Werkes von Hans Erich Stier, Grundlagen und Sinn der griechischen Geschichte (Stuttgart 1945), auf die grundlegenden Unterschiede zwischen dem antiken und modernen Nationalbewußtsein hingewiesen zu haben. Das Griechentum in der Zeit um 500 v. Chr. war in der Tat vor allem nur auf sakralem Gebiet eine Einheit,

der Glaube an die Olympischen Götter einte alle Hellenen, und es ist das geschichtliche Verdienst Homers und seiner Epen, wenn neben den ungezählten lokalen Gottheiten die Gestalten der Olympier überall in Hellas Anerkennung und kultische Verehrung gefunden hatten. Außer diesem idealen Band gab es aber nur wenig Gemeinsamkeiten. Gewiß wurden die Gedichte Homers überall gelesen, aber dennoch existierte keine allgemeine griechische Literatursprache. Der Grieche bediente sich des Dialekts seiner Stadt oder seines Stammes, und man kann sich gut vorstellen, daß die Verständigung etwa zwischen einem Lakedämonier und einem Thessaler auf Schwierigkeiten stieß. Nur in fremder Umwelt, in den Kolonialgebieten in Kleinasien, Italien, Südrußland, überall dort, wo Griechen mit fremden Völkern zusammen wohnten, wurden sich die Hellenen ihrer völkischen und kulturellen Eigenart gegenüber den Fremden bewußt. Es ist sicher kein Zufall, daß sich der Begriff ›Panhellenes‹ bei Archilochos (fr. 52) findet; der Dichter spricht hier von dem ›Elend von ganz Griechenland‹; gemeint sind damit all die fragwürdigen Existenzen, die sich, ebenso wie Archilochos selbst, an der Kolonisation von Thasos beteiligt hatten. Dieses Ereignis gehört etwa der Mitte des 7. Jahrhunderts an. Auch bei Hesiod findet sich der gleiche Begriff, und in seinen Katalogen ist Hellen der Heros epónymos der Griechen. Zu dieser ideellen Einheit standen aber die harten Realitäten des politischen Lebens in einem schneidenden Gegensatz; jede Polis, auch die kleinste, wachte eifersüchtig über ihre Autonomie, keine einzige war bereit, hierauf zugunsten einer anderen mächtigeren zu verzichten. Aus diesem Grund erwies sich jede größere Machtbildung von vornherein als unmöglich, und wenn man ein Bündnis mit einem anderen schloß, so gab man kein Jota seiner Souveränität preis. Außerdem waren die einzelnen Gemeinden des öfteren miteinander verfeindet und in zahlreiche, oft langwierige Fehden verstrickt; so kämpfte Athen jahrzehntelang mit Ägina um die Vorherrschaft im Saronischen Golf, Sparta rang erbittert mit Argos um die fruchtbare Landschaft Kynuria, und der Streit zwischen Kroton und Sybaris in Unteritalien führte zur vollständigen Austilgung und Vernichtung von Sybaris.

Ein gewisses panhellenisches Ansehen besaß das Orakel des delphischen Apollon. Die weitreichenden Verbindungen der delphischen Priesterschaft in allen von Griechen besiedelten Landschaften und sogar noch weit darüber hinaus ermöglichten es der Pythia, den Ratsuchenden Orakelsprüche zu erteilen, die oftmals auch politisch entscheidend ins Gewicht fielen. Freilich, die Sprache des delphischen Orakels war, wie die aller Orakel in alter und neuer Zeit, dunkel und nicht für jedermann ohne weiteres verständlich. Man erinnere sich des Orakels, das die

Pythia dem mächtigen Lyderkönig Kroisos gegeben hatte, als er in den Krieg gegen die Perser eintrat: »Wenn du den Halys überschreitest, wirst du ein großes Reich zerstören.« Aber das Vertrauen zu Apollon blieb ganz unerschüttert, bis die Perser herannahten. Für einen Fremden waren die politischen Verhältnisse in Hellas nur schwer überschaubar. Was er bemerkte, war eine Welt von Poleis, die durch Freundschaften verbunden und durch Feindschaften vielfach gespalten war. Es erschien so gut wie unmöglich, daß die Griechen das Trennende vergaßen, um sich großen, gewissermaßen nationalen Aufgaben zuzuwenden, da es an einer allgemein anerkannten Hegemonialmacht mangelte. Wenn es einer auswärtigen Macht gelang, einen Teil der Griechen durch Verlockungen und Drohungen gefügig zu machen, so mußten die übrigen zwangsläufig folgen, und um die Freiheit des Landes war es geschehen. Da trat um die Jahrhundertwende (500/499) ein Ereignis ein, das blitzartig die Lage des Griechentums diesseits und jenseits der Ägäis enthüllte: es ist der Ionische Aufstand, das Vorspiel zu den Perserkriegen.

3. Der Ionische Aufstand und die Perserkriege bis Marathon

Die Geschichte der Perserkriege ist ausschließlich aus griechischen Quellen bekannt, vor allem aus dem Geschichtswerk des Herodot. Die persische Überlieferung, sofern es eine solche überhaupt gegeben hat, ist nicht erhalten. Was dies bedeutet, wird nur derjenige ganz ermessen können, der sich erinnert, zu welch folgenschwerer Verzeichnung das Fehlen der punischen Überlieferung für die große Auseinandersetzung zwischen Rom und Karthago geführt hat. Herodot (geb. vor 480, gest. vor 424 v. Chr.) schrieb in der Zeit des Perikles, d. h. eine volle Generation nach Marathon und Salamis. Aber Herodot hat gute Quellen benutzt, vor allem mündliche Erzählungen, und in der Regel besteht auch gar kein Grund, ihm zu mißtrauen. Dazu kannte Herodot aus eigener Anschauung weite Teile des Perserreiches. Er war in Ägypten, in Babylonien gewesen, auch ein Aufenthalt im Skythenland, in Südrußland, ist sehr wahrscheinlich. Seine eigene Erfahrung, die sich mit einer unerreichten Kunst der Erzählung verbindet, hat Herodot zum ersten Historiker des Abendlandes gemacht, der diesen Namen wirklich verdient. Daß ihm gewisse Schwächen eigen waren, daß er die Perserkriege unter dem Eindruck der Blüte des perikleischen Athen gesehen hat, wobei es natürlich zu Akzentverschiebungen gekommen ist, daß er überdies nicht immer ganz unparteiisch gegenüber den führenden Persönlichkeiten der Griechen gewesen ist, läßt sich freilich ebensowenig übersehen wie die gewaltigen Übertreibungen in seinen Zahlenangaben, welche die Forschung längst aus sachlichen Gründen für irrig hält. Schwieriger wird das Urteil über Herodots Gewohnheit, historische Entscheidungen, gerade auch solche von großer Tragweite, auf rein persönliche Motive der handelnden Männer zurückzuführen. Hier gilt es für den Beurteiler kritisch zu sein, wenn dieser auch nicht leugnen wird, daß Herodot in dem einen oder anderen Fall auf dem richtigen Weg gewesen sein mag.

Bereits die Gründe und Anlässe des Ionischen Aufstandes (500/499–494) sind ein echtes historisches Problem. Herodot erzählt, der Ionische Aufstand sei persönlichen Motiven des Tyrannen Aristagoras von Milet entsprungen. Dabei habe Histiaios, der Schwiegervater des Aristagoras, diesen von Susa aus durch eine geheime Botschaft zu dem Unternehmen ermuntert. Aristagoras hatte den persischen Satrapen von Sardes, Artaphrenes, zu einem gemeinsamen Kriegszug gegen die Insel

Naxos überredet. Das Unternehmen schlug jedoch fehl, und da Aristagoras fürchtete, von dem Großkönig zur Rechenschaft gezogen zu werden, soll er, so berichtet Herodot (V 35), in einem Aufstand der Ioner die letzte Rettung gesehen haben; Aristagoras legte die Tyrannis in Milet nieder, zahlreiche andere Tyrannen ionischer Städte taten das gleiche, der Abfall von den Persern verbreitete sich rasch über ganz Ionien. Es war im übrigen das erstemal, daß ein großangelegter Aufstand in einer wichtigen Grenzprovinz die Fundamente des persischen Weltreiches erschütterte, und die Forschung hat sich immer wieder darum bemüht, überzeugende Gründe für diese Bewegung in Ionien beizubringen. Denn darüber kann kein Zweifel bestehen: Aristagoras hätte den Aufstand nie und nimmer wagen können, wenn er nicht sicher gewesen wäre, daß die allgemeine Volksstimmung in Ionien seiner Absicht entgegenkam. Jedoch bleibt die Frage zunächst offen, ob man nationale oder wirtschaftliche Motive oder eine Verbindung beider als das eigentliche Motiv des Aufstandes anzunehmen hat. Was zunächst die Wirtschaft betrifft, so ist es nicht zu leugnen, daß der ionische Handel gewisse Einbußen erlitten hatte. Da war die Besetzung Ägyptens durch die Perser unter Kambyses (525), die sich in dem Rückgang der Griechenkolonie Naukratis in Ägypten widerspiegelt, da ist aber auch die für den griechischen Schwarzmeerhandel sehr einschneidende Tatsache, daß die Perser seit dem Skythenzuge des Dareios (513/12?) die Meerengen, die Dardanellen und den Bosporus, unter Kontrolle hielten. Endlich hatte sich im Westmeer durch den Niedergang der Phokäer und den gleichzeitigen Aufstieg der Karthager und Etrusker eine Entwicklung abgezeichnet, die von den Ionern mit Sorge beobachtet wurde. Als schließlich das mit Milet in enger Freundschaft verbundene Sybaris durch die Eifersucht des benachbarten Kroton zugrunde ging (511/10), da sollen sich die Milesier auf die Trauerbotschaft hin die Köpfe geschoren haben. Aber diese zweifellos ungünstigen Zeichen für den Handel der Ioner genügen nicht zur Erklärung des Aufstandes. Wer sich den Unberechenbarkeiten eines Krieges, und dazu noch mit einer Weltmacht, aussetzt, muß hierfür ein Motiv besitzen, das hoch über allen ökonomischen Erwägungen steht: es ist die Freiheitsliebe der ionischen Griechen, die hier den Ausschlag gegeben hat. Nur ein Hellene konnte es empfinden, was es bedeutete, wenn die Autonomie der Vaterstadt ständigen Eingriffen der persischen Satrapen ausgesetzt war und wenn anstelle einer freien Bürgerschaft von den Persern eingesetzte und gestützte Tyrannen über das Wohl und Wehe des Gemeinwesens und seiner Bürger entschieden. Ist es nicht bezeichnend, wenn Aristagoras, nachdem er die Tyrannis niedergelegt hatte, in Milet die Isonomie, die Gleichheit der Bürger vor dem Gesetz, verkündete? In Athen war es Kleisthenes gewesen, der diese Idee zuerst proklamiert hatte, man sieht nun die werbende Kraft dieser Idee auch in Ionien. Man braucht keineswegs im nationalstaatlichen Denken des 19. Jahrhunderts befangen zu sein, um zu erkennen, daß hier ganz elementare Interessen der ionischen Griechen auf dem Spiel standen, für die jedermann, Adel und Demos, einzutreten bereit war. Ohne die Hilfe des Mutterlandes war die Bewegung zu schwach, um sich mit Aussicht auf Erfolg gegen die weit überlegene Kraft des persischen Weltreiches behaupten zu können. Aus diesem Grund begab sich Aristagoras im Winter des Jahres 500/499 (oder 499/98) nach Griechenland. Der Erfolg seiner Mission blieb hinter den Erwartungen beträchtlich zurück: allein Athen und Eretria versprachen, ein Flottenkontingent zu den ionischen Brüdern stoßen zu lassen; dabei mögen in Athen Hoffnungen mitgespielt haben, die sich auf die Sicherung des Besitzes von Lemnos und Imbros an den Dardanellen richteten. Athen war schon damals auf die Einfuhr des südrussischen Getreides angewiesen und konnte sich mit der Kontrolle der Meerengen durch die Perser nicht abfinden. Bedenklich war es, daß sich Sparta den Bitten des Aristagoras versagte. Die Scheu der Lakedämonier vor überseeischen Expeditionen war bekannt, dazu kam die bevorstehende Auseinandersetzung mit Argos (s. S. 52).

Die Ioner eröffneten den Krieg durch einen Zug gegen die lydische Kapitale Sardes, die Stadt wurde mit Feuer und Schwert verwüstet, die Akropolis, in die sich der Satrap mit der persischen Besatzung zurückgezogen hatte, vermochten die Ioner nicht zu erobern. Auf den Brand von Sardes hin schlossen sich nicht nur die Griechenstädte an der Propontis und am Bosporos der Bewegung an, auch die Karer, Lykier und sogar die Cyprioten warfen die persische Herrschaft ab, aus geringen Anfängen war ein großer Brand entstanden, dessen Flammen vom Bosporos bis nach Cypern emporschlugen. Der Aufstand bedrohte wichtige Verbindungen des persischen Weltreiches, die Satrapie Thrakien war überhaupt abgeschnitten. Bei den Gegenmaßnahmen der Perser ist ein umfassender Plan ganz unverkennbar. Zunächst gelang es ihnen, Cypern zurückzuerobern, als letzte Stadt der Insel kapitulierte im Frühjahr 496 Soloi. Auch am Hellespont und in Karien machten die Perser Fortschritte, und allmählich zog sich das Netz um Milet, das Zentrum des Aufstandes, immer enger zusammen. Die Ioner beschlossen nach einer Beratung im Panionion (die Stätte des ionischen Bundesheiligtums ist durch deutsche Ausgrabungen wiedergefunden worden), die Entscheidung in einer Seeschlacht zu suchen. Neun ionische Städte entsandten ihre Kontingente zur

Bundesflotte, die sich bei der Insel Lade vor Milet versammelte (die Insel ist heute längst durch die Anschwemmungen des Mäanders mit dem Festland zusammengewachsen). Zum Unglück ließ bei den Ionern die Disziplin zu wünschen übrig, der Führer der Bundesflotte, Dionysios von Phokaia, konnte sich nicht durchsetzen, außerdem hatte er sich vorher durch seine Strenge bei den Gefechtsübungen verhaßt gemacht. Während der entscheidenden Seeschlacht verließen die Kontingente von Samos und Lesbos die Reihen der Griechen, trotz aller Anstrengungen des Kontingents der Insel Chios und trotz allen persönlichen Mutes des Dionysios, der nicht weniger als drei persische Schiffe eroberte, ging die entscheidende Seeschlacht verloren (495), und im folgenden Jahr fiel Milet. Die Stadt wurde von den Persern zerstört, die Bewohner in das Land am unteren Tigris deportiert. Unter den Handwerkern beim Pfalzbau zu Susa erscheinen auf der Inschrift des Dareios später auch Ioner und Karer, vielleicht sind auch diese im Zusammenhang mit dem unglücklichen Ausgang des Aufstandes in das Innere des Perserreiches verschleppt worden. Der Ausgang des Ionischen Aufstandes hatte die Überlegenheit des persischen Weltreiches vor aller Welt erwiesen. In überlegtem Zusammenwirken zwischen Heer und Flotte, diese vor allem von den phönikischen Seestädten gestellt, hatte die persische Kriegführung die Ioner schließlich erdrückt. Es besteht jedoch kein Grund, das Verhalten der Ioner völlig negativ zu beurteilen. Der Widerstand gegen die Weltmacht war in erster Linie von jenen Gemeinden getragen worden, die sich von alters her um das Panionion, das Bundesheiligtum des Ionischen Bundes auf der Mykale, zusammengeschlossen hatten. Hier hatte man gemeinsamen Kriegsrat abgehalten, die einzelnen Gemeinden hatten Schiffe, Bewaffnete und wahrscheinlich auch beträchtliche Geldsummen für die gemeinsame Sache aufgewandt. Man hatte beispielsweise eine gemeinsame Münze, die sog. ionische Aufstandsmünze aus Elektron, geprägt. Allerdings hatte der Ausgang des Krieges diese hoffnungsvollen Ansätze zerstört, die Herrschaft der persischen Satrapen kehrte zurück, das Tributsystem wurde erneuert, doch vermieden es die Perser, den Bogen zu überspannen. Auf Anregung des Artaphrenes mußten die griechischen Gemeinden untereinander Verträge über die Schlichtung von Rechtsstreitigkeiten abschließen, bei den unaufhörlichen Konflikten der Griechen eine höchst segensreiche Maßnahme, dazu wurde das Land neu vermessen und in Kataster eingetragen, wahrscheinlich, um es gerechter besteuern zu können.

Aristagoras hatte den Ausgang des Aufstandes nicht mehr erlebt, im Kampf mit den räuberischen Edonen war er in Thrakien umgekommen (496). Ein ganz ähnliches Schicksal hatte sein Schwiegervater Histiaios: er wurde als Seeräuber aufgegriffen und ans Kreuz geschlagen (493). Histiaios ist eine undurchsichtige Persönlichkeit, er hat das Vertrauen des Dareios getäuscht, ohne dafür das Vertrauen seiner eigenen Landsleute gewinnen zu können. Überhaupt stehen die führenden Persönlichkeiten der Ioner in einem gewissen Zwielicht. Am sympathischsten erscheint noch Dionysios von Phokaia, ihm ist es gelungen, zu Schiff nach dem Westen, nach Sizilien, zu entkommen. Die Athener hatten ihre kleine Hilfsexpedition schon im Jahr 498 aus Ionien zurückberufen. Diese Maßnahme ist höchstwahrscheinlich nicht auf militärische, sondern auf politische Gründe zurückzuführen. Der junge athenische Staat, eben erst durch Kleisthenes auf neue Grundlagen gestellt, war ein ziemlich labiles und auf alle Einflüsse außerordentlich empfindlich reagierendes Gebilde. Das wenige, was über die innere Entwicklung Athens um die Jahrhundertwende bekannt ist, legt die Annahme nahe, daß es in der Stadt zu Kämpfen um die politische Führung gekommen ist, und zwar handelt es sich vor allem um zwei politische Gruppen, um die Alkmeoniden nebst ihrem Anhang und um die Tyrannenfreunde. Von irgendeiner prinzipiellen Feindschaft gegenüber den Persern kann jedoch weder bei den einen noch bei den anderen die Rede sein. Aber es wirft doch ein Schlaglicht auf die politische Entwicklung in der Stadt, wenn im Jahr 496, als der Ionische Aufstand mit der Gegenoffensive der Perser in sein entscheidendes Stadium getreten war, ein gewisser Hipparchos, Sohn des Charmos, zum Archon gewählt wurde. Dieser Mann stand den Peisistratiden zum mindesten nahe, wenn er nicht sogar mit ihnen verwandt war. Als Milet im Sommer 494 gefallen war, da erschien auf der athenischen Bühne eine Tragödie des Phrynichos; sie hatte das Schicksal der befreundeten ionischen Polis zum Gegenstand. Die Athener, tief beeindruckt durch das Unglück Milets, belegten den Dichter mit einer Strafe. Man hat vermutet, daß hinter Phrynichos der Lykomide Themistokles gestanden habe, der im Jahre 493/92 v. Chr. das Archontat in Athen bekleidete. Schon damals muß Themistokles über eine bedeutende politische Gefolgschaft unter seinen Mitbürgern verfügt haben, die Rückkehr des Philaiden Miltiades von seinen Besitzungen auf der thrakischen Chersonesos drängte ihn jedoch wieder in den Hintergrund. Doch hatte Themistokles mit der Befestigung des Piräus ein Werk eingeleitet, dessen Bedeutung erst spätere Generationen voll erkannt haben. Miltiades aber, der Tyrannis auf der Chersonesos angeklagt, wurde freigesprochen.

Als der Ionische Aufstand niedergeworfen war, gingen die Perser unter Mardonios daran, die Herrschaft in der Satrapie Thra-

kien jenseits des Hellesponts wiederherzustellen. Mardonios, der Schwiegersohn des Dareios, hat diese Aufgabe im wesentlichen gelöst, doch ging ein Teil der persischen Flotte durch die Stürme am Berge Athos auf der Chalkidike verloren. Auch das Landheer war durch Angriffe der räuberischen Bryger in Schwierigkeiten gekommen. Da sich die reiche Insel Thasos ohne weiteres den Persern unterworfen hatte (Thasos fürchtete wahrscheinlich, seine auf dem Festlande gelegenen Goldminen zu verlieren), hatten die Perser ihre Suprematie im Norden der Ägäis wiederhergestellt (492). Weitergesteckte Ziele hatte Dareios nicht verfolgt; wenn Herodot erzählt, dieser Perserzug sei in Wahrheit gegen Hellas gerichtet gewesen, nur die persischen Verluste hätten die Durchführung verhindert, so befindet er sich im Irrtum, und mit ihm die modernen Historiker (G. Busolt, Ed. Meyer), die ihm dies nachgesprochen haben.
Herodot weiß ferner davon zu berichten, daß der persische Großkönig im Jahr 491 v. Chr. Gesandte nach Hellas geschickt habe, die von den Griechen Erde und Wasser, die Zeichen der Unterwerfung, fordern sollten. Zahlreiche Staaten, darunter auch die reiche Insel Ägina, hätten sich einschüchtern lassen und den Willen des Dareios erfüllt, in Athen und Sparta seien die Gesandten dagegen getötet worden. Diese Version entbehrt jedoch der historischen Wahrscheinlichkeit. Man braucht nur daran zu erinnern, daß sich Athen seit seiner Teilnahme am Ionischen Aufstand mit den Persern im Krieg befunden hat, warum hätte also der Großkönig dorthin Gesandte schicken sollen?
Im Sommer des Jahres 490 setzte die persische Flotte in Kilikien die Segel. Sie stand unter dem Befehl des Datis und des jüngeren Artaphrenes. Sie hatte Landungstruppen, Infanterie und Kavallerie, an Bord, insgesamt sicherlich nicht mehr als 25 000 Mann, die gut ausgerüstet waren. Auch Hippias, der ehemalige Tyrann von Athen, war dabei. Über die Absichten, die dieser Expedition zugrunde lagen, sagt Herodot (VI 94), der Großkönig habe sie ausgesandt, erstens, um die Athener wegen ihrer Teilnahme am Ionischen Aufstand zu bestrafen, zweitens, weil die Peisistratiden den König dazu gedrängt hätten, und drittens, um alle griechischen Städte zu unterwerfen, die sich geweigert hatten, die persische Oberhoheit anzuerkennen. Den von Herodot angegebenen Gründen ist nichts hinzuzufügen. Für jeden einsichtigen Betrachter wird es ohnedies klar, daß ohne eine Unterwerfung des griechischen Mutterlandes die persische Herrschaft auf den Kykladen, in Thrakien und selbst in Ionien auf tönernen Füßen stehen mußte. Im übrigen hatten die Perser mit ihrer Expedition keine große Eile. Zuerst wurde Naxos angelaufen, und die Bewohner wurden wegen ihres Verhaltens im Jahre 500 bestraft: die Perser hatten nichts

verziehen und nichts vergessen. Gegenüber Delos und dem Heiligtum des delischen Apollon zeigten sich dagegen die Perser von der besten Seite: Datis stiftete dem Apollon ein kostbares Weihgeschenk. Die Perser wandten sich dann der Insel Euböa zu: Karystos wurde zum Anschluß gezwungen und nach einer sechstägigen Belagerung auch Eretria, das einst die ionischen Brüder durch eine Hilfssendung unterstützt hatte. Die Tempel der Stadt gingen in Flammen auf, die Bewohner wurden in das Innere des Perserreiches verschleppt.
In Athen hatte man wohl mit einer Landung der Perser in der Bucht von Phaleron im Süden der Stadt gerechnet. Die Perser wählten jedoch die Ebene von Marathon, vielleicht auf den Ratschlag des Hippias. Bei Marathon war seinerzeit auch Peisistratos an Land gegangen, nachdem er aus Athen vertrieben worden war. Gab es hier immer noch Tyrannenfreunde? Die athenische Volksversammlung rang sich auf Anraten des Miltiades zu dem Entschluß durch, die Stadt zu verlassen und den Persern entgegenzuziehen; dieser Entschluß war außerordentlich kühn, schlug er fehl, so war die Stadt mit Sicherheit verloren, da sie für eine längere Belagerung nicht ausgerüstet war (die Frage, ob Athen eine Ummauerung besessen hat, ist umstritten). Der Oberbefehl lag in den Händen des Polemarchen Kallimachos; dieser verließ sich aber ganz auf Miltiades, den vornehmsten unter den zehn attischen Strategen. Zu den 10 000 Athenern stießen noch 1000 Mann aus dem befreundeten Platää. Eine Hilfssendung der Spartaner kam um einen Tag zu spät. Die Spartaner haben sich damit entschuldigt, daß es ihnen verboten sei, vor dem Vollmond ins Feld zu ziehen. Die Begründung mag auf Wahrheit beruhen.
Die *Schlacht bei Marathon* (etwa Anfang September 490) ist in ihrem Verlauf nicht vollständig zu klären. Man wird aber davon ausgehen können, daß die Perser den Athenern zahlenmäßig überlegen waren, ein Gefühl, das sie dazu bestimmte, den Athenern mehrfach die Schlacht anzubieten. Es ist wieder Miltiades gewesen, der den Polemarchen veranlaßte, die Herausforderung anzunehmen. Daß die Perser, nicht die Athener, die Angreifer gewesen sind, ergibt sich auch daraus, daß nach Herodot Miltiades die Schlachtreihe der Athener auf die gleiche Länge wie die der Perser gebracht hat: die Perser standen also schon bereit, während die Athener noch umgruppieren mußten. Wenig Wahrscheinlichkeit hat die Anschauung für sich, daß das Treffen in Wahrheit ein Rückzugsgefecht der Perser gewesen sei (F. Schachermeyr). An den Flügeln behielten die athenischen Hopliten die Oberhand, vor allem infolge ihrer besseren Bewaffnung und Übung. Das Zentrum der Griechen mußte jedoch zunächst Raum geben, aber durch das Einschwenken

der siegreichen Flügel vollendete sich der Sieg. Ein voller Erfolg kam deswegen nicht zustande, weil es den Persern gelang, einen Großteil des Heeres auf die Schiffe zu bringen. Nur sieben ihrer Schiffe gingen verloren. Die Verluste werden an Gefallenen auf 6400 Perser und 192 Athener beziffert, unter ihnen befand sich der Polemarch Kallimachos. Von der persischen Kavallerie verlautet in der Schlacht nichts, sie scheint nicht zum Einsatz gelangt zu sein, vielleicht war sie auch zahlenmäßig zu unbedeutend.

Mit der Schlacht von Marathon verbunden ist die Erzählung vom Schildsignal. Als die persische Flotte wieder in See ging, bemerkten die Athener das Aufblinken eines Schildes im Binnenlande, sie vermuteten, daß damit den Persern ein Zeichen gegeben werden sollte. Das Schildsignal ist aller Wahrscheinlichkeit nach historisch, man hat mit ihm die Alkmeoniden in Verbindung gebracht, wofür aber ein zwingender Beweis fehlt. Im übrigen hat Herodot sie ausdrücklich gegen den Vorwurf des Verrates in Schutz genommen; ob mit Recht, ist fraglich. Legende ist dagegen die Erzählung von dem Läufer von Marathon, der den Sieg nach Athen gemeldet habe (*nenikékamen:* wir haben gesiegt!) und tot zusammengebrochen sei.

Ihren Plan, Athen zu bestrafen, hatten die Perser trotz Marathon noch nicht aufgegeben. Die Flotte umrundete die Südspitze Attikas und erschien in der Bucht von Phaleron. Jedoch war Miltiades den Persern zuvorgekommen, das athenische Heer hatte in einem Gewaltmarsch die Stadt erreicht und bei dem Gymnasion des Kynosarges ein Lager bezogen. Daraufhin segelten die Perser nach Asien zurück.

Der Sieg bei Marathon bedeutete für die Athener und überhaupt für die Griechen ungeheuer viel: es hatte sich klar gezeigt, daß die griechischen Hopliten den Persern überlegen waren, wenn man sie zweckmäßig zum Einsatz brachte. Überlegen war auch die griechische Führung gewesen: sie verband kühle Überlegung mit zupackender Entschlossenheit, wenn die entscheidende Stunde gekommen war. Miltiades kannte die Perser genau, er verstand sich auf ihre Taktik und ahnte den persischen Handstreich auf Athen nach der Schlacht im voraus. Für die Perser bedeuteten die Verluste wenig; der Verlauf des Zuges aber hatte ihnen gezeigt, daß mit kleineren Expeditionen nichts Entscheidendes zu erreichen sei, es bedurfte sorgfältiger Planung und größerer Vorbereitung, wenn man die Griechen in die Knie zwingen wollte. Bei den Griechen aber stärkte der Erfolg von Marathon den Willen, dem übermächtigen Gegner Widerstand bis zum äußersten zu leisten.

4. Die Rüstungen und der Zug des Xerxes

Im Frühjahr 489 veranlaßte Miltiades, dessen Ansehen in Athen den Gipfelpunkt erreicht hatte, seine Mitbürger zu einer Expedition gegen die Inseln des Ägäischen Meeres. Die meisten von ihnen hatten sich den Persern unterworfen, und es schien nicht schwer, sie unter dem Vorwand des Medismos zu brandschatzen. Das Unternehmen lief sich aber an den Mauern von Paros fest, Miltiades wurde verwundet, und die Flotte mußte unverrichteterdinge wieder heimkehren. Die Folge war eine Anklage gegen Miltiades, dem seine Gegner Täuschung des Volkes vorwarfen. Er wurde zu einer Buße von 50 Talenten verurteilt und starb wenig später an der Wunde, die er vor Paros empfangen hatte. Dieses mißglückte Unternehmen des Miltiades ist in mancher Hinsicht aufschlußreich: trotz der Überlegenheit der persischen Flotte hatte man es gewagt, die Hand nach den Kykladen auszustrecken; der Versuch, ohne eine entsprechende Flottenmacht unternommen, hatte sich als verfrüht erwiesen. Die Ansicht, das Unternehmen sei auf persönliche Motive des Miltiades zurückzuführen (Herodot), ist ebenso unrichtig wie die Annahme, daß man in der Flottenfahrt ein Privatunternehmen des Miltiades (Berve) zu sehen habe: Wie hätte Miltiades auch nur daran denken können, sich angesichts der überlegenen Kraft des persischen Weltreiches in der Ägäis zu behaupten?

Der Sturz des Miltiades machte die Bahn für einen Größeren in Athen frei: für Themistokles aus dem Demos Phrearrioi, der von nun an bis zu seiner Verbannung (471) die beherrschende Figur der athenischen Politik gewesen ist. In den Jahren nach Marathon haben sich in Athen eine Reihe von Umwälzungen vollzogen, infolge der sehr lückenhaften Überlieferung läßt sich aber über sie nur wenig aussagen. Bemerkenswert ist zweifellos die Einführung der Archonten-Losung. Bisher waren die neun attischen Archonten gewählt worden. Im Jahr 487 wurde dies dadurch geändert, daß man sie aus einer Zahl von 500 Kandidaten erloste, die von den einzelnen Gemeinden (Demen) entsprechend ihrer Bevölkerungszahl vorgewählt worden waren. Das neue Verfahren leistete zweifellos der Demokratisierung des höchsten Amtes, das der athenische Staat zu vergeben hatte, Vorschub. Von nun an wurden übrigens auch die Angehörigen der zweiten Steuerklasse, die Ritter (*hippeis*), zum Archontat zugelassen; das war notwendig, um überhaupt die Zahl von 500 Bewerbern zusammenzubringen. Wie sehr sich der innenpolitische Kampf in Athen verschärfte, das zeigen die Ostrakisierungen, die sich in dem Jahrzehnt zwischen Marathon und dem Zug des Xerxes in Athen abgespielt haben. Als erster mußte Hipparchos, der Sohn des Charmos, im Jahre 488/87 in die Verbannung gehen, ihm folgte Megakles, der Sohn des Hippokrates, der Führer der Alkmeoniden, endlich, im Jahr 483/82, Aristeides. All diese Männer standen Themistokles bei seinen Plänen im Weg, es ist nicht zu kühn, anzunehmen, daß Themistokles mit Unterstützung seiner politischen Gefolgschaft die Vertreibung dieser Männer durchgesetzt hat.

Das Perserreich hatte unmittelbar nach Marathon mit neuen Rüstungen begonnen. Infolge eines Aufstandes in Ägypten und infolge innerer Unruhen in Babylonien mußte Dareios jedoch von einem neuen Unternehmen absehen. Sein Nachfolger Xerxes (486–465/64) ließ im Jahr 483 einen Kanal durch die östliche Halbinsel der Chalkidike graben, man wollte der Flotte, die im Jahr 492 am Berg Athos gescheitert war, eine neue Fahrt erleichtern. Die Spuren des Kanalbaus sind übrigens durch moderne Bodenforschungen wiedergefunden worden. Den Griechen konnte dieses Werk ebensowenig verborgen bleiben wie die großen Rüstungen, die im ganzen persischen Weltreich vorgenommen wurden. Auch in Griechenland war man nicht untätig. Auf den Rat des Themistokles war Athen dabei, eine ganz beträchtliche Vergrößerung seiner Kriegsflotte vorzunehmen. Die Zahl von 200 Trieren, die Athen zu der weitaus größten Flottenmacht in Hellas gemacht hätten, ist allerdings nicht ganz erreicht worden, dazu erwies sich die zur Verfügung stehende Zeit als zu kurz. Das nötige Geld beschaffte ein Antrag des Themistokles; er sah vor, die Überschüsse der Pachtgelder aus den Bergwerken im Laureion nicht mehr unter die einzelnen Bürger zu verteilen, sondern sie für den Bau der Flotte zu verwenden. In ähnlicher Weise hatte sich Thasos etwa zehn Jahre zuvor eine Flotte erbaut, doch war die Gemeinde mit Rücksicht auf ihre Besitzungen im thrakischen Küstenland vor einer Auseinandersetzung mit den herannahenden Persern zurückgeschreckt und unter die Botmäßigkeit des Großkönigs getreten.

All diese Maßnahmen reichten jedoch zu einer wirksamen Abwehr des bevorstehenden persischen Angriffs auf Griechenland keinesfalls aus. Ebenso wichtig, wenn nicht noch wichtiger, war die Haltung Spartas, der bedeutendsten Militärmacht von Griechenland. Sparta war mit Athen eng befreundet, es hatte seinen Einfluß in die Waagschale geworfen, als es darum ging, Athen in seinem Konflikt mit dem benachbarten Ägina beizustehen. Aber es gab eine ganze Reihe von Staaten in Hellas, die von einem gemeinsamen Abwehrkampf gar nichts hielten, sei es, daß sie sich von den Persern nicht bedroht fühlten, sei es, daß sie sich offen oder geheim auf die Seite der Weltmacht gestellt hatten. So waren die Aleuaden in Thessalien mit den Persern befreundet, Argos, der geschworene Gegner der Spartaner auf der Peloponnesos, eben erst in der Schlacht bei Sepeia (494) zu Boden geworfen, stand insgeheim mit den Persern in stillem Einverständnis, andere Staaten wie die Achäer im Norden der Peloponnesos wollten sich in ihrer kleinstaatlichen Ruhe nicht stören lassen. Von auswärts war nicht viel Hilfe zu erwarten. Die Griechen in Sizilien waren durch das Bündnis des Xerxes mit den Karthagern bedroht, aus Unteritalien ist nur Phayllos von Kroton mit einer einzigen Triere den Griechen des Mutterlandes zur Hilfe gekommen. Die Hellenen in Ionien, auf Cypern und in Kyrene standen unter der Herrschaft der Perser und waren gezwungen, ihre Kontingente dem Großkönig zur Verfügung zu stellen. Nach einer Vorbesprechung in Sparta versammelten sich im Herbst 481 die Abgesandten aller griechischen Staaten, die sich geweigert hatten, dem Perserkönige Erde und Wasser, die Zeichen der Unterwerfung, zu geben, auf dem Isthmos von Korinth. Sie verbanden sich hier, Sparta und Athen an ihrer Spitze, in einer Eidgenossenschaft. Den Kern der Vereinigung bildeten natürlich die Angehörigen des Peloponnesischen Bundes. Insgesamt zählte sie etwa 30 Mitglieder, von denen Sparta, Athen und Korinth die wichtigsten waren. Man beschloß einen allgemeinen Landfrieden in Griechenland, damit hörten alle Fehden auf, die Verbannten wurden zurückgerufen. Wer sich von den Griechen, ohne dazu gezwungen zu sein, den Persern anschlösse, wurde mit der Vernichtung bedroht; der Zehnte seiner Habe sollte dem delphischen Apollon verfallen sein. Wenn die griechische Liga vom Isthmos auch nur einen Teil der Hellenen des Mutterlandes umfaßte, so ist sie doch als das erste Zeichen eines griechischen Gemeinschaftsgefühls sehr bemerkenswert. Freilich war die Entschlossenheit, sich den Persern auf keinen Fall zu beugen, nicht bei allen Hellenen in gleicher Weise vorhanden. Unter den Gedichten des Theognis, wenn auch sicher nicht von diesem Dichter selbst stammend, finden sich die Verse: »Zeus möge die Stadt (Megara) beschirmen und die übrigen Götter, Apollo uns rechte Rede und rechte Gedanken verleihen. Musizieren wollen wir, trinken und plaudern und den Mederkrieg nicht fürchten, das ist besser. Einträchtigen Sinnes, ohne uns zu sorgen, wollen wir frohe Feste feiern und die Nöte des Alters und den Tod uns fernhalten.« Wer so dachte und sprach, für den war der herannahende Mederkrieg keine Sache der Nation, sondern nur eine höchst unangenehme Unterbrechung des täglichen Lebens. Diese Stimmen waren in Griechenland

gar nicht vereinzelt. Sehr viel verhängnisvoller aber war die Rolle des delphischen Orakels in dieser entscheidenden Stunde. Es ist nicht zu verkennen, daß die delphischen Priester seit dem Untergang des Kroisos (547) von der Unbesiegbarkeit der Perser felsenfest überzeugt waren, dazu kam natürlich die nüchterne Überlegung, daß gegen die Myriaden des persischen Landheeres und gegen ihre den Griechen weit überlegene Flotte jeder Widerstand aussichtslos sei. Aus den Orakeln, gegeben am Vorabend des großen Krieges, spricht daher nicht von ungefähr eine geradezu trostlose Stimmung; den Ratsuchenden unter den Griechen wird Vernichtung und Untergang prophezeit, den Argivern und Kretern geraten, sich aus dem Krieg herauszuhalten (als ob wirkliche Neutralität in einer so gewaltigen Auseinandersetzung überhaupt möglich gewesen wäre!), den Athenern schließlich riet das Orakel, an das Ende der Welt zu fliehen, die einzige Hoffnung bestünde in der hölzernen Mauer; damit war, wie es scheint, der hölzerne Palisadenwall auf der Akropolis gemeint, nicht die Flotte, wie Themistokles das Orakel interpretiert hat.
Die persischen Rüstungen zeigen gegenüber der griechischen Uneinigkeit ein geradezu imponierendes Bild. Das Reich stand in jenen Tagen auf dem Gipfel seiner Leistungsfähigkeit, es war vorzüglich organisiert, und der Ruf des Großkönigs fand überall Gehör. Alle Satrapien von Indien bis Ägypten hatten ihre Kontingente zum Heere gestellt, die Flotte bestand aus Schiffen und Matrosen vor allem der Phöniker, der Ägypter, Ioner und Karer. Das riesige Heer versammelte sich bei Sardes und überschritt im Frühjahr 480 auf zwei Schiffsbrücken, dem Werk des Griechen Harpalos, den Hellespont. Die Kontingente der einzelnen Völker des großen Reiches boten ein eindrucksvolles Bild, das Herodot beschrieben hat: die Inder mit baumwollenen Gewändern, die Kaspier in Pelzen, die schwarzen Äthiopen in Pardel- und Löwenfellen, die Araber in ihren weiten Burnussen, die Perser und Meder in weiten Ärmelröcken, mit spitzen Filzmützen, bewaffnet mit Kurzspeeren, mit Bogen und Schilden aus Flechtwerk, an der rechten Hüfte das Kurzschwert, den Akinákes. In Doriskos am Strymon musterte Xerxes sein Heer. Wie es heißt, hat man die Zahl der Krieger dadurch festgestellt, daß 10 000 Mann auf engen Raum zusammengedrängt wurden, dann beschrieb man einen Kreis um sie und zog entlang dem Kreise eine Mauer. Darauf wurden immer wieder andere Krieger in den Raum geführt, jedesmal wiederum 10 000, bis alle durchgezählt waren. Mag nun diese Erzählung des Herodot auf Wahrheit beruhen oder nicht, die von ihm für das Perserheer gegebenen Zahlen erweisen sich als viel zu hoch, sie widersprechen jeder Wahrscheinlichkeit. Wie hätte man

ein Heer von nicht weniger als 1,7 Millionen Kombattanten, dazu noch 80 000 Reiter und 20 000 auf Kamelen und Streitwagen, überhaupt verpflegen sollen? Auch die Zahlen der Späteren (800 000 Mann nach Ephoros und Ktesias, 700 000 nach anderen) sind natürlich noch viel zu hoch gegriffen. Eduard Meyer hat mit seinem nüchternen Tatsachensinn die Zahl der Krieger auf höchstens 100 000 Mann geschätzt, General E. v. Fischer sogar auf nur 50 000 Mann. Diese Zahlen kommen der Wirklichkeit sicherlich sehr viel näher. Die Flotte zählte nach Aischylos 1207 Fahrzeuge, dabei mögen auch die kleinsten miteingerechnet worden sein.

Welche Ziele verfolgte Xerxes mit seinem Feldzug? Es besteht kein Zweifel, daß es sich bei dem Unternehmen um die Durchführung eines von langer Hand vorbereiteten, großangelegten Planes handelt. Auch das Bündnis mit den Karthagern, denen die Rolle zufiel, die Kräfte der Westgriechen zu binden, deutet auf eine derartige Aktion hin. Das Ziel kann nur die Unterwerfung von ganz Griechenland, wahrscheinlich sogar des ganzen von Hellenen bewohnten Westens gewesen sein. Die Auffassung, die gelegentlich von Orientalisten vertreten worden ist (A. T. Olmstead), daß es sich hier um einen Grenzkrieg des persischen Großkönigs gehandelt habe, ist grundverkehrt und wird allein schon durch die Vorbereitung und die Menge der eingesetzten Mittel widerlegt.

Auf dem Isthmos hatten die Griechen beschlossen, der Bitte der Thessaler zu willfahren und eine Streitmacht von 10 000 Hopliten an die Nordgrenze Thessaliens zu schicken mit dem Auftrag, den Tempe-Paß zu sperren und damit eine erste Verteidigungslinie gegen das von Makedonien her vorrückende Perserheer zu bilden. Die griechische Streitmacht wurde zu Schiff nach dem thessalischen Halos gebracht, von wo aus sie im Landmarsch das Tempetal erreichte. Die Stellung erwies sich jedoch sehr bald als schwer zu behaupten, sie konnte auf dem Weg über einen Paß in der Landschaft Perrhäbien leicht umgangen werden, außerdem mußte mit Landungen der Perser im Rücken der Griechen gerechnet werden. Zur großen Enttäuschung der Thessaler wurde die Stellung am Tempe-Paß und wenig später ganz Thessalien von den Hellenen wieder geräumt.

Eigenartigerweise hat sich Xerxes den Abzug der Griechen vom Tempe-Paß nicht zunutze gemacht. Obwohl er von der veränderten Lage Kenntnis gehabt haben muß, ließ er sein Heer einen Umweg von zehn Tagemärschen machen: er zog westlich um das Massiv des Olymp herum und betrat hier zum erstenmal griechischen Boden. Die Griechen beschlossen, das Perserheer an der Eingangspforte nach Mittelgriechenland, an den *Thermopylen,* zu erwarten. Die hier vorhandenen Engen boten die

Möglichkeit, mit begrenzten Kräften selbst einem weit überlegenen Heer entgegenzutreten und dieses für einige Zeit aufzuhalten. Der Kern der griechischen Streitmacht wurde durch 4100 Peloponnesier gebildet, unter ihnen nur 300 Spartiaten und 1000 Lakedämonier, dazu kamen noch 700 Thespier, 400 Thebaner, außerdem einige Kontingente der Phoker und Lokrer von Opūs, den Befehl führte der Spartanerkönig Leonidas. Mit der Sperrstellung an den Thermopylen korrespondierte die Aufstellung der griechischen Flotte an der Nordspitze der Insel Euböa, am Kap Artemision. Die Flotte führte als Oberbefehlshaber der Spartaner Eurybiades, von den insgesamt 270 Trieren hatten die Athener 147 gestellt. Die Seele der Seekriegsführung aber war der Athener Themistokles. Seinem Kopf war der strategische Plan entsprungen, den man an den Thermopylen und beim Artemision in die Wirklichkeit umsetzen wollte: das Kontingent des Leonidas sollte das persische Landheer so lange aufhalten, bis es der griechischen Flotte gelungen war, die Perser entscheidend zu schlagen. Defensive zu Lande, Offensive zur See – das war der Grundplan, den sich die Hellenen zurechtgelegt hatten.

Die Kämpfe an den Thermopylen und – zur See – am Artemision (Anfang August 480) lassen deutlich den inneren strategischen Zusammenhang erkennen. Auf beiden Seiten bestand Nachrichtenverbindung zwischen den Landtruppen und den Seestreitkräften, die Operationen zu Wasser und zu Land vollziehen sich wie bei einem Schachspiel. Die inneren Zusammenhänge sind vor allem durch die Forschungen von August Köster geklärt worden. Die persische Seeaufklärung hatte die erste Berührung mit griechischen Kriegsschiffen bei der kleinen Insel Skiathos, hier lagen drei griechische Triremen als Vorpostenschiffe, sie wandten sich beim Herannahen der Perser zur Flucht, wurden aber von den Persern eingeholt, nur *ein* Schiff, und zwar ein athenisches, konnte nach Norden entkommen, seine Mannschaft ging in Thessalien an Land und schlug sich wieder nach Hause durch. Um den Vormarsch des Gros zu sichern, errichteten die Perser ein Seezeichen (eine Bake) auf der sog. Lephtariklippe zwischen Skiathos und Kap Sepias. Zum Glück für die Griechen erhob sich ein gewaltiger Nordsturm, der drei Tage anhielt. In der persischen Flotte richtete er großen Schaden an, zahlreiche Schiffe wurden an das felsige Ufer der Halbinsel Magnesia geworfen und zerschellten. Außerdem gerieten fünfzehn persische Schiffe aus Versehen in die Reihen der Griechen und wurden gekapert.

Wie stand es an den Thermopylen? Während der Nordsturm wehte, lagerte Xerxes mit dem Landheer in der Ebene von Trachis, vollkommen untätig. Freilich hätte es wenig Sinn gehabt, den Kampf zu eröffnen, bevor nicht die Flotte ihre Kampfbereitschaft gemeldet hatte. Außerdem hatten die Perser ein Geschwader von 200 Schiffen östlich um die langgestreckte Insel Euböa herumgeschickt. Seine Aufgabe sollte es sein, den Kanal zwischen der Insel und dem Festland im Süden zu sperren, so daß die griechische Flotte wie in einem Sack gefangen gewesen wäre. Durch einen griechischen Überläufer aus den Reihen der Perser (Skyllias von Skione) erhielten die Griechen von diesem Unternehmen Kunde.

Die Thermopylen bilden im ganzen drei Engpässe zwischen den modernen Ortschaften Antheli und Molos, die eigentlichen Thermopylen — sie haben ihren Namen nach den heißen Quellen — stellen das mittlere Tor dar, das zwischen dem Westtor und dem Osttor gelegen ist. Sie sind an dieser Stelle nur etwa fünfzehn Meter breit (ein halbes Plethron) und mit geringer Mühe von einer kleinen, gut geführten Truppe zu sperren. (Heute hat sich freilich das Landschaftsbild durch die Anschwemmungen des Spercheios ganz beträchtlich verändert.) Die frühere Forschung war der Ansicht, daß die Stellung der Griechen durch die sogenannte phokische Mauer verstärkt worden sei, die man sich von Norden nach Süden verlaufend dachte. Nach den Untersuchungen von Sp. Marinatos kann es aber als sicher gelten, daß sich die Phokermauer vielmehr vom Westen nach Osten, also parallel zu den Engen, hingezogen hat. Drei Tage lang versuchten die Perser, durch frontalen Ansturm die Engen zu forcieren — vergebens, die von Leonidas in beweglicher Verteidigung eingesetzten Griechen erwiesen sich durch Bewaffnung und Ausbildung den Persern überlegen. Die Perser hatten aber inzwischen Kunde von einem Umgehungspfad erhalten, von einem einheimischen Führer (Ephialtes) wurden sie über das Gebirge in den Rücken der Griechen gebracht, nachdem sie das zur Deckung des Pfades aufgestellte phokische Kontingent überrumpelt hatten. Nach Verlust der wichtigsten Höhen südlich und westlich der Thermopylen waren Leonidas und seine Getreuen nahezu eingekreist. In dieser Lage gab der Spartanerkönig der Masse seines Heeres den Abzug frei, der Rückzug wurde durch die Spartaner, Thespier und Thebaner gedeckt. Daß seine Stellung umgangen war, hat Leonidas noch der Flottenleitung melden können, seine Aufgabe war es nun, so lange auszuharren, bis es der Flotte gelungen war, sich durch die teilweise nur etwa fünfzehn Meter breite Fahrrinne des Euripos nach dem Süden zurückzuziehen. Dies konnte jedoch erst nach Loslösung von den persischen Seestreitkräften und sicherlich nicht vor Einbruch der Dunkelheit geschehen. Leonidas wurde mit dem Rest seiner Männer (insgesamt etwa 1000 Kombattanten) auf einem Hügel zusammengedrängt: es ist der Hügel II, auf dem heute das

Leonidas-Denkmal steht und auf dem man zahlreiche Pfeilspitzen, Zeugen des Kampfes, gefunden hat. Die Griechen, von denen die Thebaner schließlich die Waffen streckten, erlagen der persischen Übermacht, Leonidas, der seine Qualitäten als militärischer Führer bewiesen hatte, fiel in tapferem Kampf. Xerxes ließ später den Kopf vom Leichnam abtrennen und den Körper ans Kreuz schlagen. Das Ziel der Verteidigung aber war erreicht: das Landheer des Xerxes war so lange aufgehalten worden, bis die griechische Flotte sich in Ordnung durch den Sund des Euripos zurückziehen konnte.

Dies ist am Abend des dritten Tages der Seeschlacht beim Artemision geschehen. Die Griechen hatten zwischen der Insel Argyronesi und dem Kap Kephala auf Euböa eine Seesperre errichtet, trotz stärksten Druckes war es den Persern nicht gelungen, diese Schiffssperre zu durchbrechen. Die Verluste waren freilich auf beiden Seiten schwer. Als die Nachricht vom Fall der Thermopylenstellung eintraf, war die Position der hellenischen Flotte beim Artemision unhaltbar geworden, unter dem Schutz der Dunkelheit löste sie sich vom Feind und machte sich auf die Rückfahrt in den Saronischen Golf. Themistokles hatte angeordnet, an den Felsen der Küste Inschriften anzubringen. In ihnen wurden die auf persischer Seite kämpfenden Ioner und Karer aufgefordert, zu den hellenischen Kontingenten überzulaufen oder, wenn dies nicht möglich sei, im Kampf gegen die Griechen keinen besonderen Eifer zu zeigen. Der Appell des Themistokles, ein Beispiel psychologischer Kriegführung, wird verständlich, wenn man sich erinnert, daß schon in der Seeschlacht beim Artemision auf griechischer Seite ein karischer Flottenführer, Herakleides von Mylasa, durch eine neue Form der Seetaktik wesentlich zum Erfolg der Hellenen beigetragen hatte.

Zusammengenommen waren freilich die Schlachten bei den Thermopylen und beim Artemision kein Erfolg der Griechen, sondern der Perser: wenn diese auch beträchtliche Verluste zu beklagen hatten, so war das Ziel der kombinierten Operationen zu Wasser und zu Lande erreicht: die Öffnung des Zuganges nach Mittelgriechenland. Für die persische Dampfwalze gab es hier keinen Widerstand mehr, die meisten Gemeinden in Mittelgriechenland unterwarfen sich, auch Delphi schloß sich offen den Persern an und rettete dadurch die Schätze seines Heiligtums vor der Plünderung. In Athen faßte man den Beschluß, die Nichtkombattanten, Frauen und Kinder, nach Troizen, Ägina und Salamis in Sicherheit zu bringen, alle waffenfähigen Männer aber sollten die Kriegsschiffe besteigen, auf denen allein die Rettung nicht nur der Stadt, sondern von ganz Griechenland beruhe.

Nach einer jüngst gefundenen griechischen Inschrift aus Troizen, die in der Forschung das größte Aufsehen erregt hat, wäre der Beschluß, Athen zu verlassen, freilich schon früher gefaßt worden, auf jeden Fall vor den Schlachten bei den Thermopylen und am Artemision. Diese Überlieferung ist jedoch nicht nur aus psychologischen Gründen höchst unwahrscheinlich – wie hätte man von Leonidas und den Seinen erwarten können, sich bis zum letzten Mann an den Thermopylen zu schlagen, wenn sich in Athen bereits alles zur Evakuierung bereit machte? –, die Inschrift setzt sich außerdem in entscheidenden Widerspruch zu Herodot, dem zu mißtrauen gar kein Grund vorliegt. Was auf der Inschrift, angeblich einem attischen Dekret auf Antrag des Themistokles, zu lesen steht, ist eine spätere unglaubwürdige Überlieferung, sie kann frühestens etwa in der Mitte des 4. Jahrhunderts v. Chr. entstanden sein.
Am Isthmos von Korinth war inzwischen eine Mauer errichtet worden, sie sollte den Verteidigern den notwendigen Rückhalt gewähren. Die griechische Flotte hatte man im Golf von Salamis zusammengezogen, auf ihr beruhten die Hoffnungen aller Griechen, die sich den Persern nicht beugen wollten. Athen fiel in die Hände der Perser, sie hatten nur auf der Akropolis schwachen Widerstand zu überwinden. Im Vertrauen auf das vom delphischen Apollon gegebene Orakel von der hölzernen Mauer versuchte sich hier eine kleine Schar hinter einem hölzernen Palisadenwall zu verteidigen, die Perser schossen die Verschanzung mit ihren Pfeilen in Brand und machten die Verteidiger nieder.
Es ist sicher, daß die Griechen über den Einsatz der kostbaren Flotte verschiedener Meinung gewesen sind, es mag auch sein, daß der spartanische Admiral Eurybiades entschlossen war, sich an den Isthmos zurückzuziehen – ganz ausgeschlossen ist es aber, daß die Hellenen damals an nichts anderes als an Flucht gedacht hätten. Auf jeden Fall aber mußte Themistokles ein Machtwort sprechen, er soll angeblich damit gedroht haben, die Athener würden auf ihren Trieren in den fernen Westen fahren, falls sich die Griechen nicht zum Kampf im Sund von Salamis entschlössen. Auch die Perser waren gewillt, die Entscheidung zur See zu suchen, da sich ein Durchbruch durch die Isthmosstellung der Griechen von vornherein als zu schwierig und nach den Erfahrungen an den Thermopylen auch als viel zu verlustreich erwies. Jedoch vergingen mehrere Wochen, bis die persische Flotte den Strand von Phaleron verließ und Anstalten machte, in den Gewässern zwischen der Insel Salamis und Attika die Griechen zum Kampfe zu stellen. Angeblich soll bei den Griechen wieder tiefe Mutlosigkeit geherrscht haben, daraufhin habe Themistokles einen Sklaven mit einer geheimen Botschaft

an die Perser gesandt, sie möchten so bald wie möglich zum Angriff schreiten, da die Griechen zur Flucht entschlossen seien. Mag dies nun auf Wahrheit beruhen oder nicht – auf jeden Fall trafen die Perser alsbald die entscheidenden Dispositionen. Sie landeten ein Kontingent von Soldaten auf der Insel Psyttaleia mit dem Auftrag, die schiffbrüchigen Griechen abzufangen, die Flotte aber lief von Osten her in den Sund von Salamis ein, sie versperrte den östlichen Ausgang des Golfes; das ägyptische Flottenkontingent erhielt den Auftrag, um die Insel Salamis im Süden herumzusegeln und auch den westlichen Zugang zum Sund abzuriegeln. Diese Operationen waren wohlüberlegt, sie entsprechen in ihrer Anlage den Anordnungen der persischen Flottenleitung in der Schlacht beim Artemision, es besteht kein Grund, sie nicht für historisch zu halten.

Die etwa 300 Kriegsschiffe der Griechen standen bei Salamis sicherlich einem stärkeren Gegner gegenüber, die Überlegenheit der Perser kann aber nicht so groß gewesen sein, wie dies in den antiken Quellen zum Ausdruck kommt. Die Perser, am rechten Flügel die seekriegserfahrenen Phöniker, am linken die Ioner, standen mit Front nach Süden zwischen den Inseln Hagios Georgios und Psyttaleia, die Griechen, am linken Flügel die Athener, am rechten die Ägineten, mit den Schiffsschnäbeln nach Norden. Beide Parteien kämpften mit großer Tapferkeit, auf seiten der Perser zeichnete sich besonders die karische Fürstin Artemisia von Halikarnassos aus, sie versenkte ein be-

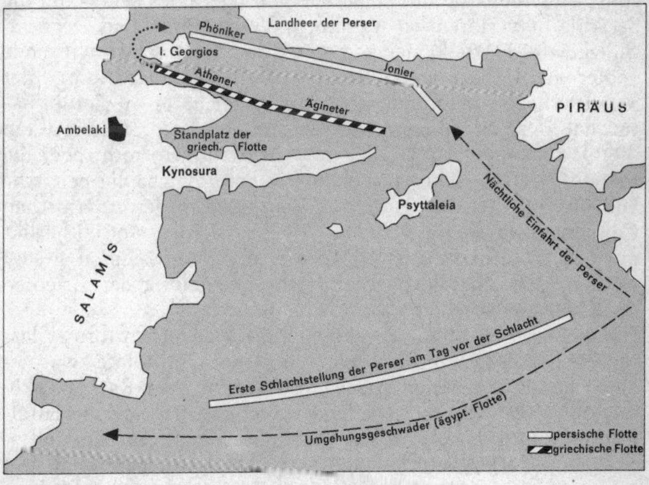

Abb. 4: Die Schlacht bei Salamis

freundetes Schiff aus Kalynda, um der Verfolgung durch eine attische Triere zu entgehen, eine Tat, die den Großkönig Xerxes zur Bewunderung hinriß; er beobachtete von der Höhe des Aigaleos, auf dem man ihm einen Thron errichtet hatte, das grandiose Schauspiel zu seinen Füßen. Die zahlenmäßige Überlegenheit der Perser zeigte sich bald als ein entscheidender Nachteil: ihre Schiffe behinderten sich gegenseitig, vor allem nachdem die Athener durch einen Flankenstoß die Gegner noch mehr zusammengedrängt hatten. Die Verluste der Perser waren erheblich, sie können aber kaum die Zahl von 500 Schiffen betragen haben, wie dies eine spätere Quelle (Ktesias) zu berichten weiß. Inzwischen war eine Abteilung griechischer Hopliten auf der Insel Psyttaleia gelandet, sie überwältigte unter dem Befehl des Atheners Aristeides die persische Besatzung. Die ganze Seeschlacht dauerte zwölf Stunden, vom Morgen bis zur Dunkelheit. Auf Befehl des Großkönigs segelte der Rest der persischen Flotte von der Reede von Phaleron zurück nach dem Hellespont. Xerxes selbst zog mit dem Landheer zunächst nach Thessalien, hier übergab er das Kommando dem Mardonios und erreichte schließlich nach einem Landmarsch von insgesamt 45 Tagen den Hellespont. Trotz der großen Verluste seiner Flotte hatte der König den Plan, Griechenland zu unterwerfen, keineswegs aufgegeben.

Die Gründe der persischen Niederlage bei Salamis sind nicht weit zu suchen: die Griechen hatten die bessere taktische Führung, außerdem kämpften sie um Sein oder Nichtsein; ging die Seeschlacht verloren, so war ihnen Versklavung und Deportation gewiß. Dazu kamen auf persischer Seite schwerwiegende Fehler in der Seekriegsführung, vor allem in der Anlage der Seeschlacht. Niemand auf seiten der Perser hatte ein Gefühl dafür, daß in so engen Gewässern wie im Sund von Salamis allein die Qualität der Schiffe und ihrer Besatzungen, nicht aber die Menge ausschlaggebend sein müßte. Endlich war die persische Führung mit den nautischen Verhältnissen in den griechischen Gewässern zu wenig vertraut. All diese Dinge sind sicherlich mit ins Gewicht gefallen — aber es muß noch einmal gesagt werden, daß sich die psychologische Einstellung der Griechen als absolut entscheidend erwiesen hat.

Die weiteren Maßnahmen der griechischen Flottenführung lassen die frühere Folgerichtigkeit vermissen: man folgte zwar der abziehenden persischen Armada bis Andros, der Rat des Themistokles, ganze Arbeit zu leisten und sich gegen den neuralgischen Punkt der persischen Verbindungen, gegen den Hellespont, zu wenden, wurde jedoch nicht befolgt. Bei Herodot liest man von einer zweiten Botschaft, die Themistokles angeblich an den Perserkönig gesandt hat; er habe ihm sagen lassen, der

Vorstoß gegen den Hellespont sei auf den Rat des Themistokles unterblieben. Gegen diese Nachricht spricht die innere Wahrscheinlichkeit; mußte doch die erste Botschaft des Themistokles, die die Perser zur Aufnahme der Schlacht von Salamis bewogen hatte, noch in wenig guter Erinnerung sein. Nach Salamis zurückgekehrt, stifteten die Griechen ihren Göttern die gebührenden Weihegaben. Dem delphischen Gott weihten sie eine Kolossalstatue des Apollon mit dem Bug einer Trireme in der Hand — der delphische Apollon war den Griechen bisher wenig geneigt gewesen, die Hellenen haben es ihn nicht entgelten lassen.
Für die Griechen war die Gefahr noch keineswegs vorüber. Das persische Landheer war vollständig intakt geblieben; solange es auf griechischem Boden stand, war der Feldzug nicht entschieden. Mardonios entfaltete von seinem Hauptquartier aus eine rege diplomatische Tätigkeit. Vor allem war es ihm darum zu tun, die griechische Eidgenossenschaft zu sprengen. So reiste in seinem Auftrag König Alexander I. von Makedonien nach Athen, um weitgehende Angebote zu überbringen. Als die Athener fest blieben, fielen die Perser noch einmal in Attika ein. Von dieser zweiten Okkupation rühren die schweren Zerstörungen in der Stadt und auf dem Land her, die bei den Athenern einen glühenden Haß gegen die Perser erzeugt haben. Die Einwohner Athens waren vorher nach Salamis in Sicherheit gebracht worden. Es war kein Wunder, wenn man, vor allem in Athen, auf den Einsatz des griechischen Bundesheeres drängte; bei Marathon hatten sich die attischen Hopliten den Persern überlegen gezeigt, es bestand kein Grund zu der Annahme, daß die verbündete Kraft Spartas und Athens sich nicht gegen die asiatischen Scharen durchsetzen würde. In Athen hatte im Winter 480/79 ein politischer Umschwung stattgefunden. Themistokles war bei den Strategenwahlen nicht wieder zum Zug gekommen; an seiner Stelle erscheinen die Namen des Aristeides und des Xanthippos, der mit der Familie der Alkmeoniden verschwägert war. Der Grund hierfür ist nicht bekannt, auf jeden Fall ist aber dieser Wechsel in den führenden Positionen sehr bemerkenswert.
Bei den Vorbereitungen zu der entscheidenden Auseinandersetzung mit den Griechen zeigte sich Mardonios als ein sehr umsichtiger Feldherr. Um seine weit überlegene Reiterei gegen die Griechen wirksam zum Einsatz zu bringen, räumte er Attika und zog sich nach Böotien zurück. In der Ebene des Asopos, unweit von Platää gegenüber den Berghöhen des Kithairon, fand er ein geradezu ideales Gelände für seine Kavallerie, das er durch gewisse Veränderungen (Umhauen von Bäumen) für seine Absichten noch brauchbarer zu machen bestrebt war. Außerdem

beherrschte er die Straße nach Theben, sie war seine eigentliche Kommunikationslinie, und die Thebaner waren seine verläßlichsten griechischen Bundesgenossen. Mit den Phokern hatte Mardonios dagegen Schwierigkeiten, aber dieses kleine Kontingent (1000 Mann) fiel kaum ins Gewicht, außerdem hatte Mardonios den Phokern bei ihrem Eintreffen gezeigt, daß er nicht mit sich spaßen ließ.

Auf seiten der Hellenen hatte Pausanias die oberste Führung. Er war der Neffe des Leonidas und führte für den jungen Pleistarchos die Regierung. Die Masse des Heeres rekrutierte sich aus den Lakedämoniern und den Kontingenten des Peloponnesischen Bundes, aber auch Athener und Platäer standen in seinem Heer, das ungefähr 30 000 Kombattanten gezählt haben mag. Die Perser waren in der Zahl ihrer Truppen sicherlich überlegen, wenn auch keineswegs in dem Maß, wie dies Herodot angibt. Auf jeden Fall ist die Zahl des Herodot, 300 000 Mann, ganz unbrauchbar; mehr als 40 000–50 000 Mann kann Mardonios schwerlich unter seinen Fahnen vereinigt haben. Aus der Darstellung Herodots geht hervor, daß die Griechen mit der überlegenen Reiterei des Mardonios große Schwierigkeiten hatten, anderseits aber auch, daß sich der persische Feldherr der Stärke des gegnerischen Hoplitenheeres, und insbesondere der Spartaner, vollauf bewußt gewesen ist. Als es der persischen Reiterei gelungen war, im Rücken der griechischen Aufstellung die Quelle Gargaphia unbrauchbar zu machen, da mußte sich Pausanias, nicht eben leichten Herzens, dazu entschließen, das Heer zurückzunehmen, wenn er nicht mit der Wasserversorgung in ernste Schwierigkeiten geraten wollte. Der Rückzug erwies sich als ein höchst gefährliches Unternehmen, Pausanias hatte nicht nur mit Widerstand auf der eigenen Seite, sondern auch mit offenem Ungehorsam zu kämpfen. Die Griechen waren es nicht gewohnt, daß man ihnen vorschrieb, was sie zu tun und zu lassen hatten: jede Polis war autonom, und es war eine harte Sache, wenn man sich im Krieg dem Willen eines anderen unterordnen mußte. An der von Pausanias befohlenen Rückzugsbewegung haben, wie es scheint, die Athener gar nicht teilgenommen. Die Hauptlast hatten die Spartaner und die Tegeaten zu tragen: sie schlugen nicht nur alle Angriffe der Perser ab, sondern vernichteten einen großen Teil der persischen Truppen, auch Mardonios fand den Tod. Das verschanzte persische Lager wurde genommen (die Perser hatten angeblich einen Wall aus ihren Schilden errichtet), Pardon wurde seitens der Griechen nicht gegeben.

»Es ist schwer«, so schreibt der österreichische Oberstleutnant Georg Veith, »sich einen Feldherrn in schwierigerer und undankbarerer Lage vorzustellen als Pausanias im Jahre 479. Der

Feldzug wird ihm von den Athenern geradezu erpreßt, und er, als Spartaner gewohnt, ein spartanisches Elitekorps zu führen, sieht sich an der Spitze eines zusammengewürfelten Landsturms.« Es ist keine Frage: die Hellenen verdankten ihren Sieg einzig und allein den Führerqualitäten des Pausanias, der mit seinen Spartanern in dem allgemeinen Durcheinander die Nerven behielt. Diese Männer haben ein taktisch verlorenes Treffen noch aus dem Feuer gerissen, dem zahlenmäßig überlegenen Feinde die Initiative abgewonnen und ihn nicht nur niedergeworfen, sondern völlig vernichtet. Es wäre nicht richtig, wollte man behaupten, daß der Sieg bei Platää ein Erfolg der griechischen Einheit gewesen sei — das genaue Gegenteil ist wahr: Platää ist der Sieg des Pausanias und seiner Spartaner, die hier Weltgeschichte gemacht haben. Niemand verdenkt es den Griechen, wenn sie den Sieg als ihren Sieg gefeiert haben. Besondere Ehren wurden den Platäern zuteil. Hier wurde ein Siegesfest gestiftet, das alle vier Jahre wiederholt wurde. Noch in der römischen Kaiserzeit hat man die Kampfspiele gefeiert, und der Sieger wurde mit dem Ehrentitel »der Beste der Hellenen« geschmückt. Nicht historisch ist dagegen der Beschluß der Griechen, eine gemeinsame Streitmacht von 10 000 Hopliten, 1000 Reitern, dazu 100 Kriegsschiffe aufzustellen; dieser Beschluß ist vielmehr eine Vorwegnahme der Verhältnisse, wie sie erst für den sog. Korinthischen Bund des Jahres 338 v. Chr. gegeben sind.

Mit den Thebanern, die auf persischer Seite gefochten hatten (in der Schlacht waren sie die Gegner der Athener gewesen), machte man kurzen Prozeß. Nachdem die Stadt einer Belagerung von zwanzig Tagen standgehalten hatte, übergaben ihre Einwohner die Anführer der medischen Partei, soweit sie sich nicht vorher hatten in Sicherheit bringen können, den Griechen. Auf Befehl des Pausanias wurden sie zum Tode geführt.

Die Kämpfe des Jahres 479 fanden ihren Abschluß mit der Schlacht bei Mykale (unweit von Priene in Ionien). Die persische Flotte war zu einem beträchtlichen Teil bereits in die Heimat entlassen, als die Griechen unter dem Befehl des Spartanerkönigs Leotychidas an Land gingen. Das Schiffslager der Perser wurde erstürmt; die von Herodot gegebenen hohen Zahlen für das Perserheer verdienen auch hier kein Vertrauen. Daß die Schlacht bei Mykale an dem gleichen Tag wie die bei Platää stattgefunden habe, ist eine Legende. Hinter dieser Angabe steht die »Gleichzeitigkeitsfabel«, für die es aus alter und neuer Zeit zahlreiche Belege gibt. Übrigens hätten es die Griechen schwerlich gewagt, eine überseeische Expedition zu unternehmen, solange noch das Heer des Mardonios intakt in Griechenland stand.

Die Schlacht bei Mykale gehört wohl in den Spätherbst des Jahres 479. Auch in den folgenden Monaten gingen die Operationen in der Ägäis noch weiter. Mykale war das Signal für den Abfall zahlreicher ionischer Gemeinden von den Persern, die Ioner haben sich an der Vernichtung persischer Truppen beteiligt.

Mit dem Sieg über die Perser ergaben sich für die Griechen ganz neue Probleme. Wie sollte man sich zu den Bitten der Ioner stellen, die um Schutz gegen die Perser nachsuchten? Hatte man überhaupt die Machtmittel, eine derartige Aufgabe jenseits der Ägäis zu erfüllen? Es wundert uns nicht, wenn die Spartaner allen Ernstes den Ionern rieten, sie möchten nach Griechenland übersiedeln und dort die Städte jener Hellenen bewohnen, die mit den Persern gemeinsame Sache gemacht hätten — wäre dieser Ratschlag überhaupt ausführbar gewesen? Die großen Inseln an der kleinasiatischen Küste hatten mehr Glück: auf die Fürsprache Athens hin wurden Samos, Chios und Lesbos in die griechische Eidgenossenschaft aufgenommen. Die Inseln hatten ohne Ausnahme bedeutende Flotten, sie brachten eine sehr erwünschte Verstärkung der hellenischen Seestreitkräfte. Da sich die Spartaner weigerten, den Griechen des kleinasiatischen Festlandes irgendwelche Garantien gegen die Perser zu geben, schloß eine Reihe von ionischen und hellespontischen Städten Verträge mit den Athenern ab. Im übrigen gingen aber die Operationen im Norden der Ägäis weiter: unter der Führung des Xanthippos machten sich die Athener und ihre neuen Bundesgenossen an die Belagerung der Stadt Sestos. Die Stadt fiel im Frühjahr 478. Mit diesem Ereignis endet das Geschichtswerk des Herodot; ob der Endpunkt von dem Geschichtsschreiber beabsichtigt war oder nicht, ist eine in der Forschung immer wieder diskutierte Frage; der Perserkrieg war übrigens mit diesem Ereignis keineswegs beendet, persische Besatzungen haben sich in Thrakien noch länger als ein volles Jahrzehnt gehalhalten, und zu einem vertragsmäßigen Abschluß ist man, wie wir glauben, erst im Jahr 449/48 durch den Kalliasfrieden gelangt.

In der delphischen Amphiktyonie gab es noch ein Zwischenspiel. Sparta verlangte, daß alle Staaten, die sich den Persern angeschlossen hatten, aus der Vereinigung entfernt werden sollten. Hätte man dies durchgeführt, so wären nur einige wenige unbedeutende Mitglieder der Amphiktyonie übriggeblieben, und diese wenigen hätten unter der unbedingten Führung Spartas gestanden. Es ist das Verdienst des Themistokles, diesem Vorschlag widersprochen und dadurch letzten Endes die delphische Amphiktyonie gerettet zu haben (Ende 479 oder spätestens 478).

Abb. 5: Etruskischer Bronzehelm, geweiht von Hieron von Syrakus in Olympia im Jahre 474 v. Chr.

Auch in dieser Auseinandersetzung wird man bereits das Wetterleuchten der Spannungen zwischen den beiden bedeutendsten griechischen Staaten, zwischen Sparta und Athen, erkennen. Dies gilt übrigens auch für den athenischen Mauerbau. Bereits im Winter 479/78 hatte man in Athen mit der Errichtung einer Stadtmauer begonnen. Die Athener arbeiteten in großer Eile. Dies geht daraus hervor, daß sie alles nur irgendwie greifbare Material, selbst Grabsteine, in die Mauer hinein verbaut haben. Die Spartaner hatten an dem Mauerbau wenig Wohlgefallen, sie intervenierten durch Gesandtschaften, Themistokles aber, der in Sparta weilte, war klüger und hielt sie so lange hin, bis die Mauer stand und die erste Gefahr für Athen vorüber war. Ganz mit Unrecht hat man dieses Ereignis in das Reich der Legende verwiesen (K. J. Beloch u. a.). Athen hatte zweimal von seinen Bewohnern aufgegeben werden müssen, von der Okkupation durch die Perser in den Jahren 480 und 479 waren beträchtliche Zerstörungen im Stadtbild zurückgeblieben; es war verständlich, wenn sich die Athener nun gegen ähnliche Ereignisse zu schützen versuchten. Das Heer der Spartaner, der Bundesgenossen Athens, war sicherlich ein guter Schutz, aber hatte es nicht der größten Mühe bedurft, um die spartanische Führung überhaupt dazu zu bringen, den Kampf zu Land mit den Scharen des Mardonios aufzunehmen? Und die Interessen der Spartaner deckten sich schon jetzt nicht mehr in allem mit den athenischen. Zwar war die Eroberung eines Teils der Insel Cypern und der Stadt Byzanz am Bosporos durch den Spartaner Pausanias sicherlich auch von den Athenern begrüßt worden, aber das Auftreten des Pausanias in der Art eines persischen Satrapen war ein Skandal gewesen, so daß die spartanische Führung ihn schließlich abberufen mußte. Pausanias, der Sieger von Platää, erscheint hier als der große unabhängige Einzelmensch, der sich kühn über die Bindungen hinwegsetzt, die für die Spartaner verpflichtend gewesen waren. Immerhin hat Pausanias der Abberufung aus Byzanz Folge geleistet, sein Verhalten wird dadurch noch rätselhafter. Wenige Jahre später ist Pausanias übrigens noch einmal nach Byzanz zurückgekehrt, wo er sich, dieses Mal jedoch nur für kurze Zeit (477–476), niederließ. Eine Flottenfahrt des Atheners Kimon machte seiner Herrlichkeit bald wieder ein Ende. Seine weiteren Schicksale werden uns noch beschäftigen (S. 73).

Inzwischen hatte sich in der Ägäis eine entscheidende Veränderung vollzogen: im Jahr 478/77 (im Jahre des attischen Archonten Timosthenes) war der Erste Attische Seebund begründet worden. Mit ihm tritt zu der griechischen Eidgenossenschaft ein ganz neues Element, dessen Führung in den Händen Athens liegt. Dieser Bund ist der eigentliche Bannerträger des Kampfes gegen das Perserreich geworden, er hat den Griechen diesseits und jenseits der Ägäis den notwendigen Schutz gegen die Perser gewährt.

Auch für die sizilischen Griechen war das Jahr 480 eine weltgeschichtliche Wende. Nicht das Polis-Griechentum wie im Mutterland, sondern die großen Tyrannen sind es gewesen, die den Sikelioten die Freiheit vor fremder Unterdrückung gesichert haben. Der mit dem Einsatz großer Machtmittel unternommene Feldzug der Karthager, die ihrerseits mit den Persern verbündet waren, scheiterte in der Schlacht am Himeras. Die großen Führergestalten auf seiten der sizilischen Griechen sind die Tyrannen von Syrakus und von Akragas, Gelon und Theron, und zwar konnte sich Gelon mit Recht als der eigentliche Sieger bezeichnen. Trotz ihrer Niederlage vermochten die Karthager auch weiterhin ihre Stützpunkte im Westen der Insel zu behaupten, vor allem die wichtige Stadt Panormos (Palermo), daneben auch Motye und Soloeis, und die Gefahr eines neuen karthagischen Angriffs hing auch weiterhin wie ein Damoklesschwert über dem sizilischen Griechentum. Vorerst verhinderte freilich der steile Aufstieg von Syrakus unter Gelon und seinem Nachfolger Hieron weitere karthagische Übergriffe. Im Jahre 474 besiegte Hieron bei der Stadt Kyme (Cumae) in Kampanien die vereinigten Flotten der Karthager und Etrusker — ein großer Erfolg nicht allein für Syrakus, sondern für das ganze Westgriechentum. Die Freiheit war allerdings um einen teuren Preis erkauft: die sizilischen Griechen lebten unter der Herrschaft von Tyrannen, die das Leben der Poleis nach ihrem Belieben zu lenken wußten. Hieron verfügte nicht nur über das Interesse, sondern auch über die notwendigen Mittel, um seinen Hof in Syrakus zu einem regelrechten Musensitz auszugestalten. Es sind eine Reihe glänzender Namen von Dichtern, die kürzere oder längere Zeit in Syrakus weilten: Simonides und sein Neffe Bakchylides, Epicharm, Xenophanes (?), vor allem aber auch Pindar und Aischylos haben durch ihre Anwesenheit Syrakus geehrt und den Ruhm des Hieron und seines Hauses in aller Welt verkündet.

Salamis und Plataä bezeichnen für die Griechen des Mutterlandes den Beginn einer neuen Zeit. Der Ansturm des gewaltigen Perserheeres und der großen Armada war abgewehrt, Sparta und Athen hatten zu Wasser und zu Land ihre Überlegenheit bewiesen, die Tage geruhsamen kleinstaatlichen Lebens waren vorüber, neue weltpolitische Perspektiven öffneten sich. Es sind auch hier die großen Einzelpersönlichkeiten gewesen, die, ihrer Zeit weit vorauseilend, die neuen Möglichkeiten der Politik zu nutzen verstanden: Themistokles und Pausanias. Aber sie standen gegen die Phalanx der Ewiggestrigen, die, wie immer in der

Geschichte, nichts dazugelernt und nichts vergessen hatten. Hellas war wieder vom Feind frei, und auch jenseits der Ägäis regte sich der Freiheitssinn der Ioner.

»Die welthistorischen Perspektiven des griechischen Sieges über die Perser sind fast unabsehbar. Dadurch, daß die Hellenen den Ansturm des Ostens meisterten, haben sie der politischen und kulturellen Entwicklung des Westens auf ein volles Jahrhundert hinaus Ziel und Richtung gegeben. Erst durch den siegreichen Freiheitskampf der Griechen ist Europa als Idee und Wirklichkeit geboren worden. Die Güter, für die einst die Griechen ihr Leben einsetzten, sind auch heute noch die höchsten Werte im Leben der abendländischen Menschheit. Daß die griechische Kultur in voller innerer und äußerer Freiheit den Aufstieg zu jenen Leistungen finden konnte, die das Abendland als die unerreichten klassischen Vorbilder in der bildenden Kunst, im Drama, in der Geschichtsschreibung verehrt, das verdankt Europa den Kämpfern von Salamis und Platää, dem Themistokles nicht minder wie dem Pausanias.« (Bengtson, Griech. Gesch. 2. Aufl. S. 174/175.) Man sollte die Bedeutung der griechischen Siege von 480 und 479 nicht verkleinern, sondern sich ruhig und nüchtern vergegenwärtigen, was die Herrschaft der Perser bedeutet hätte. Ein Sieg des Orients, so hat vor vielen Jahren Eduard Meyer gesagt, bedeutete vor allem eine Verstärkung der geistlichen Autorität, eine mehr oder minder weitgehende Priesterherrschaft. Wie die Geschichte des Judentums beweise, hätten die Perser auch in Griechenland die nationale Religion und die Priesterherrschaft benutzt, um das Volk in Untertänigkeit zu halten. Eine Kirche und ein durchgebildetes theologisches System aber würde dem ganzen griechischen Denken ihr Joch auferlegt und jede freiere Regung in Fesseln geschlagen haben, so daß die neue griechische Kultur ebenso ein theologisches Gepräge erhalten hätte wie die orientalische. — Es ist zuzugestehen, daß diese Vermutungen natürlich über unser Wissen hinausgehen, wenn sie auch sicherlich ein Körnchen Wahrheit enthalten. Die eigentliche Bedeutung der Siege der Hellenen über die Perser besteht, wie wir glauben, vielmehr darin, daß sich die Hellenen mit ihren angestammten staatlichen Formen in glänzender Weise behauptet haben, auch gegenüber einem um ein Vielfaches überlegenen Gegner. Die Siege zu Wasser und zu Land waren die Siege der griechischen Polis, der gerade zur rechten Zeit überragende Führer erstanden waren. Und mit der Polis siegte der abendländische freie Rechtsstaat über das absolutistische System des Orients, die Griechen kämpften nicht nur für ihre Heimat und für ihre Götter, sondern auch für das Ideal der geistigen Freiheit und für eine höhere Gesittung in einer freien westlichen Welt. Es ist ganz unbegreiflich, wie ein Historiker vom Format Arnold J. Toynbees den Gedanken auch nur erwägen konnte, ob es nicht vielleicht für die Griechen besser gewesen wäre, wenn ihnen im 5. Jahrhundert v. Chr. von den Persern Einheit und Frieden auferlegt worden wäre, denn das hätte den Griechen, sagt Toynbee, diese viereinhalb Jahrhunderte des Unglücks erspart, das sie zwischen der Generation des Königs Dareios und des Kaisers Augustus über sich selbst gebracht haben. – Wer so urteilt, der vergißt, daß die westliche Kultur heute zu wesentlichen Teilen auf dem beruht, was die Griechen nach der Abwendung der Persergefahr im 5. Jahrhundert geschaffen haben. Mit vollem Recht hat gegenüber Toynbee ein Gelehrter wie Alexander Rüstow erklärt: »Der Sieg der Griechen in den Perserkriegen war eines der großen Wunder der Weltgeschichte. Daß sie in einer nach menschlichem Ermessen aussichtslosen Lage diesen Kampf für die Freiheit auf jedes Risiko hin gewagt und erstaunlicherweise gewonnen haben, ist eine ungeheure Leistung, ist ein ungeheures Beispiel, wo das Ideal der Freiheit nicht nur in schönen und pathetischen Worten, sondern in Taten leuchtet und durch das Opfer des Lebens soviel Tausender, Zehntausender von Menschen auf die konkreteste und überzeugendste Weise bewiesen worden ist, wie nur überhaupt in menschlichen Dingen die Treue zum Ideal bewiesen werden kann.«

5. Die Begründung des Delisch-Attischen Seebundes und die Entstehung des attisch-spartanischen Dualismus

Das Jahr 478/77, das Jahr des attischen Archonten Timosthenes, ist für die Geschichte des Griechentums durch die Begründung des Delisch-Attischen Seebundes zu einem Epochenjahr geworden. Dieser Bund ist in den folgenden Jahrzehnten bis hin zum Frieden des Kallias (449/8) der eigentliche Träger des Krieges der Griechen gegen die Perser, er ist zugleich das erste Beispiel einer organisierten Vereinigung griechischer Staaten, hier unter der Führung Athens, die dem Peloponnesischen Bund Spartas an die Seite tritt. Entgegen der im wesentlichen defensiven Haltung der Spartaner und ihrer Bundesgenossen ist für Athen und den Seebund die Offensive gegen Persien das Ziel. Neben die griechische Eidgenossenschaft des Jahres 481 tritt nunmehr ein Sonderbund, er steht unter der Führung Athens, das mit seiner großen Flotte maßgebend zum Erfolg über die Scharen des Xerxes beigetragen hatte. Die Eidgenossenschaft hatte mit der Begründung des Seebundes keineswegs aufgehört zu existieren, der Kampf gegen die Perser ging weiter, aber die eigentlichen Träger des Kampfes waren jetzt Athen und seine Verbündeten geworden, die übrigen Eidgenossen rückten gewissermaßen in die zweite Linie, auch Sparta, dessen Verdienste um die Befreiung Griechenlands ganz unbestritten waren. Die moderne Staatslehre bezeichnet den Delisch-Attischen Bund als eine sog. Pluralsymmachie, es ist ein Bund zwischen Athen und einer Vielzahl von Bundesgenossen. Die genaue Zahl ist nicht bekannt, da die erhaltenen Tributlisten erst etwa 25 Jahre nach der Begründung des Bundes einsetzen. Aber man wird nicht fehlgehen, wenn man an eine Zahl zwischen 100 und 200 Mitgliedern denkt; in der Zeit des Archidamischen Krieges sind es mehr als 400 geworden. Das Bündnis war auf ewige Zeiten geschlossen; das zeigt nicht nur die bei Aristoteles, Pol. Athenaion c. 23,5, vorkommende Formel, Freund und Feind gemeinsam zu haben, sondern vor allem die Tatsache, daß man zur Bekräftigung der gegenseitigen Eide glühende Metallstücke ins Meer versenkte; so wie diese auf alle Zeiten verschwunden waren, so sollte auch die Symmachie eine ewige sein.

Von der Organisation des Bundes in seinen Anfängen ist nur wenig bekannt. Die Quellen berichteten, daß sich hierbei vor allem Aristeides ausgezeichnet hat. Er hat die Zahlungen der einzelnen Bündner festgesetzt, eine schwierige und nicht immer leicht zu bewältigende Arbeit, die er aber zur Zufriedenheit aller gelöst hat; seit dieser Zeit wurde ihm der Beiname der ›Gerechte‹ beigelegt. Aber auch Themistokles hat bei der Organisation mitgewirkt, dies würde man auch dann annehmen müssen, wenn es nicht durch die Verse eines wenig Themistokles-freundlichen Autors, des Dichters Timokreon von Ialysos auf Rhodos, bezeugt wäre. Mittelpunkt des Seebundes war die kleine Insel Delos in der Ägäis. Hier versammelten sich die Abgeordneten (Synhedroi) der einzelnen Bündner, hier war auch die Bundeskasse im Tempel des Apollon untergebracht. Während die großen Inseln wie Chios, Lesbos, Samos, Naxos und Thasos Schiffe stellten, die Athen als wertvollen Zuwachs seiner Kriegsflotte begrüßte, waren die kleineren Gemeinden hierzu vielfach nicht imstande oder vielleicht auch nicht willens.

Diese Gemeinden wurden zu einem Phóros (Tribut) veranlagt, d. h. zu einer ›Ausgleichszahlung‹, die in die Bundeskasse floß. Die Gesamtsumme wurde von Aristeides auf 460 Talente festgesetzt und die Lasten auf die einzelnen Gemeinden entsprechend ihrer Bedeutung und wirtschaftlichen Leistungsfähigkeit verteilt. Es spricht für die Umsicht und die Zweckmäßigkeit des Ansatzes, wenn man an der Gesamtsumme mehr als 50 Jahre lang unentwegt festgehalten hat. Erst im Archidamischen Krieg, unter dem Eindruck des Erfolges von Pylos und Sphakteria, hat Kleon die Tributsumme nicht nur verdoppelt, sondern sogar verdreifacht (1460 Talente). Die Heranziehung der Bundesmitglieder zu den finanziellen Lasten hatte nicht nur einen wirtschaftlichen, sondern auch einen erzieherischen Hintergrund: die Bundesgenossen konnten nicht gut erwarten, daß Athen, der Hegemón des Bundes, im Verein mit den größeren Seestaaten die Abwehr der Persergefahr auf die eigenen Schultern nahm, während die kleineren Gemeinden einfach zusahen. Mit ihrem Beitrag, dem Phóros, leisteten auch sie ihren Anteil, der ihnen im allgemeinen nicht schwergefallen sein dürfte. Athen dagegen hatte mit der Veranlagung der Bundesgenossen zum Phóros die Vereinigung auf eine feste finanzielle Grundlage gestellt; es war in dieser Hinsicht Sparta weit voraus, das für den Peloponnesischen Bund niemals eine Bundeskasse oder etwas Ähnliches geschaffen hat. Noch im Peloponnesischen Krieg waren die Spartaner mehr oder weniger auf freiwillige Spenden ihrer Bundesgenossen angewiesen. Wenn wir uns fragen, welche Vorbilder für die finanzielle Organisation des Delisch-Attischen Seebundes in Betracht kommen können, so wendet sich der Blick unwillkürlich nach dem Osten: das Achämenidenreich besaß eine feste Steuerordnung, die Herodot sehr anschaulich beschrieben hat. Von einer Rezeption der persischen Steuerordnung im buchstäblichen Sinn kann natürlich nicht die Rede sein, aber die Besteuerung als solche ist doch etwas für die Reiche des Orients Charakteristisches, während in der griechischen Welt Vergleiche fehlen. Man muß außerdem darauf hinweisen, daß eine Vielzahl der neuen Bundesgenossen Athens bisher den Persern Tribut gezahlt hatte.

Die militärischen Aktionen des Delisch-Attischen Bundes verraten von Anfang an eine kundige, zielbewußte Führung. Schon im Jahr 476/75 wurde Eïon am unteren Strymon den Persern entrissen, die Einwohner wurden in die Sklaverei geführt. Nicht anders machte man es mit den Dolopern, den Einwohnern der Insel Skyros. Auf dieser Insel entdeckte man die angeblichen Gebeine des Theseus, des sagenhaften Gründers von Athen, und überführte sie in seine Stadt – ein frühes Beispiel von Reliquienkult im Altertum. Das Vorgehen gegen Skyros muß wohl noch vor 470 angesetzt werden, ebenso die Unterwerfung von Karystos auf Euböa. Nicht genau zu datieren ist dagegen die Revolte der Insel Naxos. Die Ereignisse auf Euböa und auf Naxos sind beide sehr aufschlußreich. Mit Karystos, dessen Gebiet den gesamten südlichen Teil der Insel Euböa umfaßte, wird eine Gemeinde zum Eintritt in den Delisch-Attischen Seebund gezwungen, ohne daß hierfür ein anderer Grund vorliegt als die Absicht Athens, das Gebiet des Seebundes abzurunden. Man will ein selbständiges Karystos als Fremdkörper in unmittelbarer Nähe Athens nicht länger dulden.

Die Einwohner von Karystos, die Dryoper, sind übrigens sehr milde behandelt worden. Der Grund, weswegen Naxos vom Seebund abfiel, ist ebenso unbekannt wie die Bedingungen, welche die Stadt nach ihrer Kapitulation erhalten hat. Das Beispiel von Naxos zeigt an, daß die Bündner nicht aus der Liga ausscheiden konnten, wenn es ihnen beliebte: der Bund war auf ewige Zeiten geschlossen worden, und Athen, der Hegemón des Bundes, hat alle Versuche der Mitglieder, sich diesem Zwang zu entziehen, auch weiterhin mit Entschlossenheit verhindert. Es ist klar, daß es sich hier in erster Linie nicht um eine Rechtsfrage, sondern um eine Machtfrage handelt.

Einen entscheidenden Einschnitt in der Geschichte des Delisch-Attischen Seebundes ist die Schlacht am Eurymedon in Pamphylien, die wahrscheinlich in den ersten Jahren nach 470, möglicherweise im Jahr 469, geschlagen worden ist. Der Sieg am Eurymedon ist der Sieg Kimons, der Sieg Athens und seiner Bundesgenossen. Die Perser erlitten zu Wasser und zu Land schwere Verluste, wieder einmal mußten die Phöniker erfahren, daß ihnen die Griechen an Angriffsgeist und Wagemut überlegen waren, wenn sie zielbewußt geführt und eingesetzt wurden. Vor der Schlacht hatte sich Kimon der Seestadt Phaselis als Basis bedient, nach der Schlacht sind eine ganze Reihe von Hellenenstädten an der Südküste Kleinasiens dem Seebund beigetreten: die Einflußsphäre des Perserreiches wurde an der Küste weit nach dem Osten zurückgedrängt. Insbesondere die Ägäis war nunmehr ein griechisches Meer geworden, und viele Jahrzehnte lang hat es kein persisches Kriegsschiff gewagt, die Fluten der Ägäis zu durchfahren. Die Schlacht am Eurymedon ist der Schlußstein nach den griechischen Siegen von Salamis, Plataä und Mykale. An dem Erfolg der Athener und ihrer Bundesgenossen über die Perser in der Schlacht am Eurymedon hatte Themistokles keinen Anteil mehr. Themistokles, dem Griechenland neben dem Pausanias die Freiheit verdankte, war seit dem Jahr 471 politisch ein toter Mann. Seine Gefolgschaft, die ihm in der Zeit der Not willig zur Seite gestanden hatte, war unter dem Ansturm der Gegner zerfallen, sie hatte sich als zu schwach erwiesen, den Ostrakismos des Themistokles (471) zu verhindern. Wir besitzen noch heute mehrere hundert Ostraka, die mit dem Namen des Themistokles beschrieben sind; man wird annehmen müssen, daß sie gewissermaßen auf Vorrat hergestellt und den attischen Bürgern in die Hand gedrückt worden sind, als es darum ging, Themistokles politisch zu erledigen. Man wird kaum nur von dem Emporkommen einer neuen Generation sprechen können — der Gegensatz zwischen Themistokles und seinen Gegnern in Athen ging viel tiefer. Themistokles hatte in klarer Voraussicht erkannt, daß der Aufstieg Athens unmöglich sei, wenn dabei ständig auf den lakedämonischen Kampfgenossen Rücksicht genommen würde. Athen mußte sich von dieser lästigen Fessel befreien, um endlich jene Stelle in Hellas einzunehmen, die ihm auf Grund der großen Leistungen seiner Flotte im Befreiungskampf gebührte. Diese Auffassung stand aber in entschiedenem Gegensatz nicht nur zu der Ansicht vieler Bürger, sie zerriß auch so manche liebgewordene persönliche Bindung zwischen Athen und Lakedaimon, die in der Zeit der Persernot geknüpft worden war. Themistokles wußte, daß Dankbarkeit auf dem Feld der Politik keine Größe ist, auf der man die Zukunft eines Staates erbauen kann: wer nach oben will, darf nicht nach rückwärts sehen. Der Sturz des Themistokles ist nicht zu verstehen ohne das Schicksal des spartanischen Regenten Pausanias, des Siegers von Plataä. Pausanias hatte sich bis zum Jahr 476 in dem festen Byzanz behauptet, Kimon hatte ihn dann vertrieben, worauf sich der Spartaner auf persisches Gebiet, in die Troas, begab und hier in dem kleinen Ort Kolonai residierte. Es ist und bleibt ein Rätsel, warum Pausanias

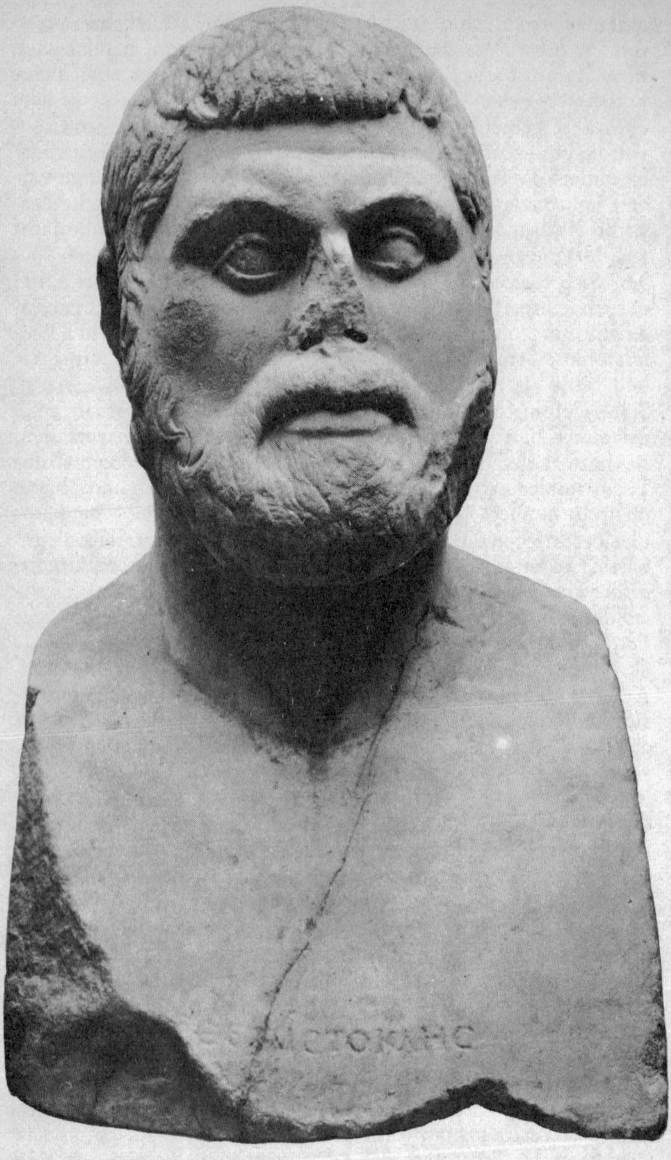

Abb. 6: Themistokles; Herme von Ostia

sich bewegen ließ, der erneuten Rückberufung nach Sparta durch die Ephoren Folge zu leisten (469?). In Sparta stand es um diese Zeit nicht zum besten. In der Peloponnesos hatte sich eine antispartanische Bewegung erhoben, an deren Spitze wieder einmal Argos stand. Mit Tegea und den Arkadern verbündet, war Argos so stark, daß es den Spartanern im Feld nahezu ebenbürtig entgegentrat (Schlachten bei Tegea und Dipaia, beide wohl noch vor 470). Auch in Elis kam um 470 eine demokratische Richtung ans Ruder, so daß auch hier der spartanische Einfluß dahinschwand. Hatte man in Sparta von der bewährten Feldherrnkunst des Pausanias neue Wunder erwartet? Es scheint nicht so, denn man beschuldigte den Pausanias zunächst des Zusammenwirkens mit den Persern. Das ist der Vorwurf des Medismos, der in jenen Tagen nicht nur ehrenrührig war, sondern geradezu tödlich wirken konnte. Wer es mit dem Nationalfeind hielt, mit dem gab es kein Paktieren, weder in Sparta noch in Athen. Aber im Falle des Pausanias waren keine Beweise für eine Zusammenarbeit mit den Persern zu erbringen, so daß man die Anklage fallenlassen mußte. Da tat Pausanias etwas, was ihn geradewegs ins Verderben stürzen sollte: er versuchte mit den Heloten zu paktieren und rüttelte damit an den Grundfesten des spartanischen Staates. Der drohenden Verhaftung durch die Ephoren zuvorkommend, flüchtete Pausanias in den Tempel der Athena Chalkioikos in Sparta, die Ephoren ließen den Tempel zumauern und holten Pausanias erst wieder aus dem Heiligtum, als er, eines grausamen Hungertodes sterbend, in den letzten Zügen lag. Das ist das klägliche Ende des größten Feldherren, den die ganze spartanische Geschichte kennt, ein selbstverschuldetes Ende, denn die Konspiration mit den Heloten war ein ganz unverzeihliches Sakrileg, aus dem ersichtlich wird, wie wenig sich Pausanias an die spartanische Ordnung des Staates, den Kosmos, gebunden fühlte. Es ist durchaus möglich, daß der nur wenige Jahre später ausbrechende messenische Helotenaufstand sich in der Konspiration des Pausanias schon von ferne ankündigt — aber dies berechtigt uns nicht, in Pausanias einen weitblickenden Politiker zu sehen. Spartas Machtstellung beruhte, brutal ausgedrückt, auf der Unterdrückung der Messenier. Wer dies mißachtete, war ein politischer Dilettant, der seine eigenen Machtgelüste höher stellte als das Vaterland.

Es ist nicht erwiesen und nach Lage der Dinge auch unerweislich, daß Themistokles mit Pausanias in Verbindung gestanden hat. Der Athener hatte sich nach seiner Verbannung zunächst in Argos aufgehalten, von hier aus bereiste er die Peloponnesos. Als ihm bekanntgeworden war, daß sowohl Athen als auch Sparta ihn festnehmen lassen wollten, floh er nach Korkyra und von dort nach Epirus an den Hof des Königs der Molosser Admetos. Da er sich aber auch in Epirus auf die Dauer nicht sicher fühlte, ging er nach Makedonien und von dort zu Schiff nach Kleinasien, nach Ephesos. Auf der Überfahrt soll Themistokles um ein Haar einer athenischen Kriegsflotte vor Naxos (eine andere Handschrift des Plutarch, Vita des Themistokles 25,2, der *Seitenstettensis*, schreibt dagegen: Thasos) in die Hände gefallen sein. Im Perserreich herrschte seit dem Jahr 465/64 als Großkönig Artaxerxes I., der Sohn des Xerxes. Er nahm den flüchtigen Themistokles mit allen Ehren auf und gab ihm die Stadt Magnesia am Mäander, ferner die Orte Lampsakos und das ionische Myūs zu Lehen. In Magnesia hat der Athener noch einige Jahre gelebt, als Vasall des Perserkönigs, noch vor dem Jahr 450 dürfte er gestorben sein. Das Leben des Themistokles ist voller Rätsel, deren Entschleierung der Forschung wohl nie gelingen wird. Und wenn man seine Büste betrachtet, die uns vor einigen Jahrzehnten ein glücklicher Fund in Ostia wiedergegeben hat, so weiß man, warum dieser Mann so ganz anders als seine Zeitgenossen gewesen ist. Themistokles ist der erste griechische Staatsmann gewesen, der das besessen hat, was man den sechsten Sinn des Staatsmanns nennen könnte: wenn einer, so verfügte er in hohem Maß über die Kunst der politischen Voraussicht, welche der Historiker Thukydides (I 138,3) mit Recht an ihm gerühmt hat. Mit der politischen Voraussicht aber verbindet sich bei Themistokles eine, man möchte sagen, völlig wertfreie Benutzung aller politischen Mittel, die dazu dienen, das einmal richtig Erkannte auch durchzusetzen. Bindungen irgendwelcher Art kennt Themistokles nicht, die von ihm geführte Politik gleicht dem Schachspiel, aus jedem Zug ergibt sich ein Gegenzug, wobei allerdings Themistokles dem Gegner immer um einen Zug voraus ist: wir brauchen hier nur an die Geschichte des athenischen Mauerbaues zu erinnern. Es ist nicht verwunderlich, wenn seine Gegner innerhalb und außerhalb von Athen für diese Art der Politik kein Verständnis besaßen, sie erhoben gegen ihn den Vorwurf der Perfidie, und von ihrem Standpunkt hatten sie nicht einmal unrecht. Und doch hatte Themistokles, der Unheimliche, tiefer gesehen als alle anderen: er hat es wohl noch erlebt, daß Athen nicht nur gegen Persien, sondern auch gegen seinen alten Verbündeten Sparta kämpfen mußte, und noch dazu in einem Krieg, der durch seine Spannweite und den Einsatz der Mittel die Kräfte der Athener aufs äußerste beanspruchte. Es ist kein Zweifel: Themistokles hätte einen anderen Weg eingeschlagen, und er hätte sich nicht gescheut, wenn es die Lage erforderte, auch mit den Persern zu paktieren, gegen die er einst die Freiheit Athens und ganz

Griechenlands am Artemision und bei Salamis verteidigt hatte. Die klare, kalte Luft der politischen Berechnung – das ist die Welt des Mannes, dem selbst der persische Gegner seine Achtung nicht zu versagen vermochte.

Mit dem Ostrakismos des Themistokles (471) beginnt in Athen die Ära des Kimon, des Sohnes des Miltiades. Sie währt fast genau ein Jahrzehnt und endet mit der Verbannung Kimons im Jahr 461. Diese Epoche ist in mehrfacher Hinsicht von großer Bedeutung, nicht nur für den inneren Ausbau des Delisch-Attischen Seebundes, sondern auch für die spartanisch-athenischen Beziehungen und für die griechische Politik gegenüber der östlichen Großmacht, dem Perserreich. Bevor wir uns den politischen Ereignissen zuwenden, erscheint es unumgänglich, einige Worte der Persönlichkeit des Mannes zu widmen, der dieser Epoche den Stempel seines Wesens aufgedrückt hat. Kimon, geboren etwa um 510 v. Chr., entstammte der vornehmen Adelsfamilie der Philaïden, seine Mutter Hegesipyle war thrakischem Fürstengeschlecht entsprossen. Er war ungewöhnlich vermögend und hat von diesem Reichtum in fürstlicher Weise Gebrauch gemacht. Von seiner Freigebigkeit legen vor allem seine Bauten in Athen Zeugnis ab. Bereits nach der Einnahme von Eïon (476/5) hatte Kimon die Erlaubnis erhalten, Hermen in der neuen Hermenhalle zu weihen und sie mit Inschriften versehen zu lassen. Gegenüber dieser Hermenhalle ließ der Schwager Kimons, Peisianax, die Stoa Poikile errichten, während Kimon das Theseion erstehen ließ, in dem die angeblichen Gebeine des Theseus geborgen wurden. Auch auf der Akropolis hat Kimon gebaut: er war es, der die großen Stützmauern errichtete, wodurch die Fläche der Burg beträchtlich erweitert werden konnte. Auch die Gärten an der Akademie gehen auf seine Initiative zurück. Wie einst die großen Tyrannen, so versammelte er um sich in Athen eine Reihe von Dichtern, die seinen Ruhm verkündeten. Es ist kein Zufall, wenn auch Kimons Schwester Elpinike in der Überlieferung viel stärker hervortritt als die anderen attischen Frauen. Mag auch manches, was von ihr berichtet wird, auf wenig zuverlässiger Überlieferung beruhen – die Tatsache, daß ihre Stellung mehr der einer Fürstin als der einer Bürgerin ähnlich war, läßt sich kaum bestreiten. Wenn wir davon hören, daß die Angehörigen seines Demos, die Lakiaden, sich in der Schlacht bei Tanagra (457) um Kimons Panzer wie um ein Wahrzeichen zusammengeschlossen haben, so zeigt auch dies die ungewöhnliche Verehrung, die Kimon selbst noch nach seiner Verbannung in Athen genossen hat. Wenn Kimon auch dem athenischen Staat in der Haltung eines großen unabhängigen Herren gegenübersteht, so fügt sich doch sein politisches Handeln in die große Linie der attischen Politik vortrefflich ein. So erscheint es nicht überraschend, wenn gerade dieses Jahrzehnt von 471 bis 461 im wesentlichen im Zeichen athenischer Erfolge gestanden hat, die zu einem großen Teil auf Kimon zurückzuführen sind.

Die Ereignisse im Perserreich sind in dieser Periode fast ohne Rückwirkung auf Griechenland geblieben. Der Tod des Xerxes im Jahre 465/64 und die Thronbesteigung Artaxerxes' I. sind Ereignisse, die der inneren Geschichte des Weltreiches angehören. Übrigens hatte sich der Thronwechsel in höchst blutiger Weise vollzogen, Xerxes war in seinem Schlafgemach ermordet worden, sein ältester Sohn, der wie der Großvater Dareios hieß, wurde durch den jüngeren Bruder Artaxerxes umgebracht. Ein anderer Sohn des Xerxes namens Hystaspes empörte sich in Baktrien, er konnte jedoch durch Artaxerxes beseitigt werden. Bei den Vorgängen am Hof spielte vor allem eine Reihe von persischen Großen, an ihrer Spitze Artabanos und Megabyzos, eine wichtige Rolle. Die Begebenheiten sind für uns heute nur noch schwer durchschaubar, über ihnen liegt ein dichtes Gespinst von Intrigen, die durch die stickige Hofluft begünstigt worden sind.

Die eigentlichen Gegenspieler des Perserreiches sind nun schon seit Jahren Athen und der Delisch-Attische Seebund. Wie sieht es in dieser Vereinigung um das Jahr 465, etwa zwölf Jahre nach ihrer Begründung, aus? Das genannte Jahr ist ein Schicksalsjahr des Bundes gewesen. Damals fiel nämlich die reiche Insel Thasos von Athen ab; die Gründe sind unbekannt, die Möglichkeit, daß persische Umtriebe im Hintergrund gestanden haben könnten, ist so gut wie ausgeschlossen, eher mag man vielleicht an Einwirkungen von Makedonien her denken — aber auch das ist schwerlich beweisbar. Athen hatte etwa um die gleiche Zeit ein großangelegtes Kolonisationsunternehmen am unteren Strymon in Angriff genommen, nicht weniger als 10 000 Kolonisten waren in der Ebene bei den ›Neunwegen‹ (Enneahodoi) angesiedelt worden. Die Thasier werden die Festsetzung Athens im thrakischen Hinterland zum mindesten mit Sorge beobachtet haben, verfügte doch die reiche Insel über eine ausgedehnte Peraia an der thrakischen Gegenküste, aus der den Thasiern große Einkünfte, vor allem aus den Goldbergwerken, zuflossen. Dem athenischen Vordringen setzte übrigens bald die Niederlage der Siedler gegen die einheimischen Thraker bei Drabeskos ein Ende — eine schwere Niederlage, die Athen bedeutende Verluste gekostet hat. Thasos aber wandte sich an Sparta. Angeblich soll man dort den Thasiern versprochen haben, ihnen durch einen Einfall in Attika Luft zu verschaffen. Zur Ausführung dieses Ver-

sprechens (falls es überhaupt historisch ist) kam es aber nicht, denn im Jahre 464 verwüstete ein gewaltiges Erdbeben Sparta und raffte einen Teil seiner wehrhaften Bevölkerung dahin. Im Anschluß daran erhoben sich die Heloten in Messenien, so daß Sparta zunächst aktionsunfähig war (sog. Dritter Messenischer Krieg). Die Athener beauftragten Kimon, den Sieger vom Eurymedon, mit der Niederwerfung des thasischen Aufstandes. Die Stadt wurde eingeschlossen und mußte schließlich im dritten Jahr der Belagerung (463) kapitulieren. Ihre Einwohner mußten die Mauern niederreißen, die Flotte ausliefern, für die Kriegskosten aufkommen und sich endlich noch zu einem jährlichen Tribut an die Kasse des Delisch-Attischen Seebundes verpflichten. Bisher hatte Thasos nur Schiffe zu stellen brauchen. Außerdem ging der wertvolle Festlandsbesitz den Thasiern verloren. Wieder einmal, wie im Fall von Naxos, hatte Athen ein Mitglied des Delisch-Attischen Seebundes, das wider den Stachel zu löcken gewagt hatte, zu Boden geworfen — ein warnendes Beispiel für alle Gemeinden, die gleich Thasos Emanzipationsgelüste hegten.
Wenn sich der attische Volksbeschluß über Erythrai (Bengtson, Staatsverträge Nr. 134) genau datieren ließe, so besäßen wir ein wertvolles Dokument über die Beziehungen der athenischen Hegemonialmacht zu einem anderen Seebundsmitglied aus etwa der gleichen Zeit. Leider kann man nur so viel sagen, daß diese vielbesprochene Inschrift, deren Original seit langem verloren ist, aus der Zeit nach 465 zu stammen scheint. Eine spätere Datierung, bei der man bis in die Mitte des 5. Jahrhunderts herabgehen kann, ist allerdings keineswegs ausgeschlossen. Wie dem nun auch sein mag, die Urkunde zeigt sehr deutlich den sich immer mehr verstärkenden Einfluß Athens auf die inneren Verhältnisse einer Seebundstadt. In Erythrai, das auf einer weit nach dem Westen vorspringenden Landzunge gegenüber der Insel Chios liegt, gibt es nicht nur attische Aufsichtsorgane, die Episkopoi und den Phrurarchos (Festungskommandanten), diese haben sogar offizielle Funktionen und Rechte bei der Bestellung des Rates, der Bulé von Erythrai. Außerdem verpflichten sich die Ratsherren der Stadt ausdrücklich, weder von den Athenern noch von den Bundesgenossen abzufallen. Zwischen dem Seebund und Persien, mit dem man im Krieg liegt, zieht die Urkunde einen klaren Trennungsstrich: so ist es ausdrücklich untersagt, einen zu den ›Medern‹ Geflohenen wieder in die Mauern der Stadt aufzunehmen. Außerdem wird Vorsorge getroffen, daß in Erythrai keine Tyrannis hochkommt: wer Erythrai an die Tyrannen verrät, der soll des Todes sterben. Die Urkunde zeigt, daß Athen als Hegemón des Seebundes eine strenge Oberherr-

schaft über Erythrai ausübt, die ionische Gemeinde besitzt zwar ihre lokale Autonomie, ist aber in der freien Führung seiner Außenpolitik an die Wünsche Athens gebunden.
Nach seiner Rückkehr von Thasos wurde gegen Kimon in Athen Anklage erhoben: er habe es unterlasen, sich gegen den König Alexander I. von Makedonien zu wenden. Es ist nicht schwer zu vermuten, daß hinter dieser Anklage die Kreise um Ephialtes und Perikles gestanden haben; Perikles war in diesem Prozeß der vom Volk bestellte Ankläger, von seiner Choregie im Jahr 473/72 abgesehen, ist es übrigens das erste Mal, daß dieser nachmals so berühmte Mann an die Öffentlichkeit tritt. Die Anklage gegen Kimon hat man absurd genannt (H. Swoboda), das war sie in der Tat, aber sie ist dennoch sehr aufschlußreich. Sie zeigt, daß in Athen eine Richtung Oberwasser bekam, die in der Außenpolitik jegliches Augenmaß verloren hatte: erst Thasos und dann noch Makedonien — wie sollte es weitergehen? Kimon war seinerzeit an die Stelle des Themistokles getreten, in den Persönlichkeiten des Ephialtes und Perikles drängten nun neue Männer nach vorn, die jede Gelegenheit benutzten, um Kimon zu diskreditieren. Der Prozeß endete übrigens mit einem Freispruch; daß sich Kimons Schwester Elpinike bei Perikles für ihren Bruder verwandt habe, ist sicher nicht historisch.
Nicht viel später richteten die Spartaner ein offizielles Hilfegesuch an Athen. Sie waren nicht imstande, die auf dem Ithomeberg eingeschlossenen Messenier zu bezwingen. Die Stimmung in Athen war dem Ersuchen Spartas gegenüber nicht einheitlich. Ephialtes opponierte heftig, aber Kimon setzte es schließlich durch, daß man 4000 Hopliten als ein Hilfskorps in die Peloponnesos entsandte (462).
Während der Abwesenheit Kimons auf dem messenischen Kriegsschauplatz kam es in Athen zu einer grundlegenden Verfassungsänderung; sie geht auf Ephialtes zurück und ist so entscheidend, daß man von nun an von der Errichtung einer wirklichen Demokratie in Athen sprechen kann (462/61). Die Verfassungsreform des Ephialtes, über die in anderem Zusammenhang noch zu sprechen ist (S. 82), und die Zurücksendung des attischen Kontingents durch die Spartaner erschütterten die Stellung des Kimon, seine Gefolgschaft in Athen war nicht imstande, die neu aufkommenden Kräfte unter Ephialtes zu binden, der innere Machtkampf — Kimon hatte vergeblich versucht, die Reformen rückgängig zu machen — endete mit dem Ostrakismos des Siegers vom Eurymedon (461). Damit ist die Laufbahn des Kimon vorläufig beendet, die athenische Politik aber hat von diesem Zeitpunkt an einen völlig anderen Verlauf genommen. Die Heimsendung des attischen Hilfskorps durch

die Lakedämonier bedeutet zugleich den Beginn des latenten Konfliktes zwischen den beiden führenden Mächten in Hellas. Allerdings hatte Sparta die Führung des Perserkrieges schon seit längerer Zeit Athen und dem Seebund überlassen. Vielleicht war dieser Verzicht nicht einmal aus freien Stücken erfolgt; es ist bekannt, daß die Lakedämonier mit großen Schwierigkeiten in der Peloponnesos, zuletzt mit dem Aufstand der Messenier, zu kämpfen hatten. Wie dem nun auch sein mag — diese Entwicklung erwies sich vom Standpunkt des gesamten Griechenland aus als sehr gefährlich: der große nationale Gedanke, der in den Kämpfen mit den Persern einst den griechischen Abwehrwillen beflügelt hatte, wurde mehr und mehr in den Hintergrund gedrängt, die Politik der Einzelstaaten wurde wieder Trumpf, und es erschien den übrigen Griechen immer selbstverständlicher, daß Athen mit seiner Flotte dafür sorgte, daß kein persisches Schiff die Wogen der Ägäis durchfuhr. Wer aber in Griechenland dachte daran, daß die persische Tatenlosigkeit nur das Ergebnis einer schwachen Regierung war, welche die Zügel schleifen ließ? Man muß sich anderseits klarmachen, was die Herrschaft Athens in der Ägäis bedeutete: so weit seine Flagge wehte, herrschten Sicherheit und Ruhe, die nicht einmal durch die Seeräuber gestört wurde. Zwischen dem Seebund und dem Perserreich aber war eine Barriere aufgerichtet, ein Zustand, der nun schon an die dreißig Jahre andauerte. Für eine ganze Generation von Hellenen waren die Perser die ›Barbaren‹, der Erzfeind, mit dem man im Krieg lag, soweit man überhaupt zurückdenken konnte. Der Vorwurf des ›Medismos‹, der persischen Gesinnung, war zu einer geradezu tödlichen Waffe auch im innenpolitischen Machtkampf bei den Hellenen geworden, die Kluft zwischen den beiden Völkern wurde dadurch immer mehr vergrößert. Wie weit lagen die Zeiten zurück, in denen zwischen Griechen und Persern ein reicher materieller Austausch bestanden hatte!

6. Perikles und die Bildung der extremen attischen Demokratie

Mit der Person des Perikles betritt ein Mann die Bühne der athenischen Politik, dessen Name für immer mit dem Höhepunkt der Geschichte Athens verbunden bleiben wird. Die Zeit seiner Staatsführung, die mit dem Tod des Ephialtes im Jahr 461 beginnt und im Jahr 429 endet, ist das perikleische Zeitalter, das in alter und neuer Zeit unzählige Bewunderer gefunden hat. In der Tat ist Athen in dem Menschenalter zwischen 461 und dem Beginn des Peloponnesischen Krieges (431) vor allem durch Perikles auf eine weder vorher noch nachher erreichte Höhe geführt worden, es ist unbestritten der erste Staat in Griechenland, nicht nur auf dem Gebiet des politischen Lebens, sondern vor allem und noch mehr auf Grund seiner kulturellen Leistungen, die gleichfalls zum großen Teil auf die Initiative des Perikles zurückzuführen sind. Außerdem sind mit dem Namen des großen Staatsmannes eine Anzahl von Reformen verbunden, die, zusammen genommen, einen entscheidenden Schritt auf dem Weg zur vollendeten Demokratie in Athen darstellen. Diese folgenreiche Entwicklung ist aber nur zu verstehen, wenn man sie im Rahmen der Reformen betrachtet, die von Ephialtes inauguriert worden sind. Aristoteles erzählt in seiner ›Staatsverfassung der Athener‹ (c. 25), in Athen habe der Areopag mit seinen lebenslänglichen Mitgliedern die Führung gehabt, bis sich Ephialtes, der Sohn des Sophonides, gegen ihn gewandt habe. Zuerst habe er viele Mitglieder des Areopags getötet, indem er sie in Prozesse wegen ihrer Amtsführung verwickelte, dann aber habe er den Areopag selbst als Institution bekämpft und ihm alle Kompetenzen genommen, weswegen er bisher ›Wächter der Verfassung‹ genannt worden sei. Diese Kompetenzen aber habe Ephialtes teilweise auf den Rat der Fünfhundert, teilweise auch auf das Volk und die Gerichte übertragen. Aristoteles zufolge hätte Ephialtes hierbei mit Themistokles zusammengearbeitet, eine Angabe, die längst als ein kapitaler Irrtum des Aristoteles erwiesen worden ist: Themistokles weilte damals auf persischem Territorium, und die Annahme, daß er aus Kleinasien noch einmal nach Athen, das ihn ja geächtet hatte, zurückgekehrt sei, ist so unwahrscheinlich, daß sie keiner Widerlegung bedarf. Im übrigen ist der Bericht des Aristoteles auch sonst anekdotisch ausgeschmückt, so daß ihm gegenüber Zurückhaltung geboten erscheint. Die Tatsache, daß sich die Reformen des

Ephialtes (462/1) vor allem gegen den Areopag richteten, ist aber unbestreitbar. K. J. Beloch hat gemeint, der Sturz des Areopags sei durchaus gerechtfertigt gewesen; man hätte nicht auf die Dauer eine Institution dulden können, deren Mitglieder sich auf Lebenszeit und daher völlig unangreifbar in der ersten Position des Staates befunden hätten. Daran ist so viel richtig, daß der Areopag in dem Augenblick, in dem die Archonten erlost (und nicht mehr gewählt) wurden (487/86), ein anderes Gesicht bekommen hatte; Beloch spricht übertreibend davon, daß ihm seitdem zahlreiche dunkle Ehrenmänner angehört hätten. Mag nun der Areopag in seiner Zusammensetzung wesentlich verändert gewesen sein oder nicht — Ephialtes hat ihm seine entscheidenden Befugnisse in Verwaltung und Rechtsprechung (mit Ausnahme der Blutgerichtsbarkeit) genommen und diese auf das Volk und seine verfassungsmäßig gewählten Organe und auf die Gerichte übertragen. Diese Veränderungen sind die Voraussetzungen für alles, was nun noch folgt: im Jahr 457/56 wurden auch die Zeugiten, das ist die Masse des attischen Bürger- und Bauerntums, zum Archontat zugelassen — vorher war dieses höchste Staatsamt die Domäne der beiden obersten Schatzungsklassen, der Fünfhundert-Scheffler (Pentakosiomédimnoi) und der Ritter (Hippeis), gewesen —, 453/52 wurde die Institution der Demenrichter wieder eingeführt, über die wir leider nicht viel wissen. Man kann aber vielleicht annehmen, daß sie irgendwie mit der Demokratisierung des Gerichtswesens zusammenhängt.

Die beiden letzten Reformen sind nicht denkbar ohne die Mitwirkung oder sogar die Initiative des Perikles, der zum eigentlichen Nachfolger des Ephialtes geworden ist. Ephialtes ist bereits im Jahr 461 ermordet worden — dies wohl ein Zeichen für die Erbitterung, mit der der innenpolitische Kampf in Athen geführt worden ist.

Wer die Biographie des Perikles bei Plutarch aufschlägt, wird aus ihr mancherlei über das Leben und die Taten des großen Mannes erfahren. Wie weit diese Angaben zuverlässig sind, ist eine andere Frage; die Einzelnachrichten entstammen oft tendenziösen und späten Quellen, außerdem hat Plutarch nach seiner Art den Versuch gemacht, seinen Helden dadurch zu glorifizieren, daß er ihn mit Ereignissen in Verbindung bringt, für die er nicht verantwortlich ist: so wird z. B. hier die Verfassungsreform des Jahres 461 auf Perikles, nicht auf Ephialtes zurückgeführt! Was wissen wir wirklich von Perikles? Sein Vater ist Xanthippos, der Sieger von Mykale und Gegner des Kimon, seine Mutter ist Agariste, Tochter des Hippokrates, des Bruders des Kleisthenes. Perikles entstammte also mütterlicherseits dem Haus der Alkmeoniden. Er war der zweite

Sohn aus dieser Ehe und wahrscheinlich um 495 geboren, den Zug des Xerxes und die Evakuierung Athens hatte er also bereits mit Bewußtsein miterlebt. Wie er ausgesehen hat, zeigen uns die aus dem Altertum erhaltenen Darstellungen; sie sind wohl ausnahmslos Repliken der berühmten Büste des Kresilas. Die Komödiendichter (Kratinos, Telekleides, Eupolis) haben immer wieder seine eigenartige Kopfform zum Gegenstand ihres Spottes gemacht, sie war angeblich zwiebelförmig. Daß er, als Angehöriger einer vornehmen Familie, eine gute Erziehung genossen hat, müßte man auch dann annehmen, wenn dies nicht ausdrücklich überliefert wäre: unter seinen Lehrern erscheinen – neben den für uns unbekannten Damon und Pythokleides – vor allem Zenon von Elea und Anaxagoras, mit dem ihn eine tiefe Freundschaft verband. Dabei wäre jedoch zu bemerken, daß Anaxagoras sicher erst nach Athen gekommen ist, als Perikles längst erwachsen war, der Einfluß des ionischen Naturphilosophen aber war außerordentlich groß. Im übrigen wußte man aber von seiner Jugend nur noch wenig. Alle antiken Quellen sind sich jedoch darin einig, daß Perikles ein überragender Redner war: große rhetorische Gewandtheit und absolute Überzeugungskraft – das sind Eigenschaften, die immer wieder an ihm gerühmt werden, und es besteht kein Zweifel, daß ihm dieses Talent politisch sehr zustatten gekommen ist.
Seine innenpolitischen Maßnahmen, die wir hier zunächst betrachten wollen, werden verständlich, wenn man sie als eine Konsequenz der von Ephialtes eingeleiteten demokratischen Reformen betrachtet. Perikles ist auf dem einmal eingeschlagenen Weg weitergeschritten, er hat die Herrschaft des souveränen Demos von Athen stabilisiert und damit zum erstenmal in der Geschichte des Abendlandes eine ›Demokratie‹ geschaffen. Freilich, die perikleische Demokratie ist nicht mit der modernen gleichzusetzen, die inneren und äußeren Verschiedenheiten sind zu groß. Die moderne Demokratie ist eine indirekte, die Gewalt geht zwar vom Volk aus, das seinen Willen mit dem Stimmzettel kundtut, aber die Regierung führt das Kabinett der Minister unter der Kontrolle des vom Volke gewählten Parlaments. In Athen wie in so vielen anderen griechischen Staaten verkörpert sich die Volkssouveränität in der Ekklesia, der ›Volksversammlung‹. Das griechische Wort ›ekklesía‹ kommt von ›ekkalein‹, was ›herausrufen‹ oder ›berufen‹ bedeutet. Berechtigt zur Teilnahme sind alle Männer, soweit sie im Besitz der bürgerlichen Rechte und mündig waren. Die Beteiligung war aber offenbar nicht gerade überwältigend, viele Bürger zogen es vor, lieber den eigenen Geschäften nachzugehen, oder sie erschienen nur, wenn über Dinge verhandelt wurde,

Abb. 7: Rednertribüne auf der Pnyx in Athen

an denen sie persönlich interessiert waren. Das war nicht nur in Athen, sondern auch in den anderen griechischen Gemeinden der Fall. In der Volksversammlung wurden die entscheidenden Beschlüsse über Krieg und Frieden, über Bündnisse mit auswärtigen Mächten, über Gesandtschaften u. a. gefaßt, die erschienenen Bürger wurden durch einen Herold aufgefordert, zu den Punkten der Tagesordnung das Wort zu ergreifen. In der Regel waren die Redner allerdings jene Männer, welche die Politik zu ihrer Lebensaufgabe gemacht hatten, die Demagogen, wie man sie in abwertendem Sinn nannte; für sie war die Volksversammlung die Arena, in der sie ihre Beredsamkeit entfalteten.
Ebenso wichtig, in mancher Hinsicht noch wichtiger als die Ekklesia, aber war die Bulé, der ›Rat‹, der von Solon eingesetzt worden war und der seit Kleisthenes nicht mehr 400, sondern 500 Mitglieder zählte, je 50 aus jeder Phyle. Ratsherr konnte jeder athenische Bürger im Alter von mehr als 30 Jahren werden. Die Bewerber wurden in der Zeit des Perikles ausgelost, öfters als zweimal durfte aber niemand Ratsherr sein. Diese Tätigkeit befreite vom Kriegsdienst, außerdem erhielten die Buleuten einen Ehrenplatz im Theater. Die Arbeit im Rat war sicherlich mühevoll und zeitraubend – es ist kein Wunder, daß es gelegentlich an den nötigen Kandidaten für ihn fehlte. Abgesehen von den Festtagen, hielt der Rat täglich Sitzungen ab, sie waren grundsätzlich öffentlich, doch kam es gelegentlich vor, daß die Zuhörer von den Sitzungen ausgeschlossen wurden, wenn über Dinge verhandelt wurde, deren Geheimhaltung im öffentlichen Interesse lag. Die Beschlüsse der Körperschaft waren entweder sogenannte Probuleumata, ›Vorbeschlüsse‹, die dann der Volksversammlung als der beschließenden Instanz vorgelegt wurden, oder es waren ganz selbständige Beschlüsse über alle möglichen Angelegenheiten der Verwaltung und Rechtsprechung. Eine Körperschaft von 500 Mitgliedern (selbst wenn man annimmt, daß sich die Bulé niemals vollzählig versammelte) ist allein schon wegen der großen Zahl ihrer Mitglieder nicht imstande, schnell und elastisch, wie es der Augenblick erfordert, zu handeln. Man teilte daher den Rat gemäß den Phylen in 10 Abteilungen von je 50 Mitgliedern, die im Turnus abwechselnd die laufenden Geschäfte zu erledigen hatten. Die geschäftsführende Phyle hieß Prytanie, ihre Mitglieder hießen Prytanen. Sie versammelten sich in einem charakteristischen Rundbau, der Tholos. Aus ihrer Mitte wählten sie einen Obmann, den Epistátes. Dieser führte einen Tag lang den Vorsitz in der Bulé und auch in der Volksversammlung. Er konnte sich rühmen, 24 Stunden lang der Lenker des attischen Staates gewesen zu sein. Ein Drittel der Prytanen mußte mit dem Obmann zur Erledigung der

laufenden Geschäfte ständig im Amtslokal bleiben. Man kann sich leicht vorstellen, daß diese Prytanen und ihr Epistátes in unruhigen Zeiten eine ganze Fülle von Arbeit zu erledigen hatten: Beamte, Bürger, fremde Gesandte pflegten sich an die Prytanen zu wenden, und diese hatten dann zu entscheiden, welche Angelegenheiten dem Rat vorgelegt werden sollten und welche nicht.

Neben den Beamten, dem Rat und der Volksversammlung sind die wichtigsten Organe in Athen die Geschworenengerichte. Auch diese Institution, die Heliaia, ist auf Solon zurückzuführen, der in ihr einen mit dem Areopag konkurrierenden Gerichtshof geschaffen hatte. Im Lauf des 5. Jahrhunderts wurde die Heliaia in eine Reihe von selbständigen Gerichtshöfen aufgeteilt. Für diese wurden alljährlich nicht weniger als 6000 Bürger als Geschworene ausgelost, eine sehr große Zahl, die sich durch die Existenz mehrerer Gerichtshöfe und durch die Bereitstellung von Ersatzleuten erklärt. Im allgemeinen saßen in den Gerichten 501 Geschworene, gelegentlich erhöhte man die Zahl auf 1001 oder auf 1501, je nach der Bedeutung der Prozesse. Es war aber üblich, sich in Privatprozessen mit einer sehr viel geringeren Zahl von Geschworenen zu begnügen.

Bulé, Ekklesia, Heliaia, dazu die Beamten, von denen die zehn Strategen die wichtigsten waren — damit sind die Organe genannt, die für das politische Leben der Athener in der Zeit des Perikles die größte Bedeutung hatten. Zugang zu diesen Kollegien hatten jedoch nur die attischen Bürger (daß die Frauen ausgeschlossen waren, ist selbstverständlich). Weder die Metöken (die ›Mitbewohner‹, Bürger fremder Gemeinden, die sich in Athen aufhielten) noch die Sklaven waren in ihnen vertreten. Die attische Demokratie war also die Herrschaft einer Minderheit über eine Mehrheit, die ihrerseits ohne politische Rechte war. Aristoteles berichtet in seiner ›Staatsverfassung der Athener‹ (c. 24), daß in Athen im 5. Jahrhundert v. Chr. mehr als 20 000 Bürger von den Tributen, Steuern und von den Bundesgenossen unterhalten worden wären. Im einzelnen nennt Aristoteles 6000 Geschworene, 1600 Bogenschützen, 1200 Reiter, 500 Ratsherrn, 500 Mann Bewachungspersonal für die Werften, 50 Wächter für die Stadt, etwa 700 Männer für die Ämter in der Stadt und (wahrscheinlich) ebenso viele in Übersee, allerdings ist die letzte Zahl möglicherweise verderbt. Wie dem nun auch sein mag, es ist eine sehr beachtliche Zahl, die auf Staatskosten erhalten werden mußte. Aristoteles sagt, Aristeides habe die Besoldungen eingeführt. Das ist sicher ein Fehler, es war nicht Aristeides, sondern Perikles, wie aus anderen Nachrichten mit voller Sicherheit hervorgeht. Danach hat Perikles Tagegelder (Diäten) eingeführt für die Geschworenen, später auch fur die Ratsherren und für alle durch das Los bestellten Beamten. Die Höhe der Diäten ist teilweise umstritten. Die Geschworenen der Heliaia haben wahrscheinlich 2 Obolen für den Sitzungstag erhalten, das wäre etwa das unterste Existenzminimum, die Ratsherren dagegen 1 Drachme (= 6 Obolen). Ob Perikles, wie Plutarch (Vita des Perikles c. 9) berichtet, auch die sog. ›Schaugelder‹ (Theoriká) eingeführt hat, die den Bürgern für den Besuch der dramatischen Aufführungen gezahlt worden sind, ist nicht ganz gesichert. Auf jeden Fall muß man wissen, daß die Aufführungen in das Gebiet des Kultes, und zwar des Staatskultes, fielen, es waren keine allgemeinen kulturellen Veranstaltungen im heutigen Sinn. Die Zahlungen für die an der Volksversammlung teilnehmenden Bürger sind dagegen wohl erst eine spätere Errungenschaft; man hat sie wahrscheinlich erst zu Beginn des 4. Jahrhunderts v. Chr. eingeführt.

K. J. Beloch hat gemeint, die Diäten seien notwendig gewesen, weil man sonst wohl kaum die notwendige Zahl von Geschworenen, Ratsherren und Beamten in Athen zusammengebracht hätte. Daran ist zweifellos etwas Richtiges. Zu allen Zeiten ist das Interesse der Bürger an den öffentlichen Angelegenheiten im allgemeinen nicht groß, es bedarf hierzu eines gewissen Anreizes. Wer sich in der Heliaia, im Rat oder als Beamter betätigte, konnte an manchen Tagen des Jahres seinem bürgerlichen Beruf nicht nachgehen, man mußte ihn hierfür entschädigen. Früher hatten sich allerdings als Beamte im allgemeinen nur jene Bürger zur Verfügung gestellt, die wirtschaftlich unabhängig waren, seit der Einführung der Archontenlosung (487/86), vor allem aber seit dem Sturz des Areopags und den anderen Reformen des Ephialtes, waren die Voraussetzungen verändert: man mußte nun auch der Masse der attischen Bürger Gelegenheit zur aktiven Teilnahme an der Politik des Staates, sei es als Beamte, als Ratsherren oder als Geschworene, geben.

Allerdings hatte die Einführung der Diäten durch Perikles eine bedenkliche Schattenseite: es konnte einfach nicht ausbleiben, daß sich ein Teil der Athener darauf verließ, vom Staat ernährt und unterhalten zu werden. Gewiß war es nur das Existenzminimum, was der Staat ihnen zahlte, aber bei der großen Zahl der Diätenempfänger fielen nicht nur die Summen, es fiel auch die Gesinnung ins Gewicht, mit der die Diäten von den Bürgern entgegengenommen wurden.

Gewiß ist nicht zu übersehen, daß zahlreiche Bürger selbst über die notwendigen Mittel verfügten; innerhalb der Bürgerschaft war es eine gewisse Schicht von Kleinbürgern, die sich in erster Linie für die Diäten interessierte – das alles mag richtig sein, aber dennoch war die Maßnahme des Perikles der Anfang auf einer abschüssigen Bahn, die später Kleon und andere Demagogen weitergegangen sind. Im Hintergrund erhebt sich schon jetzt das Phantom des Fürsorge- und Wohlfahrtsstaats, der bisher nicht nur in Athen, sondern auch in ganz Griechenland vollkommen unbekannt gewesen war. Dazu kam, daß der Löwenanteil der Gelder von den Seebundsmitgliedern aufgebracht werden mußte. Ihre Beiträge haben nicht nur die großen Bauten in Athen erst möglich gemacht, sie gaben auch so mancher athenischen Familie einen sehr willkommenen Zuschuß zum täglichen Lebensunterhalt.

Wie egoistisch der attische Demos sein konnte, zeigt das Gesetz über die attische Staatsbürgerschaft, das von Perikles eingebracht worden ist (451/50). Danach sollten nur diejenigen attische Bürger sein, die väterlicherseits und mütterlicherseits von Athenern abstammten; wer also eine fremde Mutter hatte, galt nicht als Bürger. Das Gesetz hatte übrigens keine rückwirkende Gültigkeit. Betroffen wurden nicht so sehr die unteren Schichten der Bevölkerung als vielmehr die Adelskreise, die über familiäre Verbindungen in ganz Griechenland und weit darüber hinaus verfügten. Aus diesem perikleischen Gesetz spricht im übrigen eine geradezu tragische Blindheit, die um so überraschender ist, als Perikles' Familie selbst, was seine Söhne von Aspasia betrifft, den Bestimmungen des neuen Bürgergesetzes nicht genügt hätte. Welche Idee stand hinter diesem Gesetz? Wollte man wirklich, wie H. E. Stier dies behauptet hat, eine auf der Blutsgemeinschaft beruhende attische Nation bilden? Man darf annehmen, dieser Gedanke hat den Athenern damals wie auch sonst völlig ferngelegen. Was mit dem neuen Bürgerrechtsgesetz erreicht werden sollte, war die Beschränkung der Zahl der Kostgänger des attischen Staates. Wer die Bedingungen des Bürgerrechtsgesetzes nicht erfüllte, der erhielt in Zukunft keine Diäten mehr, und auch an den Getreideverteilungen (es wird berichtet, daß der ägyptische Herrscher Psammetich im Jahr 445/44 den Athenern eine große Ladung herüberschickte) hatte er keinen Anteil. Hier zeigt sich ein erschreckender Gruppenegoismus, der von Perikles keineswegs zurückgedrängt, sondern sogar noch gefördert worden ist.

Es wäre irrig, anzunehmen, daß die Schäden, die sich aus der Überspannung des demokratischen Prinzips ergaben, bereits unter Perikles an das helle Licht getreten wären. Das Gegenteil ist richtig: im wesentlichen ist Athen all seinen Aufgaben gerecht geworden, insbesondere auch den außenpolitischen Belastungen, die in der perikleischen Zeit des öfteren bis an die Grenze des noch Tragbaren gegangen sind. Als Perikles das Erbe des Ephialtes antrat, dauerte der langjährige Perserkrieg immer noch an. Es ist allerdings wahrscheinlich, daß größere Zusammenstöße zwischen Athen und Persien seit der Schlacht am Eurymedon (469?) nicht mehr vorgekommen sind. Sicher ist dies freilich nicht, denn die Überlieferung ist so unzureichend, daß sie ein zutreffendes Urteil kaum gestattet. Auf jeden Fall mußte Athen immer auf der Hut sein, jeden Augenblick konnte die persische Flotte wieder in der Ägäis aufkreuzen und die Existenz des Delisch-Attischen Seebundes auf eine harte Probe stellen. Zu der latenten persischen Gefahr kam der Bruch mit Sparta und mit dem von ihm geführten Peloponnesischen Bund (s. o. S. 81). Es war kein Wunder, wenn sich die Athener nach Bundesgenossen umsahen, um sich den Rücken gegen die Peloponnesier zu decken. Als Bundesgenossen boten sich vor allem die Argiver an, die Todfeinde Spartas; mit ihnen hat Athen ebenso wie mit den Thessalern einen Bündnisvertrag geschlossen, dem alsbald auch die Stadt Megara am Isthmos beitrat. Der Gewinn von Megara, das aus dem Lager des Peloponnesischen Bundes auf die Seite Athens überging, war kaum zu überschätzen: die Athener besaßen nun in dem Hafen Pagai einen Stützpunkt am korinthischen Golf, ein Gewinn, der allerdings mit der bitteren Feindschaft der handelsmächtigen Isthmosstadt bezahlt werden mußte. Korinth ist in den folgenden Jahrzehnten bis hin zum Ausbruch des Peloponnesischen Krieges immer wieder unter den Gegnern Athens zu finden, und nicht selten haben seine Interessen im Kampf der Peloponnesier gegen Athen den Ausschlag gegeben. An dem Krieg zwischen Sparta und Argos hat Athen zwar offiziell nicht teilgenommen, es hat aber den Argivern ein Hilfskorps gesandt, das in dem Treffen bei Oinoë einen Sieg über die Lakedämonier davontrug (etwa 460). Dieses Treffen, das man nicht mit der Schlacht bei Oinophyta gleichsetzen darf, hat in Athen einen so tiefen Eindruck gemacht, daß man es in einem Gemälde in der Stoa Poikile verewigte. Zu den Widersachern Athens zählte damals neben Korinth und Epidauros vor allem auch Ägina, die reiche Insel, die den Athenern als dorischer Stützpunkt im Saronischen Golf schon immer ein Dorn im Auge gewesen war. Noch vor dem Zug des Xerxes gegen Griechenland war es zum Ausbruch eines offenen Konflikts zwischen Athen und Ägina gekommen, der durch Sparta geschlichtet werden mußte. Inzwischen hatten sich jedoch die Gewichte sehr zugunsten Athens verschoben. Selbst die Hilfe Korinths, das übrigens zu Land eine Niederlage von athenischen Streitkräften hinnehmen mußte, vermochte die Einschließung und Blockade Äginas nicht zu verhindern. Wenn Athen in all diesen Kämpfen trotz des ägyptischen Unternehmens (s. S. 92) die Oberhand behielt, so erklärt sich dies daraus, daß Sparta und der Peloponnesische Bund immer noch nicht zum offenen Kampf gegen Athen angetreten waren. Dies änderte sich im Frühjahr 457. Damals zog ein großes spartanisches

Aufgebot über den Isthmos nach Norden, es sollte angeblich den stammesverwandten Dorern vom Oita Hilfe gegen die Phoker bringen. In Wahrheit aber stehen hinter diesem spartanischen Eingreifen in Mittelgriechenland ausgesprochen machtpolitische Ziele, was allein schon durch die Größe des Aufgebotes bewiesen wird: es geht hier um die Vorherrschaft in Böotien, eine Festsetzung der Spartaner in dieser Landschaft aber bedeutete eine schwere Bedrohung Attikas. Bei Tanagra, unweit von Theben, traten sich Lakedämonier und Athener zum erstenmal im offnen Feld gegenüber, die Lakedämonier gingen aus dem Treffen als Sieger hervor (457). Da eine strategische Verfolgung eines geschlagenen Hoplitenheeres nicht üblich und wohl auch nicht möglich war, konnten die Athener ihr Heer in guter Ordnung über die Landesgrenze wieder zurückführen. Unter den Strategen befand sich übrigens auch Perikles. Schon zwei Monate später errangen die Athener unter Myronides einen entscheidenden Sieg über das Aufgebot der Böoter bei Oinophyta, damit war die attische Vorherrschaft in Böotien (mit der Ausnahme von Theben) wiederhergestellt. Wie sehr die Landschaft unter athenischem Einfluß stand, geht daraus hervor, daß in einer Reihe von böotischen Gemeinden die Demokratie ans Ruder kam. Noch in dem Winter 457/56 kapitulierte Ägina auf Gnade und Ungnade (Bengtson, Staatsverträge Nr. 141), die Bedingungen sind im wesentlichen die gleichen wie jene, die man Thasos auferlegt hatte: zwischen Mitgliedern des Seebundes und Nichtmitgliedern wurde kein Unterschied gemacht, ebenso wie Thasos mußte auch Ägina nicht weniger als 30 Talente als jährlichen Tribut in die Kasse des Delisch-Attischen Seebundes entrichten. Wie stark die Stellung Athens in Mittelgriechenland geworden war, zeigt wohl auch die Tatsache, daß wahrscheinlich damals ein Bündnis mit der delphischen Amphiktyonie geschlossen worden ist (Bengtson, Staatsverträge Nr. 142). Die Erfolge des Myronides in Böotien und im östlichen (sog. opuntischen) Lokris wurden noch in den Schatten gestellt durch die Flottenexpedition des Tolmides, die dieser mit athenischen Freiwilligen, wahrscheinlich im Jahr 455, unternommen hat. Mit 50 Trieren und 4000 Hopliten an Bord fuhr Tolmides zunächst nach Methone an der Westküste von Messenien und nahm den Ort ein; als die Lakedämonier heranrückten, lichtete er die Anker und fuhr nach Gytheion, auch hier gelang es ihm, die Stadt zu nehmen und die Schiffswerften zu verbrennen. Die Insel Zakynthos wurde unterworfen und die Gemeinden von Kephallenia zum Anschluß an Athen gebracht, schließlich segelte Tolmides in den korinthischen Golf nach Naupaktos und siedelte hier messenische Heloten an. Mit Achaia wurde ein Bündnis geschlossen, so daß Athen praktisch auf beiden Seiten der

Landenge von Rhion Fuß gefaßt hatte. Dies war eine geradezu tödliche Drohung für Korinth, dessen westliche Verbindungswege praktisch unter athenischer Kontrolle standen.
Man kann die Bedeutung der Flottenexpedition des Tolmides kaum überschätzen. Athen hatte gezeigt, wie weit seine Seemacht reichte, und es ist sehr wohl möglich, daß man es damals auf die Beherrschung der westlichen Verbindungswege mit Sizilien abgesehen hatte, die vorher vor allem von Korinth kontrolliert worden waren. Wir besitzen die Bruchstücke eines inschriftlichen Bündnisvertrages zwischen dem sizilischen Segesta und Athen; leider ist die Datierung (Archontenjahr des Habron, 458/57) deswegen nicht völlig gesichert, weil der Name des attischen Archonten auf der Inschriftenstele nur zum Teil erhalten ist (Bengtson, Staatsverträge Nr. 139).
Seit dem Jahr 460 hatte sich Athen in ein Unternehmen gestürzt, dessen Tragweite in der Stadt damals kaum jemand richtig zu beurteilen imstande war. Es ist die berühmte ägyptische Expedition der Athener (460–454). Ägypten war seit 525 ein Teil des Perserreiches, aber zu verschiedenen Zeiten hatten sich Selbständigkeitsbestrebungen in dem Land bemerkbar gemacht, die zeigen, daß man sich mit der Herrschaft der Perser keineswegs für alle Zeiten abgefunden hatte. Als daher der libysche Dynast Inaros in Unterägypten, und zwar vor allem im Deltagebiet, eine eigene Herrschaft errichtete, da war er der Unterstützung eines Teils der ägyptischen Bevölkerung sicher. Bei Papremis trat ihm der persische Satrap Achaimenes, der Bruder des Xerxes, mit einem Heer entgegen, wurde jedoch geschlagen und fand selbst den Tod (460), die Reste des persischen Heeres wurden in der Zitadelle von Memphis eingeschlossen. Inaros nahm Verbindung mit den Athenern auf, er hat ihnen offenbar große Versprechungen gemacht, so daß die Athener bereitwillig auf sein Angebot eingingen. Es ist möglich, daß bei den Athenern Kolonisationspläne eine gewisse Rolle gespielt haben. Für die Annahme des Bündnisangebots ist zweifellos Perikles mitverantwortlich. Die athenische Flotte wurde von Cypern nach Ägypten umdirigiert und beteiligte sich an der Zernierung der persischen Besatzung auf der ›Weißen Mauer‹ von Memphis. Die Athener beherrschten zunächst auch hier eindeutig die Lage, ihre Flotte konnte sogar an der Küste Phönikiens aufkreuzen und sich hier mit den Persern messen. Das Achämenidenreich brauchte, wie gewöhnlich, eine lange Zeit, bis es mit den Rüstungen zu Rand kam. Erst im Jahr 456 wurde ein Entsatzheer unter Megabyzos nach Ägypten gesandt. Megabyzos gelang es nicht nur, die Belagerung von Memphis zu sprengen, er schloß darüber hinaus die Belagerer, Griechen und Ägypter, auf der Nilinsel Prosopitis ein. Als das Wasser des Nils am niedrigsten

stand, konnte er die Insel dadurch in seinen Besitz bringen, daß er einen Kanal graben ließ, mit dem er den Nilarm trockenlegte. Die Perser machten einen Teil der Besatzung auf der Prosopitis nieder, die übrigen gerieten in die Gefangenschaft; von den Athenern konnten sich nur wenige, angeblich auf dem beschwerlichen Weg über das dorische Kyrene, in die Heimat retten. Die athenischen Verluste werden in den Quellen im allgemeinen stark übertrieben; man wird dieses Mal dem sonst nicht gerade als zuverlässig bekannten Ktesias, der um 400 v. Chr. längere Zeit am persischen Hof gelebt hat, Glauben schenken dürfen. Ktesias spricht von 50 Schiffen und 6000 Mann. Zu diesem Unglück kam noch ein anderes. Eine athenische Entsatzflotte, deren Besatzung sich in Unkenntnis der Ereignisse befand, wurde am mendesischen Kap von den Persern überfallen und vernichtet (454). Das ägyptische Unternehmen Athens war damit nach sechsjähriger Dauer vollständig gescheitert, das Perserreich hatte seine Überlegenheit in Ägypten bewiesen und die Niederlage am Eurymedon wieder wettgemacht.

In demselben Jahr, in dem sich die Katastrophe der Athener auf der Nilinsel ereignete, brachte man die Kasse des Delisch-Attischen Seebundes von Delos nach Athen, wo sie im Tempel der Athena ihren Platz fand. Es ist klar, daß die beiden Ereignisse nicht voneinander zu trennen sind: als die Samier in der Bundesversammlung den Antrag stellten, die Kasse nach Athen zu überführen, da standen sie, ebenso wie die anderen Bündner, sicherlich unter dem Eindruck der Hiobsnachrichten aus Ägypten, wenn vielleicht auch das volle Ausmaß der Niederlage noch nicht bekannt war. Von diesem Jahr 454/53 an existieren die sog. Tributlisten des Seebundes; es sind in Wirklichkeit Tributquoten-Listen, in denen $^1/_{60}$ des von den Bundesgenossen gezahlten Tributes (Phóros), d. h. eine Mine für jedes Talent, aufgezeichnet ist. Sie reichen mit manchen Lücken nahezu bis zum Ende des Peloponnesischen Krieges und sind eine wertvolle Quelle nicht nur für die athenische Finanzgeschichte, sondern auch für die Zusammensetzung des Bundes, seine Einteilung und für die Leistungsfähigkeit der einzelnen Mitglieder. Auch in Griechenland selbst ruhten im Jahr 454 die Waffen nicht. Die Athener waren jedoch mit ihren Unternehmungen in Thessalien und Akarnanien, die letztere unter Perikles, wenig erfolgreich. Die Quellen berichten von einem fünfjährigen Waffenstillstand zwischen Athen und Sparta, der, angeblich auf Vermittlung Kimons, geschlossen worden sei. Wäre dies richtig, so könnte er erst in das Jahr 451 fallen, als die zehnjährige Verbannung Kimons zu Ende war. Es besteht aber berechtigter Zweifel daran, ob man Plutarch (Vita des Kimon c. 18,1) Vertrauen schenken darf. Plutarch hat nachweislich auch an anderer

Stelle Ereignisse auf die Personen seiner Helden zurückgeführt, für welche diese keineswegs verantwortlich gewesen sind (s. o. S. 83). Diodor (XI 86,1) nennt dagegen als Datum das Jahr 453. Wenn man der Chronologie Diodors auch im allgemeinen mit Zurückhaltung begegnen muß, so scheint er doch dieses Mal das Richtige getroffen zu haben. Auf jeden Fall paßt das Jahr 453 gut zu der Tatsache, daß Sparta wenig später (451) mit Argos zu einem Übereinkommen gelangte, das 30 Jahre gedauert hat. Gesichert ist dagegen die Teilnahme Kimons an der athenischen Flottenexpedition gegen die Insel Cypern im Jahr 450. Es war eine beträchtliche Streitmacht, 200 Schiffe, von denen 60 nach Ägypten detachiert worden sind, um den Rebellen Amyrtaios aufzunehmen, die übrigen Streitkräfte machten sich an die Belagerung der Stadt Kition. Bevor noch ein entscheidender Erfolg erzielt werden konnte, wurde Kimon von einer Krankheit dahingerafft (450). Den Sieg zu Wasser und zu Land bei dem cyprischen Salamis in dem gleichen Jahr hat er nicht mehr erlebt. Im übrigen ist es nicht gelungen, Cypern dem Seebund anzugliedern, falls dies überhaupt von den Athenern beabsichtigt worden war.
Mit der cyprischen Expedition und mit dem Tod des Kimon geht eine Epoche zu Ende, die unter dem Zeichen des schärfsten Gegensatzes zwischen Athen und Persien gestanden hatte. Entscheidende Siege waren beiden Parteien versagt geblieben. Wäre es ein Wunder, wenn man nun nach Möglichkeiten suchte, den mehrere Jahrzehnte andauernden Krieg zu beenden? In der Tat berichten die Quellen, daß, wahrscheinlich im attischen Jahr 449/48, ein Abkommen zwischen den Kriegführenden geschlossen worden ist. Dieser Vertrag ist der Friede des Kallias (die Bezeichnung ›kimonischer Friede‹, die sich in einigen Quellen und sogar noch in modernen Geschichtswerken findet, ist ganz widersinnig). Allerdings gibt es für diesen Frieden keine zeitgenössischen Quellen; Thukydides nennt ihn nicht, die zeitlich früheste Erwähnung steht im Panegyrikos des Isokrates (117 ff.), der aus dem Jahr 380 v. Chr. stammt, also fast 70 Jahre jünger ist. Doch wird man geneigt sein, das Abkommen für historisch zu halten, trotz des Widerspruches der beiden Historiker Theopomp und Kallisthenes, die hier aber nicht maßgebend sein können (Bengtson, Staatsverträge Nr. 152).
Welche Bestimmungen waren im Vertrag vorgesehen? Die wichtigsten waren wohl die, daß die Griechenstädte Kleinasiens autonom sein sollten. Außerdem verpflichteten sich die Perser, sich mit ihren Streitkräften zu Land höchstens auf drei Tagemärsche oder einen Pferdelauf der ionischen Küste zu nähern; auch für die persischen Kriegsschiffe wurden Demarkationspunkte festgelegt, im Süden die chelidonischen Inseln, im Norden die kya-

neischen Felsen am Eingang des thrakischen Bosporos. Dagegen verpflichteten sich die Athener, das Gebiet des Großkönigs nicht anzugreifen. Bei dem Frieden des Kallias handelt es sich wahrscheinlich um keinen regelrechten Friedensschluß, sondern um ein bindendes Abkommen, das von beiden Seiten, auch vom Großkönig Artaxerxes I., gebilligt und beschworen worden ist. Der Friede des Kallias ist zunächst und vor allem ein Erfolg des Perserreiches. Athen hatte die Führung des Krieges gegen die Perser selbst aufgegeben, nachdem man hier zu der Einsicht gekommen war, daß ein entscheidender Sieg kaum noch zu erzielen sei. Der Friede erscheint daher als ein wichtiger Wendepunkt in der Außenpolitik des Perikles. Nicht alle Athener und Bundesgenossen werden das Abkommen freudigen Herzens begrüßt haben: was es brachte, war in Wirklichkeit ein Schwebezustand, der jederzeit wieder in offenen Krieg umschlagen konnte. Und wenn die Griechenstädte Kleinasiens auch zunächst frei von persischer Bedrückung waren, so konnte sich dieser labile Zustand doch jeden Tag ändern, und zwar dann, wenn es dem Großkönig nicht mehr beliebte, sich an die Abmachungen zu halten. Die größte Gefahr aber lag auf ideologischer Ebene. Bisher hatte die Idee des Abwehrkampfes gegen den Perser den Delisch-Attischen Seebund zusammengehalten, jetzt, nach dem Frieden des Kallias, war diese Idee nicht mehr vorhanden, im Grund genommen war nun auch der Anspruch Athens auf die Führerschaft im Seebund hinfällig geworden. Konnten nicht die Griechenstädte Ioniens und die Inseln des Ägäischen Meeres glauben, daß sie der Unterstützung durch Athen nicht mehr bedurften? Es spricht für Perikles, wenn er nunmehr eine neue Idee propagiert hat, die Idee des Friedens, und zwar eines alle Griechen in gleicher Weise umfassenden Friedens. Dieser Gedanke war jedoch nur in die Wirklichkeit umzusetzen, wenn sich vor allem der große Gegner Athens in Griechenland, Sparta, nicht davon ausschloß.

Gerade im Jahr 448 waren die Interessen Athens und Spartas wieder einmal aufeinandergestoßen. Es handelt sich um die Ereignisse in Mittelgriechenland, die unter dem Begriff des sog. Zweiten Heiligen Krieges zusammengefaßt werden. Delphi war unter die Vorherrschaft der Phoker geraten. Daraufhin hatte Sparta eine Streitmacht nach Delphi gesandt und die Phoker vertrieben. Die Athener machten jedoch alles wieder rückgängig. Wenig später kam es zum Zusammenbruch der athenischen Hegemonie in Böotien. Die gegen Athen gerichtete Bewegung nahm ihren Ausgang von den Städten Orchomenos und Chaironeia. Hier kamen oligarchische Regierungen an das Ruder (447 oder spätestens 446). Zwar gelang es den Athenern unter Tolmides, der sich wiederum an der Spitze eines Freiwilligenheeres befand, Chaironeia zurückzugewinnen: auf dem Rückzug wurde er jedoch bei Koroneia geschlagen und blieb auf dem Schlachtfeld, ein großer Teil seines Heeres geriet in bötische Gefangenschaft. In einem Vertrag mußte sich Athen zur Räumung von ganz Böotien bereit finden, um die Gefangenen wieder auszulösen. Auch Phokis und Lokris wandten sich von Athen ab, so daß die gesamte athenische Vormachtstellung in Mittelgriechenland auf einmal verlorenging.

Im Jahre 446 gab es eine Erhebung gegen die attische Herrschaft auf der Insel Euböa, fast zur gleichen Zeit revoltierte das dorische Megara. Hier konnte die athenische Besatzung nur die beiden wichtigen Häfen, Nisaia und Pagai, behaupten. Dazu kam noch der Einfall des peloponnesischen Bundesheeres unter dem Spartanerkönig Pleistoanax in Attika. In Athen waren damals die Langen Mauern, welche die Stadt mit dem Hafen Piräus verbanden, bereits fertig, aber das flache Land lag den Peloponnesiern offen. Zur Überraschung aller zogen aber die Peloponnesier wieder ab. Die Behauptung, daß Pleistoanax und sein Ratgeber Kleandridas von Perikles bestochen worden seien, ist naturgemäß nicht beweisbar. Auf jeden Fall hatte Perikles den Rücken frei und konnte sich mit ganzer Kraft der Niederwerfung des euböischen Aufstandes widmen. Die Städte der Insel waren auf sich allein gestellt und leisteten keinen Widerstand mehr. Es gibt zwei attische Volksbeschlüsse, die Anordnungen für Eretria und Chalkis enthalten (Bengtson, Staatsverträge Nr. 154 und 155). Besonders die zweite Urkunde ist sehr aufschlußreich. Dieser Inschrift geht die Kapitulation von Chalkis voraus, die besonders harte Bedingungen für die Stadt vorgesehen hatte. Jetzt werden die Kapitulationsbedingungen zwar etwas gemildert, aber sie sind trotzdem noch hart genug: in dem Eid der Chalkidier findet sich nicht nur die Verpflichtung, nicht von den Athenern abzufallen, sondern diese sogar von etwaigen Abfällen anderer in Kenntnis zu setzen. Dazu kommt natürlich die Verpflichtung, Tribut zu zahlen und den Athenern Heeresfolge zu leisten. Die Gerichtshoheit wurde der Stadt Chalkis belassen, allerdings mit der Einschränkung, daß die einheimischen Gerichte nicht auf Todesstrafe, Verbannung oder Atimie erkennen durften. Diese Verfahren behielt sich Athen vor. Fügt man nun noch hinzu, daß die Athener in Histiaia (Oreos) eine Kleruchie ansiedelten, und zwar auf dem Grund und Boden, den sie der Polis Histiaia weggenommen hatten, so wird klar, daß Perikles hier ganz rigorose Maßnahmen getroffen hat, um einen künftigen Abfall der wichtigen Insel unmöglich zu machen.

Die Unterwerfung Euböas war ein Erfolg des Perikles. Ebenso aber auch der 30jährige Friede, der im Jahre 446/45 zwischen

Sparta und Athen geschlossen worden ist. Die außerordentlich lückenhafte Überlieferung läßt immerhin noch so viel erkennen, daß beide Parteien einander Zugeständnisse gemacht haben: Athen verzichtete in aller Form auf die beiden Häfen von Megara, Nisaia und Pagai, ferner auf Troizen und Achaia — diese Bedingungen sind wohl in erster Linie als Zugeständnisse an Korinth zu betrachten; die Athener erkannten außerdem die Autonomie von Ägina an. Das aber war ein Entgegenkommen gegenüber Sparta, das die dorische Insel nicht preisgeben durfte. Den neutralen Gemeinden wurde Koalitionsfreiheit zugestanden; vielleicht haben sich beide vertragschließende Parteien hiervon etwas Positives erhofft. Sehr wichtig ist endlich die Bestimmung, daß zur Schlichtung von Streitigkeiten Schiedsgerichte eingesetzt werden sollten. Das war ein bedeutender Fortschritt, wenn man auch nicht weiß, wie oft in der Folgezeit wirklich Schiedsgerichte gebildet worden sind. Wenn sich später bei ihrem Konflikt mit Athen die Megarer darauf berufen, daß der freie Handelsverkehr vertragsgemäß ausbedungen worden sei, so wird wohl auch dies in der Urkunde des 30jährigen Friedens gestanden haben. Im großen und ganzen ein Vertrag, der die bestehenden Differenzen entweder aus der Welt schaffte oder sie doch beträchtlich entschärfte, insbesondere Korinth erhielt nahezu die uneingeschränkte Herrschaft über den nach ihm benannten Golf zurück, wenn auch Athen immer noch im Besitz von Naupaktos blieb.
Mit dem 30jährigen Frieden geht ein Zeitalter zu Ende, das durch großartige Taten Athens gekennzeichnet ist. Aber diese Leistungen waren nicht nur Erfolge, denn insbesondere die Verluste an Menschen waren beträchtlich. Wir besitzen eine Inschrift mit der Totenliste der Phyle Erechthëis. Sie zeigt, daß die Phyle in einem einzigen Jahr (459 oder 458) nicht weniger als 187 Gefallene zu beklagen hatte. Nimmt man diese Zahl als Durchschnitt, so kommt man bei 10 Phylen auf nahezu 1900 Tote in einem einzigen Jahr (Aristoteles, Ath. pol. c. 26,1, gibt die Zahl der Toten sogar mit 2000—3000 in einem Jahr an; die letztere Zahl wird übertrieben sein). Waren diese Verluste durch die Erfolge der perikleischen Politik gerechtfertigt? Diese Frage wird man verneinen müssen. Im Kampf gegen Persien hatte man ein Gleichgewicht erreicht, im Kampf gegen Sparta und die anderen Gegner in Griechenland war Athen unterlegen, denn nur Ägina und Naupaktos waren von den Eroberungen in athenischer Hand verblieben, auf alles andere, besonders auf die Hegemonie in Mittelgriechenland, hatte Perikles verzichten müssen. Muß man deshalb von einem Scheitern der perikleischen Außenpolitik sprechen? Dies wäre doch wohl übertrieben, aber die Ereignisse hatten gezeigt, daß die zu bewäl-

tigenden Aufgaben die Kräfte Athens bei weitem überstiegen hatten.

Man wird nicht fehlgehen, wenn man vor allem Perikles für den Umschwung verantwortlich macht, der in dem Vertrag mit Persien (Friede des Kallias 449/48) und mit den Peloponnesiern (30jähriger Friede, 446/45) seinen Ausdruck findet.

Dazu kommt noch als etwas Neues die Idee eines panhellenischen Friedenskongresses. Das Programm überliefert Plutarch (Vita des Perikles c. 17). Danach hat Perikles einen Volksbeschluß beantragt, der sich an alle Griechen in Europa und in Asien (d. i. Kleinasien) richtet: alle diese Gemeinden, große und kleine, werden aufgefordert, Beauftragte nach Athen zu entsenden, um hier an dem Kongreß teilzunehmen. Folgende Punkte werden zur Diskussion gestellt: die Wiederherstellung der unter den Persern zerstörten Heiligtümer; die Opfer, welche die Griechen den Göttern schuldeten, als sie gegen die Perser kämpften; die Sicherheit der Meere und schließlich der Friede. Plutarch berichtet, daß die Athener 20 Gesandte ausschickten, die in vier verschiedenen Gruppen die griechischen Gebiete um die Ägäis bereisten, um hier die Vorschläge des Perikles zu unterbreiten. Angeblich sollen sich die Lakedämonier dem Projekt entgegengestellt haben. An der Tatsache des Kongreßplanes kann kein Zweifel bestehen, schwierig ist aber vor allem die zeitliche Einordnung. Man wird wohl am ehesten an die Jahre nach 449/48, dem Frieden des Kallias, oder aber an die Jahre nach 446/45, dem 30jährigen Frieden, denken müssen. Eine genauere Festlegung ist nicht möglich. Es besteht kein Zweifel, daß Perikles' Vorschlag ernst gemeint war, und es ist auch gut möglich, daß ihm dabei vorgeschwebt hat, eine dauernde Friedensordnung in Griechenland zu erreichen. Dies wäre seinen eigenen Plänen sehr zustatten gekommen. Ist es aber wirklich eine »bewundernswerte diplomatische Aktion – vom Standpunkt eines panhellenischen Völkerrechtes eine höchst beispielgebende Tat« (K. Dienelt)? Diese Auffassung ist sicherlich überspitzt. Was dem Projekt des Perikles fehlt, ist ein gesunder Schuß Realpolitik. War es nicht von vornherein zu vermuten, daß Sparta sich einem derartigen Plan, der Athen an die Spitze von ganz Griechenland gestellt hätte, versagen würde? Perikles »als der Erfinder des europäischen, damals – des panhellenischen Völkerbundes« (Gregor) – das ist ein Wunschbild moderner Historiker und Ideologen, mit der Wirklichkeit hat es nichts zu tun. Und doch ist dieser Kongreßplan als Vorstufe jener vielen Versuche, einen allgemeinen Frieden in Griechenland herzustellen, sicher nicht ohne Interesse. Vor allem das 4. Jahrhundert v. Chr. verzeichnet eine ganze Kette von Versuchen, in Griechenland die Idee der Koinè Eiréne durchzuset-

zen, sie beginnen schon bald nach dem Peloponnesischen Krieg und enden in der Diadochenzeit.
Die einschneidenden Ereignisse, vor allem der Kalliasfriede, konnten nicht ohne Rückwirkungen auf den Delisch-Attischen Seebund bleiben. Die erste Wirkung des Friedens zeigt sich in den Tributlisten. Es steht nämlich fest, daß im Jahr des Friedensschlusses die Tributzahlungen von den Mitgliedern entweder überhaupt eingestellt oder nur in einem sehr geringen Umfang geleistet worden sind; dies ist ein untrügliches Zeichen dafür, daß mindestens ein Teil der Bündner die Vereinigung nunmehr als überflüssig betrachtete. Man wird annehmen müssen, daß Perikles dieser Auffassung mit Entschiedenheit entgegengetreten ist. Daß seine Ansicht durchdrang, zeigen wiederum die Tributlisten der nächsten Jahre. Überhaupt kommt der Zeit nach dem Kalliasfrieden eine große Bedeutung für die innere Umformung des Seebundes zu. Nicht als ob die Herausbildung einer attischen Arché auf die Jahre nach 449/48 beschränkt wäre, die Urkunden, wie z. B. der attische Volksbeschluß über Milet (Bengtson, Staatsverträge Nr. 151), zeigen das Gegenteil. Es sind vor allem zwei Gebiete, auf denen sich das Übergewicht der Hegemonialmacht im besonderen entfaltete: das Gerichtswesen und das Münzwesen. Die Rechtsprechung der verschiedenen Gerichtshöfe der athenischen Heliaia erstreckte sich auch auf zahlreiche Prozesse im Bereich des Seebundes. Ein Zeugnis hierfür ist das bereits erwähnte athenische Dekret über Chalkis (o. S. 96).
Es kam immer häufiger vor, daß Bürger einer Seebundstadt in Athen vor den Volksgerichten antichambrieren mußten. Außerdem hatte das um 450 v. Chr. erlassene Münzgesetz die Folge, daß zahlreiche Städte des Seebundes ihre eigenen Prägungen einstellten. Damit nicht genug: es steht fest, daß die Athener immer wieder versucht haben, in den abhängigen Städten Demokratien an die Regierung zu bringen. In vielen Städten des Bundes sammelte sich dadurch ein gefährlicher Zündstoff gegen Athen an, dessen Herrschaft im allgemeinen als immer drückender empfunden wurde, zumal zu einer Zeit, da man die Perser nicht mehr zu fürchten brauchte. Aber die Seeherrschaft Athens hatte auch ihre positiven Seiten. Von einer nennenswerten Piraterie in der Ägäis ist nicht mehr die Rede, die Herrschaft der Seeräuber ist bezeichnenderweise erst wieder aufgelebt, als das athenische Seereich untergegangen war.
In manchen Fällen hat Athen auch die üblichen Rechtshilfeverträge mit Seebundstaaten geschlossen, bei denen die Parität beider Parteien gewahrt wurde, wie z. B. bei dem Vertrag mit dem lykischen Phaselis um 450 v. Chr. (vgl. Bengtson, Staatsverträge Nr. 149) oder mit Chios. Ganz besonderen Unwillen

Abb. 8: Vertrag Athens mit der Stadt Hermione; um 450 v. Chr.

erregte bei den Bündnern die Tatsache, daß Athen sich nicht verpflichtet fühlte, über die Verwendung der Tribute Rechenschaft abzulegen. Die Athener schuldeten, sagt Plutarch (Vita des Perikles c. 12), den Bundesgenossen über die Gelder keine Rechenschaft, da sie zum Schutz für die Bündner die Vorkämpfer gegen die Perser waren und die Barbaren in ihre Schranken wiesen. An diesem Grundsatz ist gewiß etwas Richtiges, aber dieses Verhalten des Perikles ist der Grund dafür gewesen, daß Thukydides, Sohn des Melesias, die Sache der Bundesgenossen zu seiner eigenen gemacht hat. Es wäre unrichtig, anzunehmen, daß die Umbildung des Seebundes zu einem athenischen Machtinstrument sich erst nach dem Frieden des Kallias (449/48) vollzogen hätte; allein schon der attische Volksbeschluß über Erythrai beweist das Gegenteil, wie man ihn zeitlich auch ansetzen mag. Die Umschmelzung des Bundes hat zweifellos dazu beigetragen, daß Athen seine Machtstellung nicht nur durch Einsetzung von Aufsichtsorganen (episkopoi) und Besatzungskommandanten zu stabilisieren versuchte. Und die Anlage von Kleruchien im Bereich des Seebundes war vielen Bündnern gleichfalls ein Dorn im Auge. Für Athen hatte die Aussendung dieser Kleruchien den Vorteil, daß sie eine Anzahl von attischen Bürgern, vor allem solche, die in Athen kein Auskommen fanden, aufnahmen. Attische Kleruchien finden sich in Naxos, Andros, auf der thrakischen Chersonesos (Gallipoli), in Brea am unteren Strymon, Oreos (Histiaia auf Euböa). Im übrigen hat sich das System der attischen Kleruchien bei kriegerischen Auseinandersetzungen und vor allem natürlich im Peloponnesischen Krieg für Athen als sehr wertvoll erwiesen. Außerdem sind die Kleruchien deswegen von besonderem Interesse, weil sie einen Teil des attischen Staates bilden und ihre Bewohner auch in der Fremde attische Bürger bleiben. Für die Einheimischen bedeutete freilich die Existenz einer attischen Kleruchie eine Beeinträchtigung ihrer Rechte, vor allem in der Verfügung über den Grund und Boden. Aber in dieser Beziehung war Athen niemals kleinlich, und aus der Aufzeichnung der Tributlisten geht hervor, daß Athen den betroffenen Gemeinden in manchen Fällen die Tribute ermäßigte. Will man sich ein Bild von der Leistungsfähigkeit des Seebundes und seiner Mitglieder machen, so erweisen die Tributlisten, daß im Jahr 446/45 folgende Gemeinden den höchsten Tribut bezahlt haben: Thasos, Ägina (je 30 Talente), Paros (18 Talente), Byzanz (15,7 Talente), Mende und Abdera (je 15 Talente), Lampsakos (12 Talente) und Lindos (10 Talente). Aus diesem Überblick geht hervor, daß es vor allem Städte an der Küste Thrakiens und im hellespontischen Bezirk waren, die damals als die finanzkräftigsten galten. Zugleich befinden sich aber auch an dieser Stelle die wichtigsten Verbindungslinien Athens; sie verbinden die Stadt mit dem Schwarzen Meer und mit Südrußland, aus dem das für die Ernährung der Bewohner unentbehrliche Getreide eingeführt werden mußte.

Der Delisch-Attische Seebund war ursprünglich eine freie föderative Vereinigung, alle Mitglieder waren rechtlich einander gleichgestellt. Dieses Verhältnis hat sich langsam, aber immer deutlicher zugunsten Athens verschoben. Trotzdem verdient diese von Athen geführte Vereinigung noch heute unsere volle Bewunderung. Als Kampfbund gegen die Perser gegründet, hat der Seebund nahezu ein Dreivierteljahrhundert, von 478/77–404, bestanden, er hat sich in dieser Zeit vor allem auch als ein notwendiges Ordnungselement der griechischen Politik erwiesen. Die Leistung Athens ist um so bewundernswerter, als dieser Staat keineswegs über unbegrenzte militärische Machtmittel verfügte. Jeder Aufstand erschütterte die Grundlage des Bundes und konnte nur mit größter Mühe niedergeworfen werden. Besonders mißlich war das Fehlen einer geschulten Bürokratie, wie sie damals in Griechenland nirgendwo vorhanden war; die Athener mußten versuchen, mit wenigen Funktionären auszukommen, und auch diese sind nur in Notfällen eingesetzt worden. Die einzige ständige Behörde sind die Schatzmeister des Bundes, die Hellenotamiai. Wie man die Einteilung des Seebundes in Bezirke auffassen soll, ist immer noch nicht ganz geklärt. Es gab fünf Bezirke, den thrakischen, hellespontischen, ionischen, karischen und den Inselbezirk. Von diesen ist der karische Bezirk bald nach 440 aufgelöst, die karischen Städte sind dem ionischen Bezirk zugeschlagen worden. Mit einer Provinzeinteilung hat diese Organisation nichts zu tun, eher schon mit der Einziehung der Tribute, wie denn die einzelnen Städte, nach Bezirken geordnet, auf den Tributlisten verzeichnet stehen. Athen beherrschte den Seebund nicht mit Hilfe bürokratischer Maßnahmen, sondern durch das Gewicht seines Ansehens, das vornehmlich auf den Leistungen seiner großen Männer, des Kimon und des Perikles, beruhte.

Die fünfzehn Jahre vom Abschluß des 30jährigen Friedens (446/45) bis zum Ausbruch des Peloponnesischen Krieges (431) stehen in Athen eindeutig unter dem Zeichen des Perikles. Dieser Mann ist es gewesen, der der attischen Außenpolitik eine neue Richtung gegeben hat. Zum erstenmal hat sich Athen auch in die Westpolitik eingeschaltet. Es ist die Begründung der panhellenischen Kolonie Thurioi (443). Vielleicht ist Perikles hier vor den Spartanern nach dem Westen ausgewichen, um auf neutralem Boden neue Ausbreitungsmöglichkeiten für Athen zu schaffen. Nachdem im Jahr 445 ein Versuch der Athener, die Stadt Sybaris (511/10 zerstört) neu zu begründen, mehr oder weniger fehlgeschlagen war, proklamierte Perikles die Idee, unter Beteiligung aller griechischen Stämme eine panhellenische Kolonie in Unteritalien zu begründen. Es war dies die Stadt Thurioi, deren Stadtplan der Baumeister und Philosoph Hippodamos aus Milet entworfen hat. Zu den Bürgern der Kolonie gehörten Herodot von Halikarnassos, der berühmte Geschichtsschreiber, und Protagoras von Abdera; auch Empedokles von Agrigent hat sich in Thurioi aufgehalten. Perikles hat hier an der panhellenischen Idee auch dann noch festgehalten, als seine Gegner in Thurioi die Oberhand gewannen. Selbst als Thurioi in einen Konflikt mit der mächtigeren spartanischen Kolonie Tarent geraten war, hat Perikles nicht eingegriffen, wobei die Frage offenbleibt, ob ihm hierzu der Wille oder die Macht gefehlt hat. Im übrigen war Athen im Westen keineswegs ohne Bundesgenossen. Es war verbündet mit dem sizilischen Segesta, ferner mit Rhegion und Leontinoi, mit denen es zu einem uns unbekannten Zeitpunkt Bundesverträge geschlossen hatte, die dann am Vorabend des Peloponnesischen Krieges (433/32) erneuert worden sind (Bengtson, Staatsverträge Nr. 162 und 163). Besonders wichtig war die Freundschaft mit Rhegion. Sie bot Athen die Möglichkeit, die Straße von Messina ungestört zu benutzen; für den Handel mit Mittelitalien, vor allem aber mit Etrurien, war dies von größter Bedeutung. Aber dies war keineswegs die einzige Verbindung zwischen Athen und dem mittelitalischen Raum. Die großartigen Funde der etruskischen Nekropole von Spina (bei Comacchio im Po-Delta) haben gezeigt, wie stark der athenische Anteil hier ins Gewicht fällt. Von Spina aus erreichte der Handel auf dem Landweg ganz Oberitalien und vielleicht sogar die Gebiete jenseits der Alpen, die früher die alleinige Domäne des Handels von Massilia gewesen waren. Damit stieß Athen in eine Sphäre vor, die sich vorher die große griechische Handelsstadt auf dem Isthmos vorbehalten hatte – auch dies ein Grund für die bittere Feindschaft, die zum Ausbruch des Peloponnesischen Krieges beigetragen hat. Aber Korinth war nicht der einzige Konkurrent Athens im Westen. Auch Syrakus, mit der Stadt am Isthmos durch vielfache Beziehungen schon seit der Gründung verbunden, war der Ausdehnung des attischen Handels nicht wohlgesonnen, und zwar um so weniger, als sich Athen mit zwei chalkidischen Gründungen, Rhegion und Leontinoi, verbunden hatte.

Eine schwere Krise des Seebundes war die Erhebung von Samos im Winter 441. Die große Insel, die in Kleinasien über ein ansehnliches Landgebiet verfügte, gehörte zu jenen Mitgliedern des Seebundes, die, ebenso wie Chios und Lesbos, das Privileg hatten, Schiffe zu stellen. Samos lag im Streit mit Milet, und zwar wegen des Besitzes von Priene, dabei wurde Milet von den stammesverwandten Athenern unterstützt. Mit der Auseinandersetzung verflochten sich innere Parteikämpfe auf Samos. Als Perikles auf der Insel die Demokratie ans Ruder gebracht hatte, wurde diese von den Oligarchen wieder gestürzt, wobei der persische Satrap Pissuthnes mit ihnen gemeinsame Sache machte. Die Athener waren zwar zur See überlegen, sie befanden sich aber in ständiger Furcht vor einem Eingreifen des Perserreiches, denn die Samier hatten sich nicht gescheut, die Hilfe der Perser anzurufen. Hierin sahen sich die Samier allerdings getäuscht, ihre Stadt wurde eingeschlossen und belagert. Auf samischer Seite war es der Philosoph Melissos, der sich in den Kämpfen gegen die Athener zur See ausgezeichnet hat. Bei den Athenern hat Artemon von Klazomenai mit seinen Belagerungsmaschinen den Fall der Stadt mitherbeigeführt. Samos mußte nach einer längeren Belagerung kapitulieren, wahrscheinlich im Frühjahr 439. Es wurde, wie alle abtrünnigen Seebundstaaten, hart bestraft, möglicherweise verlor es die Insel Amorgos, außerdem hatte es die Kriegskosten zu zahlen (Bengtson, Staatsverträge Nr. 159). Dem Abfall von Samos hatte sich Byzanz angeschlossen, das aber bald wieder unterworfen werden konnte. Bei dem Konflikt zwischen Samos und Athen hatte es sich gezeigt, daß der schwächere Staat nicht davor zurückschreckte, sich an die Perser zu wenden, ähnlich wie es auch sizilische Gemeinden getan haben, wenn sie von Karthago Hilfe erbeten hatten.

Im Jahr 443 v. Chr. wurde Thukydides, Sohn des Melesias, Schwiegersohn Kimons, der bedeutendste Gegner des Perikles, durch Ostrakismos aus Athen vertrieben. Wenn er sich auch mit Perikles nicht messen konnte, so verfügte er doch als Sprecher der Opposition über großen Einfluß, insbesondere hat er immer wieder die Sache der Bundesgenossen zu seiner eigenen gemacht. So ist es gerade dieser Politiker gewesen, der die großen Prachtbauten in Athen zum Anlaß nahm, sich gegen die Finanzpolitik des Perikles zu wenden. Auch in anderer Hinsicht ist die Verbannung dieses Mannes ein wichtiger Meilenstein im Leben des Perikles: seit 443 v. Chr. wurde Perikles Jahr um Jahr zum Strategen gewählt, er ist von nun an der wirkliche Führer des attischen Staates. Im Altertum wurde das Wesen des Perikles als Ergebnis seiner naturphilosophischen Erziehung angesehen, und zwar soll es die Philosophie des Anaxagoras gewesen sein, die vor allem für die Ausprägung seines Charakters verantwortlich gemacht wird. In der Tat verstand sich Perikles vortrefflich auf die schwere Kunst der Menschenführung. Diese seine Fähigkeit feierte ihre Triumphe in seinen Reden, die mit ihrer Überzeugungskraft alle seine Konkurrenten hinter sich ließen. Wer in Athen eine politische Rolle spielen wollte, mußte

imstande sein, insbesondere die Volksversammlung nach seinem Willen zu lenken, er mußte mit feinster psychologischer Einfühlung die Seele der Hörer für seine Pläne gewinnen können. Für die hohe Redekunst des Perikles gibt es viele Zeugen; Eupolis, der Dichter der älteren Komödie, der Perikles noch selbst gehört hat, ist von ihr begeistert, nicht weniger auch der große Historiker Thukydides.
In der neueren Forschung ist gegen Perikles der Vorwurf erhoben worden, er habe es, ebenso wie Bismarck, nicht verstanden, sich mit fähigen Mitarbeitern zu umgeben. K. J. Beloch spricht sogar davon, daß sich in der Umgebung des Perikles lauter geistige Nullen befunden hätten. An diesem Vorwurf ist zweifellos etwas Wahres; ob er in vollem Umfang zutrifft, das zu beurteilen, fehlen uns heute die Voraussetzungen, insbesondere die zeitgenössischen Quellen. Der antiken Überlieferung läßt sich aber entnehmen, daß Perikles immerhin einige Mitarbeiter besessen hat, von denen Phormion der bedeutendste war. Dieser Mann hat sich vor allem auf dem Gebiet des Kriegs- und Flottenwesens hervorgetan, er hat in den ersten Jahren des Peloponnesischen Krieges große Erfolge errungen. Mitarbeiter des Perikles war auch der Dichter Sophokles, obwohl die beiden Männer in ihrer Grundanschauung kaum übereinstimmten. Sophokles war im Jahr 443/42 Hellenotamias, und zwei Jahre später, 441/440, war er Stratege im Samischen Krieg, wobei er die ihm zugewiesene Aufgabe ohne Schwierigkeit zu lösen vermochte. Zum Kreis des Perikles gehörte schließlich noch Kallias, der Sohn des Kalliades; das ist der Mann, der das berühmte, nach ihm benannte Finanzdekret im Jahr 434 beantragte, natürlich in Übereinstimmung mit den Plänen des Perikles. Außerdem ist Kallias der Antragsteller der Volksbeschlüsse über die Erneuerung der Bündnisse mit Rhegion und Leontinoi.
Von jeher ist die Person des Perikles das Ziel zahlreicher Angriffe, vor allem der Komödiendichter, gewesen. Die Invektiven sind meist sehr persönlicher Art, insbesondere war der zwiebelförmige Kopf des Perikles ein beliebter Gegenstand des Spottes. Verkehrt wäre es, wollte man die Angriffe der Komödiendichter, eines Kratinos, Hermippos, Telekleides und anderer, auf die Goldwaage legen, und zwar um so weniger, als die Komödie nach Perikles' Tod (429) gerade seine positiven Eigenschaften in den höchsten Tönen gepriesen hat. In der Komödie erscheinen Perikles und seine Zeitgenossen, auch Sokrates, wie sie das Volk von Athen gesehen hat oder doch zum mindesten wie man damals diese Männer zu sehen wünschte. Der Bürger war entzückt, wenn er aus dem Mund der Schauspieler vernahm, daß auch der große Olympier über menschliche Schwächen verfügte; bezeichnenderweise ist immer wieder die Ver-

bindung des Perikles mit Aspasia eine Zielscheibe des Spottes für die Komödie gewesen. So hatte man in Athen auch kein Verständnis dafür, wenn diese Komödienfreiheit, wie es in der Tat einmal geschehen ist (unter dem Archon Morychides, 440/39), vorübergehend durch Verbot eingeschränkt wurde.

Schlimmer als die Komödie, vor der niemand in Athen sicher war, der im öffentlichen Leben stand, war eine Reihe von Prozessen. In ihnen hat man nicht nur Aspasia, sondern auch einige persönliche Freunde des Perikles angeklagt, Anaxagoras und Pheidias, den Architekten und Bildhauer, dem Athen das Standbild der Athena Parthenos verdankte. Von diesen Prozessen gehört jener des Anaxagoras, den man der Gottlosigkeit anklagte, wahrscheinlich schon in die Zeit um 450 (?). Den des Pheidias wird man entweder 438/37 oder 432/31 v. Chr. ansetzen, wobei die letztgenannte Jahreszahl die wahrscheinlichere ist. Auf jeden Fall ist Pheidias noch in den ersten Jahren des Peloponnesischen Krieges in Olympia tätig gewesen, er kann also nicht in einem athenischen Gefängnis gestorben sein, sein Leben endete vielmehr erst gegen 420 v. Chr. Dies ist das Ergebnis neuerer Forschungen, in denen die wiederaufgefundene Werkstatt des Pheidias in Olympia von entscheidender Bedeutung war. Und Aspasia? Auch sie scheint wegen Asebie (Gottlosigkeit) angeklagt, aber freigesprochen worden zu sein, am wahrscheinlichsten kurz vor dem Beginn des Großen Krieges. Soll man glauben, daß diese Prozesse die Autorität des Perikles erschüttert haben? Eine derartige Annahme wäre übertrieben, außerdem ist es fraglich, ob der Prozeß des Pheidias überhaupt ein politischer Prozeß gewesen ist. Dem Künstler wurde Unterschlagung von Gold vorgeworfen, eine Anschuldigung, deren Richtigkeit heute weder bewiesen noch widerlegt werden kann. Auch für die Annahme, hinter diesen Anklagen habe die Person des Thukydides, des Sohnes des Melesias, gestanden, der nach Ablauf der zehnjährigen Verbannung wieder nach Athen zurückgekehrt sei, gibt es keine Beweise.

Viel verhängnisvoller als die Angriffe seiner Gegner war die Finanzpolitik des Perikles. Freilich fehlt es hier an der nötigen Klarheit, da die Überlieferung über diese Dinge wenig zu berichten weiß. So viel steht jedoch fest, daß Perikles für die Prachtbauten in Athen gewaltige Summen ausgegeben hat. Es waren keine athenischen Gelder, sondern vorwiegend Tribute der Mitglieder des Seebundes. Wenn man sich in der Forschung darauf beruft, daß es sich in Wirklichkeit um jene Beträge gehandelt habe, die im Schatz der Athena Polias ruhten, so macht dies kaum einen Unterschied. Gewiß verfügte auch Athen selbst über beträchtliche Einnahmen, aber es besteht kein Grund, anzunehmen, daß die Vorwürfe gegen Perikles, er verschleudere die Gelder der Bundesgenossen, unbegründet gewesen wären. Seit dem Beginn der ägyptischen Expedition (460) wurde die Belastung der athenischen Finanzen immer größer, die Ausrüstung der Flotten für Ägypten und Cypern muß gewaltige Summen verschlungen haben, dazu kam dann noch der samische Aufstand. Es war kein Wunder, wenn die finanziellen Rücklagen zusammenschmolzen. Dabei ist nicht zu übersehen, daß die Griechen von einer modernen Finanzwirtschaft nichts wußten. Sie pflegten so lange aus den verschiedenen Kassen zu wirtschaften, bis sie leer waren. Erst im Jahr 434 kam man auf den Gedanken, eine finanzielle Reserve zu bilden. Antragsteller war Kallias, der Sohn des Kalliades, der bekannte Parteigänger des Perikles. Danach sollten 3000 Talente der Kasse der Athena als Reserve zugeführt werden. Die Maßnahme ist nur zu verstehen, wenn man weiß, daß sich im Jahr 434 der politische Himmel immer mehr verfinstert hatte. Man wollte also für den Kriegsfall, der damals schon im Bereich des Möglichen lag, Vorsorge treffen. Als der Peloponnesische Krieg begann, waren 6000 Talente im Schatz der Athena, während der Höchststand 9700 Talente betragen hatte. Perikles und seinen Freunden aber ist der Vorwurf nicht zu ersparen, daß sie auf dem Gebiet der Finanzen, die doch das Rückgrat eines jeden gesunden Staates bilden sollten, kaum alles getan haben, was die Zeit erforderte. So trat Athen mit einer unzureichenden finanziellen Vorbereitung in einen Krieg ein, in dem nicht nur die Existenz des Seebundes, sondern auch der Bestand Athens auf dem Spiel stand.

7. Die Zivilisation und das geistige Leben im Zeitalter des Perikles

Mit dem Namen des Perikles ist seit dem Altertum der Begriff des perikleischen Zeitalters und der perikleischen Kultur untrennbar verbunden. In der Tat ist die Kulturhöhe Athens ohne den großen attischen Staatsmann nicht denkbar. Er hat durch seine politischen Maßnahmen die äußeren Voraussetzungen hierfür geschaffen. Und nicht nur dies: er hat auch selbst an der Kultur regen Anteil genommen. Mit zahlreichen Künstlern und Gelehrten war er persönlich befreundet, und dank seiner Initiative wurden in Athen Bauten und Kunstwerke geschaffen, die zu den schönsten Schöpfungen des menschlichen Geistes gehören.

Athen verdankte seine führende Rolle in Griechenland nicht zuletzt seiner Hegemonie im Delisch-Attischen Seebund. Aber der steile Aufstieg Athens wäre nicht möglich gewesen, hätte sich nicht eine außerordentlich schwerwiegende Verschiebung des wirtschaftlichen Schwerpunktes im griechischen Raum bald nach den Siegen über die Perser angebahnt. Im 6. Jahrhundert war Ionien, und insbesondere die Stadt Milet, auf dem Gebiet der Wirtschaft, des Handels und auch des geistigen Lebens führend gewesen. Die Blüte Ioniens hatte jedoch der unglückliche Ausgang des Ionischen Aufstandes geknickt. Milet war im Jahr 494 vollständig zerstört worden, erst in hellenistischer Zeit sollte es eine gewisse Bedeutung wiedererlangen. Erbe Ioniens war vor allem Athen und neben ihm Städte wie Korinth und Ägina; Korinth, das durch seine Flotte und mit Hilfe seiner Kolonien die Seeverbindungen nach dem Westen, nach Unteritalien und Sizilien, beherrschte, Ägina, eine ernsthafte Konkurrentin Athens im Saronischen Golf. Allerdings ist Ägina in dem Konflikt mit Athen gedemütigt worden, und seine Kapitulation im Jahr 457 bezeichnete mehr oder weniger das Ende seiner Blütezeit. Die größten und volkreichsten Städte in der griechischen Welt waren um die Mitte des 5. Jahrhunderts Athen, Syrakus, Gela, Akragas und Korinth, unter den Inseln Thasos, Paros und Korkyra.

Die Bevölkerungszahlen können nur ganz annähernd bestimmt werden, da entsprechende statistische Angaben fehlen. Die Bevölkerung Athens hat man im Zeitalter des Perikles auf etwa 105 000 bis 120 000 Seelen berechnet, wovon aber nur etwa 35 000 Bürger waren; die Gesamtbevölkerung Attikas wird auf 210 000–235 000 Menschen geschätzt (De Sanctis). Attika war also, wie es scheint, sehr viel volkreicher als Böotien, das als eine vorwiegend agrarische Landschaft etwa 110 000 bis 125 000 Bewohner gezählt haben mag. Für Sparta ist man auf mehr als 200 000 Seelen, davon aber nur etwa 4–5000 Vollbürger, gekommen. Dieser kleinen Schar von Spartiaten standen nach den neueren Berechnungen etwa 40 000 Periöken und nicht weniger als 150 000 Heloten gegenüber. Alle diese Zahlen wird man jedoch nur als Annäherungswerte bezeichnen können.

Für die Ernährung seiner Menschen war Griechenland bereits im Altertum auf Einfuhren von außen her angewiesen. Schon Solon hatte die Ausfuhr attischen Getreides untersagt, die Ausfuhr von Öl jedoch gestattet und sogar gefördert. Das Getreide wurde mit Schiffen aus dem Pontos, aus Sizilien und aus Ägypten herangeführt. Vor allem Ägypten war ein sehr reiches Getreideland; es hatte, um nur eine Einzelheit zu erwähnen, schon im 2. Jahrtausend den Hethitern mit Getreidelieferungen ausgeholfen. Die Einfuhrzahlen sind sehr hoch. In der Mitte des 4. Jahrhunderts wurden im Piräus jährlich 800 000 Medimnen (3 000 000 Zentner) Getreide gelöscht. Diese Einfuhren waren um so notwendiger, als die griechische Landwirtschaft nach wie vor an ihren längst veralteten Methoden festhielt. Vor allem gediehen in Attika der Weinstock und der Ölbaum, deren Kulturen mit großer Liebe und Sorgfalt gepflegt wurden. Wein und Öl aus Griechenland hatten sich schon im 6. Jahrhundert weite Märkte erobert, sie waren die wichtigsten Posten unter den griechischen Ausfuhrgütern. Trotz des Aufschwungs des Handels herrschte in weiten Teilen der griechischen Welt immer noch teilweise die Naturalwirtschaft, zumal in entlegenen Gebieten. Daneben stand freilich eine entwickelte Geldwirtschaft, von der die zahlreichen Münzprägungen griechischer Gemeinden Zeugnis ablegen. Die Münzen des 5. Jahrhunderts sind nicht nur eine wichtige Quelle für den griechischen Handel, sie sind teilweise geschmückt mit großartigen Münzbildern, wie vor allem die Münzen von Syrakus. Silber war in ausreichender Menge vorhanden, die Athener hatten ihre Gruben im Laureion-Gebirge, die Bergwerke waren an einzelne Unternehmer verpachtet, die diese vor allem mit Hilfe von Sklaven unter oft sehr primitiven Arbeitsbedingungen ausbeuten ließen. Neben den Minen vom Laureion-Gebirge, deren Erträge im späteren 5. Jahrhundert offenbar rückläufig waren, gab es noch die Bergwerke vom Pangaion, die später unter die Herrschaft der Makedonenkönige gelangt sind. In den großen panhellenischen Heiligtümern, vor allem in Delphi und in Olympia, sammelten sich im Lauf der Zeit gewaltige Reichtümer an; sie bestanden aus Weihegeschenken und aus Bargeld, das Privatleute oder griechische

Abb. 9: Amphoren aus Rhodos (links) und aus dem römischen Spanien (rechts), gefunden in Korinth, im Hintergrund der Tempel des Apollon in Korinth; 6. Jahrhundert v. Chr.

Gemeinden den Tempeln zur Verwahrung anvertraut hatten. In Sparta war bekanntlich der Besitz von Edelmetall verboten, hier gab es das ungefüge Eisengeld, trotzdem haben manche Spartaner, die in den Besitz von Gold und Silber gelangt waren, dieses jenseits der Landesgrenzen in Sicherheit gebracht. Im übrigen hatten die Heiligtümer vielfach die Funktionen von Banken. Sie verliehen Geld, natürlich zu entsprechenden Zinsen, der Tempel von Delos nahm 10 Prozent, das war in jener Zeit ein ganz üblicher Zinssatz, der im allgemeinen eher überschritten als unterboten wurde. Der gesteigerte Geldumlauf trieb, wie zu allen Zeiten, die Preise langsam in die Höhe; für einen Scheffel Gerste zahlte man in der Zeit Solons nur eine Drachme, 200 Jahre später dagegen das Doppelte. Der Preis für ein Schaf war jedoch in der gleichen Zeitspanne um das Zehn- bis Zwanzigfache gestiegen. Wer sein Geld besonders gewinnbringend anlegen wollte, der verlieh es als Seedarlehen. Hier brachte es eine enorm hohe Verzinsung, die natürlich teilweise als Risikoprämie zu betrachten ist. Die Seefahrt war übrigens zum großen Teil immer noch Küstenschiffahrt. Wer von Griechenland nach Sizilien reisen wollte, nahm am besten ein korinthisches Schiff, das in Korkyra und Tarent Station machte. Seekarten, Leuchttürme und Markierungen waren kaum vorhanden, hier hat erst die römische Kaiserzeit Wandel geschaffen.
Die Arbeitslöhne waren im 5. Jahrhundert sehr gering. Ein Ruderer erhielt 3 Obolen täglich, für die er sich tüchtig schinden mußte. Geistige Arbeit wurde im allgemeinen nicht besser bezahlt als körperliche, so erhielt der Bauführer beim Erechtheion in Athen nur eine Drachme täglich, ebensoviel wie ein Steinsäger. Gut honoriert wurde dagegen die Tätigkeit der Ärzte und der Sophisten, von denen es manche zu beträchtlichem Vermögen brachten.
Zur Ehre der Griechen muß es gesagt werden, daß ihr äußerliches Leben sehr bescheiden war. Die Privathäuser sind aus Holz, Lehm oder Fachwerk, von irgendeinem Luxus ist keine Rede, in der Kleidung wird der lange ionische Leinenchiton allmählich unmodern, man trägt an seiner Statt den peloponnesischen Wollchiton. Allein den Frauen sind Linnenkleider vorbehalten. Purpurne Chitone sind die Amtskleider der attischen Strategen und die Uniform der spartanischen Hopliten.
Die Ernährung war sehr einfach, sie bestand vor allem aus Getreide, in Form von Brei oder Kuchen, dazu aus Hülsenfrüchten und Gemüse. Als Zukost nahm man Oliven, Feigen, Käse und gepökelten Fisch; Fleisch und Wildbret gab es nur an den Festtagen. Pro Kopf rechnete man täglich eine Choinix Gerstenmehl, die $^1/_4$ Obol kostete. Wenn man nun weiß, daß der gesamte Tageslohn eines Arbeiters nicht mehr als etwa 3 Obolen

Abb. 10: Kochtopf aus Athen

betrug, so kann man sich leicht vorstellen, daß in großen Familien oft Schmalhans Küchenmeister war.
Es gehörte zu den Ehrenpflichten der reichen Bürger, der Öffentlichkeit durch Sonderleistungen dienstbar zu sein. Diese Leistungen (Leiturgien) bezogen sich vor allem auf die Ausrüstung von Kriegsschiffen (Trierarchie) und auf die Ausstattung der Chöre bei den Aufführungen der Tragödien und Komödien in Athen (Choregie). Eine Trierarchie war eine kostspielige Angelegenheit, sie genügte, um selbst sehr vermögende Bürger zu ruinieren. So kostete im Peloponnesischen Krieg die Ausrüstung eines einzigen Kriegsschiffes nahezu ein Talent; gelegentlich kam es vor, daß zwei Bürger gemeinsam eine solche Trierarchie übernehmen mußten. Im großen und ganzen hat sich jedoch der Gemeinsinn der Griechen in vorbildlicher Weise betätigt, viele hundert Bürger haben zweifellos dem Staat viel mehr gegeben, als sie von ihm jemals empfangen haben. Die Betätigung im Dienst der Allgemeinheit ist überhaupt ein hervorragendes Kennzeichen des Griechentums, selbst noch in der römischen Kaiserzeit.
Auch die Ausgaben des attischen Staates waren nicht gering. Für die Bürger und die Beamten mußten große Summen aufgewandt werden, die Prytanen wurden auf Staatskosten im Prytaneion gespeist, die 500 Ratsherren erhielten, ebenso wie die Geschworenen, Diäten, wobei freilich der Richtersold im wesentlichen durch die Gerichtskosten gedeckt wurde. Groß waren auch die Kosten für den Kultus und die Feste. So sind im Jahr 410, mitten im Krieg, für die Großen Panathenäen nicht weniger als 6 Talente aufgewendet worden. Rechnet man hierzu noch die Kosten für die öffentlichen Bauten (unter Perikles sind allein auf der Akropolis nicht weniger als 2000 Talente verbaut worden) und die großen, Jahr um Jahr anfallenden Kriegskosten, so kann man sich leicht vorstellen, wie groß die Belastung der attischen Finanzen war. Woher kamen die Gelder? Direkte Steuern gab es nicht, nur in Notfällen wurde eine sog. Eisphorá erhoben; eine direkte Besteuerung war den Griechen nicht zumutbar, sie hätten in ihr das Zeichen der Tyrannis gesehen. An ihre Stelle traten zahlreiche indirekte Steuern, wie z. B. die Hafengelder (elliménion), die auf die eingeführten und ausgeführten Waren erhoben wurden, meistens etwa 2–5 Prozent ihres Wertes, im Piräus dagegen nur 1 Prozent. Zum Schmuggel bestand kein Anlaß, es gab keine Zollgrenzen, und auch an den Landesgrenzen wurden keine Zölle erhoben. Dagegen hören wir gelegentlich von Durchgangszöllen: so wurde für die Durchfahrt durch den Bosporos eine Dekáte, d. h. ein Zoll von 10 Prozent, eingehoben. Auch für die Benutzung der Märkte mußten Gebühren gezahlt werden. Gewerbesteuern

gab es dagegen nicht, nur die Gaukler, Wahrsager und andere, die wenig ehrbare Gewerbe betrieben, wurden einer Abgabe unterworfen. Beträchtliche Einnahmen verzeichnete Athen durch die Metöken-Steuer: in der Stadt und im Piräus hatten sich zahlreiche Bürger fremder Gemeinden niedergelassen, sie waren zur Entrichtung einer Schutzgebühr verpflichtet. Dazu kamen Einnahmen aus der Konfiskation von Gütern von Verurteilten: es existieren heute noch Inschriften, auf denen das Inventar des Hauses des Alkibiades aufgezeichnet ist, der wegen des Hermenfrevels verurteilt und dann geächtet worden war. Der attische Staat besaß also, ganz abgesehen von den Tributen, zahlreiche Einnahmequellen, aber es war natürlich schon damals schwierig, einen Überblick über sie zu gewinnen, zumal die Kunst, einen staatlichen Haushalt aufzustellen, den Griechen fremd geblieben ist.

Das Zeitalter des Perikles ist durch eine imponierende Bautätigkeit in Athen gekennzeichnet. Die Impulse, die von Athen ausgingen, haben zu einem friedlichen Wetteifer in ganz Griechenland geführt. Auch Sizilien steht nicht zurück. Hier ist es die Initiative vor allem der Tyrannen von Syrakus und Himera gewesen, die nach dem Sieg über Karthago im Jahr 480 den Anstoß zu einer großartigen Blüte des Monumentalbaus auf der Insel gegeben haben. Ausschließlich strategische Bedeutung hatte die Errichtung der Langen Mauern zwischen der Stadt Athen und dem Hafen Piräus. Der Plan hierzu ist unmittelbar nach dem Bruch mit Sparta im Jahr 461 gefaßt worden, die Ausführung zog sich jedoch längere Zeit hin, und erst, nachdem sich Athener und Spartaner zum erstenmal 457 bei Tanagra mit den Waffen in der Hand gegenüber gestanden hatten, waren die Langen Mauern vollendet. Etwa fünfzehn Jahre später fügte man zu den beiden Mauern noch eine dritte hinzu, die offenbar den Zweck hatte, als zweite Verteidigungslinie zu dienen. Die Stadt Athen und ihr Hafen, der Piräus, waren damit zu einer einzigen großen Festung geworden, die vom Land her praktisch uneinnehmbar war. In dem Raum zwischen den Schenkeln der Langen Mauern sollte nach dem Willen des Perikles bei einer feindlichen Invasion die Landbevölkerung Attikas aufgenommen werden. Es war also von vornherein beabsichtigt, sich zu Lande defensiv zu verhalten. Ein Teil dieses Planes war der Ausbau des Piräus, der Entwurf stammt von dem Architekten Hippodamos von Milet, demselben, der später auch die Stadtanlage von Thurioi in Großgriechenland entworfen hat. Im Piräus ist übrigens zum erstenmal das schematische Stadtbild mit den sich im rechten Winkel schneidenden Straßen verwirklicht worden, das es bisher in Griechenland nicht gegeben hatte. Natürlich kosteten die Langen Mauern

und die Anlagen im Piräus teures Geld, das zu einem Teil durch die Tribute der Bundesgenossen aufgebracht werden mußte.
Mit der Errichtung neuer Tempel in Athen hatte man bereits unter Kimon begonnen, die Epoche des Perikles bezeichnet jedoch einen neuen Anfang. Am berühmtesten ist der Tempel der Athena Parthenos, mit dessen Bau unmittelbar nach dem Frieden des Kallias begonnen wurde. Architekt war Iktinos, der Bau dauerte fünfzehn Jahre. Der Tempel, aus glänzendem pentelischem Marmor errichtet, hatte gewaltige Dimensionen, die in späterer Zeit nie mehr erreicht worden sind. Mit seinen dorischen Säulen und mit dem Gold-Elfenbein-Standbild der Jungfrau Athene von der Hand des Pheidias wurde der Tempel das Wahrzeichen Athens, der Stadt, die unter Perikles zum Zentrum der griechischen Welt emporgestiegen war. Als Eingang zur Akropolis wurde ein monumentales Festtor errichtet, die Propyläen. Dieser Bau mußte zu Beginn des Peloponnesischen Krieges in Eile und nicht ganz dem ursprünglichen Plan entsprechend abgeschlossen werden. Zur gleichen Zeit erstand am Fuß der Akropolis das sog. Theseion, in dem man wohl einen Tempel des Hephaistos sehen muß. Während der Parthenon in stark zerstörtem Zustand auf unsere Zeit gekommen ist (er wurde 1687 durch die Bombe eines deutschen Abenteurers in venezianischen Diensten getroffen; die Türken hatten den Tempel als Pulvermagazin benutzt), ist das Theseion das einzige von allen Heiligtümern in Athen, das im wesentlichen unversehrt geblieben ist. Mit dem Odeion, am östlichen Burgabhang gelegen, und mit manchen anderen, heute nicht mehr vorhandenen Bauwerken erhielt Athen ein völlig neues Aussehen. Die Stadt wurde in aller Welt bewundert und von vielen Fremden besucht. Auch im übrigen Attika ruhte die Arbeit nicht. In dem durch seine Mysterien berühmten Eleusis baute Iktinos einen neuen Tempel, und am Kap Sunion erstand der Tempel des Poseidon. Weit auf das Meer hinausblickend, galt er den zurückkehrenden Schiffen als Wahrzeichen der Heimat.
Der größte unter den Bildhauern ist zweifellos Pheidias, er hat nicht nur in Athen gearbeitet, sondern auch in Olympia. Hier war in den Jahren zwischen 470 und 455 der große Zeus-Tempel im Entstehen. Das Standbild des Zeus schuf Pheidias, wahrscheinlich erst in dem Jahrzehnt nach 430. Auf die Menschen jener Tage machte es einen tiefen Eindruck. Noch Dion Chrysostomos (um 100 n. Chr.) sagt von ihm: »Wenn man in den Tempel von Olympia eintrat, so glaubte man den Gottvater selbst zu sehen, wie Homer ihn geschildert hat: ruhig, mild, in erhabener Größe, der Betrachter fühlte sich in eine höhere

Sphäre entrückt und mochte über den Anblick alle Sorgen und Mühen des Lebens vergessen.« Von dieser großartigen Statue gewähren uns noch heute Münzen aus Elis einen wenn auch nur unvollkommenen Eindruck.

Auch für die Malerei begann im 5. Jahrhundert ein neues Zeitalter. Vorher war sie besonders in Ionien gepflegt worden. So hat Mandrokles aus Samos, der die Brücke über den Bosporos für König Dareios erbaute, sein Werk nebst dem Übergang des persischen Heeres im Bild verewigt und das Gemälde dem Hera-Tempel seiner Heimatstadt geweiht. Der große Meister des 5. Jahrhunderts aber ist Polygnot von Thasos; er hat nicht nur in Athen, sondern auch in Böotien und in Delphi gearbeitet. Man behauptete von ihm, daß er als erster das menschliche Antlitz von seiner alten Starrheit befreit habe (Plinius n. h. XXXV 58); damit ist doch wohl gemeint, daß er über den archaischen Stil hinausgekommen ist. Polygnot hat es außerdem gewagt, riesige Wandgemälde, angeblich von etwa 100 qm Fläche, zu entwerfen. So hat er die Bunte Halle in Athen mit Gemälden ausgeschmückt; es waren Szenen aus der Schlacht bei Marathon. In Delphi malte er den Untergang Ilions und die Hadesfahrt des Odysseus. Zum Dank für seine Leistungen haben ihm die Athener das Bürgerrecht verliehen, in jenen Zeiten eine sehr seltene Auszeichnung. Polygnot soll auch der erste gewesen sein, der eine Art von Perspektive in der Zeichnung angewandt hat.

Die bildende Kunst fand in Griechenland ein reiches Betätigungsfeld. Zahlreiche Tempel füllten sich mit Figuren, die oftmals in mythologischen Szenen angeordnet waren. So findet sich in Athen, im Ostgiebel des Parthenon, die Darstellung von Athenas Geburt, im Westgiebel der berühmte Wettstreit zwischen Poseidon und Athene, die Metopen an der Nord- und Südfront zeigen dagegen die Griechen im Kampf mit den Trojanern, dazu Bilder von dem Streit zwischen den Menschen und Kentauren. Um die Cella, das Heiligste des Tempels, läuft ein Fries, auf dem der Zug der Athener an den Großen Panathenäen abgebildet ist, mit mehreren 100 Figuren und mehr als 200 Pferden, auch dies ein Meisterwerk des Pheidias.

Unter den Erzgießern ragt Polyklet aus Argos hoch hervor. Die von ihm gegossenen Statuen zeichnen sich durch eine vorher nie erreichte Schönheit in den Proportionen des menschlichen Körpers aus, die sogar noch in den späten Repliken seiner Werke (die Originale sind ausnahmslos verloren) deutlich zu erkennen ist. Ein berühmtes Beispiel ist der Speerträger *(doryphóros)*. Ein anderes viel gepriesenes Standbild ist die Nike des Paionios (aus Mende auf der Halbinsel Chalkidike); es stellt die auf die Erde herabschwebende Siegesgöttin dar. Das Kunstwerk ist ein Weihgeschenk der Messenier von Naupaktos für Olympia. Es ist übrigens der erste Versuch in der antiken Kunst, die Bewegung des Fliegens in einem Standbild zu erfassen. Ebenso großen Beifall fand der Diskuswerfer des Myron (aus Eleutherai in Attika). Hier ist es dem Künstler in geradezu vollendeter Weise gelungen, nicht nur die Idee des sportlichen Wettkampfes, sondern auch den Bruchteil des Augenblickes festzuhalten, in welchem der Jüngling sich vor dem Abwurf der Scheibe in Ruhe befindet. Es konnte nicht ausbleiben, daß die große Kunst der Erzgießer und Bildhauer auf die Vasenmalerei zurückstrahlte, die übrigens um die Mitte des 5. Jahrhunderts ihren Höhepunkt bereits überschritten hatte; aber dennoch sind damals noch so manche prachtvollen Werke geschaffen worden. Die berühmte Trinkschale des Brygos (jetzt im Martin-von-Wagner-Museum in Würzburg) stammt dagegen schon aus dem Jahrzehnt zwischen 490 und 480. Der Stift des Malers hat hier eine höchst realistische Darstellung in der anmutigsten Weise geadelt. Die Vasen zeigen im übrigen vielfach Abbildungen aus der Welt der griechischen Heldensage, allmählich dringen aber auch Motive aus dem Drama ein; sie beweisen, wie sehr man sich in Attika mit der Tragödie und den in ihr dargestellten Mythen beschäftigt hat. Etwas ganz Neues ist die Herstellung von sog. Lekythen, schlanken Salbgefäßen mit langem Hals, aus weißem Ton gebrannt; sie wurden den Toten mit ins Grab gegeben und haben sich in großen Mengen gefunden, allerdings fast nur in Attika. In der Rede auf die Gefallenen läßt Thukydides den Perikles sagen: »Für die Erholung des Geistes von der Arbeit haben wir zahlreiche Vorkehrungen getroffen, teils die Festspiele und Opfer, die wir das ganze Jahr hindurch feiern, teils geschmackvolle private Einrichtungen, an denen wir uns Tag für Tag freuen und so den Trübsinn verscheuchen können.« In der Tat hat man im alten Griechenland immer gern Feste gefeiert, sie waren den Göttern gewidmet und bildeten einen untrennbaren Teil des politischen Lebens: Politik und Kultus gehören zusammen. Viele von diesen Festen brachten gymnastische Wettkämpfe, andere dagegen Agone im Gesang und in der Musik, wieder andere solche auf dem Gebiet des Dramas und der Komödie. In Athen begann das Jahr im Hochsommer mit dem Monat Hekatombaion, an dessen Ende die Panathenäen gefeiert wurden, das große nationale Fest von Athen. Die Panathenäen wurden alljährlich begangen, ganz besonders festlich aber alle vier Jahre. Höhepunkt der Feier war die Prozession, die vom Kerameikos, dem Töpfermarkt, durch Athen zur Akropolis zog. Dabei wurde der Göttin Athene ein neues Gewand dargebracht, mit der ihre Statue im Tempel bekleidet wurde.

In den März fielen die sog. Großen Dionysien. An diesem Fest wurden zu Ehren des Gottes Tragödien und Komödien aufgeführt, Dionysos ist nämlich der Gott des Dithyrambos und des Theaters. An den Aufführungen nahmen zahlreiche Gäste aus der ganzen griechischen Welt teil, insbesondere viele Abordnungen der Bundesgenossen, die bei dieser Gelegenheit in Athen ihre Tribute ablieferten. Aufführungen fanden übrigens auch an den Lenäen statt, diese fielen in den Monat Gamelion (etwa Januar). Bei den Aufführungen an den Lenäen war das attische Volk unter sich.

Fast jede griechische Stadt verfügte über ein Theater, in Athen ist es am Südhang der Akropolis zu finden. Auch in einigen attischen Demen hatte man Theater gebaut. (Das Dionysos-Theater in Athen stammt in seinem heutigen Zustand erst aus der römischen Kaiserzeit.) Die hervorragende Akustik der griechischen Theater kann heute noch jeder in Epidauros bewundern.

Es gibt wohl keine großartigeren Zeugnisse für das geistige Leben in Athen im 5. Jahrhundert als die attische Tragödie und Komödie. Man bedenke, welch unvorstellbare Verschwendung auf dem Gebiet des geistigen Lebens in Athen getrieben wurde! Jahr um Jahr verfaßten hier allein für die Großen Dionysien je drei Dichter je eine Trilogie (drei Dramen) und dazu noch je ein Satyrspiel, außerdem wurden an diesem Fest fünf Komödien (während des Peloponnesischen Krieges nur drei) gespielt. Dazu kommen noch die Aufführungen an den Lenäen! Von diesem geistigen Reichtum sind jedoch nur Bruchstücke auf uns gekommen, von den Dramen des ältesten Dichters der klassischen attischen Trias, des Aischylos, nur sieben von seinen insgesamt 90 Tragödien. Die Aufführung der Schauspiele war ein regelrechter Wettkampf *(agón),* und zehn vom Volk ausgewählte Preisrichter hatten zu entscheiden, welchem Dichter, welchem Choregen und welchem Protagonisten der Preis zuerkannt werden sollte. Dem Volk von Athen muß man das Zeugnis ausstellen, daß es ein ungemein theaterfreudiges Publikum gewesen ist. Drei volle Tage, in der Regel sieben bis acht Stunden, harrte die nach Tausenden zählende Menge im Theater aus, um die Aufführung der Dramen an sich vorüberziehen zu lassen, jeden Tag eine Trilogie und ein Satyrspiel; an den Großen Dionysien wurden, wenn man noch die fünf Komödien hinzurechnet, für deren Aufführung ein eigener Tag vorbehalten war, nicht weniger als siebzehn verschiedene Stücke aufgeführt, darunter wohl auch manche, deren Verlust man heute verschmerzen kann. Der Aufführung gingen eingehende Vorbereitungen voraus, insbesondere die Einstudierung der Chöre und der sog. Vorwettkampf (proágon), eine Art von Generalprobe, die nicht im Dionysos-Theater, sondern im Odeion vor den Augen attischer Behörden vonstatten ging. Wenn man dazu noch weiß, daß selbst Kriege, auch der große Krieg mit den Peloponnesiern, keine nennenswerte Unterbrechung der Aufführungen mit sich gebracht haben, daß der athenische Staat im Gegenteil auch in jenen schweren Jahren immer noch Tragödien und Komödien aufführen ließ, darunter auch Stücke, die keineswegs mit der offiziellen Politik übereinstimmten, dann steht man mit hoher Bewunderung vor dem athenischen Demos, der hier für die glänzendsten Geister aus seiner Mitte einen Kampfplatz geschaffen hatte, wie er in dieser Form in der Weltgeschichte einzigartig ist.

Die große Dreiheit der attischen Tragiker, Aischylos, Sophokles und Euripides, hat ungefähr 70 Jahre, also zwei volle Generationen hindurch, die Bühne in Athen beherrscht: im Jahr 472 wurden die ›Perser‹ des Aischylos aufgeführt, zu einer Zeit, in der die meisten Mitkämpfer der Schlacht bei Salamis noch am Leben waren. Auch Themistokles war bei der Aufführung sicherlich zugegen. Der Höhepunkt der Tragödie fällt in die Pentekontaetie; hier war es zunächst vor allem Aischylos, der bis zu seinem Tod im Jahre 456 eindeutig dominierte. Mit seinem Namen verbindet sich eine wesentliche Umformung der Schauspieltechnik: er hat dem ersten Schauspieler, dem Protagonisten, noch einen zweiten zur Seite gestellt, wodurch das Spiel der Tragödie an Lebendigkeit nicht wenig gewonnen hat. Mit Erstaunen vernimmt man, daß die Grabinschrift des Aischylos mit keinem Wort von seinen großartigen Werken spricht, sie erwähnt nur seine Teilnahme an der Schlacht bei Marathon – dies ein besonders schönes Beispiel griechischer Staatsgesinnung. Aischylos hat dem großen Staatsmann Athens, Themistokles, in den ›Persern‹ ein Denkmal, dauernder als Erz, gesetzt. Obwohl sein Name in der Tragödie nicht vorkommt, so ist Themistokles doch in diesem Drama unsichtbar der große Gegenspieler des Perserkönigs Xerxes. In dem dritten Stück der Orestie, einer Trilogie, den ›Eumeniden‹, finden sich nicht nur Anspielungen auf die Entmachtung des Areopags (das Stück wurde im Jahre 458, also nur drei Jahre nach den Reformen des Ephialtes, aufgeführt), sondern auch auf die Stadt Sigeion am Hellespont. Sie hatte unter Peisistratos zu Athen gehört, um die Mitte des 5. Jahrhunderts scheint sie sich dem Seebund angeschlossen zu haben.

Etwa 20 Jahre jünger als Aischylos war sein Rivale Sophokles (496–406) aus dem Demos Kolonai. Er hat zum erstenmal im Jahr 468, also noch verhältnismäßig jung, an den Großen Dionysien den Sieg über den Älteren davongetragen. Schiedsrich-

ter war Kimon. Fast 60 Jahre lang hat Sophokles die Bühne in Athen für seine Stücke in Anspruch genommen, die Chronik verzeichnet 80 Siege bei den Dionysien, dazu noch sechs weitere an den Lenäen. Während die Gestalten des Aischylos vielfach in das Übermenschliche erhoben sind, hat Sophokles in seinen Werken die Menschen so dargestellt, wie sie zu seiner Zeit wirklich waren, wenn ihnen auch die Individualität noch fehlt. Und dennoch vermögen seine Gestalten das Menschenherz tief zu bewegen. So ist der Gegensatz zwischen menschlichem und göttlichem Recht in den Figuren des Kreon und der Antigone im Altertum niemals eindrucksvoller geschildert worden als von Sophokles, der die Natur der Menschen kannte wie kaum ein anderer. Das Chorlied ›Vieles Gewaltige lebt, nichts ist gewaltiger als der Mensch‹ steht unsichtbar als Motto über seinen Dichtungen. Unter Sophokles wurde übrigens den beiden Schauspielern noch ein dritter hinzugefügt.
Der jüngste ist Euripides (geb. um 480, gest. 407/06). In seinem Verhältnis zu Sophokles wird das Generationsproblem deutlich. Während der Ältere noch ganz unter dem Eindruck der Perserkriege steht, die er mit Bewußtsein miterlebt hat, ist Euripides ohne die neue Lehre, die Sophistik, nicht denkbar. Auch darin, daß er sich zeit seines Lebens von der Politik ferngehalten hat, verkörpert er einen neuen Typus. Zwar fehlen auch in seinen Dramen politische Anspielungen nicht ganz, aber sie sind für die Gesamtauffassung ohne tiefere Bedeutung. Wenn die Überlieferung recht hat, so hat er nicht weniger als 22 Tetralogien verfaßt, d. h. 22 dramatische Trilogien und dazu ebenso viele Satyrspiele. Im Jahr 455 trat er zum erstenmal an die Öffentlichkeit. Sie hat ihn nicht gerade verwöhnt, denn nur vier Siege sind ihm in seinem langen Leben zuteil geworden. Das überragende Können des Euripides zeigt sich in der ›Alkestis‹, 438 aufgeführt, übrigens das älteste Drama, das uns aus der Feder des Euripides erhalten ist. Hier ist eine rein menschliches Problem mit größter Feinheit zum Gegenstand der Bühne gemacht worden. Alkestis, die Gattin des Königs Admetos, die sich, als alle Freunde versagen, erbietet, für den geliebten Mann den Weg in die Unterwelt anzutreten, ist ein Mensch von Fleisch und Blut. Das Opfer der Alkestis erweist sich nicht als vergeblich: Herakles ist es, der dem Tod (Thánatos) die Beute wieder abjagt und die Frau dem König zurückgibt. Dieses meisterhafte Drama zeigt uns den ganzen Euripides, und wir wundern uns nicht, wenn seinen Tragödien eine weltweite Wirkung beschieden gewesen ist. Es gibt so manche Rätsel im Leben und im Schaffen des Dichters, und das größte von ihnen ist zweifellos das Drama ›Die Bakchen‹, das Euripides im hohen Alter als letztes in Makedonien geschrieben hat, ein

Abb. 11: Herme des Euripides

Drama, in dem sich die Hinwendung des Verfassers zum Mystizismus widerspiegelt. Schon im frühen 4. Jahrhundert gilt die Tragödie des Euripides als klassisch, und es ist keine besondere Überraschung, daß eine so überaus große Zahl von Papyri mit Werken des Euripides, die in Ägypten gefunden wurden, auf unsere Zeit gekommen ist. Mit Recht hat Goethe über Euripides gesagt (Tagebücher, 22. November 1831): »Mich wundert es denn doch, daß die Aristokratie der Philologen seine (des Euripides) Vorzüge nicht begreift, indem sie ihn mit herkömmlicher Vornehmheit seinen Vorgängern subordiniert, berechtigt durch den Hanswurst Aristophanes. Hat doch Euripides zu seiner Zeit ungeheure Wirkung getan, woraus hervorgeht, daß er ein eminenter Zeitgenosse war, worauf doch alles ankommt. Und haben denn alle Nationen seit ihm einen Dramatiker gehabt, der nur wert wäre, ihm die Pantoffeln zu reichen?« Euripides' Wirkung auf seine Zeit erkennen wir im Spiegel der Komödie, vor allem des Aristophanes, der auch über sie die Lauge seines scharfen Spottes ausgegossen hat. Dieser Mann, Aristophanes aus Kydathen, lebte von etwa 445 bis nach 388. Die Höhe seines Schaffens fällt in den späteren Teil des Peloponnesischen Krieges. Aristophanes ist der bedeutendste Repräsentant der Alten Komödie, die vorher vor allem in Kratinos einen großen Namen besessen hat. Die attische Komödie ist ein Teil des öffentlichen Lebens, in ihren Versen spiegeln sich Hoffnungen, Befürchtungen, Spott und Übermut der großen Menge wider. Als Aristophanes im Jahr 427 sein erstes Stück auf die attische Bühne brachte (es sind die Daitalés, die ›Schmausenden‹), da stand er noch im Bann einer Tradition, in der sich bäuerliches Brauchtum, übermütige Festbräuche und dramatische Technik miteinander verbanden. Aufgabe der Komödie ist es gewesen, zu unterhalten und durch ihren Witz die Zuschauer zum Lachen zu bringen. Kratinos und Aristophanes ist dies immer wieder gelungen, und viele ihrer Gestalten sind in der Literatur lebendig geblieben. Die Komödiendichter rieben sich mit Vorliebe an den leitenden Politikern, an Perikles und später an Kleon, in ihnen sahen sie die Zielscheiben ihres Witzes, und wenn so manche Angriffe auch sehr derb erscheinen, so lassen die Verse doch niemals eine gewisse Grazie vermissen. Die große Zahl der in den Komödien erscheinenden Figuren der attischen Bauern, Bürger, Metöken und Sklaven gibt ein farbiges Bild der gesamten attischen Bevölkerung, dazu ein Gemälde ihrer Arbeit und ihrer Interessen, und zwar in einer Buntheit, wie sie in dieser Weise kaum irgendwo anders zu finden ist. Allerdings sind die Gestalten oft bloße Karikaturen, und wer erinnert sich nicht des unmöglichen Bildes, das von Sokrates, dem Wahrheitssucher, in den ›Wolken‹ des

Aristophanes entworfen wird: »Ich wandle durch die Lüfte und durchforsche mit meinem Geist den Himmel!« Persönliches und Politisches ist in der älteren attischen Komödie nicht zu trennen: die ›Poleis‹ und die ›Demen‹ des Eupolis zeigen schon in ihrem Titel ein politisches Programm: es sind die Gemeinden des Delisch-Attischen Seebundes einerseits und die Landgemeinden Attikas anderseits, das zuletzt genannte Stück, aufgeführt im Jahr 412, als sich für Athen nach dem Untergang der sizilischen Expedition bereits der Weg in die Katastrophe abzeichnete. Jahre vorher hatte Aristophanes in seinen ›Babyloniern‹ (426) einen scharfen Angriff gegen Kleon gerichtet, in den ›Wespen‹ (422) geißelt er die maßlose Richterleidenschaft der Athener, und in dem ›Frieden‹, aufgeführt an den Dionysien des Jahres 421, wirft der Friede des Nikias seine Schatten voraus. Sehr berühmt ist die Komödie mit dem Titel ›Lysistrata‹ (411), in der die Frauen hüben und drüben der Landesgrenzen durch den bekannten drastischen Streik der erbitterten kriegerischen Auseinandersetzung zwischen Athen und Sparta wenigstens auf der Bühne ein Ende setzen. Jakob Burckhardt hat gemeint, daß dieses Stück so unzweckmäßig wie nur möglich sein mußte. Damals, im Jahre 411, standen nämlich die Feinde, die Spartaner, mitten im attischen Land, in Dekeleia, sie waren mit Persien verbündet und hatten nicht die geringste Ursache, so friedenssehnsüchtig zu sein, wie es die in der Komödie auftretenden spartanischen Gesandten sind. Was uns heute an der ›Lysistrata‹ politisch beeindruckt, ist die Tatsache, daß es dem Dichter erlaubt ist, einer Stimmung Ausdruck zu verleihen, die zweifellos im gesamten athenischen Volk vorhanden war. Ob es dagegen politisch klug war, in jenen Tagen ein derartiges Friedensstück über die Bühne gehen zu lassen, das ist eine andere Frage.

In der Zeit des Perikles begann sich in der griechischen Welt eine geistige Bewegung zu entfalten, die unter dem Namen der Sophistik in die abendländische Geistesgeschichte eingegangen ist. Die Sophisten waren Männer, die sich anerboten, Weisheit zu lehren. Von ihren Hörern nahmen sie Honorare, die es ihnen gestatteten, frei und unabhängig zu leben. Man kann sich heute schwerlich vorstellen, wie tief und weitreichend der Eindruck dieser Männer und ihrer Lehre gewesen ist. Das öffentliche und private Leben der Griechen wurde durch die Sophistik grundlegend umgestaltet. Den Widerschein der Lehren der Sophisten sehen wir in fast allen literarischen Werken aus der zweiten Hälfte des 5. Jahrhunderts; im 4. Jahrhundert ist es vor allem Platon gewesen, der, als ihr erbitterter Feind, sich mit dem Problem der Sophistik auseinandergesetzt hat, indem er diesen Männern die Idealgestalt des Sokrates gegenüberstellte. Im allgemeinen wird die Sophistik mit dem Begriff der Aufklärung gleichgesetzt. Dabei muß man sich jedoch bewußt bleiben, daß sich diese Begriffe keineswegs dekken, allenfalls wird man die weltweiten Wirkungen der Sophistik und der Aufklärung zueinander in Parallele stellen können. Im übrigen sind die modernen Aufklärer des 18. Jahrhunderts keine Redelehrer gewesen. Unter den berühmtesten Sophisten befindet sich eigenartigerweise kein einziger geborener Athener; sie stammen alle von außerhalb, sie haben sich jedoch fast ohne Ausnahme längere oder kürzere Zeit in Athen aufgehalten und von hier aus ihre Lehren verbreitet. So ist Protagoras von Abdera an der thrakischen Küste (etwa 485–410) in der ganzen griechischen Welt zu Hause. In Athen hat er Zugang zu Perikles gefunden, der ihm die Gesetzgebung für die panhellenische Kolonie Thurioi übertragen hat. Protagoras hatte aber auch Feinde in Athen, so ist er von einer Klage wegen Gottlosigkeit (Asebie) bedroht worden, während man seine Bücher in Athen öffentlich verbrannte. Andere große Sophisten sind Prodikos von Keos, Hippias von Elis und Gorgias von Leontinoi. Worin besteht nun das Wesen dieser Männer und der von ihnen verbreiteten Lehre? Die Sophisten erbieten sich, Fähigkeiten und allgemeine Bildung zu vermitteln. In dieser Bildung hat die Rhetorik eine zentrale Stellung inne. Ihre Kenntnis soll die Schüler zur Tätigkeit im öffentlichen Leben befähigen, und zwar in der Weise, daß sie die anderen übertreffen können. Die Redelehre soll also dazu dienen, eine geistige Elite zu bilden. Es ist keine Frage, daß die Sophisten mit ihren Bestrebungen weithin Erfolg gehabt haben; insbesondere zur Verbreitung der formalen Bildung in der griechischen Welt haben sie wesentlich beigetragen. Sie sind die Väter der Universalbildung und zugleich auch die Vorläufer der Professoren vom Altertum bis in unsere Tage. Wie damals die Sophisten ihre Unterweisungen ankündigen, so tun es heute die Professoren in den Vorlesungsverzeichnissen und am Schwarzen Brett der Universität. Von den Werken der Sophisten ist außer einigen Fragmenten und ein paar Reden so gut wie nichts erhalten geblieben. In wie hohem Maß sie die Kunstprosa beherrschten, das zeigt heute noch die Prunkrede des Gorgias mit dem Titel ›Helena‹.

Der Eindruck der Sophisten und ihrer neuen Lehre war unvorstellbar. Vorher hatten die griechischen Jünglinge ihr Ideal in den agonistischen Wettkämpfen gesehen, ihr höchstes Ziel war es gewesen, einen Sieg in den großen panhellenischen Spielen zu erringen. Der heranwachsende junge Mann, der Ephebe, hatte früher den größten Teil seiner Zeit auf dem Sportplatz, im Gymnasion, zugebracht. Seitdem es die Sophisten gab, saß die Jugend diesen Männern zu Füßen, und es war unvermeidlich, daß die geistigen Probleme den jungen Männern jetzt als die entscheidenden erscheinen mußten. Gewiß war auch schon früher der Typus des rohen, ungebildeten Athleten Gegenstand des Spottes gewesen; bei Euripides findet sich ein Fragment des Xenophanes von Kolophon, in welchem der ionische Denker mit den Athleten nicht gerade sehr freundlich umspringt: »Nur geringen Genuß hat die Polis davon, wenn einer an Pisas Ufern (d. h. in Olympia) den Sieg gewönne; denn das macht die Kammern der Polis nicht fett.« Diese Worte waren natürlich den Sophisten aus der Seele gesprochen, die sich über das agonistische Treiben der Griechen hoch erhaben dünkten. Die Sophisten wandten sich mit ihrer Lehre an die Menschen, sie waren davon überzeugt, mit ihren Unterweisungen zur Erziehung Entscheidendes beitragen zu können. Damit tritt das Erziehungsproblem auf, das von nun an aus der griechischen Geschichte nicht mehr verschwunden ist.

Von Protagoras stammt der berühmte *homo-mensura*-Satz: »Der Mensch ist das Maß aller Dinge, der seienden, daß sie sind, der nichtseienden, daß sie nicht sind.« Wie man diesen berühmten Satz auch interpretieren mag – es war völlig neu, wenn hier die Dinge vom Menschen her gesehen und gemessen wurden. Die Bilder der Götter, die mit dem Leben des Staates, der Familie und des einzelnen verbunden waren, begannen ihren Glanz zu verlieren. So erklärte Protagoras: »Über die Götter weiß ich nichts zu sagen, weder daß sie sind, noch daß sie nicht sind, noch welcher Art; denn vieles hindert unsere Erkenntnis, die Dunkelheit des Gegenstandes und die Kürze des menschlichen Lebens.« Sicherlich ist es von diesem Satz noch ein weiter Weg bis zur Leugnung der Existenz der Götter, aber auch der Agnostizismus war nicht minder gefährlich, und daß man sich mit der Frage nach der Existenz der Götter immer wieder beschäftigt hat, dafür zeugt ihre Behandlung auf der Bühne durch Euripides. So überrascht es nicht, zu sehen, daß gegen Ende des 5. Jahrhunderts in der Person des Diagoras von Melos sogar ein Gottesleugner aufgetreten ist; er führt in der Überlieferung den Beinamen des ›Gottlosen‹ (átheos). Mit seiner Ansicht stand er nicht allein, so hat Kritias, Platons Oheim, die Religion als eine Erfindung kluger Männer erklärt zu dem Zweck, die großen Massen im Zaum zu halten und die Menschen zu einem sittlichen Verhalten zu zwingen.

Unter den Sophisten gab es Männer, deren Neigung ausgesprochen wissenschaftlichen Fragen gegolten hat. So hat Hippias von Elis als erster eine Liste der Sieger in den Olympischen Spielen aufgestellt, die für die griechische Zeitrech-

nung von Wert gewesen ist. Aber auch mit sprachlichen Problemen wie z. B. mit der Synonymik (Prodikos), mit den Völkernamen (Hippias) und selbstverständlich auch mit philosophischen Grundfragen haben sich die Sophisten beschäftigt. Sind sie deswegen die Begründer der modernen Wissenschaften? Man hat auch dies früher gelegentlich behauptet, jedoch ohne zwingenden Grund. Sicher ist, daß die Sophisten Wissen vermittelt haben, formales und materielles Wissen, und daß sie die Grundlagen zu einer universalen Bildung gelegt haben. Von besonderer Wichtigkeit für die Staatslehre war es, daß die Sophisten dem gegebenen Recht (*nómos*) ein Naturrecht gegenübergestellt haben. In der Natur gilt aber, wie bekannt, das Recht des Stärkeren, und so ist es kein Wunder, wenn es schon damals nicht an Männern fehlte, die das Recht des Stärkeren gepredigt haben. Aber erst die späteren Jahrzehnte haben hier grobe Auswüchse gesehen (Alkibiades; die Expedition der Athener gegen Melos, 416). Hippias von Elis hat vielmehr darauf hingewiesen, daß alle Menschen von Natur Brüder seien, und schon Protagoras sprach davon, daß man auf die Rechte der anderen Rücksicht nehmen müsse, da wir nicht im Urzustand leben wie die wilden Tiere, sondern in der menschlichen Gesellschaft.
Bei der ungeheuren Wirkung der Sophistik ist nicht zu übersehen, daß es eine staatliche Erziehung in Athen ebenso wie in den meisten griechischen Gemeinden nicht gegeben hat. Wer seine Kinder etwas lernen lassen wollte, der schickte sie in die Schule zum Elementarlehrer. Im Gegensatz zu der Erziehung der Spartaner geschah dies alles in Athen ganz ohne jeden staatlichen Zwang, die Vorbilder der Sieben Weisen mit ihren einprägsamen Sinnsprüchen waren jedem Griechen von Jugend an vertraut. Zu diesen Jugendeindrücken, die unverlierbar sind, kamen für den Athener, sobald er erwachsen war, die Aufführungen im Theater: sie waren von einer geradezu enormen Breitenwirkung. Die Dramen wurden vor einer Kulisse von 20 000–30 000 Zuschauern gespielt, einer Zahl, die in moderner Zeit kaum jemals wieder erreicht worden ist.
Man wird die Wirkung der Aufführungen schwerlich unterschätzen. Wenn beispielsweise Aristophanes in seinen ›Wolken‹ des langen und breiten darüber diskutieren läßt, wie man die schwächere Sache mit Hilfe von Kunstgriffen der Rhetorik zur stärkeren machen kann, so behandelte er ein ausgesprochen sophistisches Problem, das jedem Athener geläufig war. Hier im Theater wurde es ihm in witziger Form auf der Bühne vorgeführt. Es war freilich ein arger Mißgriff, wenn der Dichter ausgerechnet Sokrates als typischen Sophisten auf die Bühne brachte. Ist doch Sokrates alles andere als ein Sophist gewe-

sen, wenn er sich auch in formalen Dingen der Methode der Sophisten bediente.
Mit Bestürzung vernimmt man, daß Platon, einer der erhabensten Geister in Griechenland, an eine ethische Wirkung der Aufführungen im Theater nicht zu glauben vermochte. Er hat im Gegenteil die Tragödie geradezu als unsittlich verurteilt. Übrigens hat sich das Publikum im Theater nicht immer gerade vorbildlich aufgeführt, gelegentlich wurde gebrüllt und getobt und zum Zeichen des Mißfallens mit allen möglichen Gegenständen nach der Bühne geworfen.
Noch auf einem anderen Gebiet hat das 5. Jahrhundert eine große und unvergängliche Leistung hervorgebracht: in diesem Jahrhundert sind durch Hippokrates von Kos (geb. um 460) und seine Schule die Grundlagen zur Ausbildung einer medizinischen Wissenschaft gelegt worden. Dies war eine Tat von allergrößter Fernwirkung, steht doch die Medizin mit Notwendigkeit nicht nur mit zahlreichen anderen Wissenschaftszweigen, sondern auch mit dem Leben der Menschen ganz allgemein in Verbindung. Von Hippokrates selbst wußte man allerdings schon im Altertum nicht mehr viel, er stammte aus dem vornehmen Geschlecht der Asklepiaden in Kos. Hier soll er am 27. Tage des Monats Agrianios unter dem Eponymen Habriadas geboren sein. Da aber der koische Kalender nicht bekannt ist, so lassen sich weder der Monat noch das Jahr mit Sicherheit angeben. Wir besitzen aus dem Altertum das große Bündel der hippokratischen Schriften, es sind nicht weniger als 52 an der Zahl, in 72 Büchern, interessanterweise in ionischem Dialekt geschrieben, obwohl die Insel Kos zum dorischen Bereich gehört. Schon das Altertum seit Aristoteles hat in diesen hippokratischen Schriften so manches Unechte zu entdecken geglaubt, für den griechischen Arzt Galen (2. Jahrhundert n. Chr.) waren nur noch 14 oder höchstens 15 Schriften echt. Heute sind wir so weit, daß es kaum noch möglich erscheint, mit wirklich durchschlagenden Gründen auch nur die Echtheit einer einzigen hippokratischen Schrift positiv zu erweisen. Die neuere Forschung hat aber mit Recht darauf hingewiesen, daß das Vorhandensein der Ganzheitsauffassung des kranken Menschen ein sehr wichtiges, vielleicht sogar ein entscheidendes Kriterium für die Echtheit der einzelnen Schriften ist. Hierzu kommt dann noch die hippokratische Lehre von den vier Säften, die sog. Humoralpathologie, überhaupt alle Versuche, den Menschen in enger Verbindung mit der Natur zu sehen, wie dies am schönsten und treffendsten in der ›Schrift von der Umwelt‹ ausgesprochen ist. Diese Schrift, mit dem griechischen Titel ›Über die Lüfte, die Gewässer und die Örtlichkeiten‹, gehört sehr wahrscheinlich in die letzten Jahrzehnte des 5. Jahrhun-

derts und stammt sicherlich aus der Mitte der Schule des Hippokrates. Für den Geist des hippokratischen Ärztekreises spricht ein Bekenntnis, das an dieser Stelle wiedergegeben sei; es ist der sog. hippokratische Eid (Übersetzung von W. Capelle):

»Ich schwöre bei Apollon, dem Arzt, und Asklepios und Hygieia und Panakeia und allen Göttern und Göttinnen, die ich zu Zeugen anrufe, daß ich diesen Eid und diese Niederschrift nach bestem Wissen und Können erfüllen werde. Ich werde den, der mich diese Kunst gelehrt hat, gleich meinen Eltern ehren und ihm Anteil an meinem Leben geben, und wenn er in Schulden geraten sollte, ihn unterstützen und seine Söhne meinen Brüdern gleichhalten und sie diese Kunst lehren, falls sie den Wunsch haben sollten, sie zu erlernen, und zwar ohne jede Vergütung und schriftliche Verschreibung, und an Vorschriften, am Vortrag und allen sonstigen Belehrungen werde ich meine Söhne und die meines Lehrers teilnehmen lassen, wie auch die mit mir eingeschriebenen Jünger der Kunst, die durch den ärztlichen Eid gebunden sind, aber niemanden sonst.

Und ich werde die Grundsätze der Lebensweise nach bestem Wissen und Können zum Heil der Kranken anwenden, dagegen nie zu ihrem Verderben und Schaden.

Ich werde auch niemandem eine Arznei geben, die den Tod herbeiführt, auch nicht, wenn ich darum gebeten werde, auch nie einen Rat in dieser Richtung erteilen. Ich werde auch keiner Frau ein Mittel zur Vernichtung keimenden Lebens geben.

Ich werde mein Leben und meine Kunst stets lauter und rein bewahren.

Ich werde auch nicht Steinleidende operieren und Männern, die solche Praktiken ausüben, aus dem Wege gehen. In welche Häuser ich auch gehe, die werde ich nur zum Heil der Kranken betreten, unter Meidung jedes wissentlichen Unrechts und Verderbens und insbesondere jeder geschlechtlichen Handlung gegenüber weiblichen Personen wie auch gegenüber Männern, Freien und Sklaven.

Was ich in meiner Praxis sehe oder höre oder außerhalb dieser im Verkehr mit Menschen erfahre, was niemals anderen Menschen mitgeteilt werden darf, darüber werde ich schweigen, in der Überzeugung, daß man solche Dinge streng geheimhalten muß.

Wenn ich nun diesen Eid treu halte und nicht entweihe, dann möge ich von meinem Leben und meiner Kunst Segen haben, bei allen Menschen zu jeder Zeit hochgeachtet; wenn ich ihn aber verletze und eidbrüchig werde, dann möge mich das Gegenteil hiervon treffen.« –

Zu den größten Denkern des perikleischen Kreises zählen vor allem zwei Männer. Der eine, Hippodamos aus Milet, hat als erster den Versuch gemacht, mit abstrakten Denkkategorien das Wesen der griechischen Polis zu erfassen. Den Schematismus, den er als Stadtbaumeister im Piräus und in Thurioi angewandt hat, hat er auch auf das Gebiet des Staatsdenkens übertragen. Dadurch ist er zum Vater der Utopien, der Idealstaaten, geworden. Sein berühmtester Nachfahr ist Platon mit seinem ›Staat‹ und seinen ›Gesetzen‹ gewesen. Von Platon aber geht die Linie über Augustinus ins Mittelalter und in den Beginn der Neuzeit, zur ›Utopia‹ des englischen Kanzlers Thomas Morus. Hippodamos hat die Bewohner der Polis in drei Klassen eingeteilt, in Krieger, Bauern und Handwerker; in der Polis schied er zwischen heiligem, öffentlichem und privatem Besitz. In seiner Spekulation spielte die Dreizahl eine wichtige Rolle.
Auf dem Gebiet der Naturwissenschaften war es Anaxagoras von Klazomenai (etwa 500–428), ein ungefährer Altersgenosse des Perikles, der zu ganz umwälzenden Erkenntnissen gekommen ist. Anaxagoras soll, wie es heißt, sein großes Vermögen verschenkt haben, um sich ganz der Forschung widmen zu können. Der Ioner ist ein geschworener Anhänger des Glaubens an die Ewigkeit der Materie, er hat als erster Kraft und Stoff, Geist und Materie voneinander geschieden, indem er das Werden und Vergehen durch das Prinzip der Bewegung ersetzte, wobei die Weltseele (nūs) den ersten Anstoß gegeben haben soll. Im übrigen erklärte Anaxagoras die Sonne für eine glühende Metallkugel, größer als die Peloponnesos; der Mond sei eine andere Erde und wie diese von Menschen bewohnt. Diese Lehre war zu neu, sie stand im völligen Widerspruch zu der Überzeugung der Menge, so daß man sich nicht wundert, wenn ihr Urheber wegen Gottlosigkeit verfolgt worden ist.
Die Vielfalt des griechischen Lebens spiegelt sich in der Zeitrechnung der einzelnen griechischen Gemeinden wider. Jede einzelne Polis hatte einen eigenen Kalender, nach dem das staatliche und häusliche Leben geregelt wurde. Auf diesem Gebiet ist in der Zeit des Perikles in Athen ein bedeutender Fortschritt erzielt worden. Es war ein Mann namens Meton, der die Länge des Jahres auf 365 $^{5}/_{19}$ Tage berechnet hat, danach hat er einen neunzehnjährigen Kalenderzyklus entworfen, den er aufzeichnete und auf der Pnyx aufstellen ließ, wahrscheinlich im Jahr 432 v. Chr. Es ist überraschend, daß man sich in Athen im praktischen Leben durchaus nicht diese neue Erkenntnis zunutze gemacht hat. Es scheint die Notwendigkeit gefehlt zu haben, sich einer derartigen genauen Rechnung zu bedienen.

So blieb diese für ihre Zeit höchst beachtenswerte wissenschaftliche Entdeckung (Meton hatte das Jahr nur um eine halbe Stunde zu lang angesetzt) in Griechenland eine wissenschaftliche Tat ohne praktischen Nutzen. Interessant ist übrigens, daß der gleiche neunzehnjährige Zyklus auch in Babylonien, und zwar seit 381 v. Chr., nachweisbar ist. Ob zwischen beiden Beziehungen bestehen, ist bisher nicht entschieden.

Besonders wichtig für die Wissenschaft ist die Möglichkeit, neue Erkenntnis zu erlangen und sie in aller Welt zu verbreiten. Erst wenn diese Voraussetzung erfüllt ist, kann die Wissenschaft gedeihen und zum Wohl des Menschengeschlechts beitragen. Das Zeitalter des Perikles, vor allem aber die Jahre nach dem Kalliasfrieden (449/48), sind eine Epoche gewesen, in der den Griechen die Welt wieder offenstand. Auch das Perserreich, das sich vorher von der Außenwelt abgeschlossen hatte, war nunmehr wieder griechischen Kaufleuten zugänglich. Wie groß die Möglichkeiten waren, die für einen Griechen bestanden, zeigen die Reisen des Herodot, den wir als den Schöpfer des ersten Geschichtswerkes verehren, das diesen Namen wirklich verdient. Herodot, gebürtig aus Halikarnassos, hat nicht nur die kleinasiatische Küste von der Troas bis Lykien eingehend kennengelernt, auch in Griechenland selbst hat er fast alle Plätze aufgesucht, die in den Perserkriegen von irgendwelcher Bedeutung gewesen sind. So war er in Salamis, in Platää, an den Thermopylen, am Kap Artemision, auch das Tempetal in Thessalien hat er besucht. Andere Reisen führten ihn bis nahezu an das Ende der damaligen Welt. So war er wohl in Südrußland, im Land der Skythen, er war in Tyras (Akkerman) und in Olbia am Bug (Dnjepr). Auf diesem großen Fluß ist er 40 Tagesfahrten stromaufwärts gefahren. Besonders berühmt ist sein Aufenthalt in Ägypten, obwohl dieser kaum länger als drei oder höchstens vier Monate gedauert hat. Hier ist er nilaufwärts bis zur Insel Elephantine gekommen. Sogar in Babylonien hat er geweilt, ein Besuch in Susa ist dagegen zweifelhaft. Auch den griechischen Westen hat er gekannt; er nahm an der Gründung von Thurioi teil, und von hier aus hat er sicher sizilischen Boden betreten. Auch für den großen Arzt Hippokrates wird man ähnlich ausgedehnte Reisen annehmen müssen. Hippokrates hatte nicht nur das Skythenland besucht, sondern auch das ganz entlegene Kolchis am Schwarzen Meer, und auch nach Kyrene mag er gefahren sein, wenn anders die Beobachtungen über die Libyer eigener Anschauung entsprungen sind. Reisen zwischen Sizilien und dem griechischen Mutterland waren etwas ganz Gewöhnliches, zwischen der Insel und Hellas gingen nicht nur zahlreiche Gesandtschaften hin und her, viele Dichter und Sophisten, wie der berühmte Gorgias von Leontinoi, haben mehrfach die Adria in beiden Richtungen überquert. Natürlich fuhr man in der Regel nur in der guten Jahreszeit zur See, im Winter pflegte die Schiffahrt im allgemeinen zu ruhen. Die Reisen wurden für Griechen dadurch erleichtert, daß sie sich einer Sprache bedienten, deren verschiedene Dialekte, vor allem aber die wichtigsten unter ihnen, das Ionische und das mit ihm verwandte Attische, zahlreiche Gemeinsamkeiten aufwiesen. Natürlich war es nicht ohne weiteres möglich, einen Lakedämonier zu verstehen, das zeigen etwa die Urkunden in lakonischem Dialekt, die im Geschichtswerk des Thukydides zu finden sind. Der Aufstieg des Ionischen als Sprache der Literatur, der Philosophie und der Medizin, etwas später auch des Attischen, vor allem im Bereich des Seebundes, hat hier vereinheitlichend und letzten Endes segensreich gewirkt. Ist doch das Attische in der besonderen Form der sog. Koiné durch Philipp II. und seinen Sohn Alexander schließlich die Weltsprache der Griechen und Makedonen und der Gebildeten vieler anderer Völker geworden.

Die Möglichkeit, große Entfernungen zu Wasser und zu Land zu überbrücken, ist zweifellos der Ausbildung eines griechischen Gemeinschaftsgefühls sehr zustatten gekommen. Man begann sich gegenüber der andersartigen Welt der Barbaren, den Völkern im Osten und Westen, als etwas Besonderes zu fühlen. Die griechische Nationalidee feierte ihre Triumphe vor allem bei den großen panhellenischen Spielen in Olympia. Hier traf sich alle vier Jahre ganz Griechenland, um bei den sportlichen Wettkämpfen zugegen zu sein. In den Siegerlisten stehen Griechen nicht nur aus dem Mutterlande, sondern, wie eh und je, auch aus zahlreichen Kolonien verzeichnet: aus Kyrene, aus den sizilischen Städten Messana (heute Messina) und Kamarina, aus den unteritalischen Orten Lokroi Epizephyrioi und anderen. In Olympia soll Herodot sein Werk vorgelesen haben, andere Männer des Geistes wie Pindar und Bakchylides haben die Sieger der Olympischen Wettkämpfe in ihren Gedichten hoch gefeiert, und noch Euripides hat für Alkibiades wegen seines Sieges im Wagenrennen im Jahr 416 ein Epinikion (Siegesgedicht) verfaßt, von dem uns einige Zeilen erhalten sind.

Ein Sieg in Olympia galt als die Krönung eines ganzen Lebens. Das wird verständlich, wenn man weiß, welch eine zentrale Rolle die Idee des Agonalen, des Wettkampfes, im Leben der Griechen gespielt hat. Von Jugend auf war es dem Hellenen vertraut, sich im Wettkampf mit den Altersgenossen zu messen. Außerdem war die Erziehung der Jugend zu einem wesentlichen Teil auf die Gymnastik ausgerichtet. Das Gymnasion war in erster Linie Stätte des körperlichen Wettkampfes, der

Unterricht in den Elementen der Wissenschaft stand erst an zweiter Stelle. In den meisten griechischen Gemeinden wird ein Gymnasion vorhanden gewesen sein. Es verdankte seine Entstehung in der Regel privaten Stiftungen. In ihm betrieben die jungen Griechen die körperlichen Übungen, hier trafen sich auch die Älteren, um den Übenden zuzusehen und mit der Jugend zu diskutieren. So hat sich Sokrates in der Regel auf den öffentlichen Plätzen und im Gymnasion aufgehalten, wobei er die Anwesenden in Diskussionen verwickelte. Zu der Agonistik kam vor allem noch die Musik, das Singen und Spielen, endlich der literarische Unterricht, über den noch zu sprechen ist.

Dem Gymnasion ging die Kinderschule voraus, die wohl in der Regel bis zum Eintritt der Pubertät besucht wurde. Eine Schulpflicht gab es nicht. Knabenschulen waren wohl, ebenso wie Gymnasien, in allen griechischen Städten vorhanden. Wenn in den antiken Quellen von ihnen nur ganz ausnahmsweise die Rede ist, so ist dies darauf zurückzuführen, daß ihre Existenz selbstverständlich war. Nur in besonderen Fällen werden sie in den Quellen erwähnt. So soll im Jahr 494 v. Chr. in Chios das Dach einer Schule eingestürzt sein, wobei fast alle Kinder ums Leben kamen. Aus dem Zeitalter der Perserkriege stammt wohl auch die sog. Duris-Vase, die von dem Betrieb in der Schule Kunde gibt. Sie zeigt den Unterricht in der Musik (Flöte und Kithara), dazu im Schreiben und Lesen. Der Lehrer hält eine Papyrusrolle in seiner Hand, auf der ein Homervers geschrieben steht; der Vers wird übrigens nicht ganz korrekt wiedergegeben. Die Kinderschule wurde wohl nur von den Knaben besucht; um die Erziehung der Mädchen hat man sich erst in der Zeit des Hellenismus gekümmert. Das Honorar für die Lehrer hatten die Eltern aufzubringen. Als die Athener ihre Stadt vor dem Ansturm der Perser räumten und ihre Kinder und Frauen nach dem befreundeten Troizen in Sicherheit brachten, da beschlossen die Troizenier, daß die Flüchtlinge auf Kosten ihrer Stadt verpflegt werden sollten und daß man das Geld für die Lehrer in der Schule aufbringen wollte. Auch in Troizen waren also nur private und keine öffentlichen Schulen vorhanden. Im allgemeinen wird der Grieche der gebildeten Schichten die Fähigkeit des Lesens und Schreibens besessen haben. Ausnahmen bestätigen hier, wie immer, die Regel. Daß es auch Analphabeten gab, zeigt eine bekannte Anekdote. Bei dem Ostrakismos geriet ein athenischer Biedermann, ohne es zu wissen, an Aristeides selbst; er bat ihn, den Namen Aristeides auf das Ostrakon zu schreiben. Auf dessen Frage, was er denn gegen ihn habe, soll der treffliche Bürger gesagt haben: »Ach, ich ärgere mich, daß ihn alle den Gerechten nennen.«

Was wurde in der Kinderschule gelesen? In erster Linie Homer und wieder Homer, dieser große Dichter hatte in der Schule eine überragende Stellung inne, die er bis zum Ende der antiken Welt behauptet hat; die zahlreichen Homerpapyri aus dem ägyptischen Wüstensand sind hierfür die besten Zeugen. Neben Homer wurde Hesiod, von den Lyrikern vor allem Solon bevorzugt. Es war also eine vorwiegend didaktische Lektüre, und es besteht kein Zweifel, daß dem griechischen Knaben die Sentenzen in Fleisch und Blut übergegangen sind. Im übrigen begann der Unterricht mit dem Lesen. Das griechische Wort hierfür (*anagignóskein*) heißt ursprünglich »wiedererkennen«. Dabei muß man wissen, daß der Vorgang des Lesens in der Antike keineswegs so einfach war wie in unserer Zeit. Man schrieb nämlich nur in Großbuchstaben und dazu noch ohne Worttrennung. Der Lesende mußte selbst versuchen, die ununterbrochen dahinfließenden Buchstabenreihen in Silben, Worte und ganze Sätze zu gliedern. Außerdem wurde im Altertum grundsätzlich laut gelesen. Nur wenn man dies weiß, lassen sich manche Anspielungen in den antiken Schriftstellern verstehen. Da die Buchdruckerkunst nicht erfunden war, mußten die Bücher mit der Hand geschrieben und durch Abschreiben verbreitet werden. Das war ein mühevolles Geschäft, außerordentlich zeitraubend und sehr teuer. Es wird wenig Leute gegeben haben, die den ganzen Homer auf Papyrus besaßen. Dafür war aber das Gedächtnis nicht nur der Schüler sehr viel besser geübt als in unseren Tagen, in denen selbst in der Schule kaum noch viel auswendig gelernt wird. Im alten Griechenland hat es immer wieder Männer gegeben, die den ganzen Homer auswendig aufsagen konnten.

Die Methode, das Lesen zu lernen, war in Griechenland eine ganz andere als die unsere. Während man sich neuerdings bei uns bemüht, nicht nur vom ganzen Wort, sondern sogar vom ganzen Satz auszugehen, begann man bei den Griechen zunächst mit dem Erlernen der Namen der einzelnen Buchstaben. Von den Buchstaben ging es an die Silben, zunächst an solche mit nur zwei Buchstaben, dann an andere mit drei oder mehr. Alsdann wurden kurze Wörter mit wenigen Buchstaben gebildet, und zwar meistens recht schwierige und seltene. Als Beispiele seien genannt: aix, būs, gryps, drys, auf deutsch: Ziege, Ochs, Greif, Eiche. Schließlich ging man daran, ganze Sätze niederzuschreiben. Vor die Tugend aber hatten die Götter den Schweiß gesetzt: es ist klar, daß mit einer derartigen Methode nur langsame Fortschritte zu erzielen waren, die Jungen brauchten in der Regel Jahre, bis sie einigermaßen lesen und schreiben konnten. Die Ausbildung im Gymnasion, die sich an das Lernen in der Kinderschule anschloß, war mit ihren körperlichen Übun-

gen eine Vorschule für den Kriegsdienst. Die Übungen wurden in der Ringschule (Palästra) abgehalten, die Jungen turnten ganz nackt (*gymnós*, daher der Begriff Gymnasion). Die wichtigsten Gegenstände für die Gymnastik waren das Öl und der Sand. Mit dem Öl salbte man sich den Körper, mit dem Sand wurde die Haut vor den Übungen bestreut. Nach dem Wettkampf wurde der Sand, der sich mit dem Öl und dem vergossenen Schweiß vermischt hatte, mit Hilfe eines Striegels vom Körper wieder heruntergeschabt. Die gymnastischen Übungen vollzogen sich in der Regel zur Musik der Doppelflöte (Oboe).
In Athen pflegte man vor allem die Übungen des Fünfkampfes (*péntathlon*): das Ringen, den Lauf, den Weitsprung, das Diskuswerfen und den Speerwurf. Beim Ringen wurden die Paare, die sich gegenübertraten, durch das Los bestimmt. War die Zahl der Wettkämpfer eine ungerade, so wurde der Übrigbleibende mit einem der Sieger der früheren Kämpfe zusammengestellt. Im Lauf gab es verschiedene Distanzen, die kürzeste ging über ein Stadion (etwa 190 m), es wurden jedoch auch Läufe über die doppelte Distanz (etwa 380 m) oder über die vierfache abgehalten. Außerdem gab es noch den Dauerlauf über eine Entfernung bis zu 24 Stadien. Gelaufen wurde jedoch nicht auf einer Rundbahn, sondern hin und zurück auf einer geraden Strecke, die genau 1 Stadion betrug. Am Ende der Strecke standen Zielsäulen, die der Läufer umrunden mußte, und zwar so oft, wie es die Länge der Strecke erforderte. Man kann sich leicht vorstellen, daß diese Art des Laufens eine besondere Technik, vor allem an der Wendemarke (*térma*), erforderte.
Auch die Technik des Weitsprunges war bei den Griechen eine ganz andere. In jeder Hand hielten sie ein Sprunggewicht in der Form einer Hantel; diese Gewichte waren bis zu 5 kg schwer. Offenbar waren die Griechen des Glaubens, daß diese Sprunggewichte den Schwung zu verstärken und das Balancieren zu erleichtern vermögen, eine Auffassung, die längst als Irrtum erwiesen ist. Wenn in den antiken Quellen von Weitsprüngen bis zu 16 m die Rede ist (Phayllos von Kroton), so ist dies eine gewaltige Übertreibung, die niemand ernst nehmen wird.
Der Abwurf des Diskus vollzog sich aus dem Stand, die Drehung, die dem Wurf erst den rechten Schwung verleiht, war noch nicht erfunden. Beim Speerwurf unterschied man zwischen dem Zielwurf und dem Weitwurf. Am Schwerpunkt des Speeres war eine Lederschlinge angebracht. In diese wurde der Zeigefinger (oder auch der Zeigefinger mit dem Mittelfinger) gesteckt, wahrscheinlich, um auf diese Weise dem Wurf mehr Kraft zu verleihen.
Außerhalb der Sportarten des Fünfkampfes standen das Boxen und der sog. Allkampf (*pankrátion*). Der letztere galt als be-

sonders grausam und roh, und zwar mit vollem Recht. Beim Boxen umwickelte man sich die Fäuste mit Lederriemen, was beim Kampf zu schweren Verletzungen führte. Noch viel roher war das Pankration, bei dem jeder Schlag erlaubt war; es war eine Mischung von Box- und Ringkampf. In Sparta war diese Kampfesart verboten, was entschieden für den guten Geschmack der Spartaner spricht.

Es ist keine Frage, daß die sportlichen Übungen, denen sich die jungen Griechen mit Eifer widmeten, dazu beigetragen haben, einen wahrhaft agonalen Geist in Hellas zu schaffen und zu erhalten. Aber auch schon damals gab es unvermeidliche Auswüchse, und gerade die Sophisten haben gegen die Überbewertung der Leibesübungen ihre Stimmen erhoben, zumeist wohl vergeblich. Durchmustert man die agonistischen Inschriften, so findet man in ihnen eine Fülle kulturhistorischen Materials, das erst zu einem kleinen Teil ausgeschöpft ist. Manche der Athleten haben auch in der Politik eine Rolle gespielt, wie etwa Phayllos aus Kroton, der als einziger aus dem Westen den Griechen des Mutterlandes bei der Abwehr der Perser geholfen hat. Auf der Akropolis von Athen befindet sich die Weihung eines Mannes namens Kallias (der Name ist in Athen häufig). Er war ein Pankratiast und politischer Gegner des Perikles. Dieser Mann hat an allen großen griechischen Festspielen Siege davongetragen, er war, wie man dies in späterer Zeit ausdrückte, ein Periodoníkes. So wurden nämlich diejenigen genannt, die sich rühmen konnten, an allen vier großen griechischen Nationalspielen Siege errungen zu haben. Politisch scheint dieser Kallias mit Thukydides, dem Sohn des Melesias, zusammengegangen zu sein, er mußte um die Mitte des 5. Jahrhunderts auf Grund eines Ostrakismos Athen verlassen. Andere Athleten sind sogar in den Kreis der Heroen aufgenommen worden. Dabei ist jedoch nicht zu übersehen, daß der Abstand zwischen den Göttern und Menschen nach antiker Auffassung wesentlich kleiner war als nach unserer. Es gibt einen berühmten Faustkämpfer aus Lokroi Epizephyrioi mit Namen Euthymos, von dem aus der Zeit um 470 v. Chr. eine Weihung in Olympia erhalten ist[1]. Für diesen Mann wurde in Temesa in Lukanien ein Heroenkultus eingerichtet. Der Grund ist sehr aufschlußreich. Wir lesen bei Erwin Rohde (Psyche, I[9 u. 10], 1925, S. 192/193): »Wie solche Heroenmärchen aussehen mochten, kann statt vieler, die wohl einst umliefen, ein uns zufällig erhaltenes Beispiel lehren. Bei Temesa in Lukanien ging einst ein Heros um und erwürgte, wen er von den Einwohnern ergreifen konnte. Die Bewohner von Temesa, die schon an Auswanderung aus Italien dachten, wandten sich in ihrer Not an das delphische Orakel und erfuhren da, daß das Gespenst der Geist eines einst von Einwohnern des Landes wegen Schändung einer Jungfrau erschlagenen Fremden sei; man solle ihm einen heiligen Bezirk weihen, einen Tempel bauen und zum Opfer ihm alljährlich die schönste der Jungfrauen von Temesa preisgeben. So taten die Bürger von Temesa, der Geist ließ ihnen im übrigen Ruhe, aber alljährlich fiel ihm das gräßliche Opfer. Da kam, in der 77. Olympiade, ein berühmter Faustkämpfer, Euthymos aus Lokri, von Olympia sieggekränzt nach Italien zurück; er hörte zu Temesa von dem eben bevorstehenden Opfer, drang in den Tempel ein, wo die auserlesene Jungfrau auf den Heros wartete; Mitleid und Liebe ergriff ihn. Und als der Heros nun herankam, ließ der schon in so vielen Zweikämpfen Siegreiche sich in einen Kampf mit ihm ein, trieb ihn schließlich ins Meer und befreite die Landschaft von dem Ungetüm. Es ist wie in unserem Märchen von dem Jungen, der auszog, das Gruseln zu lernen; und natürlich, da nun das Land erlöst ist, feiert der Ritter ›Wohlgemut‹ glänzende Hochzeit mit der befreiten Schönen. Er lebte bis in das höchste Alter, da aber stirbt er nicht, sondern wird lebend entrückt und ist nun selbst ein Heros.« —

Ein stehendes Heer hat es im alten Griechenland nicht gegeben. Alle Bürger waren grundsätzlich zum Waffendienst verpflichtet, sie dienten, je nach ihrem Vermögen, in der Reiterei, in der Phalanx der Schwerbewaffneten (Hopliten) oder bei den Leichtbewaffneten. Eine unbedingte Überlegenheit zu Land besaßen die Lakedämonier. In Sparta war das ganze Leben der Bürger von frühester Jugend an auf das Militärische zugeschnitten, so daß für das Privatleben nur noch wenig Raum blieb. Die strenge Manneszucht des spartanischen Heeres, dessen große Masse übrigens durch die Periöken (die ›Umwohnenden‹) gebildet wurde, machte es zu einem in aller Welt gefürchteten Kriegsinstrument, mit dem es kein anderer Staat in Griechenland im offenen Feld aufnehmen konnte. Die Heloten wurden als Bediente, in Notfällen auch als Leichtbewaffnete und Plänkler verwandt. Allerdings hatte auch Sparta seine Sorgen. Das Erdbeben des Jahres 464 hatte gerade unter der Jugend große Verluste verursacht, die nicht so bald zu verschmerzen waren, und der Zwiespalt zwischen den Königen einerseits und den Ephoren anderseits führten immer wieder zu Zusammenstößen. In früherer Zeit hatte die Reiterei eine bedeutende Rolle in Griechenland gespielt. Mit der Bildung der Hoplitenphalanx war dies anders geworden, und zwar schon seit dem 7. Jahrhundert, nur in Thessalien und Böotien gab es noch eine Reiterei, die diesen Namen verdiente, und außerhalb von Griechenland noch in Makedonien.

Für die Erfassung der Bürger zum Wehrdienst existierte in Athen eine Stammrolle, in die alle Dienstpflichtigen eingetragen waren, insgesamt nicht weniger als 42 Jahrgänge, vom 18. bis zum 60. Jahr. Natürlich waren nur die jüngeren Jahrgänge, etwa vom 20. bis zum 50. Jahr, voll verwendungsfähig, die älteren wurden zumeist nur zu Besatzungszwecken eingesetzt. Im Hoplitenheer dienten nur die Angehörigen der drei obersten Steuerklassen, nicht die Theten, die vielmehr erst in den späteren Jahren des Peloponnesischen Krieges hierzu herangezogen worden sind, als die Verluste die Reihen der Bürger zu lichten begannen. Eingeteilt war das athenische Hoplitenheer nach den einzelnen Phylen, es kam gelegentlich vor, daß für besondere militärische Aufgaben nur die Aufgebote einzelner Phylen eingesetzt wurden. So ist Perikles im Jahr 446/45 mit sieben Phylen nach Euböa gezogen, während drei andere gegen Megara dirigiert worden sind. Die Aufgebote der Phylen wurden auch Taxeis genannt, sie hatten an ihrer Spitze einen Taxiarchen. Unterabteilungen waren die Lochen, geführt von Lochagen. Für die Ausrüstung hatte der Bürger selbst zu sorgen. Auch für die ersten drei Tage mußte Proviant von Hause mitgenommen werden. Athen hatte eine Reiterei, insgesamt 1000 Mann, im Feld besaß sie keine große Bedeutung, gegen die Aufgebote der Thessaler und Böoter kam sie nicht auf. Der Gebrauch des Steigbügels war ebenso unbekannt wie der eines regelrechten Sattels. Von einem festen Sitz konnte also keine Rede sein, in der Tat hören wir immer wieder davon, daß die Reiter häufig vom Pferd herunterfielen. Mit Ausnahme der Spartaner betrachteten die Griechen den Kriegsdienst als eine Last; je länger der Peloponnesische Krieg dauerte, um so mehr Männer versuchten sich dem Dienst mit der Waffe zu entziehen.

Ganz anders war das Kriegsvolk der Spartaner eingestellt. Kriegsdienst und Militärdienst waren hier Ehrensache, Fahnenflüchtige und Feiglinge ganz seltene Ausnahmen. Der spartanische Heerbann bestand fast ausschließlich aus Schwerbewaffneten, er war in sieben Regimenter eingeteilt, die je etwa 600 Mann zählten. Dazu kam noch ein achtes Regiment, die Skiriten, die als Leichtbewaffnete Verwendung fanden. Eine Unterabteilung war die Pentekostýs (128 Mann); die kleinste Einheit (32 Mann) war die Enomotíe. Die Befehlsgewalt war genau geregelt. Jeder Befehl lief vom König über die einzelnen Dienstgrade herunter bis zum letzten Hopliten. Dies war in Griechenland einzigartig und wird deshalb von Thukydides (V 66) besonders hervorgehoben. In Sparta waren die Männer fast ihr ganzes Leben lang, 40 Jahre, dienstpflichtig. Im Hinblick auf die geringe Zahl der Vollbürger, der Spartiaten, erwies sich die lange aktive Dienstzeit als unumgänglich. Wenn Not am Mann war, griff man sogar auf die Heloten zurück, allerdings nur auf solche, die freigelassen waren. Diese erscheinen als Neodamóden, vor allem in den lakedämonischen Heeren des 4. Jahrhunderts. Nennenswerte Seestreitkräfte hat Sparta nicht besessen; im Peloponnesischen Krieg hat erst das persische Gold den Bau einer Flotte ermöglicht. Die Kriegsschiffe wurden vor allem von den Seestädten des Peloponnesischen Bundes, in erster Linie von Korinth, ferner von Megara und Sikyon gestellt. Mit Ausnahme der Korinther waren sie den Athenern im Kampf unterlegen. In Athen hatte der Flottenbau des Themistokles völlig neue Verhältnisse geschaffen. Die große Zahl der Theten, deren Wehrkraft vorher wenig ausgenutzt worden war, diente seitdem als Ruderer auf den Kriegsschiffen; auch zur Übung sind gelegentlich Flottenabteilungen aufgestellt worden. Bei Ausbruch des Peloponnesischen Krieges waren angeblich 300 Kriegsschiffe vorhanden, davon 100 zur Verteidigung Athens bestimmt. Die Ausrüstung der Kriegsschiffe erfolgte auf dem Weg über die Trierarchie, man brauchte im Krieg alljährlich nicht weniger als 400 Bürger, die sich dieser Pflicht zu unterziehen hatten. Die erste Syntrierarchie ist erst im Jahr 405/04 bezeugt, d. h. am Ende des Großen Krieges. Es war damals notwendig geworden, die Last für die Ausrüstung eines Schiffes auf die Schultern mehrerer Bürger zu verteilen, da der private Reichtum stark zusammengeschmolzen war. Zusammen mit den Schiffen der großen Staaten des Seebundes (Chios und Lesbos) besaß Athen in seiner Flotte ein großartiges Machtinstrument, wie es die antike Welt weder vorher noch nachher gesehen hat. Nur die Tyrannen in Sizilien und die Karthager konnten sich von ferne hiermit messen.

Das eigentliche Problem des Bürgerheeres lag in Griechenland wie überall, wo es auftritt, auf psychologischer Ebene. Die Mannschaft mußte im Heer (und ebenso natürlich auch auf der Flotte) zu kampfestüchtigen taktischen Einheiten zusammengeschweißt werden. Dies war natürlich nur durch harte Übung erreichbar. Gerade davor aber schreckten die Bürger in der Regel zurück. Man fing daher bei den jüngeren Jahrgängen der noch nicht wehrfähigen Bürger an, bei den Epheben, den jungen Männern im Alter von 18 bis 20 Jahren, denen man nicht nur gewisse Strapazen, sondern auch eine strenge Disziplin zumuten konnte. Diese jungen Männer haben sich unter der Aufsicht von älteren Ausbildern (paidotríbai, kosmetaí, sophronistaí) mit körperlichen Übungen beschäftigt, die als Vorbereitung auf den Dienst mit der Waffe anzusprechen sind. Wir kennen die Eidesformel der Epheben, und zwar aus einer attischen Urkunde des 4. Jahrhunderts v. Chr. Sie lautet: »Ich werde die heiligen Waffen, die ich trage, nicht mit Schande bedecken. Ich werde nicht den Kameraden verlassen, wo immer ich im Glied stehe. Ich werde kämpfen für die Heiligtümer und für den Staat, und ich werde das Vaterland nicht kleiner den kommenden Geschlechtern übergeben, sondern größer, mächtiger, nach Maßgabe meiner Kräfte und mit Hilfe aller. Ich werde den Vorgesetzten gehorchen, den gegebenen Gesetzen und jenen, die in der Zukunft rechtmäßig gegeben werden. Wenn sie aber jemand umstürzen will, so werde ich dies nicht zulassen, soweit es in meinen Kräften steht und mit Hilfe aller. Ich werde die von den Vätern ererbten Kulte in Ehren halten. Zeugen meines Schwures sind die Götter Aglauros, Hestia, Enyo, Enyalios, Ares und Athena Areia, Zeus, Thallo, Auxo, Hegemone und Herakles. Ferner die Grenzsteine des Vaterlandes, die Weizen- und Gerstenfelder, die Weinstöcke, die Ölbäume und die Feigenbäume.«

Die neuere Forschung (Louis Robert) hat mit vollem Recht darauf hingewiesen, daß dieser Eid eine Reihe älterer Elemente enthält, die uns dazu veranlassen, ihn in eine frühe Zeit zu setzen, vielleicht in das Zeitalter Solons. Auf jeden Fall aber ist dieser Eid der Epheben ein interessantes Stück der attischen Kulturgeschichte, auch für den Glauben der Athener ist er nicht ohne Bedeutung: sind doch in ihm Götter aufgeführt, die in der klassischen Zeit überhaupt vergessen sind wie etwa Aglauros, Thallo und Auxo, Götter, die samt und sonders mit dem Gedeihen der Feldfrucht in Verbindung stehen. Mit Ulrich v. Wilamowitz wird allerdings weithin die Ansicht vertreten, daß die attische Ephebie erst aus dem letzten Drittel des 4. Jahrhunderts v. Chr. stamme. Obwohl dies manche Zustimmung gefunden hat, so ist diese Vermutung doch unbegründet und wird allein schon durch diesen Eid widerlegt. Man darf die militärische Erziehung der Epheben getrost bereits im 5. Jahrhundert annehmen, sie war von unschätzbarem Wert, denn sie pflegte der Jugend die Liebe zum Vaterland ins Herz zu pflanzen. Sie erweckte in ihr die Bereitschaft, sich für die Heimat mit der ganzen Kraft einzusetzen. Kein Staat kann bestehen ohne den Opfermut seiner Bürger. Daß die Worte des Ephebeneides keine Phrasen gewesen sind, beweisen die Leistungen Athens in der Pentekontaëtie und nicht weniger in den dunklen Tagen des Peloponnesischen Krieges.

Mit Ausnahme von Lakedaimon gab es in Griechenland keine Militärstaaten. Athen hatte zwar die bei weitem größte Flotte, aber die Grundlagen seines Wohlstandes waren der Handel, das Gewerbe und der Ackerbau, der immer noch das Rückgrat nicht nur der athenischen, sondern überhaupt der griechischen Volkswirtschaft bildete. Die Reformen Solons hatten in Athen dazu geführt, einen leistungsfähigen Bauernstand zu schaffen, vorwiegend mit mittleren und kleineren Betrieben. In anderen Teilen Griechenlands existierte im 5. Jahrhundert dagegen noch ausgedehnter Großgrundbesitz wie in Thessalien. Die Methoden der Landwirtschaft blieben auch weiterhin primitiv, die eiserne Pflugschar war immer noch unbekannt, und an der Tatsache, jedes zweite Jahr das kultivierte Land brachliegen zu lassen, hatte sich immer noch nichts geändert. Im übrigen stellte die zunehmende Wasserarmut des Landes, teilweise durch die fortschreitende Entwaldung hervorgerufen, die Bauern vor schwierige Aufgaben. So hat man vermutet (M. N. Tod), daß im ganzen nur etwa ein Fünftel des Landes in Attika überhaupt bebaut worden sei, und von diesem einen Fünftel lag wiederum die Hälfte brach! Angebaut wurde vor allem Weizen und noch mehr Gerste. Aber die Erträge genügten für die Ernährung der Bevölkerung bei weitem nicht, so daß dem Mangel mit Einfuhren abgeholfen werden mußte. Wesentlich besser war die Lage Thessaliens und auch Böotiens. Im übrigen galt die Landwirtschaft als ein höchst ehrenwertes Gewerbe, ganz anders dagegen das Handwerk und der Kleinhandel. Wer sich hiermit beschäftigte, lief Gefahr, als Bánausos, als ein Mensch ohne geistige Interessen, verspottet zu werden. Nur Sokrates machte hier eine rühmliche Ausnahme, wenn er für die Notwendigkeit der körperlichen Arbeit eintrat, allerdings unter der Voraussetzung, daß sie Gelegenheit zur Muße übrigließ.

Die Gewerbearbeit hielt sich in mäßigen Grenzen. Wenn ein gewisser Kephalos gegen Ende des 5. Jahrhunderts in Athen 120 Sklaven in seiner Schildfabrik beschäftigte, so war dies eine seltene Ausnahme, genauso wie der Einsatz von vielen hundert Sklaven in den Bergwerken des Laureion-Gebirges. Die meisten Betriebe waren sehr klein. Außer dem Eigentümer wurden nur zwei oder drei Arbeiter beschäftigt, Freie oder Sklaven. Die Gefahren, die sich aus der starken Industrialisierung seit dem 19. Jahrhundert ergeben haben, waren in Griechenland nicht vorhanden, es gab auch keine weitgehende Spezialisierung, die zu einer Abstumpfung des Geistes der Arbeiter hätte führen können. In der Regel bestand zwischen dem Besitzer und den Beschäftigten ein ganz patriarchalisches Verhältnis, da man aufeinander angewiesen war. Zahlreiche Manufakturen wurden auf der Grundlage der Hauswirtschaft betrieben.

Im Handel hatte sich die Perspektive im 5. Jahrhundert entscheidend verändert. An die Stelle Milets und der anderen Städte in Ionien, aber auch von Chalkis und Eretria auf Euböa, war Athen getreten, das jedoch in Korinth eine bedeutende Rivalin besaß. Die Blüte Äginas wurde durch die Unterwerfung der Stadt unter Athen (457) geknickt, und zu Beginn des Peloponnesischen Krieges wurde die Bevölkerung der Insel durch attische Kleruchen ersetzt. Das ist der vorläufige Schlußstrich unter die Geschichte einer Stadt, die bis zu den Perserkriegen eine hervorragende Rolle in der griechischen Handelsgeschichte gespielt hatte. Megara stand längere Zeit unter der Kontrolle Athens, erst durch den 30jährigen Frieden (446/45) gelangte es wieder in den Besitz seiner Unabhängigkeit. Die von Perikles gegenüber Megara verhängte Handelssperre ist ein Anlaß zum Peloponnesischen Krieg gewesen. Zum Aufstieg des griechischen Fernhandels trug wesentlich bei, daß man größere Schiffe als früher baute und daß sich die Geschwindigkeit zur See erhöhte. Aus den ersten Jahren des Peloponnesischen Krieges gibt es ein interessantes Zeugnis für den weiten Umfang des attischen Fernhandels. Es steht in einer Komödie des Hermippos, in den ›Phormophoren‹ (›Die Korbträger‹), die in die ersten Jahre des Peloponnesischen Krieges (vor 425) gehört. Daraus erklären sich auch einige drastische zeitgeschichtliche Anspielungen. Danach gelangten zur See folgende Güter nach Athen: »Aus Kyrene Silphionstengel und Ochsenhaut, aus dem Hellespont Makrelen und Salzfisch, aus Italien Dinkel und Ochsenrippen, von Sitalkes, dem Thrakerkönige, Krätze für die Lakedämonier, von Perdikkas, dem Makedonier, Lügen ganze Schiffe voll, von Syrakus Schweine und Käse, von Ägypten Segel und Papyros, aus Syrien Weihrauch; Kreta liefert Zypressen für die Götter, Libyen viel Elfenbein zum Verkauf, Rhodos Rosinen und trockene Feigen, die süße Träume bereiten; aus Euböa kommen Birnen und feiste Schafe, aus Phrygien Sklaven, von Arkadien Söldner; Pagasai schickt Sklaven und gebrandmarkte Spitzbuben, die Paphlagonier Kastanien und ölige Mandeln, Phönikien Datteln und feines Weizenmehl, Karthago Teppiche und bunte Kopfkissen.«

Diese interessante Nachricht wird oft zitiert, mit Recht, denn wie keine andere beleuchtet sie die weltweiten Verbindungen Athens. Bestätigt wird sie durch die aus etwa der gleichen Zeit stammende pseudoxenophontische Schrift ›Vom Staat der Athener‹; in ihr heißt es (§§ 11–13): »Den Reichtum der ganzen hellenischen und barbarischen Welt besitzen allein die Athener. Denn wenn irgendein Staat reich ist an Schiffsbauholz, wohin soll er es absetzen, wenn er nicht den, der das Meer beherrscht, dafür gewinnt? Oder wenn ein Staat an Eisen, Kupfer oder Hanf oder Wachs reich ist, wohin soll er es absetzen, wenn er nicht den, der das Meer beherrscht, dafür gewinnt? Aus eben diesen Materialien bestehen ja gerade die Schiffe. Von dem einen nimmt man Holz, von dem anderen Eisen, von dem anderen Kupfer, von dem anderen Hanf, von dem anderen Wachs. Dabei wird man es nicht dulden, daß diese Dinge zu unseren Rivalen ausgeführt werden, oder man wird ihnen das Meer sperren. So erhalte ich, ohne etwas zu tun, überallher all dieses durch das Meer, während kein anderer Staat gleichzeitig zweier-

lei hat, sondern wo es viel Flachs gibt, ist das Land flach und holzarm, und ebensowenig findet sich Eisen und Kupfer in derselben Stadt, noch hat von den anderen Erzeugnissen ein Staat zwei oder drei, sondern das eine dieser, das andere jener.«
Es wäre ein verhängnisvoller Fehler, wollte man sich den Handel Griechenlands im 5. Jahrhundert zu primitiv vorstellen. Wenn er auch keineswegs mit den modernen Verhältnissen zu vergleichen ist, so besaß er doch einen ganz beachtlichen Umfang. Die gegenteilige Ansicht, die von Hasebroek und seiner Schule vertreten worden ist, läßt sich nicht aufrechterhalten.
In der griechischen Gesellschaft des 5. Jahrhunderts spielen neben den Bürgern die Metöken und die Sklaven eine große Rolle. Das zahlenmäßige Verhältnis der drei Gruppen zueinander ist nicht bekannt. Es gibt aber eine interessante Urkunde über die Zusammensetzung der beim Bau des Erechtheions in Athen beschäftigten Arbeiter vom Jahr 409/08 v. Chr. Wir kennen insgesamt 71 Namen, davon sind 20 Bürger, 35 Metöken und 16 Sklaven. Ist man berechtigt, aus dieser durch Zufall erhaltenen Urkunde Schlüsse über die Zusammensetzung der Gesamtbevölkerung zu ziehen? Dies wäre sehr gefährlich, erklärt sich doch z. B. die verhältnismäßig geringe Zahl der Bürger sicherlich aus den Notwendigkeiten des Krieges, viele standen unter den Waffen oder wurden für andere Aufgaben benötigt. Der Kriegszustand erklärt aber auch die hohe Zahl der Metöken, ihre Arbeit war zu jener Zeit in Athen besonders wichtig. Politische und bürgerliche Rechte besaßen die Metöken nicht, sie wurden aber zum Kriegsdienst zu Wasser und zu Land herangezogen. Unter ihnen findet sich eine große Zahl von wohlhabenden Männern, die sich mit dem Leben und dem Schicksal des Gaststaates eng verbunden fühlten. Nicht nur im Handel und in der Manufaktur waren sie zu finden, auch gerade auf dem Gebiet des künstlerischen und geistigen Lebens nahmen sie einen wichtigen Platz ein. Von der Stellung und dem Leben eines Metöken in Athen vermitteln die Gerichtsreden des Lysias noch heute einen lebendigen Begriff. Die Familie stammte aus Syrakus, sein Vater Kephalos war von dort um 460 nach Athen übergesiedelt. Kephalos war mit Perikles befreundet, der ihn eingeladen haben soll, nach Athen zu kommen. Lysias, geboren wahrscheinlich um 444 in Athen, wandte sich 15jährig nach Thurioi, wo ihm das Bürgerrecht verliehen wurde. Aus Thurioi vertrieben, kehrte Lysias im Jahr 412/11 nach Athen zurück. Hier hat er sich ein beträchtliches Vermögen erworben. Er schaltete sich nämlich in die Kriegsindustrie ein und betrieb die Herstellung von Schilden, und zwar in großem Umfang. Unter den ›Dreißig‹ (404/03) mußte er aus Athen nach Megara fliehen, nach Wiederherstellung der Demokratie kehrte er zurück, an dem Kampf ge-

Abb. 12: Korenhalle des Erechtheions in Athen

gen die ›Dreißig‹ hat er sich aber ebensowenig beteiligt wie vorher am Peloponnesischen Krieg. In seiner Tätigkeit als Logograph (Redeschreiber) entpuppt sich Lysias als ein rabulistischer Advokat, dem kein Mittel zu schlecht ist, um der von ihm vertretenen Sache zum Sieg zu verhelfen. Wer sich selbst einmal in die Gerichtsreden des Lysias vertieft hat, wird dieses Urteil K. J. Belochs bestätigen. Aber nicht alles, was man Lysias vorwirft, ist seine persönliche Schuld. Die griechische Welt seiner Tage ist in eine Unzahl von Poleis, alles selbständige Staaten, aufgespalten, eine gemeinsame griechische Nation gibt es nicht, zwischen Bürgern und Nichtbürgern, zu denen die Metöken gehören, klafft eine tiefe und unüberbrückbare Kluft, die Folge davon ist eine hin- und herflutende Bevölkerungsschicht, deren Grundsatz lautet: *Ubi bene ibi patria* (Wo es mir gut geht, da ist mein Vaterland). Nicht alle werden so erwerbstüchtig gewesen sein wie Lysias. Im Peloponnesischen Krieg haben zahlreiche Metöken ihr Leben für die griechische Polis eingesetzt, deren Gäste sie waren, und bei der Vertreibung der ›Dreißig‹ in Athen (404/03) haben auch zahlreiche Metöken nach Kräften mitgeholfen. Wenn die griechische Polis und gerade auch Athen so überaus sparsam mit dem Geschenk des Bürgerrechtes umgegangen ist, so durften sich die Bürger nicht wundern, wenn sich die Metöken mit besonderem Eifer auf die Wirtschaft warfen, da ihnen die Betätigung in der Politik verschlossen war.

Die Sklaverei in der griechischen Welt hat sehr verschiedene Aspekte. Es gibt ganze Bevölkerungsgruppen, die in den Stand von Leibeigenen herabgedrückt worden sind, zumeist schon bei der Eroberung des Landes. Zu ihnen gehören vor allem die Heloten in Lakedämon. Eine ähnliche, gleichfalls wenig beneidenswerte Stellung hatten auch die Penesten in Thessalien inne, die Kyllyrier in Syrakus und andere. Durch die gesamte spartanische Geschichte wandelt das Gespenst der Furcht vor den Helotenaufständen. Der Alpdruck wird verständlich, wenn man die ungeheure zahlenmäßige Überlegenheit der Unterdrückten gegenüber den Unterdrückern in Betracht zieht. Geändert hat sich an dieser Situation in der klassischen Zeit nichts, bis Epameinondas ein freies Messenien geschaffen hat (s. S. 218). Ganz anders ist das Sklavenproblem in Athen und in den meisten übrigen griechischen Gemeindestaaten. Die Sklaven finden hier in den Betrieben und vor allem auch als Haussklaven Verwendung; gekauft und verkauft werden sie auf dem Sklavenmarkt, soweit sie nicht schon im Haus als Leibeigene geboren sind. Es muß regelrechte Gesellschaften von Sklavenhändlern gegeben haben. Ihre Verbindungen und Geschäftsbeziehungen umspannten mehr oder weniger die ganze Mittelmeerwelt. Wie wäre es sonst zu erklären, daß sich in einem einzigen Haushalt, dem des Kephisodoros in Athen, Sklaven aus Thrakien, Karien, Syrien, Illyrien, Kolchis, Skythien, Lydien und Malta befanden[2]? Die Zahl der Sklaven war beträchtlich. So soll Nikias nicht weniger als 1000 Sklaven besessen haben, er vermietete sie vor allem im Bergbau und erzielte mit ihnen gewaltige Einnahmen. Auch schon im 5. Jahrhundert wird es den Sklaven möglich gewesen sein, sich ein eigenes Vermögen zu erwerben und sich damit loszukaufen. Freilassungen von Sklaven in größerem Umfang sind aber erst durch die Urkunden aus dem 4. Jahrhundert, insbesondere aus Delphi, bezeugt.

In den letzten Jahren ist des öfteren die Frage diskutiert worden, wie weit man den antiken Sklaven in Griechenland Anteil an der Humanität gegeben hat (J. Vogt). Befragen wir die antiken Quellen, so kann die Antwort nur negativ lauten. Für die Griechen ist die Sklaverei eine so feststehende Einrichtung, daß niemand ernstlich an ihr zu rütteln wagt. Man braucht die Sklaven, sie sind für die griechische Zivilisation einfach lebensnotwendig. Daß man sich um die Sklaven kümmert und auch um ihr leibliches Wohl besorgt ist, versteht sich von selbst. Aus den Schriften des hippokratischen Kreises wird deutlich, daß die ärztliche Fürsorge auch den Sklaven gegolten hat. Aber dies alles steht mehr am Rand, und man wird die Griechen besser verstehen, wenn man weiß, daß selbst erhabene Geister wie Platon und Aristoteles die Sklaverei als etwas Naturgegebenes betrachten. Es ist allerdings nur ein schwacher Trost, wenn darauf hingewiesen wird, daß zahlreiche Sklaven als Pädagogen und noch mehr Sklavinnen als Ammen sich aufs engste mit dem Schicksal der ihnen anvertrauten Kinder verbunden fühlten.

Eine ähnliche untergeordnete Stellung in der griechischen Welt hatten die Frauen. Sie leben im wesentlichen ganz abgeschlossen von der Außenwelt in ihrem Frauengemach *(gynaikeion)*, und wenn Perikles es ausspricht, daß diejenigen unter den Frauen die besten seien, von denen am wenigsten, weder in lobendem noch in tadelndem Sinn, die Rede sei (Thuk. II 45,2), so gibt er damit sicherlich die allgemein geltende Meinung der Athener und der Griechen überhaupt wieder. Die Gesellschaft der Griechen ist also eine Gesellschaft ohne Frauen, im Gegensatz etwa zu den Verhältnissen zur Zeit der Renaissance. Es ist selbstverständlich, daß die Frau am politischen Leben der klassischen Zeit nicht beteiligt war. Außerdem stand sie ihr Leben lang unter der Vormundschaft. Sie hatte als Vormund *(kýrios)* entweder den Vater oder einen männlichen Verwandten oder aber den Gatten. Vor der Eheschließung wurde sie nicht gefragt, ihre Neigung spielte nicht die geringste Rolle.

Sie hatte sich ausschließlich im Haushalt zu betätigen, an dem beruflichen Leben des Mannes hatte sie keinen Anteil. Wenn sich der Mann dazu entschloß, ein neugeborenes Kind aussetzen zu lassen, was in Griechenland nicht selten geschah, so brauchte er die Frau nicht einmal zu fragen! Die Stellung der griechischen Frau unterschied sich kaum wesentlich von jener, die sie im Orient innehatte. Untergraben wurde die Position der Ehefrau noch durch die Existenz der Hetären, denen die Männerwelt zu Füßen lag, aber auch durch die Anwesenheit von Haussklavinnen, wodurch sich manche Konflikte in der Familie ergaben. Dazu kam dann noch die Knabenliebe, die in Griechenland, nicht nur in Sparta, weit verbreitet war. Für die Praxis war es nahezu ohne Bedeutung, wenn sich in der zeitgenössischen Literatur und Geisteswelt vereinzelte Stimmen finden, die für die Gleichberechtigung der Frau eingetreten sind. Es ist vor allem Euripides in seinen Dramen und Sokrates in seinen Gesprächen gewesen, die diesen umstürzenden Gedanken vertreten haben. Richtig ist allerdings, daß die Stellung der Aspasia in Athen ganz ungewöhnlich gewesen ist. Man hat ihren Einfluß sogar auf Euripides und im besonderen auf dessen Tragödie ›Medea‹ (431) angenommen, aber dies bleibt ganz unsicher. Auf jeden Fall ist Aspasia nach ihrem Tod hoch bewundert worden. Antisthenes, der Begründer der kynischen Philosophie, hat einen Dialog geschrieben, der als Titel ihren Namen trug, ebenso Aischines von Sphettos (um 386). Obwohl einzelne Dichter und Denker die Auffassung vertraten, daß Mann und Frau die gleiche Tüchtigkeit besäßen, so hat man aus dieser Erkentnis doch niemals die notwendigen Folgerungen gezogen.

Das Leben und die Geschichte des griechischen Volkes ist nicht zu verstehen, wenn man die Religiosität der Griechen außer Betracht läßt. Die Griechen waren des Glaubens, daß ihr ganzes Leben, das öffentliche und das private, durch die Götter gelenkt werde. Ihre Phantasie bevölkerte die Natur mit zahlreichen Göttergestalten, die auch im Leben des einzelnen immer gegenwärtig blieben. In den Perserkriegen hatten die Götter den Griechen sichtbar geholfen, man stattete ihnen den gebührenden Dank ab durch die Errichtung von Heiligtümern, durch die Veranstaltung von Festen und Opfern, an denen die ganze Stadt teilnahm. Es gab kein berufsmäßiges Priestertum, die Priester waren Magistrate der einzelnen Gemeinden, sie wurden gewählt oder bestellt. Der Masse, die sich an den Festen und an den Opfern erfreute, wäre es nie in den Sinn gekommen, etwa an der Existenz der Pallas Athena, der großen Schutzgöttin Athens, zu zweifeln. Hieraus erklären sich die Prozesse wegen Gottlosigkeit, die gegen Philosophen anhängig gemacht wurden. Religion und Staat gehörten untrennbar zusammen; wer sich gegen die Religion wandte, der griff die Grundlagen des Staates an. Mit Recht hat Nilsson darauf hingewiesen, daß der Religion der Griechen ein gut Teil Eigennutz beigemischt war. Wenn die Griechen den Göttern die schuldigen Opfer darbrachten, so erwarteten sie von ihnen mit Recht Wohlstand, die Bauern vor allem Gedeihen der Felder und des Viehs. Doch darf man nicht daran zweifeln, daß es auch in Griechenland fromme Menschen gegeben hat. Die große Masse hielt sich allerdings an Äußerlichkeiten, man war davon überzeugt, daß die Hybris den Neid und die Rache der Götter, die Nemesis, herausfordere, es war also besser, nicht zu hoch emporzusteigen, um keinen zu tiefen Fall zu tun. Die Geschichte des Polykrates und Amasis, die Herodot erzählt (III 40 ff.), ist ein bekanntes Beispiel. Wie sehr der Glaube an die überirdischen Mächte bei den Griechen lebendig war, zeigt ihr Verhältnis gegenüber den Orakeln, vor allem gegenüber dem delphischen. Die Hellenen hatten es nach den Siegen über die Perser mit Weihegaben überschüttet, obwohl Delphis Priesterschaft im Freiheitskampf eine wenig überzeugende Haltung eingenommen hatte. Wie die frommen Menschen sich verhielten, zeigt uns Nikias, der Mann, der für den Untergang der sizilischen Expedition der Athener einen großen Teil der Verantwortung trägt. Nikias hat den Heiligtümern auf der Akropolis, in Delos und Delphi reiche Stiftungen gemacht, und mit seiner Frömmigkeit war es ihm völlig ernst. Nikias hat, wie glaubwürdig berichtet wird, täglich den Göttern geopfert. In seinem Haus war ein Seher ständig um ihn, mit dem er sich über alle möglichen Dinge, auch über die Geschäfte, zu unterhalten pflegte. Sein Vertrauen auf die Seher hat ihn bekanntlich ins Unglück gestürzt: sie rieten ihm, als eine Mondfinsternis eintrat, die Abfahrt von Syrakus um dreimal neun Tage, d. h. um einen Mondmonat, zu verschieben, Nikias folgte dem Rat und war verloren. Wie abergläubisch die Menge war, das zeigt uns vor allem die hippokratische Schrift von der Heiligen Krankheit (Epilepsie): das erste Kapitel gibt einen ganzen Katalog finsteren Aberglaubens. Da hören wir von Menschen, die bestimmte Speisen ablehnten, denen es als unheilvoll galt, schwarze Kleider zu tragen; andere glaubten, es bringe Unglück, auf einem Ziegenfell zu schlafen oder ein solches zu tragen, man dürfe keinen Fuß vor den anderen setzen und keine Hand auf die andere legen — und all dies, um die sog. Heilige Krankheit zu heilen! Es gab Menschen, sagt der Verfasser, die von sich behaupteten, sie könnten den Mond herabziehen und die Sonne verfinstern, Sturm und gutes Wetter machen. Überhaupt tadelt der Verfasser die volkstümliche Ansicht, daß der menschliche Körper von der Gottheit befleckt werde, wie denn der Volksglaube bestimmte Krankheitserscheinungen mit bestimmten Gottheiten in Verbindung brachte. Die Ausführungen dieser Schrift zeigen mit aller Deutlichkeit, daß es ein Irrtum wäre, anzunehmen, das 5. Jahrhundert v. Chr. sei eine Zeit ohne Aberglauben gewesen. Das Gegenteil ist richtig: neben dem hohen Götterglauben, der sich für uns in den Werken der Dichter und Bildhauer offenbart, steht, wie zu allen Zeiten, ein handfester Aberglaube. Wir sehen ihn in den Fluchtafeln, die in der griechischen Welt weit verbreitet sind.

Für tiefreligiöse Geister konnte die Polis-Religion mit ihrer von den Vätern ererbten Götterwelt nicht mehr genügen. So ist es kein Wunder, wenn die Mysterien großen Zulauf fanden, insbesondere die von Eleusis in Attika. »Die eleusinische Religion sprach zum Herzen der Menschen, die großen Götter waren dafür zu vornehm geworden.« (Nilsson.) Die Anziehungskraft der Mysterien beruhte auf dem tiefen Geheimnis, mit dem sie umgeben waren. Zu allen Zeiten sehnt sich das Menschenherz nach ungetrübtem Glück, das sich naturgemäß nicht hier auf Erden, sondern nur im Jenseits verwirklichen läßt. An eine Unsterblichkeit des Individuums hat man nicht gedacht, es ist die Unsterblichkeit des Geschlechts, der Art und der Sippe, wie sie in der Natur, z. B. im Saatkorn, in Erscheinung tritt. Die Eingeweihten hofften, auch im Jenseits die Mysterienfeier begehen zu können. Das war ein Gedanke, der ihnen Freude und Zuversicht für das Erdenleben und Hoffnung für das künftige auf den Weg gab.

Für die große Masse waren jedoch die Mysterien nicht anziehend genug. Sie wird eine Haltung eingenommen haben, die sich etwa in der Mitte zwischen der Deisidaimonia des Nikias und dem kühlen Skeptizismus des Perikles bewegte. Das wenige, was über die Religion des Perikles bekannt ist, läßt vermuten, daß er weder ein besonders frommer Mann noch ein Gottesleugner gewesen ist. Die Religion war für ihn mit dem Staatlichen untrennbar verbunden, und diese Verbindung mußte Perikles beachten wie jeder griechische Politiker seiner Zeit. Die Religiosität des Perikles war konventionell, so wenn er zum Dank für die Rettung eines Arbeiters eine Statue für die Athena Hygieia stiftete. Als Perikles an der Pest erkrankte, soll er, wie Theophrast berichtet, einem seiner Freunde ein Amulett gezeigt haben, das ihm die Frauen um den Hals gebunden hatten. Die Geschichte ist gar nicht unglaubwürdig, sie ist geeignet, die Zwiespältigkeit seiner religiösen Einstellung zu beleuchten.

8. Der Peloponnesische Krieg

Den Siegen der Griechen über die Perser bei Salamis und Platää ist die Pentekontaëtie, ein Zeitraum von ungefähr 50 Jahren (478–431), gefolgt. In dieser Epoche sind die Griechen zum führenden Volk im Mittelmeerraum emporgestiegen. Das Perserreich war nicht imstande, den Aufstieg der Hellenen zu verhindern. Mit dem Frieden des Kallias (449/48) wurde ein Ruhepunkt in der langwierigen kriegerischen Auseinandersetzung erreicht, der es beiden Parteien, den Persern ebenso wie den Athenern, gestattete, sich wieder den eigenen Problemen zuzuwenden. Die Pentekontaëtie (das Wort stammt von Thukydides) ist jene Zeit, in der sich der Dualismus zwischen den beiden führenden griechischen Staaten, Sparta und Athen, immer mehr zugespitzt und schließlich in einer Krise, dem Ersten Peloponnesischen Krieg (457–446/45), entladen hat. Eine wirkliche Entscheidung hat dieser Krieg jedoch nicht gebracht. Der 30jährige Friede (446/45) hatte zwar die Reibungen zwischen Athen und den Peloponnesiern gemildert, sie aber nicht vollständig aus der Welt schaffen können.
Der Große Peloponnesische Krieg ist das Thema des Geschichtswerkes des Atheners Thukydides. Wer aber war dieser Mann? Von seinem Leben ist zwar nur wenig bekannt, aber immerhin doch so viel, daß wir die Entstehung seines Geschichtswerkes und die innere Einstellung des Verfassers begreifen können. Thukydides stammte aus dem Demos Halimūs in Attika, er war ein Sohn des Oloros; der Name (wenn er richtig überliefert ist) führt nach Thrakien, und es ist in der Tat wahrscheinlich, daß der mütterliche Zweig seiner Familie auf ein thrakisches Fürstengeschlecht zurückgeht. Geboren war Thukydides etwa im Jahr 460, vielleicht auch etwas später. Im Jahr 424 war er einer der in Thrakien kommandierenden athenischen Strategen. Dabei hatte er das Mißgeschick, daß er Amphipolis, die wichtige Stadt am unteren Strymon, gegen den Spartaner Brasidas nicht zu decken vermochte, nur den Hafen Eïon konnte er behaupten. Da Thukydides wußte, was ihm in Athen bevorstand, ging er freiwillig in die Verbannung. Wo er sich während der nächsten 20 Jahre aufgehalten hat, ist nicht bekannt, vielleicht lebte er in Skaptehyle in Thrakien, wo er einen Familienbesitz hatte. Nach dem Ende des Krieges wurde er auf Grund eines Volksbeschlusses des Oinobios nach Athen zurückgerufen, wenige Jahre später soll er

gestorben sein, das genaue Datum seines Todes ist nicht bekannt.

Von seinem Wollen und Können, aber auch von seiner Weltanschauung legt sein Geschichtswerk Zeugnis ab, das seinen Namen unsterblich gemacht hat. Thukydides hat sein Werk unvollendet zurückgelassen, es bricht mitten in der Erzählung des Ionischen Krieges, im Jahr 411, ab und bestätigt die antike Tradition, die davon spricht, der Historiker sei durch einen jähen Tod abberufen worden. So wie wir das Werk besitzen, ist es aus dem Nachlaß herausgegeben. Welchen Anteil daran der von der Philologie immer wieder bemühte ›Redaktor‹ hatte, ist eine unlösbare Frage. Als einen Hinweis auf die Unfertigkeit des Werkes wird man vor allem die Tatsache anführen, daß sich im achten Buch der Historien, dem letzten, keine direkten Reden befinden, die für die früheren Bücher so bezeichnend sind.

Thukydides beginnt mit einer griechischen Urgeschichte (Archäologie), in der mit einer modern anmutenden Methode versucht wird, über die Frühzeit des Griechentums zu positiven Aussagen zu kommen. Nach einer Darstellung der Ursachen und Anlässe des Peloponnesischen Krieges folgt die Schilderung der Pentekontaëtie. Das zweite Buch beginnt mit der Einzelschilderung des Krieges, und zwar mit dem nächtlichen Überfall der Thebaner auf Plataä im Frühjahr 431 v. Chr.

Was Thukydides schreibt, ist vor allem Kriegsgeschichte, überhaupt stehen das Militärische und das Politische bei ihm im Vordergrund des Interesses. Die diplomatischen Vorgänge werden dagegen nur so weit erwähnt, als sie für die Darstellung unbedingt notwendig sind. Dies bedingt die strenge Einseitigkeit, aber auch die Stärke seines in alter und neuer Zeit hoch bewunderten Geschichtswerkes: es ist ein ungeheures Drama, das Thukydides vor den Augen des Lesers abrollen läßt. Anders als Herodot, für den das Eingreifen der Götter selbstverständlich ist, verzichtet Thukydides auf jede übernatürliche Erklärung. Nicht mit Unrecht hat man ihn deswegen den ›Naturforscher‹ unter den Historikern genannt. Von den geistigen Strömungen seiner Zeit war er nicht unberührt. Die Ideen der Sophistik finden sich in dem berühmten Melierdialog des fünften Buches, aber auch an zahlreichen anderen Stellen der in das Werk eingelegten Reden wieder. Daß diese Reden, so wie wir sie lesen, nicht gehalten worden sind, ist längst Allgemeingut der Forschung. Sie dienen vielmehr dazu, die jeweilige Situation von verschiedenen Seiten und nach Maßgabe verschiedener Gesichtspunkte zu beleuchten. Dies geht so weit, daß Thukydides auch dort Reden eingelegt hat, wo solche niemals gehalten worden sind. Man muß sich also damit abfinden, daß die Reden in der von Thukydides überlieferten Form nicht authentisch sind. Anders steht es mit den von ihm in das Werk aufgenommenen Urkunden. Wenn man auch, dem antiken Brauch entsprechend, von Thukydides keine buchstabengetreue Wiedergabe erwarten darf, so sind die Dokumente doch von großem historischem Wert. Nur Thukydides hat uns beispielsweise die Urkunden der zwischen Persien und Sparta in den Jahren 412/11 abgeschlossenen Verträge überliefert, die für jeden Historiker unschätzbar sind (Bengtson, Staatsverträge Nr. 200–202).

Mit dem thukydideischen Geschichtswerk verbunden ist ein bedeutendes wissenschaftliches Problem, das als erster Franz Wolfgang Ullrich, Professor am Johanneum zu Hamburg, in den Jahren 1845/46 aufgeworfen hat. Seit dieser Zeit steht jede Arbeit am Werk des Thukydides unter dem Schatten der von Ullrich aufgeworfenen Frage. Ullrich zufolge habe Thukydides ursprünglich beabsichtigt, allein den Archidamischen Krieg (431–421), d. h. den ersten Teil des Großen Peloponnesischen Krieges, zu beschreiben. Der Archidamische Krieg sei es, der in Buch I, Kap. 1, gemeint sei. Erst im weiteren Verlauf des Krieges sei dem Thukydides die Erkenntnis von der Zusammengehörigkeit der einzelnen Teile des Peloponnesischen Krieges, des Archidamischen Krieges, der Sizilischen Expedition und des Dekeleïschen und Ionischen Krieges zum Bewußtsein gekommen. Dadurch habe sich eine ganz neue Konzeption ergeben, die ihren Niederschlag im Werk gefunden habe. Ullrich und seine Parteigänger, zu denen vor allem der große klassische Philologe Eduard Schwartz zu zählen ist, glaubten in dem sog. zweiten Proömion des Thukydides (V 26) eine entscheidende Stütze für ihre Ansicht zu finden. Dieses setzt nämlich die Kenntnis des ganzen Krieges voraus. Zwischen den Analytikern wie Ullrich und den Unitariern wie Eduard Meyer, H. Patzer u. a. schwingt das Pendel immer noch hin und her, und wenn auch die Ullrichsche Hypothese nach Lage der Dinge nicht voll beweisbar ist, so hat sie doch der Forschung überaus reiche Anregungen gegeben. Die Frage, wie das Werk im einzelnen entstanden ist, wird sich auch in Zukunft schwerlich mit voller Sicherheit beantworten lassen.

Wenn Thukydides im Eingang seines Werkes davon spricht, daß er den Peloponnesischen Krieg beschrieben habe in der Erwartung, daß dieser das größte und bedeutendste der bisherigen Ereignisse der griechischen Geschichte sein werde, so hat er damit vollkommen recht. Allein schon die gewaltige Ausdehnung des Kriegsschauplatzes ist bemerkenswert. Dieser erstreckt sich von Kleinasien über die Ägäis nach Griechenland und von hier bis nach Sizilien und Unteritalien. Auch das Perserreich hat sich in den griechischen Bruderkrieg eingeschaltet und letztlich durch seine Subsidien den Kampf zugunsten von Sparta entschieden. Gewaltig sind die Kräfte, die beide Seiten in den Krieg geführt haben. Athen hat den Krieg bis zur völligen Erschöpfung der materiellen Mittel durchgekämpft, Zehntausende, darunter Perikles, sind bereits durch die Große Pest des Jahres 430/29 dahingerafft worden. Wenn man sich dazu vor Augen hält, daß der Krieg eine ganze Generation gedauert hat, in deren Verlauf äußere und innere Veränderungen allergrößten Ausmaßes in Griechenland stattgefunden haben, und daß am Ende des Krieges nicht nur große Zerstörungen, sondern auch geistige Verfallserscheinungen offenbar werden, wie sie die griechische Welt weder vorher noch später gesehen hat, so wird man in dem Peloponnesischen Krieg den großen Umschwung, die Peripetie der griechischen Geschichte in der klassischen Zeit, erkennen. Der Krieg ist ein grandioses Beispiel für die Wirkung zerstörender, ja sogar vernichtender Kräfte im Völkerleben. Es sind nicht nur einzelne Männer, die daran Anteil hatten, wie Kleon, Alkibiades und andere, es ist nicht weniger die Masse, die je länger, desto mehr vom Machtwahn ergriffen wurde und sich damit selbst das Grab geschaufelt hat. Wohin man auch blickt, seit dem Tod des Perikles im Jahr 429 findet sich hüben und drüben kein einziger Politiker mehr, der mit neuen konstruktiven Ideen dem Chaos in der Politik ein Ende gemacht hätte. Von diesem trostlosen Bild der griechischen Politik hebt sich allerdings das militärische Schauspiel ab. Zu Wasser und zu Land sind eine Reihe von glänzenden Leistungen der Kriegskunst zu verzeichnen, von denen hier nur der Zug des Brasidas quer durch Griechenland und Makedonien bis zur Chalkidike hervorgehoben sei. Dank den präzisen Angaben des Thukydides finden sich in den Operationen des Krieges hervorragende Beispiele für die Kriegsgeschichte, außerdem aber auch so manche Belege für die psychologische Kriegführung, die an Wert auch heute noch nichts verloren haben.

Thukydides hat als erster versucht, zwischen den tieferen Gründen und den äußeren Anlässen des Krieges zu unterscheiden. Zu den Gründen des Peloponnesischen Krieges gehört zweifellos der Dualismus zwischen Athen und Sparta. Der Gegensatz verkörpert sich auch in der Art und Weise, wie die Hegemonie von den beiden großen Mächten Griechenlands ausgeübt wurde: während Athen den Seebund in strenger Abhängigkeit hielt, ließ Sparta den Mitgliedern des von ihm geführten Peloponnesischen Bundes weitgehende innere Freiheit. Für eine gewisse Bedrohung hielten die Peloponnesier auch die Tatsache, daß die demokratische Idee, von Athen ausgehend, eine zunehmende Werbekraft ausstrahlte, der sich auch die peloponnesischen Staaten nur schwer zu entziehen vermochten. Ganz wesentlich ist jedoch der unversöhnliche Gegensatz zwischen Athen und Korinth, der Königin des Isthmos, deren Interessen an zwei Stellen hart aufeinandergestoßen sind: auf dem Westmeer, der Adria, und auf der Chalkidike, in Potidäa. Nur mit großer Sorge konnte Korinth die Ausdehnung des athenischen Westhandels beobachten, und man wird es mit sichtbarer Erleichterung begrüßt haben, als die Kolonie Thurioi ihre Bande, die sie mit Athen verknüpften, zerriß und sich mit der spartanischen Kolonie Tarent verbündete.

Den Anlaß zum Ausbruch des Großen Krieges gaben Schwierigkeiten, die zwischen Korinth und seinen Kolonien an der Adria entstanden waren. Man muß dazu wissen, daß Korinth sich seit der Tyrannenzeit ein ausgedehntes Kolonialreich geschaffen hatte. Während sonst die griechischen Kolonien im allgemeinen autonome Poleis gewesen sind, war dies bei den korinthischen Pflanzstädten anders: hier galt immer noch der Wille der Mutterstadt, die oft auch in die inneren Verhältnisse der Kolonien eingriff. In der korinthischen und korkyräischen Kolonie Epidamnos (Durazzo) war es zu inneren Zwistigkeiten gekommen, dabei riefen die Demokraten Korinth zu Hilfe, das Epidamnos durch eine Besatzung sicherte (435). Die Oligarchen gaben das Spiel nicht verloren und sicherten sich die Unterstützung Korkyras, dessen Flotte sich an die Belagerung von Epidamnos machte. Korinth nebst einer Anzahl verbündeter Städte trat den Korkyräern zur See entgegen, das Treffen endete jedoch mit einer korinthischen Niederlage bei dem Vorgebirge Leukimme (auf Korkyra). Am gleichen Tag schloß Epidamnos eine Kapitulation mit den Korkyräern ab (Bengtson, Staatsverträge Nr. 160). Dieser Erfolg Korkyras konnte jedoch nicht darüber hinwegtäuschen, daß die Lage der Insel im Hinblick auf die überlegenen Kräfte Korinths sehr schwierig war. Die Korkyräer nahmen daher Verbindungen mit den Athenern auf, es kam zum Abschluß einer sog. Epimachie (Bengtson, Staatsverträge Nr. 161). Darin verpflichtete sich Athen zur partiellen Hilfeleistung (433). Wenn anders man die Bestimmungen des 30jährigen Friedens von 446/45 einhalten wollte, wäre es den Athenern unmöglich gewesen, ein regelrechtes Schutz- und Trutzbündnis mit Korkyra abzuschließen. Nach griechischer Auffassung war es dagegen erlaubt, ohne Rücksicht auf bestehende Verträge mit anderen Staaten einem Dritten Hilfe zu leisten, ohne sich dabei im Kriegszustand mit dem ursprünglichen Vertragspartner zu befinden. Man muß also den Athenern bescheinigen, daß sie sehr vorsichtig verfahren sind und es zunächst auch vermieden haben, die Peloponnesier gegen sich aufzubringen.

Wenn Athen in der Folge nur ein kleines Geschwader (zehn Schiffe) nach Korkyra absegeln ließ, so fiel diese Hilfeleistung machtpolitisch kaum ins Gewicht, aber Athen zeigte damit, daß es gewillt war, den Vertrag mit Korkyra einzuhalten. Bei den Sybota-Inseln standen sich die Flotten der Korinther und Korkyräer gegenüber, die Korinther waren in der Übermacht (150 Kriegsschiffe gegenüber 110); als sie im Begriff waren, den Sieg in der Seeschlacht zu erringen, griffen die Athener, inzwischen auf 30 Schiffe verstärkt, ein und brachten das korinthische Geschwader um den Sieg, der bereits in greifbarer Nähe lag (433).
Soll man es als Zufall betrachten, daß Athen in dem darauffolgenden Winter (433/32) die früheren Verträge mit Rhegion und Leontinoi erneuerte? Für die Beziehungen zwischen Athen und dem Westen waren sie ebenso wichtig wie im Hinblick auf eine eventuelle kriegerische Auseinandersetzung mit Korinth.
Wie im Westmeer, so stießen auch in der nördlichen Ägäis athenische und korinthische Interessen aufeinander. Die Stadt Potidäa, eine Gründung des korinthischen Tyrannen Periandros, war Mitglied des Delisch-Attischen Seebundes. Sie hatte aber die Verbindungen mit ihrer Mutterstadt stets aufrechterhalten, Korinth entsandte immer noch den obersten Magistrat, den Epidamiurgos, nach Potidäa. Es war kein Wunder, wenn Athen mißtrauisch wurde und an Potidäa das Ansinnen richtete, die Stadtmauer auf der Seeseite niederzulegen und die korinthischen Epidamiurgen hinfort nicht mehr aufzunehmen. Potidäa fand Rückendeckung an dem König der Makedonen, Perdikkas II., und erklärte, nachdem es sich auch der Hilfe Spartas versichert hatte, zusammen mit einer Reihe von thrakischen und vor allem chalkidischen Gemeinden seinen Austritt aus dem Seebund (432). Die Korinther entsandten ein Hilfskorps nach Potidäa, während die Athener begannen, die Stadt zu Wasser und zu Land einzuschließen.
Verantwortlich für die athenische Politik war Perikles. Ist es ein Zufall, wenn unmittelbar vor dem Ausbruch des Großen Krieges eine Reihe von Prozessen gegen seine Anhänger, auch gegen Aspasia, anhängig gemacht worden ist? Ist es berechtigt, in diesen Prozessen den Ausdruck einer Opposition gegen den führenden attischen Staatsmann zu sehen? Abgesehen davon, daß der zeitliche Ansatz von einigen dieser Anklagen (Prozeß gegen Anaxagoras, gegen Pheidias) nicht gesichert ist – der Anaxagoras-Prozeß fällt mit Sicherheit in eine frühere Zeit (s. o. S. 106) –, so zeigt doch der Freispruch der Aspasia, die man wegen Gottlosigkeit und Kuppelei angeklagt hatte, daß Perikles' Stellung unerschüttert war. Rückwirkun-

gen auf das Gebiet der Außenpolitik haben diese Ereignisse nicht gezeitigt.
Anders steht es dagegen mit dem sog. megarischen Psephisma (Volksbeschluß), das, von Perikles im Jahr 432 beantragt, über die Stadt Megara eine strenge Handelssperre verhängte und der Isthmosstadt die Märkte in Athen und im Bereich des Seebundes vollständig verschloß. Zur Begründung mußten einige Grenzzwischenfälle dienen, die von Perikles in ihrer Bedeutung natürlich übertrieben worden sind. Hinter diesem massiven Vorgehen gegen Megara steht der alte Groll Athens auf die Nachbarstadt, deren Wege sich im Jahr 446/45 von Athen getrennt hatten und die seitdem wieder ein eifriges Mitglied des Peloponnesischen Bundes geworden war.
Es ist Korinth gewesen, das nunmehr zum Krieg getrieben hat. Auf Antrag der Korinther und Megarer stellte in Sparta zunächst die Apella, die Versammlung der spartanischen Vollbürger, fest, daß Athen die Verträge (damit war der 30jährige Friede gemeint) gebrochen habe. Auch der Kongreß der Mitglieder des Peloponnesischen Bundes entschied sich mit großer Mehrheit für den Krieg, obwohl hier die Stimmung nicht ganz einheitlich war (Herbst 432). Im übrigen hat sich auch Delphi auf die Seite der Peloponnesier gestellt: es hat die Spartaner nicht nur zum Krieg ermuntert, sondern ihnen sogar den Sieg und die Mithilfe des delphischen Gottes in sichere Aussicht gestellt. Es ist keine Frage: seit der Tagung des Peloponnesischen Bundes war der Krieg gegen Athen beschlossene Sache. Ausgebrochen ist er jedoch erst im nächsten Frühjahr (431). Die Zwischenzeit wurde auf beiden Seiten, vor allem aber von den Spartanern, mit Verhandlungen ausgefüllt; sie waren dazu bestimmt, den Gegner ins Unrecht zu setzen. Diese Verhandlungen sind im übrigen ein schlagender Beweis dafür, daß man schon damals auf die öffentliche Meinung in Griechenland Wert gelegt hat. Die erste Forderung Spartas bestand darin, daß es die Austreibung der Nachkommen jener Männer verlangte, die am kylonischen Frevel Anteil gehabt hätten. Damit war in erster Linie Perikles gemeint, er stammte mütterlicherseits von den Alkmeoniden ab, die seinerzeit durch die Verletzung des Asylrechtes den Fluch auf sich geladen hatten. Athen stellte Gegenforderungen; es verlangte von den Spartanern, den Fluch zu bannen, der auf ihnen wegen der Tötung von Heloten im Heiligtum des Poseidon in Tainaron und wegen des Todes des Pausanias im Tempel der Athena Chalkioikos ruhe. Diesen Forderungen kultischer Art folgten bald politische. So verlangten die Lakedämonier, Athen möge das Unternehmen gegen Potidäa einstellen, Ägina die Freiheit zurückgeben, das megarische Psephisma annullieren und die Au-

tonomie der Griechen gewährleisten. Nach Thukydides (II 140) habe Perikles daraufhin die Lakedämonier als Angreifer und Friedensbrecher bezeichnet; sie hätten sich nicht an die Bestimmungen des Friedensvertrages von 446/45 gehalten, die bei auftretenden Differenzen die Einsetzung eines Schiedsgerichts vorsähen.

Hätte Athen den Krieg vermeiden können, und zwar dadurch, daß es den Willen der Lakedämonier wenigstens in einigen Punkten erfüllt hätte? Die Antwort darauf kann nur Nein lauten. Auch die Ansicht, daß Perikles, um innenpolitischen Schwierigkeiten aus dem Weg zu gehen, mit voller Absicht auf den Krieg hingearbeitet habe, ein Vorwurf, der ihm schon von Aristophanes, in neuerer Zeit von K. J. Beloch gemacht worden ist, erweist sich als ganz unbegründet, er wird nicht zuletzt durch den Kriegsplan des Perikles widerlegt. Perikles hat den Krieg nicht gewollt, er ist ihm aber auch nicht aus dem Weg gegangen, als es klar wurde, daß der Friede nur auf Kosten einer tiefen Demütigung Athens aufrechtzuerhalten war. Die Frage nach dem Schuldigen ist hier ganz eindeutig zu beantworten; es ist vor allem Korinth gewesen, das die widerstrebenden Lakedämonier mit sich gerissen und damit die Fackel eines Krieges entzündet hat, der den machtpolitischen Niedergang des Griechentums eingeleitet hat.

Was stand in diesem Kriege auf dem Spiel? Für Athen die Vorherrschaft in der Ägäis, die Hegemonie über den Seebund und die weitere ansteigende Entwicklung seiner Wirtschaft und seines Handels, der in der ganzen Mittelmeerwelt nicht seinesgleichen hatte. Sparta und die Peloponnesier behaupteten, für die Freiheit der Meere und für die Autonomie der griechischen Staaten, die durch die Übergriffe Athens eingeschränkt wurden, das Schwert zu ziehen.

Die Verteilung der beiderseitigen Kräfte ist sehr aufschlußreich. Sparta war die stärkste Landmacht in Griechenland. Zusammen mit den Mitgliedern des Peloponnesischen Bundes konnte es ein beträchtliches Hoplitenheer ins Feld stellen, insgesamt gegen 40 000 Mann, dazu kamen noch die Aufgebote des Böotischen Bundes, der Phoker und Lokrer in Mittelgriechenland. In der Peloponnesos blieben nur Argos und Achaia neutral, Argos war durch einen Vertrag mit Sparta gebunden (s. o. S. 94). Die Flotte der Peloponnesier war der athenischen weit unterlegen. Es waren vor allem die Seestädte Korinth, Megara und Sikyon, die einen wesentlichen Beitrag zur Flotte leisteten, aber über die Zahl von 100 Trieren kam man nicht hinaus. Was die Gesamtlage betrifft, so hatten die Feinde Athens einen großen strategischen Vorteil: sie konnten mit der Hauptmasse von der Peloponnesos aus operieren und durch den Ein-

satz der mittelgriechischen Verbündeten, insbesondere der Böoter, die Athener auch von Norden her in die Zange nehmen. Gegenüber dem Massenaufgebot des Peloponnesischen Bundes waren die Athener zu Land eindeutig unterlegen, Athen brachte nur 13 000 Hopliten für die Feldarmee auf, die älteren Jahrgänge, angeblich 16 000 Mann, kamen nur für Besatzungs- oder Verteidigungszwecke in Betracht. Aber die Flotte mit ihren 300 Trieren war ein imponierendes Kriegsinstrument, dazu kamen noch die Kontingente von Chios und Lesbos und die Schiffe der neuen Verbündeten im Ionischen Meer, von Korkyra, Kephallenia (s. S. 159) und Zakynthos. Die Flotte hielt mit leichter Mühe die Schiffahrtsstraße nach Athen offen und verbürgte dadurch die Einfuhr der lebenswichtigen Güter in Athen.
Es war Perikles' Absicht, zu Land in der Verteidigung zu bleiben, zur See sollte dagegen die Offensive ergriffen werden, man wollte die Peloponnesier durch überraschende Landungen an ihren Küsten beunruhigen. Dieser Plan stellte natürlich an die Disziplin und Hingabe der Athener große Anforderungen. Da mit einem Einfall des überlegenen peloponnesischen Bundesheeres gerechnet werden mußte, hatte man Vorsorge für die Räumung Attikas getroffen. Die gesamte Landbevölkerung sollte in dem Raum zwischen den Schenkeln der Langen Mauern untergebracht werden, während das flache Land, mit Ausnahme von ein paar Kastellen, den Peloponnesiern überlassen werden sollte. Athen, die Langen Mauern und der Hafen Piräus bildeten eine einzige riesige Festung, ihre Verteidigung wurde den Hopliten der älteren Jahrgänge überlassen, während das Feldheer für die Operationen gegen die Peloponnesier frei blieb. Mit der Flotte konnte man das Feldheer notfalls auch in überseeische Gebiete dirigieren, wenn die Kriegslage dies erforderte. An eine Niederwerfung des Gegners wagte in Athen niemand zu denken, nur eine Ermattungsstrategie konnte hier zum Ziele führen.
Der Peloponnesische Krieg ist ein griechischer Bruderkrieg. An dieser Tatsache wird auch dadurch nichts geändert, daß sich auswärtige Mächte (Makedonien, später auch das Perserreich) in den Krieg einmischten. Mit Überraschung und Bestürzung muß man jedoch feststellen, daß die Idee der völkischen Zusammengehörigkeit aller Griechen von keiner Seite während der nahezu drei Jahrzehnte dauernden Auseinandersetzung aufgegriffen worden ist. Dies findet seine Erklärung vor allem in der Autonomie der griechischen Gemeindestaaten und in dem an die engere Heimat gebundenen Patriotismus ihrer Bewohner. Es sind die scharfen Gegensätze zwischen den Griechen gewesen, die für den Konflikt maßgebend waren: der Handelsneid Korinths, die Unterdrückung Megaras, überhaupt die Furcht

der Peloponnesier vor einer weiteren Expansion Athens, das, dem weltumspannenden britischen Imperium vergleichbar, sich überall wichtige Stützpunkte gesichert hatte: in Thessalien, in Thrakien, am Hellespont und Bosporus, an der kleinasiatischen Westküste, auf den Inseln der Ägäis, im Ionischen Meer und sogar an der Straße von Messina und auf Sizilien. So weit das Meer reichte, überall zeigte sich die athenische Flagge, sie wurde in aller Welt geachtet und gefürchtet. Es konnte niemandem unter den Peloponnesiern, am wenigsten den Lakedämoniern, verborgen bleiben, daß einmal der Zeitpunkt kommen mußte, an dem in der griechischen Welt nichts mehr ohne die Zustimmung oder die ausdrückliche Billigung Athens geschehen konnte. Auch in Sparta gab es einsichtige Politiker, die es für ihre Pflicht hielten, hiergegen Abhilfe zu schaffen, solange es noch nicht zu spät war. Von Sparta und den anderen Peloponnesiern aus gesehen, war es ein präventiver Krieg: die Machtstellung Athens sollte auf ein für die Peloponnesier tragbares Maß zurückgeschraubt werden. Im übrigen wird man kaum von Anfang an mit einem vollständigen Sieg der peloponnesischen Waffen gerechnet haben.

Der erste Abschnitt, der Archidamische Krieg, dauerte zehn Jahre, von 431 bis 421. Er trägt seinen Namen nach dem Spartanerkönig Archidamos, der das Aufgebot der Peloponnesier nach Attika geführt hat, obwohl er selbst nicht kriegsbegeistert war. Begonnen wurden die kriegerischen Aktionen mit einem nächtlichen Überfall der Thebaner auf Platää (März 431). Zwischen beiden Städten bestanden seit längerem starke Spannungen. Theben strebte nach der Ausdehnung und Abrundung des von ihm geführten Böotischen Bundes und wollte auf das mit Athen befreundete Platää nicht verzichten. Die Absichten der Peloponnesier wurden durch die Existenz einer ihnen freundlich gesinnten Gruppe in Platää begünstigt. Der Überfall selbst schlug jedoch fehl, die in die Stadt eingedrungenen Thebaner wurden gefangengenommen und, 180 an der Zahl, entgegen dem ausdrücklich gegebenen Versprechen hingerichtet. Auf das Hilfegesuch der Platäer legten die Athener eine Besatzung in die Stadt, die Frauen und Kinder wurden evakuiert, die Stadt selbst auf eine Belagerung vorbereitet. Die Ereignisse von Platää waren ein offener Bruch des 30jährigen Friedens.

Im Mai 431, also nur zwei Monate später, erschien das Heer der Peloponnesier auf attischem Boden, Archidamos, der König der Lakedämonier, machte noch einmal den Versuch, Athen zu Zugeständnissen zu bewegen. Perikles bleib jedoch fest, man hatte sogar einen Volksbeschluß erlassen, der es untersagte, unter dem Druck der Waffen des Feindes zu verhandeln. Die Athener brachten ihre Familien und ihren wertvollsten Besitz

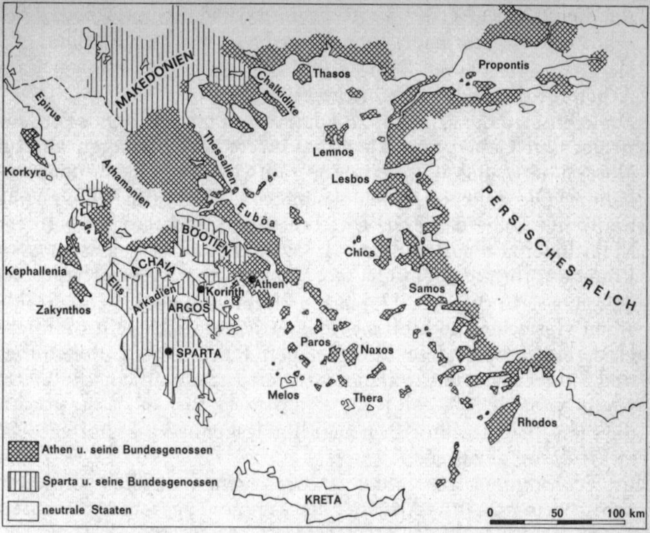

Abb. 13: Griechenland am Vorabend des Peloponnesischen Krieges

in den Raum zwischen den Langen Mauern in Sicherheit. Hier wurde die gesamte attische Bevölkerung in Notquartieren, auf engstem Raum zusammengedrängt, untergebracht. Es war eine harte Probe ihrer Standhaftigkeit, als sie von den Zinnen der Mauern zusehen mußten, wie die Kornfelder Attikas in Flammen aufgingen und auch die Weinstöcke und die Olivenkulturen durch die Peloponnesier vernichtet wurden. Als die Lebensmittel den Peloponnesiern ausgingen, rückten sie näher an Böotien heran und traten schließlich den Rückzug in ihre Heimat an, die Kontingente der einzelnen Staaten wurden nach Hause entlassen. Der Feldzug hatte nur einen einzigen Monat gedauert. Der Gegenschlag der Athener bestand in der Entsendung einer Flotte von 100 Trieren gegen die Küste der Peloponnesos. Auf den Schiffen befanden sich 1000 Hopliten und 400 Bogenschützen. Ein Anschlag auf Methone schlug fehl, da die Spartaner hier in Brasidas einen hervorragenden Führer hatten, mit einer Landung auf dem Gebiet von Elis hatte man dagegen mehr Glück. Viel gefährlicher als diese Politik der Nadelstiche war der Einbruch der athenischen Flotte in das Ionische Meer, wo sich die Insel Kephallenia bald den Athenern anschloß. Im Saronischen Golf vertrieb Perikles die Einwohner von Ägina, sie durften sich mit Zustimmung der Spartaner in der Landschaft Thyreatis ansiedeln. Diese Umsiedlung ist ein Lichtblick griechischer Humanität in den Greueln des Peloponnesischen Krieges. Ganz anders handelten die Athener später, im Jahr 424, als Nikias in Thyrea landete und die Ägineten gefangen nach Athen führte, wo sie hingerichtet wurden.

Die Aktionen der Athener zu Land waren unbedeutend. Perikles richtete im Gebiet von Megara schwere Verheerungen an. Im Norden der Ägäis wurde immer noch vor der Stadt Potidäa gekämpft. Die Athener hatten sie eingeschlossen, ihr Fall war nur noch eine Frage der Zeit. Unterstützung fand Potidäa bei dem Makedonenkönig Perdikkas II., während die Athener in dem König der thrakischen Odrysen, Sitalkes, einen wertvollen Bundesgenossen erhielten. Durch die Verbindung mit dem thrakischen Herrscher erschloß sich den Athenern ein weites Hinterland, das inbesondere durch seinen Reichtum an Rohstoffen und Sklaven von unschätzbarem Wert für die athenische Wirtschaft war. Jedoch sind die überschwenglichen Hoffnungen, die man in Athen an den neuen Bundesgenossen knüpfte, nicht in Erfüllung gegangen.

Im Frühsommer des Jahres 430 erschienen die Peloponnesier zum zweitenmal in Attika. Nur wenige Tage später erschien ein anderer, gleichfalls ungebetener Gast: es war die Pest, die, aus Übersee eingeschleppt, in Athen die furchtbarsten Verluste verursachte. Die Seuche fand in der vollständig überfüllten Stadt nur zu reiche Nahrung. Thukydides hat die Krankheit ausführlich beschrieben (II 48—54), wobei er bemerkt, daß er selbst von der Seuche ergriffen worden sei und andere, die an ihr litten, gesehen habe. Wenn wir ihm Glauben schenken dürfen, so hätte sich die Seuche zuerst in Äthiopien, dann in Ägypten und Libyen, später in Vorderasien gezeigt, sie sei zu Schiff in den Piräus eingeschleppt worden. Dank der Beschreibung des Thukydides sind wir über den Verlauf der Krankheit genau im Bild. Sie begann mit starker Hitze im Kopf, mit Brennen in den Augen, wobei sich bald Übelkeit einstellte, dazu kamen starke Konvulsionen und ein hohles Schlucken. Die Haut bedeckte sich mit Geschwüren, die Kranken litten an furchtbarem Fieber, an Unruhe und Schlaflosigkeit. Bei den meisten trat die Krisis am siebten oder am neunten Tag ein. Wer sie überlebte, bei dem zog sich die Krankheit in den Unterleib, die Menschen wurden von Eiterungen und Durchfällen gequält und starben aus Entkräftung. Wer auch dieses Stadium noch überstand, der trug an den Extremitäten Spuren der Krankheit davon, manche büßten Gliedmaßen oder sogar die Augen ein, andere verloren das Gedächtnis. Mehrfache Erkrankungen scheinen nicht vorgekommen zu sein. Gegenüber der Seuche erwies sich jede ärztliche Hilfe als vergeblich. Auch die heutige Wissenschaft ist nicht imstande, die Krankheit mit Sicherheit zu

definieren. Beulenpest und Fleckfieber scheinen nicht in Betracht zu kommen, man kann nur sagen, daß es sich um eine schlimme Infektionskrankheit gehandelt haben muß.
Die Pest wütete in Athen zwei Jahre lang, sie griff auch auf andere Gebiete über; so ist für das Jahr 436 in dem fernen Rom eine Seuche bezeugt, die zweifellos mit der Pest in Athen identisch ist. Hieraus ergibt sich übrigens, daß die vulgäre Chronologie des Livius (IV 21) an dieser Stelle um sechs Jahre zu hoch liegt. In Athen raffte die Pest in vier Jahren (430, 429, 426, 425) ein Drittel der attischen Bevölkerung dahin. Ebenso schwer wie die Menschenverluste war ihre Wirkung auf die Moral der Athener. Gleichgültigkeit und Rücksichtslosigkeit, anderseits aber auch Leichtsinn und Genußsucht griffen um sich, je mehr die Krankheit sich verbreitete.
Auf die Kunde von dem Ausbruch der Epidemie räumten die Peloponnesier unverzüglich Attika. Abgesehen von geringen Ausnahmen (Phigaleia), ist die Pest in der Peloponnesos auch nirgends aufgetreten, freilich hatte man seine Zuflucht zu sehr drastischen Maßnahmen genommen: jeder Athener und jeder Angehörige des Seebundes, der in die Hände der Peloponnesier fiel, wurde auf der Stelle umgebracht. In Athen richtete sich der Zorn der Menge gegen Perikles, dessen Kriegsplan durch die Konzentration der attischen Bevölkerung im Bereich der Langen Mauern der Seuche reiche Nahrung gegeben habe. Zuerst versuchte man, mit Sparta zum Frieden zu kommen; als dies an den Forderungen der Lakedämonier scheiterte, setzte die Opposition, getragen von der Sympathie der Bevölkerung, zum Hauptangriff auf Perikles an. Auf Grund eines Volksbeschlusses wurde er als Stratege abgesetzt, außerdem wurde er der Unterschlagung öffentlicher Gelder angeklagt und zu einer Geldbuße verurteilt. Im übrigen war dieser Vorwurf höchstwahrscheinlich ganz unbegründet, denn wenn einer, so hat sich Perikles davor gehütet, sich auf Kosten der Allgemeinheit zu bereichern.
Mit der Kapitulation von Potidäa nach zweijähriger Belagerung im Frühjahr 429 hatte Athen im Norden der Ägäis einen bedeutenden Erfolg zu verzeichnen. Die Bedingungen, die Potidäa zugestanden wurden, waren sehr mild: dem einzelnen wurde es gestattet, mit seiner Familie die Stadt zu verlassen, dabei durften die Männer ein Gewand, die Frauen deren zwei mitnehmen, außerdem Zehrgeld. Den Aufenthalt durften sie frei wählen. Der Erfolg der Athener wurde aber dadurch wieder aufgehoben, daß wenige Monate später das attische Hoplitenheer im Kampf mit den Chalkidiern bei Spartolos eine Niederlage erlitt. Es ist dies das erste Treffen, in dem Reiterei und Peltasten (Leichtbewaffnete) die Oberhand über Hopliten behielten.

Bei den Strategenwahlen im Frühjahr 429 war Perikles wieder zum Zug gekommen, aber es war zu spät. Von der Krankheit gezeichnet, nach dem Verlust seiner beiden legitimen Söhne, war er bereits ein gebrochener Mann, und nach nur drei Monaten Amtszeit war er tot (Sommer 429). Mit ihm wurde eine ganze Epoche zu Grabe getragen, der er den Stempel seines Genius aufgedrückt hatte. Politische Erben im eigentlichen Sinn hatte Perikles nicht hinterlassen. An seine Stelle traten nun Politiker vom Schlage eines Eukrates, Lysikles und Kleon, alles Männer, die als Gewerbetreibende die Nachteile des Krieges weniger zu spüren bekamen als die Bauern, deren Felder immer wieder von den Peloponnesiern niedergebrannt wurden. Eukrates betrieb eine Mühle und ein Hanfgeschäft, Lysikles, der später Aspasia heiratete, war Viehhändler, Kleon, der bedeutendste in diesem Triumvirat, besaß eine Gerberei und eine Lederhandlung. Zu den drei Männern trat später noch Nikias, der Sohn des Nikeratos, hinzu, der sich im Archidamischen Krieg mehrfach auszeichnete. Doch auch Nikias war kein Perikles, insbesondere war auch er nicht imstande, auf politischem Gebiet jenen Einfluß auszuüben, der nötig gewesen wäre, um den Krieg mit einem für Athen günstigen Ausgang zu beenden.
Zu den glänzendsten Taten der attischen Seegeschichte gehören die Operationen des Phormion im Golf von Korinth (429). Trotz zahlenmäßiger Überlegenheit der Gegner konnte Phormion eine Seesperre in der Enge von Rhion errichten und aufrechterhalten und dadurch den größten Teil der peloponnesischen Flotte im Golf einschließen, sie fiel für die Operationen auf dem Meer aus. Nach einem Abstecher nach Akarnanien, wo in verschiedenen Gemeinden athenische Parteigänger an die Macht gelangten, wie z. B. in Stratos, kehrte Phormion über Naupaktos (Lepanto) nach Athen zurück. Trotz seiner unbezweifelbaren Erfolge wurde er wenig später in Athen vor Gericht gestellt und zu einer Geldbuße verurteilt. Da er sie nicht bezahlen konnte, verfiel er der Atimie (Ehrlosigkeit) und hat nie wieder ein Kommando innegehabt.
Das Jahr 428 brachte für Athen eine sehr gefährliche Krise. Die reiche Insel Lesbos fiel (mit Ausnahme der Stadt Methymna) von den Athenern ab. Lesbos war ein halbes Jahrhundert lang einer der treuesten Bundesgenossen der Athener gewesen. Für Athen kam der Abfall sehr ungelegen, denn er konnte leicht weitere Kreise ziehen und die athenische Herrschaft an der kleinasiatischen Küste und am Hellespont in Frage stellen. Lesbos fand Anschluß an Sparta, es wurde sogar in aller Form in den Peloponnesischen Bund aufgenommen. Doch ließen es die Peloponnesier an wirksamer Hilfe sehr fehlen. Die Athener dagegen entsandten den Strategen Paches nach Lesbos. Er führte

1000 Hopliten auf den Schiffen mit; Ruderer waren offenbar nicht vorhanden, da die Hopliten selbst zu den Riemen greifen mußten. Paches schloß die Stadt Mytilene durch eine Mauer ein. Die Expedition kostete teures Geld, man mußte, zum erstenmal im Krieg, zur Ausschreibung einer direkten Vermögenssteuer *(eisphorá)* übergehen, die 200 Talente einbrachte. Auch die Tribute wurden mit besonderer Strenge von den Verbündeten eingetrieben. Bereits bei dem Beschluß über die Vermögenssteuer hatte Kleon sehr aktiv mitgewirkt, im nächsten Frühjahr wurde er zum Hellenotamias gewählt, in anderen wichtigen Positionen erscheinen Nikias, Eurymedon und Demosthenes, alle drei als Strategen. In Mytilene wartete man vergeblich auf die Hilfe der Peloponnesier. Ihr Flottenführer, Alkidas, hatte nicht den nötigen Mut, außerdem versagte das Nachrichtensystem vollkommen, erst in der Nähe von Erythrai an der kleinasiatischen Küste erhielten die Peloponnesier zuverlässige Nachrichten darüber, daß Mytilene bereits vor einer Woche kapituliert habe (Juli 427). Der zwischen dem athenischen Strategen Paches und den Mytilenäern abgeschlossene Vertrag ist dem Buchstaben nach ganz unverfänglich (Bengtson, Staatsverträge Nr. 170): die Mytilenäer ergaben sich zwar bedingungslos, Paches verpflichtete sich aber, niemanden von ihnen zu töten, in die Sklaverei zu verkaufen oder ins Gefängnis zu werfen, bevor nicht die Gesandtschaft der Mytilenäer aus Athen zurückgekehrt sei. In Athen gingen die Wogen des Zornes hoch. In einer dramatischen Volksversammlung wurde auf Antrag des Kleon beschlossen, sämtliche erwachsenen Mytilenäer hinzurichten, die Frauen und Kinder in die Sklaverei zu verkaufen. Am nächsten Tag revidierte man den ungeheuerlichen Beschluß: es sollten nur die von Paches nach Athen gesandten Mytilenäer sterben, insgesamt 1000. Die hohe Zahl, die im Text des Thukydides steht (III 50,1), ist von jeher ein Stein des Anstoßes gewesen, man hat an eine Verschreibung gedacht, statt A (1000) müsse vielmehr Λ (30) gelesen werden. Die Frage wird unentschieden bleiben müssen, es sei denn, daß sie eines Tages durch urkundliches Material entschieden werden kann. Die Städte von Lesbos verloren mit Ausnahme von Methymna, das den Athenern treu geblieben war, ihre Selbständigkeit, das Landgebiet wurde ihnen genommen und athenischen Kleruchen zugeteilt.

Nur wenig später, noch im Hochsommer 427, ging auch die Belagerung von Platää zu Ende; die unglückliche Stadt war seit dem Sommer 429 von Peloponnesiern und Böotern belagert worden, Athen war außerstande gewesen, der befreundeten Gemeinde zu helfen. Es war nur eine kleine Schar, die sich immer noch in der Stadt hielt, nachdem die Hälfte der Besatzung,

insgesamt 212 Mann, nach einem geglückten Durchbruch sich nach Athen durchgeschlagen hatte (Winter 428/27). Die Spartaner hätten mit leichter Mühe die Stadt durch einen Sturmangriff nehmen können, aber sie scheuten davor zurück, da sie damit rechneten, daß nach dem Friedensschluß die mit Gewalt eingenommenen Orte den früheren Besitzern wieder zurückgegeben werden müßten. Die Spartaner hatten sich im voraus verpflichtet, ein Gericht einzusetzen und nur die Verbrecher unter den Platäern zu bestrafen. Ein regelrechtes Gerichtsverfahren hat jedoch niemals stattgefunden, die spartanischen Richter legten vielmehr jedem einzelnen Gefangenen die verfängliche Frage vor, ob er während des Krieges den Peloponnesiern Wohltaten erwiesen habe. Da niemand diese Frage bejahend beantworten konnte, wurden alle Gefangenen, 200 Platäer und 25 Athener, hingerichtet. Das Verhalten der Spartaner ist ein sprechendes Beispiel für die Kriegspsychose. Daß die Behandlung der Platäer allen Grundsätzen des Völkerrechtes hohnsprach, liegt auf der Hand. Allerdings darf nicht übersehen werden, daß sich auch die Platäer eine flagrante Verletzung des Völkerrechtes hatten zuschulden kommen lassen, als sie die in ihre Stadt eingedrungenen Thebaner, entgegen dem gegebenen Versprechen, umgebracht hatten (s. o. S. 158). Platää aber ging in den Besitz der Thebaner über, es wurde gänzlich zerstört und aus der Reihe der griechischen Gemeinden gestrichen.
Das Jahr 427 ist gekennzeichnet durch den Ausbruch einer oligarchischen Revolution auf Korkyra. Die Insel hatte sich mit Athen verbündet, die Rückkehr der korkyräischen Gefangenen aus der Schlacht bei den Sybota-Inseln aus korinthischem Gewahrsam hatte jedoch den Boden für eine Umwälzung vorbereitet. Die inneren Kämpfe auf Korkyra, die auf beiden Seiten mit größter Erbitterung ausgefochten wurden, sind ein Beweis für den ungeheuren Haß, der sich auf beiden Seiten, bei den Oligarchen wie bei den Demokraten, gegeneinander angesammelt hatte. Auch das Eingreifen von athenischen Streitkräften unter dem Strategen Nikostratos führte nicht zu einer Lösung. Korkyra schloß zwar ein formelles Bündnis mit Athen (Bengtson, Staatsverträge Nr. 172), das an die Stelle der alten Epimachie (s. o. S. 153) trat, aber die Parteikämpfe flammten wieder auf, und unter der stillschweigenden Duldung des Atheners Eurymedon wütete in Korkyra die Mordgier der Demokraten, der zahlreiche Andersgesinnte zum Opfer fielen.
Kaum war der athenische Einfluß auf Korkyra wiederhergestellt, als die Athener ein Geschwader von 20 Kriegsschiffen auf die Reise nach Sizilien schickten. Das ist die erste sizilische Expedition der Athener, die im Herbst 427 unter dem Befehl des

Laches den Piräus verlassen hat. Diesem Unternehmen geht die berühmte Gesandtschaft des Sophisten Georgias von Leontinoi in Athen voraus. Leontinoi lag damals mit dem mächtigen Syrakus im Krieg. Auf seiten Leontinois standen die chalkidischen Städte Siziliens, dazu noch das dorische Kamarina und endlich Rhegion. Die Syrakusaner wurden durch eine Anzahl dorischer Städte (Gela, Selinūs, Messana, Himera), in Unteritalien durch Lokroi Epizephyrioi unterstützt. Die athenische Flotte ging im Hafen des verbündeten Rhegion vor Anker, vermochte aber, allein schon wegen der geringen Zahl der verfügbaren Trieren, nur wenig zu erreichen. Unter anderem wurde ein Plünderungszug gegen die Liparischen Inseln unternommen, die mit Syrakus verbündet waren. Als im folgenden Jahr (426) auch die Stadt Messana auf die Seite der athenischen Koalition überging, kontrollierten Athen und seine Bundesgenossen die Meerenge zwischen Italien und Sizilien. Halikyai (im Westen Siziliens) schloß mit Athen einen Bündnisvertrag, von dem wenige Buchstaben erhalten sind (Bengtson, Staatsverträge Nr. 174). Auch der Vertrag mit Segesta wurde von Laches erneuert. Was haben die Athener im Westen gewollt? Es besteht kein Zweifel, daß sie vor allem die Verbindungen zwischen Korinth und Syrakus treffen wollten. Außerdem mußten die Athener immer damit rechnen, daß die Syrakusaner den Peloponnesiern Kriegsschiffe senden konnten, die eine wesentliche Verstärkung der gegnerischen Flotte bedeutet hätten. Die Aufgabe des Laches war es, die Syrakusaner auf der Insel Sizilien festzunageln und dem Einfluß der Peloponnesier, insbesondere der Korinther, im Westen Abbruch zu tun.

Im Jahr 426 errichteten die Spartaner unweit der Thermopylen in Mittelgriechenland einen Stützpunkt: sie gründeten die Kolonie Herakleia am Oita-Gebirge; ihre Hoffnungen sind jedoch nur teilweise in Erfüllung gegangen, da die Thessaler die Kolonie bitter befehdeten. Überhaupt ist dieses Jahr durch eine Ausweitung des Krieges auf neue Schauplätze gekennzeichnet: die Athener rückten unter Demosthenes und Prokles in Ätolien ein; die Erfolge blieben aber zunächst so gering, daß sich Demosthenes nach dem Ablauf seiner Amtszeit nicht wieder nach Hause traute. Dann aber gelang es ihm, im Bund mit den Akarnanen und Amphilochern die Ambrakioten und Peloponnesier in einer Feldschlacht zu besiegen. Ein voller Erfolg konnte aber nicht erreicht werden, da die bis dahin verfeindeten Westgriechen im Winter 426 miteinander ein Bündnis auf 100 Jahre schlossen, um eine Vorherrschaft Athens zu verhindern (Bengtson, Staatsverträge Nr. 175).

Ein Wendepunkt in der Kriegführung war das Jahr 425. Im Frühjahr ging eine athenische Flotte von 40 Segeln in See, mit der

Aufgabe, Verstärkungen nach Sizilien zu bringen. An Bord befand sich auch Demosthenes, jedoch ohne Kommando. Der strategisch begabte Mann erkannte an der Küste Messeniens die Gelegenheit, durch eine Landung den Spartanern Abbruch zu tun. Als die Flotte wegen eines Sturmes in der Bucht von Pylos (Navarino) Schutz suchen mußte, überzeugte Demosthenes die beiden kommandierenden Strategen Eurymedon und Sophokles, den Sohn des Sostratides, man möge die Halbinsel Koryphasion besetzen, um von hier aus mit den Messeniern in Verbindung zu treten. Während die Masse der Schiffe nach Korkyra weitersegelte, blieb Demosthenes mit fünf Kriegsschiffen und wenigen Hopliten zurück. Die Spartaner hatten mit ihren Gegenoperationen keine glückliche Hand. Sie konnten zwar die Felseninsel Sphakteria im Süden von Pylos besetzen, aber die athenische Flotte, aus Zakynthos zurückgerufen, versperrte die beiden Einfahrten in die Bucht von Pylos und schnitt 420 lakedämonische Hopliten, unter ihnen fast 200 Spartiaten, auf der Insel Sphakteria ab. Angesichts des drohenden Verlustes der ganz unersetzlichen Krieger schloß Sparta für den Raum von Pylos einen Waffenstillstand ab, es war bereit, mit Athen über den Frieden zu verhandeln. Hätte es in Athen einen wirklichen Politiker gegeben, so hätte dieser die Gunst des Augenblickes ergriffen, um mit Sparta und den Peloponnesiern zu einem erträglichen Frieden zu kommen. Der Krieg ging in das siebte Jahr. Zum Unglück aber lag die politische Führung in Athen in den Händen der Radikalen, vor allem des Kleon. Als es nicht gelingen wollte, die auf Sphakteria abgeschnittenen Lakedämonier gefangenzunehmen, beauftragte die athenische Volksversammlung schließlich Kleon selbst, der seinen Mund recht voll genommen hatte, die Sache in Ordnung zu bringen. Die Athener landeten eine vielfache Übermacht auf der Insel und zwangen den Rest, 292 Hopliten, darunter 170 Spartiaten, sich zu ergeben. Der Erfolg geht vor allem auf das Konto des Demosthenes, der Kleon vorzüglich beraten hatte.

Den Ruhm des Tages erntete freilich Kleon. Auf ihn wurden zahlreiche Ehrungen gehäuft, er hat die Gunst des Augenblikkes benutzt, um neue Mittel für die Kriegführung flüssig zu machen. Kleon ließ die Tribute der Bundesgenossen verdreifachen. Die Summe betrug nun 1460 Talente, anderseits wurden auch die Diäten für die Geschworenen von zwei auf drei Obolen täglich erhöht.

Im Kampf gegen die Peloponnesier hatten die Athener auch sonst eine glückliche Hand. Noch im Jahr 425 besetzten sie die Halbinsel Methana bei Troizen, im folgenden Jahr eroberte Nikias die Insel Kythera, von wo aus man dem Handel der Peloponnesier großen Schaden zufügte, endlich fiel noch der Hafen

Nisaia bei Megara in athenische Hand. Auf diese Erfolge fiel ein Schatten durch die athenische Niederlage bei Delion (424). Hier, in Böotien, ist es zur einzigen Feldschlacht zwischen den Gegnern gekommen, dabei behielten die Böoter über die attischen Hopliten die Oberhand. Der Ausgang der Schlacht ist ein schlagender Beweis für die Richtigkeit des Kriegsplanes des Perikles, der zu Land strikte Defensive vorgesehen hatte.
Auch in Sizilien ging es mit dem athenischen Einfluß bergab. Angesichts der athenischen Verstärkungen entschlossen sich die Sikelioten zum Frieden (424), die treibende Kraft war der Syrakusaner Hermokrates. Auf einem Kongreß zu Gela wurde ein allgemeiner Friede abgeschlossen, die Sikelioten forderten Athen auf, dem Frieden beizutreten. Dies ist in der Tat geschehen, danach hat die athenische Flotte Sizilien verlassen; ein mit großen Hoffnungen begonnenes Unternehmen hatte sich als ergebnislos erwiesen. Übrigens ist der innere Hader unter den Griechen Siziliens bald wieder ausgebrochen.
Eine neue Wendung erhielt der Krieg durch den Spartaner Brasidas. Dieser Mann hatte sich bereits mehrfach durch große Kühnheit und Entschlossenheit ausgezeichnet, bei den Kämpfen um Pylos war er schwer verwundet worden. Ihm verdankten es die Peloponnesier, wenn Megara trotz des Verlustes von Nisaia gehalten werden konnte. Brasidas brachte eine neue Idee in die Kriegführung. Bisher hatten die Peloponnesier nahezu Jahr für Jahr Attika verwüstet und sich in der Peloponnesos selbst notgedrungen auf die Verteidigung beschränkt, größere Angriffsoperationen waren nicht unternommen worden. Es war aber nicht zu übersehen, daß Athen eine Achillesferse besaß, sie lag in Thrakien und auf der Halbinsel Chalkidike. Wenn man hier den Hebel ansetzte, so konnte, in Verbindung mit Makedonien, ein größerer Erfolg erzielt werden. Mit 1700 Hopliten zog Brasidas im Herbst 424 vom Isthmos durch Mittelgriechenland zu dem spartanischen Stützpunkt Herakleia, von hier durch Thessalien und Makedonien nach der Halbinsel Chalkidike. Die ersten Städte, die sich auf seine Seite stellten, waren Akanthos und Stageira, der bedeutendste Erfolg war jedoch die Gewinnung von Amphipolis. Gegenüber den ehemaligen Angehörigen des Seebundes verfuhr Brasidas außerordentlich milde. Die Kapitulationsverträge bestechen durch ungewöhnliche Großzügigkeit (Bengtson, Staatsverträge Nr. 181 bis 182). Mit dem Verlust von Amphipolis ist das persönliche Schicksal des Historikers Thukydides verbunden, doch fehlt es an dem nötigen Material, um über seine Schuld oder Unschuld ein Urteil zu sprechen. Durch die Einnahme weiterer Orte, insbesondere von Torone auf der Halbinsel Sithonia, wurde die Stellung Athens in Thrakien stark erschüttert. Zahlreiche Ge-

meinden, die wegen der Tributerhöhung verstimmt und aufgebracht waren, warteten nur noch auf ein Zeichen zum Abfall.
In Athen und in Sparta wurde die Sehnsucht nach dem Frieden immer stärker. Träger dieser Stimmung war in Athen vor allem Nikias, in Sparta der König Pleistoanax. In Sparta hatte man große Sorgen wegen des Schicksals der Pylos-Gefangenen, die von den Athenern als Faustpfand angesehen wurden: man hatte den Spartanern angedroht, sie hinrichten zu lassen, wenn es der Heerbann der Peloponnesier wagen würde, noch einmal in Attika einzufallen. So kam es im Frühjahr 423 zum Abschluß eines Waffenstillstandes zwischen Athen und Sparta, in den die beiderseitigen Verbündeten miteingeschlossen waren (Bengtson, Staatsverträge Nr. 185). Die Urkunde ist bei Thukydides (IV 118) erhalten. Sie gewährt einen interessanten Einblick in die diplomatischen Gepflogenheiten der Griechen. In dem Vertrag wurden Demarkationslinien festgesetzt, im übrigen sollte der Besitzstand der beiden kriegführenden Parteien zugrunde gelegt werden, über strittige Fragen wurde ein Schiedsgerichtsverfahren in Aussicht genommen. Die Hoffnungen, zu einem baldigen Abschluß eines förmlichen Friedensvertrages zu kommen, zerschlugen sich jedoch. Nur zwei Tage später, nachdem man den Waffenstillstand unterzeichnet hatte, fiel auf der Halbinsel Pallene auf der Chalkidike die Stadt Skione ab. Sie hätte den Athenern zurückgegeben werden müssen, dies wurde jedoch von Brasidas verweigert. So ging der Krieg weiter, und durch ein Bündnis mit dem ständig schwankenden König Perdikkas II. von Makedonien und dem Fürsten der Lynkestis, Arrabaios, erhielten die Athener Oberwasser (Bengtson, Staatsverträge Nr. 186). Da erschien Kleon mit einem starken Aufgebot auf dem nördlichen Kriegsschauplatz, der Rückeroberung von Torone folgten weitere beachtliche Erfolge. Zu seinem Unglück ließ sich aber Kleon zu einem Vorstoß gegen Amphipolis verleiten und wurde hierbei von Brasidas überfallen und vollständig geschlagen. Außer Kleon deckten noch 600 attische Hopliten das Schlachtfeld. Der Gegner soll nur sieben Mann eingebüßt haben, unter ihnen befand sich aber auch Brasidas (Herbst 422).
Sowohl in Sparta als auch in Athen hatte die Kriegspartei ihre Führer verloren, in beiden Staaten griff die Friedensstimmung um sich. Sparta hatte Schwierigkeiten auf der Peloponnesos und war außerdem besorgt wegen des Schicksals der Gefangenen, die sich in athenischem Gewahrsam befanden. Es ist vor allem das Verdienst des Nikias, in Athen gegenüber dem Widerstand radikaler Elemente die Voraussetzungen für den Abschluß des Friedens geschaffen zu haben. Er wurde zu An-

fang April 421 rechtskräftig. Abgeschlossen wurde er auf eine Zeit von 50 Jahren. Seine Bestimmungen sind aus der bei Thukydides (V 18) erhaltenen Urkunde (Bengtson, Staatsverträge Nr. 188) bekannt. Der Vertrag sah im wesentlichen eine Wiederherstellung des Vorkriegsbesitzstandes vor: Amphipolis fiel an Athen zurück, die Einwohner der an Athen zurückzugebenden Gemeinden erhielten das Recht, sich neue Wohnsitze zu suchen. Eine Anzahl von Städten der Chalkidier wurde für autonom erklärt, allerdings mit der Auflage, den alten, von Aristeides festgesetzten Tribut (nicht die Beträge der Kleon-Schatzung) an Athen zu entrichten. Athen mußte die an der Küste der Peloponnesos besetzten Punkte aufgeben. Delphi und sein Heiligtum wurden ausdrücklich als autonom proklamiert.

Der Friede des Nikias beendete ein zehnjähriges wechselvolles Ringen ohne eine klare Entscheidung. Beide Gegner hatten ihren Besitzstand im wesentlichen behauptet, doch konnte niemandem verborgen bleiben, daß Athen geschwächt aus dem Krieg hervorgegangen war. Noch waren die großen Menschenverluste durch die Pest nicht verschmerzt, der Tod des Perikles hatte eine unausfüllbare Lücke zurückgelassen. Diese Verluste wurden nicht durch die Stellung aufgewogen, die sich Athen im Ionischen Meer durch den Anschluß der Inseln Korkyra, Kephallenia und Zakynthos aufgebaut hatte. Sie waren zwar die Trittsteine für die Verbindung zwischen Griechenland und Italien, aber jedermann mußte voraussehen, daß Korinth alles versuchen würde, die athenische Herrschaft im Ionischen Meer wieder zu vernichten.

Und in der Tat war nicht nur Korinth über den von Sparta herbeigeführten Frieden äußerst unwillig, es weigerten sich auch Megara, Elis und Böotien, dem Frieden beizutreten. Sparta fühlte sich durch das Verhalten seiner Bundesgenossen isoliert und schloß mit Athen ein Defensivbündnis auf 50 Jahre. Die Vertragschließenden verpflichteten sich, bei Angriffen von dritter Seite einander zu Hilfe zu kommen. Auch für den Fall eines Helotenaufstandes hat Athen den Spartanern seine Hilfe zugesagt (Bengtson, Staatsverträge Nr. 189). Es mag sein, daß es hüben und drüben Männer gegeben hat, die sich eine gemeinsame Herrschaft der beiden Staaten über ganz Griechenland erhofften.

Die Gegenwirkung der ehemaligen spartanischen Verbündeten zeigte sich in dem Abschluß einer umfassenden peloponnesischen Allianz. Ihr gehörten neben Argos, das sich bisher aus allem Streit herausgehalten hatte, Korinth, Elis, Mantineia und außerdem die Chalkidier an. Dieses Bündnis (Bengtson, Staatsverträge Nr. 190) hatte eine geradezu explosive Wirkung. Es

zerriß die Halbinsel in zwei getrennte Teile, denn weder Megara noch Tegea hatten Lust, mit Sparta zu brechen. Im übrigen hatten auch die Böoter zu Argos wenig Zutrauen.
Auch den Athenern ging nicht alles nach Wunsch. Die Spartaner waren einfach nicht in der Lage, selbst wenn sie gewollt hätten, die Bedingungen des Nikiasfriedens zu erfüllen. Vor allem konnte es Sparta nicht vor der Welt auf sich nehmen, seine eigenen widerspenstigen Bundesgenossen, insbesondere Korinth und die Chalkidier, mit Waffengewalt zur Annahme der Friedensbedingungen zu zwingen. Dazu kam, daß in Athen eine politische Richtung Boden gewann, die alles andere als gemäßigt war. Im Frühjahr 420 war Alkibiades, der Sohn des Kleinias, zum Strategen gewählt worden. Alkibiades, im Haus des Perikles aufgewachsen, ist der Typus des Gewaltmenschen, dem im persönlichen Leben und in der Politik jedes Mittel recht war, wenn er nur seine egoistischen Ziele erreichte. Geprägt durch den Geist der Sophistik, ausgestattet mit reichen Geistesgaben, im Umgang mit den Menschen gewinnend und leutselig, hat Alkibiades selbst nüchtern denkende Zeitgenossen durch den von ihm ausgehenden Zauber bestricken können. Sein Ziel war es, Sparta, dessen Widerstandskraft er bei weitem unterschätzte, vollends zugrunde zu richten. Als Mittel sollte die politische Zusammenarbeit zwischen Athen, Argos und den übrigen mißvergnügten Peloponnesiern dienen. Das wechselvolle politische Spiel und Gegenspiel führte zunächst zu einem Bündnis zwischen Sparta und Böotien im Jahr 420 (Bengtson, Staatsverträge Nr. 192) und schließlich, und zwar auf Veranlassung des Alkibiades, um dieses zu übertrumpfen, zu einem Bündnisvertrag auf 100 Jahre zwischen Athen, Argos, Mantineia und Elis (Bengtson, Staatsverträge Nr. 193). Bezeichnend für diese Verträge ist ihr nur vorübergehender Charakter, die politische Konstellation wechselte gewissermaßen von Monat zu Monat. Die Spannung entlud sich in der Schlacht bei Mantineia (August 418); unter Führung des Königs Agis blieb der spartanische Heerbann über das Aufgebot des Sonderbundes Sieger, wodurch die Vorherrschaft der Lakedämonier in der Peloponnesos aufs neue gefestigt wurde. Der Umschwung kommt zum Ausdruck in zwei Bündnisverträgen, die Sparta mit Argos, Perdikkas II. von Makedonien und den Chalkidiern einerseits, mit Mantineia anderseits geschlossen hat (Bengtson, Staatsverträge Nr. 194). Beide Abkommen gehören wohl noch dem Jahr 418 an. Für die Kriegspolitik des Alkibiades war der Wiederaufstieg Spartas ein schwerer Schlag. Es besteht kein Zweifel darüber, daß es gerade seine eigene Politik gewesen ist, welche die Peloponnesier wieder in das spartanische Lager zurückgeführt hatte.

In Athen schien der Gegensatz zwischen Alkibiades und Nikias unüberbrückbar. Krieg oder Frieden, das war die Frage. Da beschloß man, die Entscheidung in der Politik durch das Mittel des Ostrakismos herbeizuführen. Der Ausgang wäre kaum zweifelhaft gewesen, denn die Bauern, die im Kriegsfall für ihre Äcker fürchteten, hätten sicherlich den Ausschlag gegen Alkibiades gegeben. Es ist einzig und allein die Schuld des Nikias, der sich, verleitet durch die Versprechungen des Alkibiades, mit diesem in einem sog. Wahlkartell verbunden hat: die Stimmen der Anhänger des Nikias und des Alkibiades wurden auf diese Weise gegen einen Dritten, Hyperbolos, gelenkt, der auch tatsächlich zur Verbannung verurteilt wurde. Dieser Ostrakismos des Jahres 417 ist ohne Zweifel das Zeichen für eine schwere innere Krise des attischen Staates und der attischen Bürgerschaft. Mit Recht hat Eduard Meyer gesagt: »Die Entscheidung war verhängnisvoll nicht nur für den weiteren Verlauf der Politik, sondern für das ganze Wesen des attischen Staates. Das Sicherheitsventil, das ihn bisher in allen Krisen bewahrt hatte, war unbrauchbar geworden. Die Persönlichkeit hatte über das Staatsganze triumphiert. Indem sie sich zu einer großen Entscheidung nicht mehr fähig erwies, hatte die attische Demokratie sich selbst das Urteil gesprochen.«

Die Politik Athens lag in den Händen des Alkibiades und des Nikias, die beide für das Jahr 417/16 zu Strategen gewählt worden waren. Es ist das athenische Machtstreben gewesen, das im Jahr 416 die Insel Melos gezwungen hat, sich Athen zu unterwerfen. Melos war bisher neutral gewesen; wenn es in einer Tributliste des Jahres 425 verzeichnet steht, so wird man hierin nur einen fiktiven Anspruch Athens sehen müssen. Gegen die ausdrückliche Angabe des Thukydides vermag dieses Zeugnis nicht aufzukommen. Wodurch hatte es Melos verdient, in einer geradezu schändlichen Weise von Athen behandelt zu werden? Die Männer wurden getötet, die Frauen und Kinder in die Sklaverei verkauft. In dem berühmten Melierdialog (V 85 ff.) hat Thukydides es ausgesprochen, daß für die Athener hier Macht vor Recht ging und daß die Melier die Götter umsonst um Hilfe anflehten, auch Sparta werde für die unglückliche Insel keinen Finger rühren. Mit Recht sieht die historische Forschung in der melischen Expedition eine brutale Verkörperung des athenischen Machtwillens, wie er in dieser Form ohne Beispiel ist. Alkibiades, oder wer auch immer den Rat hierzu erteilt haben mag, hat seinem Vaterland keinen guten Dienst erwiesen, er hat seine Stadt und die Waffen, die einst Perikles zur Verteidigung der Heimat geschmiedet hatte, mit Schande bedeckt.

Wenn die melische Expedition dennoch so bald in Vergessenheit geraten ist, so deshalb, weil ein anderes, noch größeres Ereignis sie sehr bald in den Schatten stellte. Dieses Ereignis war die große sizilische Expedition der Athener (415–413). Wie ist es zu diesem verhängnisvollen Unternehmen gekommen? In Sizilien hatte Syrakus mit leichter Mühe seine alte Hegemonie wieder aufgerichtet, es hatte Leontinoi bezwungen und in einem Streit mit Segesta die Oberhand behalten. Der Hilferuf der Leontiner und der Segestaner traf in Athen auf geneigte Ohren. Auch schon früher waren von einzelnen athenischen Politikern, von Kleon und Hyperbolos, weit ausgreifende Eroberungspläne gehegt worden. So hatten die beiden genannten Demagogen allen Ernstes an einen Eroberungskrieg gegen Karthago gedacht. In Athen erweckte die Aussicht, in Sizilien große Reichtümer erwerben zu können, bei der Menge die ausschweifendsten Hoffnungen. Wir lesen bei Plutarch (Leben des Nikias c. 12), daß in Athen jung und alt sich mit Sizilienplänen beschäftigte. In den Palästren, Werkstätten und öffentlichen Plätzen standen diskutierende Gruppen, man entwarf Skizzen von der Insel Sizilien, zeichnete Pläne der dortigen Häfen und Örtlichkeiten. Im Hintergrund stand die Hoffnung, nicht nur Karthago, sondern das ganze westliche Mittelmeergebiet in die Gewalt Athens zu bringen. Daß diese Pläne die Möglichkeiten Athens bei weitem überstiegen, ist niemandem in den Sinn gekommen.
Sollte es wirklich möglich sein, fern von Athen einen durchschlagenden Erfolg zu erreichen, nachdem es nicht einmal gelungen war, im thrakischen Bezirk Ordnung zu schaffen? Denn noch immer gab es auf der Chalkidike so manches für Athen zu tun, und Amphipolis war immer noch nicht wieder in den Seebund zurückgekehrt. Nikias redete seinen Landsleuten mit allem Ernst ins Gewissen, man schickte eine Gesandtschaft nach Segesta, sie kehrte mit großen Hoffnungen und noch größeren Versprechungen zurück. Nun hatte Alkibiades gesiegt, die Volksversammlung beschloß, Segesta die erbetene Hilfe gegen Selinūs zuteil werden zu lassen. Den Befehl über die Expedition übergab man Alkibiades, Nikias und Lamachos; alle drei Strategen wurden für das Unternehmen noch besonders bevollmächtigt. In Athen war man völlig siegesgewiß, nur ein paar unverbesserliche Pessimisten, zu denen auch Sokrates gehört haben soll, waren in Sorge. Von Athen bis Rhegion war es eine Seereise von zehn Tagen, wenn sie ohne Störung verlief. Im Winter mußte jedoch wie gewöhnlich mit einer Unterbrechung der Schiffahrt von mehreren Monaten gerechnet werden.
Unmittelbar vor der Abfahrt der sizilischen Flotte ereignete sich in Athen der Hermenfrevel. Unter dem Schutz der Dunkel-

heit waren die auf den öffentlichen Plätzen und Straßen stehenden Hermen verstümmelt worden. Den Tätern hatte sicherlich jede politische Absicht ferngelegen, es dürfte sich aller Wahrscheinlichkeit nach um eine Schar junger Leute gehandelt haben, die sich in übermütiger Laune, offenbar nach einem Trinkgelage, an den Hermen vergriffen hatte. Unter normalen Umständen wäre es Sache der ordentlichen Gerichte gewesen, sich mit dem Bubenstreich zu beschäftigen. In der Siedehitze der politischen Hochspannung witterte man in Athen jedoch hinter dem Vergehen einen regelrechten Staatsstreich und ließ durch den Rat eine außerordentliche Untersuchungskommission von zehn Männern einsetzen. Über die Täter brachten auch sie nichts in Erfahrung. Dagegen wurde Alkibiades denunziert, er habe in seinem Hause die heiligen Mysterien von Eleusis profaniert: es muß zweifelhaft scheinen, ob diese Anschuldigung berechtigt war; daß man Alkibiades die Tat zutraute, ist bezeichnend. Obwohl er von sich aus dringend darum ersuchte, die Angelegenheit umgehend zu klären, verschob man dies bis zur Rückkehr der sizilischen Flotte. So blieb Alkibiades im Kommando.

Es war eine imponierende Streitmacht, die sich zu Schiff auf die weite Reise nach Sizilien begab. Insgesamt waren es 134 Trieren mit einer Besatzung von ungefähr 20 000 Mann. Außerdem hatte die Flotte 5100 Hopliten, dazu noch 1300 Mann leichte Truppen an Bord. Das Landheer war für einen großen Krieg natürlich nicht ausreichend, aber die Flotte war dem potentiellen Gegner auf Sizilien, den Syrakusanern, weit überlegen, und außerdem hatten die Athener in der Rüstung einen entscheidenden Vorsprung.

Im Westen wurden die Athener sehr kühl aufgenommen, die Städte Tarent und Lokroi in Unteritalien stellten sich feindlich, und auch in Rhegion waren die Athener nicht gerade willkommen. Die griechischen Städte Siziliens zögerten, sich offen für die Athener zu erklären. Erst als Katana ihnen die Tore öffnete, konnte man die Flotte von Rhegion nach Sizilien überführen, es begannen die ersten Kämpfe mit den Syrakusanern. Verhängnisvoll wurde die Abberufung des Alkibiades, der die Seele des Unternehmens gewesen war. Thessalos, der Sohn des Kimon, hatte ihn wegen des Mysterienfrevels angezeigt, die Athener entsandten das Depeschenboot ›Salaminia‹ nach Sizilien, um Alkibiades zurückzuholen. Aber man hatte die Rechnung ohne den Wirt gemacht: Alkibiades folgte der ›Salaminia‹ auf einer eigenen Triere bis Thurioi, dort aber ging er an Land, über Elis kam er nach Argos, und nachdem ihn die Spartaner wissen ließen, daß er von ihnen nichts zu befürchten habe, begab er sich nach Lakedaimon.

In Sizilien landete die athenische Flotte in der großen Bucht südlich von Syrakus. Sie mußte diese Stellung aber nach einem unglücklichen Treffen mit den Syrakusanern, in dem sich das Fehlen der Reiterei bei den Athenern bemerkbar gemacht hatte, wieder aufgeben. In Syrakus wurde mit verdoppeltem Eifer gerüstet, Boten gingen nach Sparta mit der Aufforderung, den Krieg gegen Athen unverzüglich wieder aufzunehmen. Aber noch waren die Prüfungen nicht beendet: Nikias begann nach einem Sieg über die Syrakusaner mit der Belagerung der Stadt, sie wurde durch ein System von Belagerungswerken von der übrigen Halbinsel abgeschnitten, die Syrakusaner setzten sich mit Gegenwerken zur Wehr, ohne sich jedoch aus der Umklammerung befreien zu können.
Verhängnisvoll sollte sich das gleichzeitige Eingreifen Athens in *Karien* erweisen. Hier unterstützte Athen die Erhebung des Dynasten Amorges gegen den persischen Großkönig. Es verstieß damit in aller Öffentlichkeit gegen den Frieden des Kallias. Irgendwelche Skrupel sind den Athenern aber nicht gekommen.
Auf das Hilfegesuch der Syrakusaner vom Winter 415/14 entschloß sich Sparta zum Krieg gegen Athen. Der Entschluß wurde den Spartanern keineswegs leicht gemacht, es ist vor allem Alkibiades gewesen, der die Spartaner hierzu überredete. In der Tat, wenn Sparta es duldete, daß Athen in Sizilien nicht nur das dorische Syrakus überwältigte, sondern die Hegemonie über die ganze Insel errang, so war es mit dem Ansehen Spartas bei den Bundesgenossen vorbei, die Lakedämonier dankten als Großmacht ab und fielen in die Rolle eines peloponnesischen Kleinstaates zurück. Außerdem ließen sich die Athener schon im Jahr 414 Übergriffe gegen spartanische Küstenorte zuschulden kommen, als Sparta im Krieg mit Argos lag. Die Spartaner entsandten Gylippos nach Syrakus, sie bewiesen damit eine sehr glückliche Hand. Gylippos gelang es, vor den Athenern die Meerenge von Messina zu passieren, in Himera ging er an Land und schlug sich mit Hilfstruppen nach Syrakus durch, und Nikias wagte es nicht, ihn zum Kampf zu stellen. Seit dieser Zeit ging es mit den Athenern vor Syrakus bergab. Zu Anfang des Winters 414 traf in Athen eine Botschaft des Nikias ein, in ihr wurde dringend darum gebeten, das Unternehmen entweder abzubrechen oder ausreichende Hilfe nach Syrakus zu entsenden. Für die Athener war diese Nachricht ein harter Schlag, aber sie ließen sich vorerst in ihren Hoffnungen noch nicht erschüttern. Während in Athen die Arsenale und die Werften von dem Lärm der Rüstungen für Sizilien widerhallten, rückte das Heer der Peloponnesier unter dem Spartanerkönig Agis in Attika ein (Frühjahr 413). Die Peloponnesier befestigten den Ort Dekeleia und belegten ihn mit einer Besat-

zung. Dies geschah auf den Rat des Alkibiades, der seine persönliche Rachsucht allen anderen Regungen vorangestellt hatte. Athen war nun nicht mehr Herr im eigenen Haus, die Streifzüge der Peloponnesier beunruhigten ganz Attika, nur Eleusis und Salamis konnten geschützt werden. Zu der Verwüstung des attischen Fruchtlandes gesellte sich ein empfindlicher Rückgang des gewerblichen Lebens, nicht weniger als 20 000 Sklaven, viele davon aus den Bergwerken des Laureion-Gebirges, liefen davon, und für die Lebensmittel war man gänzlich auf Einfuhren angewiesen.

Wie wenig damals Menschenwürde und Humanität geachtet wurden, zeigen Ereignisse, die sich in dem kleinen böotischen Ort Mykalessos im Jahr 413 abgespielt haben. Die Athener hatten eine thrakische Söldnertruppe angeworben, insgesamt 1300 Mann. Ursprünglich dazu bestimmt, sich mit Demosthenes nach Sizilien einzuschiffen, wurde die Truppe wieder zurückgeschickt, da ihr Unterhalt zu große Kosten verursachte und da man bereits über genügend Mannschaften verfügte. Nach der Durchfahrt durch die Meerenge zwischen Böotien und Euböa wurde die Truppe durch den Athener Dieitrephes nach Mykalessos dirigiert (vorher hatte sie in der Umgebung von Tanagra Schaden angerichtet), sie setzten sich in den Besitz des Ortes, dessen Mauern in schlechtem Zustand waren, auch das Stadttor war in sträflichem Leichtsinn nicht verschlossen. Die Thraker töteten buchstäblich die gesamte Bevölkerung, wobei weder Frauen noch Kinder, ja nicht einmal das Vieh verschont wurde. Wir hören davon, daß die Thraker in eine Schule eindrangen und alle Kinder ohne Ausnahme erschlugen. Die herbeieilenden Thebaner verfolgten die thrakische Räuberbande bis zum Euripos, wobei zahlreiche Thraker bei dem Versuch, zu den Schiffen zu gelangen, den Tod fanden, da sie nicht schwimmen konnten. Wer diesen Bericht bei Thukydides (VII 29—30) liest, der wird etwas von dem Unwillen des Historikers über die widerwärtige Freveltat verspüren, die leider im Peloponnesischen Krieg nicht vereinzelt ist.

Beide Seiten schafften unterdessen Verstärkungen nach Sizilien. Das Aufgebot der Athener unter Demosthenes war außerordentlich stattlich. Demosthenes konnte unter seinem Befehl 73 Trieren, auf ihnen ein Landheer von 5000 Hopliten und zahlreichen Leichtbewaffneten, vereinigen, ein Kontingent von insgesamt etwa 20 000 Mann. In Athen setzte man allerdings mit dieser Hilfesendung alles auf eine Karte: wenn diese Karte nicht stach, so war nicht nur die sizilische Expedition, sondern auch Athen selbst verloren.

Vor Syrakus hatte sich das Blatt inzwischen gewendet (Frühjahr 413). Gylippos hatte einen nächtlichen Überfall auf die

Kastelle der Athener beim Plemmyrion durchgeführt, die Athener sahen sich in die Verteidigung gedrängt. Anderseits hatte Demosthenes bei einem nächtlichen Überfall auf das Kastell Euryalos kein Glück, da die Syrakusaner sich nach anfänglichem Schrecken ein Herz faßten und die Athener von den Höhen wieder herunterwarfen. Demosthenes hätte nun am liebsten das ganze Unternehmen abgebrochen, aber sein Mitfeldherr Nikias widersetzte sich, so daß mehrere Wochen in völliger Untätigkeit verrannen. Als Nikias endlich in die Abfahrt einwilligte, trat eine Mondfinsternis ein (27. August 413), worauf der abergläubische Nikias die Abfahrt um einen vollen Monat zurückstellte. Bei einem Durchbruchsversuch ging fast die Hälfte der athenischen Flotte im Hafen verloren, vielleicht hätte ein erneuter Versuch zum Ziel geführt, aber die Athener waren bereits so sehr entmutigt, daß sie zur See nicht mehr kämpfen wollten. So blieb nur noch der Landweg übrig, und wenn die Schwierigkeiten auch beträchtlich waren, so hätte man doch einen großen Teil des Heeres retten können, wäre man unverzüglich zur Ausführung des Unternehmens geschritten. Aber man ließ kostbare Stunden verstreichen, und unterdessen war es den Syrakusanern wirklich gelungen, die Wege ins Innere der Insel zu versperren. Es war immer noch eine recht stattliche Schar (Thukydides beziffert sie auf 40 000 Mann), die zunächst den Weg nach dem Westen, den Anapos aufwärts, einschlug. Wegen des Widerstandes der Syrakusaner mußte man aber die Marschrichtung bald ändern und in der Nacht zum sechsten Tag nach Süden abbiegen. Ein Versuch, das Meer zu erreichen, scheiterte vollständig.

Zuerst wurde Demosthenes mit der Hauptmasse des sich immer mehr auflösenden Heeres ereilt; zwei Tage später geriet am Assinaros der Rest der Athener unter Nikias in Gefangenschaft (Herbst 413). Man warf die Gefangenen in die Steinbrüche von Syrakus, die meisten von ihnen kamen durch die Unbilden der Witterung ums Leben. Nikias und Demosthenes wurden hingerichtet. Das ist das Ende der großen sizilischen Expedition, die von den Athenern auf Anraten des Alkibiades mit so überschwenglichen Hoffnungen begonnen worden war.

Der Ausgang des Feldzuges ist ein Beispiel für eine unzulängliche politische und militärische Führung. Gewiß ist Nikias nicht allein an dem Mißerfolg schuld, aber er ist dafür verantwortlich, daß die Expedition nicht abgebrochen wurde, als dazu noch Zeit war. Entschuldigt wird sein Verhalten bis zu einem gewissen Grad dadurch, daß die Expedition im Jahr 415 gewissermaßen ins Blaue hinein unternommen worden war. In Athen regierte eben nicht die Sachkenntnis, es waren Wunschträume, Hoffnungen und Spekulationen, die dem entscheidenden Beschluß der Volksversammlung zugrunde lagen, und es ist geradezu tragisch, zu sehen, wie Nikias durch seine gutgemeinte Forderung, die Zahl der Schiffe und der Mannschaften beträchtlich zu erhöhen, entscheidend zu dem von vornherein verfehlten Unternehmen beigetragen hat. Athen hatte wegen des Seebundes und wegen seines Verhältnisses zum Perserreich allen Grund, mit größter Zurückhaltung zu verfahren. Ein Unternehmen, das schließlich nahezu 50 000 Menschen das Leben oder die Freiheit kostete, erscheint um so weniger gerechtfertigt, als es von Anfang an jede klare Zielsetzung vermissen ließ. Gewiß haben auch unglückliche Zufälle den Athenern Abbruch getan, auch die Deisidaimonia des Nikias hat sich verheerend ausgewirkt, aber im Grund trifft den Demos von Athen und seine Demagogen der volle Vorwurf, daß sie der Größe der eigenen Vaterstadt in unbegreiflicher Verblendung das Grab geschaufelt haben.

Es war noch ein Glück für Athen, daß sich die Katastrophe in Sizilien am Ende der guten Jahreszeit ereignet hat. So konnte man in Athen während des folgenden Winters (413/12) neue Rüstungen betreiben. Der Verlust der großen Flotte war zwar unersetzlich, doch konnten durch die Mobilisierung der letzten Finanzquellen neue Schiffe auf Kiel gelegt werden. So wurde ein Wertzoll von 5 Prozent auf alle eingeführten und ausgeführten Waren im gesamten Seebundsgebiet erhoben, der von den Untertanen natürlich als besonders drückend empfunden wurde.

In der Zwischenzeit hatten sich im Perserreich Veränderungen vollzogen, die den Beginn einer neuen Ära der Griechenpolitik bezeichnen. Schon im Winter 425/24 war der Großkönig Artaxerxes I. gestorben; seine 40jährige Regierung (465/64–425) war wenig ruhmreich gewesen, immerhin hatte er den Einfall der Athener in Ägypten abwehren und die Insel Cypern dem Reiche erhalten können. Sein Nachfolger war sein Sohn Xerxes II., der aber nur eineinhalb Monate regiert hat. Er wurde durch seinen Bruder Sogdianos gestürzt. Aber auch dieser konnte sich auf dem Thron nicht halten: der Satrap von Hyrkanien, Ochos, sein Stiefbruder, ließ ihn umbringen und nahm selbst unter dem Namen des Dareios II. vom Thron Besitz (424). Von den Vorgängen im Innern des Perserreiches ist nur wenig bekannt, die Quellen verzeichnen in der Regel nur die Haremsintrigen, die in der Tat für den persischen Hof bezeichnend sind. Viel wichtiger als der Großkönig in dem fernen Susa war für die Griechen sein Stellvertreter in Kleinasien, der Satrap von Sardes. Im Jahr 412 war es Tissaphernes, der vor allem als Widersacher des Jüngeren Kyros aus der ›Anabasis‹ des Xenophon bekannt geworden ist. Tissaphernes hatte sich große Ver-

dienste um das Perserreich erworben. Schon vor seiner Ernennung zum Satrapen hatte er sich im Kampf gegen seinen Vorgänger Pissuthnes ausgezeichnet. Er hat sich auch gegen Amorges, einen Abkömmling des Pissuthnes, gewandt, der sich in Karien gegen den Großkönig erhoben hatte. Dabei waren die Athener so unvorsichtig gewesen, Amorges zu unterstützen (s. o. S. 174). Nachdem die athenische Niederlage in Sizilien in ihrem vollen Ausmaß bekannt geworden war, forderte der Großkönig von den kleinasiatischen Griechenstädten den rückständigen Tribut, d. h. er betrachtete sie als Reichsangehörige. Mit den Bestrebungen des Perserkönigs verbanden sich die Ambitionen der Lakedämonier, die nunmehr, nach der sizilischen Katastrophe, überall Anklang fanden. Euböa, Lesbos, Chios, Erythrai und andere Städte Ioniens führten mit Sparta Verhandlungen, in die sich auch die persischen Satrapen, Tissaphernes von Sardes und Pharnabazos von Daskyleion, miteinschalteten. Der Perserkönig war ein sehr wichtiger Bundesgenosse; wenn auch seine Streitkräfte außerhalb Kleinasiens nicht ins Gewicht fielen, so war das persische Gold um so wertvoller, und um Athen endgültig niederzuwerfen, war den Spartanern jedes Mittel recht.
Nachdem Milet in die Hände der Spartaner gefallen war, schlossen diese im Frühjahr 412 einen Vertrag mit dem Großkönig. Die Urkunde wird von Thukydides (VIII 18) im Wortlaut mitgeteilt, es ist der erste der drei zwischen Sparta und Persien abgeschlossenen Verträge (Bengtson, Staatsverträge Nr. 200 bis 202). Die Bedingungen sind für Sparta alles andere als erfreulich: die Lakedämonier mußten auf die Städte und auf alles Land verzichten, das sich im Besitz des Großkönigs und seiner Vorgänger befunden hatte: sie verpflichteten sich außerdem, jedes Eingreifen der Athener in Kleinasien zusammen mit den Persern zu verhindern, der Krieg gegen Athen sollte gemeinsam fortgeführt werden, es wurde untersagt, einen Sonderfrieden abzuschließen.
Die Erwähnung des Tissaphernes, dessen Name in der Vertragsurkunde hinter dem Großkönig erscheint, legt dar, wer für den Abschluß dieses Vertrages verantwortlich gewesen ist In der Tat war Tissaphernes der Gewinnende. Die Peloponnesier verhalfen ihm zu einem Sieg über den Dynasten Amorges in Iasos (Karien). Bald aber stellten sich die ersten Differenzen zwischen den neuen Verbündeten ein, und zwar wegen der Höhe der Soldzahlungen seitens der Perser. Man mußte die Vertragsbedingungen genauer formulieren. Dies ist in dem zweiten Abkommen geschehen (Thukydides VIII 37), aber auch dieser Vertrag hatte keine lange Dauer. Inzwischen hatte Alkibiades, vorher die treibende Kraft bei der Annäherung

zwischen Sparta und Persien, eine neue Wendung vollzogen. Er hatte dem Tissaphernes die Überzeugung beigebracht, daß es keinesfalls im Interesse der Perser liege, wenn diese rückhaltlos für Sparta einträten, im Gegenteil sei ein gewisses Gleichgewicht zwischen Athen und Sparta für die Perser wünschenswert.

Die überragenden Figuren des Geschehens sind seit 412 unzweifelhaft Alkibiades und der persische Satrap Tissaphernes. In Athen dagegen machte sich immer deutlicher das Fehlen einer klaren Konzeption bemerkbar, es fehlte aber auch an einem fähigen Führer, der die Kräfte der Stadt noch einmal zusammenfassen und zu planvollem Einsatz zu bringen vermochte. Der Verlust des größten Teils von Ionien im Jahr 412 war ein schwerer Schlag für Athen, dazu traten auch Knidos und Rhodos auf die Seite der Gegner über, so daß den Athenern nur wenige Inseln, darunter Lesbos und Samos, und ein paar Küstenplätze, vor allem Halikarnassos und Klazomenai, verblieben.

Athen war zu Beginn des Jahres 411 so weit, daß es nur noch einer letzten Kraftanstrengung der Peloponnesier, der Syrakusaner und der Perser bedurft hätte, um es endgültig zu vernichten. Wer anders als die athenische Demokratie hatte diese nicht abreißende Kette von Unglücksfällen zu verantworten? Es war kein Wunder, wenn in Athen die Gegner der Demokratie ihr Haupt erhoben, an ihrer Spitze Antiphon aus Rhamnūs, ein gefeierter Redner. Schon vorher, wahrscheinlich Ende 413 oder zu Beginn des Jahres 412, war in Athen eine Behörde von zehn Probulen (›Vorberatern‹) eingesetzt worden, die einen Teil der ehemaligen Befugnisse des Rates übernahmen. Die oligarchischen Bestrebungen in Athen waren dem Alkibiades nicht unsympathisch, er erhoffte sich durch die Oligarchie eine Rückkehr in seine Vaterstadt. So machte er sich anheischig, ein Bündnis zwischen Athen und Persien zu vermitteln, allerdings unter der Voraussetzung, daß die Demokratie in Athen beseitigt werde. Es scheint aber so, als ob Alkibiades seinen Einfluß auf Tissaphernes überschätzt hätte, denn erst jetzt erfolgte der Abschluß des entscheidenden dritten spartanisch-persischen Vertrages. Erst in diesem Vertrag erscheinen die persischen Subsidien, ferner die Zusage der Perser, ihre Flotte in der Ägäis einzusetzen, was bekanntlich, aus welchen Gründen auch immer, niemals geschehen ist.

In Athen kam es dennoch zum Umsturz, er wird sich aber kaum in so geordneten Formen abgespielt haben, wie dies die bei Aristoteles wiedergegebenen Urkunden vorspiegeln. Die Demokratie wurde zu Grabe getragen, politische Rechte hatten von nun an nur noch 5000 Bürger, der Rat der Fünfhundert wurde dagegen aufgelöst (Mai 411). Die wichtigste Behörde war der neue Rat der Vierhundert, aus seiner Mitte wurden die Strategen und die anderen Beamten gewählt, er war der eigentliche Lenker des attischen Staatswesens. Die Besoldungen wurden abgeschafft, eine wesentliche Entlastung der Staatskasse. Der Sturz der Demokratie ist ein tiefer Einschnitt im athenischen Verfassungsleben; die kleisthenische Staatsordnung war beseitigt, Athen war eine Oligarchie geworden. Ob es politisch klug gewesen ist, zu diesem kritischen Zeitpunkt die Verfassung zu ändern, das war eine Frage, die erst die Zukunft beantworten konnte. In der Tat gab es auf Samos ernsthafte Schwierigkeiten. Hier brach gleichfalls eine oligarchische Revolution aus, die aber von der Masse der athenischen Flottenbesatzungen nicht gebilligt und mit leichter Mühe niedergeschlagen wurde.

Wie labil die Verhältnisse hier waren, zeigt die Tatsache, daß Alkibiades von den Flottenmannschaften auf Samos zum Strategen gewählt wurde. Die faszinierende Persönlichkeit des Mannes, die unglückliche Kriegslage, die ungeklärten politischen Verhältnisse in der Heimat, dies alles wird dazu beigetragen haben, daß man sich Alkibiades in die Arme warf. Die Staatsform Athens war dem Alkibiades im Grund nicht sehr wichtig, allein der neue Rat der Vierhundert war ihm ein Dorn im Auge, er forderte seine Beseitigung und die Wiederherstellung des alten kleisthenischen Rates der Fünfhundert. In Athen begann den Oligarchen der Boden unter den Füßen zu wanken, einer ihrer Führer, Phrynichos, wurde in der Stadt erschlagen. Oligarchen und Demokraten fanden sich in einem Kompromiß: die Herrschaft der 5000 sollte erhalten bleiben, aus ihrer Mitte ein neuer Rat gewählt werden. Weitere Mißerfolge auf den Kriegsschauplätzen, vor allem der Verlust der Gemeinden am Hellespont, dazu der reichen Insel Thasos und schließlich auch des für die Ernährung Athens ganz unentbehrlichen Euböas, trugen entscheidend zum Sturz der Oligarchen in Athen bei. Von nun an lagen alle Entscheidungen bei den 5000 Bürgern, die imstande waren, sich mit Waffen auszurüsten. Sie wählten einen Rat von 400 Mitgliedern, der, gegliedert in vier Sektionen, die laufenden Geschäfte zu erledigen hatte. Aus diesem Rat wurden alle leitenden Beamten des Staates genommen. Außerdem wurde eine Kommission zur Aufzeichnung der Gesetze gebildet. Sie erhielt den Auftrag, das geltende Recht Athens aufzuzeichnen, eine Aufgabe, der sie jedoch nur in ungenügender Weise und unter größtem Zeitverlust nachgekommen ist. Die neue Verfassung begünstigte in entscheidender Weise den Rat der Vierhundert, der als der eigentliche Regent Athens anzusprechen ist. Die Verfassungsänderung ist übrigens dank der Mäßigung des Theramenes ohne jede Gewalttat vor sich gegangen.

Es verdient noch heute unsere Bewunderung, mit welcher Energie sich das schwergeprüfte Athen wieder aufraffte, um mit allen Kräften den Krieg weiterzuführen. Freilich verfügte man jetzt über die Hilfe des Alkibiades, er bereitete den Flotten der Peloponnesier bei Abydos (Herbst 411) und bei Kyzikos (Mai 410) zwei bittere Niederlagen. Insbesondere die Verluste bei Kyzikos machten die Spartaner wider Erwarten friedensbereit (Sommer 410). Sparta ging so weit, den Athenern den Frieden auf Grund des gegenwärtigen Besitzstandes anzubieten. Es war bereit, Dekeleia für Pylos und Kythera herauszugeben. Allerdings wäre es für Athen hart gewesen, auf sämtliche seit dem Wiederbeginn des Krieges abgefallenen Gemeinden zu verzichten, aber mehr konnte man beim besten Willen nicht erwarten, und Athen wäre immer noch mit einem recht ansehnlichen Besitz, vor allem mit Samos und Lesbos, aber auch mit der Herrschaft über die Kykladen und den thrakischen Chersonesos, aus dem Krieg hervorgegangen, den es so mutwillig vom Zaun gebrochen hatte.

Durch die Siege am Hellespont hatte jedoch in Athen die demokratische Richtung Oberwasser bekommen, ihr Führer war Kleophon, ein Leierfabrikant. Mit der Herrschaft der 5000 war es zu Ende, die Demokratie wurde wieder eingeführt. Theramenes, der sich große Verdienste um den Ausgleich zwischen Demokratie und Oligarchie erworben hatte, war vorher an der Spitze eines Geschwaders nach Ionien abgesegelt. Damit war das oligarchische Zwischenspiel vorbei, seit Juli 410 tagte wieder der Rat der Fünfhundert, auch die Ausschüsse des Volksgerichts nahmen ihre Tätigkeit wieder auf, so, als ob weder im Innern noch auf den Kriegsschauplätzen irgend etwas von Bedeutung geschehen wäre. Die Bürger wurden durch einen besonderen Eid auf die demokratische Verfassung verpflichtet, und zwar auf Grund eines Volksbeschlusses, den Demophantos eingebracht hatte. Ohne Diäten keine Demokratie! Kleophon hat sie für den Rat und für die Volksgerichte wieder eingeführt. Dazu kam noch eine Zahlung von je zwei Obolen für jeden Bürger, dem sonst keine Diäten zustanden. Man kann sich vorstellen, daß hierdurch die angespannte Finanzlage des attischen Staates noch weiter verschlimmert wurde.

Ihren großen Tag hatte die neuerstandene athenische Demokratie am Plynterienfest (Juni) des Jahres 408. An diesem Tag kehrte Alkibiades in seine Vaterstadt zurück. Sie bereitete ihm einen triumphalen Empfang. Alles war vergessen, was er der Heimat angetan hatte; von seinem Verrat sprach niemand mehr, die über ihn ausgesprochenen Flüche wurden zurückgenommen, die Steine, auf denen das Urteil über ihn verzeichnet stand, zerschlagen, für seine eingezogenen Güter wurde er durch eine Ehrengabe des Staates entschädigt. Dazu erteilte ihm das athenische Volk den Oberbefehl über die Streitkräfte zu Wasser und zu Land, er wurde also eine Art Generalissimus (hegemón autokrátor, Xenophon, Hell. I 4,20). Aber die hochgespannten Hoffnungen, die man an seine Person geknüpft hatte, waren nur Wunschgebilde, sie standen zur tatsächlichen Lage Athens in schneidendem Widerspruch.

Alkibiades hatte inzwischen auf spartanischer Seite einen Gegenspieler erhalten, der ihm nicht nur gewachsen, sondern in vieler Beziehung überlegen war. Es ist der Spartaner Lysander. Dieser Mann hat sich in seinem Leben im Dienst für sein Vaterland verzehrt. Aus einfachen Verhältnissen hervorgegangen, besaß er, ebenso wie Alkibiades, die Fähigkeit, die Menschen an sich heranzuziehen und sie für seine Pläne dienstbar zu machen; außerdem war er, was bei Griechen besonders hervorgehoben zu werden verdient, vollkommen unbestechlich. Ein weiteres Unglück für Athen war es, daß in der persischen Politik eine Wende eintrat. Dareios II., der Großkönig, entschloß sich, mit der Schaukelpolitik zwischen Athen und Sparta ein Ende zu machen. Ihr Urheber, der Satrap Tissaphernes, wurde aus Sardes entfernt und mit der karischen Satrapie abgefunden. An seine Stelle trat in Westkleinasien der zweite Sohn des Großkönigs, der Jüngere Kyros, der von nun an als Oberbefehlshaber aller persischen Streitkräfte (káranos) in Kleinasien und als Satrap von Sardes sich tatkräftig in die Westpolitik einschaltete. Das Zusammenspiel des Kyros und des Lysander hat Athen sehr bald an den Rand des Abgrundes gebracht. Vor allem waren die Spartaner imstande, mit Hilfe der persischen Subsidien für die Flottenmannschaft einen höheren Sold (vier Obolen anstatt drei) zu zahlen als die Athener. Als Lysander bei Notion einen Seesieg über einen der Unterführer des Alkibiades errungen hatte (Frühjahr 407), war es um Alkibiades geschehen. Da er nicht imstande war, das Wunder zu tun, das man in Athen von ihm erwartete, wurde er seines Kommandos enthoben. Alkibiades begab sich auf seine Besitzungen in der thrakischen Chersonesos, wo er das Leben eines großen unabhängigen Herrn führte. Nach dem Kriegsende ist er von den Athenern sogar noch verbannt worden, auch von Sparta hatte er nichts mehr zu hoffen. So flüchtete er an den Hof des Satrapen Pharnabazos von Daskyleion, der ihn auf Betreiben Lysanders umbringen ließ (Herbst 404).

Im Jahr 406 hatte Athen noch einmal eine große Flotte aufgestellt. Dies war nur dadurch möglich gewesen, daß man selbst vor den Weihgeschenken des Parthenon nicht mehr zurückschreckte. Und in der Tat siegten die Athener bei den Arginusen-Inseln (im Sund zwischen Lesbos und Kleinasien). Das ist der letzte große Seesieg Athens (August 406), der spartanische Admiral Kallikratidas fiel, 70 seiner Schiffe wurden von den Athenern gekapert. Wegen des plötzlich aufkommenden Nordsturmes war es nicht gelungen, die schiffbrüchigen Athener zu bergen. Daher wurden die kommandierenden athenischen Strategen, insgesamt sechs, vor Gericht gestellt und in einem jeder Gerechtigkeit hohnsprechenden Verfahren durch die Volksversammlung, nicht durch die ordentlichen Gerichte, zum Tode verurteilt und hingerichtet. Unter ihnen befand sich übrigens auch Perikles' Sohn gleichen Namens von der Aspasia. Selbst wenn von den Strategen und ihren Untergebenen nicht alles geschehen war, um die auf den Schiffstrümmern treibenden Seeleute zu retten, so bleibt dieses Urteil doch ein Fehlurteil, die Demokratie hatte sich damit selbst gerichtet. Die Verblendung der führenden Männer, insbesondere des Kleophon, zeigt sich auch darin, daß ein erneutes Friedensangebot Spartas ohne weiteres zurückgewiesen wurde.

Den Schlußstein setzte die athenische Niederlage bei Aigospotamoi (›die Ziegenflüsse‹) auf der thrakischen Chersonesos. Hier hat Lysander die auf den Strand gezogenen athenischen Schiffe und die Besatzungen überfallen und vernichtet (Sommer 405). Die gefangenen Athener, insgesamt 3000 Mann, wurden in Lampsakos hingerichtet, eine schreckliche Bluttat, für die Lysander die volle Verantwortung trägt. Die Hinrichtung der Gefangenen wurde als Vergeltungsmaßnahme für athenische Grausamkeiten begründet.

Auf die Kunde von der Niederlage setzte man Athen in den Verteidigungszustand. Lysander erschien mit der Flotte vor dem Hafen Piräus, das Aufgebot des peloponnesischen Heeres unter dem König Pausanias vereinigte sich in Attika mit der Besatzung des Kastells Dekeleia. Infolge der lückenlosen Blockade begannen die Vorräte in Athen bald knapp zu werden, man schickte Unterhändler zu den Peloponnesiern. Aber erst, nachdem man sich des Kleophon entledigt hatte und nachdem an seiner Stelle sich Theramenes in die Verhandlungen eingeschaltet hatte, kam man mit den Peloponnesiern zum Abschluß.

Zum Ruhm Spartas muß es gesagt werden, daß es seinen haßerfüllten Bundesgenossen, vor allem den Korinthern, entschlossen entgegentrat und die von diesen verlangte völlige Vernichtung Athens nicht zuließ. Allerdings waren die von den Spartanern gewährten Bedingungen alles andere als leicht: die Langen Mauern und die Mauern des Piräus sollten niedergelegt werden, d. h. Athens Festungsanlagen wurden vollständig zerstört, alle Schiffe (mit Ausnahme von zwölf Einheiten) mußten ausgeliefert werden, den Verbannten wurde die Rückkehr gestattet, sämtliche auswärtige Besitzungen, auch die Kleruchien Lemnos, Imbros und Skyros, waren zu räumen. Mit der Annahme dieses Friedens im April 404 dankte Athen als Großmacht ab, es hatte nicht nur die Herrschaft über den Seebund verloren, es mußte auch auf die Kleruchien, das attische Staatsland in Übersee, verzichten, außerdem wurde es gezwungen, dem Peloponnesischen Bund beizutreten und den Spartanern Heeresfolge zu leisten. Wir lesen bei Xenophon (Hell. II 2,23): »Nach Annahme der Friedensbedingungen durch die Athener lief Lysander mit der Flotte in den Piräus ein, die Verbannten kehrten zurück, man riß freudig zur Musik von Flötenspielerinnen die Mauern nieder, indem man wähnte, daß mit diesem Tag die Freiheit für Griechenland begonnen habe.«

9. Die Westgriechen im 5. Jahrhundert v. Chr.

Als es mit Athen zu Ende ging, ist in Sizilien eine neue Macht auf dem Plan erschienen, es war *Karthago*, das sich 70 Jahre lang, seit der Niederlage in der Schlacht am Himeras (480), obwohl es immer noch einige Stützpunkte im Westen der Insel besaß, jeglichen Eingreifens in die sizilischen Verhältnisse enthalten hatte. Es sind die Elymer von Segesta gewesen, die, im Kampf mit Selinūs verstrickt, die Hilfe der Karthager herbeigerufen haben (409). Mit dem Eingreifen der Karthager beginnt für die Insel ein neues Zeitalter. Das Ringen der Sikelioten mit den Karthagern hat länger als ein volles Menschenalter gedauert. Der große Gegner der Karthager aber ist der Tyrann Dionysios I. von Syrakus. Seine Zeit bezeichnet die letzte Blüte des westlichen Griechentums.

Zwischen dem Ende des syrakusanischen Herrschergeschlechts der Deinomeniden im Jahr 466 und dem Beginn der sizilischen Expedition der Athener im Jahr 415 liegt ein halbes Jahrhundert, das politisch zweifellos nicht zu den Höhepunkten der Geschichte des Westgriechentums zu zählen ist. Ebenso wie in Syrakus, so war auch in anderen großen sizilischen Städten auf die Tyrannenzeit eine Periode innerer Zwietracht gefolgt. Einzelne Griechenstädte hatten schwere Auseinandersetzungen mit den Söldnern zu bestehen, die vorher die Stütze der Tyrannen gewesen waren. In Syrakus folgt der Tyrannis eine Demokratie (die Auffassung, daß die Tyrannis durch eine Herrschaft der Gamoren, des grundbesitzenden Adels, ersetzt worden wäre, ist unzutreffend). In Nachbildung des attischen Ostrakismos wurde in Syrakus der Petalismós geschaffen (von *pétalon*, das ›Blatt‹), dabei wurde der Name des zu Verbannenden auf ein Ölblatt geschrieben. Auch in Messana und Rhegion wurden Demokratien eingerichtet. In Akragas war es Empedokles, der nicht nur als Philosoph, sondern auch als Politiker großen Einfluß auf seine Mitbürger ausgeübt hat. Mit dem Erstarken der demokratischen Strömungen geht die Entwicklung der Beredsamkeit (Gorgias von Leontinoi) Hand in Hand. Vor allem ist aber die 50jährige Periode zwischen dem Sturz der alten Tyrannis und dem Erscheinen der Athener in Sizilien eine Zeit hoher kultureller Blüte: zahlreiche Städte schmückten sich mit herrlichen Tempeln, vor allem Akragas. Hier baute man noch an den Heiligtümern an der Südmauer, als die Karthager bereits zum Angriff auf die Stadt ansetzten. Nicht anders war es

in Selinūs. Im ganzen sind in diesem Zeitalter die kulturellen Bestrebungen der Tyrannen mit Glück fortgesetzt worden, die hierzu notwendigen Mittel sind den Gemeinden vor allem aus dem intensiven Handel mit Karthago, aber auch mit Italien und dem griechischen Mutterland zugeflossen.
Von bedeutendem historischem Interesse ist der Aufstand des Duketios. Zum erstenmal hat sich hier die Reaktion des einheimischen Elements der Sikeler bemerkbar gemacht. Bisher hatten sich die Einheimischen mit der Herrschaft der Griechen ohne weiteres abgefunden. Wenn hierin nun eine Änderung eintritt, so ist dies vor allem auf den Hader der Griechenstädte untereinander zurückzuführen. Duketios, der Führer der Sikeler, hat in der Zeit zwischen 460 und 440 den Griechen auf der Insel schwer zu schaffen gemacht. Das Zentrum seiner Macht war Palike; hier gab es einen berühmten Tempel der Paliken, die als die Schutzgötter der einheimischen Sikeler verehrt wurden. Die Griechenstädte scheinen die Gefahr erst allmählich in ihrem vollen Umfang erkannt zu haben, sonst wäre es nur schwer verständlich, daß sich erst gegen 450 Syrakus und Akragas zur Abwehr des Duketios verbanden und ihn im Feld besiegten. Als er sich unter seinen eigenen Landsleuten nicht mehr sicher fühlte, wandte er sich an die Syrakusaner, die ihn nach Korinth außer Landes schickten. Duketios ist aber noch einmal zurückgekehrt und hat versucht, an der Nordküste Siziliens den Ort Kale Akte zu besiedeln. Dies führte zu Spannungen zwischen Akragas und Syrakus, es ist wahrscheinlich, daß die Syrakusaner die Anlage der Kolonie nicht nur gebilligt, sondern möglicherweise sogar gefördert haben. Doch starb Duketios im Jahr 440/39. Der Versuch des Mannes, das einheimische Sikelertum zusammenzufassen, findet übrigens eine Parallele in Italien. Auch hier sind im Laufe des 5. Jahrhunderts die einheimischen Völker allmählich erwacht. So erlitten im Jahr 473 die Tarentiner eine schwere Niederlage im Kampf mit dem Aufgebot der Iapyger und Messapier, eine Schlacht, die Herodot als das größte Blutbad bezeichnet, das je Griechen zugefügt worden ist. Auch die reiche Griechenstadt Kyme (Cumae) in Kampanien geriet im Jahr 421 unter die Herrschaft der Samniten; ein Teil der griechischen Einwohner hat damals Zuflucht in Neapolis gefunden. Im übrigen entziehen sich die Vorgänge in Italien vielfach unserer Kenntnis, da die Quellen nur gelegentlich über diese Ereignisse berichten. Die Entwicklung ist aber sehr wichtig, denn sie zeigt, daß sich das griechische Element hier in der Verteidigung befunden hat.
Nach der Vernichtung der sizilischen Expedition der Athener hatte Syrakus ein starkes Flottenkontingent den Peloponnesiern zur Verfügung gestellt. Das Kommando führte der Sy-

Abb. 14: Paestum: Heratempel II, sog. Poseidontempel

rakusaner Hermokrates, große Erfolge blieben aber aus, die Schiffe gingen vielmehr in der Schlacht bei Kyzikos zugrunde. Auch nach dem Jahr 413 sind die Kämpfe auf Sizilien weitergegangen, vor allem Katana, wohin sich ein kleiner Teil des athenischen Aufgebotes durchgeschlagen hatte, leistete den Syrakusanern weiterhin Widerstand.

Der Vorhut der Karthager, die im Jahr 409 sizilischen Boden betreten hatte, folgte im Jahr 408 ein großes Heer nach, gebildet aus Karthagern, Libyern und Söldnern aus aller Welt. In kurzer Frist war Selinūs bezwungen, und ebenso erging es Himera. In beiden Städten haben sich die Karthager schlimme Ausschreitungen zuschulden kommen lassen. Die gefangenen Griechen von Himera wurden sogar von dem karthagischen Feldherrn Hannibal als Totenopfer für seinen Großvater umgebracht. Schließlich mußte im Winter 406/05 von den Griechen auch Akragas geräumt werden. Bei den Kämpfen um diese Stadt hatte der syrakusanische Feldherr Daphnaios keine sehr glückliche Hand, er wurde mit seinen Kollegen im Amt in aller Form abgesetzt. In Syrakus kam eine Richtung ans Ruder, an deren Spitze Hipparinos und Philistos, der spätere Historiker, standen. Diese Männer haben den Aufstieg des jungen Dionysios entscheidend gefördert. Dionysios ist es gelungen, sich über die Stellung eines bevollmächtigten Strategen zur Spitze des Staates emporzuschwingen (405). Er umgab sich mit einer Leibwache und setzte sich in den Besitz der Stadt. Mit vollem Bewußtsein hat Dionysios an die Politik des Hermokrates (gest. 407) wieder angeknüpft, mit dessen Tochter er sich vermählte. Dionysios ist ohne Zweifel eine überragende Figur nicht allein der sizilischen, sondern der ganzen griechischen Geschichte. Der Historiker Timaios hat ihn als einen großen und kräftigen Mann, mit rotblondem Haar und mit sommersprossigem Gesicht gezeichnet. Den Erfolg verdankt Dionysios einzig und allein seiner Kühnheit und Entschlossenheit; der Aufstieg wurde ihm durch die schwierige Lage seiner Vaterstadt erleichtert, eine Lage, die durch normale Maßnahmen nicht gemeistert werden konnte. Nur dem Ausbruch einer Epidemie im karthagischen Heer verdankte es Dionysios, daß die Karthager wider Erwarten zum Frieden bereit waren. Dieser wurde im Jahr 405 abgeschlossen, und zwar auf der Grundlage des gegenwärtigen Besitzstandes. Dies bedeutet, daß Karthago nicht nur auf Sizilien festen Fuß gefaßt hatte, sondern daß es praktisch über die Hälfte der griechischen Insel verfügte. Denn neben seinem alten Herrschaftsgebiet mit den Städten Motye, Panormos (Palermo) und Solus standen jetzt auch die Völker der Elymer und Sikaner unter karthagischer Schutzherrschaft. Den Einwohnern der von den Karthagern eroberten Griechenstädte Selinūs, Himera,

Akragas, Gela und Kamarina wurde die Rückkehr in die Heimat erlaubt, allerdings mit der Auflage, den karthagischen Herren Tribut zu entrichten. Im Osten der Insel sollten Leontinoi und Messana autonom sein. Dionysios wurde als Herr von Syrakus anerkannt. Der Friede von 405 ist insofern von besonderer Bedeutung, als er nicht nur die karthagische Herrschaft über die Hälfte der Insel begründete, sondern weil in ihm auch die Selbständigkeit aller Sikeler anerkannt wurde, dies war ein schwerer Schlag für die Griechen, insbesondere für Syrakus.
Im Jahr 406 hatten die Athener den Versuch gemacht, mit den Karthagern auf Sizilien in Verbindung zu treten. Diese Bestrebungen gehören wohl in den Zusammenhang mit dem Erscheinen einer karthagischen Gesandtschaft in Athen zu Beginn dieses Jahres. Aus einer fragmentarischen Inschrift ergibt sich, daß die Athener sich um ein Bündnis mit Karthago beworben haben (Bengtson, Staatsverträge Nr. 208); die Bemühungen führten aber nicht zum Ziel.
Im Osten und Westen aber war es die große Persönlichkeit, die den Lauf der Geschichte bestimmt hat: im Osten der Spartaner Lysander, der Athen niedergeworfen und zum Frieden gezwungen hat. Wie hoch Lysander gestiegen war, zeigt uns das Monument, das er nach seinem Sieg bei Aigospotamoi in Delphi aufstellen ließ. Es ist dies die sog. Lysanderhalle mit nicht weniger als 37 Standbildern, in denen die Dioskuren, Zeus, Apollon, Artemis, Poseidon, Lysander und 30 seiner Helfer verewigt waren, die an dem Sieg maßgebenden Anteil gehabt hatten. Und wenig später haben die Samier dem Lysander gottgleiche Ehrungen erwiesen.
In Syrakus war man damals noch nicht ganz soweit, aber der junge, noch nicht einmal 30jährige Dionysios hat in unerhört folgerichtiger Weise seine Stellung in der Stadt ausgebaut. Die Ortygia, auch Nasos (die ›Insel‹) genannt, wurde in eine Festung verwandelt und von der übrigen Stadt durch eine hohe Mauer abgeschlossen. Auf dem Isthmos, der die Nasos mit der Stadt verbindet, wurde die Akropolis gebaut, die Residenz des Dionysios. Dazu kamen wichtige Reformen in der Bürgerschaft, außerdem eine teilweise Neuverteilung des Grundbesitzes. Zahlreiche Sklaven wurden freigelassen, sie bildeten neben den Freunden des Dionysios und den Söldnern die stärksten Stützen seiner Herrschaft. Diese beispiellose soziale Umschichtung (Stroheker) war die Grundlage für alles, was später in Syrakus und in Sizilien geschehen ist. Natürlich sind die Reformen nicht ohne den Widerstand der Bürgerschaft von Syrakus vor sich gegangen. Aus der Meuterei der Hopliten vor der Sikelerstadt Herbessos entstand eine Erhebung des syrakusanischen Bürgertums, die den in der Ortygia belagerten Dionysios an den Rand

des Verderbens brachte. Erst als ihm kampanische Söldner zu Hilfe kamen, konnte er des Aufstandes Herr werden. Nach ihrem Sieg über Athen hatten die Spartaner ihre Verbindung mit Syrakus sofort wieder aufgenommen, und zwar zu einem Zeitpunkt, in dem die Entscheidung in den Kämpfen zwischen dem Tyrannen und den aufständischen Bürgern noch nicht gefallen war. Sparta stellt sich auf die Seite des Dionysios, es verleugnet damit zwar seine traditionelle tyrannenfeindliche Politik, aber es huldigt dem großen Einzelmenschen, der von nun an ein treuer Bundesgenosse der Spartaner geblieben ist (Frühjahr 403).

10. Spartas Gewaltherrschaft und der Korinthische Krieg (404—386 v. Chr.)

Die Kapitulation Athens im April 404 bezeichnet das Ende des Peloponnesischen Krieges; allein Samos hat noch eine kurze Zeit den Peloponnesiern standgehalten, bis es seine Tore im Sommer 404 dem Lysander öffnete. Der Sieg der Peloponnesier war vollständig, Lysander war der erste Mann in Griechenland. Allerdings war der Erfolg den Peloponnesiern nur mit Hilfe der Perser zuteil geworden, persisches Gold hatte bei dem Untergang Athens und seines Seebundes in entscheidender Weise mitgewirkt. An die Stelle der attischen Seeherrschaft war die Suprematie der Spartaner getreten. Überall wurden die Anhänger Athens vertrieben und oligarchische Verfassungen eingerichtet. Als Organe der ausführenden Gewalt bestellte Lysander in den einzelnen Gemeinden Zehnerkommissionen (Dekarchien): zusammen mit den spartanischen Militärbefehlshabern, den Harmosten, übten sie die vollziehende Gewalt aus. Leib und Leben der Einwohner waren ihnen anvertraut. Schon nach kurzer Zeit hat dieses spartanische Herrschaftssystem einen ungeheuren Haß gegen die Lakedämonier hervorgerufen, und manche Gemeinden, die bereitwillig in das Lager der Spartaner übergewechselt waren, sehnten sich nach der Herrschaft der Athener zurück. Von einer wirklichen Autonomie der einzelnen Staaten konnte keine Rede sein; was Lysander verfügte, war Gesetz. Vielerorts kam es zu schrecklichen Greuelszenen wie auf Thasos. Hier wurden die Gegner der Spartaner aus den Tempelasylen hervorgelockt und entgegen dem ihnen gegebenen Wort umgebracht. Auf jeden Fall war man von einer Freiheit im ehemaligen Bereich des Seebundes weit entfernt. Was Lysander errichtet hatte, war eine Militärdiktatur. Wenige tausend Spartaner herrschten über eine riesige Zahl von Untertanen, die wahrscheinlich die Millionengrenze erreichte oder sogar noch überschritt. Nicht anders als Athen hob auch Sparta einen Tribut ein, angeblich 1000 Talente im Jahr. Es ist richtig, daß wir über die spartanische Herrschaft nach 404 vor allem durch den attischen Rhetor Isokrates unterrichtet werden, und man kann bei ihm die antispartanische Einstellung schwerlich übersehen. Aber selbst wenn man dies in Rechnung stellt, so sprechen doch die einzelnen Tatsachen gegen Sparta und vor allem gegen Lysander. Durch den Ausfall Athens hatte Griechenland sein wichtigstes Handelszentrum verloren. Dies führte zu schweren Störungen im Güteraustausch und in der Versorgung, auf den Meeren machte sich die Seeräuberei wieder bemerkbar, ein Unwesen, das Athen vorher fast vollständig ausgerottet hatte. Unsicherheit auf den Gewässern und höhere Preise für Schiffsfrachten waren die Folge.

Von der inneren Umwälzung ist auch Athen nicht unberührt geblieben. Im Friedensvertrag war verankert worden, daß in Athen ›die von den Vätern ererbte Verfassung‹ (pátrios politeía) wiederhergestellt werden solle. Mit Unterstützung Lysanders haben die Oligarchen in Athen diesen Begriff in ihrem Sinn auszulegen versucht. Unter dem Schutz der spartanischen Besatzung auf der Akropolis war es vor allem Kritias, der Oheim Platons, der in Athen eine rücksichtslose Schreckensherrschaft oligarchischer Prägung aufrichtete. Wir hören von regelrechten Proskriptionen, denen eine große Zahl von Bürgern, angeblich 1500, außerdem auch manche Metöken, zum Opfer gefallen sind. Auch Theramenes, der nach seiner Art wieder zwischen den Demokraten und Oligarchen vermittelt hatte, wurde von Kritias umgebracht. Alle Gewalt in Athen lag in den Händen von dreißig Männern, die der Volksmund als die ›Dreißig Tyrannen‹ bezeichnete. Es ist ein Ruhmesblatt der attischen Geschichte, daß sich zahlreiche Bürger, die in der Fremde als Verbannte lebten, mit ihrem Leben dafür eingesetzt haben, um die Schreckensherrschaft der Dreißig zu beseitigen. An der Spitze der tapferen Schar stand Thrasybul. Sie setzte sich zunächst in den Besitz des Kastells Phyle auf den Höhen des Parnes, von dort rückte sie gegen Athen vor, nicht einmal vor dem Kampf mit der spartanischen Besatzungstruppe schreckte sie zurück. Der Piräus und die Burg Munichia fielen in ihre Hand, bei den Straßenkämpfen wurde Kritias getötet. Das Grab der gefallenen Spartaner (es sind dreizehn Tote, die teilweise durch Pfeilschüsse getötet worden sind) ist bei den Ausgrabungen auf dem athenischen Kerameikos wiedergefunden worden. An die Stelle der Dreißig trat nun die Versammlung der 3000 Bürger, die aus ihrer Mitte einen Ausschuß von zehn Männern zur Ordnung der Verfassung einsetzten. Mit der neuen Entwicklung waren aber nicht alle Bürger einverstanden. Die überzeugten Oligarchen verließen Athen und begründeten in Eleusis eine Sondergemeinde, die sich zunächst feindselig gegen die wiedererstandene attische Demokratie verhielt.

Dem Spartanerkönig Pausanias gebührt der Ruhm, auf eine Aussöhnung der streitenden Parteien in Athen gedrungen zu haben (September 403). Als das Epochenjahr gilt das Archontat des Eukleides (403/02); es ist ebenso ein Epochenjahr der attischen Epigraphik; damals wurde nämlich für die öffentlichen Urkunden das ionische Alphabet eingeführt, das von nun an auf den Inschriftensteinen an die Stelle des archaischen attischen Alphabets getreten ist. Unter Eukleides wurde auch eine Amnestie erlassen, von der nur die am schwersten belasteten Oligarchen, die Mitglieder der Ausschüsse der Dreißig, ausgeschlossen wurden. Eine volle Einigung wurde übrigens erst im Jahr 401/400 erreicht, als sich der oligarchische Sonderstaat Eleusis wieder mit Athen vereinigte.

Das Verhalten des Pausanias gegenüber den Athenern war mit der Gewaltpolitik Lysanders völlig unvereinbar. Es unterliegt kaum einem Zweifel, daß in Sparta inzwischen eine Richtung obgesiegt hatte, die die Politik des Lysander schärfstens mißbilligte. Und in der Tat konnte es sich Sparta nicht erlauben, die von allen Seiten gegen Lysander einlaufenden Klagen weiterhin zu ignorieren. Mit dem Sturz Lysanders verbindet sich die Beseitigung der von ihm bestellten Dekarchien in den abhängigen Städten. Damit hatte Sparta die brutale Machtpolitik Lysanders preisgegeben, eine Politik, die fast ganz Griechenland gegen die spartanische Herrschaft aufgebracht hatte. Auch die öffentliche Meinung stand nicht auf der Seite der Spartaner. Mit Lysander stürzte zugleich die spartanische Machtpolitik, man kehrte zur traditionellen peloponnesischen Politik zurück. Ein besonderes Problem war freilich die Stellung der kleinasiatischen Griechenstädte. Für die persischen Hilfsgelder hatten die Lakedämonier sie dem Großkönig überantwortet, ein Zustand, der für das Ansehen Spartas wenig ruhmvoll war. Das Problem der Freiheit der kleinasiatischen Griechenstädte ist von da an nicht mehr aus der griechischen Geschichte des 4. Jahrhunderts verschwunden.

Klugerweise haben die Perser zunächst darauf verzichtet, ihre in den Verträgen mit Sparta verbrieften Rechte in den Griechenstädten Kleinasiens wahrzunehmen. Daraus ergab sich ein Schwebezustand, der mehrere Jahre gedauert hat. Die Gründe für das Verhalten der Perser liegen auf der Hand. Das Reich hatte, wie so oft, mit inneren Schwierigkeiten und Spannungen zu kämpfen. Sie werden sichtbar in der Anabasis des Jüngeren Kyros (401/400 v. Chr.)

Im Frühjahr 404 war Dareios II. gestorben. An seine Stelle trat sein ältester Sohn Arsakes, der unter dem Namen Artaxerxes II. über 40 Jahre lang regiert hat (404–359/58). Der neue König, dem die Griechen den Beinamen Mnemon gegeben haben, übernahm kein leichtes Erbe. Im Jahr 405 war im nördlichen Ägypten eine Rebellion ausgebrochen, an deren Spitze ein Mann namens Amyrtaios stand. Amyrtaios hat sechs Jahr lang regiert, aber auch nach seinem Tod blieb Ägypten weiter unabhängig und konnte erst nach vollen 60 Jahren (343/42) wieder unterworfen werden. Der Verlust des reichen Kornlandes war für die Perser außerordentlich schwerwiegend, und es ist nicht ver-

wunderlich, wenn immer wieder Versuche unternommen worden sind, die Rebellion in Ägypten niederzuschlagen (s. S. 324 ff.).
Wenn man den griechischen Quellen Glauben schenken darf, so wäre Artaxerxes II. gegen den Widerstand seiner Mutter Parysatis, die ihren jüngeren Sohn, Kyros, begünstigte, auf den Thron gekommen. Die beiden Söhne waren einander sehr unähnlich und von Jugend auf miteinander verfeindet. Kyros soll einen vergeblichen Anschlag auf das Leben des Älteren begangen haben, Artaxerxes aber ließ ihn in seine frühere Stellung als Satrap von Sardes zurückkehren. Im übrigen war das Perserreich alles andere als ein einheitliches Gebilde. Die Satrapen waren teilweise miteinander verfeindet, sie führten regelrechte Kriege gegeneinander wie Kyros gegen Tissaphernes. In diesem Streit ging es um den Besitz der reichen Griechenstadt Milet. Der Großkönig kümmerte sich um diese Auseinandersetzungen nur, wenn der Bestand des Reiches in Frage gestellt wurde. Bei den Kämpfen der Satrapen spielten die griechischen Söldner eine wichtige Rolle. Sie waren nach dem Ende des Peloponnesischen Krieges ohne Beschäftigung und überall für gutes Geld zu haben.
Die Anabasis des Jüngeren Kyros ist im wesentlichen ein Ereignis der persischen Geschichte. Da aber an dem Zug zahlreiche griechische Söldner, vor allem aus der Peloponnesos, teilnahmen, und da ein Grieche, Xenophon aus Athen, diesen Zug als Teilnehmer beschrieben hat, gehört das Ereignis auch der griechischen Geschichte an. Übrigens haben sich auch die Spartaner mit einem Hilfskorps unter Cheirisophos an dem Unternehmen beteiligt, wenn sie dies später auch in Abrede zu stellen versuchten. Die Anabasis hätte dank der Tüchtigkeit der griechischen Hopliten zweifellos zum Ziel geführt, wäre nicht in der entscheidenden Schlacht bei Kunaxa in Babylonien im Herbst 401 der Jüngere Kyros getötet worden. Das Unternehmen hatte damit seinen Sinn verloren. Mit Recht gilt der Rückmarsch der Griechen aus Babylonien durch das unwirtliche Gebirgsland Armenien zum Schwarzen Meer, das sie im März des Jahres 400 bei Trapezunt erreichten, als eine glänzende Leistung der griechischen Kriegsgeschichte. Weder die Übermacht der Barbaren noch die Schwierigkeit des Geländes, verbunden mit den Unbilden der Witterung, haben es vermocht, den Mut der Griechen zu bezwingen. Außer der Beschreibung der militärischen Vorgänge bietet die ›Anabasis‹ des Xenophon, vor allem in ihren letzten Büchern, eine große Fülle kulturhistorischen Materials. Sie unterrichtet über die Sitten und Gebräuche der Völker in Armenien und Anatolien und über den Zustand der weit entfernten Griechenstädte am Schwarzen Meer mit einer Anschaulichkeit, die Xenophon als Schriftsteller alle Ehre macht.

Es ist nicht verwunderlich, wenn seine Darstellung andere Schilderungen des Zuges der 10 000 Griechen (in Wirklichkeit waren es über 13 000 Mann, von denen 8600 zurückgekommen sind) in den Hintergrund gedrängt hat wie die des Sophainetos von Stymphalos.

Wenn die Spartaner sich entschlossen, die mit Lysanders Person verbundene Gewaltpolitik aufzugeben, so müssen hierfür nicht nur Gründe des Prestiges maßgebend gewesen sein. Wichtiger als diese war die Einsicht der Staatslenker, daß die Zahl der Spartaner nicht ausreichte, um auf die Dauer ein Herrschaftssystem aufrechtzuerhalten, das in ganz Griechenland auf entschiedene Ablehnung stieß. Wenn man erfährt, daß die gesamte Bürgerschaft im Jahr 402 nur noch aus 2000 Menschen bestanden haben soll, während alle anderen entweder Heloten, Periöken, Hypomeiones (Bürger minderen Rechts) oder Neodamoden (in einen höheren Stand aufgerückte Heloten) waren, so wird der Versuch des Kinadon (398) verständlich, der die Bürgerschaft durch die Aufnahme von Periöken und Heloten erweitern wollte. Dieser Versuch ist jedoch gescheitert, Kinadon, der an den Grundlagen des Staates rüttelte, wurde hingerichtet.

Da wandten sich die kleinasiatischen Griechen an Sparta mit der Bitte, ihnen gegen die Perser Hilfe zu leisten. Mit der Rückkehr des Tissaphernes nach Kleinasien, wo er die Stellung des Jüngeren Kyros übernahm, war die ionische Frage in ein neues Stadium getreten. Tissaphernes versuchte, die Griechenstädte zu unterwerfen, wozu er auf Grund der spartanisch-persischen Verträge von 412/11 ohne weiteres berechtigt war. Konnte aber Sparta, die führende Macht in Griechenland, der Sieger über Athen, es zulassen, daß in Kleinasien Griechen den Barbaren überantwortet wurden? Versagte sich Sparta dem Hilfegesuch der Ioner, so dankte es als Hegemonialmacht ab, es hätte damit vor aller Welt gezeigt, daß es nicht fähig und nicht willens war, die Rolle Athens als Schützerin des kleinasiatischen Griechentums zu übernehmen. Sparta hat sich nur mit sehr geringen Kräften in das kleinasiatische Unternehmen gestürzt. 1000 Neodamoden, 4000 Peloponnesier und 300 athenische Reiter, das war alles, was man zu Schiff nach Ionien hinüberwarf. Überhaupt ist dieser spartanisch-persische Krieg in Kleinasien (397–394) nur mit sehr geringen Kräften auf beiden Seiten geführt worden. Im übrigen zeigte sich bald die Überlegenheit der Spartaner, welche die Reste der 10 000 Griechen an sich gezogen hatten. Die persischen Satrapen Tissaphernes und Pharnabazos wichen entscheidenden Gefechten aus, so daß die spartanischen Feldherren, zuerst Thibron, später Derkylidas, ein leichtes Spiel hatten. Eine Wende erfuhr das Kriegsgeschehen dadurch, daß

sich die Perser auf den Rat des Atheners Konon entschlossen, die Entscheidung nicht im Landkrieg, sondern zur See zu suchen. Konon war nach der Schlacht bei Aigospotamoi nicht nach Athen zurückgekehrt, er hatte bei dem Fürsten Euagoras von Salamis auf Cypern eine Zuflucht gefunden. So wurde in aller Stille auf Cypern eine große persische Flotte auf Kiel gelegt, die Spartaner waren lange in Unkenntnis, bis sie durch Zufall, und zwar durch einen syrakusanischen Kaufmann, der in Phönikien Handel getrieben hatte, von den Seerüstungen der Perser Kunde erhielten.
Inzwischen war im Jahr 396 der Spartanerkönig Agesilaos, der mit Hilfe Lysanders den Thron bestiegen hatte, mit einem Heer von Euböa nach Ephesos herübergekommen, im Jahr 395 hatte er einen größeren Erfolg über die persische Reiterei bei Sardes errungen. Die Perser versuchten, Agesilaos durch diplomatische Verhandlungen hinzuhalten, vor allem seitdem Tissaphernes beseitigt und durch Tithraustes ersetzt worden war. Für die Perser war der Krieg ohne große Bedeutung, es war ein Grenzkrieg, dessen Führung der Großkönig den kleinasiatischen Satrapen überließ.
Über die Operationen des Seekrieges seit 396 ist nur wenig bekannt. Xenophon hat den Seekrieg in seiner Griechischen Geschichte vollständig übergangen, vielleicht deswegen, weil er die Taten des von ihm bewunderten Agesilaos in Kleinasien in ein um so helleres Licht setzen wollte (Ed. Meyer). In Wirklichkeit ist aber die Entscheidung nicht zu Land, sondern zur See gefallen: es ist die Seeschlacht bei Knidos, die Anfang August 394 geschlagen wurde. Es waren cyprische, rhodische und phönikische Schiffe unter dem Befehl des Atheners Konon und des Persers Pharnabazos, die hier über den spartanischen Nauarchen Peisandros einen entscheidenden Sieg davontrugen. Bei Knidos ist das spartanische Seereich nach einer Dauer von fast genau zehn Jahren mit wehender Flagge untergegangen, alle Inseln an der kleinasiatischen Westküste, angefangen mit Kos im Süden bis nach Lesbos im Norden, waren verloren, auch die Griechenstädte Kleinasiens fielen in großer Zahl von Sparta ab, manche von ihnen öffneten ohne weiteres den Persern die Tore. Die Überlegenheit der Perser zur See war so groß, daß ihre Flotte Plünderungszüge gegen die griechischen Küsten unternehmen konnte, was seit der persischen Invasion im Jahr 480 nicht mehr vorgekommen war.
Bei seiner Ausfahrt nach Asien war Agesilaos, der in Aulis ein Opfer darbringen wollte, von den Böotarchen, den führenden Magistraten des Böotischen Bundes, fortgewiesen worden (396). Es ist das erste Mal, daß die Böoter sich einen feindseligen Akt gegen Sparta zuschulden kommen ließen. Das Verhalten der

Böotarchen ist im übrigen bezeichnend für die Stimmung in den griechischen Mittelstaaten. Sie waren mit Sparta und seiner Politik alles andere als zufrieden, der Sieg der Spartaner über Athen hatte ihnen wenig oder gar keinen Nutzen gebracht. Die Mißstimmung wurde durch die Perser noch geschürt. Persische Emissäre durchstreiften Griechenland und zahlten mit klingender Münze, um die Hellenen des Mutterlandes gegen Sparta aufzuwiegeln. Einer dieser persischen Vertrauensleute ist Timokrates von Rhodos; im Auftrag des Satrapen Pharnabazos von Daskyleion hat er in Theben, Korinth, Argos und Athen gearbeitet und mit dem persischen Gold nicht gespart.

Im Jahr 395 war es in Griechenland wieder zum Krieg gekommen. Entstanden war er aus einem Streit der Phoker und Lokrer, wobei es unentschieden bleiben muß, ob es sich hier um die ozolischen oder um die opuntischen Lokrer gehandelt hat. Auf jeden Fall waren aber die Lokrer die Angreifer, sie fanden die Unterstützung Thebens, während die Phoker sich an Sparta wandten. Athen wollte in dieser Auseinandersetzung nichts riskieren, es trat aber zunächst auf die Seite Thebens, die Urkunde des Defensivbündnises, das übrigens auf ewige Zeiten abgeschlossen war, ist teilweise erhalten (Bengtson, Staatsverträge Nr. 233). Es ist kaum zu bezweifeln, daß auch hier persisches Gold in entsprechender Weise nachgeholfen hat.

Sparta hatte mit seinem bötischen Feldzug wenig Glück. Allein schon die Bestellung von Lysander und Pausanias zu Feldherren erwies sich als ein Fehler, da die beiden Männer nicht imstande waren, miteinander zusammenzuarbeiten. Nach dem Sieg der Böotier bei Haliartos (Herbst 395) – in dieser Schlacht fiel Lysander – räumte der König Pausanias das bötische Landgebiet. In Sparta herrschte helle Empörung über den König, der sich in Tegea in Sicherheit brachte. Nun konnte nur noch Agesilaos helfen, die Spartaner riefen ihn schweren Herzens aus Kleinasien zurück. »Es sind 30 000 persische Bogenschützen (auf den persischen Münzen war der Großkönig als kniender Bogenschütze abgebildet), die mich aus Kleinasien vertreiben«, soll Agesilaos gesagt haben. Weil die persische Flotte das Meer beherrschte, mußte Agesilaos auf dem beschwerlichen Weg durch Thrakien nach Griechenland zurückkehren, zur Schlacht am Nemeabache (bei Korinth) im Juli 394 kam er zu spät, aber bei Koroneia (August 394) hat er mitgekämpft und zum Sieg der Spartaner beigetragen. Aber der Sieg war nicht entscheidend, da die gegnerische Koalition nicht gesprengt werden konnte, so daß der Krieg in Griechenland, allerdings ohne große Feldschlachten, weiterging.

Auch für Athen brachen jetzt hellere Tage an. Im Frühjahr (oder im Sommer) des Jahres 393 kehrte Konon, der Sieger in der

Schlacht bei Knidos, wieder in seine Heimat zurück. Die Vaterstadt ehrte ihn, wie es seit Jahrzehnten nicht mehr üblich gewesen war: sie errichtete ihm eine eherne Statue, »weil er den Bundesgenossen der Athener die Freiheit gebracht hatte«. Es war das erste Mal seit den Tyrannenmördern, daß man in Athen einem Menschen eine Statue errichtete. Außerdem erhielt Konon die Atelie (Steuerfreiheit). Diese Ehrungen werden verständlich, wenn man weiß, daß Konon die für den Wiederaufbau der Langen Mauern und des Piräusringes notwendigen Gelder den Athenern zur Verfügung gestellt hat. In die Zeit seines Aufenthaltes fällt die Rückgewinnung der alten attischen Kleruchien Lemnos, Imbros und Skyros, die für die Versorgung der attischen Bevölkerung mit Land von größter Bedeutung waren. Unter dem Schutz von Konons Flotte hat sich Athen angeschickt, die ersten Beziehungen zu einer Reihe von Inseln der Ägäis wiederaufzunehmen. Mit einigen von ihnen, die einst Mitglieder des Delisch-Attischen Seebundes gewesen waren, wurden Bündnisse geschlossen wie z. B. mit Eteokarpathos, Kos, Knidos, Rhodos, ferner mit Mytilene auf Lesbos und mit Chios. Es ist sogar möglich, daß Athen damals wieder Verbindungen mit den kleinasiatischen Griechenstädten angeknüpft hat (Xenophon, Hell. IV 8,12). Natürlich kann von einer förmlichen Wiederherstellung des alten attischen Seereiches keine Rede sein. Bei all diesen Verbindungen ist nicht zu übersehen, daß sie nur unter Zustimmung der Perser oder doch wenigstens mit ihrer stillschweigenden Duldung möglich gewesen sind. Konon selbst ist übrigens alles andere als ein führender Politiker. Er ist ein typischer Projektemacher: so wollte er z. B. eine Verbindung zwischen Euagoras von Cypern und Dionysios I. von Syrakus zustande bringen, ein phantastischer Plan, der von vornherein aussichtslos war und der auch wegen des Angriffes der Karthager auf Sizilien gescheitert ist. In Griechenland wuchs die Erkenntnis, daß man sich zusammenschließen müsse, um weitergesteckte politische Ziele zu erreichen. Dies zeigt der Staatszusammenschluß von Korinth und Argos im Jahr 392, ein einzigartiges Ereignis der griechischen Geschichte, weil hier zum erstenmal, soweit wir sehen, die Schranken der Polis übersprungen werden. Man hat damals sogar die Grenzsteine zwischen den beiden Staaten herausgerissen. Dem Doppelstaat ist übrigens keine lange Lebensdauer beschieden gewesen, sechs Jahre später wurde er auf Grund der Bestimmungen des Königsfriedens wieder aufgelöst. In dem gleichen Jahr (392) hatten die Athener zum erstenmal Friedensfühler ausgestreckt. Eine Gesandtschaft begab sich nach Sparta, bei ihr befand sich der Rhetor Andokides, mit besonderen Vollmachten versehen. In seiner ›Friedensrede‹, die den von ihm erstatteten Bericht darstellt, hat Andokides zum erstenmal die Idee der Koinè Eiréne publizistisch vertreten, d. h. die Idee eines allgemeinen griechischen Friedens, die von nun an in der griechischen Geschichte des 4. Jahrhunderts eine bedeutende Rolle gespielt hat. In der Tat mußte sich jedem Einsichtigen die Feststellung aufdrängen, daß die unaufhörlichen Kriege der Griechen untereinander nicht auf unbegrenzte Zeit fortdauern konnten. Hellas war in zwei Lager geteilt, auf der einen Seite Sparta und seine Bundesgenossen, soweit sie ihm treu geblieben waren, auf der anderen Seite die Gegner Spartas, Theben, Athen, Korinth, Argos und die anderen. Handel und Wandel standen still, der Wiederaufbau nach dem großen Peloponnesischen Krieg war ins Stocken geraten, die Meere waren unsicher, und selbst die Verbindungen nach Sizilien waren durch den neuen Karthagerkrieg gestört. Es war ein Verhängnis, wenn Sparta, um seine Hegemonie zu retten, nun wieder auf eine Idee verfiel, die es im Peloponnesischen Krieg verfochten hatte und die in der Folgezeit zum Niedergang der griechischen Staatenwelt entscheidend beigetragen hat: Sparta verlangte, daß alle griechischen Poleis frei und autonom sein sollten. Um sich hierbei der Hilfe der Perser zu versichern, schreckten die Spartaner nicht davor zurück, die kleinasiatischen Griechen in aller Form dem Großkönig auszuliefern. Weil die Athener gegen die Preisgabe ihrer ionischen Brüder Protest erhoben, erzielte der Friedenskongreß, der im Jahr 392 in Sardes unter dem Vorsitz des persischen Satrapen Tiribazos zusammentrat, kein Ergebnis. Tiribazos, der Satrap von Sardes, der die Spartaner begünstigt hatte, geriet hierüber in einen Konflikt mit dem Großkönig und wurde von seinem Posten als Satrap von Lydien abgelöst. An seine Stelle trat Autophradates als Satrap von Lydien, die ionischen Städte wurden von der lydischen Satrapie abgetrennt und einem eigenen Satrapen, Struthas, unterstellt, Karien erhielt der Dynast Hekatomnos von Mylasa. Diese Veränderungen in Westkleinasien lassen klar erkennen, daß es dem Großkönig vor allem darauf ankam, die überragende Stellung des Satrapen von Sardes zu beseitigen.

Die Jahre 391 und 390 waren für Sparta Unglücksjahre. Im Jahr 391 scheiterte eine neue spartanische Expedition in Kleinasien, der Spartaner Thibron geriet in einen Hinterhalt des Satrapen Struthas und wurde mit 8000 Mann vernichtet. Im folgenden Jahr überfielen athenische Leichtbewaffnete (Peltasten) im Zusammenwirken mit Hopliten unter dem Befehl des Söldnerführers Iphikrates ein spartanisches Regiment (eine Mora) in der Nähe von Korinth bei Lechaion. Das war ein schwerer Schlag für Sparta, das hier nicht weniger als 250 Spartiaten einbüßte, ein Verlust, der überhaupt nicht zu verwinden war.

Athen dagegen hatte zur See überraschende Erfolge. Sie wurden durch Thrasybul errungen, der einst die athenische Demokratie wiederhergestellt hatte. Es ist kein Zufall, wenn sich Athen darum bemühte, die Herrschaft über die Meerengen, den Hellespont und den Bosporus, wieder aufzurichten. Obwohl Byzanz gewonnen werden konnte und die Athener die Beziehungen zu Chalkedon wiederaufnahmen, gelang es nicht, die Spartaner aus ihrer festen Stellung am Hellespont, aus Sestos und Abydos, zu vertreiben. Die Erfolge Thrasybuls waren aber dennoch sehr beträchtlich: außer Thasos und Samothrake hatte er im Frühjahr 389 auch Lesbos, Halikarnassos und Klazomenai gewonnen, außerdem hob er auf alle Waren, die zu Schiff den Bosporos passierten, einen Sundzoll von 10 Prozent ein. Von einer Wiederherstellung des Delisch-Attischen Seebundes kann freilich keine Rede sein, dazu waren die Erfolge Thrasybuls zu vorübergehend, sie wurden allein durch die Schwäche der spartanischen Seeherrschaft ermöglicht, deren Rückgrat durch die Niederlage bei Knidos gebrochen war. Der Ausgang Thrasybuls ist ein Zeichen für den Wankelmut des attischen Demos. Aufgefordert, nach Athen zu kommen, um hier Rechenschaft abzulegen, verweigerte Thrasybul den Gehorsam und setzte seine Tätigkeit auf eigene Faust im Bereich der Ägäis fort. Bei einem Beutezug in dem fernen Pamphylien an der Südküste Kleinasiens kam er ums Leben, er wurde von den aufgebrachten Einwohnern der Stadt Aspendos erschlagen (388). Der Tod dieses Mannes war für Athen ein schwerer Verlust. Als überzeugter Demokrat hatte er zweimal seiner Vaterstadt die größten Dienste erwiesen, zuerst im Jahr 411, als er sich in Samos mit Entschiedenheit für die attische Demokratie eingesetzt hatte, und zum zweitenmal im Jahre 404/03, als ihm die Befreiung Athens aus oligarchischer Gewaltherrschaft gelungen war. Allerdings fällt auch auf seine Person ein dunkler Schatten. In Geldangelegenheiten war er alles andere als uneigennützig, und die Klagen wegen seiner Erpressungen waren nur zu sehr begründet. Dennoch verbindet sich mit seinem Namen der Wiederaufstieg Athens nach der Überwindung der Folgen des Peloponnesischen Krieges.

Inzwischen hatte man in Sparta eingesehen, daß eine klare Entscheidung in dem Kampf mit den griechischen Gegnern, vor allem mit Argos, Böotien und Athen, nicht erreicht werden konnte. Die Zeit war für Friedensverhandlungen reif geworden. Bezeichnenderweise sind diese in Persien, nicht in Griechenland eingeleitet worden. In Sardes war der bisherige Satrap Struthas abberufen und wieder durch Tiribazos ersetzt worden. Tiribazos war ein Freund der Spartaner, die Antialkidas als Unterhändler nach Sardes entsandten. Tiribazos und Antialkidas machten sich gemeinsam auf die weite Reise nach dem fernen Susa, um die Bedingungen des Großkönigs für den Abschluß eines Friedens zu erfahren. Diese Bedingungen waren für die Gegner Spartas niederschmetternd. Es war kein Wunder, wenn sie sich weigerten, sie anzunehmen. In Susa wurde zwischen Sparta und dem Perserreich Friede geschlossen. Um auch die übrigen Griechen zur Annahme des persischen Friedens zu zwingen, sperrten die Spartaner mit Hilfe eines syrakusanischen Flottenkontingents den Athenern die Zufuhr des pontischen Getreides durch die Blockade des Hellesponts. Als in Athen Versorgungsschwierigkeiten auftraten, war auch das attische Volk zum Frieden bereit. So versammelte sich in Sardes im Jahr 387 ein großer Friedenskongreß, zu dem sich Gesandte aller am Krieg beteiligten Staaten einfanden. In Sardes wurde ein Aktenstück verlesen. Es enthielt die Bedingungen, die der Großkönig Artaxerxes II. zu Beginn des Jahres 387 in Susa dem Antialkidas bekanntgegeben hatte. Es lautete folgendermaßen: »Artaxerxes, der Großkönig, hält es für gerecht, daß die Städte in Kleinasien ihm gehören und von den Inseln Klazomenai und Cypern, die anderen Griechenstädte aber, groß und klein, sollen autonom sein außer Lemnos, Imbros und Skyros, die, wie in alten Zeiten, den Athenern gehören sollen. Wer aber diesen Frieden nicht annimmt, den werde ich bekriegen zusammen mit den Bundesgenossen, zu Land und zur See, unter dem Einsatz von Schiffen und von Geldmitteln.« Die Urkunde, aufbewahrt bei Xenophon, Hellenika V 1,31 (Bengtson, Staatsverträge Nr. 242), ist ein hochinteressantes Zeugnis für die Haltung des Perserkönigs und für die persische Diplomatie. Wer den Griechen in dieser Weise Befehle geben konnte, der mußte wahrlich von seiner überragenden Stellung zutiefst durchdrungen sein. Materiell handelt es sich bei der Urkunde um einen Auszug aus dem Friedensinstrument, das im Jahr 387 zwischen Antialkidas und dem Großkönig in Susa vereinbart worden war. Dieser Auszug war zu einem Edikt des Perserkönigs umgearbeitet worden, unter Hinzufügung einer Sanktionsformel, in der alle jene mit Krieg bedroht wurden, die sich etwa weigerten, den Frieden anzunehmen. Der Königsfriede oder der sog. Friede des Antialkidas, wie er in der griechischen Überlieferung heißt, ist bei dem anschließenden Friedenskongreß zu Sparta von den Griechen angenommen worden. An diesen Königsfrieden schloß sich ein ›allgemeiner Friede‹, eine Koinè Eiréne, an, die als eine Teilwirkung des Antialkidas-Friedens zu betrachten ist (U. Wilcken).

Zu den Verlierern gehörten zweifellos Theben und Argos. Bei diesen Staaten hat sich das Prinzip der Autonomie, das der Königsfriede stabilisierte, am schlimmsten ausgewirkt. Theben ging der Hegemonie über den Böotischen Bund verlustig, Argos mußte auf die Vereinigung mit Korinth verzichten. Athen war dagegen verhältnismäßig glimpflich davongekommen, es stand zweifellos besser da als im Jahr 404, weil es seine Kleruchien zurückerhalten hatte. Im ganzen ist aber der Friede ein Zeichen für die Vorherrschaft des Perserreiches, das nunmehr den Höhepunkt seines Einflusses über Griechenland erreicht hatte. Niemand wagte es in Hellas, sich dem Erlaß des Großkönigs zu widersetzen, und Sparta war geradezu zum Büttel der Perser herabgesunken. Es verpflichtete sich, für die Ausführung der Bedingungen in Griechenland zu sorgen. Es ist kein Wunder, wenn die folgenden Jahrzehnte der griechischen Geschichte eindeutig unter dem Zeichen der persischen Vorherrschaft gestanden haben. Mit der Annahme des Königsfriedens im Jahr 386 unterstellten sich die Griechen, auch die Spartaner, dem Befehl des Perserkönigs. Der Koloß im Osten hatte seine Machtsphäre bis an das Ionische Meer vorgeschoben, die persische Partei in Griechenland hatte das Heft in der Hand, sie wurde dabei durch persisches Gold unterstützt. Von Konon führt eine gerade Linie zu Antialkidas und zu dem Thebaner Pelopidas, sie alle haben nicht nur persisches Gold genommen, sondern auch die persischen Interessen in Griechenland vertreten. Ein gewisser Fortschritt war zweifellos die Begründung eines allgemeinen Friedens. Zwar hat es auch in den folgenden Jahren und Jahrzehnten immer wieder Kriege in Hellas gegeben, aber die Idee eines alle Griechen umfassenden Friedens ist immer von neuem aufgenommen worden, sie ist der Stern der Hoffnung für ein Volk, das wie kaum ein anderes unter unaufhörlichen Kriegen zu leiden hatte.

11. Die Auflösung des Griechentums und die Friedensidee (386–362 v. Chr.)

Das Vierteljahrhundert zwischen dem Königsfrieden (386) und der Schlacht bei Mantineia (362) hat den Niedergang des Polisgriechentums im Mutterland besiegelt. Wohin man auch blickt, überall zeigen sich jetzt Auflösungserscheinungen, die vor aller Welt zutage treten. Am schlimmsten war es, daß von einer echten Hegemoniebildung in Hellas, im Gegensatz etwa zu Sizilien, nicht mehr die Rede sein kann. Gewiß hat Sparta bis zum Jahr 371 weiterhin eine Art von Vorherrschaft nicht allein in der Peloponnesos ausgeübt, aber diese Vorherrschaft war nur möglich, weil sie von den Persern geduldet wurde. Genau das gleiche gilt auch für die sehr kurze Hegemonie der Böoter von 371–362 v. Chr. Allerdings ist es Athen gelungen, wiederum einen Seebund aufzubauen (378/77), aber dieser Seebund war nur ein Schatten des Delisch-Attischen Bundes, ohne Zustimmung Persiens hätte er nicht errichtet werden können. Die im Königsfrieden verkündete Autonomie der griechischen Einzelstaaten hat zweifellos zur politischen Auflösung entscheidend beigetragen, die Parallele zu der ›Freiheit‹ im Deutschen Reich des 17. Jahrhunderts, die man gelegentlich gezogen hat, liegt in der Tat auf der Hand. Womöglich noch bedenklicher als das Autonomieprinzip ist das Fehlen von großen, überragenden Persönlichkeiten: Agesilaos ist trotz seiner Verherrlichung durch Xenophon nur eine mittelmäßige Figur, und der Böoter Epameinondas, dessen Persönlichkeit durch die Ausgeglichenheit seines Wesens bestechend wirkt, ist als Politiker daran gescheitert, daß Böotien trotz der Unterstützung durch die Perser zu einer wirklichen Hegemonialmacht so ungeeignet wie nur möglich war. In dem thessalischen Tyrannen Iason von Pherai besaß Griechenland zwar eine bedeutende Persönlichkeit, aber dieser Mann wurde durch den Mordstahl hinweggerafft, bevor er seinen Plan eines Perserkrieges ausführen konnte. Es war kein Wunder, wenn sich in diesem Zeitalter die Idee eines allgemeinen Friedens in Griechenland immer mehr Bahn gebrochen hat: das Land wurde von unaufhörlichen Kriegen heimgesucht, in die infolge der verschiedenen Bündnissysteme zumeist zahlreiche Staaten verwickelt waren. Die Kriege aber brachten Unglück und Unsicherheit, sie legten Handel und Wandel lahm und verursachten den einzelnen Staaten gewaltige Kosten, vor allem für die Anwerbung von Söldnern, die immer stärker als das kriegführende Element in den

Vordergrund getreten sind. Ein allgemeiner Friede aber war nur möglich, wenn der Perserkönig einen entsprechenden Druck auf die Griechen ausübte, zuerst durch die Lakedämonier, später durch die Böoter. Ein Friede von Persiens Gnaden aber war nur eine halbe Sache, und mit Recht haben sich hiergegen immer wieder Stimmen in Griechenland erhoben. Es ist vor allem Isokrates gewesen, der auf die ruhmvolle Vergangenheit Athens hingewiesen und darin eine besondere Verpflichtung seiner Vaterstadt gesehen hat. Aber in einer Welt, die sich zunehmend dem Einfluß des Geldes öffnete, war wenig von nationaler Begeisterung zu verspüren. Es gab zu viele Politiker, die in Verbindung mit Persien standen und die ohne Bedenken vom Großkönig Geld entgegennahmen. Außerdem hatte kaum jemand in Griechenland eine klare Vorstellung darüber, auf welchem Weg das Land zu sich selbst zurückfinden könne. Mehr und mehr wurde es den Einsichtigen klar, daß die griechische Polis die zur Regeneration notwendigen Kräfte schwerlich aus sich selbst entwickeln könne. Es mußte daher von außen ein Retter kommen, um ein neues Zeitalter für die Griechen zu eröffnen. –

Die ersten Jahre nach dem Königsfrieden stehen in Griechenland eindeutig unter dem Zeichen Spartas. Die Lakedämonier haben zunächst in der Peloponnesos reinen Tisch geschaffen, und es besteht kein Zweifel, daß für diese Politik vor allem Agesilaos verantwortlich gewesen ist. Der andere König, Agesipolis, war noch zu jung, um irgendwelchen Einfluß ausüben zu können. Zunächst ist Mantineia wieder in das spartanische Bündnis hineingepreßt worden. Sparta und Mantineia hatten im Jahr 418/17 einen Frieden auf 30 Jahre abgeschlossen, der inzwischen abgelaufen war. Sparta zögerte nicht, gegen Mantineia Waffengewalt einzusetzen (im Jahr 385, vielleicht auch erst 384). Die Spartaner lenkten das Wasser des Flusses Ophis gegen die Stadtmauern von Mantineia, die Luftziegel wurden aufgeweicht, die Fundamente unterspült, so daß die Stadt kapitulieren mußte. Mantineia wurde wieder in fünf Landgemeinden aufgeteilt, diese hatten einzeln ihre Kontingente zum peloponnesischen Bundesheer zu stellen. Nicht anders verfuhren die Spartaner mit der Stadt Phliūs. Zwar hielten die Bewohner 20 Monate lang einer Belagerung durch Agesilaos stand, sie mußten sich aber dann wegen Hungers ergeben. In Phliūs nahmen die Oligarchen mit Unterstützung Spartas das Heft wieder in die Hand (379).

Den letzten Höhepunkt der spartanischen Geschichte im vierten Jahrhundert bezeichnet das Eingreifen der Lakedämonier auf der Halbinsel Chalkidike. Hier hatte sich um Olynth als Vorort während des Archidamischen Krieges ein Staat gebildet, der wohl als Bundesstaat anzusprechen ist: auf jeden Fall sind gemeinsame Bundesorgane aus den Inschriften bekannt. Dieser Chalkidische Bund war in seiner Bedeutung nicht zu übersehen, und alle benachbarten Staaten, ganz besonders aber Makedonien, mußten mit ihm rechnen. Auf einer Inschrift, die in Wien aufbewahrt wird (Bengtson, Staatsverträge Nr. 231), sind ein Bündnis und ein Handelsvertrag zwischen dem Chalkidischen Bund und Makedonien aufgezeichnet. Der Vertrag ist wahrscheinlich im Jahr 393 geschlossen worden, und zwar auf 50 Jahre. Die Partner versprachen sich gegenseitige Unterstützung im Fall eines feindlichen Angriffes, weitere Bestimmungen des Bündnisses sind leider verlorengegangen. Den Chalkidiern wurde freie Ausfuhr von Pech und Schiffsbauholz aus Makedonien zugestanden, allerdings durfte das wertvolle Weißtannenholz nur für Bundeszwecke aus Makedonien ausgeführt werden. Beide Parteien verpflichteten sich, mit einer Reihe von namentlich aufgeführten Staaten keine Bündnisse ohne Zustimmung des anderen Vertragspartners abzuschließen. Diese Staaten sind Amphipolis, die Bottiäer, Akanthos und Mende: keiner von ihnen gehörte also damals dem Chalkidischen Bund an. In jenen Tagen bestand zwischen Makedonien und den Chalkidiern bestes Einvernehmen. Gerade für das Jahr 393 ist eine Landschenkung bekannt, die der König Amyntas III. den Chalkidiern gemacht hat. Der makedonisch-chalkidische Vertrag ist auch sonst von erheblicher allgemeiner Bedeutung. Er zeigt unter anderem, daß der König von Makedonien hier für sein Land einen Vertrag abschließt, daß also neuere Theorien, wonach der Makedonenkönig neben dem Staat gestanden habe, ganz in die Irre gehen. Die überragende Stellung des Chalkidischen Bundes kommt darin zum Ausdruck, daß Amyntas III. ihn um Hilfe bitten mußte, als die Illyrer große Teile Makedoniens überfluteten. Truppen des Chalkidischen Bundes besetzten Teile Makedoniens, insbesondere Niedermakedoniens, und der Bund machte Miene, dieses Gebiet zu behaupten. Da wandten sich einzelne Städte, unter ihnen Akanthos und Apollonia, an Sparta mit der Bitte, für ihre von den Chalkidiern bedrohte Autonomie einzutreten. Getreu dem von ihm verfochtenen Grundsatz der Autonomie der Einzelstaaten hat sich Sparta in die Angelegenheiten des Nordens eingeschaltet. Eine große Streitmacht des Peloponnesischen Bundes, nicht weniger als 10 000 Mann, wurde auf dem Landweg nach Nordgriechenland entsandt, der Makedonenkönig leistete den Lakedämoniern Hilfe. Die Kämpfe, die sich im wesentlichen vor Olynth, der Hauptstadt des Chalkidischen Bundes, abspielten, dauerten längere Zeit an. Endlich wurde die Stadt eingeschlossen und zur Kapitulation gezwungen (379).

Der Chalkidische Bund wurde aufgelöst, die einzelnen Städte traten dem Peloponnesischen Bund bei. Trotz schmerzlicher Verluste — Teleutias, der Bruder des Agesilaos, war vor Olynth gefallen und der König Agesipolis an einer Krankheit gestorben — hatte Sparta kraft seines scharfen Schwertes seinem Willen Geltung verschafft. Es hatte wiederum das Prinzip der Autonomie der Einzelstaaten durchgesetzt und eine Machtbildung zerschlagen, die für die Zusammenfassung der Kräfte des Griechentums im Norden der Ägäis von großer Bedeutung gewesen war. Der Sieg über die Chalkidier zeigt Sparta noch einmal auf der Höhe seines politischen und militärischen Ansehens. Hatte es aber für eine gute Sache sein Schwert gezogen? Man darf nicht übersehen, daß sich Sparta hier für ein Prinzip einsetzte, das dem Eingreifen des Perserkönigs Vorschub leistete und letzten Endes den Niedergang der griechischen Poliswelt besiegelt hat.

Im Jahr 382 hatte sich Sparta einen Übergriff zuschulden kommen lassen, der in ganz Griechenland helle Empörung hervorrief. Als die nach Norden ziehende spartanische Streitmacht in der Nähe von Theben angelangt war, trat der Führer der Oligarchen in Theben, Leontiades, an den Spartaner Phoibidas heran und erbot sich, ihm die Akropolis von Theben, die Kadmeia, in die Hand zu spielen. Der Spartaner ging auf dieses Angebot mit Freuden ein, besetzte die Burg und nahm den Führer der Demokraten, Ismenias, in Gewahrsam. Die Vorgänge werden verständlich, wenn man weiß, daß Theben sich ausdrücklich geweigert hatte, den Spartanern bei ihrem Zug zur Chalkidike Heeresfolge zu leisten, obwohl es hierzu verpflichtet gewesen wäre. Selbst in Sparta waren die Ansichten über den Gewaltstreich geteilt, die Ephoren und die Apella waren mit dem Vorgehen des Phoibidas gar nicht einverstanden, im Gegensatz zu Agesilaos, der es für richtig befand. Wenn sich Sparta damit auch ein Faustpfand gesichert hatte, so war doch der moralische Schaden, den der Übergriff verursachte, nicht wiedergutzumachen. Sparta hatte gegen Treu und Glauben gehandelt, und die aus Theben nach Athen geflohenen Demokraten, insgesamt mehrere hundert, wurden nicht müde, auf das Unrecht hinzuweisen, das man ihrer Vaterstadt zugefügt hatte.

Die spartanische Herrschaft aber reichte im Jahr 379 vom äußersten Süden der Peloponnesos bis zur Chalkidike; mit Makedonien, Thessalien und den Molossern in Epirus war Sparta ebenso befreundet wie mit dem großen Tyrannen Dionysios I. von Syrakus. Die militärische Organisation, die Sparta errichtet hatte, umspannte ganz Griechenland, fast alle hellenischen Staaten waren verpflichtet, den Spartanern Heeresfolge zu leisten. Und doch war die Grundlage der spartanischen Suprematie brüchig. Die Zahl der Vollbürger befand sich weiter in rückläufiger Bewegung, und die Sympathien für Sparta waren zumeist in das gerade Gegenteil umgeschlagen. Allerdings gab es immer noch Griechen, die in Sparta die alte Sitte und Zucht bewunderten; ein Zeugnis hierfür sind die Werke Xenophons, insbesondere die von ihm gegen Ende seines Lebens, wohl um 360, verfaßte ›Staatsverfassung der Lakedämonier‹ (Lakedaimonion politeia). Xenophon aber durfte nicht wieder nach Athen zurückkehren, da er, wahrscheinlich wegen seiner Teilnahme an der Schlacht bei Koroneia auf Spartas Seite, verbannt worden war. Er lebte daher in Skillūs, einem kleinen Landgut in Elis, das Sparta ihm zugewiesen hatte.

Ganz gegen Ende des Jahres 379 wurde die griechische Welt durch eine kühne Tat in helle Aufregung versetzt. Sieben thebanische Demokraten hatten, als Frauen verkleidet, Eingang in ihre Vaterstadt gefunden. Sie beseitigten die oligarchische Regierung des Leontiades. Eine andere Gruppe von Thebanern, unterstützt von einem attischen Kontingent unter zwei Strategen, kam ihnen von außen zur Hilfe. Der Befehlshaber der spartanischen Besatzung in der Kadmeia verlor die Nerven, er schloß mit den Demokraten einen Vertrag, auf Grund dessen er die Kadmeia gegen die Bewilligung freien Abzuges räumte. Theben war damit frei, aber die Spartaner waren nicht gewillt, sich so leichten Kaufes aus der wichtigen Position verdrängen zu lassen. Die Offiziere, die in der Kadmeia kommandiert hatten, wurden entweder hingerichtet oder mit schweren Strafen belegt. Der König Kleombrotos von Sparta, der anstelle des vor Olynth verstorbenen Agesipolis den Thron bestiegen hatte, zog mit dem Bundesheer der Peloponnesier nach Böotien. Auf eine Belagerung Thebens war er jedoch nicht eingerichtet und mußte daher wieder abziehen. Doch blieb ein Teil des Heeres unter Sphodrias zurück. Athen hatte zweifellos das Unternehmen der thebanischen Demokraten nicht nur moralisch, sondern auch aktiv unterstützt. Es war dadurch gegenüber Sparta in ein Zwielicht geraten, und der Versuch des Sphodrias, sich durch Überfall in den Besitz des Piräus zu setzen (378/77), wird aus der antiathenischen Einstellung der Spartaner voll verständlich. Die offizielle athenische Politik ist übrigens in den Jahren 379/78 nicht ganz durchsichtig. Das ist kein Wunder: Athen war nicht imstande, der zusammengefaßten Kraft der Peloponnesier Widerstand zu leisten, es wollte keinen offenen Konflikt mit Sparta, konnte aber anderseits seine Sympathien für die Thebaner nur schwer verbergen, jedoch ist der Abschluß eines formalen Bündnisses zwischen Athen und Theben für das Jahr 379/78 nicht wahrscheinlich. Die Sphodrias-Affäre ließ jedoch die letzten Bedenken Athens dahinschwinden. Jetzt erst, im Jahr 378/77, wahrscheinlich in den ersten Monaten des Jahres 377, schloß man ein förmliches Bündnis mit Theben und nahm damit offen gegen Sparta Stellung. Von diesem Bündnis ist eine Inschrift erhalten (Bengtson, Staatsverträge Nr. 255), auf der die linke Seite fehlt, so daß die Interpretation Schwierigkeiten bereitet. Doch können wir mit Zuversicht sagen, daß die offizielle Initiative von Theben ausgegangen ist und daß daraufhin Stephanos in der athenischen Volksversammlung den Antrag auf Abschluß eines Bündnisses gestellt hat. Vorher war offenbar eine athenische Gesandtschaft nach Theben gegangen; zu ihr gehörte Thrasybul, der Sohn des Thrason, aus Kollytos (der nicht mit dem berühmten Thrasybul aus Steiria zu verwechseln ist). Thrasybul aus Kollytos verfügte über besonders gute Beziehungen zu Theben und stand dort, wenn wir Aischines (III 138) Glauben schenken dürfen, in hohem Ansehen. Überhaupt dürften sich durch die Anwesenheit von thebanischen Demokraten so manche engen Bande zwischen den beiden Städten angeknüpft haben, eine Tatsache, die das Bündnis verständlich macht. Als der Bündnisvertrag in Athen und Theben ratifiziert wurde, war in der Ägäis eine große Veränderung im Werden. Den Anstoß dazu hatte Athen gegeben. Es ist die *Begründung des Zweiten Attischen Seebundes* im Jahr 378/77, einhundert Jahre nach der Errichtung des Ersten Delisch-Attischen Bundes. Der Zweite Attische Seebund ist nicht an einem Tag errichtet worden. Es sind teilweise die Beziehungen aus der Zeit des Thrasybul, die, wie im Falle von Chios im Jahr 384 und von Byzanz im Jahr 378, zu Bündnisverträgen mit Athen geführt haben. Athen hatte dazu das Glück, einen großen Rhetor und Publizisten zu besitzen, Isokrates, der den Ruhm seiner Vaterstadt in seinen Prunkreden der ganzen griechischen Welt verkündete. So ist vor allem der im Jahr 380 erschienene ›Panegyrikos‹ als ein Lobpreis der großen attischen Vergangenheit zu nennen. Zahlreiche historische Beispiele werden in dieser Prunkrede beschworen, um die Größe des alten Athen und die sich daraus ableitenden Verpflichtungen für die Gegenwart hervorzuheben. Insbesondere der Königsfriede von 386 war dem Isokrates verhaßt, der Rhetor wurde nicht müde, auf die großen Taten Athens unter Perikles hinzuweisen, als man den Persern im Frieden des Kallias (449/48) Schranken setzte. Mit Recht ist die neuere Forschung (E. Buchner) davon abgerückt, in dem Panegyrikos des Isokrates mit U. v. Wilamowitz eine Propagandaschrift für die Errichtung des Zweiten Attischen Seebundes zu erblicken. Aber das Werk hat den Boden für Athens Absichten in hervorragender Weise vorbereitet und insofern eine neue Epoche der attischen Geschichte eingeleitet. In Athen war man sich darüber im klaren, daß sich eine neue Allianz grundlegend von dem alten Delisch-Attischen Bund unterscheiden müsse; insbesondere mußte dafür Sorge getragen werden, daß bei den Verbündeten nicht das Gefühl aufkam, daß die Athener die neue Vereinigung zu egoistischen oder gar zu imperialistischen Zwecken ausnutzten. Im Februar/März 377 waren die Vorbereitungen so weit gediehen, daß Athen ein Manifest herausgeben konnte, in dem es an die Griechen und an die Barbaren auf dem Festland und auf den Inseln die Aufforderung ergehen ließ, dem neuen Bund beizutreten. Die Urkunde, formell ein attischer Volksbeschluß auf Antrag des Aristoteles, erhalten auf einer Tafel von pentelischem Marmor, die aus 20 Bruchstücken zusammengesetzt wurde, ist eines der wichtigsten Dokumente der griechischen Geschichte des 4. Jahrhunderts (Bengtson, Staatsverträge Nr. 257). Denjenigen unter den Griechen und Barbaren, die in den Bund einzutreten wünschen, werden Freiheit und Autonomie, dazu Freiheit von Besatzung und Tribut zugesichert. Außerdem verpflichteten sich die Athener, im Gebiet der neuen Bündner keinen Grund und Boden zu erwerben, endlich wurde den Bundesgenossen Hilfe bei feindlichen Angriffen zugesichert. Allerdings steht am Anfang der Urkunde eine förmliche Kampfansage an Sparta: die Lakedämonier werden ersucht, den Griechen die Freiheit, die Autonomie und den Frieden sowie den ungestörten Besitz ihres Territoriums zu gestatten, wobei auf die von dem Großkönig und den Spartanern beschworene Koinè Eiréne (diese Worte sind in der Urkunde ergänzt) hingewiesen wird. Die Inschrift verzeichnet die Namen der athenischen Bundesgenossen, es sind hier höchstens 53, die Gesamtzahl hat aber (nach Diodor XV 30,2) vielmehr 70 betragen. Sie stand natürlich hinter der Zahl der Mitglieder des Ersten Seebundes weit zurück. Besonders interessant ist das Erscheinen des Iason von Pherai, des großen thessalischen Tyrannen, unter den Bundesgenossen (in der Inschrift Kolumne B, Zeile 15), der Name ist ergänzt: [Iaso]n, aber diese Ergänzung erscheint so gut wie sicher. Man hat den Namen später, als sich Iason feindselig zu Athen stellte, wieder ausgemeißelt.

Die Grundlage des Bundes bilden die Autonomiebestimmungen des Königsfriedens. Athen hatte die Stellung des Hegemon inne, sie wurde in den Bündnisverträgen mit den einzelnen Staaten direkt anerkannt. Im übrigen war aber der föderative Gedanke in der Bundesverfassung besonders betont, die Bundesgenossen waren nicht nur gegenüber Athen, sondern auch untereinander zur Hilfeleistung verpflichtet. Im Gegensatz zum Ersten Seebund wurde ein ständiges Bundesorgan, das Synhédrion, geschaffen, das regelmäßige Sitzungen abhielt. Jedes

Bundesmitglied ohne Rücksicht auf Größe und Bevölkerungszahl hatte in ihm eine einzige Stimme. Athen war aber im Synhédrion nicht vertreten, es stand neben dem Bund. Wenn ein gültiger Beschluß zustande kommen sollte, so war Übereinstimmung zwischen dem Synhédrion und Athen notwendig. Athen, oder genauer gesagt: die athenische Volksversammlung, hatte also ein allgemeines Vetorecht. Ohne finanzielle Beiträge konnte auch dieser Bund nicht auskommen. Man nannte sie nun Syntáxeis, nicht mehr Phóroi; dieser Begriff war im Delisch-Attischen Seebund in Mißkredit gekommen. Zu den Syntaxeis waren nur solche Mitglieder verpflichtet, die nicht in der Lage waren, Schiffe oder Soldaten zu stellen. Theben hat beispielsweise niemals irgendwelche finanziellen Beiträge entrichtet. Wenn auch bei der Gründung die föderative Idee peinlich genau beachtet wurde, so konnte es doch nicht ausbleiben, daß sich die Gewichte im Lauf der Zeit zugunsten Athens verschoben. Und in der Tat ist es allmählich dahin gekommen, daß nicht das Synhédrion der Bündner, sondern die athenischen Bürger in der Volksversammlung nicht nur über die Aufnahme neuer Mitglieder, sondern auch über die Verwendung der Bundesgelder Beschluß faßten, wie dies auch in der Zeit des Ersten Seebundes der Fall gewesen war. Die ausführende Gewalt lag ganz in den Händen Athens. Diese Stadt führte den Oberbefehl, sie ordnete die Musterung von Schiffen und Soldaten an und führte auch die notwendigen diplomatischen Verhandlungen.

Der Zweite Attische Seebund hat in seinen besten Tagen nicht nur die meisten Inseln der Ägäis, sondern auch zahlreiche Städte an der thrakischen Küste, die großen Inseln im Ionischen Meer und sogar Akarnanien und Teile von Epirus umfaßt. Die Vereinigung ist jedoch alles andere als ein Bundesstaat gewesen. Es gab in ihr keine Bundesbürgerschaft und auch keine Bundesregierung. Es war vielmehr eine militärische Allianz, deren Spitze gegen Sparta gerichtet war. Es ist bezeichnend, daß ein Spartanerfreund wie Xenophon in seinen ›Hellenika‹ die Begründung des Seebundes mit keinem Wort erwähnt.

Athen hatte in jenen Tagen das Glück, eine Reihe fähiger Männer zu besitzen, die sich als Politiker und Strategen einen bedeutenden Namen gemacht haben. Der führende athenische Politiker war Kallistratos von Aphidnai, der vor allem als Experte auf dem Gebiet der Finanzen bekannt wurde; neben ihm steht der mit Platon befreundete Chabrias, der sich als Stratege wiederholt ausgezeichnet hat. Ein typischer Berufssoldat war Iphikrates, er hat es zu großen Ehren und zu großem Reichtum gebracht. Mit seinem Namen verbindet sich eine umstürzende Neuerung im griechischen Kriegswesen: Iphikrates hat an die Stelle der schwerbeweglichen Hoplitenphalanx die Taktik der Leichtbewaffneten (Peltasten) eingeführt, mit der er schon im Korinthischen Krieg bedeutende Erfolge erzielt hatte.

Parallel zum Aufstieg des Zweiten Attischen Seebundes vollzog sich der Aufstieg Thebens. Beide Vorgänge stehen miteinander in ursächlichem Zusammenhang: Athen war mit Theben verbündet, und Theben war Mitglied des Seebundes. Das thebanische Bündnis war für Athen von größter Bedeutung, waren doch die Lakedämonier gezwungen, ihr Hauptaugenmerk auf Theben und Mittelgriechenland zu richten, sie konnten sich daher nicht mit voller Kraft gegen Athen wenden. Die Athener haben es an Unterstützung der Thebaner nicht fehlen lassen. Als Agesilaos mit dem Heer der Peloponnesier im Sommer 377 in Böotien erschien, da traten ihm außer den Thebanern auch die Athener unter Chares entgegen, die sich übrigens auf eine Feldschlacht gegen den gewiegten Strategen nicht einließen. Auch der Einfall des Kleombrotos im Jahr 376 brachte den Spartanern nicht den erhofften Erfolg, und zur See wurden sie im gleichen Jahr im Sund zwischen Naxos und Paros entscheidend geschlagen. Wie stark sich Athen fühlte, zeigt die Entsendung des Timotheos, des Sohnes des Konon, in das Ionische Meer. Hier brachte er die Inseln Korkyra, Kephallenia, dazu Akarnanien und den König der Molosser, Alketas, zum Anschluß an Athen (Bengtson, Staatsverträge Nr. 262 und 263). Auch Makedonien ist damals (im Jahr 375 oder 373) dem Seebund beigetreten. Das Land war wegen seines Reichtums an Schiffsbauholz ein sehr wichtiger Partner (Bengtson, Staatsverträge Nr. 264).

Die Kriegführung, insbesondere aber die Flottenrüstungen der Athener kosteten teures Geld. Um eine neue Grundlage für die Besteuerung zu gewinnen, wurde eine Deklaration des beweglichen und des unbeweglichen Eigentums in Athen angeordnet. Sie erbrachte die Gesamtsumme von 5750 Talenten. Die Bürgerschaft wurde in hundert Steuerbezirke eingeteilt, in sog. Symmorien, von denen jede ungefähr 60 Talente an Steuern aufzubringen imstande war. Diese neue Einteilung ersetzte die längst unbrauchbar gewordenen solonischen Steuerklassen, an denen die Athener mehr als zwei Jahrhunderte festgehalten hatten.

Für Theben, die größte Stadt Böotiens, war die Ordnung der Beziehungen zu den übrigen böotischen Landstädten geradezu eine Lebensfrage. Dieses Problem ist in den siebziger Jahren in außerordentlich glücklicher Weise gelöst worden. Der Königsfriede hatte das Ende der Bünde in Griechenland, auch das Ende des Böotischen Bundes bedeutet; nach der Befreiung

Thebens (379) ist er wiedererstanden. Die wichtigsten Magistrate sind die Böotarchen, nunmehr sieben an der Zahl. Daneben existiert eine Versammlung aller Böoter, in der die Bundesangelegenheiten beraten werden. Das war immerhin im Hinblick auf die politische Aufsplitterung Griechenlands ein großer Fortschritt. Einen böotischen Einheitsstaat hat es aber niemals gegeben, dazu waren die einzelnen Städte der Böoter zu stark, sie haben sich aber der Führung durch Theben untergeordnet, und auf dieser Grundlage hat der Böotische Bund auch weitergesteckte Ziele zu erreichen vermocht.

Etwa zur gleichen Zeit ist im Norden Griechenlands, in Thessalien, eine neue bedeutende Macht entstanden. Ihr Emporkommen ist untrennbar verbunden mit der Person des Tyrannen Iason von Pherai. In Thessalien haben die Rivalitäten eines allmächtigen Adels lange Zeit den politischen Aufstieg der Landschaft verhindert. Erst als Iason, der Sohn (oder der Schwiegersohn) des Lykophron von Pherai, die widerstrebenden Teile des Landes mit harter Faust zur Einigung gezwungen hatte, da konnte die Landschaft die ihr gebührende Rolle in der griechischen Geschichte übernehmen. Iason war, ebenso wie Dionysios von Syrakus, ein Mann von großer Bildung und von weitgespannten geistigen Interessen. Er war Schüler des Sophisten Gorgias von Leontinoi. Natürlich wurde der Aufstieg Thessaliens von den Nachbarn mit scheelen Augen betrachtet, vor allem aber von den Lakedämoniern; diese waren jedoch so sehr mit eigenen Sorgen beschäftigt, daß sie sich nicht auch noch in die Verhältnisse Thessaliens einmischen konnten. Mit der Gewinnung der Stadt Pharsalos krönte Iason sein Werk, er war der alleinige Herr in Thessalien und führte den Titel Tagós (Herzog). Thessalien war imstande, 8000 Reiter und 20 000 Mann zu Fuß aufzubringen. Das war eine Streitmacht, die selbst der Peloponnesische Bund damals nur mit größter Mühe zusammenbrachte. Auch in Thessalien hatte man sich über den Grundsatz der Autonomie der Einzelstaaten hinweggesetzt, ein Vorgang, der hier auf die überragende Persönlichkeit des thessalischen Herzogs zurückzuführen ist.

Es ist vermutlich der Aufstieg Thebens gewesen, der die Athener im Jahr 375/74 friedensbereit gemacht hat. Unter Vermittlung des persischen Großkönigs und Dionysios' I. wurde im Juli 374 zu Sparta Frieden geschlossen, auch Theben hatte Anteil an ihm. Dieser Friede ist insofern von Bedeutung, als er eine Koinè Eiréne war, das heißt, er sollte alle Griechen miteinschließen. Athen hatte nicht wenig erreicht, vor allem die Bestätigung seiner Führerstellung im Zweiten Attischen Seebund, der jetzt als Gegengewicht zum Peloponnesischen Bund unter Spartas Führung offizielle Anerkennung erfuhr. Sparta mußte seine Hoffnungen beträchtlich zurückstecken, vor allem mußte es seine Besatzungen aus den böotischen Landstädten abberufen, eine Bestimmung, die natürlich Theben zugute kam. Wenn in einer Quelle (Diodor XV 38) von dem Ausschluß der Thebaner aus diesem Frieden von 375/74 berichtet wird, so ist dies ein Irrtum, der auf einer Verwechslung mit dem späteren Frieden von 371 beruht. In Athen errichtete man einen Altar für die Friedensgöttin (Eiréne), und bei dieser Gelegenheit hat der Erzgießer Kephisodot die berühmte Statue der Göttin Eiréne mit den Knaben Plutos auf dem Arme geschaffen: Friede und Wohlstand, das waren die Ideale nicht nur der Athener in jenen Tagen. Es ist immerhin möglich, vielleicht sogar wahrscheinlich, daß den Athenern in diesem Frieden der Besitz von Amphipolis, der wichtigen Stadt am unteren Strymon, zugesprochen worden ist, vielleicht auch die thrakische Chersonesos. Wer diese Halbinsel besaß, der hatte die Kontrolle über die Durchfahrt durch den Hellespont in seinen Händen.

Der Friede hatte nur kurze Dauer. Der Wiederausbruch des Krieges wird von Xenophon dem Timotheos, dem Sohn des Konon, zur Last gelegt; Timotheos hatte sich in die inneren Verhältnisse von Zakynthos eingemischt und dort Angehörige der demokratischen Partei an Land gesetzt. Athen freilich, mit dem Aufbau seines Seebundes beschäftigt, hatte durch einen neuen Krieg wenig zu gewinnen; wird doch eine Seemacht viel schwerer von den Kriegsbeschwerden getroffen als eine Landmacht, wenn diese nur stark genug ist, ihre Grenzen zu schützen. Für die Nervosität der athenischen Bürgerschaft zeugt der Prozeß des Timotheos (373); dieser wartete den Ausgang nicht ab, sondern trat als Söldnerführer in den Dienst des Perserkönigs. Wie weit man in Athen damals von den Tagen des ruhmreichen Ersten Seebundes entfernt war, ergibt sich daraus, daß sich die Ruderer der athenischen Kriegsschiffe auf der Insel Korkyra als Landarbeiter verdingen mußten, um ihren Unterhalt zu verdienen. Auch mit Theben kam es zu Spannungen; die Thebaner überfielen Platää und machten die Stadt dem Erdboden gleich (374/73 oder 373/72), Thespiä wurde annektiert, auch auf Oropos erhoben die Thebaner Anspruch. Die Zerstörung Platääs, ein schwerer Schlag für Athen, spiegelt sich in der zeitgenössischen Publizistik wider. So hat Isokrates in seinem ›Plataïkos‹ gegen die Thebaner Stimmung gemacht. Die Datierung der Rede (373 nach Werner Jaeger, 371 nach Mathieu) ist allerdings in der Forschung umstritten. All diese Ereignisse waren jedoch nicht von kriegsentscheidender Bedeutung. Die Spartaner, die den Athenern zur See nicht gewachsen waren, hatten inzwischen durch ihren Unterhändler Antialkidas wieder die Vermittlung des Großkönigs angerufen. Auf persische Anregung versammelte sich in Sparta im Jahr 371 ein Friedenskongreß. Auf ihm waren neben den Griechen des Mutterlandes auch Dionysios I. von Syrakus und der König der Makedonen durch Abgesandte vertreten. Wieder kam es zum Abschluß eines allgemeinen Friedens, einer Koinè Eiréne (Sommer 371). Wieder war die im Königsfrieden verankerte Autonomie der Einzelstaaten als Grundlage des Friedens anerkannt worden: die persische Wolke schwebte also immer noch über den Häuptern der Griechen, und Sparta bemühte sich, dem Großkönig zu Willen zu sein. Die Autonomieklausel machte es den Thebanern unmöglich, die Bedingungen anzunehmen. Sie bemühten sich, die völkerrechtliche Anerkennung des Böotischen Bundes durchzusetzen, aber ihr Sprecher Epameinondas stieß auf den entschlossenen Widerstand der Spartaner, und Athen hatte verständlicherweise keine Lust, sich für Theben einzusetzen. Die Spartaner zögerten nicht, von den Thebanern in ultimativer Form die Freilassung der böotischen Gemeinden und die Wiederherstellung ihrer Autonomie zu verlangen. Außerdem erging an den König der Lakedämonier Kleombrotos der Befehl, von Phokis aus in Böotien einzurücken und der spartanischen Forderung Nachdruck zu verleihen. Das lakedämonische Heer war in der Überzahl, trotzdem hat Epameinondas seine Landsleute dazu bestimmt, die Schlacht anzunehmen. Sie wurde bei Leuktra, 11 km von Theben entfernt, im Juli 371 geschlagen und endete mit einer vollständigen Niederlage der Spartaner, die hier zum erstenmal in offenem Feld ihren Meister fanden. Wie konnte es dazu kommen? Es ist Epameinondas gewesen, der bei Leuktra einer neuen Taktik auf dem Gebiet des Kriegswesens zum Durchbruch verholfen hatte. Epameinondas hatte den linken Flügel seines Heeres nicht weniger als 50 Mann tief aufgestellt, in den ersten Gliedern standen die Angehörigen der ›Heiligen Schar‹ der Thebaner, eine Elitetruppe, die von Pelopidas geführt wurde. Dem Stoß des gewaltig verstärkten linken Flügels vermochte der rechte Flügel der Spartaner nicht standzuhalten, er wurde durchbrochen und aller Heldenmut der Spartaner war vergeblich. Von 700 Spartiaten deckten nicht weniger als 400 das Schlachtfeld. Der linke Flügel hatte gar nicht erst in die Schlacht eingreifen können, er mußte sich ebenfalls in das befestigte Lager auf den Höhen zurückziehen, das von den Thebanern nicht angegriffen wurde. Aber dadurch, daß die Spartaner um die Herausgabe der Gefallenen baten, erkannten sie ihre Niederlage an. Für die Einstellung des Spartanerfreundes Xenophon ist es bezeichnend, daß der von ihm gegebene Bericht über die Schlacht bei Leuktra ganz unzureichend ist. Auf der Seite der Gegner wird Epameinondas

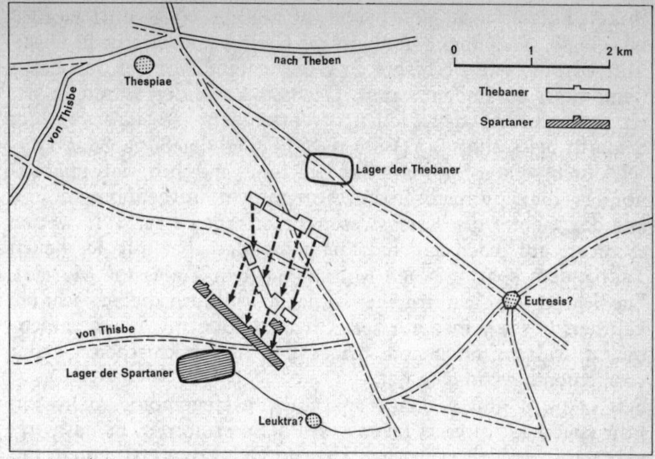

Abb. 15: Die Schlacht bei Leuktra

nicht einmal genannt, und für die Niederlage der Lakedämonier wird kein Grund angegeben (Xenophon, Hell. VI 4,1–14). Wer aber war dieser Epameinondas, der in einer einzigen Schlacht vor den Toren seiner Vaterstadt den spartanischen Militärstaat zu Tode getroffen hat? Epameinondas, der Sohn des Polymnis, entstammte einer thebanischen Bürgerfamilie, die zwar mit Glücksgütern wenig gesegnet war, dafür aber dem Sohne eine sehr sorgfältige Erziehung angedeihen ließ. Wie die anderen Knaben seines Alters wurde er in den musischen und gymnastischen Übungen ausgebildet, dazu genoß er den Unterricht des Pythagoräers Lysis, der aus Unteritalien hatte fliehen müssen. Mit Lysis fühlte sich Epameinondas eng verbunden. Die antiken Quellen heben mit Recht hervor, daß Epameinondas nicht nur vollkommen unbestechlich war, sondern daß er auch, um sich seine völlige Unabhängigkeit zu wahren, in selbstgewählter Armut lebte. Eine Ehe hat er nie geschlossen, wohl aber war er mit manchen Thebanern, nicht nur mit Pelopidas, eng befreundet. Schon im Altertum hat man sich darüber gewundert, daß Epameinondas sich an den Parteikämpfen in Theben nicht beteiligt hat, auch an der Befreiung seiner Vaterstadt hatte er höchstens einen sehr bescheidenen Anteil. Aber um so mehr muß er in den Jahren von 377–371 tätig gewesen sein, denn in dieser Zeit ist das Heer der Thebaner und Böoter in ein hervorragendes taktisches Kriegsinstrument umgewandelt worden, sicherlich nicht ohne maßgebenden Einfluß des Epameinondas. Es ist klar, daß die neue Taktik des verstärkten

linken Flügels nicht von heute auf morgen eingeführt worden ist, sie setzt vielmehr unablässige Übung und strengste Disziplin voraus, wie sie bisher in Griechenland nur bei den Lakedämoniern zu finden waren. Gewisse Vorbilder waren in der Kriegsgeschichte der Hellenen vorhanden; so hatte in der Schlacht bei Delion (424) der rechte Flügel der Böoter das Treffen durch seinen Stoß entschieden. Ist es möglich, daß Epameinondas hier pythagoräische Anregungen aufgenommen und auf das Gebiet des Kriegswesens übertragen hat? Wir wissen es nicht; auf jeden Fall hat Epameinondas aber mit der neuen Taktik dem spartanischen Militärstaat den Todesstoß versetzt. Die Schlacht bei Leuktra aber ist das Vorbild für die Schlacht bei Leuthen (1757), in der Friedrich der Große mit einer zahlenmäßig weit unterlegenen Armee den österreichischen Gegner vernichtend geschlagen hat.
Seit Leuktra gibt es keine spartanische Hegemonie mehr, ein Jahr später (370) wird Iason von Pherai ermordet. Er hatte geplant, mit dem thessalischen Heer in Delphi zu erscheinen, um hier die Leitung der Pythischen Spiele zu übernehmen. Mit dem Tod dieses Mannes, der den Plan eines Perserkrieges ernstlich erwogen hatte, fiel Thessalien wieder inneren Wirren anheim, die Bahn für den Aufstieg Thebens war endgültig frei geworden. Inzwischen waren in Athen wieder Abgesandte zahlreicher griechischer Staaten zu einem Friedenskongreß versammelt. Der Friede brachte wenig Neues. Wieder wurden die Autonomiebestimmungen des Königsfriedens von den Griechen beschworen. Diese Maßnahme war vor allem gegen Theben gerichtet. Wieder wurde eine Koinè Eiréne abgeschlossen, die noch in das Jahr 371, nach der Schlacht bei Leuktra, zu setzen ist (Bengtson, Staatsverträge Nr. 270). Niemandem von den Unterzeichnern dieses Friedens, zu denen wohl auch Sparta, nicht aber Elis gehörte, ist es in den Sinn gekommen, gegen die Bestimmungen des Königsfriedens zu rebellieren, im Gegenteil, die Verträge des Großkönigs wurden sogar noch eigens zur Grundlage dieser Koinè Eiréne genommen!
Und dennoch zeigen sich in Griechenland jetzt hoffnungsvolle neue Anzeichen staatlichen Lebens: in die Jahre nach Leuktra fallen die Gründungen von einigen griechischen Staatenbünden. So ist der Bund der Arkader im Jahr 370 begründet worden, und das Koinón der Ätoler erscheint zum erstenmal im Jahr 367/66 auf einer athenischen Inschrift. Es besteht kein Zweifel, daß diese Vereinigungen eine neue Note in die griechische Geschichte gebracht haben. Unter Beachtung der Autonomie der Einzelstaaten schlossen sich ganze Stämme zusammen, die einzelnen Poleis und Ethne (Stämme) hatten erkannt, daß sie nur vereint eine Rolle in der Geschichte zu spielen vermochten.

Ganz anders die thebanische Politik! Theben, das sich zur Vormacht von ganz Böotien aufgeworfen hatte, schloß mit einer Reihe von anderen Staaten Bündnisse ab, mit Phokis, mit dem Arkadischen Bund, später auch mit Makedonien, mit dem Tyrannen Alexander von Pherai und mit Achaia. Diese Bündnispolitik diente teilweise der Vorbereitung des Endkampfes zwischen Theben und Sparta, teilweise ist sie aber auch eine Folge des Übergreifens der Thebaner auf die Peloponnesos und auf Thessalien.

Im Jahr 370 setzt mit dem ersten Feldzug der Böoter in die Peloponnesos der Angriffskrieg Thebens gegen Sparta ein. Im wesentlichen teilt sich Griechenland damals in drei Bündnissysteme, die von Theben, von Sparta und von Athen geführt werden. Aber keine einzige dieser hegemonialen Symmachien ist stark genug, um wirklich etwas Neues und Dauerndes zu schaffen. Es fehlen hierzu nicht nur materielle Mittel, es fehlt vor allem auch eine neue konstruktive Idee, die Ordnung in das griechische Durcheinander gebracht hätte.

Der erste Feldzug des Epameinondas am Ende des Jahres 370 fand unter geradezu dramatischen Begleiterscheinungen statt. Die Veranlassung war ein Hilfegesuch der Arkader, die im Kampf mit Sparta lagen und sich nach Bundesgenossen umsahen. Als Athen sich ihnen versagte, da richteten sich die Blicke der Arkader, wie natürlich, auf Theben. So wurde ein förmliches Bündnis zwischen den beiden Staaten abgeschlossen (370). Es sind also zwei Bünde, die hier ihre Kräfte gegen die Lakedämonier zusammenfaßten. Die Böoter fanden in der Peloponnesos großen Zulauf. Sie fielen mit überlegener Macht in Lakedämonien ein. Obwohl sie den Eurotas bei Amyklai überschreiten konnten und die böotische Reiterei bis in die Vorstädte Spartas vorstieß, so kam es doch nicht zu einer Entscheidung, da Agesilaos die höher gelegenen Ortsteile besetzt hielt und sich zu einer Feldschlacht nicht herausfordern ließ. Überhaupt gebührt diesem Mann das Verdienst, Sparta gerettet zu haben.

In der Stadt selbst herrschte angesichts der Bedrohung durch Epameinondas eine vollständige Verwirrung, zahlreiche Periöken und Heloten hatten einfach die Flucht ergriffen, und die spartanischen Frauen, sonst wegen ihrer Tapferkeit berühmt, erfüllten die Stadt mit Geschrei und Aufregung. In diesen Tagen hätte die Geschichte Spartas besiegelt sein können, hätten sich die Böoter und ihre Bundesgenossen nicht aufs Plündern verlegt. Obwohl Sparta noch einmal davor bewahrt blieb, von einem auswärtigen Feind eingenommen zu werden, so war doch der Eindruck in Griechenland und weit darüber hinaus ganz gewaltig. Die Böoter waren von nun an die erste Militärmacht

in Hellas, mit ihren Bundesgenossen in Mittelgriechenland und in der Peloponnesos stellten sie eine beträchtliche Machtbildung dar, die imstande gewesen wäre, Griechenland ein neues Gesicht zu geben.
Aus der Erschütterung des spartanischen Staates erklärt sich der Abfall der Messenier, die unter dem Schutz der böotischen Waffen einen neuen eigenen Staat errichteten (369). Unter Leitung des Epameinondas wurde dem neubegründeten Staat eine Hauptstadt gegeben, sie wurde am Abhang des Berges Ithome gebaut und erhielt den Namen Messene. Der neue Staat der Messenier, auf Kosten Spartas begründet, war von Anfang an ein treuer Bundesgenosse der Böoter. Von seinem Beginn an nahm er die antispartanische Tradition wieder auf, und es ist zum mindesten wahrscheinlich, daß die Ausgestaltung der sagenhaften Geschichte Messeniens von diesem Zeitpunkt ihren Ursprung genommen hat. Sparta aber verlor das wichtige Fruchtland zwischen dem Taygetos und dem Ionischen Meer, damit hatte es den wichtigsten Teil der Grundlagen des spartanischen Lebens eingebüßt. Beruhte doch der spartanische Militärstaat auf der geduldigen Fronarbeit der vielen tausend Heloten, die von Sparta geknechtet, überwacht und rücksichtslos ausgesogen worden waren. Seit dem Verlust Messeniens war Sparta aus der Reihe der griechischen Vormächte ausgeschieden, von einem bestimmenden spartanischen Einfluß auf die griechische Politik kann keine Rede mehr sein. Eine Entwicklung von mehreren hundert Jahren hatte sich am Ende als ein Irrweg erwiesen, aber hatte Sparta nicht in den Perserkriegen Großes geleistet? Verdankten die Griechen nicht die Befreiung aus der Persernot dem Spartaner Pausanias und seinen todesmutigen Kämpfern bei Plataä? Die Gerechtigkeit erfordert es, die unbezweifelbaren Verdienste Spartas im Perserkrieg ebenso anzuerkennen wie die großartige Bewährung des spartanischen Mannestums im Dienst des Staates in Krieg und Frieden. Während andere griechische Staaten den Weg zur Bildung von Staatenbünden beschreiten, ist Sparta sich immer treu geblieben. Man mag den Niedergang Spartas bedauern, aber auch in ihm zeigt sich ein Funke der alten Größe und die Kompromißlosigkeit des echten Spartanertums.
Gegen Sparta war auch die Gründung der Stadt Megalopolis, in der sich der Arkadische Bund einen Mittelpunkt erschuf, gerichtet. Auch diese Stadt, zu der 39 umliegende Gemeinden die Einwohner stellen mußten, wurde, wie es scheint, unter dem Schutz der böotischen Waffen angelegt. Die Lage von Megalopolis war so gewählt, daß die Stadt mit ihren starken Mauern den Zugang vom Eurotastal zum Alphaios verlegte. Das Haupteinfallstor in Arkadien war damit geschlossen.

Über den zweiten Zug des Epameinondas (369) ist wenig zu berichten. Er galt offenbar von vornherein einem begrenzten Ziel. Die Böoter gewannen die Städte Sikyon und Pellene. Außerdem wurden die Gebiete von Troizen und Epidauros verwüstet.

Inzwischen hatten Athen und Sparta ein Bündnis geschlossen, bei dem der Oberbefehl alle fünf Tage wechseln sollte, dies ohne Zweifel ein Zugeständnis der Spartaner (Bengtson, Staatsverträge Nr. 274). Im Anschluß an den im ganzen wenig erfolgreichen Zug kam es zum Prozeß gegen Epameinondas und Pelopidas, die beide ihres Amtes als Böotarchen entsetzt wurden. Mit dem Eingreifen im Norden, in Thessalien und in Makedonien, überspannten die Böoter ihre Kräfte. Zwar kam es zu einem Abkommen mit Ptolemaios, dem Verweser des makedonischen Königtums; als Unterpfand der Vertragstreue gelangte damals der junge Prinz Philipp, der spätere König Philipp II., nach Theben, wo er Zugang zu den Häusern der vornehmsten Familien fand (368). In Thessalien aber war den Böotern in dem Tyrannen Alexander von Pherai ein beachtlicher Gegner erstanden. Auf einem Zug nach Thessalien gerieten die Thebaner Ismenias und Pelopidas in seine Gewalt, und erst Epameinondas gelang es, im Jahr 367 mit Alexander einen Vertrag zu schließen und die beiden Freunde wieder zu befreien (Bengtson, Staatsverträge Nr. 281).

Nichts ist bezeichnender für die Ohnmacht von ganz Griechenland als der Friedenskongreß, der sich im Jahr 368 in Delphi auf Anregung auswärtiger Mächte versammelte. Das Wort führten hier die Abgesandten Dionysios' I. von Syrakus: der persische Satrap Ariobazarnes von Phrygien hatte seinen Agenten Philiskos von Abydos nach Hellas gesandt und mit Bestechungsgeldern nicht gespart. Persien hatte natürlich zunächst das größte Interesse an einem Frieden, der die Aufsplitterung Griechenlands in eine Unzahl von autonomen, aber ohnmächtigen Stadtstaaten verewigte. Da Sparta aber ein selbständiges Messenien nicht anerkennen konnte, blieben die Verhandlungen in Delphi ergebnislos.

Im folgenden Jahr (367) reisten Gesandte vieler griechischer Staaten zum Großkönig nach Susa, unter ihnen war der Thebaner Pelopidas; auch Sparta und Athen ließen sich vertreten. In Susa wurde die alte Freundschaft zwischen Persien und Theben erneuert. Außerdem erließ der Perserkönig ein Reskript; in ihm wurde Messenien als selbständig anerkannt, dazu wurde die Abrüstung der athenischen Flotte angeordnet. Damit hatte Pelopidas seinen Willen durchgesetzt, aber nur in Persien, denn die Griechen weigerten sich, das Diktat des Großkönigs anzunehmen (Bengtson, Staatsverträge Nr. 282).

Schon im Jahr 368 hatte sich Athen um die Aufnahme diplomatischer Beziehungen zu dem Tyrannen Dionysios I. bemüht. Im Sommer dieses Jahres hatten die Athener den Herrscher und seine beiden Söhne durch die Verleihung eines goldenen Kranzes und des Bürgerrechts geehrt, im März 367 wurde ein Bündnis zwischen Athen und Dionysios geschlossen (Bengtson, Staatsverträge Nr. 280). Beide Partner sicherten sich gegenseitige Hilfeleistung zu, falls das Gebiet des anderen angegriffen würde: dazu kam noch ein Nichtangriffspakt. Da auch Sparta mit Athen und Dionysios verbündet war, ergab sich hieraus eine Tripelallianz. Sie blieb jedoch ohne Auswirkung, da der syrakusanische Herrscher (in der Urkunde heißt er ›Archon von Sizilien‹) wenig später durch den Tod abberufen wurde.
Auch der dritte Zug des Epameinondas in die Peloponnesos im Jahr 367 brachte keine wesentliche Veränderung der dortigen Machtverhältnisse. Die Böoter hatten Schwierigkeiten mit den Arkadern, konnten aber einige achäische Orte zum Anschluß an die Symmachie bewegen. Von geringer Einsicht zeugt der Versuch, in diesen Achäerstädten die Oligarchen anstatt der Demokraten ans Ruder zu bringen. Dadurch wurde die innere Unruhe in der Peloponnesos, die sich schon vorher in blutigen Gewalttaten entladen hatte (Niedermetzelung zahlreicher Bürger in Argos, 370), weiter gesteigert. Auch Athen wurde in die politischen Wirren auf der Peloponnesos mithineingezogen. Es schloß ein Defensivbündnis mit den Arkadern ab. Da Athen auch mit Sparta verbündet war, ergab sich die interessante Konstellation, daß die Athener den Arkadern gegen Sparta, den Spartanern aber gegen die Arkader zur Hilfeleistung verpflichtet waren, je nachdem, welcher Staat angegriffen wurde. Ein gewisser Abschluß der thebanischen Hegemoniebestrebungen war der Friedenskongreß von Theben (366). Sparta konnte sich zum Beitritt nicht entschließen, so daß der Friede (ob er eine Koinè Eiréne war, ist umstritten) mehr den Charakter eines Waffenstillstandes hatte. Sparta befand sich damals in einer wenig beneidenswerten Lage. Die Kassen waren leer, so daß sich der greise König Agesilaos einige Zeit bei dem persischen Satrapen Ariobazarnes als Söldnerführer verdingen mußte.
In Kleinasien war ein Aufstand der persischen Satrapen ausgebrochen, an dem vor allem Ariobazarnes von Phrygien und Datames von Kappadokien beteiligt waren. Dieser Aufstand hat zu einer erheblichen Schwächung der Zentralgewalt in Anatolien geführt, er konnte erst nach mehrjährigen harten Kämpfen niedergeschlagen werden (370–359). Diese Zustände in Kleinasien begünstigten die athenische Expedition nach Samos im Jahr 365. Die Athener unter Timotheos rissen die wertvolle Insel vom Perserreich los und sicherten sie durch attische Kle-

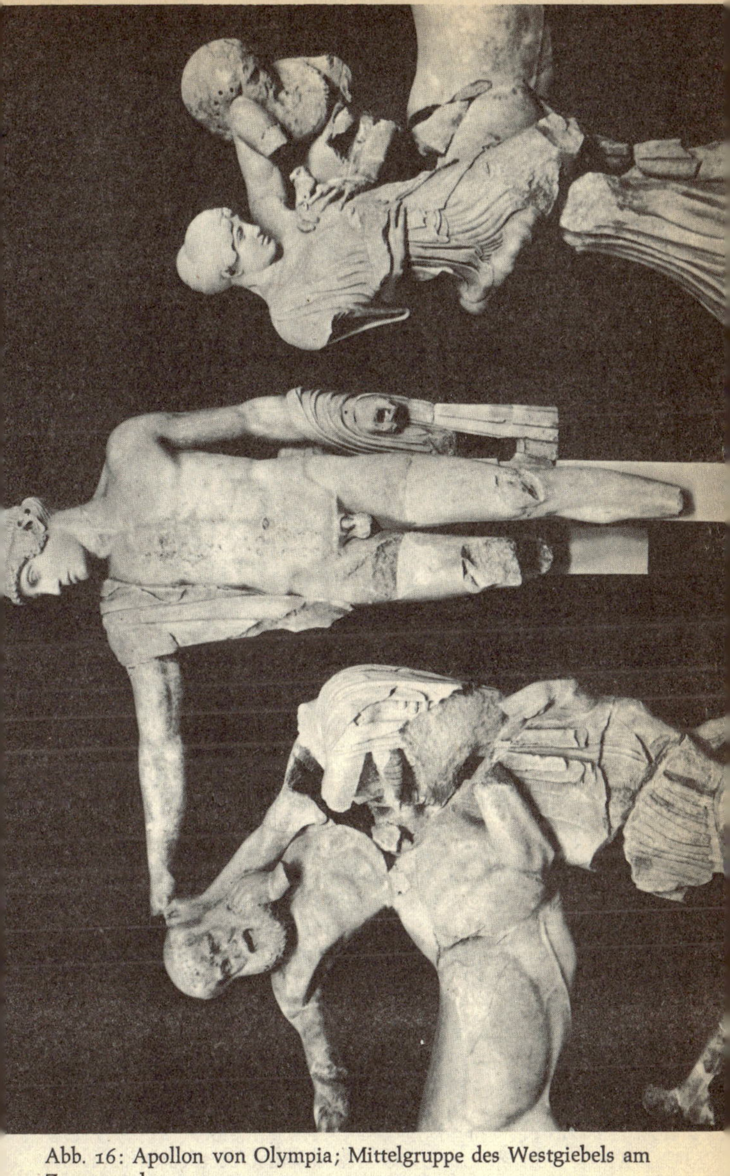

Abb. 16: Apollon von Olympia; Mittelgruppe des Westgiebels am Zeustempel

ruchen. Im übrigen widersprach die Eroberung von Samos in eklatanter Weise dem in dem Gründungsaufruf abgegebenen athenischen Versprechen, im Bereich des Seebundes keine Eroberungen zu machen. Auch auf der thrakischen Chersonesos und selbst in Byzanz hatten die Athener Fuß gefaßt. Noch bemerkenswerter sind die athenischen Erfolge in Thrakien. Zwar konnte Amphipolis nicht genommen werden, dafür aber gewann Timotheos die Städte Pydna und Methone, die für den Handel mit dem makedonischen Hinterland von großer Bedeutung waren. Auch Torone und Potidäa stellten sich auf die Seite Athens, nach Potidäa wurden attische Kleruchen geführt. Man wird den Athenern keinen Vorwurf machen können, wenn sie ihre überseeischen Positionen mit Hilfe der Flotte zu sichern versuchten. Für die ständig steigende Bevölkerungszahl war die Bereitstellung neuen Siedlungslandes geradezu lebensnotwendig.

Zur See hatte Athen einen unerwarteten Konkurrenten bekommen. Die Thebaner waren dazu übergegangen, eine Flotte zu bauen. Zu diesem Zweck hatten sie den lokrischen Hafen Larymna besetzt. Vielleicht haben sie bei der Flottenrüstung die Hilfe eines Karthagers in Anspruch genommen. Es existiert ein bötisches Ehrendekret für einen gewissen Annobal, Sohn des Asrubal (Dittenberger, Syll. I^3 Nr. 179 vom Jahr 364). Epameinondas hat auf seiner ersten und einzigen Flottenfahrt einige überraschende Erfolge errungen: Byzanz, dazu die großen Inseln Chios und Rhodos, fielen von Athen ab, ebenso aber auch das vor der attischen Küste liegende Keos. Aber der Gewinn war nur vorübergehend, denn Athen konnte die abgefallenen Gemeinden bald zurückgewinnen. Während der Abwesenheit des Epameinondas hatte eine Gruppe von Bürgern aus Orchomenos in Verbindung mit thebanischen Verbannten versucht, die demokratische Verfassung Thebens auf gewaltsame Weise zu ändern. Der Anschlag schlug fehl, und die Versammlung des Böotischen Bundes verhängte ein furchtbares Strafgericht. Alle an der Verschwörung beteiligten Männer, insgesamt 300, wurden getötet, die Frauen und Kinder versklavt, das böotische Orchomenos zerstört. Dieses Ereignis zeigt, wie sehr sich die politischen Gegensätze zwischen den Aristokraten und Demokraten verschärft hatten. Es zeigt aber auch die Rücksichtslosigkeit der Böoter gegenüber ihren eigenen Landsleuten.

In der Peloponnesos war ein Streit um die Landschaft Triphylien ausgebrochen, an dem Arkadien und Elis beteiligt waren. Elis fand Hilfe bei Sparta, während die Arkader durch ein von Athen entsandtes Reiterkorps unterstützt wurden. Die Eleer verloren vorübergehend die Oberherrschaft über Olympia. Der Ort wurde von Truppen des Arkadischen Bundes besetzt, die Abhaltung der Olympischen Spiele wurde in die Hand der Pisaten gelegt (Juli 364). Die Eleer, von den Achäern unterstützt, ließen sich aber nicht ohne weiteres verdrängen, es kam zu kriegerischen Auseinandersetzungen mitten im Heiligen Bezirk von Olympia. Aus dem Kampf gingen die Arkader als Sieger hervor. Sie legten die Hand auf das Tempelgeld, das sie zur Besoldung ihrer Bundestruppen, der 5000 Epáritoi, nötig hatten. Der Frevel am Eigentum des Tempels in Olympia führte zu einer Spaltung des Arkadischen Bundes, in dem sich von nun an zwei Parteien unter der Führung von Tegea und Mantineia gegenüberstanden. Die Mantineier hatten den Tempelraub ausdrücklich mißbilligt.

Die Zustände in dem zweigeteilten Arkadischen Bunde sind es gewesen, die Epameinondas zum vierten und letzten Zug in die Peloponnesos veranlaßt haben. Wieder kam es zu einem Handstreich der Böoter auf die Stadt Sparta. Wieder führte er nicht zum Ziel, da es Agesilaos gelang, zur rechten Zeit Truppen in die bedrohte Stadt zu werfen. Auch in Mantineia kam Epameinondas nicht zum Erfolg, da sich die athenische Reiterei mit Glück in den Kampf gegen die Böoter einschaltete. Südlich von dieser Stadt versammelten sich die beiden Heere, die Verbündeten versperrten dem Epameinondas den Weg nach Mantineia, indem sie in der Ebene zwischen den Hügeln Aufstellung nahmen. Die beiden Heere dürften zahlenmäßig etwa gleich groß gewesen sein, auf beiden Seiten kämpften je 20 000 Mann. Die Behauptung, daß Epameinondas dem Gegner um die Hälfte überlegen gewesen sei, stammt von Ephoros und verdient keinen Glauben. Die taktische Aufgabe hatte der große böotische Heerführer wiederum in vorzüglicher Weise gelöst. Er ging mit dem verstärkten linken Flügel aus dem Anmarsch zum Angriff über, während sich der rechte Flügel noch zurückhielt. Ziel des Angriffes war es zweifellos, die Straße nach Mantineia im Rücken der feindlichen Aufstellung unter Kontrolle zu bringen und dem Gegner dadurch den Fluchtweg abzuschneiden. Der Stoß des linken Flügels der Böoter wurde durch Kavallerie maskiert, ihm standen die Mantineier gegenüber, die mit einem Angriff an diesem Tag offensichtlich nicht gerechnet hatten. Um den Stoß zur vollen Wirkung kommen zu lassen und vor allem um den Abzug gegnerischer Truppen von dem linken auf den rechten Flügel zu verhindern, ließ Epameinondas zur gleichen Zeit einen Reiterangriff auf den gegnerischen linken Flügel, wo die Athener standen, durchführen. Die Dispositionen des Epameinondas erzielten den gewünschten Erfolg, der Angriff des böotischen linken Flügels schlug durch wie auf dem Schlachtfeld bei Leuktra, die Gegner, Mantineier und Spartaner, vermochten dem Angriff nicht standzuhalten. Da wurde Epameinondas, der in der ersten Reihe kämpfte, tödlich verwundet, die Schlacht löste sich in Einzelgefechte auf und endete schließlich ohne Entscheidung. Beide Gegner errichteten ein Siegeszeichen und baten einander um die Herausgabe der Gefallenen.

Der Schlacht bei Mantineia am 12. Skirophorion (Juli) 362 folgte der Friedensschluß, und zwar wieder eine Koinè Eiréne, an der von allen Griechen allein Sparta keinen Anteil hatte. Der Friede bestätigte die Aufsplitterung Arkadiens in zwei getrennte Bünde, in einen südlichen unter Tegea und Megalopolis und in einen nördlichen unter Mantineia. Die Spartaner versuchten auch weiterhin, Messenien zurückzugewinnen, wozu aber ihre Kräfte nicht ausreichten. Der Kleinkrieg ging hier noch jahrelang weiter.

Mit der Schlacht bei Mantineia endet das Geschichtswerk des Atheners Xenophon. Am Schluß steht die resignierte Betrachtung, daß beide Parteien nach der Schlacht um kein Gran mehr besaßen als vorher, daß aber die Ratlosigkeit und die Verwirrung in Griechenland nachher noch größer gewesen sei. In der Tat hat Xenophon damit das Richtige getroffen. Die Welt der griechischen Poleis hatte keine neue Idee entwickelt, die zur Grundlage eines neuen Aufstieges von Griechenland hätte dienen können. In den Kämpfen der verschiedenen Symmachien gegeneinander offenbart sich ein politisches Denken in altgewohnten Geleisen, das griechische Mutterland hatte sich als selbständige Kraft ausgeschaltet, eine Erneuerung war von innen heraus nicht mehr zu erwarten. Und Epameinondas? War sein Werk umsonst gewesen? Es kann kein Zweifel darüber bestehen, daß Epameinondas als ein böotischer, nicht als ein panhellenischer Politiker beurteilt werden muß. Während er als Feldherr eine völlig neue Idee zum Sieg geführt hat, verharrte er als Politiker auf dem Althergebrachten, an die Stelle der spartanischen Hegemonie hat er die böotische gesetzt. Sie war nicht lebensfähig und überspannte die Kräfte seines Vaterlandes. Auch zeigte er keine Bedenken, die Intervention Persiens zu seinen Gunsten herbeizurufen, wenn ihm dies vorteilhaft erschien. Sein politisches Werk endete in der Zerstörung: die Hegemoniebildungen Spartas und Athens waren zutiefst erschüttert, dem späteren Eingreifen auswärtiger Mächte, insbesondere Makedoniens, war der Boden vorbereitet. So endet der mit dem Königsfrieden beginnende Abschnitt durch die Schlacht bei Mantineia mit einer Dissonanz. Die griechische Zersplitterung scheint verewigt und die Vorherrschaft Persiens trotz des großen Aufstandes der westlichen Satrapen (370–359) ganz unbestritten.

12. Die Westgriechen im 4. Jahrhundert v. Chr.

Die Geschichte des Westgriechentums steht im ersten Drittel des 4. Jahrhunderts unter dem Eindruck der großen Persönlichkeit des syrakusanischen Tyrannen Dionysios I. (gest. 367). Er hat dem sizilischen Griechentum Sicherheit vor dem Zugriff der Karthager gegeben, anderseits aber auch selbst über die Insel hinausgegriffen und die Sphäre seines Einflusses auf einzelne Teile des italischen Festlandes ausgedehnt, zu einer Zeit, in welcher Rom noch keine irgendwie bedeutende Rolle in der Geschichte gespielt hat.

Zwei Programme waren dem Dionysios, nachdem er an die Macht gekommen war (s. S. 188), gestellt: die Regelung des Verhältnisses zu den Sikelern und die karthagische Frage, die trotz des Friedensschlusses vom Jahr 405 in keiner Weise als gelöst angesehen werden konnte. Es waren vor allem die Griechenstädte Aitna, Katana und Naxos, die Dionysios zur Unterwerfung zwang. Auch Leontinoi wurde erobert, die Bewohner wanderten nach Syrakus. Schon damals kam es zu einem ersten Konflikt mit dem italischen Rhegion, der aber wieder beigelegt werden konnte. Ohne Zweifel hat diese Veränderung nicht nur das Selbstbewußtsein des Dionysios, sondern auch die Stellung von Syrakus erheblich gestärkt. Die Stadt war die bei weitem bedeutendste Macht nicht nur Siziliens, sondern des ganzen griechischen Westens. Seit dem Jahr 402/01 v. Chr. begann der Herrscher mit dem Ausbau der Befestigung von Syrakus. Insbesondere die Hochfläche der Epipolai im Nordwesten der Stadt wurde mit zahlreichen Befestigungswerken bedeckt, an deren Herstellung eine riesige Zahl von Arbeitern, angeblich 60 000 Menschen, beteiligt gewesen sein soll. Von dem Kastell auf dem Euryalos sind noch heute mächtige Reste erhalten, vor allem die gewaltige Hauptbatterie, von der aus man einen weiten Blick über die sizilische Landschaft genießt. Das Ergebnis war, daß Syrakus schließlich über einen riesigen Mauerring von nicht weniger als 27 km Umfang verfügte. Mit Recht hat man darauf hingewiesen, daß diese Befestigung zu einer offensiven Verteidigung hervorragend geeignet war. Ihre Anlage entsprach also dem Plan des Herrschers, er dachte nicht daran, sich auf bloße Verteidigung zu beschränken. In Syrakus aber wurde durch ein Heer von Ingenieuren und Technikern eine Menge Kriegsmaterial hergestellt, hier sind auch zum erstenmal Katapulte gebaut worden, Schleudermaschinen, die zum Angriff auf Befestigungen eingesetzt wurden. Auch die syrakusanische Flotte wurde beträchtlich vermehrt, mit 300 Schiffen war sie die größte, die ein griechischer Staat überhaupt zu dieser Zeit zur Verfügung hatte.

Umgeben von neuen Arbeiten und neuen Plänen fand Dionysios noch Zeit, sich in einer Doppelhochzeit mit zwei Frauen zu verbinden, mit Aristomache, der Tochter seines Freundes Hipparinos aus Syrakus, und mit Doris, der Tochter eines angesehenen Bürgers aus Lokroi in Unteritalien. Der Krieg, den Dionysios gegen die Karthager begann, war ein regelrechter Angriffskrieg. Die Karthager hatten ihm keinen Grund dazu gegeben. In Syrakus und in den anderen Griechenstädten der Insel wandte sich die Bevölkerung gegen die karthagischen Kaufleute, sie wurden in einer schrecklichen Verfolgung in großer Zahl umgebracht, ihre Habe vollständig geplündert. Dionysios aber forderte die Karthager auf, die von ihnen besetzt gehaltenen Griechenstädte freizugeben, was natürlich verweigert wurde. So mußten denn wieder die Waffen entscheiden (397). In der Rüstung hatte der sizilische Herrscher einen erheblichen Vorsprung, er hatte außerdem zahlreiche Söldner in Dienst genommen. Zuerst fiel die karthagische Feste Motye in seine Hand, darauf traten die Sikaner zu ihm über, von größeren Städten leistete nur Segesta weiterhin den Griechen Widerstand. Als eine große karthagische Flotte in Panormos (Palermo) gelandet war, ging es mit Dionysios abwärts, er wurde schließlich sogar in seiner Hauptstadt Syrakus eingeschlossen. Aber seine Verbindungen mit den Griechen, insbesondere mit den Spartanern, verschafften ihm wieder Erleichterung, und als im karthagischen Heer eine gefährliche Seuche ausbrach, da hatte Dionysios den Feldzug gewonnen. Er zwang den karthagischen Feldherrn Himilkon zur Kapitulation. Den Karthagern wurde freier Abzug gegen die Entrichtung einer hohen Geldsumme (300 Talente) zugestanden. Diesen Sieg des Dionysios hat man nicht mit Unrecht den anderen großen Waffentaten der Syrakusaner, dem Sieg Gelons am Himeras und dem Erfolg über die athenischen Expeditionstruppen, an die Seite gestellt. Die Folge war ein Aufstand in Afrika, bei dem Karthago zeitweilig in Gefahr schwebte, eingenommen zu werden. Dionysios hatte die Gelegenheit benutzt, um seine Herrschaft im Osten und Norden der Insel zu befestigen. In diese Zeit fällt die Gründung der Stadt Tyndaris, die als Sperrfeste die große Straße an der Nordküste der Insel von Messina nach Palermo kontrollierte. Seit 392 stand wiederum ein großes Heer der Karthager in Sizilien, entscheidende Erfolge blieben jedoch auf beiden Seiten aus, es kam vielmehr im gleichen Jahr zum Friedensschluß.

Im Vertrag wurden die Sikeler unter die Herrschaft des Dionysios gestellt, auch Tauromenion wurde ihm ausdrücklich zugestanden. Anderseits behauptete Karthago nach wie vor seine Herrschaft (Epikratie) in Westsizilien, die einheimischen Völker der Insel und die Griechenstädte waren ein Teil des Reiches des Dionysios geworden.
In Unteritalien sahen sich die Griechen einer immer stärkeren Bedrohung durch die italischen Völker, vor allem durch die Lukaner, ausgesetzt. Um sich besser behaupten zu können, bildeten die Griechenstädte einen Bund der Italioten. Ihm gehörten unter anderen die Städte Kroton, Sybaris am Traeis, Kaulonia, Thurioi, Elea, vielleicht auch Poseidonia (Paestum) an. Auch Rhegion, das zu Dionysios in schärfstem Gegensatz stand, wurde in den Bund aufgenommen. Der wichtigste Stützpunkt des Dionysios in Unteritalien aber war die Stadt Lokroi. An dem Fluß Elleporos kam es zu einer Schlacht, in welcher der sizilische Herrscher über die Truppen des italiotischen Bundes den Sieg davontrug (388). Obwohl der Ausgang für die Italioten vernichtend war – nicht weniger als 10 000 Gefangene blieben in seiner Hand –, zeigte sich Dionysios als ein Meister der Politik. Er entsandte die Gefangenen ohne Lösegeld in ihre Heimat und schloß mit dem Städtebund Frieden. Allerdings mußte der Bund das Gebiet südlich der Landenge von Catanzaro abtreten; damit waren die Städte Kaulonia und Rhegion isoliert und dem Dionysios überliefert. Zuerst fiel Kaulonia, sein Gebiet wurde zu Lokroi geschlagen (389/88), dann Hipponion und schließlich, nach einer schrecklichen Leidenszeit von elf Monaten, auch Rhegion. Die Belagerung Rhegions ist (nach Polybios I 6,2) gleichzeitig mit der Eroberung Roms durch die Kelten einerseits und dem Frieden des Antialkidas (S. 201) anderseits, sie fällt also in das Jahr 387/86 v. Chr.
Die erste Phase der Expansion des Dionysios war damit beendet, er beherrschte nun die äußerste Südspitze Italiens von der Meerenge von Skylletion bis zur Straße von Messina. Auch die Kelten, die kurz vorher Rom erobert hatten, sind mit ihm in Verbindung getreten, seit 386 finden sich außer Iberern und Kampanern auch keltische Söldner in seinen Diensten. Von besonderer Bedeutung aber war das Auftreten der syrakusanischen Flotte im Bereich des Adriatischen Meeres. Hier hat Dionysios die Insel Issa (heute Lissa/Vis) besiedelt, auch die südillyrische Stadt Lissos befand sich in seinem Besitz. Im Mündungsgebiet des Po wurde eine syrakusanische Niederlassung begründet, es ist die Stadt Adria, die offenbar neu besiedelt worden ist. Der Name des ›Kanals des Philistos‹ (fossa Philistina) zeugt von der Tätigkeit des Philistos, des Freundes und Vertrauten des Dionysios, im Gebiet des Po-Deltas. In dieser Gegend aber

liegt die Stadt Spina, deren Nekropole durch neuere Ausgrabungen berühmt geworden ist. Auch in Ancona existierte eine syrakusanische Kolonie. In der Adria wie auf dem Tyrrhenischen Meer waren die Hauptfeinde die etruskischen Seeräuber. Die syrakusanische Flotte hat wiederholt Expeditionen gegen sie unternommen, dabei wurde im Jahr 384/83 der Tempel der Leukothea in Pyrgoi, dem Hafen von Caere in Südetrurien, geplündert. Auch in Korsika gab es einen syrakusanischen Stützpunkt.

Im Dritten Karthagischen Krieg (383/82—376 oder 374) mußte auch auf italischem Boden gekämpft werden, wo die Punier Bundesgenossen gefunden hatten. Eine Entscheidung wurde auch jetzt nicht erreicht, in dem Frieden wurde vielmehr die Grenze des beiderseitigen Machtbereiches erneut bestätigt. Von nun an bildeten die Flüsse Halykos und Himeras die Grenzscheide zwischen dem Gebiet des Dionysios und der karthagischen Epikratie; westlich dieser Linie gehörte allein die Stadt Herakleia Minoa den Karthagern. Diese Grenze hat bis zum Eingreifen der Römer auf Sizilien bestanden. In Unteritalien hat der Tyrann die Stadt Kroton erobern können (379), in Tarent, das sich am Krieg gegen ihn beteiligt hatte, scheint sich der Herrscher eine Anzahl von Freunden erworben zu haben, unter ihnen den berühmten Mathematiker Archytas.

Das Reich des Dionysios hat vier ihrer Natur nach verschiedene Bestandteile. Den Kern bildet das Gebiet der Stadt Syrakus, das durch die Angliederung benachbarter Ortschaften einen ganz beträchtlichen Umfang angenommen hat. Die zweite Kategorie sind die von dem Tyrannen gegründeten Militärkolonien, in denen die Söldner eine neue Heimat gefunden haben. Zu ihnen gehören Katana, Leontinoi, Messana, Tauromenion und Tyndaris. Außerdem gibt es eine Anzahl von verbündeten Gemeinden wie Lokroi, das nach dem Willen des Dionysios in Unteritalien eine führende Stellung einnimmt. In Sizilien gehören zu den Verbündeten die Städte Akragas, Gela und Kamarina. Der tatsächliche Einfluß des Tyrannen erstreckt sich jedoch weit über sein Reich und seine Flottenstützpunkte hinaus. Zahlreiche Völker und Staaten haben sich um seine Freundschaft bemüht, die syrakusanische Flotte hat im Korinthischen Krieg in den griechischen Gewässern mitgekämpft und Athen zur Annahme des Königsfriedens gezwungen (S. 201). Überhaupt war das Verhältnis zwischen Athen und Dionysios recht frostig, es änderte sich erst kurz vor seinem Tod, nachdem beide Staaten ein Bündnis geschlossen hatten (S. 220).

Trotz aller Erfolge, die er als Vorkämpfer des westlichen Hellenentums gegen die karthagische Übermacht zu verzeichnen hatte, ist Dionysios in den Augen der Griechen, solange er lebte, immer ein Tyrann geblieben, d. h. seine Herrschaft beruhte nach Auffassung der Griechen auf ungesetzlicher Gewalt, wenn er auch auf dem Weg über die bevollmächtigte Strategie zu seiner Herrscherstellung aufgestiegen war. Natürlich verfügte er, nicht nur in Syrakus, über einen bedeutenden Anhang, dazu über eine Reihe von persönlichen Freunden und Helfern, aber im Grund war er in all seiner Macht ein einsamer Mensch. Die stärkste Stütze seiner Herrschaft aber war das Söldnerheer, das sich aus aller Welt rekrutierte. Die Söldner kosteten teures Geld, so daß Dionysios sich gezwungen sah, immer neue Finanzquellen zu erschließen. Persönlich nüchtern und anspruchslos, widmete er seine freie Zeit zumeist künstlerischen Neigungen, auch als Dichter von Tragödien ist er hervorgetreten, eine von ihnen mit dem Titel ›Hektors Lösung‹ ist sogar in Athen am Fest der Lenäen 367 preisgekrönt worden. Zu seinem persönlichen Schutz hatte er alle nur erdenklichen Maßnahmen getroffen. Er umgab sich mit einer Leibwache und unterhielt eine Geheimpolizei. Die Anekdoten berichten unter anderem, daß er nicht einmal sein Haupthaar dem Schermesser des Barbiers anvertraute, er ließ es wachsen oder durch seine Töchter mit Nußschalen absengen. All dies aber vermag seine große politische Leistung nicht zu verdunkeln, und mit Recht hat der Sieger über Hannibal, der Römer Scipio Africanus Maior, ihn hoch bewundert. Das sizilische Griechentum hat unter dem Zepter des Dionysios noch einmal eine Periode des Wohlstandes, der inneren und äußeren Befriedung erlebt. Allerdings waren diese Güter um einen teuren Preis erkauft. Die Entscheidung in der Politik lag nicht mehr in den Händen der Bürgerschaft von Syrakus und der anderen sizilischen Griechengemeinden, in politischen Dingen entschied allein der Wille des Tyrannen, wenn er sich wohl auch um die formale Zustimmung der Volksversammlung bemühte. Als Mensch und als Herrscher steht Dionysios I. an einer Wende der Zeiten. Aus der Polis hervorgegangen, hat er sich in Politik und Staatsführung neue Ziele gesteckt und sie auch gegen den Widerstand seiner Mitbürger größtenteils erreicht. Seine Gestalt weist aber vor allem in das hellenistische Zeitalter voraus, in dem die Persönlichkeit des absoluten Herrschers turmhoch über allen anderen steht: der Wille des Herrschers ist Gesetz, und seine Anordnungen sind auch für die Poleis des Reiches verbindlich. Als Dionysios im Jahr 367 nach einer nahezu 40jährigen Alleinherrschaft eines natürlichen Todes starb, befand er sich noch einmal in einem Krieg mit Karthago, der erst unter seinem Sohn, Dionysios II., wahrscheinlich im Jahr 366, beendet worden ist. Dionysios II. war der älteste Sohn, er hatte nicht weniger als sechs Geschwister, mit denen er nicht immer in Eintracht lebte. Aber vor allem die

Führer der Söldnertruppen wollten die oberste Gewalt im Staat nicht teilen lassen, und so gelangte Dionysios II. zur Herrschaft. Die Überlieferung zeichnet von dem jungen Herrscher, der bei der Übernahme der Regierung erst 25 Jahre alt war, ein im ganzen recht ungünstiges Bild. Politisch war er ein Spielball in den Händen seines Schwagers Dion, der Platon nach Syrakus berief. Ein entschlossener Gegner Dions aber war Philistos, soeben aus der Verbannung zurückgekehrt. Es war der Einfluß des letzteren und seines Kreises, durch den Platon aus Syrakus wieder verdrängt wurde. Im übrigen aber fehlte dem jüngeren Dionysios die Genialität seines Vaters, seine Herrschaft, die er mit verschiedenen Erleichterungen für die Bevölkerung begonnen hatte, artete bald in Willkür aus. Literarisch nicht unbegabt, schloß er mit Philosophen und Künstlern Freundschaft, vor allem die Pythagoreer standen bei ihm in Ansehen. Im Jahr 357 erzwang sich der verbannte Dion die Rückkehr ins Vaterland, Dionysios wurde in der Burg von Syrakus belagert. Als er auf keine Hilfe von außen mehr hoffen konnte, entwich er aus der Akropolis, die er zunächst noch von seinem Sohn Apollokrates behaupten ließ. Im Jahr 355 mußte dieser kapitulieren. Dionysios II. aber lebte in Unteritalien, wo ihm die Städte Rhegion und Lokroi verblieben waren. Von Lokroi aus ist er noch einmal nach Syrakus zurückgekehrt (347).
Die führende Persönlichkeit in Syrakus und Sizilien aber ist seit dem Jahr 357 zweifellos Dion, der Sohn des Hipparinos. Ihm ist es gelungen, die Stadt von Dionysios II. zu befreien. Aber Dion hatte in vielem keine glückliche Hand, vor allem belastete er sein Werk mit der Ermordung seines Genossen und Rivalen Herakleides. Dion selbst ist schließlich im Jahr 354/53 einem Mordanschlag des Atheners Kallippos, dem er sich arglos anvertraute, zum Opfer gefallen. Dion stand in enger Verbindung mit der platonischen Akademie in Athen, der auch sein Mörder Kallippos angehörte. Platon, der ihm in den Jahren von 366 bis 357 nahestand, als Dion größtenteils in Athen und im Kreis der Akademie lebte, hat allen Ernstes geglaubt, seine Gedanken über die beste Staatsverfassung durch Dion in Syrakus verwirklichen zu können. Es besteht kein Zweifel, daß sich Platon in diesem Punkt gründlich geirrt hat. Für die Einführung einer Verfassung, die von den aristokratischen Elementen getragen wurde, waren Syrakus und seine Bürgerschaft kein geeigneter Boden, da selbst die Oligarchen wiederholt unzweideutig zu erkennen gaben, daß sie zu Opfern und Zugeständnissen an das Volk nicht bereit seien. Wenn man in den Griechenstädten Siziliens ein Ende mit den Tyrannenherrschaften machte, war es dann überhaupt noch möglich, gegen die Karthager eine feste Front aufzurichten? »Es ist die tragische

Situation des Hellenentums auf Sizilien, daß seine exponierte Lage immer wieder aus außenpolitischen Gründen zur Preisgabe der Städteautonomie zwang.« (H. Berve.) Das platonische Experiment war einfach nicht zu verwirklichen, es stand zu den realen Gegebenheiten der Politik in vollkommenem Widerspruch.

Viel mehr Erfolg als dem Dion war einer anderen Persönlichkeit in Sizilien beschieden, dem *Timoleon.* Dieser Mann stammte aus Korinth, er war von jeher ein überzeugter Demokrat und Tyrannenfeind. Es waren die angesehensten Bürger von Syrakus, die sich von der Mutterstadt Korinth Hilfe gegen den zurückgekehrten Tyrannen Dionysios II. erbaten. Korinth entsandte Timoleon als Strategen. Mit ihm hatte man eine vorzügliche Wahl getroffen, denn in der kurzen Frist von nur 50 Tagen gelang es ihm, sich in den Besitz der Burg Ortygia von Syrakus zu setzen. Dionysios II. mußte auf freien Abzug kapitulieren und wurde nach Korinth geschickt (wahrscheinlich im Jahr 344), wo er, von den Bürgern bestaunt, angeblich noch bis in die Zeit Alexanders gelebt hat. Die zweite Aufgabe des Timoleon war nicht minder schwierig: sie betraf die Vertreibung der Karthager, die sich wieder auf Sizilien zeigten und im Bund mit dem Tyrannen Hiketas von Leontinoi standen. Es gelingt Timoleon, die Burg von Syrakus zu befreien, sie wird niedergerissen, die Häuser und Denkmäler der Tyrannen werden zerstört. Am Fluß Krimisos erlitten die Karthager eine völlige Niederlage (341). Seitdem haben sie es nicht mehr gewagt, aus ihrer Epikratie heraus zum Angriff vorzugehen. Auch die Tyrannen Hiketas von Leontinoi und Markos von Katana sind von Timoleon besiegt worden, schließlich wurde auch noch Messana eingenommen. Timoleon aber machte in zunehmender Weise ein Augenleiden zu schaffen, so daß er sich aus der Politik zurückziehen mußte. Aber auch noch später hat er den Bürgern mit seinen Ratschlägen gedient. Das sizilische Griechentum verdankt ihm nicht nur die Befreiung von den Karthagern, sondern auch den inneren Ausgleich in den einzelnen Poleis, vor allem natürlich in Syrakus. Timoleon hat die Tyrannen, wo immer sie in Sizilien zu finden waren, vertrieben und getötet, in diesem Punkt war er unerbittlich. Die einzige Ausnahme ist Andromachos von Tauromenion (der Vater des Historikers Timaios), der ihn bei seiner Ankunft in Sizilien freundlich aufgenommen hatte. In der Verfassung von Syrakus hat Timoleon mit Hilfe von zwei anderen korinthischen Gesetzgebern (Nomotheten) das Ideal der gemischten Verfassung verwirklicht, sie hielt die Mitte zwischen Oligarchie und Demokratie. Das höchste Staatsamt hatte der Priester des olympischen Zeus inne, ein Zustand, der sich nach Diodor (XVI 70,6) länger als drei Jahrhunderte erhalten hat. In der Grabschrift wird als besonderes Verdienst des Timoleon gerühmt, daß er den Sikelioten ihre Gesetze zurückgegeben habe. Dies bezieht sich auf die Revision der alten Gesetze des Diokles. Groß waren auch seine Verdienste um die Neubesiedlung der Insel; von Korinth aus begaben sich zahlreiche Griechen, unter ihnen viele ehemalige Verbannte, nach Sizilien. Hierdurch ist das griechische Element auf der Insel erheblich vermehrt und die Entfaltung der hellenischen Kultur gefördert worden. Es war nicht Timoleons Schuld, daß diese Maßnahme das Aufkommen einer neuen Diktatur nach seinem Tod nicht verhindern konnte. Der Urheber ist Agathokles, der Sohn des Karkinos, der um das Jahr 360 v. Chr. in der sizilischen Stadt Thermai geboren wurde und als junger Mann an dem letzten Krieg Timoleons teilgenommen hatte. Der Aufstieg des Agathokles zur Macht beginnt im Jahr 319/18. Damals wurde er zum Befehlshaber der syrakusanischen Kastelle in Sizilien ernannt. Von hier aus hat er den Weg zur bevollmächtigten Strategie (316/15) und darüber hinaus zur Tyrannis beschritten, ein Aufstieg, der an jenen des ersten Dionysios erinnert (S. 188). Der Weg der Stadt Syrakus führt im 4. Jahrhundert von der Tyrannis über die Bürgerverfassung Timoleons wieder zur Tyrannis zurück, die Polis war nicht imstande, aus sich selbst heraus die großen innen- und außenpolitischen Aufgaben zu lösen. Die Tyrannis ist zweifellos eine Vorstufe des hellenistischen Königtums. Bekanntlich hat Agathokles später den Königstitel angenommen.

Anders steht es mit den Griechen in Unteritalien. Sie haben das Ende der Tyrannis in Syrakus mit Freuden begrüßt. Sie verloren damit aber eine wichtige Stütze, deren sie zur Abwehr der italischen Völker bedurften. Für die Griechen Unteritaliens kommt nun die Zeit, in der sie ihre Hilfegesuche an das griechische Mutterland gerichtet haben. In unsere Zeit fällt der Übergang des spartanischen Königs Archidamos III. nach Unteritalien (342). Er fiel im Kampf gegen die verbündeten Lukaner und Messapier im Jahr 338 bei Mandonion. Auch die Expedition des Königs der Molosser Alexander (334/33), wohl ungefähr gleichzeitig mit dem Aufbruch seines Neffen und Schwagers Alexander des Großen nach Asien, hatte einen unglücklichen Ausgang. Von der Stadt Tarent gerufen, kämpfte er gegen eine Reihe von unteritalischen Völkerschaften. Besonders bekannt geworden ist Alexander durch seinen Vertrag mit Rom (um 333/31), von dem zu vermuten ist, daß er durch die gemeinsame Frontstellung gegen die Samniten bedingt war. Es mag sein, daß Alexander sich in Unteritalien, wie später Pyrrhos, eine eigene Herrschaft errichten wollte. Auf jeden Fall geriet er in Gegensatz zu den Griechenstädten. Alexander fand den Tod durch Mörderhand im Jahr 330 bei Pandosia. Sein Schwager Alexander der Große soll auf die Kunde von seinem Tod Heerestrauer angeordnet haben. Zu dieser Zeit war die mächtigste Stadt in Unteritalien Tarent, der es zustatten kam, daß die Samniten und Lukaner in einen Krieg auf Leben und Tod mit Rom verstrickt waren, der den vollen Einsatz ihrer Kräfte in Anspruch genommen hat (326–304).

13. Die griechische Kultur des 4. Jahrhunderts v. Chr.

Das 4. Jahrhundert wird überschattet vom Tod des *Sokrates* (399). Die Tatsache, daß hier ein Mann mutig für seine Überzeugung in den Tod gegangen ist, getreu den Gesetzen seiner Vaterstadt, reicht aber keineswegs aus, die tiefe und weitgreifende Wirkung seiner Persönlichkeit zu erklären. In dem Tod des Sokrates liegt viel mehr: er hat seinen Mitmenschen ein Vorbild gegeben, das im gesamten Altertum niemals vergessen worden ist. Als Seneca nach der Entdeckung der Pisonischen Verschwörung auf Neros Befehl in den Tod gegangen ist, da hat er, der stoische Weise, sich bewußt an dem Sterben des Sokrates aufgerichtet und dessen Tod zum Vorbild genommen. Nicht jeder hat allerdings wie Sokrates das Glück, einen so glänzenden Schüler wie Platon zu finden. Dieser große Philosoph und Staatsdenker ist aber in seiner Persönlichkeit und in seinem Denken durch den Meister maßgebend geformt worden. Zwar sieht er ihn in einer Verklärung, doch hat er ihn verstanden und vermag dieses Verständnis auch seinen Zeitgenossen und der Nachwelt in unvergleichlicher Weise zu vermitteln. Die Wirkung dieses durch Platon reflektierten Sokratesbildes ist so stark und so nachhaltig, daß bis auf den heutigen Tag niemand sich ihm zu entziehen vermag.

Wer aber war Sokrates? Von seinem Leben sind nur wenige Einzelheiten bekannt. Er wurde im Jahr 470/69 geboren. Sein Vater war der Bildhauer Sophroniskos, seine Mutter die Hebamme Phainarete. In seiner Jugend hat er die in Athen übliche Bildung empfangen. Als er nahezu vierzig war, brach der Peloponnesische Krieg aus. In ihm hat er als einfacher Hoplit gedient und die Kämpfe bei Potidäa (432—429), bei Delion (424) und bei Amphipolis (422) mitgemacht. Als das Volk die Strategen, die in der Schlacht bei den Arginusen kommandiert hatten, in einem ungesetzlichen Verfahren zum Tod verurteilte, war es Sokrates, der seinen Landsleuten in der Volksversammlung zu widersprechen wagte. Im übrigen war er an äußeren Dingen wenig interessiert, und ebenso, wie der Philosoph Kant nur selten über Königsberg hinausgekommen ist, hat auch Sokrates kein Verlangen verspürt, sich auf eigene Initiative außerhalb Athens umzusehen. Seinen Geist und seine Anmut entfaltete Sokrates ausschließlich im Umgang mit den Menschen, im Gespräch. Man konnte ihn ständig im Gymnasion oder auf dem Markte antreffen, wo er inmitten eines Kreises von Zuhörern diskutierte und fragte. Sokrates war kein Sophist, wenn er sich auch der sophistischen Methode bedient hat. Honorare hat er nie empfangen und auch nicht verlangt. Manchen Leuten mag er sogar lästig geworden sein, wenn er sie durch seine bohrenden Fragen bloßstellte und ihnen immer wieder vor Augen führte, wie wenig sie doch im Grund von den wesentlichen Dingen wußten. Es kommt daher nicht ganz überraschend, wenn sich drei im übrigen ganz ehrenwerte Leute fanden, die ihn im Jahr 399 vor Gericht verklagten, daß er nicht an die Götter des athenischen Staates glaube, sondern andere Götter einführe und die Jugend verderbe. Der Vorwurf war in dieser Form natürlich unzutreffend. Da Sokrates es aber verschmähte, das Mitleid der Geschworenen zu erregen, wurde er mit knapper Mehrheit verurteilt und 30 Tage später durch Gift aus dem Schierlingsbecher hingerichtet.

Die Bedeutung dieses einzigartigen Mannes liegt nicht so sehr in seiner hohen Kunst der Gesprächsführung. Diese war ihm nur ein Mittel zum Zweck; was er wirklich erstrebte, war die Wahrheit, nach der er mit unermüdlichem Scharfsinn forschte, und neben der Wahrheit war es die Überzeugung, daß der Mensch, wenn er nur das Rechte wisse, auch zu rechtem Handeln fähig sei. Es ist also eine Art von ethischem Optimismus, dem Sokrates huldigte, und diese Einstellung wird nur verständlich, wenn man bei ihm neben dem Glauben an die Wahrheit auch den Glauben an das Gute im Menschen voraussetzt. Leider wissen wir nur zu genau, daß das Wissen um die Tugend nicht gleichzusetzen ist mit der Befolgung der Tugend im praktischen Leben, denn es ist ja nicht das Wissen allein, das den Menschen regiert, sondern es treten unendlich viele andere Impulse hinzu, die sich oft genug dem Willen, auch bei bester Einsicht, in den Weg stellen und die Ausführung des richtigen Erkannten verhindern. Es ist nicht zu leugnen, daß Sokrates als einer der ersten das Erziehungsproblem in vollem Umfang begriffen hat. Seine Erziehungsarbeit erstreckte sich auf die Seele des Menschen, die damit vor allen äußeren Dingen des Lebens die ihr gebührende Stellung erhält. Diese bewußte Abwendung von den materiellen Gütern war für die damaligen Griechen schlechthin revolutionär, sie bedeutete einen völligen Bruch mit den bisherigen Lebensanschauungen. Wie heißt es in einem anonymen Trinklied?

> Gesundheit ist das größte Gut dem Sterblichen,
> Das zweite, schön an Wuchs zu sein,
> Das dritte truglos erworbener Besitz,
> Das vierte, zu blühen in Jugendglanz in der Freunde Kreis.

Allerdings hat die Gefahr bestanden, daß die von Sokrates entwickelte Ethik zu einem reinen Individualismus geführt hätte.

Sie wäre dann weithin für die Gemeinschaft nutzlos gewesen und hätte zu einer Abwendung vom Staat führen müssen. Dies ist jedoch nicht der Fall gewesen. Denn Sokrates selbst hat mit seinem Leben und mit seinem Sterben der Mitwelt gezeigt, daß für ihn der Staat, im besonderen seine Vaterstadt Athen, eine heilige und unantastbare Gemeinschaft darstellte. Den Gesetzen der Vaterstadt zu gehorchen, und zwar auch dann, wenn sie als ungerecht erscheinen, das war eine Haltung, die sich leuchtend von dem Skeptizismus so vieler Tausender abhob, die den Staat nur noch als Futterkrippe betrachteten.

In der untrennbaren Verbundenheit von Persönlichkeit und Lehre liegt das Geheimnis des Sokrates, der zu seinen Lebzeiten eine geradezu faszinierende Anziehungskraft auf die Besten unter der athenischen Jugend ausstrahlte und der nach seinem Tod von ihnen wie ein Heiliger verehrt wurde. Es ist keine Frage, daß die Hinrichtung des Sokrates, eines der besten Bürger, die Athen besessen hat, die wiedererstandene athenische Demokratie und mit ihr das gesamte politische Leben Athens aufs schwerste belastet hat. Wenn in einem Staat, der doch ein Rechtsstaat sein wollte, ein so ungeheuerliches Fehlurteil möglich war – ähnlich wie das unerhörte Urteil im Arginusenprozeß –, so wird damit vor aller Welt offenbar, daß die rechten Maßstäbe abhanden gekommen waren und daß die Justiz in Willkür auszuarten drohte.

Sokrates wirkte allein in der mündlichen Unterredung, Geschriebenes hat er nicht hinterlassen. Es ist sein Schüler Platon (427–347) gewesen, der in seinen Schriften das Bild des Sokrates für alle Zukunft geprägt hat. Die Memorabilien des Xenophon, die erst ein volles Menschenalter nach dem Tod des Sokrates verfaßt sind, kommen nur für gewisse Äußerlichkeiten in Betracht. Wenn etwas sicher ist, so ist es die Tatsache, daß Xenophon den großen Meister in seinem innersten Wesen nicht begriffen hat. Dagegen wird man auf Aristoteles für die Rekonstruktion des Sokratesbildes nicht ganz verzichten können, vor allem nicht für das Gebiet der sokratischen Dialektik. Aber trotz allem bleibt Platon die bei weitem wichtigste Quelle und von Platon in erster Linie die sog. Frühdialoge, zu denen insbesondere die beiden Schriften ›Protagoras‹ und ›Laches‹ zu zählen sind.

Von Platons Leben wissen wir nicht wenig, vor allem dank seiner eigenen Schriften, unter denen die platonischen Briefe eine besonders wertvolle, in der Neuzeit auch gerade von den Historikern ausgeschöpfte Quelle darstellen. Die Frage, wieweit sie echt oder unecht sind, kann hier im einzelnen nicht erörtert werden[3].

Platon entstammte einer der alten attischen Familien und wurde im Jahr 427 in Athen geboren. In seiner Jugend regierte Mars die Stunde; zum jungen Mann herangewachsen, fand er den Weg zu Sokrates; von seinem 20. bis zu seinem 28. Lebensjahr, von 407–399, hat er dem Kreis seiner Schüler angehört. Wer sich darüber im klaren ist, was gerade diese Jahre im Leben eines bildungsfähigen Menschen bedeuten, der wird sich nicht wundern, daß Platon in dieser Zeitspanne die für sein ganzes Leben entscheidenden Eindrücke empfangen hat. Einen bedeutenden Einschnitt, nicht nur in seinem äußeren Leben, stellt die erste sizilische Reise dar, die er um 390 unternommen hat. Er ist auf ihr nicht nur mit den Pythagoreern in Unteritalien, sondern auch mit dem großen Tyrannen Dionysios I. von Syrakus in Verbindung getreten. Ob es wahr ist, daß dieser ihn in Ägina auf dem Sklavenmarkt verkaufen ließ, das mag dahingestellt bleiben. Möglicherweise gehört diese Begebenheit in den Bereich der Platonlegende, die sich bald nach seinem Tod im Kreis der Schüler gebildet hat. Nach Athen zurückgekehrt, begründete Platon in seiner Heimatstadt die sog. Akademie im Hain des Heros Akádemos. In ihr schuf er für seine Schüler einen geistigen Mittelpunkt, an dem er sich mit ihnen zur Lehre und zu gemeinsamen Forschungen zusammenfand. Diese platonische Akademie ist das Vorbild für viele andere Forschungsstätten geworden, sie ist außerdem die älteste philosophische Schule von Athen und hat als solche länger als 900 Jahre bestanden. Als Kaiser Justinian I. sie im Jahr 529 n. Chr. schloß, zog er gewissermaßen den Schlußstrich unter eine nahezu tausendjährige Bildungsgeschichte, die für die abendländische Menschheit von unvergleichlicher Bedeutung geworden ist. Noch zweimal hat Platon seine Heimat zu längeren Reisen verlassen. Sie fallen beide in die sechziger Jahre (367/66, 361/60), sie führten ihn wieder nach Sizilien, wo er vergeblich hoffte, seine staatsphilosophischen Ideale in die Wirklichkeit umzusetzen.

Das eigentliche Schicksal Platons ist der Ausschluß von der politischen Betätigung. Dies hat er in einer geradezu ergreifenden Weise in seinem VII. Brief (p. 325) ausgesprochen: »Je älter ich wurde, um so schwieriger erschien mir die Wirksamkeit als Staatsmann in Athen. Denn ohne treue Freunde und Genossen war sie unmöglich, diese aber waren überhaupt kaum noch vorhanden, denn unsere Stadt regierte sich nicht mehr nach den Sitten und Einrichtungen unserer Väter, neue zu erwerben war untunlich, zumal der Wortlaut der Gesetze und die Sitte einer immer stärkeren Korruption und Mißachtung Platz machten. So geriet ich, der ich zu Anfang ganz von dem Treiben nach öffentlicher Wirksamkeit beherrscht war, im Hinblick darauf, wo ich alles planlos hin- und hergetrieben sah, schließlich in eine verzweifelte Stimmung; zwar gab ich die Hoffnung nicht auf, daß es einmal besser werden könne, aber immer mußte ich warten, bis der Moment zum Handeln kommen sollte, bis ich endlich erkannte, daß alle jetzt bestehenden Staaten ohne Ausnahme in schlechter und heilloser Verfassung seien ... So mußte ich denn zum Preise der rechten Philosophie aussprechen, daß nur durch sie erkannt werden kann, was sowohl für die Staaten recht sei wie für alle privaten Verhältnisse, und niemals werde das Menschengeschlecht aus seiner schlechten Lage erlöst werden, ehe nicht entweder das Geschlecht der wahren und richtigen Philosophen in die Staatsämter komme oder aber das der Herrscher in den Poleis durch göttliche Fügung zu wahren Philosophen werde.«

Die Enttäuschung, die Platon auf dem Gebiet der Politik erfahren hat, kam nicht von ungefähr. In Athen waren es nicht gerade die besten unter den Bürgern, welche die Führung in Händen hatten, und Platons Versuch, in Sizilien den Idealstaat auf Erden zu schaffen, verkannte völlig das Wesen der westgriechischen Tyrannen. So flüchtete sich Platon in die Welt des Ewigen und Unvergänglichen. Dies war eine Wendung, die, wenn sie auch von Sokrates bereits vorgezeichnet war, eine der größten geistigen Umwälzungen hervorrief, die es je auf dieser Erde gegeben hat. Platon stellte der Welt der Erscheinungen die Welt der Ideen gegenüber. Hier ist der Einfluß der Lehre der Pythagoreer deutlich sichtbar. Das Wesen der Dinge offenbart sich Platon in den wahren Dingen, den Ideen (idéai, eide), er vermag sie zu erkennen auf Grund der Wiedererinnerung, der Anámnesis. »Gegenüber der unsichtbaren Welt des wahrhaft Wirklichen, der ewig unveränderten Wesenheiten, die nur dem reinen Denker erfaßbar ist, steht in der Mitte zwischen Sein und Nichtsein die in ständigem Werden begriffene sichtbare Welt der Erscheinung, des Werdens und Vergehens.« (W. Capelle.) Nur wer die Natur des griechischen Diesseitsmenschen kennt, vermag die unerhörte Neuheit des platonischen Gedankens zu ermessen: Platon hat für die Menschen seiner Zeit eine neue Welt entdeckt, die auf jeden denkenden Menschen eine geradezu faszinierende Anziehungskraft ausstrahlen mußte. Diese Attraktion aber war nicht ungefährlich, sie konnte dazu führen, das Leben in dieser Welt geringzuachten und insbesondere die politische Aktivität zu vernachlässigen. Platons eigentliche Bedeutung aber liegt auf dem Gebiet der Staatstheorie. Wenn auch seine im engeren Sinn staatstheoretischen Schriften, die ›Politeia‹ (Der Staat) und die ›Nomoi‹ (Die Gesetze), zu seinen Lebzeiten kaum die Beachtung gefunden haben, die sie verdienten, so haben sie doch durch die Spätantike und durch die Interpretatio christiana eine überragende Bedeutung erlangt, die über

das Mittelalter (›Utopia‹ des englischen Lordkanzlers Thomas Morus) bis in die Gegenwart herüberreicht.
Platon war nicht der erste, der sich mit dem Entwurf eines Idealstaates beschäftigt hat. Schon viele Jahre vor ihm hatte Hippodamos von Milet, der Freund des Perikles, einen Idealstaat entworfen. Seine Schrift war von der spartanischen Staatsidee beeinflußt und sah eine ständische Gliederung der Bürger in Krieger, Bauern und Handwerker vor (Aristoteles, Politik II 1267, 13 ff.). Um 400 v. Chr., also etwa ein Vierteljahrhundert vor Platon, hat ein gewisser Phaleas von Chalkedon eine ähnliche Schrift verfaßt. In ihr wurde der Grundsatz der Gleichheit des Besitzes und der Erziehung vertreten; alle Freien sollten das gleiche Bürgerrecht erhalten. Diese Gedanken lagen also gewissermaßen in der Luft, und es überrascht nicht, wenn Platon sich gleichfalls mit diesen Problemen beschäftigt hat. Wir besitzen von ihm vor allem, wie gesagt, die ›Politeia‹, die um 374 erschienen ist, d. h. zu einer Zeit, in der die Vorherrschaft Persiens in Griechenland eine Tatsache war. Der Grundgedanke der Schrift besteht darin, daß allein derjenige ein echter Staatsmann sei, der sich als einziges Ziel die dauernde sittliche Besserung der Bürger vorgesetzt habe: das ist die *Paideia,* das Erziehungsproblem, das bei Platon überhaupt eine zentrale Rolle spielt. Die Bevölkerung des platonischen Idealstaates ist in drei Stände oder Kasten eingeteilt, die Gewerbetreibenden (demiurgoí), die Wächter (phylakes) und die aus diesen hervorgehenden ›Regenten‹. Die Hauptaufgabe ist die Erziehung des Wächterstandes. Seine Mitglieder haben kein Privateigentum, sie wohnen zusammen und nehmen die Mahlzeiten gemeinsam ein. Das Vorbild der spartanischen Lebensordnung ist hier ganz unverkennbar. Da Platon die revolutionäre Auffassung vertritt, daß Männer und Frauen bis zu einem gewissen Grad gleich veranlagt seien, so werden auch die Frauen zum Wächteramt zugelassen. Ebenso umwälzend ist die Forderung nach Aufhebung des Privateigentums, auch die Ehe existiert nicht, es gibt vielmehr Weiber- und Kindergemeinschaft. Durch ein äußerst kompliziertes System von ›heiligen Hochzeiten‹ sollen die besten Männer und Frauen zusammengeführt werden; die aus diesen Verbindungen hervorgegangenen Kinder werden von Staats wegen aufgezogen; um die anderen Kinder kümmert man sich nicht, sie werden ausgesetzt. Aus dem Wächterstand werden die ›Regenten‹ genommen, sie erhalten eine ganz besonders sorgfältige Erziehung; nach langjähriger Bewährung im Dienst des Staates werden sie, bereits 50 Jahre alt, endlich reif, den Staat zu regieren. Ihnen obliegt es, dafür zu sorgen, daß die Prinzipien des Staates aufrechterhalten bleiben. Es ist ein Staat ohne Reichtum und Armut, mit einer Bürgerzahl, die im wesent-

lichen konstant bleiben muß. Es ist aber auch ein Staat ohne Fortschritt und ohne Entwicklung, der beste aller denkbaren Staaten.

Es besteht kein Zweifel darüber, daß Platon, als er die Schrift niederschrieb, durchaus mit der Verwirklichung seiner Gedanken gerechnet hat. Er stand damals auf der Höhe seines Lebens und hatte die Fünfzig gerade überschritten (man beachte, daß Platon für die ›Regenten‹ das vollendete 50. Jahr vorgeschrieben hat); in diesem Alter resigniert man in der Regel noch nicht, und mit gutem Grund ist darauf hingewiesen worden, daß Platon in dem spartanischen Staat ein zeitgenössisches Vorbild besaß. Es ist im übrigen nicht schwer, das platonische Staatsgebilde von unserem Standpunkt aus zu kritisieren. Man muß es aber offen aussprechen: der Idealstaat Platons hatte einen ganz verhängnisvollen Konstruktionsfehler. Platon hatte es übersehen, daß die Grundlage eines jeden lebensfähigen Staates die Macht ist. Wenn ein Staat keine Macht besitzt, so wird er von mächtigeren Staaten zerrieben, er geht mit absoluter Sicherheit zugrunde, es sei denn, daß er Gelegenheit hat, sich in ein großes Bündnissystem einzufügen. Sicherlich ist es ein beachtliches Anliegen jedes Staates, sich um die sittliche Erziehung seiner Bürger zu kümmern, aber nicht minder wichtig ist die Idee der Macht, wenn sie nur in richtig abgesteckten Grenzen gehalten wird. Zu der Unterschätzung der politischen Macht kommt die Vernachlässigung des wirtschaftlichen Lebens. Kein Staat lebt in einem luftleeren Raum, und die unerhörte Vergewaltigung der Einzelpersönlichkeit im platonischen Staat, die noch weit über das bei den Spartanern Gewohnte hinausgeht, macht ihn zu einem regelrechten Zwangsinstitut. Wie kann man nur im Ernst daran denken, die Ehe und das Privateigentum einfach aufzugeben? Solange der Staat eine Gemeinschaft von Menschen ist, wird es Privateigentum geben müssen. Das Gefühl des Besitzes ist doch mit der Natur des Menschen ganz untrennbar verbunden, ebenso wie der Erwerbstrieb, den der Staat nicht einfach abschaffen kann.

Allerdings muß man Platon zugestehen, daß sein Staat einer hohen Idee dient. Es ist die Idee der Gerechtigkeit, die in dieser Schrift mit unerbittlicher Folgerichtigkeit durchgeführt wird. Der platonische Staat ist keine vorübergehende irdische Erscheinung, er ist ewig und unvergänglich. Der Staatsidee hat sich alles unterzuordnen, nicht zuletzt auch das individuelle Schicksal und das persönliche Glück des einzelnen Bürgers. Niemand wird verkennen, daß dieser platonische Staat im schärfsten Gegensatz steht zu der liberalen Staatsidee, wie sie sich in Europa seit der Französischen Revolution entwickelt hat, aber ebensowenig wird man übersehen, daß bei Platon eine Konzeption vorliegt, die an Einheitlichkeit und Geschlossenheit alle anderen Idealstaaten in den Schatten stellt.

Nach den Enttäuschungen, die ihm der Aufenthalt in Sizilien, insbesondere der Umgang mit Dion, gebracht hatte, hat Platon in hohem Alter noch einmal die Feder in die Hand genommen und gewissermaßen sein politisches Testament niedergeschrieben. Es ist die Schrift, die den Titel ›Nomoi‹ (Die Gesetze) trägt. Das Werk ist noch von ihm selbst konzipiert, aber erst nach seinem Tod durch seinen Schüler Philipp von Opūs herausgegeben worden. Als Platon mit dem Werk beschäftigt war, hatte sich in der griechischen Welt eine große Veränderung angebahnt: der Aufstieg Makedoniens unter der Führung des Königs Philipp II., ein Vorgang, der besonders in Athen mit verständlicher Sorge beobachtet wurde. In den Nomoi finden wir einen anderen Platon als in den früheren Werken, und diese tiefgreifende Verschiedenheit ist nicht zuletzt der Grund dafür gewesen, daß man die Schrift Platon abgesprochen hat (Gerhard Müller, Studien zu den platonischen Nomoi, München 1952). Es braucht demgegenüber nicht betont zu werden, daß das Werk authentisch ist.

Auch bei dem zweitbesten Staat, dem Staat der ›Gesetze‹, steht wieder das Bildungsproblem im Mittelpunkt. Platon ist hier sogar so weit gegangen, den allgemeinen Schulzwang zu fordern. Damit war er seiner Zeit weit voraus. Das Altertum ist niemals zum obligatorischen Schulunterricht gelangt. Erst der Preußenkönig Friedrich Wilhelm I. hat ihn für seine Landeskinder eingeführt, nachdem einige kleine deutsche Staaten im 17. Jahrhundert vorangegangen waren. Robert von Pöhlmann hat diesen zweitbesten Staat Platons als einen ganz unerträglichen Zwangsstaat, ja sogar als einen Polizei- und Zuchthausstaat konsequentester Art bezeichnet! In diesem Staat ist nämlich alles und jedes der staatlichen Aufsicht unterworfen, selbst die Erziehung der Kinder. Eine zentrale Rolle spielt in dem Staat der Nomoi die Religion, und mit Recht hat man gesagt, daß es vor allem orphische Einflüsse gewesen sind, denen sich Platon in zunehmender Weise geöffnet hat. Ist es nicht erschreckend, zu sehen, daß dieser Gesetzesstaat selbst vor den härtesten Strafen, nicht einmal vor der Todesstrafe gegenüber denjenigen zurückschreckt, die es sich etwa einfallen ließen, die vom Staat geforderte Religion zurückzuweisen? Wie konnte Platon zu einer so folgenschweren Verleugnung seiner eigenen Grundsätze kommen? Wer in den ›Gesetzen‹ liest, der wundert sich darüber, daß hier ein Idealstaat konstruiert wird, in dem der freie Wille der Bürger so gut wie nichts, der Zwang alles bedeutet. Wie fern ist doch der Geist Platons hier von dem seines Lehrers Sokrates, dessen Lebensinhalt darin bestand, durch seine Unterweisung das Gute im Menschen zu wecken und für das Leben fruchtbar zu machen!

Der dritte große Name unter den Philosophen ist Aristoteles, der die entscheidende Prägung durch den Umgang mit Platon erfahren hat. Über sein äußeres Leben sind wir verhältnismäßig gut unterrichtet, mit Ausnahme einiger weniger Jahre, die nach 340 liegen. Aristoteles entstammte einer Ärztefamilie und wurde im Jahr 384 in Stageira auf der Halbinsel Chalkidike geboren. Sein Vater Nikomachos war der Leibarzt des Königs Amyntas III. von Makedonien, des Vaters Philipps II. Durch seine Herkunft war Aristoteles für die empirische Forschung prädestiniert, auch sein enges Verhältnis zu dem makedonischen König war ihm von der Wiege an vorgezeichnet. Sein Leben ist reich an wechselvollen Schicksalen: schon mit siebzehn Jahren, im Jahr 367, trat er in den Bannkreis Platons, der damals immerhin schon ein Sechziger war. Zwanzig Jahre lang, bis zum Tod des Meisters, hat er zu Füßen Platons in der Akademie vor den Toren Athens gesessen und in dieser Zeit die entscheidenden Anregungen für sein ganzes wissenschaftliches Leben empfangen. Erst Platons Tod im Jahr 347 hat das Verhältnis zwischen Lehrer und Schüler gelöst. Noch im gleichen Jahr folgte Aristoteles einem Ruf des Fürsten Hermias von Atarneus nach Assos in der Troas. In den drei Jahren seines Aufenthaltes in Assos (347–344) hat er sicherlich bemerkenswerte Erfahrungen in der praktischen Politik durch den Umgang mit Hermias sammeln können. Dieser Fürst, der selbst einst Schüler Platons gewesen war, hatte es verstanden, sich mit seinem Kleinstaat zwischen den Großmächten Persien und Makedonien zu behaupten, bis er 342/41 einem Anschlag des Mentor von Rhodos zum Opfer fiel. Damals aber war Aristoteles bereits über Mytilene (344/43) an den Hof Philipps II. in Pella gekommen (343/42), der ihn zum Erzieher seines Sohnes Alexander, des späteren Alexander des Großen, berufen hatte. Den tiefgreifenden Einfluß des griechischen Philosophen auf seine eigene Seele hat Alexander in den späteren Jahren wiederholt anerkannt, und wenn der große Makedonenkönig sich der griechischen Kultur in geradezu enthusiastischer Weise erschlossen hat, so ist dies nicht zuletzt das Verdienst seines Lehrers Aristoteles. Von 340–335 verliert sich die Spur des Griechen. Dann aber finden wir ihn in Athen. Hier hat er eine eigene Schule im Gymnasion des Lykeion begründet, die der platonischen Akademie bald ebenbürtig an die Seite trat. In dem Lykeion oder, wie die Schule nach den Wandelgängen genannt wurde, in dem Perípatos hat Aristoteles seine Meisterjahre zugebracht. Hier ist er, umgeben von zahlreichen Schülern aus aller Welt, zum anerkannten Haupt der griechischen Wissenschaft emporgestiegen. Auf die Kunde von Alex-

anders Tod (323) flüchtete Aristoteles von Athen nach Chalkis auf Euböa, da er als Makedonenfreund bekannt war. Schon im Jahr 322 verstarb er in Chalkis. Sein Testamentsvollstrecker war der Makedone Antipatros, sein Nachfolger im Lykeion wurde Theophrast von Eresos.
Es ist das unvergängliche Verdienst Werner Jaegers, in seinem Buch ›Aristoteles. Grundlegung einer Geschichte seiner Entwicklung‹ (Berlin 1923) ein in den Grundlinien sicherlich zutreffendes Bild von der Entfaltung des aristotelischen Genius entworfen zu haben. Drei Phasen sind im Leben des Aristoteles zu unterscheiden. Während der ersten, die bis zu Platons Tod reicht, steht Aristoteles unter dem bestimmenden Einfluß seines Lehrers. Nach dessen Tod beginnen die Wanderjahre, in denen er sich langsam von Platon freigemacht hat. Und in der dritten und letzten Periode, von 335 v. Chr. an, ist Aristoteles der große Meister, der Herrscher im Reich der Wissenschaft. Die großen Linien hat Jaeger sicherlich richtig gezeichnet. Doch bleibt es umstritten, ob man die große Wendung des Aristoteles zur Fachwissenschaft wirklich erst der letzten Periode seines Wirkens und Schaffens zuweisen soll. Er war doch als Sohn eines Arztes mit der empirischen Forschung von Jugend auf vertraut.
Aristoteles hat der Nachwelt eine ungewöhnliche Fülle von Schriften hinterlassen. Er hat sich ebenso mit logischen und erkenntnistheoretischen Fragen beschäftigt wie mit psychologischen und ethischen Problemen; das weite Gebiet der Naturwissenschaften, insbesondere die Physik, die Zoologie und die Botanik, war ihm ebenso vertraut wie die exakte Einzelforschung auf dem Feld der Geisteswissenschaften. So hat Aristoteles beispielsweise eine vollständige Liste der Sieger in den Pythischen Spielen angefertigt, die natürlich ohne gründliche Archivstudien unmöglich gewesen wäre. Dabei ist ihm sein Neffe Kallisthenes zur Hand gegangen. Ferner hat Aristoteles die Urkunden der dramatischen Aufführungen in Athen durchforscht und damit die Voraussetzungen für die kritische Arbeit der alexandrinischen Philologen geschaffen, die mit ihrer Hilfe das Gerüst für die Chronologie des antiken Dramas erarbeitet haben. Für seine Forschungen hat er in weitem Umfang seine Schüler herangezogen, die sich um ihn aus der ganzen griechischen Welt in Athen versammelt haben. In der Organisation der wissenschaftlichen Arbeit macht das Wirken des Aristoteles Epoche, in seiner Person vereinigt der überragende Gelehrte die gesamte Universitas litterarum, die nach seinem Tod in eine große Zahl von Einzelwissenschaften zerfallen ist. So steht dieser Mann am Ende einer Geistesepoche, aber auch am Anfang einer neuen, die von seinem grandiosen Werk den Ausgang nimmt. Nicht allein der Aufstieg der Fachwissenschaften

in der hellenistischen Zeit, auch die Wissenschaft des Mittelalters, dem die Werke teilweise durch die Araber vermittelt worden sind, steht im Schatten des Aristoteles. Erst das moderne Weltbild, wie es seit der Renaissance geschaffen worden ist, hat sich allmählich von dem übermächtigen Einfluß des Aristoteles freigemacht, eine Entwicklung, die nicht ohne Mühen und Opfer möglich gewesen ist.

Auch Aristoteles hat sich, ebenso wie sein Lehrer Platon, mit staatstheoretischen Fragen beschäftigt. Anders als dieser hat er jedoch niemals den Versuch gemacht, aktiv in das politische Leben einzugreifen. Er war eben eine vorwiegend theoretische Natur, Betrachtung bedeutete ihm mehr als Handeln. Als Hinterlassenschaft seines staatstheoretischen Denkens besitzen wir vor allem die aristotelische ›Politik‹, eine Schrift, die immer wieder Historiker und Politiker angezogen hat, unter ihnen Wilhelm Oncken und Heinrich von Treitschke. Nach den Forschungen Werner Jaegers kann es als gesichert gelten, daß die aristotelische Politik im Lauf einer längeren Zeit entstanden ist, die frühesten Teile fallen in die Jahre von Assos, vollendet und teilweise umgearbeitet wurde die Schrift in der letzten Schaffensperiode in Athen. Während die älteren Schichten die geistige Verwandtschaft mit Platon nicht zu verleugnen vermögen, sind die jüngeren bereits unter dem starken Eindruck empirischer Erkenntnisse geschrieben. Für Aristoteles war der Mensch ein politisches Lebewesen (zóon politikón), d. h. der Mensch kann seine wahre Aufgabe nur als Glied des Staates erfüllen. Der Staat aber, an den Aristoteles dachte, war die Polis, die gerade in jenen Tagen einer schweren Belastungsprobe unterworfen wurde. Viel stärker als bei Platon treten in den späteren Abschnitten die realen Grundlagen des Staates zutage: Aristoteles hat sich nicht nur Gedanken über wirtschaftliche Probleme gemacht – anders als Platon ist er Anhänger des Privateigentums –, auch über den Schutz des Staates durch die bewaffnete Macht hat er nachgedacht. Sehr wichtig sind für ihn die Formen der Verfassung, unter denen er zwischen Königtum, Aristokratie und Bürgerverfassung *(politeia)* unterscheidet. Für alle drei Formen gibt es gewisse Ausartungen *(parekbáseis)*, und zwar die Tyrannis, die Oligarchie und die Demokratie, d. h. die extreme Demokratie, die Aristoteles ablehnt. Für eine ideale Lösung hält Aristoteles die mittlere Politeia, in der die Herrschaft in den Händen des Mittelstandes liegt. Reichtum und Armut sind aus dem aristotelischen Staat ebensowenig zu verbannen wie die Sklaverei, an der Aristoteles nicht den geringsten Anstoß genommen hat.

Eine gewisse Ergänzung zu den staatstheoretischen Ausführungen in der ›Politik‹, in der die Summe einer langen Erfahrung verarbeitet wird, ist die Sammlung der griechischen Staatsverfassungen, die Aristoteles durch seine Schüler hat anlegen lassen. Es sind im ganzen nicht weniger als 158; eine von ihnen, die besonders wichtige Verfassung der Athener, hat uns ein Londoner Papyrus im Jahr 1889 zu unserer Überraschung wiedergeschenkt. Diese Schrift ist bald nach 330 v. Chr. entstanden, vielleicht aber erst nach dem Tod des Meisters herausgegeben worden. Sie gibt einen Überblick über die Entwicklung der athenischen Staatsverfassung von den ältesten Zeiten an und in einem zweiten, systematischen Teil eine Übersicht über die Beamten und ihre Aufgaben in Athen. Beide Teile sind in gleicher Weise wertvoll, obwohl die historische Durchdringung, insbesondere des ersten Teiles, zur Enttäuschung des heutigen Benutzers zu wünschen übrigläßt. Aber es muß noch einmal gesagt werden: unsere Kenntnis von der älteren athenischen Verfassungsgeschichte ist durch die Schrift des Aristoteles auf eine neue Grundlage gestellt worden, wobei es nicht schwer ins Gewicht fällt, daß dem Verfasser einige Fehler und Versehen unterlaufen sind.

Wenn die staatstheoretischen Schriften des Platon und des Aristoteles in ihrem eigenen Staat nicht die Beachtung gefunden haben, die sie verdienten, so ist dies auf verschiedene Ursachen zurückzuführen. Vor allem ist nicht zu übersehen, daß die Werke in einer Zeit erschienen, in der die Polis den Höhepunkt bereits überschritten hatte. Der Aufstieg Makedoniens, die Eroberung des Perserreiches durch Alexander in späterer Zeit, die Herausbildung der Diadochenstaaten ließen die griechische Polis immer mehr in den Hintergrund treten. Es ergaben sich völlig neue Probleme, die mit den traditionellen Mitteln nicht mehr gelöst werden konnten. Platon hat diese neue Zeit nur von ferne heraufziehen sehen, Aristoteles, der Lehrer Alexanders, hat sie noch miterlebt. Aber es findet sich in seinem gesamten Werk kein einziger Hinweis auf die Probleme der Universalmonarchie, auch nach Aristoteles hat sich übrigens in diesem Punkt wenig geändert. Sein Nachfolger als Schulhaupt des Peripatos, Theophrast, hat bezeichnenderweise eine Schrift erscheinen lassen mit dem Titel: ›Wie die Poleis am besten zu verwalten sind‹ (die Schrift ist leider nicht erhalten). Endlich ist nicht zu übersehen, daß diesem staatstheoretischen Schrifttum eine Richtung in der Philosophie gegenübersteht, die an der Polis völlig uninteressiert ist. Schon Aristipp von Kyrene (etwa 435–355), der in seiner Jugend noch zu Füßen des Sokrates gesessen hatte, ist nicht mehr bereit, irgendeine Tätigkeit im Dienst der Polis zu übernehmen, er findet diese Betätigung einfach lästig und dem philosophischen Lebensideal des Hedonismus nicht angemessen. Auch sein Antipode Antisthenes (geb. um

450, gest. nach 366), der von einer thrakischen Sklavin abstammte und niemals Vollbürger in Athen geworden ist, der Begründer der kynischen Philosophie, hielt vom griechischen Staat nur wenig; bei ihm findet man bezeichnenderweise zuerst den Vorwurf, daß in der griechischen Polis das fachmännische Wissen nicht genügend zur Geltung komme. Antisthenes soll gesagt haben, man könne ebensogut Esel zu Pferden ernennen wie Leute, die nichts verstünden, zu Offizieren. Von Antisthenes war kein weiter Weg zu Diogenes von Sinope, seinem Schüler, der von sich behauptete, er sei nicht Bürger einer einzelnen Polis, die Polis sei vielmehr der Kosmos. Hier liegen die Wurzeln des antiken Weltbürgertums, einer Idee, die gleichfalls zur Auflösung des Polisdenkens beigetragen hat.
Wie aber sah die Polis in der ersten Hälfte des 4. Jahrhunderts v. Chr. aus? Wir besitzen die Abhandlung eines gewissen Aeneas Tacticus über die bei einer Belagerung zu treffenden Maßnahmen. Die Schrift, die mit größter Wahrscheinlichkeit in die Zeit zwischen 357 und 340 zu setzen ist, entwirft ein interessantes Augenblicksbild von einer kleinen Polis des griechischen Mutterlandes, ein Bild, das realistischer ist als alles, was man aus den sonstigen literarischen Quellen dieser Zeit erschließen kann. Der Verfasser bleibt übrigens für uns unbekannt, denn der Versuch älterer Forscher, Aeneas mit dem bei Xenophon (Hell. VII 3,1) genannten arkadischen Strategen Aeneas von Stymphalos gleichzusetzen (Casaubonus, Hug), ist in keiner Weise gesichert. Im frühen 4. Jahrhundert hat es immer wieder Belagerungen von griechischen Städten gegeben, es mag hier nur an die Belagerung von Phliūs in den Jahren um 381–379 durch die Spartaner unter Agesilaos oder an die etwas frühere von Mantineia (385) erinnert werden. Dann wird man verstehen, daß für eine derartige Lage Vorkehrungen getroffen werden müssen. Aeneas gibt nun eine ganze Reihe von konkreten Ratschlägen. Er rät dazu, bei eintretender Kriegsgefahr das Vieh und die Immobilien, auch die Sklaven, aus der Chora, dem Landgebiet, fortzuschaffen und sie einer benachbarten Stadt anzuvertrauen. Daß die Deponierung von Eigentum damals üblich war, zeigt übrigens eine Inschrift, ein Vertrag zwischen dem Dynasten Hermias von Atarneus und der kleinasiatischen Stadt Erythrai, der in die Zeit vor 342/41 fällt (Bengtson, Staatsverträge Nr. 322). Das Land ist nach Möglichkeit vollständig zu räumen, die freie Bevölkerung und die Feldfrüchte sind in den Schutz der Mauern zu verbringen. Wer diesen Anordnungen nicht nachkommt, dessen Eigentum in der Chora gilt als vogelfrei, es darf ungestraft geplündert werden. Besonders muß darauf gesehen werden, daß zwischen der Stadt und den auswärts weilenden Verbannten keine Verbindungen zustande kommen.

Aus diesem Grund wird die Einführung einer Briefzensur empfohlen. Überhaupt muß die Einfuhr und die Ausfuhr streng beaufsichtigt werden, Fremde sind nur mit Wissen der Behörden in die Mauern aufzunehmen, und es muß notiert werden, bei wem sie abgestiegen sind. Dies gilt auch für alle diejenigen, die zum Zweck des Unterrichts in der Stadt verweilen. Wer in die Stadt Öl oder Getreide einführt, ist öffentlich zu belobigen und mit einer Prämie auszuzeichnen, deren Höhe sich nach der Menge der eingeführten Güter richtet.
Daß die Polis nicht ohne Söldner auskommen kann, ist für den Autor der Schrift ganz selbstverständlich. Er schlägt vor, die einzelnen Bürger sollen nach Maßgabe ihres Vermögens Söldner anwerben und verpflegen. Der Staat kann den Privatleuten später einen Teil der Auslagen zurückerstatten. Von der Reduzierung oder Streichung der Schulden erwartet Aeneas eine bessere Verteidigungsbereitschaft jener Kreise, die an sich mit der herrschenden Ordnung in der Polis nicht einverstanden sind.
Wer die Ratschläge des Aeneas genau betrachtet, wird zugeben müssen, daß der Verfasser der Schrift sich bemüht, den realen Gegebenheiten der griechischen Stadt im 4. Jahrhundert gerecht zu werden. Aeneas setzt auf die Karte der inneren Einheit der Polis und ihrer Bewohner, dieser Idee haben letztlich all seine Vorschläge zu dienen. Es ist bekannt, daß es gerade im 4. Jahrhundert mit der Eintracht in den griechischen Städten nicht immer zum besten stand, hört man doch immer wieder von Umsturzversuchen, und die große Zahl der Verbannten ist ganz besonders gefürchtet. Die Furcht vor dem inneren Zwiespalt in der Stadt geht bei Aeneas so weit, daß er überhaupt davon abrät, Fremde zur Verteidigung der Stadt heranzuziehen; die Fremden müssen sich, wenn Alarmübungen abgehalten werden, an einen ihnen zugewiesenen Platz begeben oder zu Hause bleiben. Das Mißtrauen gegen die Fremden, auch gegen die Söldner, war nur zu sehr berechtigt. Immer wieder ist es vorgekommen, daß sie dem Feind in die Hand arbeiteten. Wer aber sind die eigentlichen Feinde der griechischen Polis? Aeneas denkt hier vor allem an die Nachbarstädte, aber auch an die großen Söldnerführer, die gewissermaßen als selbständige Mächte auftreten. Dazu kommt das Element der Verbannten, das eine Quelle ewiger Unruhe ist. Wir wundern uns sehr, daß sich bei Aeneas nirgends der Rat findet, Symmachien abzuschließen, im Gegenteil, er empfiehlt, man solle immer nur so viel Verbündete in die Stadt aufnehmen, daß die eigenen Streitkräfte überlegen bleiben. Mit den psychologischen Problemen verbindet sich eine Reihe von technischen Fragen: es wird gehandelt über das richtige Verschließen der Stadttore, über den Wachdienst, über das Signalwesen und anderes. Wer die Abhandlung des gebildeten

Taktikers liest, der wird etwas von dem Geist, der die Polis des 4. Jahrhunderts beseelte, verspüren. Sie war bereit, das Äußerste zu wagen, um ihre Existenz zu sichern, und sie konnte dies, solange sie mit Feinden zu rechnen hatte, die ebenfalls aus der Welt der Poleis stammten. Mächtigere Gegner hat es bis 360 v. Chr. nicht gegeben, aber die Zeit war nicht mehr fern, in der die Belagerungsmaschinen des Makedonenkönigs zum Sturm auf griechische Städte ansetzten. Wir fragen uns: war es überhaupt möglich und denkbar, daß eine Polis, wie sie in der Schrift des Aeneas vorausgesetzt wird, sich ernsthaft mit dem grundlegenden Problem der Erziehung ihrer Bürger zur wahren Sittlichkeit beschäftigen konnte, wie dies Platon in seiner ›Politeia‹ und in seinen ›Nomoi‹ gefordert hatte? Zwischen Aeneas und Platon besteht eine tiefe Kluft, denn es ist selbstverständlich, daß ein Staat, dessen Existenz gefährdet ist, sich mehr um militärische Dinge als um die Erziehung seiner Bürger kümmern muß. Aber die Labilität der griechischen Polis, noch verstärkt durch das gewalttätige Söldnertum und durch die rachsüchtigen Verbannten, ist eine historische Tatsache, die den Hintergrund für weite Abschnitte der griechischen Geschichte des 4. Jahrhunderts bildet.

Das griechische Söldnertum ist eine Erscheinung, die bis in die frühesten Zeiten der Beziehungen zwischen Griechenland und den altorientalischen Reichen zurückzuverfolgen ist. Schon seit dem beginnenden 6. Jahrhundert v. Chr. haben Griechen den Königen von Ägypten und Babylonien als Reisläufer gedient, griechische und karische Söldner haben sich mit ihren Namen auf der Kolossalstatue Ramses' II. bei Abu Simbel in Nubien verewigt. Wegen ihrer Qualität waren die griechischen Söldner außerordentlich geschätzt, und im 4. Jahrhundert sind sie in aller Welt zu finden, bei dem persischen Großkönig, bei seinen Satrapen, nicht weniger aber auch im Westen, bei den Karthagern. Wer es in der Fremde zu Geld und Ansehen brachte, kehrte als wohlhabender Mann in seine Heimat zurück. Von den anderen, die in fernen Ländern verdarben und verstarben, erzählt die Geschichte nichts. Das Eldorado des griechischen Söldnertums war die Peloponnesos. Die Namen zahlreicher Söldnerführer lesen wir in Xenophons Anabasis. Unter ihnen sind Klearch aus Lakedaimon, ein Verbannter, Aristippos, ein Thessaler, der von seinen politischen Gegnern aus der Heimat verdrängt worden war, Proxenos, ein Böoter, Sophainetos aus Stymphalos, Sokrates aus Achaia, Xennias aus Parrhasia, Pasion aus Megara, Sosis aus Syrakus und andere. Zur gleichen Zeit befanden sich auch auf persischer Seite griechische Söldner, und zwar nicht weniger als 400 im Heer des Abrokomas in Syrien, Tissaphernes selbst hatte einen griechischen Instruk-

teur, Phalinos aus Zakynthos, den er in hohen Ehren hielt. Als Athen und Persien in gutem Einvernehmen miteinander standen, in den Jahren zwischen 375 und 373, sind nacheinander Iphikrates und Timotheos mit griechischen Söldnern im Dienst des Großkönigs Artaxerxes II. in Ägypten gewesen, ohne hier freilich entscheidende Erfolge gegen die Abtrünnigen erreichen zu können. Bei der Wiedereroberung Ägyptens (Winter 343/42) haben sich zwei griechische Söldnerführer besonders ausgezeichnet, der Thebaner Lakrates und der Rhodier Mentor, der zur Belohnung zum Oberbefehlshaber in den kleinasiatischen Küstengebieten ernannt worden ist. Sein Bruder Memnon gehörte zu den kleinasiatischen Dynasten unter den letzten Perserkönigen, er war der einzige, der als Stratege dem Makedonen Alexander annähernd gewachsen war. Memnons Tod im Jahr 333 befreite Alexander von einem nicht zu verachtenden Gegner, der in der Ägäis eine Reihe von Erfolgen zu verzeichnen hatte (s. S. 288).
Auch in den Heeren der Lakedämonier und der Athener finden sich im 4. Jahrhundert in immer größerer Zahl Söldner. So verdankt Agesilaos seinen Sieg in der Schlacht bei Koroneia (394) vor allem den ehemaligen Söldnern des Kyros unter Herippidas. Bei diesen hat sich wohl auch Xenophon befunden. Besonders gesucht waren gewisse Spezialtruppen wie die Bogenschützen aus Kreta, die Speerwerfer aus Thessalien, Akarnanien und Lokris und die Schleuderer aus Rhodos. In Griechenland gab es mehrere Werbeplätze, von denen Korinth und das Kap Malea an der Südspitze Lakoniens die bekanntesten waren.
Die Verwendung von Söldnern war notwendig geworden, weil die Bürger in immer höherem Maß den Kriegsdienst als eine Last empfanden; die bewegten Klagen des Demosthenes sind bekannt. Man half sich dadurch, daß man die Bürger zwang, entsprechende Steuern zu zahlen, die in die Tasche der Söldner wanderten. Manche unter den Söldnern haben es zu einem beträchtlichen Vermögen gebracht. Männer wie Iphikrates, Timotheos, Charidemos und Chares besaßen eine große Gefolgschaft, die sie vom attischen Staat nahezu unabhängig machte. An der griechischen Geschichte des 4. Jahrhunderts haben die großen Söldnerführer einen hervorragenden Anteil. Die Schwäche des Söldnerheeres lag in dem Fehlen des nationalen Gedankens, die Männer schlugen ihr Leben für jeden in die Schanze, der sie bezahlen konnte.
Mit dem Söldnerwesen Hand in Hand geht eine Umgestaltung der griechischen Kriegstechnik, vor allem auf dem Gebiet des Belagerungswesens. Wenn es noch im 5. Jahrhundert üblich gewesen war, die Städte durch Aushungerung zu bezwingen, so wurde dies um 400 v. Chr. anders. Die Karthager haben bei

ihrem Angriff auf Sizilien neue Belagerungsmaschinen, vor allem hohe Türme mitgebracht, auf denen nicht nur Mauerbrecher, sondern auch Geschütze angebracht waren, die hier zum ersten Mal eingesetzt worden sind. Bei den Geschützen (griechisch: Katapelten) handelt es sich um Wurfmaschinen, bei denen die Spannung durch die Drehung von Sehnen hergestellt wurde (sog. Torsionsgeschütze). Wenn man auch eine längere Zeit, oft Stunden benötigte, um diese Katapelten aktionsfähig zu machen, so war doch ihr moralischer Eindruck ungeheuer. Denn die von ihnen geschleuderten Pfeile durchschlugen auf kurze und selbst auf mittlere Entfernung jeden Panzer, mit den Wurfsteinen wurden die Verteidiger von den Mauern hinweggefegt. Es ist Dionysios I. gewesen, der diese Kriegsinstrumente den Karthagern nachgebaut und sie teilweise noch verbessert hat. Er befand sich bald im Besitz eines riesigen Parks von Belagerungs- und Wurfmaschinen. Im griechischen Mutterland hat die neue Belagerungstechnik durch Philipp II. von Makedonien Eingang gefunden. Es war die Belagerung von Perinth (340), die hier eine neue Epoche einleitete.
Als Nikanor von Stageira auf dem Olympischen Fest des Jahres 324 den Erlaß Alexanders über die Zurückführung der Verbannten in Griechenland verlesen ließ, da sollen nicht weniger als 20 000 Flüchtlinge aus ganz Griechenland in Olympia anwesend gewesen sein. Die Verbannten waren von jeher eine große Gefahr für die politische Stabilität der griechischen Staaten, denn ihr ganzes Sinnen und Trachten richtete sich auf die Rückkehr in die Heimatstadt und auf die Rückerstattung ihres eingezogenen Vermögens. Es gehörte zu den elementaren Vorgängen des politischen Lebens der Griechen, daß die Gegner der herrschenden Gruppe in den einzelnen Poleis das Feld räumen mußten, wobei sie nicht nur des Bürgerrechts, sondern auch des Vermögens beraubt wurden. Wer außerhalb der Heimatstadt keinen Freund besaß, befand sich in einer geradezu verzweifelten Lage, er mußte versuchen, sich als Knecht oder als Söldner durchzubringen. Verbannte gab es in jeder Stadt, und wenn sie zurückkehrten, zumeist im Gefolge feindlicher Heere, wie die athenischen Verbannten mit Lysander im Frühjahr 404, so kam die große Abrechnung, die wiederum mit Verbannungen und Enteignungen endete. Die Zahl der Verbannten wurde durch die Urteile in den großen politischen Prozessen in Athen im 4. Jahrhundert noch vermehrt. Zahlreiche Politiker, unter ihnen Timotheos, Kallistratos und Chabrias, haben ihre Laufbahn jäh beenden müssen. Es wurde immer selbstverständlicher, daß die Athener politische Mißerfolge auf die maßgebenden Politiker abzuwälzen versuchten. Doch ist nur in wenigen Fällen die Todesstrafe verhängt worden, und manche

Politiker haben ihre Laufbahn nur für kurze Zeit unterbrechen müssen.
Dennoch hatte das politische Leben Formen angenommen, die zu Sorge Anlaß gaben. Die Redefreiheit, das Palladium der Demokratie, hatte zu sehr unerfreulichen Begleiterscheinungen geführt. Die Redner überschütteten sich mit den unglaublichsten Schimpfworten, und man erschrickt noch heute, wenn man etwa das Vokabular durchmustert, dessen sich Demosthenes gegen seinen Rivalen Aischines bedient hat. Federfuchser und Marktschreier sind noch die gelindesten Ausdrücke; der Vater des Aischines wird als Sklave, die Mutter als Dirne verhöhnt! Doch auch Aischines ist seinem Gegner nichts schuldig geblieben. Er hat ihn als einen Auswurf der Menschheit, als Mörder und größten Schurken von Hellas apostrophiert. In den Reden findet sich immer wieder die Aufforderung zur Anwendung roher Gewalt gegen den politischen Gegner. Es war nichts Ungewöhnliches, daß die Massen den Redner geradezu verlachten und sogar von der Rednertribüne herunterdrängten. Die attischen Redner des 4. Jahrhunderts appellierten oftmals an die Instinkte der Masse und leisteten damit der Terrorisierung des politischen Lebens, bewußt oder unbewußt, Vorschub. Die Masse ließ sich von den Demagogen um den Bart streichen, oftmals war sie ein willenloses Werkzeug in der Hand ehrgeiziger Politiker. Wie sollte eine stabile Politik möglich sein, wenn der Demos in der Volksversammlung wetterwendisch war wie ein Turmhahn? Im allgemeinen hat ja das Volk ein kurzes Gedächtnis, und eben darauf pflegen sich die Demagogen aller Zeiten zu verlassen. So finden sich in den Reden des Demosthenes Lügen, Verdrehungen und Entstellungen des Sachverhalts, die sein Zeugnis oft ganz wertlos machen. Wo war in Athen die innere Eintracht der Bevölkerung, die Aeneas Tacticus für die wichtigste Voraussetzung der Verteidigungsbereitschaft einer Polis hält? Die politische Gleichheit der Bürger in der extremen Demokratie war das Sprungbrett für die viel weitergehende Forderung nach materieller Gleichheit: die Schlagwörter waren hier Tilgung der Schulden und Neuaufteilung des Landes, Parolen, die gerade unter der ärmeren Bevölkerung lebhaften Widerhall fanden. Immer wieder sieht sich der Staat gezwungen, neues Siedlungsland zu beschaffen, die Brot- und Magenfrage war zu einem wichtigen Hebel der Politik geworden, und in der Volksversammlung zeigte sich ganz offen der nackte Egoismus des Demos, der sich daran gewöhnt hatte, ›am Gemeinbrei mitzulöffeln‹ (Aristophanes, Ekklesiazusen 873). Es ist leider nur zu wahr, daß der Gemeinsinn und die Opferfreudigkeit der Bürger, soweit wir dies in Athen feststellen können, sehr zu wünschen übrigließ, und das Wort Bismarcks, es sei ja im allgemeinen die

Existenz auf der Basis der Phäaken bequemer als auf der Basis der Spartaner, da man nach Phäakenart essen und trinken und geschützt sein möchte, aber kein oder doch nur möglichst wenig Opfer dafür bringen wolle – dieses Wort trifft auch für einen großen Teil der Athener zu, insbesondere für viele Wohlhabende unter ihnen. Es ist der Geist, der sich den Körper baut, und in Athen war, anders als in Makedonien, ein wehrhafter Geist in weiten Kreisen nicht mehr vorhanden. An die Stelle des politischen Interesses war das Streben nach Geld getreten, wirtschaftliche Fragen beherrschten die Debatten der Volksversammlung, und jeder Politiker, ob er wollte oder nicht, mußte sich mit ökonomischen Problemen auseinandersetzen. Ein Dokument des wirtschaftlichen Denkens ist Xenophons Schrift ›Über die Einkünfte‹ (Poroi), die gegen 354 niedergeschrieben worden ist. Xenophon spricht es klar aus, daß der Staat vor allem zur Versorgung der Bürger verpflichtet sei, der Zug zur Futterkrippe wird als etwas ganz Natürliches betrachtet. Athens Blühen und Gedeihen hänge in erster Linie von seinen Finanzen ab, ein Staat, der Geld besitze, sei gegen alle Unglücksfälle, insbesondere gegen Mißernten und sogar gegen Kriege, geschützt! Der Staat wird hier als der große Organisator des wirtschaftlichen Lebens betrachtet, und dementsprechend wird eine Reihe von Vorschlägen zur Verbesserung der Einkünfte vorgebracht. Die Schrift ist zweifellos unter dem deprimierenden Eindruck des unglücklichen Ausganges des Bundesgenossenkrieges (357 bis 355) geschrieben. Sie ist ein wertvolles Dokument für die damalige Friedensstimmung in Athen.
Die Kunst, einen Staatshaushalt aufzustellen, war in Griechenland noch nicht erfunden. Man kann sich leicht vorstellen, daß dies die Finanzverwaltung zu einem praktisch unlösbaren Problem machte. Um so höher ist das Verdienst jener Männer zu bewerten, die, wie Kallistratos, Eubulos und Lykurgos in Athen, Ordnung in das Finanzwesen gebracht haben. Mit dem Aufstieg des wirtschaftlichen Denkens verbindet sich im 4. Jahrhundert die Ausbildung eines regelrechten Bankwesens. Viele von diesen Instituten haben ganz bescheiden angefangen, manche sind aber, wie das Bankhaus des Pasion in Athen, zu großem Vermögen gekommen. Der Ursprung der Bankgeschäfte ist wohl darauf zurückzuführen, daß die Vielzahl der in Griechenland umlaufenden Münzen verschiedenster Währung das Einwechseln unabdingbar machte. Den Hauptverdienst brachte natürlich das Ausleihen von Geld, wofür hohe Zinsen bezahlt werden mußten. Der Kapitalmarkt war für äußere Krisen sehr empfindlich, so kletterte der Zinsfuß in den Kriegen regelmäßig in die Höhe, im Korinthischen Krieg betrug er bis zu 25 Prozent, in normalen Zeiten bewegte er sich um 12 Prozent im Jahr.

Wer sich auf diese Geschäfte verstand, konnte ein schwerreicher Mann werden. So soll sich Pasion nach 30jähriger Tätigkeit mit einem Vermögen von 40 oder gar von 60 Talenten zur Ruhe gesetzt haben; er hatte mit nichts angefangen.
Im ganzen ist im 4. Jahrhundert ein langsames Anziehen der Preise und in Verbindung damit auch der Arbeitslöhne unverkennbar. Der großen Zahl der Armen und Ärmsten standen einige wenige reiche Bürger gegenüber, deren Vermögen schwindelnde Höhen erreichte. So soll Konon bei seinem Tod 40 Talente besessen haben (1 Talent = 60 Minen = 6000 Drachmen = 36 000 Obolen), 17 davon erbte sein Sohn Timotheos. Er galt als einer der reichsten Männer Athens. Im Jahr 378/77 wurde eine Schätzung des privaten Vermögens in Athen veranstaltet. Sie ergab die Summe von 5750 Talenten, in der aber weder das staatliche Vermögen noch der Besitz der Theten, der niedrigsten Schätzungsklasse, einbegriffen war. Das Vermögen der athenischen Gesamtbürgerschaft im 4. Jahrhundert war vermutlich sehr viel höher. Diese Vermögensschätzung war die Grundlage für die Erhebung von direkten Steuern, deren Höhe sich nach den jeweiligen Bedürfnissen des Staates richtete. Aber trotz Steuern und Leiturgien, deren Lasten man in Athen durch das System der Symmorien seit 357 in gerechterer Weise zu verteilen versuchte, blieben in Kriegszeiten immer noch große Lücken in den Finanzen. Um diese auszufüllen, scheuten sich die Griechen nicht, Zwangsanleihen bei den Tempeln zu erheben und die Tempelgelder für politische Zwecke zu verwenden. Wenn Not am Mann war, schreckte man selbst vor der Versilberung der Weihgeschenke nicht zurück. Berüchtigt sind die Tempelanleihen der Phoker in Delphi geworden, aber auch die Phoker taten im Dritten Heiligen Krieg (356 bis 346) nur das, was auch schon andere, wie die Athener und die Arkader, die letzteren in Olympia, getan hatten. Sehr viel rigoroser als die Regierungen der griechischen Poleis waren übrigens die Tyrannen, insbesondere Dionysios I. Sie arbeiteten mit Konfiskationen und direkten Steuern, um ihre großen Ausgaben für die Söldner und für die Kriege zu bestreiten. Das zweite Buch der ›Oeconomica‹, das unter den Schriften des Aristoteles überliefert ist, führt eine Reihe von Beispielen für die Finanzpraktiken von Tyrannen und anderen auf. Obwohl die Schrift nicht gerade von tiefdringender Einsicht zeugt, so ist sie doch als Kulturbild wertvoll. Sie stammt wahrscheinlich aus der Zeit nach Alexanders Tod und dürfte noch vor dem Jahr 306/05 v. Chr. geschrieben sein.
Trotz ihrer unverkennbaren materiellen Züge aber ist das 4. Jahrhundert eine Zeit hoher Blüte des geistigen Lebens. In Platon und Aristoteles besaßen die Griechen zwei Männer, de-

ren Werk dauern wird, solange Menschen diese Erde bewohnen. Wohin man auch blickt, überall regt sich neues Leben: in der Rhetorik, in der Geschichtsschreibung, in den exakten Wissenschaften, in der Medizin und nicht minder in den bildenden Künsten, selbst die Technik steht nicht zurück, wenn auch ihre Erfindungen zumeist für das Kriegswesen verwandt worden sind.

Das Leben des Isokrates (436—338) gehört zu einem wesentlichen Teil dem 4. Jahrhundert an. Durch seine Prunkreden ist er berühmt geworden, in seinen letzten Jahren vor allem durch die Manifeste, die er an Philipp II., den König der Makedonen, gerichtet hat. Isokrates war zweifellos ein athenischer Patriot, aber er besaß keine Scheuklappen und hatte klar erkannt, daß es mit Griechenland nur besser werden könne, wenn es gelänge, für die Übervölkerung des Landes neuen Raum zu erschließen. Er dachte dabei vor allem an die kriegerische Eroberung Kleinasiens durch einen Perserkrieg; Führer sollte der Makedonenkönig sein. Isokrates hat die Verwirklichung seiner Wünsche nicht mehr erlebt, aber seine Schriften haben die Entwicklung wirksam vorbereitet. Ganz anders stand er zur athenischen Demokratie. Er liebte die Herrschaft der Masse nicht, und man wird es kaum als Zufall betrachten dürfen, daß er sich zeit seines Lebens vom Auftreten in der Volksversammlung ferngehalten hat. In Athen wurde er der Mittelpunkt einer großen Schülerschar aus der ganzen griechischen Welt. Auch die griechischen Geschichtsschreiber Theopomp von Chios und Ephoros von Kyme haben mit vielen anderen zu seinen Schülern gehört. Isokrates hatte eine Vorliebe für die großen Männer. So richtete er Flugschriften an Nikokles, den König von Salamis auf Cypern. Mit Recht hat man in diesen Schriften eine Art von Fürstenspiegel gesehen. Auch mit Dionysios I. von Syrakus, mit Iason von Pherai und mit dem Makedonen Philipp II. unterhielt er enge Beziehungen. Die Verherrlichung des großen Einzelmenschen stand ganz im Gegensatz zu den Maximen der athenischen Demokratie, trotzdem hat Isokrates in seiner Heimatstadt niemals ernstliche Schwierigkeiten gehabt, dies ein Zeichen für das hohe Ansehen, dessen er sich auch bei seinen Mitbürgern erfreute. Aus ganz anderem Holz geschnitzt war sein jüngerer Zeitgenosse Demosthenes (384—322 v. Chr.). Wer seine politischen Reden liest, ist noch heute von dem hohen Pathos und der singulären Leidenschaft, die diesen Mann durchdringt, betroffen. Wie kein anderer hat er es verstanden, das Volk in der Ekklesie zu bewegen und ihm seinen eigenen Willen einzuimpfen. In der Wahl der Mittel war er dabei nicht kleinlich; wer bei den Ackerbürgern und Handwerkern etwas erreichen wollte, der durfte sich nicht scheuen, die

Farben dick aufzutragen, selbst auf Kosten der Wahrheit. Über seine Bedeutung als Redner kann kein ernsthafter Zweifel möglich sein, anders steht es mit dem Urteil über seine Politik, die ja mit einer Katastrophe, der Niederlage bei Chaironeia (338), geendet hat. Für den Klassizismus war Demosthenes nicht allein der größte Redner, er war auch der überragende Politiker, der bedeutendste, den Athen nach Perikles besessen hatte. So hat noch der grundgelehrte Arnold Schaefer, dem die Wissenschaft ein unentbehrliches Buch über Demosthenes verdankt (Demosthenes und seine Zeit. 2. Aufl. 3 Bde. 1885–87), mehr oder weniger die gesamte Geschichte des 4. Jahrhunderts um den großen Heros gruppiert. Selbst noch Werner Jaeger hat sich in seinem Buch über Demosthenes (1939) bemüht, den großen Redner auch zu einem großen Staatsmann zu machen. Allerdings war Demosthenes eine faszinierende Persönlichkeit, und es ist nicht überraschend, wenn gerade praktische Politiker von Niebuhr bis Clemenceau in den Bannkreis des großen Rhetors geraten sind. Und doch fehlte Demosthenes eine Eigenschaft, die für jeden wirklichen Staatsmann unabdingbar ist. Nachdem er einmal gegen Makedonien und König Philipp Stellung bezogen hatte, war er nicht mehr imstande, umzulernen und zu vergessen. Es fehlte seiner Politik das Element der Konzilianz und der Versöhnung, ohne die eine Politik auf lange Sicht unmöglich ist. Zudem hat Demosthenes dadurch, daß er den politischen Gegensatz zwischen Athen und Makedonien auf die kulturelle Ebene hinüberspielte, die Kluft zwischen Makedonien und Griechenland in entscheidenden Stunden vertieft und letztlich sogar unüberbrückbar gemacht.

Nicht weniger als 20 Jahre lang hatte Demosthenes in Athen einen Rivalen, mit dem er in bitterstem Kampf lag. Dieser Rivale ist Aischines, der von der Natur mit allen Gaben ausgestattet war, die einem guten Redner anstehen: er hatte eine angenehme Stimme, ein gewinnendes Auftreten, außerdem war er unerschrocken und besaß die Gabe der Improvisation, hierin war er sogar Demosthenes überlegen. Aus kleinen und bedrückten Verhältnissen stammend, gelangte er nach vorübergehender Tätigkeit als Staatsschreiber und Schauspieler durch eine Heirat zu Vermögen und stieg als Redner empor, mit 44 Jahren (er war sechs Jahre älter als Demosthenes) befand er sich in der Gesandtschaft, die der athenische Demos unter der Führung des Philokrates zu König Philipp II. nach Pella entsandte. Seit diesen Tagen ist er ein überzeugter Anhänger König Philipps II. und ein nicht minder entschlossener Gegner des Demosthenes. Die von Aischines erhaltenen Reden, im ganzen nur drei, stehen formell auf voller Höhe, es fehlt ihnen nicht an Eleganz und Überzeugungskraft. Der Ausgang des

Mannes ist nicht ohne Tragik. Im Jahr 330 unterlag er im Kranzprozeß seinem Gegner Demosthenes und mußte das Brot der Verbannung essen. Er starb, fast 75jährig, in Samos, ohne in seiner Heimat rehabilitiert worden zu sein.
An der Seite des Demosthenes und des Aischines lebten und wirkten in Athen noch zahlreiche andere Redner, die Reihe der Namen ist lang: Hypereides, Hegesippos, Lykurg, Phokion, Demades, dazu der aus Korinth stammende Deinarchos. Der bedeutendste unter ihnen ist ohne Zweifel Hypereides, ein Zeitgenosse des Aischines, Schüler des Platon und des Isokrates. Als Sachwalter zu größerem Vermögen gelangt, schlug er sich in der Politik auf die Seite des Demosthenes. Wegen seiner brillanten Reden war er ebenso in aller Munde wie wegen seiner Schwäche für das weibliche Geschlecht. Nicht durch Zufall stammt von ihm eine Verteidigungsrede für die Hetäre Phryne, die wegen Gottlosigkeit angeklagt worden war. Der Prozeß, der wahrscheinlich nach 350 stattfand, hat, wie es scheint, mit dem Freispruch der Phryne geendet.
Das 5. Jahrhundert war die Zeit der Hochblüte des attischen Dramas und der Älteren Komödie gewesen. Von den großen Tragikern hat keiner den Beginn des 4. Jahrhunderts erlebt, von den Komödiendichtern allein Aristophanes. Wenn von der dramatischen Kunst des 4. Jahrhunderts wenig bekannt ist, so liegt dies daran, daß bald nach der Jahrhundertwende Euripides gewissermaßen zum Alleinherrscher der attischen Bühne geworden ist. Was ihm die eigene Zeit versagt hatte, das ist ihm nach seinem Tod in überaus reichem Maß zuteil geworden. Dabei war die dramatische Produktion im 4. Jahrhundert alles andere als gering. Der Athener Astydamas soll nicht weniger als 240 Tragödien und Satyrspiele gedichtet haben, Karkinos von Athen 160, um nur die beiden fruchtbarsten Dichter anzuführen. Und in den beiden letzten Jahrzehnten erstand in den Komödien des Menander das bürgerliche Lustspiel, das, vom Politischen völlig losgelöst, rein menschliche Probleme zur Darstellung bringt, wie dies auch der jüngst auf einem Genfer Papyrus entdeckte ›Dyskolos‹ bestätigt. Zwischen Aristophanes und Menander steht die sog. Mittlere Komödie, von der wir außer einer Anzahl von Namen nur wenig wissen. Doch scheint sich aus den Titeln und den geringen Bruchstücken zu ergeben, daß politische Anspielungen und politische Stücke nicht fehlen. Die Mittlere Komödie war ein Übergang; sie umfaßt die Zeit vom Ende des Peloponnesischen Krieges bis zum Auftreten Menanders. Die wichtigste äußere Veränderung ist der Fortfall nicht nur der Parabase, sondern auch der Chorlieder, wie sie noch für die Komödie des Aristophanes obligatorisch waren.

Gerade aus dieser Zeit ist eine große Anzahl von neuen Theaterbauten bekannt. Zu den schönsten zählt das Theater in Epidauros, für das ein gewisser Polykleitos als Architekt genannt wird; er ist derselbe, der auch den berühmten Rundbau, die Tholos, in Epidauros gebaut hat. Vielleicht ist das epidaurische Theater jedoch erst im 3. Jahrhundert errichtet worden (v. Gerkan). Das athenische Dionysostheater entstammt in seinen Anfängen dem 4. Jahrhundert, ebenso die Bauten in Pella (Makedonien), Syrakus und Halikarnassos.
In Delphi brannte im Jahr 373/72 der hochberühmte Apollontempel nieder. Er wurde durch einen neuen Tempel ersetzt, der in langjähriger Arbeit fertiggestellt worden ist. Über das Fortschreiten des Baues wachte eine Kommission; es sind dies die Naopoioi, die ›Bauherren‹, deren Liste als erwünschte historische Quelle zur Verfügung steht. Die Zusammensetzung der Baukommission ergibt nämlich ein ungefähres Bild von den Machtverhältnissen und Machtverschiebungen in der delphischen Amphiktyonie um die Mitte des 4. Jahrhunderts. Als der neue Tempel um 320 fertig war, erstanden auf dem Fundament des alten vorklassischen Apollontempels, war er inmitten der Bauten des übrigen Griechenland ein Anachronismus, der zweifellos auf den konservativen Sinn der delphischen Priesterschaft zurückzuführen ist. Auch nach der Ausgrabung des Tempels bleiben viele Fragen offen, insbesondere wüßte man gern etwas darüber, an welcher Stelle die Pythia ihre Orakel erteilte. Befand sie sich im Innern des Tempels? Und an welcher Stelle warteten die Gläubigen? Und wo warf man die Lose, mit denen gleichfalls Orakel erteilt wurden? Darauf gibt es heute noch keine Antwort. Delphi hatte im übrigen während des 4. Jahrhunderts nichts von seiner Bedeutung verloren, zahlreiche Staaten bewarben sich um seine Freundschaft, und viele von ihnen besaßen in Delphi das Vorrecht der Promantie, der bevorzugten Zulassung zur Orakelbefragung. Unter den privilegierten Staaten ist auch das kleine Skiathos mit seinen Kolonisten (Bengtson, Staatsverträge Nr. 295).
Zu den großen Weltwundern aber gehört das Grabmal, das sich der kleinasiatische Dynast Maussollos von Halikarnassos (gest. 353) erbauen ließ. Es wurde nach seinem Tod durch seine Schwester Artemisia vollendet. Überhaupt findet sich hier bereits eine Architektur, die gewisse Erscheinungen des hellenistischen Zeitalters vorwegnimmt. An den Skulpturen des Grabmals haben die bedeutendsten Meister mitgearbeitet, unter ihnen Praxiteles und Skopas. Außer dem Maussolleion hatte Westkleinasien an hervorragenden Bauwerken noch den Tempel der Artemis von Ephesos und das Heiligtum der Athene Polias in der Kleinstadt Priene aufzuweisen, das letztere ist

durch Alexander im Jahr 334 geweiht worden. Der großartige Apollontempel von Didyma bei Milet scheint dagegen erst um 300 begonnen worden zu sein. Überhaupt haben die Künstler, Bildhauer und Maler, im 4. Jahrhundert für ihre Arbeit ein großes Betätigungsfeld gefunden. Da die Originale zumeist verlorengegangen sind, kann man sich von dem Können der Meister nur durch späte Repliken ein Bild verschaffen. Die größten Bildhauer sind Praxiteles von Athen, Skopas von Paros und Lysippos von Sikyon, der als Erzbildner berühmt geworden ist. Der Bildhauer Lysippos hat, ebenso wie der Maler Apelles von Kolophon, immer wieder die Person Alexanders des Großen dargestellt. Es kann also keine Rede davon sein, daß das 4. Jahrhundert eine Zeit des Rückganges in der Kunst gewesen wäre, das Gegenteil ist richtig, die verschiedenen lokalen Schulen, vor allem die auf der Peloponnesos (Argos, Sikyon) haben ein reiches Eigenleben entfaltet und dadurch die Kunst der Griechen um viele neue Meisterwerke bereichert. Unverkennbar ist jedoch, daß nun nicht mehr die Götter, sondern die Menschen, und zwar die schönen Menschen, Gegenstand der Darstellung sind, auch in den Götterbildern sind die menschlichen Züge unverkennbar geworden. In der Kunst verringert sich der Abstand zwischen dem Göttlichen und dem Menschlichen, und nicht durch Zufall ist in diesem Zeitalter die göttliche Verehrung großer Menschen immer häufiger geworden.

Die Wissenschaft des 4. Jahrhunderts wird vor allem durch die großen Philosophenschulen in Athen, die Akademie und den Peripatos, gepflegt. Sie haben ihre Schüler in alle Welt entsandt. Eine eigene Entwicklung nimmt die Medizin, die vor allem an den Orten mit großen Ärzteschulen, in Kos und in Knidos, ihre Heimstätte hatte. Kos ist der Sitz der Schule des Hippokrates, die nach dem Tod des Meisters von den Söhnen und dem Schwiegersohn weitergeführt worden ist. Die knidische Schule hat in Eudoxos einen großen Namen aufzuweisen, Eudoxos ist jedoch als Naturforscher, als Astronom und Mathematiker, berühmter geworden denn als Arzt. Einer der großen Mittelpunkte der Heilkunst war im griechischen Mutterland Epidauros mit dem Tempel des Heilgottes Asklepios. Hier haben Kranke aus der ganzen griechischen Welt durch Tempelschlaf (Inkubation) Heilung gesucht. Wir besitzen eine Anzahl von inschriftlichen Aufzeichnungen über Wunderheilungen, die nicht nur als Dokumente der Medizin des 4. und 3. Jahrhunderts v. Chr., sondern auch als kulturhistorische Zeugnisse von großem Wert sind. Unter den Wunderheilungen sind einige, die zweifellos als Affektheilungen zu bezeichnen sind. Hierfür ein Beispiel: »Ein Knabe, stumm. Dieser kam in das

Abb. 17: Theater von Epidauros

Heiligtum wegen der Stimme. Als er das Voropfer verrichtet und die Bräuche erfüllt hatte, verlangte darauf der Knabe, der für den Gott das Feuer bringt, mit dem Blick auf den Vater des Knaben, er solle sich verpflichten, innerhalb eines Jahres, nachdem er das erreicht, worum er da sei, den Heildank zu opfern. Da rief plötzlich der Knabe: ›Ich verpflichte mich!‹ Der Vater erschrak und forderte ihn auf, es noch einmal zu sagen. Er sagte es noch einmal. Und daraufhin wurde er gesund.« – Epidauros hatte einen riesigen Zulauf. Unter den Patienten erscheinen auch einige Persönlichkeiten, die aus der Geschichte bekannt sind, wie die Andromache (oder Troas), die Gattin des Königs Arybbas von Epirus; auch der attische Redner Aischines ist, wie es scheint, in Epidauros gewesen.

Das 4. Jahrhundert ist das Zeitalter der großen Männer; Xenophon und Isokrates haben Könige und Tyrannen verherrlicht, sie erwarteten von ihnen die Lösung der Schwierigkeiten, mit denen Griechenland zu kämpfen hatte. Wir wundern uns nicht, wenn viele von ihnen gottgleiche Ehren erhalten oder von ihren Untertanen gefordert haben. So hat sich Klearchos, der Tyrann von Herakleia am Pontos, der einst Schüler Platons gewesen war, als Sohn des Zeus ausgegeben. Er trug ein Purpurgewand, eine goldene Krone, in seiner Hand das Zepter oder den Blitz, der goldene Adler des Zeus wurde ihm vorangetragen. Sein Gesicht hatte er mit roter Farbe überstrichen, dies eine Parallele zum römischen Triumphator, der sich Gesicht und Hände mit Mennige bestrich. Aus dem 4. Jahrhundert stammt auch der syrakusanische Arzt Menekrates, der seine Briefe als ›Menekrates Zeus‹ unterschrieb. Er verkleidete sich als Zeus und hatte eine Reihe von prominenten Persönlichkeiten in seinem Gefolge, die ihrerseits Götternamen zu den Personennamen trugen. Menekrates soll sowohl mit Agesilaos (gest. 361) wie mit Alexarchos, dem Bruder Kassanders, in Verbindung gestanden haben, der als Gründer der Stadt Uranopolis auf der Chalkidike (nach 316 v. Chr.) gilt. Bei Menekrates besteht übrigens kein Zweifel, daß es sich um einen pathologischen Fall handelt. Der Mann hat aber trotzdem großen Zulauf gefunden. Erscheinungen wie Klearchos und Menekrates machen die Begründung des hellenistischen Gottkönigtums durch Alexander und die hellenistischen Fürsten verständlich.

Das 4. Jahrhundert v. Chr. ist, als Ganzes gesehen, eine Übergangszeit, es trägt ein Janusgesicht. Die Kultur der früheren Zeit überschattet noch weite Teile dieses Jahrhunderts, aber es zeigen sich bereits neue Ansätze, die später, in der hellenistischen Periode, zum Durchbruch gekommen sind. Der entscheidende Einschnitt liegt um 360 v. Chr. Mit der Schlacht bei

Mantineia (362) ist die Zeit der griechischen Hegemoniebildungen zu Ende, im Jahr 359 gelangt Philipp II. in Makedonien an die Regierung. Für die griechische Kultur aber ist die Bildung neuer Mittelpunkte charakteristisch. Zwar ist Athen immer noch das geistige Zentrum der Alten Welt, aber neben ihm stehen auch andere geistige Metropolen, die ihr Licht von Athen empfangen. In einem Punkt ist freilich Athens Herrschaft unbestritten: der attische Dialekt wird überall verstanden, wo Griechen wohnen, Philipp II. hat ihn zur Kanzleisprache in Makedonien gemacht, obwohl der König mit Athen verfeindet war. Der Vorgang wird heute verständlich, seitdem man weiß, daß sich auch schon Ktesias von Knidos, der sich als Arzt längere Zeit am Perserhof aufgehalten hat, des Attischen bediente (bald nach 400 v. Chr.). In Attisch, nicht in Ionisch sind seine ›Persiká‹ geschrieben. Die Weltherrschaft des griechischen Geistes wäre nicht denkbar ohne das verbindende Band einer gemeinsamen Sprache. In der Koiné, die aus dem Attischen hervorgegangen ist, war diese Weltsprache vorhanden. Sie hat das griechische Geistesleben beherrscht, bis in der frühen Kaiserzeit mit dem Einsetzen des Attizismus eine neue Stilrichtung emporgekommen ist.

14. Der Aufstieg Makedoniens unter König Philipp II. (359–336 v. Chr.)

Die größte Persönlichkeit der antiken Geschichte in dem Vierteljahrhundert zwischen 360 und 336 ist der Makedonenkönig Philipp II., der Sohn des Amyntas. Philipp hat die Makedonen zum führenden Volk in Europa gemacht, er hat die Grundlagen geschaffen, auf denen sein Sohn Alexander ein Weltreich errichtet hat, das an die Stelle des persischen Weltreiches getreten ist: der Herrschaft der Perser folgt die Herrschaft der Makedonen. Die Jahre um 360 v. Chr. sind eine Zeitwende. Mit vollem Recht hat Ernst Kornemann hier seine große ›Weltgeschichte des Mittelmeerraumes von Philipp II. von Makedonien bis Muhammed‹ beginnen lassen. Philipp II. steht in ihr am Anfang einer neuen Weltepoche, die Kornemann durch das ganze Altertum hindurchführt und erst mit dem Arabersturm enden läßt. In der Tat vollziehen sich um 360 in Persien und in Makedonien wichtige Veränderungen. Im Jahr 359/58 stirbt der Großkönig Artaxerxes II. Mnemon nach einer langen Regierung von nahezu 45 Jahren. Ihm folgt sein Sohn Artaxerxes III. Ochos (359/58–338), nach dem mittelmäßigen Vater wieder ein tatkräftiger Herrscher, der die Zügel der Regierung straff in der Hand hält und in kurzer Zeit im Reich Ordnung schafft. Kurz vorher, im Jahr 360, war der thrakische Dynast Kotys gestorben, und im Jahr 359 endet das Leben des Makedonenkönigs Perdikkas III. in einer Schlacht gegen die Illyrer. Sein Sohn Amyntas ist ein kleiner Knabe, der als Regent Makedoniens in einer so schwierigen Zeit nicht in Betracht kommt. Was sollte aus Makedonien werden? War das Land imstande, sich seiner äußeren Gegner zu erwehren? Und wie würde sich das Verhältnis zu seinem großen Nachbarn im Osten, dem Perserreich, gestalten? Das waren Fragen, auf die damals niemand eine Antwort wußte. Und Griechenland? Hier hatte die Schlacht bei Mantineia (362) und der Tod des Epameinondas einen Schlußstrich unter die griechischen Hegemoniebildungen gezogen. Böotien war in die Reihe der anderen, mehr oder weniger bedeutungslosen griechischen Staaten zurückgesunken, Sparta war durch den Verlust Messeniens schwer getroffen, allein Athen war als Führerin des Zweiten Attischen Seebundes nach außen hin noch eine achtunggebietende Macht, aber die Mitgliedstaaten des Bundes murrten längst über die drückende attische Herrschaft, die entgegen dem bei der Gründung des Bundes abgegebenen Versprechen aufgerichtet worden war.

Und in der Tat ist wenige Jahre später, 357, der sog. Bundesgenossenkrieg ausgebrochen, mit seinem für Athen unglücklichen Ende (355) war auch dieser Staat nur noch eine Macht zweiten Ranges.

Wie sah es im Perserreich unter Artaxerxes III. Ochos (359/58 bis 338) aus? Das Reich der Achämeniden hatte unter dem Vater des Großkönigs, Artaxerxes II., beträchtliche Einbußen und eine starke Minderung seines Ansehens hinnehmen müssen. Der große Satrapenaufstand hatte die persische Herrschaft in weiten Teilen Kleinasiens erschüttert, die Versuche des Großkönigs, das abtrünnige Ägypten zurückzuerobern, waren gescheitert. Diese Schwierigkeiten im Innern erklären die Inaktivität des Perserreiches bei den griechischen Wirren in der Zeit zwischen dem Königsfrieden und der Schlacht bei Mantineia. Unter dem neuen Großkönig kam ein frischer Wind in die persische Politik. Schon als Kronprinz hatte er kurz vor dem Ableben seines Vaters den ägyptischen König Tachos in seine Gewalt gebracht; Tachos hatte einen Angriff auf Syrien unternommen; für Ägypten besaßen die Landschaften Syrien und Palästina eine unwiderstehliche Anziehungskraft, es waren vor allem die Zedern des Libanon, die in dem holzarmen Ägypten unentbehrlich waren. Auch gegen die westlichen Satrapen, Orontes von Mysien und Artabazos von Phrygien, hat Artaxerxes III. mit Erfolg gekämpft; während sich Orontes unterwarf, trat Artabazos schließlich auf makedonisches Gebiet über. Da die Athener Miene gemacht hatten, zur Unterstützung des Artabazos ihre Flotte einzusetzen, hatte sie der Großkönig durch drohende Worte zurückgeschreckt. An dem Friedensschluß im Bundesgenossenkrieg ist Artaxerxes III. beteiligt gewesen. Auch in Syrien, Phönikien und Cypern mußten Kämpfe bestanden werden (s. S. 375). Artaxerxes blieb Sieger und konnte schließlich auch Ägypten wieder unterwerfen (s. S. 327 f.). Dieses Ereignis, die Zurückeroberung Ägyptens, die in den Winter des Jahres 343/42 fällt, ist einer der größten Erfolge, der seit vielen Jahrzehnten durch die Perser erzielt worden ist. Er stellte das Ansehen des Reiches in der Welt wieder her, und wenn die innere Kraft des Perserreiches in den darauffolgenden Jahren zumeist erheblich überschätzt worden ist, so ist dies vor allem auf den überraschenden Erfolg der persischen Waffen im Nilland zurückzuführen. Im übrigen aber war Artaxerxes III. Ochos eine typisch orientalische Herrschergestalt. Seine Regierung ist voll von Haremsintrigen. Er selbst gilt als ein finsterer Despot, der mit Härte und Verschlagenheit seine Ziele zu erreichen suchte. Gegenüber den zentrifugalen Bestrebungen in seinem Reich blieb ihm aber vielfach keine andere Wahl, und man muß es ihm zubilligen, daß er dem persischen Groß-

königtum im eigenen Land und in der Welt neue Achtung und neues Ansehen erworben hat. In der Wahl seiner Mittel mag er wenig sympathisch erscheinen, die Würde seines Herrschertums hat er nach dem Vorbild der großen Achämeniden gewahrt und sich damit als ein wirklicher Herrscher erwiesen.
Der Kern des makedonischen Landes ist das Gebiet, das durch die Flüsse Haliakmon und Axios bewässert wird. Die eigentlichen Urzellen Makedoniens stellen die Landschaften Elimeia und Orestis dar. Von hier aus haben die Makedonen allmählich nach Norden und nach Osten ausgegriffen und sich in den Besitz des gesamten Landes zwischen Thessalien und dem unteren Strymon (heute: Struma) gesetzt. Wann die Makedonen zum Meer herabgestiegen sind, ist nur zu vermuten. Man wird am ehesten an die Zeit um 700 v. Chr. denken. Irgendeine historische Kunde hat sich aus diesem Zeitalter nicht erhalten, insbesondere ist die frühe makedonische Königsliste eine späte Fiktion. Auf einigermaßen gesicherten Boden gelangt man erst mit dem König Amyntas I., der in der zweiten Hälfte des 6. Jahrhunderts v. Chr. regiert hat. Ebenso dunkel wie die Frühgeschichte des makedonischen Königtums ist die Herkunft des Volkes der Makedonen. Diese Frage, die auch heute noch aktuell ist wie vor mehr als 2000 Jahren, gehört zu den seit vielen Generationen diskutierten Problemen der Alten Geschichte, ähnlich wie die Frage nach dem Volkstum der Daker. Es handelt sich hier aber keineswegs um ein rein akademisches Problem. Wenn die Makedonen keine Griechen wären, so wäre die Schlacht bei Chaironeia (338) in der Tat das Ende der griechischen Geschichte, wie dies der überwiegende Teil der Forschung des 19. Jahrhunderts, insbesondere Niebuhr, Grote und Ernst Curtius, auch wirklich angenommen hat. Indessen haben sich diese Gelehrten täuschen lassen, ein Irrtum, der verständlich wird, wenn man weiß, daß die Vergleichende Sprachwissenschaft, der in dieser Frage das erste Wort zusteht, damals noch nicht zu einer sicheren Entscheidung gelangt war. Heute wissen wir es, vor allem dank den Forschungen des Linguisten Otto Hoffmann (Die Makedonen, 1906): das Namenmaterial, insbesondere die Personennamen, aber auch die Orts- und Monatsnamen, ergeben mit aller wünschenswerten Sicherheit, daß das Makedonische ein griechischer Dialekt ist, der am ehesten mit dem Thessalischen (Äolischen) verwandt ist. Die sich über lange Jahrhunderte erstreckende Trennung der Makedonen vom hellenischen Kulturleben erklärt ohne Mühe eine Anzahl von Eigentümlichkeiten in der makedonischen Sprache, für die sich in den übrigen griechischen Dialekten keine Parallelen finden lassen. Johann Gustav Droysen hatte also recht, wenn er die Makedonen als Griechen betrachtete. Die Geschichte

des makedonischen Volkes ist ein Teil der griechischen Geschichte.

Die meisten Herrscher vor Philipp II. bleiben für uns wenig mehr als bloße Schatten. Amyntas I. soll mit Peisistratos und seiner Familie befreundet gewesen sein. Erst mit Alexander I. Philhellen (erste Hälfte des 5. Jahrhunderts) befinden wir uns im hellen Licht der historischen Zeit. Dieser Herrscher wurde für seine Person zu den Olympischen Spielen zugelassen. Er galt also, ebenso wie sein Haus, als griechisch. Die Erklärung hierfür ist verblüffend: das makedonische Königshaus der Argeaden wurde auf Herakles zurückgeführt, es war damit in den Augen der Griechen legitimiert. Alexander I. hat sich lebhaft um die griechische Kultur bemüht, er stand in Verbindung mit Pindar, an seinem Hof weilten Herodot und Hellanikos. Der Hof des Königs befand sich damals in Aigai, einer hohen Feste in wasserreicher Umgebung. Mit größter Wahrscheinlichkeit ist es König Alexander I. Philhellen gewesen, der zu der Reiterei der Hetairen die Phalanx der Pezhetairen geschaffen hat. Er hat also dem Fußvolk den Ehrennamen der ›Gefährten des Königs‹ beigelegt. In der Forschung war der Zeitpunkt der Formierung dieser Pezhetairen von jeher umstritten. Außer Alexander I. Philhellen wurden auch der König Archelaos, der nur kurze Zeit regierende Alexander II. (370–369/68) und vor allem auch Philipp II. mit ihnen in Verbindung gebracht.

Es ist König Archelaos (413–399) gewesen, der die Residenz des Landes von Aigai nach Pella verlegt hat. Archelaos, der sich mit blutiger Gewalt den Weg auf den Thron gebahnt hat, ist der erste große Organisator des Königreiches. Er hat Straßen und Festungen gebaut, dem Heer eine bessere Ausrüstung gegeben und die Wirtschaft des Landes gehoben, indem er es dem Handel mit den Nachbarstaaten öffnete; vielleicht hat er auch Niedermakedonien in eine Anzahl von Verwaltungsbezirken eingeteilt, die, nach städtischen Zentren benannt, zugleich die Aushebungsbezirke für das Heer darstellten. Sie haben bestanden, solange es überhaupt ein freies Makedonien gegeben hat. Auch in die thessalischen Angelegenheiten hat er sich eingeschaltet, hierin ein Vorläufer Philipps II. Sein Werk der inneren Festigung des Landes war um so schwieriger, als er mit dem Widerstand der Feudalfürsten, vor allem der Herrscher der Lynkestis und der Eleimiotis, rechnen mußte. Im übrigen war Archelaos ein großer Freund der griechischen Kultur, an seinem Hof in Pella hat er wiederholt griechische Dichter als Gäste begrüßt, Euripides hat hier die ›Bakchen‹ gedichtet und den König in dem Drama ›Archelaos‹ verherrlicht, in dem auch die makedonische Gründungsgeschichte behandelt wurde. Auch Sokrates soll er eingeladen haben, nach Makedonien zu kommen. In der Stadt Dion am Olymp wurden durch den König Festspiele eingerichtet, in denen man nach griechischem Vorbild musische und gymnastische Wettkämpfe abhielt. Nach seinem Tod – er soll von einem seiner Begleiter auf der Jagd ermordet worden sein – fiel Makedonien wiederum inneren Wirren anheim, das Menschenalter von 399 bis 359 sieht zahlreiche Herrscher mit zumeist sehr kurzen Regierungszeiten; eine Ausnahme macht allein Amyntas III. (393–370), der durch seine Beziehungen zum Chalkidischen Bund und zu Athen in die Geschichte eingegangen ist. Irgendeine Rolle in der großen Politik hat Makedonien in dieser Zeit nicht gespielt.

Der Umschwung beginnt mit der Regentschaft Philipps II. Dieser Mann war ein Sohn Amyntas' III. Geboren im Jahr 383, war er mit Demosthenes, seinem späteren großen Gegner, nahezu gleichaltrig. Von großer Wichtigkeit für seine innere Entwicklung war ein Aufenthalt in Theben, wohin er mit 15 Jahren als Geisel gekommen ist. Hier lernte er die großen Heroen Epameinondas und Pelopidas kennen, denen zeit seines Lebens seine Bewunderung gegolten hat. Philipp war 24 Jahre alt, als er im Jahr 359 für seinen noch unmündigen Neffen Amyntas, den Sohn Perdikkas' III. (365–359), die Zügel der Regierung ergriff. Makedonien befand sich in großer Not. Über seine Grenzen brachen die Nachbarvölker in das Land herein. Außerdem gab es mehrere Kronprätendenten, wodurch die Verwirrung noch gesteigert wurde. Von allem Anfang an hat Philipp seine Fähigkeiten gezeigt: er hat nicht nur die auswärtigen Feinde, teilweise durch Geldzahlungen, zufriedengestellt, er hat sich auch der Prätendenten entledigt, vor allem eines gewissen Argaios, der die Unterstützung der Athener gefunden hatte. Mit Athen gelangte Philipp zu einem erträglichen Friedensschluß, indem er in aller Form auf Amphipolis verzichtete. Athen aber versprach, dem Makedonen anstatt Amphipolis die Stadt Pydna auszuliefern, eine Klausel, welche die Ursache folgenschwerer Verwicklungen geworden ist. Noch blieb jedoch die Rechnung mit den Illyrern, den alten Feinden des Landes im Westen, zu begleichen. Philipp siegte in einer großen Schlacht, in dem anschließenden Frieden mußten die Illyrer die Grenzbezirke am Ochridasee an Makedonien abtreten, auch die Vasallenfürstentümer der Lynkestis und Orestis, deren Inhaber sich als politisch unzuverlässig erwiesen hatten, wurden aufgehoben. Es ist nicht bekannt, wann Philipp zum König der Makedonen ausgerufen worden ist, aber der Aufstieg zur königlichen Würde, der mit großer Wahrscheinlichkeit noch vor das Jahr 354 fällt, war die verdiente Ehrung für den ungewöhnlich energischen und talentvollen Mann. Amyntas, der Neffe, wurde beiseite geschoben. Er hat es seinem Oheim mit bitterem

Haß vergolten. Alexander hat ihn schließlich rücksichtslos aus dem Weg geräumt.
Das makedonische Königtum war ein Heerkönigtum. Der König war zugleich oberster Feldherr, Priester und Richter, gegenüber den Adligen hatte er die Stellung eines *primus inter pares*. Durch sein persönliches Verhalten gegenüber dem Heer, dem er mit großer Tapferkeit voranging, erlangte Philipp je länger, desto mehr ein deutliches Übergewicht, außerdem hat er es verstanden, immer mehr Adlige an sich heranzuziehen. Er stattete sie mit Landbesitz aus und ernannte sie zu seinen ›Gefährten‹ (hetaíroi). Unter diesen ›Gefährten des Königs‹, die an die Myrmidonen des Achilleus erinnern, finden sich neben Makedonen auch zahlreiche Männer griechischen Geblüts. Sie waren dem Herrscher in einem besonderen Treueverhältnis verbunden und verehrten in ihm ihren großen Wohltäter. Daß der König durch seine Hausmacht von dem Staat der Makedonen praktisch unabhängig geworden sei und daß insbesondere die auswärtigen Kriege geradezu als Privatunternehmungen des Königs zu betrachten seien, ist eine ganz unbegründete Annahme eines Teils der modernen Forschung; sie war übrigens durch Urkunden (Inschriften) bereits widerlegt, ehe man sie aufgestellt hatte. Das Gegenteil ist richtig: die untrennbare Verbindung des Königs mit seinem Volk ist nirgends so stark zu spüren wie gerade in Makedonien. Den Kern des Heeres bildeten unter Philipp die Pezhetairen, eingeteilt in eine Anzahl von Regimentern (taxeis), bewaffnet mit den baumlangen Sarissen (Stoßlanzen), deren geschlossene Wand der Schrecken der Feinde, auch noch der Römer in der Schlacht bei Pydna, gewesen ist. Philipp II. hat nicht nur von Epameinondas die Taktik der schiefen Schlachtreihe übernommen, er war auch ein Meister in der Verwendung der Kavallerie, die entweder an dem einen oder an dem anderen Flügel, wie es die Lage eben erforderte, eingesetzt wurde. Dem politischen Scharfblick Philipps konnte es nicht entgehen, daß sich der makedonische Binnenstaat vor allem einen Zugang zum Meer suchen mußte, denn als Staat ohne Küste war Makedonien in ständiger Abhängigkeit von den Seemächten, insbesondere von dem Chalkidischen Bund und von Athen, dessen Ansehen durch den Bundesgenossenkrieg (357–355) einen schweren Stoß erhalten hatte. Ohne die griechische Kultur und ohne die Mithilfe der Griechen war aber der Aufbau eines modernen Staates nicht möglich. Diese Idee hat Philipp bei seinen kriegerischen Auseinandersetzungen mit den Griechen niemals aus den Augen verloren.
Die Ausbreitung Makedoniens unter Philipp II. ist ein Vorgang, der noch heute den Historiker durch seine Konsequenz

in Erstaunen setzt. Die erste Phase erstreckt sich über einen Zeitraum von nur vier Jahren, von 357 bis 354 v. Chr. In dieser Zeit ist es Philipp nicht nur gelungen, sich der Stadt Amphipolis zu bemächtigen (357), er hat auch Pydna (357/56) und Potidäa erobert und sich schließlich in den Besitz von Methone gesetzt (354). Bei der Belagerung Methones hat Philipp durch einen Pfeilschuß aus der Stadt ein Auge verloren. In all diesen Unternehmungen zeigte sich nicht nur die militärische Tüchtigkeit, sondern auch die diplomatische Gewandtheit des Makedonen in hellstem Licht. So wußte er bei der Eroberung von Amphipolis, das ihm für seine Pläne von unschätzbarem Wert war, die Athener regelrecht hinters Licht zu führen: er hat ihnen allen Ernstes versprochen, die wichtige Handelsstadt für sie erobern zu wollen. Mit der wichtigsten griechischen Macht des Nordens, dem Chalkidischen Bund, wußte sich Philipp zunächst gut zu stellen. Ein Bündnis- und Freundschaftsvertrag vom Jahr 357/56 legt hiervon Zeugnis ab (Bengtson, Staatsverträge Nr. 308). Wenn etwas an diesem Vertrag besonders auffällt, so ist es die Mitwirkung des delphischen Orakels, zu dem Philipp schon damals die besten Beziehungen unterhielt. Natürlich riefen die Fortschritte des Makedonen vor allem die Athener auf den Plan, die ihre Machtstellung in Thrakien bedroht sahen. Die diplomatischen Bemühungen der Athener spiegeln sich in einer Anzahl von Verträgen wider, die in den Jahren 357 bis 355 zwischen Athen und einer Anzahl von Dynasten des Nordens geschlossen worden sind. Unter den Bundesgenossen Athens finden sich die thrakischen Fürsten Berisades, Amadokos und Kersebleptes, dazu die drei Könige Ketriporis von Thrakien, Lyppeios von Päonien und Grabos von Illyrien, endlich noch die Stadt Neapolis in Thrakien (Bengtson, Staatsverträge Nr. 303, 309, 312). Es war aber alles umsonst; die Athener, durch den Bundesgenossenkrieg stark behindert, waren nicht imstande, im Norden mit größerer Macht aufzutreten. Schuld daran ist letzten Endes die mangelnde Bereitschaft der athenischen Bürgerschaft, die nicht mehr gewillt war, die Lasten eines langandauernden und mühevollen Kriegsdienstes zu übernehmen. Im Jahr 354 erstreckte sich das von Philipp beherrschte Gebiet von der Nordgrenze Thessaliens bis zum Fluß Nestos. Nur der Chalkidische Bund war nach wie vor selbständig; Philipp hatte ihm sogar die Stadt Potidäa zugewiesen, die er den Athenern entrissen hatte. Schon jetzt aber war das Ziel des Herrschers klar. Für Makedonien, ein ausgesprochen städtearmes Land, waren die neugewonnenen Griechenstädte als Zentren der hellenischen Kultur von unschätzbarem Wert. Aber auch die Eroberung der Länder im Norden und Osten war wegen der wehrhaften Bevölkerung, die dort wohnte, nicht minder wertvoll. Noch in den Heeren Alexanders und der Diadochen erscheinen Päonen, Illyrer und Thraker. Diesem Zeitabschnitt gehört auch die Gründung der Stadt Philippoi an, der ersten Stadt, die, soweit wir wissen, nach dem Namen eines Herrschers benannt worden ist. Philippoi ist das frühere Krenides, unweit der reichen Goldbergwerke des Pangaion-Gebirges gelegen, die von Philipp ausgebeutet worden sind. Mit Hilfe des Goldes hat Philipp Geschichte gemacht, zahlreiche Politiker erhielten von ihm Geldmittel, und der Makedonenkönig hat mit Recht gesagt, keine Burg sei so steil, daß nicht ein mit Gold beladener Esel den Weg in sie hinein finden könnte.

Inzwischen hatte in Griechenland eine kriegerische Auseinandersetzung begonnen, in die fast alle Staaten des hellenischen Festlandes verwickelt waren. Es ist der sog. Dritte Heilige Krieg (356—346). In ihm wurde um die Vorherrschaft in der delphischen Amphiktyonie gerungen, wobei die treibende Kraft die Phoker waren, die sich einer Koalition der anderen Griechen unter der Führung der Böoter und Thessaler gegenübersahen. Die Phoker hatten auch schon früher den Bötern Sorgen bereitet, sie waren außerordentlich störrisch und beherrschten die Verbindungen zwischen Theben und Thessalien. Die Böoter konnten sich dies nicht bieten lassen; sie veranlaßten die Amphiktyonie, eine Anzahl der phokischen Anführer wegen Religionsfrevels anzuklagen und zu verurteilen (356). Vorgänge in der delphischen Amphiktyonie pflegten von jeher weite Kreise zu ziehen, da alle griechischen Stämme in der Gemeinschaft vertreten waren. Dazu kommt noch die zentrale Lage des Heiligtums. Es ist eine für die Ohnmacht des übrigen Griechenlands bezeichnende Tatsache, daß die Phoker sich zunächst gegenüber ihren Feinden ohne weiteres zu behaupten vermochten. Ihre Führer Philomelos und Onomarchos setzten sich in den Besitz des Heiligtums und prägten die delphischen Tempelschätze zu Geld um, mit dem sie die angeworbenen Söldner bezahlten. Diese Zwangsanleihe beim delphischen Heiligtum rief in Griechenland einen Sturm der Entrüstung hervor, obwohl die Phoker nichts anderes taten, als was auch die anderen Griechen in Notzeiten zu tun pflegten. Der Aufstieg der Phoker im Herzen Griechenlands ist ein eigenartiger Vorgang, er wird nur verständlich, wenn man die völlige Ohnmacht der anderen griechischen Staaten, insbesondere auch der Böoter, in Betracht zieht. Die Böoter hatten sich überdies in die Wirren der persischen Satrapenaufstände gestürzt und ein Heer unter Pammenes nach Kleinasien entsandt, das dem Artabazos zu Hilfe kommen sollte (353). Durch die thessalischen Aleuaden wurde Philipp II. herbeigerufen, dem Söldnerheer des Onomarchos war er aber nicht gewachsen, die Phoker rühmten sich, zwei entscheidende Siege über ihn davongetragen zu haben (353); dieses Jahr ist der absolute Höhepunkt der phokischen Macht, die nun auch in Thessalien die Oberhand erlangte. Aber schon im folgenden Jahr (352), in der Schlacht auf dem Krokosfeld, wahrscheinlich in der Nähe von Pagasai in Thessalien, schlug Philipp mit seinen Makedonen und Thessalern die Phoker entscheidend; Onomarchos fiel in der Schlacht und mit ihm 6000 Söldner. 3000 Gefangene soll der Makedone als Tempelräuber ins Meer gestürzt haben, ein unerhörtes Strafgericht, das an ähnliche Schreckensszenen im großen deutschen Bauernkrieg erinnert. Als Philipp jedoch in Mittelgriechenland einzudringen versuchte, zweifellos um in Delphi selbst nach dem Rechten zu sehen, fand er die Thermopylen verriegelt. Die Bundesgenossen der Phoker, unter ihnen die Spartaner und Athener, hatten mobil gemacht. Athen hatte das gesamte Hoplitenaufgebot an die Thermopylen entsandt (Athen stand schon seit dem Jahr 356 auf seiten der Phoker); auf einen Kampf auf Leben und Tod wollte sich der Makedone aber nicht einlassen, denn für die entscheidende Auseinandersetzung mit den Griechen war es noch zu früh. So kehrte er denn wieder um (Sommer 352). Damit war Phokis und mit ihm das griechische Staatensystem noch einmal vor dem Zugriff Philipps gerettet.

Mit dem Jahr 352 beginnt die zweite Phase der makedonischen Expansion. Gegen Ende dieses Jahres, vielleicht auch erst im Jahr 351, hat Philipp einen Feldzug nach Thrakien unternommen. Es ist das weite Land, das sich zwischen dem Nestosfluß und dem Schwarzen Meer erstreckt. Philipp hatte hier in den Athenern, die gerade damals ihre Herrschaft auf der thrakischen Chersonesos (Gallipoli) wieder aufrichteten, sehr ernsthafte Konkurrenten. Für den athenischen Handel war Thrakien ein wichtiges Absatzgebiet. Die Ware wurde entweder zu Land oder auf den Flüssen, insbesondere auf dem Tonsus, landeinwärts verfrachtet. Neben Athen war es vor allem Thasos, es waren aber auch die Griechenstädte an der Westküste des Schwarzen Meeres, dazu Byzanz, die aus dem thrakischen Handel reichen Gewinn schlugen. Es ist kein Wunder, wenn die Hellenen das Vordringen Philipps als starke Beeinträchtigung ihrer Interessen betrachteten. Seit 352 steht Philipp übrigens im Bund mit den Thrakerfürsten Kersebleptes und Amadokos. Die Athener und die anderen Griechen hatten hier das Nachsehen.

Noch schlimmer war der Eingriff Philipps in das Gebiet des Chalkidischen Städtebundes. Nachdem der Makedone die Stadt Stageira, die Heimat des Aristoteles, erobert und zerstört hatte (350 oder spätestens 349/48), wandte er sich gegen Olynth, den

Vorort des Chalkidischen Bundes. Als Kriegsgrund hat er vorgeschützt, daß die Chalkidier sich geweigert hätten, die zu ihnen geflüchteten Halbbrüder Philipps auszuliefern. Philipps Vorgehen gegen die Chalkidier rief in ganz Griechenland eine Welle der Empörung hervor. Diese Stimmung hat Demosthenes in seinen drei Olynthischen Reden noch gesteigert, aber die Athener waren nicht imstande, den Chalkidiern, ihren Bundesgenossen, wirksame Hilfe zu leisten, zumal sie vor ihrer eigenen Tür, in Euböa, Schwierigkeiten hatten. Ist es doch Philipp gelungen, diese wichtige Insel, mit Ausnahme der Stadt Karystos, zum Abfall von Athen zu bewegen (349/48). Wer die Olynthischen Reden des Demosthenes liest, der wird etwas von der Ohnmacht der Polis Athens empfinden, deren lebenswichtige Interessen dem Zugriff Philipps ausgeliefert waren. Die Stadt Olynth fiel im Jahr 348, der Ort wurde von den Makedonen vollkommen zerstört. Durch die Ausgrabungen der Johns Hopkins University in Baltimore unter D. M. Robinson ist ein Teil der untergegangenen Stadt freigelegt worden. Die Ausgrabungen geben uns eine lebendige Anschauung von einer Griechenstadt des 4. Jahrhunderts v. Chr. Die Olynthier aber zerstreuten sich über die ganze griechische Welt, sie bildeten ein Element der Unruhe und haben vor allen Dingen von Athen aus immer wieder gegen Philipp geschürt.

Der Mißerfolg im Olynthischen Krieg gab der Friedenspartei in Athen Auftrieb. Auch Demosthenes konnte sich der allgemeinen Stimmung nicht verschließen. So kam im Jahr 346 nach langwierigen Verhandlungen der Friede des Philokrates zustande. Er trägt seinen Namen nach dem attischen Politiker, der als Haupt der entscheidenden Gesandtschaft der Athener nach Makedonien entsandt worden war. Auch Demosthenes und Aischines waren dabei, der letztere erscheint von nun an als ein überzeugter Freund und Parteigänger Philipps. Bei den Verhandlungen ging es vor allem um die Frage, ob Phokis und der kleine thessalische Ort Halos in den vorbereiteten Vertrag zwischen Philipp und Athen unter die beiderseitigen Bundesgenossen mitaufgenommen werden sollten. Athen konnte die Phoker nicht gut preisgeben, und so hat sich Philipp denn auch schließlich dem Willen des Vertragspartners gebeugt: es war kein allzu großes Zugeständnis, das er hier den Athenern machen mußte. Wichtig für ganz Griechenland war dagegen die Tatsache, daß die Urkunde des Friedens des Philokrates Bestimmungen gegen die Seeräuberei enthielt, dies immerhin ein Lichtblick in einer Zeit, in der von gemeinsamen Interessen so selten die Rede ist. Im übrigen gab es über den Frieden des Philokrates (Bengtson, Staatsverträge Nr. 329) schon im Altertum sehr verschiedene Auffassungen. Sie liegen uns in den

Reden des Demosthenes ›Über die Truggesandtschaft‹ vom Jahr 343 v. Chr. und in der Rede seines Gegners Aischines ›Gegen Ktesiphon‹ vom Jahr 330 v. Chr. vor. Die Ausführungen beider Politiker sind mit Vorsicht und Kritik aufzunehmen, da sie in eigener Sache sprechen und es beide mit der Wahrheit nicht genau nehmen.

Schon während der Anwesenheit der zweiten athenischen Gesandtschaft hatte Philipp II. einen Blitzfeldzug nach Thrakien unternommen (Frühjahr 346) und den Fürsten Kersebleptes zur Unterwerfung gezwungen. Auch mit den Phokern hat Philipp kurzen Prozeß gemacht: er zwang den Phalaikos, den Führer der Phoker, zu kapitulieren; die Söldner erhielten freien Abzug zur Peloponnesos (346). Die Athener, die einen sehr eindeutigen Beschluß gegen die phokischen Tempelräuber gefaßt hatten, hielten sich von einer Zusammenarbeit mit Philipp fern. Der Dritte Heilige Krieg war damit beendet, und in Delphi trafen die Gesandten der griechischen Staaten ein, um über die Neuordnung der Amphiktyonie zu beraten. Die Phoker wurden aus der delphischen Gemeinschaft ausgeschlossen, es wurde ihnen auferlegt, die geraubten Tempelschätze in jährlichen Raten von 60 Talenten zurückzuzahlen. Mit dieser Zahlung ist jedoch erst im Jahr 343 begonnen worden. Im übrigen wurde Phokis entmilitarisiert und entfestigt, die Bewohner mußten sich in offenen Dörfern ansiedeln. Am wichtigsten aber war die Tatsache, daß Philipp nunmehr die beiden Stimmen der Phoker erhielt, er war also Mitglied der delphischen Amphiktyonie geworden, natürlich nur für seine Person, als Nachkomme des Herakles – aber in der Praxis bedeutete dies doch, daß nunmehr den Abgesandten des Königs der Makedonen ein wichtiges Wort bei den Beratungen der Amphiktyonie zufiel. Philipp aber trat als Einzelpersönlichkeit neben die elf in Delphi vertretenen griechischen Stämme, eine sehr wesentliche Veränderung, in der sich das Aufkommen einer neuen Zeit ankündigt. Auf Anregung der delphischen Amphiktyonie kam endlich noch ein allgemeiner Friede (Koinè Eiréne) zustande, der zum mindesten für alle Mitglieder verpflichtend war (346). Wie weit lagen die Zeiten zurück, in der Persien mit Hilfe der Paragraphen des Königsfriedens Schiedsrichter in Griechenland gewesen war!

Die Erfolge Philipps wurden von vielen Griechen mit Sorge beobachtet. In Athen herrschten starke Spannungen zwischen den Makedonenfreunden und den Feinden Philipps. Als dieser die Herbstpythien in besonders feierlicher Weise in Delphi beging, fehlten unter den Festgesandten die Athener, eine offene Brüskierung, die von Philipp auch als solche verstanden wurde. Gegenüber den Drohungen des Königs wich Athen wieder zu-

rück, es entschuldigte sich, und Demosthenes nahm es auf sich, das Volk zu überzeugen, daß ein Krieg gegen Philipp in der augenblicklichen Lage unmöglich sei. Der eigentliche Führer des athenischen Staates war übrigens nicht Demosthenes, sondern Eubulos, der sich vor allem auf dem Gebiet des Finanzwesens einen geachteten Namen gemacht hat. Wenn sich Athen von den Folgen des unglücklichen Ausganges des Bundesgenossenkrieges einigermaßen erholt hat, so ist es das Verdienst des Eubulos, nicht des Demosthenes.
Für Philipp waren die folgenden Jahre mit harter Arbeit und mit harten Kämpfen ausgefüllt. Im Jahr 344 wurde der König bei einem Feldzug gegen die Illyrer schwer verwundet, worauf Isokrates einen besorgten Brief an ihn richtete: er möge sich in Zukunft nicht wieder einer solchen Gefahr aussetzen, sondern vielmehr an seine große Aufgabe, den Perserkrieg, denken. In dem gleichen Jahr erhielt Thessalien eine neue Organisation, eine Dekarchie (Zehnerherrschaft), noch nicht ganz zwei Jahre später wurde diese in eine Tetrarchie (Vierherrschaft) umgewandelt. Unter der Dekarchie ist vielleicht ein Bund der zehn wichtigsten Städte Thessaliens zu verstehen, die Tetrarchie bedeutet wahrscheinlich die Einteilung Thessaliens in vier Bezirke. Bei weitem das wichtigste politische Ereignis aber ist die Wiedereroberung Ägyptens durch den Perserkönig Artaxerxes III. Ochos im Winter 343/42 v. Chr. Schon vorher, im Sommer desselben Jahres, hatten sich Makedonien und Persien miteinander verständigt, um einen Freundschafts- und Nichtangriffspakt abzuschließen. Diese Ereignisse zeigen klar eine Verlagerung des weltpolitischen Schwergewichtes: die beiden Großstaaten verständigen sich, Griechenland rückt immer mehr an die Peripherie.
Über die Stimmung in Athen unterrichtet ein sehr interessantes Dokument. Es ist ein Brief, den Speusippos, das Schulhaupt der platonischen Akademie, im Jahr 342 an König Philipp von Makedonien gerichtet hat. Dieses Schreiben, überliefert unter den Sokratikerbriefen, ist durch E. Bickermann und J. Sykutris in scharfsinniger historischer und philologischer Untersuchung als echt erwiesen worden. Speusippos, dessen makedonische Gesinnung in dem Brief klar zutage tritt, empfiehlt einen gewissen Antipatros aus Magnesia. Nicht gut zu sprechen ist der Verfasser auf Isokrates; ihm wird vorgeworfen, er habe die Wohltaten Philipps gegenüber den Griechen ignoriert. Im übrigen versucht Speusippos, die Ansprüche Philipps auf Amphipolis und auf Olynth mit den damals so beliebten mythologischen Argumenten zu unterstützen. Man kann sich lebhaft vorstellen, daß Philipps Vorgehen gegen Olynth von der antimakedonischen Propaganda immer wieder herausgestellt wor-

den ist. Die Datierung des Speusipposbriefes ergibt sich zwingend daraus, daß der Verfasser am Ende den Mangel an Papier erwähnt, den der Großkönig durch die Einnahme Ägyptens verursacht habe. Es ist richtig: Speusippos hat mit diesem Sendschreiben dem Makedonenkönig einen ganz unschätzbaren Dienst erwiesen. Denn überall in Griechenland gab es Männer, die einst Schüler der platonischen Akademie gewesen waren. Es war keineswegs gleichgültig, ob diese Männer Sympathie für Philipp empfanden oder nicht. Aber die Makedonenfreunde in Athen waren keine geschlossene Gruppe oder Partei, Speusippos hat sich nicht gescheut, seinen Konkurrenten Isokrates beim Makedonenkönig anzuschwärzen, ausgerechnet Isokrates, der in seinen Flugschriften, insbesondere im ›Philippos‹, den Makedonen als den künftigen Führer im Perserkrieg begrüßt hatte. Im Jahr 342 begann Isokrates mit der Arbeit an dem ›Panathenaikos‹, einer Flugschrift, in der wiederum die Einigung Griechenlands durch Philipp empfohlen wurde. Sie ist im Jahr 339 veröffentlicht worden, als der Krieg Athens gegen Philipp bereits im Gang war.

Insbesondere den deutschen Historikern hat man gelegentlich den Vorwurf gemacht, die Geschichte der Griechen im Zeitalter Philipps ganz vom makedonischen Standpunkt aus betrachtet zu haben. An diesem Vorwurf ist zweifellos etwas Wahres. Seitdem J. G. Droysen in seinem unvergänglichen Jugendwerk (1833) Alexander den Großen als den neuen Schöpfer und Kulturbringer verherrlicht hatte, war einer ganz neuen Auffassung von der griechischen Geschichte die Bahn gebrochen. Wer aber Alexander rühmte, der konnte an Philipp II., seinem Vater, nicht vorübergehen; es ist K. J. Beloch gewesen, der den Vater noch höher stellte als den zweifellos genialen Sohn. Allerdings besaß Philipp glänzende Eigenschaften. Er war ein hochbegabter Politiker und Heerführer, er verstand es, seine Soldaten mit sich zu reißen, er konnte von bezaubernder Liebenswürdigkeit sein, wenn es galt, die Herzen der Menschen zu gewinnen. Seinen Zeitgenossen ist dies nicht verborgen geblieben. Der Historiker Theopomp, derselbe, von dem Speusippos schreibt, er sei ein frostiger Mensch, hat Philipp als den größten Mann bezeichnet, den Europa, d. h. die Balkanhalbinsel, bis dahin hervorgebracht habe. Allerdings war der Makedonenkönig ein balkanischer Typus. Sein privates Leben war mit den Maßstäben der bürgerlichen Moral der Griechen schwerlich zu messen. Neben den beiden legitimen Königinnen Olympias und Kleopatra, der Tochter des Attalos, sind nicht weniger als vier andere Frauen bekannt, von denen Philipp Kinder besaß. Olympias hatte ihren Gatten verlassen, als er Kleopatra heiratete und diese zu seiner legitimen Gemahlin erhob. Olympias führte ihren Sohn Alexander mit sich in ihre Heimat Epirus in die Verbannung. Venus und Bacchus, das sind die Passionen Philipps, und noch heute kann man bei Theopomp (fr. 224 u. 225) nachlesen, welche Entrüstung das Leben Philipps und seiner Genossen (Hetairen) bei den Zeitgenossen hervorrief. Aber was half es? Philipp war den Griechen politisch und militärisch überlegen, er war schneller und kühner in seinen strategischen Planungen, rücksichtsloser in der Verfolgung seiner Ziele, listiger und verschlagener im diplomatischen Ränkespiel. Während man in Athen redete, pflegte Philipp zu handeln; es war eben nicht mehr möglich, mit den schwerfälligen Einrichtungen der griechischen Polis einem zu allem entschlossenen Gegner mit Aussicht auf Erfolg die Stirne zu bieten. Demosthenes' Ratschlag, ausgesprochen in der ersten Philippika, ein Expeditionskorps zu bilden, Philipp im eigenen Land anzugreifen und sich nicht mehr durch den König das Gesetz des Handelns vorschreiben zu lassen, zeugte zweifellos von richtiger Einsicht, aber wenn die athenischen Bürger sich vom Kriegsdienst drückten, so war die beste strategische Einsicht umsonst.

Im Jahr 342 begann Philipp mit der endgültigen Unterwerfung Thrakiens. Auch hier wurde ein regelrechter Eroberungskrieg geführt. Nach außen hin gab der König zwar vor, zum Schutz der von den Thrakern bedrängten Griechenstädte das Schwert gezogen zu haben, aber jedermann wußte, daß dies nur ein Vorwand war. Bevor Philipp den Nestos überschritt, hatte er Verbindungen mit den Geten und ihrem König Kothelas angeknüpft, die jenseits des Balkangebirges bis zur unteren Donau hin wohnten. In Thrakien, wo sich die Kämpfe bis ins Jahr 341 hinzogen, wurde ganze Arbeit verrichtet; es wurden Kolonien angelegt, Städte gegründet und in ihnen zahlreiche Menschen aus Makedonien angesiedelt, darunter auch manche zweifelhafte Elemente. Das wichtigste aber war die Bestellung eines Makedonen zum Statthalter (Strategen) von Thrakien, wohl nach persischem Vorbild. Mit Recht hat man gesagt, daß der Begriff des Untertanenlandes und seiner Bewohner, die zum Heeresdienst und zur Tributzahlung verpflichtet sind und über die der Statthalter als Vertreter des Königs die Gerichtshoheit ausübt, in der ganzen bisherigen Geschichte Griechenlands und Makedoniens ohne jedes Vorbild ist. Aber was hätte Philipp tun sollen? Wollte er das weite Land zwischen dem Nestos und dem Schwarzen Meer, deren Fürsten Kersebleptes und Teres abgesetzt wurden, wirklich in den Griff bekommen, so mußte er neue Wege gehen, und hier bot sich die Verwaltung des Perserreiches als Vorbild an. Natürlich kann gar keine Rede davon sein, daß Thrakien etwa in den persönlichen Besitz Philipps

gekommen wäre, es war vielmehr eine makedonische Provinz, die erste und die wichtigste, die Philipp geschaffen hatte.
Seine Bemühungen um Griechenland hatte der Makedonenkönig keineswegs aufgegeben. So war er im Jahr 342 mit den Ätolern in Verbindung getreten, damals scheint er ihnen den wichtigen Ort Naupaktos am Korinthischen Golf versprochen zu haben. Außerdem entsandte er eine Truppenabteilung nach Eretria auf Euböa, die hier die makedonische Sache stützen sollte. Noch wichtiger aber waren Philipps Verbindungen mit dem Tyrannen Hermias von Atarneus. Es besteht kein Zweifel, daß die Haltung des Hermias für einen künftigen Perserkrieg von größter Bedeutung sein mußte. Der Kleinfürst hat ihm, wie es scheint, sein Gebiet als Brückenkopf in Kleinasien zur Verfügung gestellt (342?). Es war kein Wunder, wenn der Großkönig den Tyrannen durch seinen Beauftragten, den Rhodier Mentor, beseitigen ließ. Es ging um den Besitz der Meerengen, die beiden Teilen für künftige Auseinandersetzungen von größter Wichtigkeit waren.
Seit dem Jahr 343 hatte die Spannung zwischen Makedonien und Athen ständig zugenommen, und zwar nicht ohne Schuld des Demosthenes. Die Interessen der beiden Staaten stießen vor allem auf Euböa und auf der thrakischen Chersonesos (Gallipoli) aufeinander, und wegen des Streites zwischen der Stadt Kardia und attischen Kleruchen wäre es im Jahr 341 um ein Haar zum offenen Krieg gekommen, wobei in diesem Fall die Athener im Unrecht waren. Wohin man in Griechenland auch blickt, überall versuchen die Athener, den Makedonen den Rang abzulaufen. So hatte im Jahr 343 eine Anzahl peloponnesischer Staaten, darunter Argos, Messene und Megalopolis, mit Philipp ein Bündnis geschlossen, ein Jahr später gewann Demosthenes die gleichen Staaten, dazu noch Achaia und Arkadien, für ein Bündnis mit Athen. Die Peloponnesier versuchten sich also nach beiden Seiten hin zu sichern (Bengtson, Staatsverträge Nr. 337). Demosthenes, der selbst vor einer beschwerlichen Reise zu den Illyrern und Thrakern nicht zurückschreckte (Sommer bis Herbst 342), kämpfte verbissen um jede Position, und in der Tat gelang es ihm, die Makedonen aus Euböa zu verdrängen. Die Städte Chalkis und Eretria traten in ein Bündnis zu Athen, schließlich bildete sich ein Euböischer Bund, bei dessen Begründung der Politiker Kallias von Chalkis entscheidend mitgewirkt hat (Bengtson, Staatsverträge Nr. 339, 340, 342). Der größte Erfolg des Demosthenes aber war die Gründung des Hellenischen Bundes im Februar oder März des Jahres 340. Von außen gesehen war es eine stattliche Vereinigung, die sich hier zusammengefunden hatte: Euböa, Akarnanien, Achaia, Korinth, Megara, Leukas und Korkyra, sie alle ver-

einigten sich in einem Freundschaftsbündnis zu gemeinsamer Hilfeleistung. Grundlage war wieder einmal ein allgemeiner Friede (Koinè Eiréne) unter der Führung Athens. Die Verbündeten verpflichteten sich, Matrikularbeiträge zu zahlen, manche von ihnen stellten auch Truppen. Als sich die Vereinigung am 16. Anthesterion des Jahres 340 in Athen konstituierte, da feierte man Demosthenes, durch dessen Energie der Bund begründet worden war. Jedermann in Griechenland aber wußte, daß es allein die Furcht vor Philipp gewesen war, welche die Verbündeten zusammengeführt hatte. Theben, der wichtigste Staat in Mittelgriechenland, hielt sich jedoch von der Vereinigung noch fern, sein Beitritt mußte das wichtigste Ziel der Bemühungen der Verbündeten sein.

Der Stein kam ins Rollen, als Philipp seine Armee gegen die Stadt Perinth an der Propontis (Marmarameer) führte. Es war eine sehr beträchtliche Streitmacht, die, ausgerüstet mit zahlreichen Belagerungsmaschinen, gegen die Mauern der Griechenstadt eingesetzt wurde. Um die Stadt auch von der Seeseite her einzuschließen, benötigte Philipp seine Flotte, sie konnte erst herbeigeholt werden, nachdem Philipp zu Land in die thrakische Chersonesos einmarschiert war. Die Verletzung athenischen Gebietes hat Philipp in einem Brief an Athen, der im Corpus der Reden des Demosthenes zu finden ist (Nr. XII), auch offen zugegeben, mit dem Erfolg, daß der Ausbruch des Krieges zwischen Athen und Makedonien hinausgezögert wurde. Perinth erhielt Hilfe nicht nur von dem benachbarten Byzanz, sondern auch von dem Satrapen der gegenüberliegenden persischen Satrapie, Arsites. An den Mauern von Perinth scheiterten selbst die neuartigen Belagerungsmaschinen Philipps, auch ein Überfall auf Byzanz führte nicht zum Ziel, wohl aber stürzte sich Philipp auf die athenische Getreideflotte, die sich am Eingang des Bosporus zur Fahrt nach Athen versammelte. Insgesamt 230 Schiffe von größtem Wert fielen in seine Hände. Über die Folgen dürfte sich Philipp nicht im unklaren gewesen sein. Und in der Tat erklärte Athen an Philipp den Krieg (etwa im September/Oktober 340). Es besteht kein Zweifel, daß dieser Krieg nicht der Krieg Philipps, sondern der Krieg des Demosthenes gewesen ist. Seit Jahren hatte dieser Mann eine geradezu rast- und ruhelose Tätigkeit entfaltet. Mit seinen Reden, vor allem mit der Chersonesosrede, aber auch mit der dritten und vierten Philippika, hatte er um die Gunst der Neutralen geworben und sich für eine Verständigung mit Persien eingesetzt. Demosthenes war kein Freund des Großkönigs, und es ist nicht erwiesen, daß er sich durch persisches Geld bestechen ließ – die Umstände schienen ihm keine andere Wahl zu lassen, und die Spannungen zwischen Makedonien und Persien wegen der Beseitigung des Hermias von Atarneus schienen die Richtigkeit seiner Politik zu bestätigen. War aber Athen überhaupt imstande, diesen Krieg wirksam zu führen und auch zu gewinnen? Als man im Herbst 340 in Athen die Stele mit der Inschrift des Friedens des Philokrates umwarf, herrschte in der Stadt bereits die Kriegspsychose, die von Demosthenes und seinen Freunden genährt wurde. Im übrigen machte der große Redner in diesen Tagen keine schlechte Figur, er ließ sich zum ›Vorsteher der Flotte‹ wählen, und die ersten Operationen zur See verliefen für Athen erfolgreich. Die athenische Flotte unter Chares befreite Byzanz aus seiner schwierigen Lage; wenn Philipp auch die Belagerung immer noch aufrechterhielt, so war für die wichtige Stadt am Bosporos doch die größte Gefahr vorüber. Zur See war Philipp seinen Gegnern nicht gewachsen; zu Land aber fühlte er sich so überlegen, daß er im Jahr 339 einen Zug gegen die Skythen unternahm, der ihn mehrere Monate vom griechischen Kriegsschauplatz fernhielt. Der Skythenzug diente wahrscheinlich der Sicherung der Nordgrenze seines Landes, die immer wieder von barbarischen Nachbarvölkern überrannt wurde. Schon zu Philipps Zeiten bereiteten sich im Raum zwischen der unteren Donau und dem Balkangebirge Völkerverschiebungen vor, das Kommen der Kelten, die Alexander an der unteren Donau antraf, wirft bereits seine Schatten voraus. Als Philipp im Spätsommer 339, aus dem Skythenland zurückgekehrt, wieder in seiner Hauptstadt Pella eintraf, hatte sich die Lage in Griechenland völlig geändert. Etwa ein halbes Jahr vorher, im Frühjahr 339, war der sog. Vierte Heilige Krieg ausgebrochen, in den auch Athen verwickelt war. Es waren die Lokrer aus dem kleinen Ort Amphissa unweit von Delphi, welche die Athener bei den Amphiktyonen verklagt hatten, weil sie während des Dritten Heiligen Krieges in Delphi in dem noch nicht wieder geweihten Tempel zwei goldene Schilde aufgehängt hätten. Sie trugen die Inschrift: »Die Athener als Beute von den Medern und Thebanern, als sie auf der anderen Seite gegen die Griechen kämpften.« Mit Recht hat sich die Forschung gefragt (F. R. Wüst): Wer hatte damals Interesse an einem amphiktyonischen Krieg? Die Antwort kann nur lauten: Philipp von Makedonien. Auf jeden Fall ist es Philipp gelungen, die Athener zu einer Gegenklage zu zwingen. Es folgt der Zug der Amphiktyonen nach Kirrha, wo es zu kriegerischen Auseinandersetzungen mit den Lokrern von Amphissa gekommen ist. Im Hintergrund steht wohl der Versuch der Makedonen, Athen von Theben zu trennen, das sich mit Amphissa verbunden fühlte. Im übrigen sind die Vorgänge sehr verwickelt und schwer zu durchschauen. Das Ergebnis war die Tatsache, daß die Amphiktyonen auf ihrer Herbsttagung des Jahres 339 Philipp als Hegemon die Führung des amphiktyonischen Krieges übertrugen. Jetzt war die Zeit zum Handeln gekommen. In blitzschnellem Zugriff drang der Makedonenkönig unter Umgehung der Thermopylen über Herakleia Trachinia und Kytinion in das Kephisostal ein und nahm Elateia in Besitz. Dadurch wurde nicht nur Theben, sondern auch Athen unter starken Druck gesetzt. In Theben aber siegte noch einmal Demosthenes, die Stadt schloß mit Athen ein Bündnis (Bengtson, Staatsverträge Nr. 345). Athen fand sich zu großen Zugeständnissen bereit: den Oberbefehl zu Land sollte allein Theben führen, zur See sollte er zwischen den beiden Staaten wechseln, außerdem übernahm Athen zwei Drittel, Theben aber nur ein Drittel der Kriegskosten. Philipp hatte man längere Zeit im unklaren gelassen und außerdem unmittelbar vor seiner Stellung in Elateia eine Sperrlinie gezogen, die ihn am weiteren Vordringen nach Theben und Amphissa hinderte. Der Winter des Jahres 339/38 war, abgesehen von einigen unbedeutenden Gefechten, von einer regen diplomatischen Tätigkeit auf beiden Seiten angefüllt, es entschieden sich die epiknemidischen Lokrer und die Phoker für Makedonien, die peloponnesischen Staaten aber blieben neutral.

Es war ein Unglück für die Griechen, daß sie sich von vornherein auf die Defensive festgelegt hatten. Sie sperrten das Kephisostal bei Parapotamioi und durch ein Söldnerheer unter Chares und Proxenos den Weg nach Amphissa. Als Philipp die Söldner geschlagen und zersprengt hatte, nahm er noch einmal Verhandlungen mit Theben auf, sie scheiterten aber durch das Dazwischentreten des Demosthenes. Da Philipp sich aber in den Besitz von Naupaktos gesetzt hatte und damit die Zufahrt in den Korinthischen Golf kontrollierte, entschlossen sich die Verbündeten, wenn auch nicht ohne Zögern, zu einer Entscheidungsschlacht. Sie wurde am 2. August 338 bei Chaironeia im Kephisostal geschlagen und endete mit einer vollständigen Niederlage des griechischen Heeres. An und für sich war die griechische Aufstellung gut gewählt, die Schlachtreihe erstreckte sich über die etwa 2½ km breite Ebene vom Thuriongebirge bis hin zum Ufer des Kephisos. Damit sperrte sie nicht nur die wichtige Straße nach Theben, sondern auch die bei Chaironeia abzweigende Straße über den Keratapaß. Die Frage, warum die Griechen nicht ihren rechten Flügel über den Fluß hinweg bis zum Akontiongebirge ausgedehnt haben, ist ungeklärt. Eine entscheidende Rolle auf makedonischer Seite fiel der Reiterei unter Alexander zu; sie stand am linken Flügel und ergriff die Offensive, während der rechte makedonische Flügel unter König Philipp zunächst zurückwich. Es war ein Rückzug aus taktischen

Gründen, Philipp wollte die Schlachtreihe der Griechen auseinanderreißen, eine Absicht, die er vollständig erreicht hat. Nachdem die Thebaner (an ihrem äußersten Flügel kämpfte die berühmte Heilige Schar) durch Alexander zersprengt worden waren, ging Philipp wieder zum Angriff über. Die Athener, jetzt von zwei Seiten bedrängt, erlitten schwere Verluste; aus dem Rückzug wurde eine Flucht über den Keratapaß. Philipp hätte es in der Hand gehabt, die Niederlage der Hellenen in eine vollständige Vernichtung ihres Heeres zu verwandeln. Er hat dies aber nicht getan und mit Absicht von dem Einsatz der Kavallerie zu einer Verfolgung bis zum letzten Hauch von Mann und Roß Abstand genommen. Wie Bismarck nach der Schlacht bei Königgrätz, so hatte auch Philipp ein höheres Ziel im Auge. Es hieß Einigung Griechenlands zur Führung des gemeinsamen Perserkrieges.

Der Sieg der Makedonen bei Chaironeia ist unbestritten einer der großen Wendepunkte der griechischen Geschichte. Auf dem Schlachtfeld waren die Kontingente der griechischen Staaten einem Größeren unterlegen. Der Aufstieg der Monarchie und ihr Triumph über die Polis kündigt sich an. Die griechische Polis, untrennbar verbunden mit den großen Leistungen des menschlichen Geistes, hatte es nicht vermocht, sich auf dem Schlachtfeld gegen die Monarchie aus dem Norden zu behaupten. Griechenland lag dem Zugriff des Makedonen offen. Würde es eine makedonische Provinz bilden wie wenige Jahre vorher Thrakien? In Wirklichkeit hat dieser Gedanke dem König ganz ferngelegen. Durch Vermittlung des Demades, der bei Chaironeia in makedonische Kriegsgefangenschaft geraten war, wurden Friedensverhandlungen mit Athen eingeleitet. Sie führten bald zum Ziel, noch bevor ein einziger makedonischer Soldat den Boden Attikas betreten hatte. Der Athenische Seebund wurde aufgelöst, Athen behielt aber die Oberhoheit über die wichtigen Kleruchien Lemnos, Imbros, Skyros und Samos, ebenso über Delos. Die thrakische Chersonesos (Gallipoli) wechselte in den Besitz Philipps über. Wesentlich härter war das Schicksal Thebens. Es sank zu einer Macht zweiten oder dritten Ranges herab. Mit der Führerschaft im Böotischen Bund hatte es nichts mehr zu tun, und Freunde Philipps übernahmen die wichtigsten Positionen. Besonders schmerzlich wurde in Theben die Rückgabe der Gemeinde Oropos an Athen empfunden. Mit diesem Problem haben sich auch noch spätere Generationen beschäftigen müssen. Durch die Stadt Athen ging ein allgemeines Aufatmen. Man hatte von Philipp Schlimmeres erwartet. Demosthenes, der zunächst Athen verlassen hatte, kehrte bald wieder zurück und hielt im Winter die Gedenkrede auf die bei Chaironeia gefallene Blüte der athenischen Jugend.

Die wahre Größe Philipps zeigt die Neuordnung Griechenlands, die er im Winter 338/37 vorgenommen hat. Nachdem er im Herbst bei einem Zug in die Peloponnesos Sparta auf sein ursprüngliches Gebiet beschränkt hatte, versammelten sich auf Einladung Philipps in Korinth die Abgesandten aller griechischen Staaten mit Ausnahme der Spartaner und begründeten eine allgemeine hellenische Föderation, die als Korinthischer Bund in die Geschichte eingegangen ist. Die Grundlage war noch einmal ein allgemeiner Friede (Koinè Eiréne). Alle Verfassungsänderungen auf dem Weg der Gewalt wurden untersagt, die Freiheit und Autonomie der einzelnen Staaten sollten gewahrt bleiben, nur Theben, Chalkis und Korinth erhielten makedonische Besatzungen. Entsprechend der militärischen Leistungsfähigkeit entsandte jeder Staat eine Anzahl von Repräsentanten in den Bundesrat (Synhédrion), der in Korinth tagte. Gern besäßen wir eine vollständige Liste der Mitglieder des Korinthischen Bundes, sie ist aber nur in ganz fragmentarischem Zustand erhalten und zeigt, daß neben den einzelnen Poleis auch Stammesstaaten dem Bund angehörten. Das Synhedrion war für Krieg und Frieden, für die Festsetzung der Bundeskontingente und für die Erhebung von Bundessteuern zuständig, es setzte die Strafen für diejenigen fest, die den Bundesvertrag verletzten. Philipp war der Hegemón (Protektor) des Bundes; zwischen ihm und den Griechen wurde ein Schutz- und Trutzbündnis auf ewige Zeiten geschlossen. Dieses Bündnis war die Voraussetzung für die Proklamation des Krieges gegen die Perser. Es sollte ein Rachefeldzug sein, als Grund wurde die Zerstörung der griechischen Heiligtümer durch Xerxes im Jahr 480 angegeben, Ereignisse, die immerhin nahezu eineinhalb Jahrhunderte zurücklagen. Bundesfeldherr sollte Philipp sein, der in dieser Eigenschaft den Titel strategòs autokrátor (›bevollmächtigter Feldherr‹) führte.
Das war die Einigung Griechenlands, die Philipp gebracht hatte. Sie entsprach keineswegs den Hoffnungen und Erwartungen der Hellenen. Denn wenn die griechischen Staaten auch dem Namen nach frei und autonom blieben, so gab es doch keinen Zweifel, daß sie sich alle den Befehlen Philipps beugen mußten. Die Monarchie hatte einen eindeutigen Sieg über die Polis davongetragen. Von nun an ist es der König der Makedonen, der auch über Griechenland sein Zepter schwingt. Dem unbezweifelbaren Verlust steht aber auch ein beträchtlicher Gewinn gegenüber. Philipp und seine Beauftragten im Bundesrat sorgten für Ruhe und Ordnung, woran es in Griechenland so sehr gefehlt hatte. War es ein zu hoher Preis, den die Hellenen für Frieden und Wohlstand zahlen mußten? Aber Philipp hatte in Übereinstimmung mit den Ratschlägen des vor wenigen Monaten nahe-

zu 100jährig verstorbenen Isokrates den Griechen ein nationales Ziel gegeben, es war der Perserkrieg. Der Augenblick konnte nicht günstiger gewählt werden, als im Frühjahr 336 die makedonische Vorhut unter Parmenion und Attalos über den Hellespont setzte. Die Jahre 338 und 336 sahen Thronwechsel im Perserreich (s. S. 328 f.), in Kleinasien war Mentor plötzlich verstorben, Griechenstädte wie Kyzikos und Ephesos und sogar der Satrap von Karien Pixodaros waren zur Zusammenarbeit mit Makedonien bereit. Da trat ein Ereignis ein, das niemand voraussehen konnte. Im Jahr 336, als Philipp die Hochzeit seiner Tochter Kleopatra mit König Alexander von Epirus ausrichtete, wurde der Herrscher im Theater von Aigai in Makedonien ermordet, erst 46 Jahre alt. Der Mörder Pausanias soll aus persönlichen Motiven gehandelt haben. Es ist aber möglich, daß er ein Werkzeug der Olympias und gewisser makedonischer Adelskreise gewesen ist.

15. Alexander und die Eroberung des Perserreiches (336–323 v. Chr.)

»Der Name Alexander bezeichnet das Ende einer Weltepoche, den Anfang einer neuen« – diese Worte Johann Gustav Droysens stehen mit Fug und Recht über der Geschichte des großen Makedonen, der in seinem noch nicht einmal 33jährigen Leben Weltgeschichte gemacht hat. Nicht immer hat ihn die Wissenschaft uneingeschränkt positiv beurteilt; B. G. Niebuhr sah in dem jungen makedonischen König ein Gegenbild Napoleons, er bezeichnete ihn als ›Komödianten und Räuber großen Stiles‹, und noch in unseren Tagen hat F. Schachermeyr die Schattenseiten seines Charakters mit vollem Recht hervorgehoben, auch er unter dem unauslöschlichen Eindruck zeitgeschichtlicher Erlebnisse. Es ist ein rätselhafter Mensch, der uns in dem jungen König der Makedonen entgegentritt: in seiner Brust wohnen die größten Gegensätze nebeneinander: ein unbezwingbarer dämonischer Wille, der Berge versetzt und vor keiner Schwierigkeit kapituliert, jugendliche Begeisterung für die griechischen Helden, von seinem Lehrer Aristoteles ihm eingepflanzt, männliche Freude an Kampf und Sieg, treue Sorge für die verwundeten Gefährten und die Hinterbliebenen der Gefallenen. Auf der anderen Seite lebt in Alexander eine geradezu verzehrende, hemmungslose Leidenschaft, die sich in der Vernichtung treuer Diener und Mitarbeiter manifestiert. Woher kommen diese Gegensätze? Sind sie das Erbe seiner Mutter Olympias, der stolzen Epeirotin, die in ihrer Leidenschaft, vor allem in der Rache, jedes Ziel und Maß vermissen ließ? Wir wissen es nicht, sicher scheint nur das eine, daß zwischen Vater und Sohn keine enge Bindung bestanden hat. Alexander war vor allem der Sohn seiner Mutter, und, ebenso wie diese, wird er in den Sympathien des Vaters für andere Frauen, vor allem aber in der Erhebung der jungen Kleopatra zur legitimen Gattin, eine schwere Kränkung gesehen haben. Wenn wir heute, nahezu 2300 Jahre nach Alexander, überhaupt imstande sind, ein Bild von seiner Persönlichkeit, von seinem Wollen und von seinem Werk zu zeichnen, so beruht dies auf den antiken Quellen. Zwar sind die Schriften jener Männer, die schon zu Lebzeiten Alexanders zur Feder gegriffen haben, bis auf geringe Reste verloren, und doch sind ihre Darstellungen, insbesondere die Schrift des späteren Königs Ptolemaios I. von Ägypten, von allergrößtem Wert. Es ist der Grieche Arrian von Nikomedeia gewesen, der im späteren zweiten Jahrhundert n. Chr. ein Werk über den Alexanderzug geschrieben hat (›Anabasis Alexanders‹), in dem zum erstenmal der Versuch gemacht worden ist, das authentische Material von den späteren Quellen zu scheiden. Einen anderen Strang der Alexanderüberlieferung stellt die Alexandergeschichte des Rhetors Q. Curtius Rufus dar, wohl aus der frühen römischen Kaiserzeit (Historiae Alexandri Magni). Sie beruht weithin auf der sog. Alexandervulgata, die von Kleitarch (er schrieb um 310 v. Chr.) begründet worden ist.

Diese Vulgata mündet in den breiten Strom des Alexanderromans ein, der in zahlreichen Sprachen und Rezensionen aus dem Altertum vorliegt. Die Erforschung des Alexanderromans ist auf breite Strecken hin ein interessanter Ausschnitt aus der antiken und mittelalterlichen Kulturgeschichte. Ganz im Gegensatz zu den Späteren haben die Zeitgenossen für die Größe und Einzigartigkeit Alexanders wenig Verständnis gehabt, ebensowenig wie die zeitgenössischen Römer für die Größe Caesars. Es ist wahr: Alexander hat zu seinen Lebzeiten keinen Geschichtsschreiber gefunden, der seiner Taten würdig gewesen wäre. Die griechische Historiographie hat vor der überwältigenden Erscheinung des von Sieg zu Sieg eilenden Makedonen kapituliert, ihr fehlten die Maßstäbe, mit denen sie ihn hätte messen können.

Angeblich soll Alexander in jener Nacht des Jahres 356 geboren worden sein, in der das Artemision von Ephesos durch die ruchlose Hand des Herostratos in Flammen aufging – das ist aber sehr wahrscheinlich nur eine Gleichzeitigkeitsfabel, für die zahlreiche Beispiele aus alter und neuer Zeit überliefert sind. Bereits mit sechzehn Jahren wurde Alexander von seinem Vater vorübergehend zum Reichsverweser bestellt (340/39); damals hat er die erste nach ihm benannte Stadt, Alexandropolis in Thrakien, gegründet. Seine Qualitäten als Feldherr bewies er schon mit achtzehn Jahren in der Schlacht bei Chaironeia (338). Als er, gerade zwanzig Jahre alt, nach dem gewaltsamen Tod seines Vaters den Thron bestieg (336), war er ein völlig fertiger Mensch mit selbständigem Urteil, mit großen Fähigkeiten und mit eigenen Ideen, die immer wieder hinter seinen Taten aufleuchten. Alexander hatte zudem das Glück, treue Helfer zu finden: den greisen Antipatros, den er bei seinem Weggang nach Asien als Reichsverweser von Makedonien und als seinen Stellvertreter beim Korinthischen Bund zurückließ, unter den Generalen vor allem Parmenion, einen klugen und bedächtigen Mann, dessen Ratschläge immer wohlüberlegt waren. Daß Alexander in vielem anders dachte, ist eher auf die Verschiedenheit der Temperamente als auf den Altersunterschied der beiden Männer zurückzuführen.

Abb. 18: Alexander der Große; sog. Azaraherme

Zum Nachfolger seines Vaters Philipp ausgerufen, hatte der junge König zunächst mit ungewöhnlichen Schwierigkeiten zu kämpfen. Das Fürstenhaus der Lynkesten, dazu Amyntas, der Sohn des Perdikkas, Attalos, der Schwiegervater Philipps, sie alle standen gegen Alexander, und wären nicht die bewährten Generale Philipps, vor allem Antipatros, für ihn eingetreten, so hätte das Schicksal vielleicht einen ganz anderen Lauf genommen. Alexander aber handelte blitzschnell. Attalos wurde aus dem Weg geräumt, die Sympathien der Makedonen gewann er durch Steuerbefreiungen, in Thessalien wurde er als Herzog (Archon) anerkannt, der Rat der Amphiktyonen übertrug ihm die Führerschaft von Hellas, und das Synhedrion von Korinth ernannte ihn an seines Vaters Statt zum bevollmächtigten Feldherren des Panhellenischen Bundes für den Perserkrieg. Die Ereignisse vollzogen sich Schlag auf Schlag, die Maßnahmen Alexanders aber zeigen ein sicheres Gefühl für die politischen Möglichkeiten, zugleich aber auch eine unbeirrbare Folgerichtigkeit, die, wie im Fall des Attalos, auch vor dem Äußersten nicht zurückschreckt. Die nächsten Sorgen galten den nordischen Barbaren. Gegen sie richtete sich der Heereszug, den Alexander im Jahre 335 unternommen hat. Der Zug führte ihn über den Nestos, dann, möglicherweise auf dem Weg über den Schipkapaß, über den Haimos (das Balkangebirge) in das Land der Triballer. Dabei wurde, vielleicht in der Nähe von Silistria, die untere Donau überschritten. Auf dem Rückweg erhielt Alexander die Nachricht von dem Abfall des Illyrerkönigs Kleitos, der an der Westgrenze Makedoniens wohnte. Das Zentrum seiner Macht war der Ort Pelion südlich des Ochridasees. Auch hier setzte sich Alexander ohne weiteres durch, ein voller Erfolg aber wurde durch alarmierende Nachrichten aus Griechenland verhindert.

Unter den Hellenen herrschte nach Philipps Tod Unruhe. Dazu hatte sich das Gerücht vom Tod Alexanders auf dem Illyrerzug verbreitet. Zuerst erhoben sich die Thebaner, die allen Grund hatten, mit der makedonischen Herrschaft unzufrieden zu sein. Die makedonische Besatzung in Theben wurde auf der Kadmeia belagert, und es stand zu befürchten, daß auch andere griechische Staaten, insbesondere Athen, sich auf die Seite Thebens stellten. Auch hier handelte Alexander mit Windeseile. Er brach das illyrische Unternehmen ab und erschien auf dem Weg über Thessalien plötzlich vor Theben. Da die Einwohner nicht bereit waren, nachzugeben, mußten die Waffen ihre Schuldigkeit tun. Die Stadt wurde von den Makedonen erstürmt (dabei soll Perdikkas den Kampf gegen den Befehl des Königs auf eigene Faust eröffnet haben), wobei sich zahlreiche Schreckensszenen abspielten. Das letzte Wort sprachen die Mitglieder des Synhedrions des Korinthischen Bundes: die Stadt wurde mit Ausnahme der Burg zerstört, jedoch hat Alexander das Haus des Dichters Pindar verschonen lassen, die Bewohner Thebens wurden in die Sklaverei verkauft, der Grund und Boden der Stadt den benachbarten Böotern zugeteilt. Das drakonische Strafgericht wurde, wie gesagt, nicht von Alexander, sondern von den Griechen befohlen, es hat seine Wirkung nicht verfehlt. In dem sehr interessanten Bericht Diodors (XVII 9 ff.), der letzten Endes wohl auf Kleitarch zurückzuführen ist, wird das panhellenische Element stark herausgestellt. Das ist aber nichts anderes als Propaganda; denn bei der Zerstörung Thebens handelt es sich um eine Manifestation brutaler Machtpolitik. Alexander, der darauf brannte, den Perserkrieg zu beginnen, mußte den Widerstand in Hellas brechen, wenn er nicht den großen Plan gefährden wollte.

Wie stand es im Jahr 334 im Perserreich? Zwei Jahre vorher, 336, hatte Dareios III., aus einer Nebenlinie des Achämenidenhauses, den Thron bestiegen. Es war der allmächtige Eunuche Bagoas gewesen, der ihn zum Großkönig ausersehen hatte. Dareios III., mit dem Beinamen Kodomannos, war 45 Jahre alt. Seine erste Tat war die, daß er Bagoas zwang, den Giftbecher zu leeren.

Obwohl sich Dareios vor seiner Thronbesteigung im Kampf gegen die wilden Kadusier ausgezeichnet hatte, war er doch nur eine mittelmäßige Figur. Man darf jener anderen Überlieferung, die ihn zu einem ebenbürtigen Gegner Alexanders macht (Curtius Rufus), keinen Glauben schenken. Das durch seine riesenhafte Ausdehnung und durch die große Zahl seiner Bewohner imponierende Achämenidenreich war in jenen Tagen in Wahrheit nur ein Koloß auf tönernen Füßen. Das führende Volk des Reiches, das persische, war längst nicht mehr zu vergleichen mit dem Persertum des Kyros und des Dareios I. Es war durch den Einfluß vor allem der babylonischen Kultur weitgehend orientalisiert und seinem ursprünglichen Wesen entfremdet.

Eine historische Betrachtung des Alexanderzuges vom Granikos bis nach Indien kann an der Frage nicht vorübergehen, ob dieser großartige Feldzug mit der Überwindung gewaltiger Räume durch Alexander vorausschauend, wenn auch in einzelnen Abschnitten geplant worden ist oder ob sich Alexander mehr oder weniger seiner Intuition überlassen hat. Die Antwort ist nicht schwer: allein schon die Anlage des Feldzuges in Kleinasien zeigt eine vorausschauende, sehr kühne Konzeption, die das Ergebnis einer sorgfältigen Vorbereitung gewesen sein muß.

Der Perserkrieg wurde mit dem Übergang über den Hellespont (Frühjahr 334) eröffnet. Dem Namen nach war der Krieg ein Unternehmen des Korinthischen Bundes, aber der Einsatz des

größten Teiles der makedonischen Armee kennzeichnete ihn vor aller Welt als einen Krieg Alexanders. Das makedonische Heer stellte 30 000 Mann, dazu 5000 Reiter, aus Griechenland folgten nur 7000 Mann zu Fuß und 600 Reiter Alexanders Fahnen. Das Übergewicht der Makedonen war also ganz eindeutig, und ebenso lag die strategische Leitung der Operationen allein in den Händen Alexanders und seines Stabes. Bevor der König seinen Fuß auf asiatischen Boden setzte, warf er vom Schiff aus eine Lanze in das Land, er nahm damit von dem neuen Erdteil in symbolischer Weise Besitz. Vor dem Übergang hatte er dem Protesilaos in Elaiūs ein Opfer dargebracht, auf der anderen Seite des Hellesponts, im Hafen der Achäer, opferte er dem Poseidon und den anderen Meergottheiten, im Athena-Tempel zu Ilion vertauschte er seine eigenen Waffen mit jenen, die dort von den Heroen der Vorzeit geweiht worden waren. In der Skamanderebene feierte er durch Opfer und Festspiele das Andenken des Achilleus und Ajax.
Der Angriff Alexanders traf die Perser nicht ganz unvorbereitet. Sie hatten im nordwestlichen Kleinasien eine größere Streitmacht zusammengezogen, die von den Statthaltern der zunächst betroffenen Satrapien, des hellespontischen Phrygien, von Großphrygien, Lydien und Kappadokien, gestellt wurde. Dazu kam ein Kontingent griechischer Söldner unter dem Befehl des Rhodiers Memnon. Der Rhodier war der einzige, der auf persischer Seite einen großangelegten Plan bereit hatte: man solle gegenüber Alexander jede Schlacht vermeiden, sich vielmehr vor ihm zurückziehen und das Land in eine Wüstenei verwandeln. Zur gleichen Zeit müßte man den Krieg nach Griechenland hinüberspielen, wo sich genügend Gegner der Makedonen finden ließen. Gegenüber den Satrapen vermochte sich aber Memnon nicht durchzusetzen. Sie drängten auf eine Entscheidung mit den Waffen. Die Schlacht am Granikos (Mai/Juni 334) wurde im wesentlichen durch die makedonische Kavallerie entschieden. An dem Sieg hatte Alexander selbst maßgebenden Anteil. Auf persischer Seite erlitten die griechischen Söldner schwere Verluste. Im übrigen hatten die persischen Satrapen schwere taktische Fehler begangen, die den Sieg Alexanders erleichterten. Durch eine Weihung an die Athene, die Beschützerin Athens, betonte Alexander zwar vor aller Welt den panhellenischen Charakter des Sieges, aber zur gleichen Zeit setzte er einen makedonischen Offizier namens Kalas zum Satrapen des hellespontischen Phrygien ein. Dies ist das erste Anzeichen dafür, daß Alexander sich als Rechtsnachfolger des Großkönigs in dem von ihm gewonnenen Land betrachtete.
In Kleinasien sind keine Schlachten mehr geschlagen worden, das Land lag dem Zugriff des Makedonen offen, nur in einzel-

nen Städten leisteten die vorwiegend aus griechischen Söldnern bestehenden Besatzungen weiterhin Widerstand. Sardes, die alte Hauptstadt des Lyderreiches, fiel jedoch kampflos in die Hand Alexanders, auch eine Reihe von griechischen Städten an der Küste öffnete ihm ihre Tore. In ihnen wurden die von den Persern eingesetzten Oligarchen vertrieben und die Demokratie wiederhergestellt wie z. B. in Ephesos. In Milet war stärkerer Widerstand der griechischen Söldner zu überwinden, und Halikarnassos, wo Memnon selbst den Befehl führte, konnte erst nach längerer Belagerung genommen werden. Auch dann blieben noch zwei Burgen in der Hand der Perser. Für die Griechen Kleinasiens kam Alexander als Befreier vom persischen Joch, und die Städte haben dies ohne Ausnahme dankbar anerkannt. Da Alexander der bevollmächtigte Feldherr des Korinthischen Bundes war, hätte man annehmen können, daß die von ihm gewonnenen Griechenstädte Kleinasiens in irgendeiner Form in die Organisation des Panhellenischen Bundes eingefügt worden wären. Dies war jedoch nicht der Fall. Die kleinasiatischen Griechenstädte wurden ein Teil des Alexanderreiches; im übrigen fehlte es zu einer grundsätzlichen Klärung des Verhältnisses zwischen dem Herrscher und den kleinasiatischen Griechen offenbar an der nötigen Zeit, die militärischen Erfordernisse hatten den Vorrang vor organisatorischen und staatsrechtlichen Erwägungen.

In Milet hatte Alexander den Befehl gegeben, die griechische Flotte nach Hause zu senden, ein folgenschwerer und radikaler Entschluß, der alles auf eine Karte setzte. Die persische Übermacht auf dem Meer wurde nun noch größer, und es war damit zu rechnen, daß die Perser einen Flottenvorstoß gegen Griechenland oder gegen die Meerengen unternahmen, die für den Nachschub und für die Verbindungen zwischen Alexander und Makedonien unentbehrlich waren. In der Tat ist es dem rastlosen Memnon gelungen, nicht nur Chios und große Teile der Insel Lesbos zu gewinnen, aber sein plötzlicher Tod bei der Belagerung von Mytilene befreite Alexander und auch Antipatros, den Strategen von Europa, von einer großen Sorge. Daß diese nicht unbegründet war, zeigt die Besetzung der wichtigen Insel Tenedos vor der Küste der Troas durch die Perser. Das Ziel der Operationen Alexanders in Kleinasien war die Inbesitznahme der Küsten, eine Absicht, die ihm auch gelungen ist.

Die Nachricht vom Tod Memnons erhielt Alexander bei seinem Aufbruch von Gordion im Frühjahr 333. Es war einer der großen Glücksfälle, an denen sein Leben so reich gewesen ist. Der Makedone hatte inzwischen die Huldigung der karischen Dynastin Ada entgegengenommen, die ihn nach karischer Sitte an Sohnes Statt angenommen hatte. Auch die Städte des Xanthostales hatte er gewonnen und war über Phaselis nach Side und von dort nach Pisidien und Großphrygien gezogen, wo er in dem alten Gordion am Sangariosfluß Winterquartiere genommen hatte. Die Erzählung von der Lösung des Gordischen Knotens durch Alexander ist nicht über jeden Zweifel erhaben, sie gehört vielleicht in den Bereich der Legende. Bereits nach seinem ersten Sieg beginnt sich die Legende der Person des jungen Makedonen zu bemächtigen. Es ist vor allem der griechische Historiker Kallisthenes, der Neffe des Aristoteles, gewesen, der dieser Tendenz Vorschub geleistet hat.

Bei seinem Auszug aus Gordion hatte sich die strategische Lage für Alexander in sehr vorteilhafter Weise verändert. Der Perserkönig Dareios III. hatte die Flotte aus den griechischen Gewässern abberufen; der Plan, Griechenland zum Aufstand zu bringen, war damit aufgegeben. Für das Perserreich war dieser Entschluß verhängnisvoll, denn Dareios verzichtete auf die eigene Initiative und ließ sich den Lauf der weiteren Operationen durch Alexander diktieren.

Über Ankyra (Ankara) und Tyana zog Alexander nach Tarsos. Der Übergang über den Taurus war mit leichter Mühe gegen nur schwachen Widerstand der Perser erzwungen worden. In Tarsos erkrankte der König auf den Tod nach einem Bad in den eiskalten Fluten des Kydnos, er wurde aber durch seinen Arzt Philippos gerettet. Die Eroberung Kleinasiens konnte jetzt als abgeschlossen gelten, der Plan, den einst Isokrates verkündet hatte, war ausgeführt. Inzwischen hatte aber der Perserkönig viele Monate Zeit gehabt, die großen Hilfsquellen seines Reiches im Osten gegen den Eroberer zu mobilisieren. Er war zu einer Schlacht, die über das weitere Schicksal des Feldzuges entscheiden sollte, bereit. Sie ist in der syrischen Küstenebene unweit von Alexandrette bei dem Ort Issos im November 333 geschlagen worden. Die Schlacht hat eine sehr eigenartige Vorgeschichte. Die Heere der Gegner waren nämlich auf verschiedenen Wegen aneinander vorbeigezogen. So kam es, daß der Großkönig Dareios schließlich im Rücken Alexanders stand. Die Perser waren nach Überschreitung des Amanos in Issos erschienen, wo niemand sie erwartet hatte. Die Perser hatten hier die zurückgelassenen kranken und verwundeten Makedonen ohne weiteres niedergemacht. Bei Issos standen sich die Heere mit verkehrten Fronten gegenüber. Zwischen beiden floß der Pinaros. Der rechte Flügel der Perser und der linke der Makedonen lehnte sich an das Meer an. Den Kern der persischen Aufstellung bildeten die griechischen Söldner, angeblich nicht weniger als 30 000. Die entscheidende Rolle aber war der persischen Reiterei zugedacht, die, am Meer entlangstürmend, den linken makedonischen Flügel überrennen sollte. Außerdem hat-

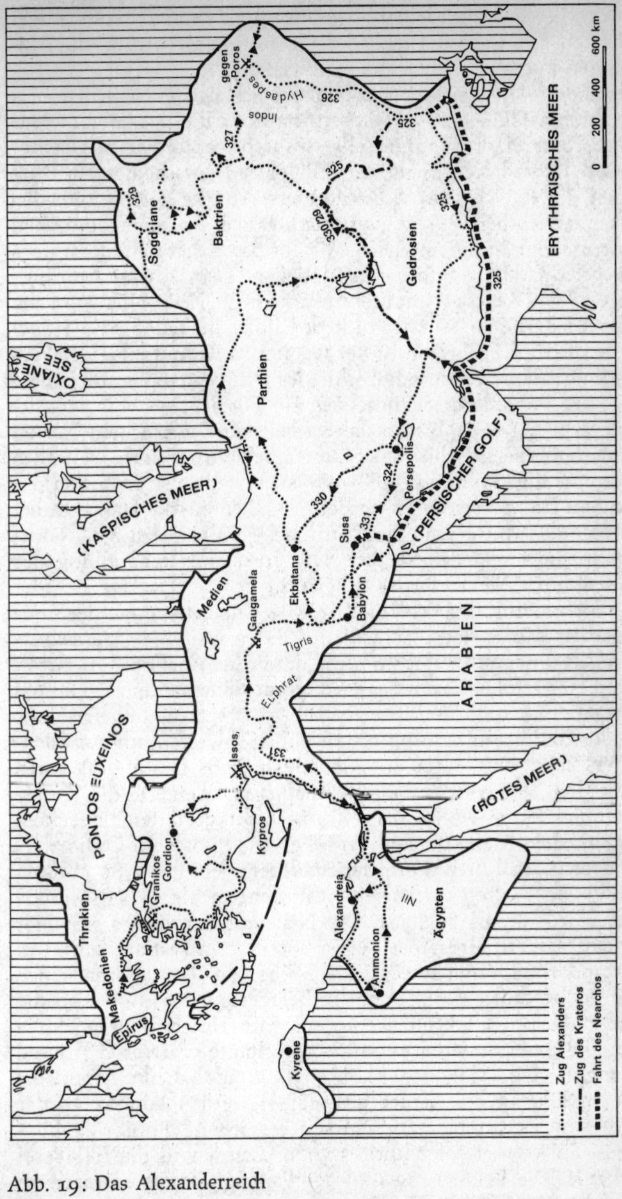

Abb. 19: Das Alexanderreich

ten die Perser eine kleinere Abteilung an ihrem linken Flügel über den Pinarosfluß vorgeschoben, mit dem Auftrag, die Makedonen in der rechten Flanke zu fassen.
Alexanders Dispositionen haben die Schlacht entschieden: um den linken Flügel zu verstärken, hatte er die gesamte thessalische Reiterei dort aufgestellt, während er selbst mit seiner Hetairenkavallerie am rechten Flügel den entscheidenden Stoß gegen die Perser führte. Alexanders Attacke zersprengte den linken persischen Flügel, verursachte aber im makedonischen Zentrum eine Lücke, in welche die auf persischer Seite kämpfenden griechischen Söldner hineinstießen. Dem schwer bedrängten eigenen Zentrum mußte Alexander zu Hilfe eilen, um die Lage wiederherzustellen. Auch der linke makedonische Flügel geriet durch die Übermacht der Gegner in Bedrängnis. Der Perserkönig jedoch verlor angesichts des Durcheinanders in seinem Heer die Nerven und wandte sich zur Flucht. Dies war der Anfang vom Ende, denn nun gab es bei den Persern kein Halten mehr. Nur die griechischen Söldner bewahrten auch weiterhin Ordnung und konnten sich wenigstens teilweise in Sicherheit bringen. Das persische Lager fiel in makedonische Hand. Dabei gerieten die Mutter und die Gattin des Königs nebst zwei Töchtern in die Hand des Siegers. Die vornehme Behandlung der Frauen durch Alexander ist allbekannt.
Die Fortsetzung des Feldzuges mit der Inbesitznahme der phönikischen Küstenstädte zeigt deutlich den weiteren Operationsplan Alexanders. Er dachte nicht daran, den geflohenen Großkönig zu verfolgen, sondern er hielt an seinem einmal gefaßten Plan, die Küsten des Perserreiches zu besetzen, unbeirrt fest. Arados, Byblos und Sidon traten ohne Schwertstreich auf Alexanders Seite. Nur Tyros, die mächtigste unter den phönikischen Seestädten, die Mutterstadt Karthagos, verweigerte die Unterwerfung. Tyros wollte dem König nicht gestatten, in seinen Mauern dem Melkart, dem tyrischen Stadtgott, ein Opfer darzubringen, weil hierzu nur der Stadtherr befugt sei. So mußten wieder die Waffen sprechen. Nicht weniger als sieben Monate lang wurde Tyros belagert. Die Neustadt, um die es sich hier handelt, lag auf einer Insel, etwa 800 m vom Festland entfernt. Alexander ließ unter unsäglicher Mühe vom Festland her einen Damm aufschütten, auf dem die Belagerungsmaschinen an die Stadtmauer herangeführt wurden. Mit Unterstützung durch eine Flotte der anderen phönikischen Städte und der Cyprioten gelang es dem Makedonenkönig, die Stadt zu blockieren, bis eine Bresche in die Mauer geschlagen werden konnte. In der Stadt kam es zu entsetzlichem Blutvergießen; die übriggebliebenen Einwohner, angeblich 30 000, wurden in die Sklaverei verkauft. Die Belagerung und der Fall von Tyros erinnern an

die Belagerung Karthagos im Dritten Punischen Krieg und an die Belagerung Jerusalems durch Vespasian und Titus – in allen drei Fällen hat eine semitische Bevölkerung mit verbissener Hartnäckigkeit einem überlegenen Gegner getrotzt und ist erst nach heldenhaftem Kampf untergegangen.

Noch vor der Einnahme von Tyros hatte der Großkönig dem Alexander ein Friedensangebot gemacht, das dieser aber ohne weiteres abgelehnt hatte: Dareios war bereit, dem Makedonen das gesamte Gebiet bis zum Euphrat zu überlassen. Alexander aber war dies noch zu wenig. Er strebte schon damals unzweifelhaft nach der Herrschaft über das gesamte Perserreich. Sich freiwillig zu beschränken war nicht Sache des Makedonenkönigs. Im übrigen ist es ganz müßig, Betrachtungen darüber anzustellen, ob das Angebot des Dareios eine brauchbare Lösung gewesen wäre.

Von Tyros ging es auf direktem Weg nach Ägypten, aber in Gaza war noch längerer Widerstand zu überwinden. Erst nach zwei Monaten fiel die Stadt, und der Eintritt in das Nilland war geöffnet. Jerusalem hat Alexander nicht betreten. Was hat Alexander in Ägypten gewollt? War es nur das hohe Ansehen des Pharaonenlandes und seiner uralten Kultur, das ihn zum Zug dorthin veranlaßte? Ägypten war ein reiches Kornland, das den Perserkönigen beträchtliche Einnahmen brachte. Erst vor wenigen Jahren, 343/42, war es von Artaxerxes III. Ochos wieder zurückerobert worden, seine Bevölkerung hatte wenig Sympathie für die Perser. Dies kann Alexander nicht verborgen gewesen sein, ebensowenig wie die Tatsache, daß das Land praktisch ohne jeden militärischen Schutz vor ihm lag. Von Pelusium, der Grenzfeste, kam der Makedone nach Memphis, der alten Hauptstadt, wo ihm die Priester die Doppelkrone von Ober- und Unterägypten aufs Haupt setzten. Von hier fuhr er den Nil abwärts und gründete an dem am weitesten westlich gelegenen Mündungsarm, dem von Kanopos, und an der mareotischen See die Stadt Alexandreia (Anfang 331). Alexander hatte den Platz für die neue Gründung hervorragend gewählt. Alexandreia vereinigt die Vorzüge eines großartigen Seehafens mit denen eines ebenso vortrefflichen Binnenhafens. In wenigen Jahrzehnten wuchs die Stadt zum führenden Handelszentrum am Mittelmeer neben Karthago empor. Die Zerstörung von Tyros hatte seine Gründung geradezu notwendig gemacht. Von Alexandreia ging es nach Paraitonion, an der Grenze der Cyrenaica gelegen, und von hier durch die Wüste zum Heiligtum des Gottes Ammon in der Oase Siwa. Über den Zug zur Ammonsoase ist unendlich viel geschrieben und gerätselt worden. Entsprungen ist das Unternehmen, wie so manche anderen im Leben des Königs, zweifellos ganz irrationalen Triebkräften, es war die ›Sehnsucht‹ (póthos), die ihn zu dieser Expedition bestimmt hat. Was im Allerheiligsten des Tempels vorgegangen ist, weiß niemand, da Alexander dieses allein ohne jeden Begleiter betreten hat. Vorher aber hatte ihn der Prophet des Gottes als ›Sohn des Ammon‹ begrüßt. Der Widerhall dieser Begrüßung war groß, nicht nur bei Alexander selbst, sondern in der ganzen damaligen Welt, bis hin nach Griechenland und Ionien. Dem Makedonen wurde damit die Weihe gegeben für eine neue Politik und Weltstellung, die ihn weit über das makedonische Volkskönigtum und über seine Stellung als Feldherr des Panhellenischen Bundes hinaushob (J. Kaerst). In der Tat wird man von dieser feierlichen Stunde im Ammonsheiligtum eine neue Periode im Leben und im Schaffen Alexanders datieren müssen.

Interessant ist die Neuordnung der ägyptischen Verwaltung. Das Land wurde dem Doloaspis und Petisis als Häuptern der Zivilverwaltung übergeben, die militärische Verwaltung aber in die Hand von zwei Makedonen gelegt, von denen der eine für Oberägypten, der andere für Unterägypten zuständig war. Außerdem wurden noch zwei besondere Grenzkommandos geschaffen, mit der Bezeichnung Libyen und Arabien, sie wurden dem Apollonios und dem Kleomenes, einem Griechen aus Naukratis in Ägypten, anvertraut. Alexander hat hier ganz besondere Vorsicht walten lassen, was vor allem in der Bestellung von eigenen Militärbefehlshabern deutlich wird. Diese Organisation ist übrigens von den Ptolemäern als Grundlage ihrer Landesverwaltung übernommen worden.

Als der König im Frühjahr 331 Ägypten wieder verließ, da hatte er dem Dareios nahezu eineinhalb Jahre Zeit gegeben, die Hilfsquellen seines Reiches zu mobilisieren. Es ist bemerkenswert, daß die Perser im übrigen nicht den geringsten Versuch unternommen haben, die rückwärtigen Verbindungen Alexanders zu stören. Im Gegenteil: sie erwarteten ihn im Zweistromland jenseits des Tigris bei dem Ort Gaugamela (Tell Gomel, etwa 35 km nordöstlich von Mossul). Hier wurde am 1. Oktober 331 die Schlacht geschlagen, die über das Schicksal des Achämenidenreiches entschieden hat. Das Datum steht durch eine Mondfinsternis, elf Tage vor der Schlacht, fest. Wiederum war Dareios dem Gegner an Zahl seiner Truppen überlegen, er hatte außerdem das Gelände sorgfältig erkundet und für den Einsatz der Sichelwagen planieren lassen. Seine Aufstellung war beträchtlich länger als die der Makedonen. Dies veranlaßte Alexander zu einer Gegenmaßnahme. An beiden Flügeln des makedonischen Heeres waren besondere Abteilungen angelehnt, die den Befehl hatten, notfalls nach rückwärts einzuschwenken und hier eine feste Verbindung mit dem zweiten Treffen herzustellen. Im Zentrum standen sich wiederum die griechischen Söldner des Großkönigs auf der einen Seite, die Masse des makedonischen Fußvolkes auf der anderen gegenüber. Wie in der Schlacht bei Issos, so errang auch dieses Mal der rechte Flügel der Perser Vorteile. Unter dem Befehl des Mazaios drangen sie sogar bis zum makedonischen Lager vor. Aber die Entscheidung fiel wieder im persischen Zentrum; als Alexander mit der Hetairenkavallerie in die Mitte der gegnerischen Aufstellung eingedrungen war, verlor Dareios zum zweitenmal die Nerven. Er gab die Schlacht verloren und wandte sich zur Flucht. Schon B. G. Niebuhr hat gemeint, daß man die Erfolge Alexanders über die Perser, so bedeutend sie auch sein mögen, nicht überbewerten dürfe. Den Makedonen stand allein in den griechischen Söldnern eine Truppe gegenüber, deren Tapferkeit mit europäischen Maßstäben zu messen ist, alle anderen aber waren Orientalen, vor allem auch der Großkönig selbst. Dareios schlug auf seiner Flucht den Weg über das kurdische Gebirge ein, während Alexander über Arbela nach Süden in Babylonien einrückte. Statthalter dieser Provinz war Mazaios, der sich bei Gaugamela ausgezeichnet hatte. Er übergab die Stadt Babylon dem Sieger und wurde von diesem in seinem Amt als Satrap bestätigt. Allerdings wurden ihm zwei Makedonen, der eine als Militärbefehlshaber, der andere als Inhaber der Finanzverwaltung, zur Seite gestellt. Alexander verweilte etwa einen Monat in Babylonien. Er opferte dem Bêl-Marduk und gab den Befehl, seinen großen Tempel wiederherzustellen, der einst von Xerxes zerstört worden war.

Das nächste Ziel des Siegers waren die persischen Residenzen Susa, Persepolis und Ekbatana. Widerstand fand er nur bei den Uxiern und an den Persischen Toren (Tang-i-Raschkân). Hier stand der Satrap der Persis, Ariobarzanes, den Alexander nur durch Verrat überwinden konnte. Der Satrap selbst entkam zu Dareios. Er wurde später von Alexander ehrenvoll aufgenommen. Bei den Kämpfen hat sich übrigens auch Krateros ausgezeichnet, der immer mehr als einer der fähigsten Offiziere des ganzen Alexanderheeres hervortritt. Susa ergab sich kampflos. Hier fielen dem Makedonen 40 000 Silbertalente und 9000 geprägte Dareiken in die Hand, eine gewaltige Summe, die von dem unvorstellbaren Reichtum der persischen Könige Zeugnis ablegt. Auch Persepolis, die erhabene Pfalz der Achämenidenkönige mit den gewaltigen Prachtbauten des Dareios I. und des Xerxes, fiel Alexander ohne Schwertstreich zu. Einst hatte Alexander den Perserkrieg als Rachekrieg proklamiert, hier in Persepolis wurde er mit einer symbolischen Handlung beendet. Alexander selbst war es, der die brennende Fackel in den Palast des Xerxes warf, es wurde also Gleiches mit Gleichem vergolten

(U. Wilcken), die Zerstörung der griechischen Heiligtümer durch die Perser war gerächt. Es ist eine ganz bewußte Überlegung gewesen, die Alexander bei der Tat geleitet hat, es war keine Affekthandlung, wie die auf Kleitarch zurückgehende Überlieferung berichtet; danach habe der König nach einem Gelage, angestiftet von der Hetäre Thaïs, den Palast des Xerxes eingeäschert. In Persepolis wie in Pasargadai fielen gewaltige Schätze in seine Hand, in Pasargadai aber besuchte der König das Grab Kyros' des Großen, das er durch seinen Ingenieur Aristobul wiederherstellen ließ. Nach Ekbatana (Hamadân) gelangte Alexander zu spät, um den flüchtigen Dareios fassen zu können. In Ekbatana entließ Alexander das griechische Kontingent seines Heeres. Der Feldzug, den er als bevollmächtigter Stratege des Korinthischen Bundes geführt hatte, wurde damit für beendet erklärt. Allerdings haben nicht alle Griechen die Heimat wiedergesehen, viele zogen es vor, im Heer Alexanders als Söldner weiterzudienen. Auch in Ekbatana kannte der König weder Rast noch Ruhe, noch immer lebte Dareios, der in fluchtartiger Eile auf der großen Königsstraße über Rhagai und durch die Kaspischen Tore den iranischen Ländern seines Reiches entgegeneilte. In einer geradezu schonungslosen Verfolgung, wobei weder auf die Menschen noch auf die Pferde die geringste Rücksicht genommen wurde, erreichte Alexander ihn in der Nähe von Hekatompylos — aber nur noch als Leiche. Der Satrap von Baktrien, Bessos, hatte den Großkönig als Gefangenen mit sich geführt und schließlich umbringen lassen, damit er nicht lebend in die Hände der Makedonen falle.

Der Tod des letzten Herrschers aus dem Haus der Achämeniden ist einer der entscheidenden Wendepunkte im Leben Alexanders. Von nun an betrachtete er sich als sein Rechtsnachfolger, wie er denn auch den ermordeten Dareios mit allen Ehren in Persepolis bestatten ließ. Alexander hielt sich nun für den legitimen Herrscher aller Völker des Perserreiches. Aus dieser Stellung erwuchsen ihm besondere Pflichten, zuerst die Rache an dem Königsmörder Bessos. Es ist klar, daß diese Einstellung Alexanders auch sein Verhältnis zu den Persern und zu den Makedonen beeinflussen mußte. Seit dieser Zeit erscheinen in zunehmender Zahl persische Adlige in führenden Stellen der Satrapienverwaltung, und man muß es Alexander bestätigen, daß er in der Mehrzahl der Fälle eine glückliche Hand bewiesen hat. Auch das Alexanderheer verwandelte allmählich sein Gesicht. Bei den zunehmenden Entfernungen von der makedonischen Heimat wurden die Nachschublinien immer länger. Um die Ausfälle im Heer zu ersetzen, mußte bald auch auf die Iranier zurückgegriffen werden, die jedoch eigene Abteilungen im Heer bildeten. Selbst Alexander hätte es nicht wagen können, die Iranier ohne weiteres in die makedonischen Regimenter einzureihen, denn die Makedonen fühlten sich als Eroberer über die Perser hoch erhaben. Diese Haltung seiner Männer sollte den König noch vor schwierige Probleme stellen.

Mit der Verfolgung des baktrischen Satrapen Bessos beginnt der iranische Feldzug Alexanders. Er hat vom Herbst 330 bis in das Jahr 327 gedauert. Die Kämpfe im iranischen Hochland sind ohne Zweifel die schwersten gewesen, die Alexander je in seinem Leben zu bestehen hatte. Die Iranier schlugen sich mit ausgesprochener Verbissenheit, ihre Tapferkeit wurde durch den religiösen Fanatismus noch gesteigert. Dazu kommt, daß Alexander und seine Makedonen in Gegenden eintraten, die ihnen völlig fremd gewesen sind. Der Zug durch Afghanistan bis an den Fluß Hilmend (Etymandros) im Süden und von hier zum Hindukusch (Paropamisos), durch die Landschaft Buchara und Westturkestan bis an den Syr-darja (Jaxartes) und von hier aus nach Indien war nicht nur eine militärische Leistung ersten Ranges, es war auch ein Entdeckungszug, der die Makedonen in eine völlig neue Welt einführte. Die geographischen Vorstellungen der Griechen von diesen Ländern waren vor Alexander ganz unzureichend, zum Teil geradezu phantastisch. Oder was soll man dazu sagen, daß die Hellenen den Jaxartes für den Oberlauf des Tanaïs (Don) hielten, der sich, wie bekannt, in das Asowsche Meer ergießt? Der Paropamisos (Hindukusch) galt ihnen als Fortsetzung des Kaukasus. Alexander und seine Makedonen hatten nicht die geringste Vorstellung davon, wo sie sich in Wirklichkeit befanden, aber ihre Kreuz- und Querzüge haben, vor allem dank der Arbeit ihrer Bematisten, der ›Schrittmesser‹, eine neue Grundlage für die geographische Kenntnis der iranischen Gebiete geschaffen. Die Daten sind von dem großen Geographen und Polyhistor Eratosthenes von Kyrene (etwa 285—205 v. Chr.) benutzt und ausgewertet worden.

Im übrigen wird der Verlauf des Alexanderzuges im Iran durch verschiedene Zufälligkeiten mitbedingt. Alexander wollte ursprünglich Bessos in seiner angestammten baktrischen Satrapie auf direktem Weg aufsuchen, nachdem er die nördlichen Teile der Satrapie Areia durchzogen hatte. Der Satrap von Areia, Satibarzanes, der sich zunächst Alexander unterworfen hatte, fiel jedoch zu Bessos ab. Alexander, der den Satrapen bis Artakoana verfolgt hatte, durchzog nun die südlich angrenzende Drangiane bis zum Hilmend, und erst von hier aus setzte er den Marsch in nordöstlicher Richtung zum Hindukusch fort. Die Überwindung dieses Gebirges, das von ewigem Schnee bedeckt ist, stellt zweifellos eine große Leistung Alexanders und seines Heeres dar; sie steht sicherlich viel höher als der vielgerühmte Alpenübergang Hannibals. Bessos hatte inzwischen seine Hauptstadt Baktra verlassen und war in die nördlich angrenzende Satrapie Sogdiana geflohen. Zwischen ihm und Alexander lag der mächtige Strom des Oxos (Amu-darja). Aber auch sein Lauf bildete für die Makedonen kein entscheidendes Hindernis. Der Strom wurde, wahrscheinlich bei Kilif, überquert. Dabei wurde die Infanterie auf ausgestopften Lederschläuchen übergesetzt, während die Reiter, mit ihren Pferden am Zügel, schwimmend das andere Ufer erreichen mußten. Bessos sah sich von seinen Anhängern verlassen; er wurde bei einem Streifzug von Ptolemaios, dem späteren König von Ägypten, gefangengenommen. Alexander hat den ehemaligen Satrapen von Baktrien in abstoßend grausamer Weise behandelt. Er ließ ihm Nase und Ohren abschneiden, dann wurde Bessos nach Ekbatana geschickt und in der alten Hauptstadt Mediens hingerichtet, wahrscheinlich gepfählt. Alexander hat sich offenbar für berechtigt gehalten, das alte grausame Strafrecht der Achämeniden anzuwenden, da er in Bessos den Königsmörder sah.

Über Marakanda (Samarkand) zog Alexander bis an den Jaxartes (Syr-darja). Hier wurde eine Alexanderstadt, Alexandreia Escháte (›die Äußerste‹), gegründet. Es ist das heutige Chodschent. Überhaupt verzeichnet der Alexanderzug im Iran eine ganze Reihe von Städtegründungen, einigen von ihnen ist eine große Blüte beschieden gewesen, so Alexandreia in Areia (Herât) und Alexandreia in Arachosien (Kandahar). Es waren zumeist militärische Erwägungen, die ihn zu der Gründung der Städte veranlaßten, doch haben sich in den Städten nicht nur Soldaten, sondern von Anfang an auch zahlreiche griechische Zivilisten, die dem Heer des Königs folgten, niedergelassen. So ist durch den Eroberer ein Stück griechischer Kultur und griechischen Lebens nach dem Iran verpflanzt worden.

Anstatt des Bessos hatte Alexander einen viel gefährlicheren Gegner bekommen, Spitamenes, einen gebürtigen Baktrer, der insbesondere die Landschaft Sogdiana gegen die Makedonen aufwiegelte. Alexander konnte seiner nicht habhaft werden, aber die Skythen jenseits des Jaxartes, die Massageten, zu denen Spitamenes geflohen war, schnitten dem Baktrer den Kopf ab und schickten ihn dem Makedonen. Auch das war ein Glücksfall für Alexander, denn Spitamenes hatte länger als ein volles Jahr lang der makedonischen Herrschaft in Baktrien hartnäckigen Widerstand geleistet. Die Tochter des Spitamenes, Apame, aber wurde im Jahr 324 in Susa Seleukos als Gattin angetraut. Nicht weniger als drei Städte tragen ihren Namen. Sie ist die

Stammutter des Seleukidengeschlechts, das nach Alexanders Tod etwa 250 Jahre lang große Teile Vorderasiens beherrscht hat.
Inzwischen war das Frühjahr 327 angebrochen, und immer noch gab es in den nordöstlichen Grenzprovinzen des Achämenidenreiches Widerstand gegen Alexander. Es waren ungewöhnliche Schwierigkeiten, die überwunden werden mußten. So ist die Burg des Ariamazes bei Nautaka durch ein alpinistisches Glanzstück von 300 Makedonen zur Kapitulation gezwungen worden. Unter den iranischen Gefangenen dieser Burg war auch Rhoxane, die Tochter des Oxyartes, eine der wenigen Frauen, zu denen Alexander eine tiefere Neigung gefaßt hat. Die Eheschließung wurde nach iranischem Ritus vollzogen, wobei die Neuvermählten von einem Brot aßen, das vorher mit dem Schwert in zwei Teile zerschnitten worden war. Das gemeinsame Verzehren des Brotes soll auch heute noch bei Eheschließungen in Turkestan üblich sein.
Seit dem Tod Dareios' III. hat sich Alexander immer mehr in die Gedankenwelt und in die Überlieferung des altpersischen Königtums eingelebt. Es war kein Wunder, wenn ihm viele Makedonen, vor allem diejenigen, die seinem Vater Philipp nahegestanden hatten, auf diesem Weg nicht zu folgen vermochten. Aus dieser Stimmung heraus erklären sich drei bezeichnende Vorfälle, die dunkle Schatten auf den Charakter des Königs werfen. Bei seinem Aufenthalt in Drangiane wurde eine Verschwörung gegen das Leben Alexanders entdeckt. Sie war auch dem Philotas, dem Sohn des Parmenion, bekannt gewesen, der sie aber nicht gemeldet hatte. Auf Befehl der makedonischen Heeresversammlung, die als Gericht waltete, mußte Philotas, der Kommandeur der Leibschwadron der Hetairen, sterben. Daß Alexander den Tod des persönlich nicht sehr sympathischen Mannes gewollt hat, ist so gut wie sicher. Viel schlimmer aber war die Ermordung des Parmenion. Sie ist von Alexander geradezu befohlen worden. Die Anordnung dazu wurde durch Renndromedare nach Ekbatana überbracht. Alexander hatte es sehr eilig, er wollte offenbar verhindern, daß die Kunde von der Hinrichtung des Philotas vorher nach Medien gelangte. Die Tat war nicht mehr und nicht weniger als ein Mord, entsprungen dem schlechten Gewissen des Königs. Man darf sie nicht mit Gründen der Staatsnotwendigkeit entschuldigen.
Im Herbst des Jahres 328 war es in Marakanda zu einem anderen Zwischenfall gekommen. Auf einem Festgelage ereignete sich ein heftiger Wortwechsel zwischen Alexander und Kleitos, der dem König einst am Granikos das Leben gerettet hatte. Gereizt durch das herausfordernde Verhalten des Kleitos,

verlor Alexander die Selbstbeherrschung. Er ergriff die Stoßlanze eines Leibwächters und durchbohrte mit ihr den Freund — eine Affekthandlung, die niemand mehr bereute als der König selbst.
Auch mit dem griechischen Historiker Kallisthenes, dem Neffen des Aristoteles, hatte Alexander eine Auseinandersetzung. Kallisthenes weigerte sich, dem König die Proskynese, die fußfällige Verehrung, zu erweisen, und hatte sogar noch freche Worte gegen Alexander. In die Pagenverschwörung verwikkelt, wurde der Grieche gefangengesetzt und schließlich in Indien umgebracht.
Im Sommer 327 beginnt ein neuer Abschnitt in der Eroberung Vorderasiens. Es ist der indische Feldzug (327—325). Es ist schwer, über das Motiv Gewißheit zu erlangen. War es der aus den Tiefen seiner Seele kommende Drang in die unendliche Weite, der den König hierzu veranlaßt hat? Oder fühlte er sich als Nachfolger der Achämeniden verpflichtet, die indischen Landschaften zu erobern, obwohl nur ein Teil von ihnen dem Perserreich unter Dareios I. angehört hatte? Das Wahrscheinlichste ist wohl, daß Alexander bei seinem Streben nach der Weltherrschaft auf Indien nicht verzichten wollte.
Der Zug nach Indien hat Alexander und seine Makedonen in ferne Länder geführt, auch in solche, die vorher kein Europäer betreten hatte. Für die Makedonen war es eine gänzlich fremde Welt, deren Menschen und Wundern sie voll Staunen gegenübertraten. Insbesondere die Religion und die Bräuche der Brahmanen haben Alexander aufs höchste interessiert, wie denn die Überlieferung von Gesprächen berichtet, die der König mit den indischen Gymnosophisten, mönchischen Büßern, geführt haben soll. Schon im östlichen Iran hatte Alexander Verbindungen mit dem indischen Fürsten Taxiles aufgenommen. Das große Einfallstor war das Kabultal, aber erst durch die Erstürmung der hohen Bergfeste Aornos (Pir-sar) öffnete sich Alexander den Weg in das Tal der fünf Ströme. Am Indus war durch Vorausabteilungen unter Hephaistion und Perdikkas eine Brücke vorbereitet, die Alexander mit seinem riesigen Heer aus Makedonen, Griechen und Iraniern ohne Schwierigkeit überschreiten konnte. In Taxila, im Gebiet von Rawalpindi, wurde er von König Taxiles zuvorkommend aufgenommen. Jenseits des Hydaspes aber lag der Kern des Reiches eines anderen indischen Königs, der *Poros.* Gegen diesen hat Alexander im Sommer 326 noch einmal eine große Feldschlacht geschlagen. Sie ist unter dem Namen der Porusschlacht in die Geschichte eingegangen. In ihrer Anlage und Durchführung ist sie ein echtes Spiegelbild der Fähigkeiten des militärisch hochbegabten Makedonen. Von dem Gegner unbemerkt, ge-

lang Alexander der Übergang über den gewaltige Wassermengen führenden Strom. Aus dem Anmarsch zum Gefecht übergehend, hat der Makedonenkönig wiederum mit seiner Kavallerie, mit der er Poros überlegen war, die Schlacht entschieden; die Elefanten des Porus wurden durch die Makedonen unschädlich gemacht, und zwar dadurch, daß sie die Lenker durch Pfeilschüsse außer Gefecht setzten, so daß die Kolosse führerlos in den Reihen der Inder viel Unheil anrichteten. Poros fiel verwundet in Gefangenschaft, Alexander hat ihn mit allen Ehren behandelt. Bei dem Weitermarsch über den Akesines (Tschinab) bis zum Hyphasis fand Alexander nur in dem Land der Kathaier Widerstand, ihre Stadt, Sangala, wurde erstürmt.

Am Akesines hat der König nicht nur Lotosbohnen, sondern auch Krokodile gesehen. Er glaubte, sich im Quellgebiet des Nils zu befinden. Dies zeigt, daß Alexander von den wirklichen geographischen Verhältnissen keine Vorstellung hatte. Die Inder mußten ihn darüber belehren, daß der Akesines sein Wasser zum Indus schickt und daß der Indus nicht in das Mittelländische Meer, sondern in den südlichen Okeanos einmündet. Am Hyphasis jedoch weigerten sich seine Makedonen, den Marsch weiter fortzusetzen. Die Soldaten waren von den Unbilden der Witterung erschöpft, die Furcht, in unendlich ferne Länder geführt zu werden, lähmte ihren Willen, so daß dem König, zum ersten- und einzigenmal in seinem Leben, nichts anderes übrigblieb, als sich zu fügen. Am Hyphasis wurden zwölf große Altäre errichtet. Danach kehrte man zum Hydaspes zurück. Hier wurde eine gewaltige Flotte erbaut, für die Ausrüstung hatten die vornehmsten unter den Offizieren Alexanders nach dem System der attischen Trierarchie zu sorgen. Das Flottenkommando erhielt Nearch, der dem König von Jugend an vertraut war. Auf dieser Flotte fuhr Alexander den Hydaspes hinab zum Akesines, von diesem in den Indus. Zwei Heeresabteilungen unter Krateros und Hephaistion begleiteten ihn zu beiden Seiten des Stromes. Die Expedition verlief nicht ohne Kämpfe, bei dem Sturm auf die Stadt der Maller wurde Alexander durch einen Pfeilschuß ernstlich verwundet. Er galt zunächst als tot. Um so größer war die Freude seiner Soldaten, als sich das Gerücht als irrig erwies. Neun Monate nach der Abfahrt wurde die Stadt Pattala im Indusdelta erreicht. Es war inzwischen Juli des Jahres 325 geworden: Indien, das Land der fünf Ströme, lag zu Alexanders Füßen. Das Land war neu organisiert, zum Teil makedonischen Satrapen, zum Teil aber auch indischen Herrschern als Vasallenfürsten zur Verwaltung anvertraut. Die Eroberung fand durch die Opfer Alexanders an der Indusmündung ihren symbolischen Abschluß.

In Pattala erhielt Nearch den Auftrag, mit der Flotte den Weg zur Euphratmündung zu suchen. Es war dies ein höchst gefahrvolles Unternehmen, denn die Kunde von den Küstenländern zwischen Indien und dem Zweistromland war seit der Küstenfahrt des Skylax von Karyanda unter Dareios I. längst wieder in Vergessenheit geraten, das Unternehmen Nearchs war eine neue Entdeckungsfahrt. Während ein Teil des Heeres unter Krateros durch Arachosien nach dem Westen zurückkehrte, machte sich Alexander an das wohl schwierigste Unternehmen seines Rückmarsches. Er wählte den Weg durch die wasserlose Wüste Gedrosiens (Belutschistan). Was ihn hier erwartete, hat Alexander, wenn man Nearch Glauben schenken darf, sehr wohl gewußt. Die Leistungen seiner großen Vorbilder, des Älteren Kyros und der Königin Semiramis, ließen ihn aber nicht rasten. War der Zug wirklich notwendig? Man hat diese Frage entschieden verneint (F. Hampl) und auf die ungeheuren Verluste an Menschen hingewiesen, die dieser Zug gekostet hat. Aber der Marsch durch die Gedrosische Wüste kann nur im Zusammenhang mit der gleichzeitigen Flottenfahrt des Nearch beurteilt werden. Wenn man sich zu dem *einen* entschloß, so mußte man auch das andere in Kauf nehmen, und daß der König die gefährlichere Aufgabe sich selbst vorbehielt, entspricht ganz seinem Charakter. In Karmanien, in der Nähe von Hormuz, traf Alexander wieder mit Nearch zusammen. Der König war außer sich vor Freude, als er erfuhr, daß die Flotte und die Mannschaft wohlbehalten die große Fahrt überstanden hatten. Nearch hat übrigens in einer eigenen Schrift, die der Indiké des Arrian zugrunde liegt, die Flottenfahrt beschrieben. Die Erzählung gibt ein prächtiges Bild von den Sitten und Gebräuchen der Völker an der Küste Belutschistans. Gelegentlich finden sich auch Nachrichten über die Flora und Fauna — so sollen die Soldaten zum erstenmal mit Walfischen in Berührung gekommen sein, die sie durch Geschrei und Trompetengeschmetter zu beeindrucken versuchten. Während Nearch seine Fahrt durch den Persischen Golf fortsetzte, zog Alexander auf dem Landweg nach Pasargadai, das er Anfang 324 erreichte. Er kam als der Herr des gesamten Perserreiches, die Lande vom Hellespont bis zum Hyphasis, vom Kaukasus bis nach Nubien lagen ihm zu Füßen. Als Feldherr und als Organisator hatte er Leistungen vollbracht, für die es in der Welt keine Vorbilder gab. Konnte es überhaupt noch eine Steigerung geben?

Während der jahrelangen Abwesenheit Alexanders im Osten waren im Reich Mißstände eingetreten, die an ähnliche Erscheinungen im Achämenidenreich erinnern. Nicht nur die Satrapen persischer Abstammung, auch einige Makedonen unter ihnen hatten Söldner angeworben, ohne sich um die Befehle des fernen Königs zu kümmern. Dies wurde nun abgestellt, die Schuldigen wurden bestraft. Zu den Unbotmäßigen gehörte auch Harpalos, den Alexander mit der Aufsicht über die riesigen in den Residenzen der Perserkönige aufgespeicherten Schätze betraut hatte. Es war keine gute Wahl gewesen, denn Harpalos, mit Alexander von Jugend auf befreundet, verschleuderte das ihm anvertraute Gut mit vollen Händen; vor dem Zorn Alexanders ergriff er die Flucht und wandte sich nach Griechenland, wo er schließlich in Athen Aufnahme fand. Harpalos ist nur *ein* Beispiel für die Korruption, die sich im Alexanderreich breitgemacht hatte. Der letzte Abschnitt im Leben Alexanders, eine Zeit von ungefähr eineinhalb Jahren, läßt eine ganz entscheidende Wendung im Charakter des Königs erkennen. Alexander fühlte sich nicht mehr in erster Linie als König der Makedonen, sondern auch als persischer Großkönig und darüber hinaus als Weltherrscher. Seine Pläne zielen jetzt ins Ungemessene, er erwägt nicht nur eine Expedition um die Arabische Halbinsel herum, sondern auch die Eroberung des gesamten westlichen Mittelmeergebietes. Man hat diese ins Gigantische ausgreifenden Westpläne Alexanders als eine Erfindung späterer Zeiten bezeichnet (W. W. Tarn), aber dem ist nicht so, denn der Eroberungsplan findet sich in den Hypomnemata Alexanders, die auf Eumenes von Kardia, den Kanzleichef Alexanders, zurückgehen. Nach dem Tod Alexanders hat die makedonische Heeresversammlung in Babylon die Pläne kassiert, sie sind nicht mehr ausgeführt worden.

Zu Beherrschern der Welt wollte Alexander die Makedonen und die Perser, das führende Volk des Achämenidenreiches, machen. Der Verschmelzung dieser beiden Völker (von ihrer Rassenverwandtschaft als Indogermanen hat Alexander natürlich nicht das geringste geahnt) diente vor allem die Massenhochzeit zu Susa. In ihr verbanden sich Alexander und seine nächsten Freunde mit persischen Frauen. Alexander heiratete Stateira, die Tochter des letzten Großkönigs, Hephaistion ihre Schwester, 80 andere vornehme Makedonen verbanden sich mit Töchtern aus persischem und iranischem Geblüt, nicht weniger als 10 000 Makedonen haben damals Hochzeitsgeschenke von Alexander empfangen. Auch sie waren entweder schon im Besitz von persischen Frauen oder haben diese auf der Massenhochzeit geheiratet. Natürlich gab es unter den Makedonen auch zahlreiche Männer, die dem König auf diesem Weg nicht zu folgen vermochten. Ihr Zorn und Groll entlud sich bei der Meuterei von Opis (am Tigris) im Sommer 324. Als Alexander einen Teil der Veteranen nach Makedonien entlassen wollte, forderten diese die Verabschiedung aller makedonischen Soldaten und riefen dem König voll Hohn zu, er möge allein mit seinem Vater Ammon zu Felde ziehen. Alexander war tief betroffen, er ließ die Rädelsführer festnehmen und sofort hinrichten. Dann hielt er seinen Soldaten in einer eindrucksvollen Rede die Verdienste vor, die sein Vater Philipp und er selbst sich um das makedonische Volk erworben hätten. Als die Makedonen sahen, daß es dem König mit der Entlassung ernst sei, wurden sie umgestimmt und baten ihn flehentlich um Verzeihung. In dem Gebet von Opis, mit dem das große Versöhnungsmahl eingeleitet wurde, flehte Alexander die Götter um Eintracht zwischen den Makedonen und Persern an, beide Völker sollten gemeinsam die Herrschaft führen. An seinem Plan der Völkerverschmelzung hielt der König also unentwegt fest, an eine allgemeine Weltverbrüderung hat er jedoch weder damals noch sonst in seinem Leben gedacht. Man darf also keine Verbindungslinie zwischen Alexander und den Menschheitsideen der Französischen Revolution ziehen, obwohl dies in der neueren Forschung gelegentlich geschehen ist.

Im Zusammenhang mit den Weltherrschaftsplänen steht wohl auch der Befehl über die Zurückführung der griechischen Verbannten. Die Anordnungen Alexanders sind im Sommer 324 auf dem Olympischen Fest durch seinen Beauftragten Nikanor von Stageira verlesen worden. In diesem Erlaß (Diagramma) Alexanders ist kaum der Versuch einer eigenmächtigen Einmischung in die innergriechischen Verhältnisse zu sehen. Was Alexander wollte, war vielmehr die innere Befriedung des Landes, die ihm im Hinblick auf seine noch auszuführenden Eroberungspläne im westlichen Mittelmeerraum von größter Bedeutung war. Im übrigen hat sich Alexander als Protektor des Korinthischen Bundes durchaus für berechtigt gehalten, das Problem der Verbannten durch eine besondere Verfügung endgültig zu lösen.

Wenn Alexander von den Griechen die gottgleiche Verehrung seiner Person gefordert hat, so ist dies Ansinnen sicherlich nicht orientalischem, sondern griechischem Gedankengut entsprungen. Für die Griechen war derjenige unter den Menschen, der Gewaltiges vollbracht hatte, würdig, zu den Göttern aufzusteigen, und nicht durch Zufall ist ein Mann wie der Spartaner Lysander, der Sieger des Peloponnesischen Krieges, von den Samiern mit gottgleicher Verehrung bedacht worden. Alexander aber hatte viel mehr geleistet als Lysander und die anderen. Deswegen ist es nicht verwunderlich, wenn die Griechen für seinen Wunsch Verständnis hatten. In Athen hatte sogar ein Mann wie Demosthenes nichts dagegen einzuwenden. Die religiöse Seite ist aber hier von der politischen nicht zu trennen. War Alexander für die Griechen ein Gott, so stand ihm nicht

nur von ihrer Seite göttliche Verehrung zu (in der Tat hören wir von dem Eintreffen griechischer Festgesandtschaften in Babylon), seiner Herrschaft wurde damit die göttliche Weihe zuteil. Alexander, begabt mit einem besonderen Charisma, hat damit das Gottkönigtum begründet. Von Alexander geht eine imposante Linie zu den Diadochen und den anderen hellenistischen Königen, von diesen nach Rom, zu Caesar und Augustus.
Im Herbst 324 starb in Ekbatana Alexanders Busenfreund Hephaistion. Die Trauer des Königs war grenzenlos. Er befahl in Babylon die Errichtung eines gewaltigen Grabmales für den Toten. Beim Tod des Königs war es noch unvollendet, die makedonische Heeresversammlung hat die Arbeit daran einstellen lassen. Die letzte Waffentat Alexanders, von der die Überlieferung berichtet, ist die Niederwerfung des wilden Volkes der Kossäer in der Susiana im Winter 324/23. Obwohl von den Chaldäern gewarnt, nach Babylonien zu ziehen, ließ sich Alexander von seinem Vorhaben nicht abbringen: Babylon war dazu ausersehen, die Hauptstadt seines asiatischen Reiches zu werden. In Babylon entwarf Alexander die letzten Pläne; sie auszuführen ist ihm nicht mehr vergönnt gewesen. Er ließ bei Babylon einen riesigen Hafen anlegen, der nicht weniger als 1000 Kriegsschiffe mit den dazugehörenden Lagerhäusern und Magazinen aufnehmen konnte. Von der Größe und der Ausdehnung der Arabischen Halbinsel hatte Alexander, wie überhaupt die Menschen seiner Zeit, keine Vorstellung, aber er hatte den brennenden Wunsch, von der Euphratmündung aus eine Seeverbindung mit Ägypten herzustellen. Schon früher hatte er einige Erkundigungsfahrten angeordnet, die aber sämtlich nicht ans Ziel gelangten, da sich die Entfernungen als unüberwindlich erwiesen. Nur noch wenige Tage fehlten zum Aufbruch der großen arabischen Expedition, als Alexander nach der Teilnahme an einem Gelage bei seinem Freund Medios ernstlich erkrankte. Nicht weniger als zehn Tage und zehn Nächte hat Alexander mit der tödlichen Krankheit gerungen. In den Ephemeriden, dem Hofjournal, findet sich der Verlauf der Krankheit in allen Einzelheiten aufgezeichnet. Seit dem vierten Tag verließ ihn das Fieber nicht mehr, er wurde immer schwächer, und die verzweifelten Bemühungen seiner Freunde, ihm durch Befragen des Gottes Sarapis Heilung zu verschaffen, blieben umsonst. Am Abend des 28. Daïsios (nach dem makedonischen Kalender), das heißt am 10. Juni 323 nach julianischer Rechnung, starb Alexander. In der Forschung wird in der Regel Malaria als Todesursache angenommen, andere denken an eine Lungenentzündung, die auf Alexanders Verwundung durch einen Pfeilschuß in der Mallerschlacht zurückzuführen sei.

Alexander teilt auch nach seinem Tod das Schicksal so vieler großer Männer der Geschichte. Seine Würdigung ist, zum mindesten teilweise, abhängig von den jeweiligen Erfahrungen, welche die Beurteiler in ihrem Leben gemacht haben. Man braucht hier nur an das Bild von Persönlichkeiten wie Napoleon I. oder Bismarck in der Forschung zu denken. Es ist verständlich, wenn die Gelehrten der Gegenwart sich sträuben, dem Feldherrn Alexander einen Ruhmeskranz zu winden. Ein Krieg ist immer ein Unglück, wie er auch ausgehen mag. Aber wenn jemand, so hat Alexander das Recht, mit den Maßstäben seiner eigenen Zeit gemessen zu werden, und wenn es einige Generationen nach seinem Tod stoische Philosophen gab, welche die Angriffskriege verurteilten, so waren es weiße Raben, Alexander wußte noch nichts von ihnen. Das Altertum hat in dem Makedonen den größten Feldherrn gesehen, und dies mit Recht. Nicht nur in der Planung, sondern auch in der Durchführung seiner Feldzüge, ob diese nun gegen die Barbaren an der Donau, gegen die Griechen oder gegen die Perser gerichtet waren, hat Alexander eine außerordentlich glückliche Hand bewiesen. Er war ein Meister in der rangierten Feldschlacht ebenso wie im Kleinkrieg, zu dem er durch die Erhebung der Iranier gezwungen wurde. Seine Fähigkeit zur Improvisation erweckt die uneingeschränkte Bewunderung ebenso wie seine Beharrlichkeit, die er etwa bei der Belagerung von Tyros bewiesen hat. Die Beurteilung des Staatsmannes wird davon abhängen, ob man seinen Verschmelzungsplan für durchführbar hält oder nicht. Daß Alexander in diesem Punkt seiner Umwelt um viele Generationen voraus war, ist sicher, hat doch die makedonische Heeresversammlung in Babylonien nach seinem Tod von den Plänen ausdrücklich Abstand genommen. Wer aber vermag zu sagen, was aus ihnen bei einer längeren Lebenszeit des Königs geworden wäre? Die makedonisch-persische Völkergemeinschaft ist ein Wunschbild geblieben. Ist aber die Idee deswegen zu verwerfen? Bedarf nicht ein Weltreich einer möglichst starken Annäherung seiner in Rasse und Kultur verschiedenen Völker? Befanden sich nicht die Makedonen in einer geradezu hoffnungslosen Minderheit gegenüber den Bewohnern des Perserreiches? Wer wie Alexander eine übernationale Staatsidee vertritt, der darf, um sie durchzuführen, auch vor den letzten Konsequenzen nicht zurückschrecken. Daß die Idee der Völkerverschmelzung bei Alexander nicht nur ein Bekenntnis seiner Lippen gewesen ist, zeigt sein Verhalten gegenüber den völkischen Individualitäten seines Reiches. Ob es sich um die Lyder, die Karer, die Ägypter oder um die Babylonier handelt – ihnen allen ist Alexander nicht nur mit Wohlwollen, sondern sogar mit der größten Achtung vor ihrem

Volkstum und ihren religiösen Überlieferungen entgegengetreten. Insbesondere seine religiöse Toleranz erinnert lebhaft an die Haltung der großen Perserkönige. In diesem Punkt hat Alexander seinen Zeitgenossen ganz neue Ziele gewiesen, und der religiöse Synkretismus des Hellenismus und der römischen Kaiserzeit wäre ohne sein Werk nicht denkbar. Glänzend sind auch seine Leistungen auf dem Gebiet der Reichsverwaltung. Wohl hat er das Satrapiensystem des Perserreiches im Prinzip beibehalten, aber dadurch, daß er den Statthaltern persischer Abstammung vielfach makedonische Offiziere, entweder als Strategen oder als Episkopoi (›Aufseher‹), zur Seite stellte, hat er der Trennung zwischen der Zivil- und Militärverwaltung vorgearbeitet, und die Bestellung besonderer Funktionäre für die Finanzen ist gleichfalls eine Neuerung, die später von den hellenistischen Herrschern, den Ptolemäern und den Seleukiden, aufgegriffen worden ist. Von weitreichender Folge für die Wirtschaft war die Ausmünzung des von den Achämeniden aufgespeicherten Edelmetalles. Die Maßnahme, verbunden mit dem Übergang zum attischen Münzfuß, hat die Wirtschaft des Alexanderreiches auf eine neue Grundlage gestellt. Die wirtschaftliche Stagnation war nun zu Ende, eine neue, unvorstellbare Prosperität war die Folge. Auch die Beaufsichtigung der Arbeiten am Pallakottaskanal in Babylonien vor seiner tödlichen Erkrankung zeigt das Bemühen des Königs um die Wiederherstellung des alten Wohlstandes in Mesopotamien. Man kann diese Dinge, wenn man sie alle zusammennimmt, nicht als zufällig abtun. Sie entsprechen seiner Auffassung, daß kein Staat ohne eine gesunde Wirtschaft existieren kann. Der Vergleich Alexanders mit Friedrich dem Großen ist hier durchaus berechtigt.

Gewiß, auch die Kräfte des Dämonischen haben im Leben Alexanders eine Rolle gespielt, aber die große Konzeption seines Werkes haben sie weder stören noch ändern können. Man braucht hier nur die Tatsachen sprechen zu lassen, um zu erkennen, wie verkehrt es wäre, seine Leistungen allein auf das Glück zurückzuführen, das ihm, wie so vielen anderen großen Männern, zur Seite gestanden hat. Die staatliche Entwicklung des Hellenismus ist nicht denkbar ohne die Leistung Alexanders, ebensowenig die Entstehung der hellenistischen Weltkultur. Aber die Wirkung Alexanders erstreckt sich bis tief hinein in das Imperium Romanum, ja selbst die Entstehung des Christentums und die Ausbreitung der islamischen Kultur sind ohne seine Vorarbeit schwerlich denkbar. Von seinem Wirken sind Ströme der Kraft und des Lebens ausgegangen, und sein Beispiel ist gerade für die Größten dieser Erde vielfach ein Vorbild gewesen. Und das ist kein Wunder, denn die Originalität seines Denkens, die intuitive Erfassung des Möglichen und Notwendigen, der Mut, auch die schwierigsten Unternehmungen mit genialer Anpassungsfähigkeit auszuführen, dazu die faszinierende Wirkung seiner Person auf die Menschen der Umgebung — diese Dinge zeigen Alexander als eine weltgeschichtliche Erscheinung allerersten Ranges, für die es kaum eine Parallele gibt. Die prägende Kraft seines Geistes ist mit seinem frühen Tod nicht erloschen.

Es ist nicht zuletzt die Wirkung des Alexanderzuges, wenn Griechenland aus der großen Politik ausscheidet und im Schatten der asiatischen Ereignisse steht. Wir erinnern uns, daß Alexander seinen Feldherrn Antipatros in Makedonien als Reichsverweser und Strategen von Europa zurückließ. Es war keine leichte Aufgabe, die der treue Diener des Königs zu erfüllen hatte. Und daß selbst Alexander sich dessen bewußt war, geht daraus hervor, daß nicht weniger als 12 000 Mann zu Fuß und 1500 Reiter im makedonischen Stammland zurückblieben, als der König nach Asien hinüberging. Aber Alexander brauchte immer neuen Nachschub, so daß sich die Zahl der felddienstfähigen Truppen in Makedonien ständig verminderte. Um so beachtlicher sind die Leistungen des Antipatros. Zuerst hat er einen Aufstand in Thrakien niedergeworfen, an dem sich der makedonische Statthalter (Stratege) Memnon beteiligt hatte. Bevor noch die Operationen beendet waren, mußte Antipatros nach Griechenland aufbrechen, um auf der Peloponnesos einzugreifen. Die Makedonen hatten hier einer Reihe von Tyrannen zur Macht verholfen, den Griechen aber war jede Tyrannis zuwider. Es gibt eine Inschrift aus Athen vom Jahr 337/36; sie enthält ein Tyrannengesetz, das ein gewisser Eukrates beantragt hat. Auch in Athen scheint man also die Errichtung einer Tyrannenherrschaft allen Ernstes befürchtet zu haben. Außerdem hatten die Makedonen in dem spartanischen König Agis III. einen entschlossenen Gegner. Er versammelte alle unzufriedenen Staaten der Peloponnesos in seiner Gefolgschaft. darunter Elis, Achaia und einen Teil Arkadiens. Abseits blieben dagegen Argos, Messene und Megalopolis, die mit Sparta verfeindet waren. Die Entscheidung fiel im Sommer 331 bei Megalopolis. Hier siegte Antipatros mit den Makedonen und den Truppen des Korinthischen Bundes über Agis III., der in der Schlacht den Soldatentod starb. Die Erhebung war damit zusammengebrochen. Die Kunde von der Schlacht erhielt Alexander im Jahr 330. Ob er wirklich den Sieg des Antipatros in Griechenland als eine ›Mäuseschlacht‹ im Vergleich zu seinen eigenen Taten in Asien bezeichnet hat, unterliegt dem Zweifel, denn Antipatros hatte es immerhin mit Griechen und nicht mit Orientalen zu tun wie Alexander. Die Entscheidung über

das Schicksal der aufständischen Griechen hat das Synhedrion von Korinth dem Alexander übertragen. Sparta selbst mußte vielleicht dem Korinthischen Bund beitreten. Außerdem hatte es dem Antipatros 50 Geiseln stellen müssen.
Athen hatte sich klugerweise nicht an dem Aufstand beteiligt. Aber die Stimmung in der Stadt war alles andere als freundlich gegen Alexander. Im Jahr 330 wurde der seit längerer Zeit vertagte Kranzprozeß ausgetragen. Aus ihm ging Demosthenes als Sieger über seinen Gegner Aischines hervor. Dieser wurde zu einer Strafe von 1000 Drachmen verurteilt. Im übrigen wird die Politik Athens seit 324 durch die von Alexander befohlene Rückkehr der Verbannten überschattet. Demosthenes hat versucht, in diesem Punkt von den makedonischen Stellen Aufschub zu erlangen. Verhängnisvoll aber war es, daß der große Redner Verbindungen zu dem aus Asien geflohenen Harpalos aufnahm, der im Sommer 324 im Piräus an Land gegangen war. Es steht fest, daß sich unter den von Harpalos bestochenen Athenern auch Demosthenes befunden hat. Er mußte zugeben, 20 Talente von Harpalos empfangen zu haben. Allerdings entschuldigte sich Demosthenes damit, daß er das Geld für die Auszahlung von Schaugeldern (Theoriká) an das Volk benutzt habe. Dies scheint jedoch nur eine Ausrede gewesen zu sein. Auf jeden Fall wurde Demosthenes in dem harpalischen Prozeß zu einer hohen Geldstrafe verurteilt. Da er sie nicht bezahlen konnte, warf man ihn ins Schuldgefängnis. Aus diesem entkam er nach Troizen und später nach Ägina (323). Im Tempel von Kalauria hat Demosthenes im Jahr 322 ein trauriges Ende durch eigene Hand gefunden, als ihn die Abgesandten des Antipatros festnehmen wollten.
Als Alexander in Asien von Sieg zu Sieg eilte, hatten die Griechen ihre eigenen Sorgen. Es gab eine große Hungersnot, die nicht weniger als fünf Jahre, von 330–326, andauerte. Aus dieser Zeit ist eine Inschrift aus Kyrene bekannt, auf der die Kornsendungen der Stadt Kyrene an das griechische Mutterland aufgeschrieben sind. Fast alle bedeutenden griechischen Poleis sind auf der Inschrift als Kornempfänger verzeichnet, nur Sparta fehlt. Hatte man in Sparta genügend zu essen, oder hat man es absichtlich nicht berücksichtigt? Trifft das letztere zu, so spiegeln sich hierin die Folgen der spartanischen Erhebung gegen die Makedonen. Interessant ist auch die auf einer anderen Inschrift erhaltene Nachricht, wonach Athen unter einem gewissen Miltiades eine Kolonie in die Adria entsandte (325/24), die als ein Seestützpunkt zum Schutz gegen die etruskischen Seeräuber dienen sollte. Die Etrusker oder Tyrrhener, wie sie genannt wurden, waren als kühne Seeräuber bekannt und haben den Griechen immer wieder zu schaffen gemacht.

Übrigens hat mehr oder weniger ganz Griechenland aktiv oder passiv am Alexanderzug teilgenommen. Zahlreiche Hellenen haben als Söldner, manche auch als Funktionäre dem Makedonenkönig gedient. Und wer in der Umgebung des Königs in Asien einen Freund besaß, auf den er sich verlassen konnte, der hatte auch in der Heimat größeres Ansehen. Aus Inschriften von Olympia und Aigion (in Achaia) ist ein Kreter namens Philonides bekannt, der sich als ›Tagesläufer des Königs Alexander und Bematist (Schrittmesser) von Asien‹ bezeichnet. Philonides gehörte also zum Stab Alexanders. Vorher war er als Tagesläufer auf der Peloponnesos, vielleicht im Dienst der makedonenfreundlichen Stadt Sikyon, tätig gewesen. Er soll die Strecke von Sikyon bis Elis, immerhin rund 150 km, im Lauf eines einzigen Tages zurückgelegt haben, eine Leistung, die physisch einfach unmöglich ist. Männer wie Philonides und viele andere sind in Asien nicht nur angesehen gewesen, sie sind wahrscheinlich auch zu beträchtlichem Vermögen gekommen. Ein Grund mehr für die Griechen des Mutterlandes, sich in hellen Scharen zu Alexander zu begeben, um hier Anteil an dem neuen Reichtum zu erlangen. Der Alexanderzug leitet eine gewaltige Umschichtung auf wirtschaftlichem und sozialem Gebiet ein, eine Entwicklung, die in ihrem vollen Umfang erst in der hellenistischen Zeit zu übersehen ist.

16. Ägypten und das Perserreich

Mit dem Ende der Saïtendynastie während der Regierung des Amasis und der seines Sohnes Psammetich III. bahnte sich auch das Ende Ägyptens als eines unabhängigen Landes an; dem Kambyses, der von seinem Vater Kyros ein Reich geerbt hatte[4], das sämtliche asiatischen Staaten umfaßte, fehlte nur noch der Besitz Ägyptens. Vergeblich suchte Amasis sich zu schützen, indem er sich mit Polykrates von Samos verbündete[5], denn Kambyses erhielt, als er sich gegen Ägypten in Marsch setzte, von Phanes von Halikarnaß, einem griechischen Heerführer, der im Dienst des Amasis gestanden hatte und zum Perserkönig übergelaufen war, alle Informationen über die Möglichkeit, die Arabische Wüste zu durchqueren und die Verteidigungslinien Ägyptens zu umgehen. Amasis, auch von Polykrates von Samos verlassen, sah sich vollkommen isoliert, während Kambyses sich mit den Beduinen der Arabischen Wüste verbündete, die es dem persischen Heer durch ihre mit Wasserschläuchen beladenen Kamele ermöglichten, Pelusium auf dem Wege durch die Wüste Arabiens zu erreichen. Als Amasis zu Beginn des Jahres 525 v. Chr. starb, fiel es seinem Sohn und Nachfolger Psammetich III. zu, den Stoß des persischen Angriffs aufzufangen. Die von Psammetich in Pelusium organisierte Abwehr erlahmte jedoch bald, und das ägyptische Heer zog sich vor Kambyses zurück; nachdem der letzte Widerstand in Memphis gebrochen und Psammetich gefangengenommen worden war, wurde Kambyses Herr von Ägypten und behauptete sich dort bis 522 v. Chr. Mit Kambyses beginnt die sog. ›Erste Perserzeit‹[6], oder XXVII. Dynastie, die bis 401 v. Chr. (?) gedauert hat.

Die griechischen Quellen (Herodot III, 27—38; Diodor I, 46; Strabon XVII, 27; Plutarch, Isis und Osiris, 44 c) beschreiben seine Regierung übereinstimmend als eine Herrschaft des Schrekkens und der Gottlosigkeit; nach diesen Autoren wurden von Kambyses die Tempel Ägyptens in Brand gesteckt und ausgeplündert, die Götter verhöhnt und geschändet, der heilige Apisstier getötet und die Mumie des Pharao Amasis verbrannt. Das direkte ägyptische Zeugnis über die Tötung des Apisstieres, eine aus dem Serapeum von Memphis stammende und in das sechste Regierungsjahr des Kambyses datierte Stele[7], berichtet hingegen, daß in diesem Jahr der im 27. Regierungsjahr des Amasis geborene Apisstier feierlich bestattet wurde; außerdem wurde im Serapeum der schöne von Kambyses gestiftete Sarkophag[8] des im sechsten Jahr seiner Regierung gestorbenen Apisstieres gefunden. Eine andere ebenfalls aus dem Serapeum stammende Stele[9] beweist, daß der im sechsten Regierungsjahr geborene Stier, der Nachfolger des obengenannten, von dem Achämenidenkönig nicht in einem Wutanfall getötet worden sein kann, denn er starb im vierten Regierungsjahr Dareios' I. eines natürlichen Todes. Eine andere direkte Quelle, die zur Überprüfung der dem Kambyses abträglichen Tradition herangezogen werden kann, ist die Inschrift auf der als ›Naophor des Vatikan‹[10] bekannten und von einer hohen Persönlichkeit aus Saïs namens Udjahorresne gestifteten Naosträgerstatue, die in das vierte Regierungsjahr Dareios' I. datiert werden kann und somit nur wenig jünger ist als Kambyses. Obwohl man Udjahorresne, da er sowohl Höfling des Kambyses als auch des Dareios war, unterstellen könnte, daß er seinen persischen Herren schmeichelte, dürfte es jedoch angesichts der Zeitnähe der Ereignisse kaum möglich sein, daß er in dem Text, den er auf seiner Statue einmeißeln ließ, die Wirklichkeit so grundlegend verfälscht hat. In der Inschrift gibt Udjahorresne zu, daß ›große Unordnung‹ in Ägypten bei der Ankunft der ›Fremden‹, die sich im Bezirk des Heiligtums der Neit zu Saïs festsetzten, entstand, doch er fügt hinzu, Kambyses habe zugunsten des Heiligtums interveniert, die fremden Truppen aus ihm vertrieben, der Göttin ihre Einkünfte wiedererstattet, die Priester wieder in Dienst gestellt, die Zeremonien und Prozessionen wiedereingeführt und sei persönlich in den Tempel gekommen, um die Göttin von Saïs zu verehren. Auch ein aramäisches Dokument[11] aus Elephantine vom Jahre 408 v. Chr. weist auf die Schäden hin, die die ägyptischen Tempel während der Eroberung des Landes erlitten (»Als Kambyses nach Ägypten kam ... gingen alle Tempel Ägyptens zugrunde ...«). Es ist also nicht zu leugnen, daß mit dem Vordringen des Kambyses in Ägypten Störungen im religiösen Leben verbunden waren, die jedoch nicht so sehr Kambyses persönlich als vielmehr der Gewalttätigkeit der Soldateska zuzuschreiben sind. Natürlich wirkte sich neben den Ausschreitungen der Soldaten auch das Dekret aus, durch das Kambyses die Einkünfte aller Tempel Ägyptens beschränkte, mit Ausnahme von dreien, von denen nur einer, der von Memphis, mit Sicherheit identifiziert ist. In diesem Dekret, das wir von einem demotischen Dokument, der Rückseite des Papyrus 215 der Nationalbibliothek Paris, kennen[12], ist die Zahl nicht mit Sicherheit zu entziffern, doch es scheint, daß der Gesamtwert des Silbers, des Viehs, des Geflügels, des Getreides und der anderen Produkte, die »in der Zeit des Pharao Amasis an die Tempel abgeliefert worden waren, und für die Kambyses bestimmte: ›Gebt sie nicht den Göttern‹«, die Summe von 376 400 *deben* erreichte. Wenn man, vorausgesetzt, daß die Lesung dieser Zahl richtig ist, bedenkt, daß der Wert der gestrichenen Einkünfte den des von Ägypten unter Dareios gezahlten Tributs überstieg, kann man verstehen, warum dem Kambyses eine Maßnahme, welche die Finanzlast der Regierung so verkleinerte, opportun erschien. Für die Saïtenherrscher war die Unterstützung der Tempel eine politische Notwendigkeit gewesen, besonders für Apries und Amasis, die beide den Beistand der Priesterschaft brauchten[13], ersterer wegen seiner außenpolitischen Mißerfolge, letzterer um seine Stellung als ›Usurpator‹ zu stärken. Die Maßnahme des Kambyses muß deshalb unter wirtschaftlichem Aspekt betrachtet werden und nicht als ein Akt der ›Gottlosigkeit‹, zumal es feststeht, daß er drei Tempeln die Einkünfte beließ; außerdem behinderte er nicht den Kult in den Heiligtümern und verbot den Priestern nicht, den Göttern Vögel zu opfern, sondern er bestimmte in seinem Dekret, »die Priester sollen die Gänse aufziehen und sie ihren Göttern opfern«. Aber diese Widerrufe und Beschränkungen entzündeten in den ägyptischen Priestern einen niemals besänftigten Haß und waren zweifellos Ursprung der dem Kambyses feindlich gesinnten Tradition, die von den griechischen Autoren übernommen und weiterberichtet wurde. Die Freigabe der Einkünfte an die Göttin von Saïs, von der wir durch die obenerwähnte Inschrift des Udjahorresne wissen, war keine Aufhebung des Dekrets, sondern eine durch den persönlichen Einfluß Udjahorresnes auf den persischen König inspirierte Ausnahmebestimmung. Kambyses hatte Udjahorresne beauftragt, ihm die königliche Titulatur nach dem pharaonischen Vorbild zusammenzustellen; insbesondere scheint Kambyses die Absicht gehabt zu haben, sich dem ägyptischen Volk als echter Nachkomme der Saïtendynastie zu präsentieren, der nach Ägypten gekommen war, um den Thron zu reklamieren, den der Usurpator Amasis dem legitimen Herrscher Apries weggenommen hatte. Bezeichnend ist die Legende, die aus Kambyses einen Sohn der Tochter des Apries macht; von dieser Legende gibt es drei in den Einzelheiten unterschiedliche, doch in ihrer Bedeutung übereinstimmende Versionen (vgl. Herodot I, 1–3; Athenaios XIII, 10; Ktesias, Fragment 13 a). Kambyses war also kein ausländischer König, sondern stammte aus dem Geschlecht der saïtischen Pharaonen. In diesem Licht muß man die Bemerkung Herodots (III, 16) über die posthume Verfolgung des Amasis, dessen Mumie von Kambyses verbrannt wurde, sehen; der griechische Historiker definiert diese Tat als unvereinbar sowohl mit den persischen Glaubensvorstellungen, nach denen ein mazdäischer Gläubiger das Feuer nicht verunreinigen durfte, als auch mit den ägyptischen, nach denen es nicht erlaubt war, einen Leichnam zu verbrennen, weil das Feuer alles, dessen es sich bemächtigt, vollkommen zerstört und somit auch dem Individuum, dessen Leichnam verbrannt wird, jede Möglichkeit zukünftigen Lebens nimmt. In Wirklichkeit handelte Kambyses in Übereinstimmung mit der ägyptischen Auffassung, denn er vollzog an dem Usurpator, den er nicht als legitimen Pharao anerkannte, eine drastische ›damnatio memoriae‹ in einer Weise, von der er wußte, daß sie nach ägyptischer Anschauung endgültig war.

Auch die militärischen Expeditionen, die Kambyses sofort nach der Eroberung Ägyptens unternahm – der Feldzug gegen Karthago und die libyschen Oasen blieb erfolglos, und durch den gegen Napata erreichte er nur, daß ihm von dem an Ägypten grenzenden und seit langem der Souveränität der Pharaonen unterstehenden Nordnubien alle zwei Jahre ein Tribut entrichtet wurde (Herodot III, 97–98) – spiegeln den Willen des Kambyses wider, als ägyptischer Herrscher eine ägyptische Politik zu treiben. Vom persischen und sogar vom asiatischen Standpunkt konnte mit der Eroberung des Niltals das Ziel als erreicht betrachtet werden. Doch Kambyses verfolgte offensichtlich eine ›afrikanische‹ Politik, wie sie bei seinen saïtischen Vorgängern selbstverständlich war; er scheint ein politisches Spiel betrieben zu haben, das, falls es gelungen wäre, zu einer Verschiebung des Zentrums des Achämenidenreiches von Asien nach Afrika, genauer von Persien nach Ägypten, geführt hätte. Die Reaktion von persischer Seite ließ denn auch nicht auf sich warten und nahm die Form einer dynastischen Erhebung an. Es ist bezeichnend, daß die gegen ihn angezettelte Revolte ihren Ursprung nicht in einer nach Unabhängigkeit strebenden Provinz, sondern am persischen Hof selbst hatte; der Magier Gaumata behauptete, er sei der legitime Nachfolger des Kyros, und meldete seine Ansprüche auf den Thron an. Kambyses, aus seinem afrikanischen Traum gerissen, beeilte sich, nach Persien zurückzukehren, starb jedoch auf der Reise (Herodot III, 64–66, berichtet, er sei gestorben, nachdem er sich mit einem Schwert verletzt habe; daß die tödliche Wunde sich genau an der gleichen Stelle des Schenkels befunden haben soll, an der er den Apisstier tödlich getroffen hatte, paßt in den Rahmen der dem Kambyses mißgünstigen Überlieferung).

Dareios I. (522–486), Sohn des Hystaspes, des Satrapen von Parthien, ließ sich zum König wählen und stellte die Ordnung wieder her, indem er den Magier Gaumata beseitigte und energisch und erfolgreich gegen die Revolten von Usurpatoren Front machte, die in Asien, Susiana, Babylonien, Medien, Armenien und Hyrkanien gegen ihn auftraten und ihn zwangen, ein Jahr lang Krieg zu führen. Auch in Ägypten mußte der Großkönig einschreiten, um die Unabhängigkeitsbestrebungen des Aryandes[14], des hier von Kambyses eingesetzten Satrapen, zu unterdrücken (Herodot IV, 166–167, 200–203). Im Rahmen der allgemeinen Reorganisation der Provinzen des Reiches nahm die Satrapie Ägypten, die Dareios I. im Jahre 517 v. Chr. besuchte, eine wichtige Stellung ein; Ägypten wird als sechste der zwanzig Satrapien (Herodot III, 89 ff.), in die das Reich eingeteilt wurde, aufgezählt. Der für Ägypten festgesetzte jährliche Tribut betrug 700 Talente (Herodot III, 91); zu Lasten Ägyptens ging auch der Unterhalt der persischen, in Memphis stationierten und der verbündeten Truppen mit 120 000 Maß Getreide, und es mußte außerdem die Erträge aus dem Fischfang im Mörissee in Höhe von 230 Talenten jährlich abliefern (Herodot II, 149, III, 91).

Diodor (I, 95) führt Dareios als den sechsten und letzten Gesetzgeber Ägyptens auf; dies wird bestätigt durch ein demotisches Dokument – die Rückseite des Papyrus 215 der Nationalbibliothek Paris[15], auf dem das Dekret des Kambyses über die ägyptischen Tempel wiedergegeben ist; es berichtet, wie Dareios I. im dritten Jahre seiner Regierung dem Satrapen von Ägypten den Befehl erteilte, »die Weisen unter den Kriegern, Priestern und Schreibern Ägyptens zu versammeln, damit sie das frühere, bis zum 44. Regierungsjahr des Amasis gültig gewesene Recht Ägyptens erfaßten«. Die Arbeit dieser Kommission dauerte sechzehn Jahre, bis zum 19. Regierungsjahr des Dareios. Die so gesammelten Gesetze wurden auf einem Papyrus ›in assyrischer (= syrischer = aramäischer) Schrift und in Briefschrift (= demotischer Schrift)‹ niedergeschrieben. Die Absicht des Dareios bei der Bestellung einer Kopie des Corpus ägyptischer Gesetze auch in Aramäisch bestand offensichtlich darin, den Regierungsbeamten, vor allem dem Satrapen, einen Kodex in der Verwaltungssprache des Achämenidenreiches zur Verfügung zu stellen. Dareios beschränkte sich also darauf, das einheimische, bis zum 44. Jahre, bis zum Ende der Regierung des Amasis, in Kraft gewesene Recht zu übernehmen. Der Beitrag des Dareios zur ägyptischen Rechtsprechung war demnach der eines Sammlers und nicht der eines Gesetzgebers im Sinne eines Neuerers; spätere Änderungen im ägyptischen Recht nach dem iranischen sind hierbei auszuschließen[16]. Vor Dareios war wegen des obenerwähnten Dekrets des Kambyses für das unter Amasis gültige ›Tempelgesetz‹ eine Krisensituation entstanden; der legislative Akt Dareios' I., in Verbindung mit den liberalen Maßnahmen zugunsten der ägyptischen Tempel, hat in hohem Maße zu seiner Bewertung als Gesetzgeber beigetragen. Dieser Aspekt enthüllt sich auch in dem Text Diodors (I, 95). Die Gottlosigkeit des Kambyses war auch Illegalität gegenüber den ägyptischen Gesetzen, und die gesetzgeberische Tätigkeit des Dareios scheint darauf gerichtet gewesen zu sein, diese illegale Gottlosigkeit wiedergutzumachen. Wir wissen aus der obenerwähnten Inschrift des Udjahorresne, daß Dareios diese hohe Persönlichkeit, die auch Oberhofarzt des Königs war, beauftragte, »nach dem Verderben«, einem Verderben, das vielleicht gerade mit dem Dekret des Kambyses in Zusammenhang stand, die »Lebenshäuser«[17], die mit den Heiligtümern verbundenen Bildungsinstitutionen, wiederherzustellen. Der Nachfolger des Kambyses glaubte also nicht auf die Unterstützung des Priestertums verzichten zu dürfen, wenn er eine dauerhafte und friedliche Vereinigung Ägyptens mit seinem Reich bewerkstelligen wollte; seine tolerante, für seine Politik gegenüber den Provinzuntertanen typische Haltung, die Anerkennung des ägyptischen Kults und der dem Priestertum gewährte Schutz, der Bau eines neuen Tempels in Khargeh[18] und die Überlassung der Einkünfte an den neuen Tempel, die gewaltige Summen verschlungen haben müssen, brachten ihm die Gunst der Priesterschaft und damit des ganzen Landes ein. Dareios I. verzichtete jedoch nicht auf das Recht der Bestätigung von Priestern, ein Recht, das es in Ägypten schon vorher gegeben hatte; ein demotisches Dokument aus seiner Regierungszeit[19] enthält eine von ihm erlassene Verordnung über die Richtlinien, die der Satrap bei der Bestätigung oder Ablehnung eines Priesters im Amt des *lesonis*, des Verwaltungsoberhauptes eines Tempels, befolgen sollte. Um die Handelsbeziehungen zwischen Ägypten und dem Persischen Golf zu intensivieren, ließ Dareios I. einen Kanal[20] bauen, der vom Nil in der Nähe von Bubastis durch das Wadi Tumilat und die Bitterseen in das Rote Meer führte, und vollendete so ein Werk, das bereits der Pharao Necho geplant hatte; der Bericht Herodots (II, 158, IV, 39) wurde bestätigt durch die Entdeckung von drei Stelen mit Inschriften in Hieroglyphen und in Keilschrift in der Zone des Kanals von Suez[21]. Inzwischen wurde das Gleichgewicht der Welt des östlichen Mittelmeeres weiteren Erschütterungen ausgesetzt; die Intervention Athens zugunsten der sich gegen das persische Joch auflehnenden Ioner Kleinasiens (500–494), so schwach sie auch war, konfrontierte den Großkönig mit seinem neuen Gegner, mit den Griechen. Doch im Jahre 490 wurden die Perser bei Marathon von den Athenern besiegt. Im Jahre 486, kurz vor dem Tode Dareios' I., erhob sich Ägypten; man hat in dieser Erhebung eine unmittelbare Folge von Marathon gesehen, doch ist es problematisch, eine solche Rückwirkung anzunehmen; dagegen ist es wahrscheinlicher, daß es sich um eine Rebellion in der Art derjenigen des Aryandes handelte, die vielleicht durch die nachlassende Wachsamkeit der auf Rache an den Griechen bedachten persischen Zentralgewalt ermutigt wurde. Der Aufstand wurde von Xerxes I. (486–465/4), dem Sohn des Dareios, durch einen Feldzug im Jahre nach dem Tod des Dareios niedergeschlagen (vgl. Herodot VII,7); das Amt des Satrapen in Ägypten übertrug Xerxes seinem Bruder Achaimenes. Unterdessen führte der Kampf zwischen den Griechen und Persien zu einem unglücklichen Ausgang für die persischen Waffen; es ist bekannt, wie der Feldzug des Xerxes gegen die Griechen endete: Salamis, Plataä, Mykale, die Befreiung Ioniens und die Einnahme von Sestos am Hellespont waren die Etappen der persischen Niederlage. Xerxes I. hatte zum Nachfolger Artaxerxes I. (465/4–425); im Anfang der Regierung des Artaxerxes kam es zu einer Aufstandsbewegung, geleitet von Inaros (vielleicht ein Nachkomme der saïtischen Königsfamilie), dem es gelang, das Delta unter Kontrolle zu halten, während Memphis und Oberägypten in persischer Hand verblieben, wie einige oberägyptische, aus dem fünften und zehnten Regierungsjahr des Artaxerxes stammende Dokumente bezeugen. Inaros wandte sich an die athenische Flotte, die in den Gewässern von Cypern lag, um Hilfe. Dem Ersuchen wurde stattgegeben; der Satrap Achaimenes wurde bei Papremis besiegt und getötet (Herodot III, 12), und die athenischen Schiffe fuhren den Nil hinauf bis nach Memphis, wo die Perser ihren Widerstand konzentriert hatten. Die athenische Intervention endet jedoch mit einem Mißerfolg; die griechische Flotte wurde auf der Insel Prosopitis von der persischen Flotte, die unter dem Oberbefehl des Megabyzos, des Satrapen von Syrien, stand, eingekreist, und nach einer langen Belagerung mußten sich die wenigen Überlebenden der Griechen nach Kyrene zurückziehen. Auch eine zweite kleine athenische Flotte, die in Unkenntnis der Ereignisse zum Entsatz herbeigeeilt war, wurde vernichtet. Megabyzos kehrte nach Asien zurück, nachdem er Arsames zum Satrapen von Ägypten gemacht hatte. Der Rebell Inaros wurde gefangengenommen, nach Persien gebracht und dort gekreuzigt (454 v. Chr.). Im Jahre 449/48 einigte sich Athen mit Persien im Kalliasfrieden auf einen modus vivendi, nach dem es ausdrücklich darauf verzichtete, sich zum Schaden Persiens in die Angelegenheiten Cyperns und Ägyptens einzumischen. Die in Ägypten wiederhergestellte Ruhe wurde für die restliche Regierungszeit Artaxerxes' I. und fast während der ganzen Regierung seines Nachfolgers, Dareios' II. (424–404), nicht gestört; doch zwischen 411 und 408, gegen Ende der Regierungszeit Dareios' II., machten sich in Kleinasien, in Medien und in Ägypten Anzeichen der Unruhe bemerkbar. Auch aramäische Dokumente[22], Bestandteile der Korrespondenz des Satrapen Arsames, der in jenen Jahren von Ägypten abwesend war und sich beim König in Susa aufhielt, erwähnen Wirren, und es ist nicht unwahrscheinlich, daß Amyrtaios bereits damals im Delta aktiv war. Auch die Gewalttätigkeiten, deren Opfer im Jahre

410 die Juden der Garnison von Elephantine[23] wurden, und in deren Verlauf der Tempel des Yahu durch die von den Priestern des Gottes Chnum angeführten Ägypter unter Beihilfe des Statthalters von Oberägypten und des Befehlshabers der Garnison zerstört wurde, waren vielleicht mehr ein politisches Phänomen als eine Äußerung religiöser Intoleranz.

Artaxerxes II. (404–359/8) ist der letzte König der ›Ersten Perserzeit‹, der in Oberägypten, in Elephantine, nachgewiesen ist; bis zur Veröffentlichung der aramäischen Papyri des Brooklyn-Museums[24] hatte man geglaubt, Amyrtaios, der die sechzig auf die ›Erste Perserzeit‹ folgenden Jahre der Unabhängigkeit einleitete, habe mit dem Ende der Regierung Dareios' II. die Kontrolle über ganz Ägypten besessen, doch einige Papyri zeigen, das Artaxerxes zumindest bis zum Dezember 402 in Oberägypten als König anerkannt wurde, also noch während der ersten Regierungsjahre des Amyrtaios[25].

Bevor wir in der Darstellung der auf die Periode der XXVII. Dynastie folgenden historischen Ereignisse fortfahren, ist es zweckmäßig, bestimmte Aspekte[26] des damaligen Ägypten zu untersuchen, so die Grundzüge seiner Organisation als Satrapie und einige seiner künstlerischen und geistigen Ausdrucksformen in jener Zeit. Der Satrap, eine sehr hochgestellte Persönlichkeit, die oft der persischen Königsfamilie angehörte[27], die für die Provinzuntertanen die königliche Autorität repräsentierte und alle Fäden der Verwaltung Ägyptens in der Hand hatte, residierte in der Hauptstadt der Satrapie, in Memphis. Die Kanzlei des Satrapen in Memphis, eine getreue Nachbildung der Kanzlei des Großkönigs in Susa, beschäftigte viele Beamte und zahlreiche Schreiber, unter letzteren auch Ägypter für die Berichte in der Landessprache. Obwohl nämlich die offizielle Verwaltungssprache für das ganze Achämenidenreich und natürlich auch für Ägypten das Aramäische[28] war, zögerte der Satrap nicht, auch im offiziellen Verkehr mit den Einheimischen das Demotische zu gebrauchen (vgl. die Korrespondenz zwischen Pherendates, dem Satrapen während der Regierung Dareios' I., und den Priestern des Chnum[29] in Elephantine). Ägypten behielt die traditionelle Einteilung in große Bezirke oder Provinzen bei, eine gleichzeitig administrative und juristische Einteilung, die schon in der vorangegangenen Epoche bestanden hatte. Auch in diesem Falle tritt das von der persischen Regierung angewandte System zu Tage, keine Neuerungen in den Grundlinien der Organisationen unterworfener Länder einzuführen, sondern sich darauf zu beschränken, die einheimischen Beamten durch persische zu ersetzen, und selbst dies nicht immer, denn wir finden Ägypter auch in gehobenen Ämtern. Es ist interessant, bei den persischen Beamten in Ägypten einen wachsenden Einfluß des eroberten Landes auf die Eroberer festzustellen; diese Tatsache wird am besten durch die Inschriften zweier Brüder im Wadi Hammamat, des Atiyawahi und des Ariyawrata, illustriert[30]. Ersterer war Gouverneur der Stadt Koptos; seine Inschriften erstrecken sich über die Jahre 476 bis 473 v. Chr., und in seinen älteren Texten beschränkt er sich auf das Datum und die Namen, während er bei den jüngeren das Bild des Gottes von Koptos, Min, hinzufügte, später auch eine kurze Anrufung des Gottes. Der zweite Bruder, dessen Inschriften aus der Zeit zwischen 461 und 449 v. Chr. stammen, nennt außer Min die Gottheiten Horus und Isis der Stadt Koptos, dann auch Amon-Re, den Gott der Götter, und nimmt außerdem einen ägyptischen Namen an, Djedhor (griech. Tachos, Teos). An der Spitze jedes Verwaltungsbezirks stand ein Gouverneur, *fratarak* in den zeitgenössischen Dokumenten. Für die Provinz Tashetres, den südlichen Bezirk, der sich von Assuan bis nach Hermonthis, wo der Bezirk Theben begann, erstreckte und uns besonders durch die in Elephantine gefundenen Papyri bekannt ist, war in den Jahren 410 bis 408 der Perser Widrang als *fratarak* bestellt, und sein Nachfolger hieß Damadin. Der Amtssitz des *fratarak* der Südprovinz war Assuan; in der Verwaltung des Distrikts, wahrscheinlich in der Kanzlei des *fratarak*, waren die ›Schreiber der Provinz‹ und die *›azdakaria‹* (iranisch, von *›azda‹* = Unterricht und *›kar‹* = machen) beschäftigt. Die unteren Verwaltungseinheiten, Städte und Dörfer, hatten ihre eigenen Gouverneure, die niedrigeren Ranges waren und den Bezirksgouverneuren unterstanden. Die Schatzkammer des Staates befand sich in Memphis und stand unter der Schutzherrschaft des Gottes Ptah; das hohe Amt des ›Schatzmeisters‹ verwaltete während der Regierung Dareios' I. der Ägypter Ptahhotep, von dem sich eine Naosträger-Statue im Brooklyn-Museum[31] befindet und eine Stele, die das Datum des 34. Regierungsjahres des Dareios trägt, im Museum des Louvre[32]. In diesem Verwaltungszweig war eine große Anzahl von Beamten beschäftigt. Jeder Bezirk hatte seine ›Schatzkammer‹ mit ihren ›Schatzmeistern‹, ›Schatzbuchhaltern‹ und ›Schatzschreibern‹; in den aramäischen Papyri von Elephantine erscheint auch die Bezeichnung ›Haus des Königs‹ als Synonym von ›Schatzkammer‹. Auch die zusammen mit den ›Schatzschreibern‹ genannten *pakhuta*[33] sind Beamte, die mit der Auszahlung des Regierungssoldes an Militärpersonen betraut waren. Im Bereich der Justizverwaltung war der Satrap die oberste Autorität; nach dem demotischen Papyrus Rylands IX[34] scheint der Satrap die Bestrafung von Schuldigen durch Peitschenhiebe und Einkerkerung angeordnet zu haben, und an den Satrapen richtet Peteesi, ein Einwohner von El Hibeh, sein Gesuch, um Gerechtigkeit zu erlangen. Im Bereich der einzelnen Bezirke stand der *fratarak* einem Zivilgericht vor; durch die aramäischen Papyri von Elephantine[35], die nahezu die einzige Quelle unseres Wissens um die Justizverwaltung, den Status der Gerichte und ihre Verfahrensweise sind, da ägyptische Prozeßakten für die saïtische und persische Zeit fehlen, kennen wir regierungsamtliche Richter, die ›Richter des Königs‹, die ›Provinzrichter‹, die ›*tiftaya*‹ (etwa ›Polizeibeamte‹) und die ›*guskaya*‹ (die ›Informatoren‹, die ›Ohren des Königs‹, Xenophon, Kyropädie VIII, 2, 10). Gerichtsgewalt über die Mitglieder der Garnison hatte auch der Befehlshaber der Garnison. Die aramäischen Papyri von Elephantine erwähnen auch Gerichtshöfe, ›*segen* und Richter‹, vor denen die Eigentumsstreitigkeiten zwischen den jüdischen Söldnern der Kolonie Elephantine verhandelt wurden. Die Gruppe der demotischen Gerichtsdokumente aus der Perserzeit ist die Quelle unserer Informationen über das private Vertragsrecht dieser Epoche[36]. Das Recht und der Gesetzeskodex stellen kein Element der Kontinuität mit jenen der saïtischen Zeit dar. Zweifellos sind gewisse Elemente des Rechts und der Gerichtspraxis sowohl bei den Ägyptern als auch bei den jüdischen Söldnern von Elephantine gebräuchlich, deren Kontrakte mit der ägyptischen Bevölkerung übrigens auf eine vor der persischen liegende Epoche zurückgehen, da ihre ursprüngliche Ansiedlung in die Zeit Psammetichs II. zurückgeht, sie scheinen in einigen Fällen eine gemeinsame neubabylonische Quelle zu haben[37].

Die persische Regierung unterhielt in Ägypten ein ständiges, starkes militärisches Kontingent, sei es zur Verteidigung der Grenzen, sei es zur Aufrechterhaltung der inneren Sicherheit. Während der Perserzeit gab es Grenzgarnisonen in Elephantine, Daphne und Maräa zur Verteidigung des Südens bzw. des Ostens und des Westens wie in der Zeit der saïtischen Herrschaft (Herodot II, 30). Für unsere Kenntnis der militärischen Organisation sind die aramäischen Dokumente der Kolonie der in Elephantine stationierten jüdischen Söldner maßgebend; wir wissen, daß die Garnison (aramäisch *haila*) eingeteilt war in *degelin*, ›Standarten‹, von denen jede nach ihrem leitenden Offizier, der immer ein Perser oder ein Babylonier ist, benannt war. Der *degel* seinerseits war eingeteilt in *mata*, ›Zenturien‹, die ebenfalls nach ihren Befehlshabern benannt wurden. Während das jüdische Militär-Detachement seinen Standort auf der Insel Elephantine hatte, wo es auch einen Tempel des Gottes Yahu gab, lagen andere semitische und vielleicht auch ägyptische Militäreinheiten im befestigten Syene. In Syene standen Tempel semitischer Gottheiten, wie der des Nabu, des Banit in Syene, des Bethel und des Melket-Schemin[38], und hier war auch der Amtssitz des *rab haila*, des Kommandanten der Garnison der Südgrenze, der wahrscheinlich alle Militär-Detachements in Oberägypten bis nach

Memphis befehligte. Die Söldner erhielten von der Regierung monatlich eine Ration an Getreide und Gemüse sowie einen Barbetrag. Weitere Militär-Detachements, jüdische und vielleicht auch solche anderer semitischer Stämme, lagen in Theben und in Abydos. Memphis und seine Zitadelle, die ›Weiße Mauer‹, waren befestigt (Herodot III, 91), und die Garnison bestand aus Juden und Kolonien anderer Semiten[39]; semitische Söldner waren auch auf den Werften des Arsenals von Memphis beschäftigt[40]. Im Delta lagen ebenfalls semitische Militäreinheiten; außer in Daphne gab es jüdische Söldner der persischen Regierung in Migdal, wahrscheinlich Pelusium[41], und in Tell Maskhuta[42] eine Gruppe von Arabern, die die Göttin Ilat (han-Ilat) verehrten. Die persische Regierung bediente sich auch ägyptischer Soldaten; so nahmen z. B. ägyptische Truppen an dem Feldzug des Großkönigs in Griechenland im Jahre 480 v. Chr. teil (Herodot VII, 89, VIII, 17), und Truppen der Ioner und Karer dienten im Heer des Kambyses, als er Ägypten eroberte (Herodot III, 1). Im persischen Heer waren im übrigen neben dem persischen und babylonischen Element, das nur in geringer Zahl Kommandostellen innehatte, wie z. B. der *rab haila* und die Anführer der einzelnen *degelin*, auch kaspische, chorasmische und andere aus den verschiedenen Provinzen des Reiches stammende Elemente vertreten, welche die völkische Buntheit der Untertanen des Großkönigs widerspiegelten. In der Umgebung der ausländischen Garnisonen, besonders in den Städten Unterägyptens und vor allem in Memphis, wimmelte es von Persern und Babyloniern, von Angehörigen semitischer Stämme, von Kilikiern und Griechen, die sich als Händler und Handwerker betätigten. Münzgeld verschiedener Art vom Schekel bis zum Stater war neben dem nach dem Gewichtssystem in *deben* und *kite* bewerteten Metall in ganz Ägypten in Umlauf[43]. Auch organisierte Kulte fremder Götter mit Tempeln und Priestern gab es überall, sie sind durch Dokumente belegt, so außer für den jüdischen Gott Yahu, dessen einziger Tempel auf ägyptischem Boden in Elephantine stand, für die Gottheiten Nabu, Baal-Eschemun, Baal-Banit, Anat, Melkat-Schemin und Ilat; anderseits zeigten sich die Fremden in Ägypten gern bereit, die Gottheiten des Landes zu achten, das ihnen Gastfreundschaft gewährte, und zahlreiche Votivgegenstände, Stelen, Vasen, kleine Figuren des Lieblingsgottes, häufig des Apisstiers[44], bezeugen ihre Frömmigkeit. Das religiöse Leben der Ägypter ging jedoch ohne Erschütterungen und ohne offensichtliche Veränderungen im Vergleich zu dem der saïtischen Epoche weiter; wir beobachten einen starken Formalismus in den Tempeln, viel Magie, begleitet von einem hochentwickelten Kult der heiligen Tiere beim Volk[45]. Aus der persischen Zeit stammt ein interes-

Abb. 20: Naosträgerstatue des Psamtek-sa-Neit

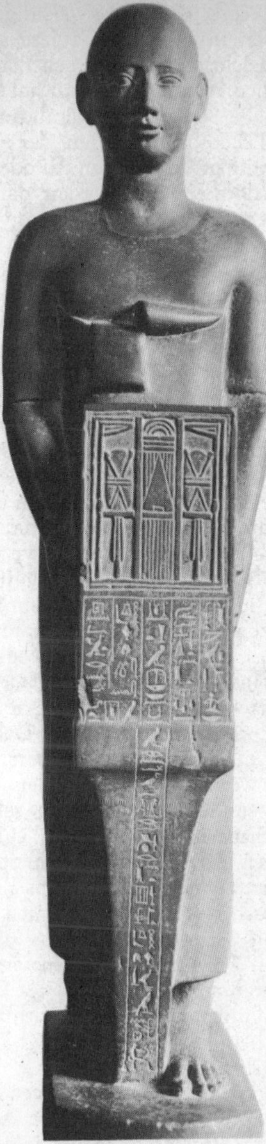

Abb. 21: Naosträgerstatue des Henata

santes literarisches Werk, die ›Unterweisungen des Anchscheschonk‹[46], geschrieben in Demotisch; diese an den Sohn des Autors gerichteten Belehrungen in der Lebensführung nach dem Muster der ägyptischen Weisheitsliteratur haben einen epigrammatischen Ton und die Schärfe volkstümlicher Spruchweisheit. Das künstlerische Leben im Ägypten der XXVII. Dynastie scheint keine wesentlichen Veränderungen oder Brüche erfahren zu haben. Es muß jedoch erwähnt werden, daß gerade in dieser Periode der Fremdherrschaft in der Kunst Ägyptens das eigentliche Porträt im abendländischen Sinne[47] in Erscheinung tritt, wenn sich auch bei dem Großteil der Skulpturen jene Art von morbidem Idealismus erhielt, die schon in der Saïtenzeit dominierte; zwischen dem 6. und dem 5. Jahrhundert also (und nicht erst in der Ptolemäerzeit) nahm die Entwicklung des ägyptischen Porträtstils ihren Anfang. Eins der besten Beispiele für diese Porträtkunst haben wir in der Naosträgerstatue des Psamtek-sa-Neit, jetzt im Museum von Kairo. Eine andere für die Kunst der Perserzeit in Ägypten bemerkenswerte Tatsache ist die Existenz einer Anzahl von Skulpturen, die in der Kleidung, einem Kasack mit verschieden langen Ärmeln und spitzem Halsausschnitt, ergänzt durch einen weiten, vorne verknoteten Mantel, der den Einfluß der persischen Mode verrät[48], und in den Schmuckstücken, Halsbändern persischer Machart und Armbändern, die ebenfalls nicht ägyptischen Ursprungs sind, starke persische Einflüsse zeigen[49]; wir verweisen auf die Naosträgerstatue Udjahorresnes im Vatikanischen Museum, die Statue des Ptah-hotep im Museum Brooklyn, die Statue des Henata im Museum von Florenz, die bereits erwähnte Statue des Psamtek-sa-Neit im Museum zu Kairo und die des Uahibre im gleichen Museum[50]. Im übrigen sind Gegenstände persischer Provenienz, von persischen Handwerkern hergestellt oder aus Persien importiert, in Ägypten gefunden worden, so Siegel und andere Gegenstände mit Inschriften in Keilschrift, einige Königsköpfe von persischen Stelen, Löwen und Löwenköpfe in Schlangenstein und Alabaster achämenidischen Typs[51], dazu Vasen, die zweifellos von persischen Künstlern stammen[52]. Anderseits hat man in Susa Vasen ägyptischer Machart mit Inschriften in Hieroglyphen und in Keilschrift gefunden; ägyptische Arbeiter und Architekten waren am Bau des Palastes Dareios' I. in Persepolis beteiligt, und unleugbar und offensichtlich ist ein starker Einfluß der ägyptischen Architektur und der ägyptischen Kunst auf die persische Architektur[53].

Dies also war das Ägypten, das Herodot gegen 450 v. Chr.(?) mit der Neugier des Historikers besuchte . . . Mit Amyrtaios (405/04 bis 400/399) beginnen für Ägypten die sechzig Jahre eigener Herrscher, die zugleich die letzten seiner Unabhängigkeit waren und drei Dynastien, die XXVIII., die XXIX. und die XXX., umfassen[54]. Für Ägypten, das seine Autonomie wiedererlangt hat, gibt es nur eine Gefahr und einen Feind, Persien, das seinerseits in Ägypten die rebellische Provinz sieht, die wiedererobert und bestraft werden muß. So ist jeder Feind Persiens der natürliche Freund Ägyptens, und das Gleichgewicht der letzten einheimischen Dynastien wird durch ein Spiel von Hilfeleistungen und Bündnissen im Mittelmeerraum aufrechterhalten. Amyrtaios ist der einzige König der XXVIII. Dynastie; er war vielleicht ein Nachkomme der XXVI. Dynastie und machte wahrscheinlich Saïs zu seiner Hauptstadt. Amyrtaios soll ein Bündnis mit den Arabern geschlossen haben, um Phönikien anzugreifen; es war dies ein strategischer Zug, um einer persischen Aktion gegen die noch dem Großkönig unterstehenden Gebiete zuvorzukommen, eine Aktion übrigens, die nach Lage der Dinge in Persien zu jener Zeit wenig wahrscheinlich war. Amyrtaios gelang es auch, sich durch Verrat Geld und Schiffe zu verschaffen, um seine Macht zu festigen; im Jahre 400 flüchtete Tamos, ein Ägypter aus Memphis, der unter Kyros Gouverneur von Ionien gewesen war, mit seinem Sohn, seinen Schiffen und seinen Schätzen nach Ägypten zu Amyrtaios (Diodor XIV, 19,6) in der Hoffnung auf den Schutz des ägyptischen Herrschers, der jedoch Tamos und seinen Sohn umbringen ließ und sich ihrer Güter bemächtigte. Die Regierungszeit des Amyrtaios war kurz, denn er wurde bereits 399 entthront (ermordet?) und von einer neuen Dynastie, der XXIX., abgelöst, deren Begründer Nepherites (400/399–395/94) aus Mendes im Delta war. Während seiner Regierung brachte das Wechselspiel der griechisch-persischen Politik Sparta, nachdem es mit Persien verbündet gewesen war, in freundschaftliche Beziehungen zu Ägypten; im Jahre 395 schickte der Pharao der bei Rhodos versammelten spartanischen Flotte Verstärkungen, die jedoch in die Hände der von dem Athener Konon befehligten Perser fielen. Der Nachfolger des Nepherites, Achoris (394/93–382/81), griff tatkräftig in die Politik des Mittelmeerraumes ein, indem er sich mit Athen verbündete und der Liga gegen die Perser beitrat, die um Euagoras von Cypern die Pisidier und die Araber Palästinas vereinte. Dem Euagoras, der Cypern bis 380 gegen Persien verteidigen konnte, schickte Achoris fünfzig Kriegsschiffe, Getreide und Geld, während er die ägyptischen Streitkräfte durch griechische Söldner verstärkte und aus Ägypten eine neue Seemacht schuf. Die zahlreichen Monumente seiner Regierungszeit bezeugen einen starken wirtschaftlichen Wiederaufschwung, und Spuren seiner Bautätigkeit finden sich in Ober- und in Unterägypten. Sein Nachfolger Nepherites II. regierte nur wenige Jahre und wurde von Nektanebos aus Sebennytos (381/80–364/63) entthront, mit dem die XXX. Dynastie begann; es ist bemerkenswert, daß im Ägypten der Spätzeit die Initiative immer vom Delta ausging, teils auf Grund der größeren Möglichkeiten des politischen Kräftespiels im Mittelmeer, teils infolge des Verfalls des kontinentalen Ägypten. Der Friede des Antialkidas (386 v. Chr.) hatte Persien die Möglichkeit eröffnet, Ägypten anzugreifen. Chabrias, der athenische Admiral, der bereits mit Achoris in Verbindung gestanden hatte, bot Nektanebos seine Unterstützung an, doch Athen forderte auf Verlangen Persiens Chabrias von Ägypten zurück (379 v. Chr.) und schickte den Feldherrn Iphikrates zur Teilnahme an dem persischen Feldzug gegen Ägypten (Diodor IV, 29,4) nach Persien. Im Jahre 373 griff das persische Heer, verstärkt durch bedeutende Land- und Seestreitkräfte, unter dem Oberbefehl des von dem Athener Iphikrates begleiteten Pharnabazos Ägypten von Pelusium her an, doch es gelang Nektanebos, diesen Angriff durch ein Verteidigungssystem von Kanälen und Sperren abzuwehren; der zweite Angriff erfolgte an der Mündung des mendesischen Nilarmes. Der Rat des Iphikrates, schnellstens nach Memphis vorzustoßen, bevor dort die Verteidigung organisiert werden konnte, wurde von Pharnabazos nicht befolgt; inzwischen war es den Ägyptern gelungen, im Gebiet von Mendes eine starke Verteidigungslinie zu bilden, bis der Nil während der Überschwemmungsperiode hoch genug stieg, um die Perser zum Rückzug zu zwingen. In den folgenden Jahren wurde jeder Versuch der Rückeroberung Ägyptens durch die Haltung der westlichen Provinzen des Achämenidenreiches verhindert. Unter der Regierung Nektanebos' I. erlebte das Land eine bemerkenswerte Blüte; zahlreiche Monumente aus seiner Zeit bezeugen eine rege Bautätigkeit und die Neigung zu einer Rückkehr zum Stil der XXVI. Dynastie, die sich in einem archaisierenden Geschmack der Sprache, der Inschriften und auch der Bildhauerkunst manifestiert, bei der man eine Rückkehr zur klassischen Tradition und zur Darstellung der Gesichter in dem idealistischen Stil der Saïtenzeit beobachten kann[55]. Der Sohn des Nektanebos, Tachos (363/62–362/61), faßte den ehrgeizigen Plan, Syrien und Palästina, die die Rebellen gegen Artaxerxes unterstützten, für Ägypten zurückzuerobern, und organisierte zu diesem Zweck eine große Flotte und ein starkes Heer, nachdem er erreicht hatte, daß König Agesilaos von Sparta selbst an der Spitze seiner Söldnertruppe und Chabrias von Athen als Befehlshaber der Flotte zu ihm stießen. Für sein gewaltiges Unternehmen, das die Möglichkeiten eines Pharaonen jener Zeit überstieg und eine zuvor nie erreichte Zahl von griechischen Söldnern in einem ägyptischen Heer vereinigte, bedurfte es ungewöhnlich großer Geldmittel. Tachos gelang es, sie zusammenzubringen, indem er den Rat des Chabrias befolgte: die Einkünfte der Priester wurden auf ein Zehntel reduziert, die Stadtbürger wurden veranlaßt, alles in ihrem Besitz befindliche Edelmetall herzugeben — wahrscheinlich hofften sie, hohe Zinsen zu erhalten, sie wurden jedoch mit Naturalien abgefunden — und Bauten und Berufseinkommen wurden mit Steuern belegt[56]. Der kluge Rat des Atheners verschaffte Tachos das erforderliche Geld, und das Heer setzte sich nach Palästina in Bewegung, wo Tachos einige militärische Erfolge erringen konnte. Doch sein Bruder, den er als Regenten in Ägypten zurückgelassen hatte, verriet ihn, und auch sein Neffe Nektanebos ließ ihn im Stich und desertierte mit dem größten Teil der Ägypter und mit Agesilaos und dessen Soldaten nach Syrien. Tachos floh zum persischen König nach Susa, während Chabrias, der versucht hatte, Tachos treu zu bleiben, nach Athen zurückkehrte. Inzwischen hatte sich in Ägypten ein Mann aus Mendes, möglicherweise ein Nachkomme der Familie der XXIX. Dynastie, zum König ausrufen lassen und viele Anhänger gefunden (Diodor XV, 93,2—6); so sah sich Nektanebos, dem nichts anderes übrig blieb als nach Ägypten zurückzukehren, dem Usurpator gegenüber, der ihn und Agesilaos in einer Stadt des Deltas belagerte. Der militärischen Stärke des Königs von Sparta gelang es, die Oberhand über die Belagerer zu gewinnen und alle Feinde des Nektanebos zu vernichten. Nektanebos II. blieb auf dem ägyptischen Thron (361/60—343). Für die rege Bautätigkeit, die sich während seiner Regierung entfaltete, zeugen zahlreiche Monumente. Im Jahre 358 wurde Ägypten durch einen von dem Prinzen Artaxerxes, der vielleicht von Tachos begleitet war, geleiteten Überfall bedroht, von dem wir keine Einzelheiten kennen, der jedoch scheiterte. Ein weiterer Versuch, in Ägypten einzudringen, dessen Einzelheiten wir kennen, unternommen von Artaxerxes, der inzwischen König geworden war (Artaxerxes III. Ochos), erfolgte 351, scheiterte jedoch ebenfalls. Während zwischen 349 und 346 (?) Syrien und Cypern sich gegen die persische Herrschaft auflehnten, blieb Nektanebos neutral; doch als er im Jahre 346 dem König von Sidon viertausend Söldner unter dem Oberbefehl Mentors von Rhodos schickte (Diodor XVI, 42,2), gab er Artaxerxes Gelegenheit, in Ägypten einzudringen, um es wiederzuerobern. Nachdem Artaxerxes 343 Cypern und Sidon besetzt hatte, konnte er seine gesamten Streitkräfte auf Ägypten konzentrieren. Der Angriff unter dem Kommando des Bagoas erfolgte von Pelusium her. Die Verteidigungsvorbereitungen des Pharao waren sehr intensiv, doch die Lage der ägyptischen Befestigungen wurde den Persern durch Mentor von Rhodos verraten, der zu den Persern übergegangen war und eine Abteilung des Invasionsheeres befehligte. Nachdem Bagoas so die Verteidigung von Pelusium gebrochen hatte, erreichte er die Übergabe der Städte des Deltas, begünstigt auch durch die Rivalität zwischen Griechen und Ägyptern. Unterdessen war Nektanebos in Memphis geblieben; als er erfuhr, daß ganz Unterägypten in den Händen der Perser war, raffte er seine Schätze zusammen und floh nach Nubien (Diodor XVI, 51,1–2), wahrscheinlich zu einem Fürsten Nordnubiens, vielleicht in der Hoffnung, nach Ägypten zurückkehren zu können[57]. Wir wissen nichts über sein Ende; die Legende machte ihn später zum Vater Alexanders des Großen (Pseudo-Kallisthenes). Nektanebos soll mittels seiner Zauberkräfte die Gestalt des Gottes Amon angenommen und sich mit Olympias, der Mutter Alexanders, vereinigt haben; so konnte der ägyptische Nationalstolz behaupten, die Perser seien von einem Ägypter aus Ägypten vertrieben worden. Ägypten kehrte also nach sechzig Jahren Unabhängigkeit wieder unter die persische Oberherrschaft zurück; diese ›Zweite Perserzeit‹ oder XXXI. Dynastie dauerte bis 332 v. Chr. Wahrscheinlich hat Artaxerxes Ägypten sehr hart behandelt, weil er es als eine rebellische, nach langem Widerstand zurückeroberte Provinz betrachtete. Die griechischen Autoren (Plutarch, Isis und Osiris, II, b, Älian, Varia Historia VI, 8) beschuldigen Artaxerxes III. der Gottlosigkeit und der Gewalttätigkeit; nach ihnen tötete er den Apisstier, verzehrte ihn mit seinen Freunden und bot an seiner Stelle den Ägyptern einen Esel zur Anbetung an. Der Prüfstein für das Verhalten der persischen Könige ist offenbar der Apisstier, und die große Ähnlichkeit mit der gegen Kambyses erhobenen Beschuldigung läßt Zweifel an der Wahrheit dieser Berichte aufkommen, nach denen er auch den Stier von Heliopolis Mnevis und den heiligen Ziegenbock von Mendes getötet, die Tempel geplündert und die Mauern der Städte zerstört haben soll.

Daß Artaxerxes III. ein der Göttin von Buto gehörendes Territorium in Besitz genommen hat, wird durch eine Stele einer späteren Epoche bestätigt, die ›Satrapenstele‹ aus dem Jahre 312 v. Chr. Artaxerxes kehrte nach Persien zurück und beließ in Ägypten als Statthalter einen gewissen Pherendates (Diodor XVI, 51,3); doch in diesem Jahr (338) wurde Artaxerxes III. von Bagoas vergiftet, der den jüngeren Sohn des Königs, Arses, auf den Thron setzte, der seinerseits von dem gleichen Bagaos im Sommer des Jahres 336 getötet wurde. Zwischen Ende 338 und 336 erlebte Ägypten eine kurze Periode der Unabhängigkeit von Persien unter einem König mit dem Namen Chabbasch[58]. Die klassischen Quellen wissen nichts von dieser Dynastie, die jedoch durch eine Anzahl von Dokumenten belegt ist; die bereits erwähnte ›Satrapenstele‹ berichtet, Chabbasch habe im zweiten Jahr seiner Regierung die Verteidigungsanlagen des Deltas inspiziert, um für die Abwehr eines persischen Angriffs bereit zu sein. Die Herkunft dieses Königs ist unbekannt; die sehr unterschiedlichen Hypothesen über seine Abstammung beruhen hauptsächlich auf seinem Namen, der nicht ägyptisch zu sein scheint. Er soll Araber gewesen sein, ein rebellischer Satrap, Libyer oder Äthiopier. Am meisten spricht vielleicht für die Hypothese, die in ihm einen aus Südägypten stammenden nubischen Führer sieht; dann hätte auch die Tatsache eine Rolle gespielt, daß Nektanebos II. nach Nubien flüchtete[59]. Die Spuren des Chabbasch verlieren sich nach dem zweiten Jahr seiner Regierung; im Jahre 336, als Dareios III. Kodomannos von Bagoas, der Arses ermordet hatte, auf den Thron gesetzt wurde, geriet Ägypten wieder unter die Herrschaft des Achämenidenkönigs. Doch für das Perserreich nahte die Stunde des Untergangs; im Jahre 334 überschritt der Makedoner Alexander den Hellespont und errang am Granikos seinen ersten großen Sieg über die Perser, und mit der Schlacht bei Issos im Jahre 333 ging der westliche Teil des Reiches für Dareios III. verloren. Wir wissen, daß bei Issos eine hohe ägyptische Persönlichkeit, Sematauitefnacht aus Herakleopolis, für den Großkönig kämpfte; auf seiner Inschrift, bekannt als ›Stele von Neapel‹ und verfaßt zur Zeit Alexanders des Großen[60], berichtet er, er habe an der Seite des persischen Königs gegen die Griechen gekämpft und sein Leben gerettet, indem er durch die fremden Länder floh und das Meer überquerte, um nach Ägypten zurückzukehren. In der Schlacht bei Issos fiel der Satrap Ägyptens, Sabakes. Nach der Schlacht bei Issos floh der Makedoner Amyntas, der in den Dienst Persiens übergetreten war, mit andern Führern und achttausend Soldaten, gelangte von Cypern nach Pelusium, gab sich als ein Abgesandter des Dareios aus, der den Satrapen Sabakes ersetzen sollte, und erreichte nach Durchquerung des Deltas Memphis. Doch der neue Satrap Mazakes widersetzte sich dem Amyntas und tötete ihn und seine Horden (vgl. Diodor XVII, 48,2–5). Als gegen Ende des Jahres 332 Alexander Pelusium erreichte, konnte er im Triumph bis nach Memphis weiterziehen, ohne auf Widerstand zu stoßen; Mazakes übergab ihm das Land praktisch ohne Kampf.

Ägypten hört nun endgültig auf, Teil des Achämenidenreiches zu sein, dessen Macht zu Ende ist, und wird ein Teil des Reiches Alexanders des Großen; danach haben die Ptolemäer das Erbe Alexanders angetreten, und nach ihnen die Römer.

17. Mesopotamien in der Perserzeit

Im Jahre 612 hatte der Meder Kyaxares Ninive zerstört; 539 beseitigte der Perser Kyros, als er Babylon einnahm, den letzten unabhängigen Staat Mesopotamiens. Doch die auf dem mesopotamischen Boden gewachsene Kultur war noch nicht erschöpft, und mehr als fünf Jahrhunderte sollten vergehen, bevor sie verschwand. Babylon blieb der Kern eines alten Kulturlandes, das die persische Eroberung zum Zentrum des größten politischen Gebildes des Altertums gemacht hatte; reger als zuvor tauschten weit voneinander entfernte Gebiete Menschen und Waren, Gedanken und Formen des religiösen Lebens aus. Durch seine ruhmvolle Vergangenheit und den Ruf seines Reichtums und Glanzes wurde Babylonien ein Land der Begegnung, in dem Händler, Fremde und vom Großkönig angesiedelte Soldaten sich mit der alteingesessenen Bevölkerung vermischten. Zwar gelang es der babylonischen Zivilisation, sich zu behaupten und ihr Werk auf dem Gebiet der Rechts- und der Naturwissenschaft fortzusetzen, doch die Menschen, die Götter, die Sprache und die Gesellschaft blieben nicht die gleichen, und es entstand eine neue Welt, in der die alte Kultur, ihr Bestes an die Nachwelt vererbend, langsam zerfiel. Viele Aspekte dieser Mutation in der Geschichte einer Zivilisation werden durch eine Dokumentation von außergewöhnlicher Fülle erhellt.

Schon die neubabylonische oder chaldäische Epoche (627–539) ist überaus reich an Texten aller Art, und die persische Epoche, etwa bis zum Jahre 400, ist es nicht weniger; diese Texte zählen nach Tausenden, die Bestände der Museen sind noch nicht ausgewertet, die archäologische Forschung fördert ständig neue Dokumente zutage, und bei dem letzten großen Fund in dem Gebiet von Uruk/Warka im Verlauf der XVIII. Grabungskampagne wurden 205 Keilschrifttäfelchen ökonomischen Inhalts aus der Zeit zwischen 550 und 489 registriert. Es sind noch nicht alle Texte veröffentlicht, viele fehlen noch, und so liegt eine riesige Dokumentation vor, aus der die Gelehrten nur langsam Gewinn ziehen können. Diese Dokumentation enthält auch historische Texte, doch mit ihren Briefen und Verträgen ist sie vor allem eine Quelle für Informationen wirtschaftlicher und juristischer Art. In Nippur haben die Archäologen eine Anzahl Täfelchen von höchstem Interesse gefunden; es handelte sich um das Archiv des großen Handelshauses der Muraschu, das am Ende des 5. Jahrhunderts in voller Blüte stand. Selbst ohne so außergewöhnliche Umstände erlaubt es die Dokumentation im allgemeinen, die sozialen und wirtschaftlichen Strukturen Babyloniens in einem Zeitraum von mehr als zwei Jahrhunderten zu erkennen. Die zahlreichen Datierungselemente, die sie uns liefert, lassen eine vollständige Lösung des Problems der Chronologie erhoffen. Wenn wir dazu die Ergebnisse der archäologischen Forschung nehmen, dazu die Berichte der ersten Griechen, die die orientalische Welt aus eigener Anschauung kannten, nämlich die des Herodot, des Xenophon und des Ktesias, dürfte eine Rekonstruktion des Lebens jener Zeit weitaus besser möglich sein als für viele andere Epochen.

Der Untergang des chaldäischen Reiches wurde durch die Feindschaften, die Nabonid sich zugezogen hatte, beschleunigt. Der Verrat tat sein Werk, und es ist wahrscheinlich, daß derjenige, der Babylon einnahm, nämlich Ugbaru, der Statthalter von Gutium, ein seit Nebukadnezar bekannter babylonischer, doch zum Feind übergegangener Würdenträger war. Der Wechsel von einem Herrn zum andern geschah ohne Schwierigkeiten, zumal die Zeitgenossen, glücklich darüber, von Nabonid befreit zu sein, keinen Augenblick daran dachten, daß eine Welt zu Ende gegangen sein könnte. Als er am 29. Oktober 539 in Babylon einzog, nahm Kyros die traditionellen Titel an, beließ die Beamten auf ihren Posten und stellte an ihre Spitze Ugbaru, dessen Name im Griechischen Gobryas (von Gubaru) lautete. Die riesige Satrapie, die er verwaltete, umfaßte das Gebiet des alten chaldäischen Reiches; sie erstreckte sich über ganz Mesopotamien, Syrien, Phönikien und Palästina; so erschien das Reich des Kyros als die Vereinigung des Perserreichs und des Königreichs Nebukadnezars. Kyros legten großen Wert darauf, in aller Form inthronisiert zu werden; sein Sohn Kambyses, der in seinem Auftrag handelte, ergriff bei der Feier des Neujahrsfestes (Akitu) am 27. März 538 die Hand des Gottes Marduk, und Kyros trug von nun an die Titel ›König von Babylon und König der Länder‹; durch diese Doppelbezeichnung brachte er zum Ausdruck, daß das Königreich Babylon persönlich an das Perserreich gebunden war und nicht als ein auf Grund des Erobererrechtes annektiertes Land betrachtet wurde.

Die ersten Handlungen des Kyros hatten seine Achtung vor seinen neuen Untertanen bezeugt. Klugerweise verzichtete er auf die religiöse Politik des Nabonid und gewann Priester und Gläubige durch die Restaurierung der alten Religion für sich; die Tempel wurden wieder unterhalten und der Kult gewährleistet, das Kultgerät und Statuen der Götter, die Nabonid in Babylon aufgestapelt hatte, wurden ihren Heiligtümern zurückgegeben, und die Städte Babyloniens und die Tempel von Assyrien, Gutium und Elam erhielten so ihre heiligen Schutzpatrone zurück. Nicht weniger geschickt machte man geltend, daß Kyros durch seine Frömmigkeit und den Segen der traditionellen Götter, den die Reihe seiner glänzenden Erfolge bewies, der legitime Herrscher war; man darf annehmen, daß die Priesterschaft Babylons an der Abfassung der Texte beteiligt war, die das Andenken Nabonids verdammten und Kyros als den Erwählten der Götter, als den mit einer heiligen Mission betrauten Fürsten darstellten. Und die Menge hatte wirklich seine Truppen in Babylon einziehen gesehen, ohne daß sie plünderten, und die *Babylonische Chronik* hatte vermerkt: »Am Ende des Taschritu (Mitte Oktober) bewachten die Schildträger von Gutium die Tore des Esagil (der von Nabonid aufgegebene Tempel des Marduk); keine Lanze näherte sich dem Esagil, noch drang sie in das Heiligtum ein; kein Ritus wurde entheiligt.« Diesem Lobgesang schloß sich die unerwartete Stimme der Propheten Israels an: Deuterojesaja begrüßte Kyros als den »Gesalbten des Herrn«; 538 tat dieser für Jerusalem das, was er für die heidnischen Tempel Mesopotamiens getan hatte: Das Kultgerät wurde dem Tempel zurückerstattet, und die Fundamente eines neuen Tempels wurden gelegt.

In Babylonien, dem Herzen des neuen Perserreiches, ließ Kyros seinen Sohn Kambyses als eine Art Vizekönig zurück; in Sippar residierend, machte der junge Prinz seine Lehrzeit als König durch und regierte das gesamte Mesopotamien bis 530. Als sein Vater nach Turkestan aufbrach, um die Massageten zu bekämpfen, wurde er durch den Titel ›König von Babylon‹ als Erbe des Reichsthrones designiert. Die Vorsorge erwies sich als begründet, denn im Sommer 530 fiel Kyros. Seit dem September schmücken die babylonischen Texte ihren König, den durch seine Macht über das Königreich Babylon der Achtung aller empfohlenen Kronprinzen, mit der vollständigen Reichstitulatur »König von Babylon und König der Länder«. Der neue Herrscher blieb jedoch nicht in seinem Königreich; er brach zur Eroberung Ägyptens auf und starb auf dem Rückweg in Palästina, wo ihn die Nachricht von der Usurpation des falschen Bardija erreicht haben soll, der griechisch Smerdis hieß und sich als Bruder des Kambyses ausgab. Die Babylonier trugen keine Bedenken, den neuen Herrscher im Frühjahr 522 anzuerkennen, doch sie griffen zu den Waffen gegen den Usurpator Dareios, als dieser am 29. September 522 Bardija in Medien hatte ermorden lassen.

Am 3. Oktober 522 erhob sich Babylon, und die nationalistische Bewegung, die durch die Politik des Kyros und des Kambyses beschwichtigt worden war, erwachte von neuem; der chaldäische König Nebukadnezar bezeichnete sich als Sohn des Nabonid und schien einen Augenblick fähig, dem Kriegsglück des Dareios Einhalt zu gebieten. Doch nachdem er am 13. Dezember 522 gesiegt hatte, wurde er fünf Tage später in der Schlacht von Zazana geschlagen und getötet. Am 22. Dezember 522 erwähnen die Texte »Dareios, König von Babylon und König der Länder«. Der Sieger zeigte sich gnädig; im darauffolgenden Jahr brach eine neue Revolte aus, und ein neuer König, Nebukadnezar V., ließ die Hoffnung auf ein unabhängiges Reich wiedererstehen. Doch seine Herrschaft dauerte keine zehn Wochen, vom September bis November 521; das hervorragende persische Heer vernichtete die Babylonier unter den Mauern des inneren Walls, der König von Babylon wurde mit seinen Parteigängern gepfählt, die Stadt geplündert, die Königsgräber wurden geschändet und die Innenwälle geschleift.

Der neue Herr hätte so streng sein können, wie es einige vierzig Jahre später Xerxes gewesen ist. Trotz der Gewalttätigkeiten der Jahre 522 und 521 war das Leben in Babylonien von Kyros bis zum Tode des Dareios, also während mehr als fünfzig Jahren, unverändert. Die persische Vormundschaft machte sich erst nach und nach bemerkbar; in der Regierungszeit des Dareios kam es zu einer zunehmenden Einsetzung von Iraniern, die sich mit den Babyloniern in die unteren Stellungen der Verwaltung teilten und sogar auf der Bank der Richter Platz nahmen, um die Auslegung und Anwendung des Gesetzes des Königs zu sichern. Neue Steuern lasteten auf Babylonien wie auf allen Satrapien des Reiches, und eine straffere, durch den Willen des Königs belebte Verwaltung nahm das Land in strengere Zucht. Die Assyriologen haben seit langem die Texte über die Geschichte des unehrlichen Gimillu veröffentlicht, eines Dieners des Eanna-Tempels in Uruk, der die Tiere der Göttin Ischtar stahl und tausend andere Missetaten beging. In einer Folge von Episoden, die eines Schelmenromanes würdig wären, gelang es ihm mit Hilfe von Bestechung, im Verlauf der zwischen 538 und 534 gegen ihn eingeleiteten Untersuchungen der Gerechtigkeit zu entrinnen. War das eine Auswirkung der neuen Verwaltung? Wir stellen nur noch fest, daß der Mann im Jahre 520 endlich aufgefordert wurde, Rechenschaft über seine Untaten abzulegen.

Babylon blieb eine Hauptstadt des Reiches, im gleichen Range wie Susa und Ekbatana. In seinen Mauern hatte Kyros die Huldigung der Vasallenfürsten entgegengenommen, »aller Könige, die die Paläste der ganzen Erde bewohnten und des Oberen Meeres und des Unteren Meeres, und aller Könige des Okzidents, die unter dem Zelt wohnen«. Dareios residierte hier im Palast des Nebukadnezar, wo seine auf einer Stele eingravierte Autobiographie gefunden wurde. Trotz der neuen Aufteilung der Provinzen in Satrapien blieb die Stadt die Metropole einer großen politischen und administrativen Einheit; der Satrap

Uschtanni, der hier residierte, war der Verwalter der Satrapie Babylonien und Assyrien (der II.) und der Satrapie Abar-Nahara (der V.), d. h. der transeuphratischen, die das nordwestliche Mesopotamien, Syrien, Phönikien und Palästina umfaßte. Es war also, unter anderer administrativer Bezeichnung, das Reich des Nebukadnezar, das weiterlebte. Von Babylonien übernahmen die persischen Könige auch die Architektur; nicht zufrieden damit, zwischen dem Palast des Nabupolassar und dem alten Bett des Euphrat, in dem Gebäudekomplex, den die Ausgräber die Südburg genannt haben, einen neuen Palast zu errichten, griffen sie für diesen Palast wie für den von Dareios in Susa errichteten auf die bewährten architektonischen Traditionen zurück, so auf die Anlage von großen Terrassen, die die königlichen Bauten tragen sollten, auf die Verwendung des in Susa traditionellen Grundrisses, der zahlreiche kleinere, auf eine Reihe von Höfen gehende Räume vorsah, auf die Ausschmückung mit Flachreliefs aus glasierten Ziegeln mit Friesen von Tieren, Blumen und Soldaten der Leibwache, der ›Unsterblichen‹. Wie Kambyses unter der Herrschaft des Kyros, so erlernte Xerxes, der vorbestimmte Erbe, den Königsberuf in Babylon; er bewohnte den Teil des Palastes, der zwischen 498 und 496 erbaut wurde und zweifellos den Kern des von Dareios begonnenen Herrscherpalastes bildete.

Als König machte Xerxes der Politik seiner Vorgänger ein Ende; an Stelle eines auf den politischen Eigencharakter Ägyptens und Babyloniens gegründeten Gleichgewichts führte er eine neue Ordnung der Dinge ein, in der alle im persischen Reich vereinigten Territorien gleich streng behandelt wurden, ohne Rücksicht auf das Ansehen ihrer reichen Zivilisation. Über viele Elemente dieser Entwicklung sind wir im unklaren. Glaubte Xerxes, die Zeit der von seinen Vorgängern geübten Schonung sei vorüber? Man kann es annehmen, wenn man weiß, daß er 486, im Jahre seiner Thronbesteigung, den iranischen Charakter seiner Monarchie durch den Titel ›König der Perser und der Meder, König Babylons und der Länder‹ bekräftigte. Oder entschloß er sich zu einer radikalen Politik, weil er in ihr das einzige Mittel sah, mit dem ägyptischen und mit dem babylonischen Nationalismus fertigzuwerden? Im Jahre 485 wurden die Unruhen in Ägypten grausam unterdrückt; dann kam Babylonien an die Reihe. Die Chronologie der Ereignisse ist unsicher, und die Historiker stimmen in der Bewertung der Dokumentation, wie sie von den Daten der in Keilschrift geschriebenen Briefe und Verträge geliefert wird, nicht überein; vielleicht ereignete sich alles in einem Jahr, vielleicht gab es auch zwei Erhebungen zwischen 484 und 482, von denen nur die zweite blutig niedergeschlagen werden mußte. Es gab zwei Könige von Babylon, Bel-Schimanni und

Schamash-Eriba, die im gleichen Jahr 482 regierten oder in einem Abstand von zwei Jahren, der erste 484, der zweite 482, doch beide jeweils nicht länger als einige Wochen. Für das Jahr 482 besitzen wir Gewißheit über die Härte der von Megabyzos befehligten Sieger. Die Ruinen waren zahlreich, und es ist wahrscheinlich, daß Borsippa zerstört wurde, denn kein Dokument sollte hier wieder geschrieben werden. Babylon selbst wurde hart mitgenommen; um jede Möglichkeit einer Revolte am Vorabend des Zweiten Medischen Krieges im Keim zu ersticken, sollte das Beispiel abschrecken, ebenso war es erforderlich, Babylonien zu einer einfachen Satrapie zu degradieren. Babylon wurde also geplündert, seine Wälle wurden ein zweites Mal geschleift, in ihrer Seele aber wurde die Stadt durch die Vernichtung ihrer Heiligtümer getroffen, durch die Zerstörung des Esagil und der Ziqqurat des Etemenanki und das Verschwinden der Statue des Marduk, die eingeschmolzen wurde; die Priester des Nationalgottes wurden verhaftet und zum Teil hingerichtet. Materiell konnte das Königreich Babylon nicht mehr existieren; das Verschwinden der Statue des Marduk, die Unmöglichkeit, seinen Kult zu feiern, und vor allem das Neujahrsfest (Akitu), an dem der König die Hand des Gottes ergriff und aus ihr die Investitur empfing, alles das bewirkte, daß es keinen König von Babylonien mehr geben konnte und keine persönliche Bindung Babyloniens an das Reich. Ein politischer Status der Mäßigung, des Gleichgewichts zwischen den einzelnen Teilen des Reiches hatte sein Ende gefunden; der Perserkönig kannte nur noch Untertanen, und das Andenken des großen chaldäischen Reiches wurde durch die Zerstückelung der einstmals riesigen Satrapie ausgelöscht, denn nie wieder sind Syrien und das nordwestliche Mesopotamien, das Abar-Nahara, von Babylon aus regiert worden.

Um die politische Rolle der alten Hauptstadt war es geschehen. Lange Zeit blieb sie nichtsdestoweniger eine große Stadt, reich durch ihre wirtschaftliche Aktivität, bedeutend durch ihre zahlreichen Bewohner, eindrucksvoll durch die Monumente, die Xerxes nicht zerstört hatte. Die Perserkönige nahmen hier oft Aufenthalt, ebenso die Mitglieder der Königsfamilie, wie Dareios II. vor seiner Thronbesteigung und am Ende seines Lebens, auch Parysatis, die Tochter Artaxerxes' I., Gattin des Dareios II., die 425 hierher ins Exil geschickt wurde, und Artaxerxes II., den man nach der Schlacht bei Kunaxa (3. September 401) nach Babylon brachte, um seine Wunden zu heilen. Die Könige benutzten weiterhin die chaldäischen Herrscherpaläste und die Gebäude, die Dareios hinzugefügt hatte; vollkommen isoliert von der Stadt durch den neuen Lauf des Euphrat, lebten die Herrscher hier im Stil der großen persischen Herrn. Sie

legten Gärten mit Ruhepavillons an, und im Jahre 345 gestaltete Artaxerxes III. den Palast des Dareios um, indem er eine Apadana anbauen ließ.
Es ist schwer zu sagen, ob die persische Herrschaft mit der Regierung des Xerxes härter, anspruchsvoller geworden ist. Angesichts der Politik dieses Königs und der geringen Anzahl der Keilschrift-Dokumente, die uns für das Ende des 5. Jahrhunderts überliefert sind, wäre dies gut möglich. Aber der Gebrauch des Schrift-Aramäischen auf Pergament oder auf Papyrus diente vielleicht mehr der Abfassung von Dokumenten, die vorher auf Täfelchen geschrieben worden waren; doch nur die Tontäfelchen sind erhalten geblieben. Die Blüte eines Handelshauses wie der Firma Muraschu kann sehr wohl bedeuten, daß es Möglichkeiten der Bereicherung für geschickte Geschäftsleute außerhalb oder auf Kosten der allgemeinen wirtschaftlichen Verhältnisse gab. Es bleibt das Zeugnis Herodots, in Einzelheiten zweifellos angreifbar, doch frappierend in seiner Gesamtheit. Es ist schwer, Herodot Glauben zu schenken, wenn er berichtet, daß die babylonischen Familien ihre Töchter zu Tempelsklavinnen machten oder sie versteigerten; doch es ist immerhin bemerkenswert, daß er diese Sitten durch die extreme Armut der meisten, durch die Härte der persischen Verwaltung ruinierten, Familien erklärt. Wenn man die Zahlen auch nicht ohne einiges Mißtrauen hinnehmen kann, so scheint das, was er uns über die Höhe der von Babylonien geforderten Kontributionen sagt, dennoch einen ziemlich genauen Begriff von der fiskalischen Last zu vermitteln: tausend Talente im Jahr, der Unterhalt des Hofes und des Heeres während eines Drittels des Jahres. Soll man ihm glauben, wenn er behauptet, der Satrap von Babylon habe tagtäglich einen Scheffel Silber eingenommen und auf Kosten seiner Untertanen seine 800 Hengste und seine 16 000 Stuten unterhalten? Mögen die Zahlen auch übertrieben sein, die Berichte bedeuten zumindest, daß es sich für den Sieger gut leben ließ in einer reichen Provinz, die ohne allzu große Skrupel ausgebeutet werden konnte.
Zeugnisse von Zeitgenossen und die Ergebnisse der archäologischen Forschung liefern uns einige wenige Informationen über die Landschaft und die Geographie des damaligen Mesopotamien. Das einzige dichtbevölkerte und intensiv bewirtschaftete Gebiet war Babylonien, von dem Punkt, an dem Tigris und Euphrat sich am nächsten kommen, bis hin zum Meer. Assyrien dagegen war keineswegs eine Wüste; hierfür besitzen wir das Zeugnis des Xenophon über die Ruinen von Ninive und von Kalchu (Nimrud), als die Griechen, die er befehligte, an den beiden zerstörten Städten, deren Namen vergessen waren, vorüberzogen. Über Kalchu schreibt er: »Die Griechen . . . kamen

zu den Ufern des Tigris. Hier lag eine große verlassene Stadt mit Namen Larissa. Sie war einstmals von den Medern bewohnt gewesen. Die Mauer dieser Stadt war fünfundzwanzig Fuß dick und hundert Fuß hoch. Der Umfang der Einfriedung war zwei Parasangen (etwa 12 Kilometer). Sie war aus Tonziegeln erbaut, doch der Unterbau war aus Stein bis zu einer Höhe von zwanzig Fuß«, und über Ninive: »Die Griechen ... kamen zu einer riesigen verlassenen Mauer, gelegen bei einer Stadt mit dem Namen Mespila (Maschpil, bedeutet auf akkadisch ›die Verlassene‹), die früher von den Medern bewohnt wurde. Die Basis dieser aus polierten Steinen errichteten und mit Muscheln gefüllten Mauer war fünfzig Fuß dick und fünfzig Fuß hoch. Auf dieser Basis war eine Ziegelmauer errichtet, fünfzig Fuß dick und hundert hoch. Die Mauer maß sechs Parasangen (etwa 36 Kilometer) im Umfang.« (*Anabasis* III; 4, 6, 7 u. 10.) Die Stadt Assur jedoch war damals nicht verlassen; sie war keine Hauptstadt mehr, doch Grabungen haben den Fortbestand von Siedlungen bis zur parthischen Eroberung bewiesen, wie auch die Onomastik die Anwesenheit zahlreicher Assyrer in ganz Mesopotamien bezeugt, wo ihre theophoren Namen die Erwähnung Assurs, des Nationalgottes, einschließen.
Auf dem Weg von Thapsakos nach Kunaxa sahen die griechischen Söldner kaum mehr als die von wilden Tieren, Eseln, Straußen und Trappen, durchstreifte Steppe; die politische und militärische Organisation des Seleukidenreiches sollte später die makedonischen Herrscher dazu veranlassen, die Städtegründungen entlang dem Mittellauf des Euphrat zu vermehren; Dura-Europos ist hierfür eines der bekanntesten Beispiele. Babylonien dagegen hatte zahlreiche Städte. Herodot sah Babylon zwanzig oder dreißig Jahre nach dem fürchterlichen Strafgericht, das Xerxes verhängt hatte; die Stadt war jedoch immer noch imposant genug, daß der ›Vater der Geschichte‹ ihr die bei großen Hauptstädten üblichen Epitheta beilegte, wie die Bezeichnung »Stadt der tausend Tore«; dies steht jedoch mit den archäologischen Entdeckungen keineswegs im Einklang. Die Ruinen waren allerdings gewaltig, und manches, was in dem Bericht nicht erwähnt wird, oder was man für Irrtümer des Herodot gehalten hat, kann uns heute wertvolle Hinweise geben. Herodot konnte nicht in die durch den Euphrat isolierte königliche Stadt, das unzugängliche Viertel, in dem die persische Garnison kaserniert war, eindringen; auch sagt er nichts von den Palästen der chaldäischen Könige, weder von dem, den Dareios hatte bauen lassen, noch von den Hängenden Gärten, über die die späteren griechischen Historiker nicht genug zu erzählen wußten; wenn er das Ischtar-Tor erwähnt, dann kannte er es nicht aus eigener Anschauung, sondern aus den Erzählungen von Zeitgenossen, und dies erklärt

sein für uns erstaunliches Schweigen über den berühmten Wandschmuck aus glasierten Ziegeln. Er sah aber mit eigenen Augen die Innenstadt und vor allem das Heiligtum des Esagil, ein Ausdruck, mit dem er alle Gebäude des Heiligtums und besonders die Ziqqurat bezeichnete. Der gesamte Komplex war immer noch sehr eindrucksvoll, und die Zerstörungen des Xerxes hatten den riesigen Stufenturm nicht ganz beseitigt, ihn jedoch so stark beschädigt, daß Herodot unrichtige Angaben machte. Er sagt, der Turm habe aus acht Terrassen bestanden, weil der Einsturz der oberen Stufen und das Fehlen scharfer Kanten in dem riesigen Haufen von Ziegeln, der wieder ein Lehmberg geworden war, es nicht mehr zuließen, die einzelnen Terrassen zu zählen. Noch weniger konnte er etwas von dem kleinen Tempel sehen, der auf dem Gipfel der Ziqqurat gestanden haben soll, und was er uns über seinen ungeheuren Wert berichtet, enthüllt die Einbildungskraft der Leute, denen er seine Informationen verdankte. Babylon hatte damals keine Wälle mehr; er erwähnt nicht einmal die Außenmauer. Den Wall, der die Stadt unmittelbar einschloß, und von dem die archäologische Forschung uns gelehrt hat, daß er aus zwei, mehrere Meter voneinander entfernten Mauern bestand, hat er als eine einzige Mauer gesehen; die Zerstörungen des Dareios und des Xerxes sowie die mangelhafte Instandhaltung hatten den Oberteil der beiden Mauern zerfallen lassen, und Herodot sah von ihnen nichts als die Basen, die zusammen nur eine sehr breite Mauer bildeten, weil der Zwischenraum, der sie trennte, durch die Trümmer ausgefüllt war. Die Archäologie bestätigt im allgemeinen dieses Bild einer Stadt, die immer noch so eindrucksvoll war, daß Alexander der Große sie zur Hauptstadt seines Reiches machte, wenn sie auch zunehmend an Bedeutung verlor. Im Herzen der Stadt, in dem am Merkes entdeckten Wohnviertel, haben die Archäologen nur wenige neue Bauten gefunden; die alten Häuser wurden meistens instand gehalten, doch das nicht bebaute Gelände dehnte sich immer weiter aus, denn verfallene Häuser wurden nicht wieder aufgebaut, und die Einwohner gruben zwischen den Ruinen Gräber. Die Zahl dieser zwischen den Wohnhäusern verstreuten kleinen Friedhöfe nahm während der zwei Jahrhunderte der persischen Herrschaft ständig zu.

Andere Städte erlebten einen noch schlimmeren Verfall. Wir können uns nach den Ausgrabungen in Ur ein Bild davon machen. Die Stadt hatte eine außergewöhnliche Renaissance unter den Regierungen des Nebukadnezar und des Nabonid erlebt; dies bezeugen die großen Bauten ihrer Heiligtümer. Kyros zerstörte hier nichts, ebensowenig wie in Babylon; er vollendete die Arbeiten, begnügte sich damit, die Texte zum Ruhm des Nabonid zu entfernen. Unter Kambyses erreichte die Stadt den

Höhepunkt ihrer Blüte, und wir besitzen die größte Anzahl von Wirtschafts-Täfelchen für die letzten zwanzig Jahre des 6. Jahrhunderts. Dann kam der unaufhaltsame Verfall; seine Gründe braucht man nicht in den Katastrophen der Kriege und in den Revolten zu suchen, die Stadt litt ganz offensichtlich unter der Veränderung des Euphratlaufes, die sich bereits in der neubabylonischen Epoche bemerkbar gemacht hatte. Das schlecht unterhaltene Kanalnetz trocknete allmählich aus, das Leben entfernte sich immer weiter von der Stadt, sie verlor ihren Hafen und ihre Wasserstraßen; sicher hätten großzügige Arbeiten sie wieder beleben können, doch Ur war dies nicht mehr wert. Seine Blüte verdankte es seiner handelspolitischen Lage in einer Zeit, in der der Verkehr über den Persischen Golf und den Indischen Ozean den Vorrang hatte vor den Überland-Straßen. Sehr schnell bewirkte die persische Eroberung eine Bevorzugung der Karawanenstraßen, die von der iranischen Hochebene nach Phönikien und Kleinasien führten. Da es nicht länger die Stadt war, in der die exotischen Produkte umgeschlagen und gelagert wurden, sah Ur seine Tempel, für die Nabonid einen ausschließlichen Eifer bezeugt hatte, verfallen; sie wurden nacheinander aufgegeben, und ihr Baumaterial wurde wiederverwendet. Der Temenos war bald mit Wohnhäusern bedeckt, die Stadt war, als Alexander sie eroberte, nur noch ein elender Flecken, und der letzte Text, den man dort gefunden hat, stammt aus dem Jahre 316 v. Chr.

Der Reichtum des mesopotamischen Bodens war sprichwörtlich, und Babylonien verdiente diesen Ruhm auch noch unter der persischen Herrschaft. Assyrien, verwüstet durch die Kriege des ausgehenden 7. Jahrhunderts, war noch leidlich bevölkert, jedoch nur noch eine Provinz zweiten Ranges; Babylonien hingegen war mit einem dichten Netz von Bewässerungskanälen bedeckt, an dem sich jedoch schon damals Mängel bemerkbar machten. Die Veränderungen des Laufs der beiden Flüsse und die fortschreitende Versalzung der bewässerten Äcker schufen Probleme, denen die Menschen jener Zeit meistens nicht mehr gewachsen waren, und Verwahrlosung, Zerstörung und Verschwendung der Reserven in unruhigen Zeiten verursachten nicht wiedergutzumachende Schäden. In Babylon hatte der Euphrat plötzlich seinen Lauf geändert, Kais und Dämme im Norden der Stadt durchbrochen, und durch einen weiten Bogen die Stadt in zwei Teile geteilt. Ur siechte dahin infolge des Wassermangels, und die archäologische Forschung hat die zunehmende Ausdehnung der städtischen Anlagen auf dem vom Wasser verlassenen Gelände gezeigt. Das Land insgesamt wurde jedoch intensiv bewirtschaftet, es war mit kleinen Dörfern und Weilern dicht übersät, was man aus den zahlreichen mit einem Personennamen gebildeten Ortsbezeichnungen ersehen kann.

Ackerbau und Viehzucht lieferten die üblichen Erzeugnisse in reicher Fülle, Gerste und Datteln, Knoblauch, Zwiebeln und verschiedene Gemüsearten, Sesam, das Fleisch und die Häute von Schafen und Ziegen. Holz war selten wie eh und je, und alle Produkte, deren Erzeugung Brennstoff erforderte, waren sehr teuer, z. B. die gebrannten Ziegel. Babylonien hatte Weinberge und Obstgärten, doch scheint es, daß die Kultur der Rebe und des Feigenbaumes erst damals begann; das gleiche gilt für den Anbau des Flachses, dessen spätere Ausdehnung aus dem griechischen und parthischen Babylonien eines der größten Fabrikationszentren von Leinenstoffen machen sollte. Von all diesen Kulturen war die am sorgfältigsten betriebene und lohnendste die der Dattelpalme. Für die Pflege dieses Baumes, von dem sowohl die Früchte als auch das Holz, die Blätter und die Fasern verwendet wurden, hatte man bemerkenswerte Methoden entwickelt, die sich bis heute erhalten haben; man verstand es, den günstigsten Abstand zwischen den Stämmen zu wählen, benutzte die Zwischenräume für andere Kulturen und kannte bereits die künstliche Befruchtung. Kein Wunder, daß der Boden eines Palmenhaines doppelt so teuer war wie der eines Gemüsefeldes.

Wir sind sehr schlecht über die Gewerbetätigkeit jener Zeit informiert; die Archive der Geschäftshäuser erwähnen keinen Tauschverkehr mit fernen Ländern; man scheint sich nicht für die Organisation des Kommandithandels interessiert zu haben. Wir wissen jedoch, daß der Euphrat von zahlreichen, mit Waren beladenen Schiffen befahren wurde, von denen manche, wenn man Herodot Glauben schenken darf, bis zu 150 Tonnen faßten. Die Geschäftshäuser müssen einen starken Tauschhandel betrieben haben, selbst wenn dieser nicht in den Texten der Archive zutage tritt; sie sammelten riesige Mengen landwirtschaftlicher Produkte und verkauften sie für Geld, das sie an die königlichen Steuereinnehmer ablieferten, wobei sie jedoch genügend zurückbehielten, um es gegen Wucherzinsen auszuleihen. Der relative Reichtum an nutzbaren Metallen bezeugt schließlich die Existenz eines bedeutenden Handels mit fernen Lieferanten, und die importierten Mengen waren groß genug, um zu einer beträchtlichen Senkung der Preise für gewöhnliche Metalle zu führen.

Aus der Zeit der persischen Herrschaft stammen wesentliche Neuerungen sozialer und ökonomischer Natur. Das Privateigentum existierte wie in der Vergangenheit; doch die Praxis, Ländereien an Gemeinschaften als Bezahlung für dem Staat geleistete Dienste zu überlassen, erfuhr damals eine bisher nicht gekannte Erweiterung. Nach Grundsätzen, die in mehreren Fällen an die mittelalterliche Gesellschaft Westeuropas erinnern, wurden an Soldaten und Beamte von den königlichen Behörden große Parzellen zu Lehen gegeben. Für die Nutzung des Bodens waren die Familien oder noch größere Gemeinschaften dem König zu Dienstleistungen und Lehnzins verpflichtet; sehr bald zog die königliche Behörde es vor, von den auf ihren Parzellen Wohnenden vermehrte Dienstleistung an Stelle des Waffendienstes zu fordern, obwohl die Sprache lange Zeit die Erinnerung an den Ursprung dieser Landüberlassungen bewahrt hat. Man sprach von »Lehen des Bogens«, »Lehen des Pferdes« oder »Lehen des Kriegswagens«, denn die meisten dieser Ländereien wurden zur Sicherung der Rekrutierung für die königliche Armee vergeben; einige Dokumente bestätigen, daß von den Besitzern dieser Ländereien noch eine Art von Kriegsdienst gefordert werden konnte. Wir wissen z. B., daß im Jahre 422 v. Chr. eine Truppenaushebung gegen Uruk erfolgte, und die Texte über die Verteilung oder Überlassung von Ländereien vermerkten sorgfältig die fiskalischen und militärischen Verpflichtungen der neuen Besitzer. Doch in dem Maße, in dem die Entwicklung der Sitten und Bedürfnisse den Waffendienst, zu dem viele dieser Landbesitzer verpflichtet waren, vergessen ließ, und in dem Maße, in dem zahlreiche Würdenträger und Beamte, überbeansprucht durch ihre Aufgaben, ihre Lehen nicht mehr bewirtschaften konnten, übernahmen bestimmte Geschäftshäuser die Verwaltung solcher Güter, zahlten dem Besitzer eine Rente auf den Boden, entrichteten dem König den fälligen Lehnzins, zogen jedoch aus den rationell bewirtschafteten Ländereien beträchtliche Gewinne. Trotzdem könnte man sich ihren Reichtum nur ungenügend erklären, wenn man nicht die Bedeutung der Einführung des ersten Geldes in der mesopotamischen Welt in Rechnung stellte, sowie den Druck des königlichen Steuerwesens.

Nach 517 prägte das persische Schatzamt das berühmte Goldstück, den Dareikós, der das erste Reichsgeld war. Der Silberschekel hatte eine ganz andere Bestimmung. Es war keine Reichsmünze, sondern eine Münze unterschiedlicher Art, geprägt in den einzelnen Satrapien des Westens, die meistens fremde Typen nachahmte. In dieser Beziehung erging es dem Münzgeld wie den angewandten Maßen; die seit Nebukadnezar unternommenen Bestrebungen haben dazu geführt, daß in fast ganz Mesopotamien ein ›Königsmaß‹, etwa dreißig Liter, anerkannt wurde, doch dieses offizielle Maß hatte nicht die vielen unterschiedlichen lokalen Maße verdrängt, deren Benutzung man in den Jahren nachlassender königlicher Autorität bevorzugte. Desgleichen wurden die königlichen Geldwährungen unterschiedlich respektiert und die zahlreichen örtlichen Münzen, in denen nur Silber geprägt wurde, stellten kaum eine Garantie für das Gewicht und den Wert des gemünzten Silbers dar. Die königliche Schatzkammer wußte dies sehr wohl; die Archive von Persepolis zeigen uns eindeutig, daß die Schatzkammer Geld, das man bei ihr einzahlte, nur nach dem Metallgewicht einschätzte. Nach seinem Gehalt wurde jedes Geldstück gewertet als weißes Silber, mittleres Silber (zweite Wahl) und minderwertiges Silber (dritte Wahl), und der Fiskus weigerte sich, den Nominalwert anzuerkennen, er richtete sich nur nach dem reinen Silbergewicht. Die Wertbezeichnungen in Geld, wie die Täfelchen sie uns berichten, dürfen uns also nicht täuschen; die Preise, der Pachtzins und die Löhne wurden nach Silberschekeln berechnet. Doch, wenn man wirklich bar bezahlte, dann nur auf der Grundlage des Metallwertes, also des Metallgewichts, oder man bestimmte die Geldart, die zur Zahlung diente, denn ihr wirklicher Wert war im voraus bekannt, und man vermied so die schwierige Operation des Wiegens. So benutzte man auch Ausdrücke wie »zahlbar in Silber dieser oder jener Qualität, dieses oder jenes Typs«. Meistens diente das Silbergeld nur als Rechnungseinheit; ein Lohn oder eine Miete konnten in Silber berechnet werden, »zahlbar mit einer bestimmten Menge Datteln«. Nur in einem Falle war die Bezahlung in Metall obligatorisch, bei der Entrichtung eines Teiles der Steuern. Die Entdeckung von fremden Münzen, wie man sie in einem Staatsschatz machen kann, unterrichtet uns denn auch nur sehr unvollkommen über das Volumen des internationalen Handels. Da, wo griechische Geldstücke gefunden wurden, können wir in ihnen mit Sicherheit ein Zeugnis für Handelsbeziehungen mit Griechenland und für die Anwesenheit griechischer Menschen und griechischer Waren sehen, doch wir dürfen hieraus nicht auf den Umfang dieses Verkehrs schließen, denn das griechische Münzgeld wurde wie jedes Metall behandelt, wie ein Rohstoff, der eingeschmolzen und in Barren gegossen wurde. Ein in Kalchu (Nimrud) oder Ninive gefundener und aus dem Anfang des 4. Jahrhunderts stammender Schatz enthielt eine Vielzahl von allerlei Metallgegenständen, Krughenkeln, Ringen, dazu athenische, äginetische, thrakische und makedonische Silbermünzen; das Ganze stellte für seinen Besitzer lediglich eine Reserve an Metall dar, die er nach Belieben verwenden konnte, um daraus irgendwelche Metallgegenstände zu formen.

An Hand all dieser Elemente kann man versuchen, einige besonders charakteristische Züge des Lebens in Mesopotamien unter der Perserherrschaft aufzuzeigen. Charakteristisch ist zunächst das ständige Steigen der Preise in Mesopotamien unter der Perserherrschaft. Es wäre zweifellos ermüdend, Ware für

Ware alle Beispiele aufzuzählen, die vom Ende der chaldäischen Periode bis zum ausgehenden 5. Jahrhundert diese Teuerung bezeugen; keine Kategorie von Lebensmitteln, Rohstoffen oder unbeweglichen Gütern macht eine Ausnahme, und es ist z. B. wahrscheinlich, daß diese Preissteigerung der Grund für die Verminderung der Verkäufe von Häusern und die Zunahme von Mietverträgen war. Um dies zu erklären, denkt man zunächst an die zahlreichen Zerstörungen, die Kriege und Aufstände sowie deren Unterdrückung mit sich brachten; doch wenn sie auch eine wesentliche Rolle spielten, so waren sie dennoch nur beiläufige Ursachen einer Entwicklung, die fast drei Jahrhunderte andauerte. Man muß vielmehr an die Konsequenzen einer ruinösen Steuerpolitik denken, die eine beträchtliche Menge von Abgaben in Naturalien erhob und tausend Schwierigkeiten durch die Ausschreibung von Steuern, die in Silber zu zahlen waren, hervorrief. Edelmetall war vielleicht zu Beginn der persischen Periode relativ reichlich vorhanden. Indem der persische Staat es in seine Kassen fließen ließ und zu Münzen prägte, hätte er den Übergang der orientalischen Länder in eine Wirtschaft intensiven Tauschhandels beschleunigen können, doch die Könige horteten das Edelmetall, und man kennt die Verwunderung der Gefährten Alexanders vor den riesigen Schätzen, die sie in den königlichen Hauptstädten fanden. Allein in Susa erbeutete Alexander 9000 Talente (270 Tonnen) gemünzten Goldes, 40000 Talente (1200 Tonnen) Silber waren in Form von Barren nutzlos aufgestapelt. Die Menge der so aus dem Verkehr gezogenen Edelmetalle war so groß, daß es immer schwieriger wurde, es zur Bezahlung der Steuern aufzutreiben; das Fehlen von Zahlungsmitteln zwang allgemein zu steigender Inanspruchnahme von Krediten. Darlehen aller Art, besonders an die Steuerzahler, nahmen zu und verursachten ein Ansteigen der Zinssätze. Von etwa 10 Prozent unter Nebukadnezar stiegen die Zinsen auf mehr als 20 Prozent unter den Regierungen des Kyros und des Kambyses, am Ende des 5. Jahrhunderts erreichten sie die Höhe von 40 bis 50 Prozent, wie die Archive der Muraschu zeigen. Einzelne verstanden es, sich zu bereichern in einer Zeit, in der die übermäßige Last der Steuern ihre Zeitgenossen nahezu erdrückte.

Am Ende des 7. Jahrhunderts waren die Privatbanken aufgekommen, in einer Zeit, in der die Tempel nicht mehr fähig waren, den Rhythmus des Wirtschaftslebens in Gang zu halten und zu regulieren. Die Banken waren zunächst Kreditinstitute; Darlehen konnten gegen Pfänder und ohne Zinsen gewährt werden. Der Verleiher betrachtete sich durch die Nutzung des Pfandes, eines Ackers oder eines Sklaven zum Beispiel, so lange als befriedigt, bis der Schuldner die Summe zurückerstattet hatte; oft konnte der letztere seine Schuld nicht bezahlen, und der Verleiher behielt das Pfand zurück. Die Bank der Egibi, bekannt seit der Regierungszeit des Nebukadnezar, in der sie möglicherweise ein Israelit gründete, bis zur Regierungszeit Dareios' I., praktizierte diese Art des Geldverleihs. Dann erweiterte sich das System der Garantien, und die Profite der Banken stiegen mit ihrer wachsenden Tätigkeit. Im 5. Jahrhundert häufte die Bank der Familie Muraschu ungeheure Gewinne an, nachdem sie in der Wirtschaft ihrer Zeit, in der sie unersetzlich geworden war, eine sehr komplexe Rolle angenommen hatte; zum Handelshaus erweitert, übernahm sie die Lieferung und den Verkauf von Lebensmitteln und Baumaterialien an die Tempel. Sie hat eine Spezialität daraus gemacht, die Bewirtschaftung der Domänen persischer Würdenträger zu übernehmen, sie zahlte den Besitzern eine Rente und entrichtete an ihrer Statt die königliche Steuer. Die riesigen Domänen, über die sie auf diese Weise verfügte, und ihre eigenen zahlreichen Landgüter verpachtete sie in kleineren Parzellen. Diese Geschäftsleute gaben nicht nur Land, sondern auch Vieh in Pacht, vermieteten Gespanne und Ackergerät; im Grunde gab es nichts, was man bei ihnen nicht entleihen konnte, ob es sich nun um Geld, Ziegel, Gerste oder Datteln usw. handelte. Das Vermögen der Firma Muraschu war beträchtlich, und in ihren Archiven fand man Schuldscheine, die den Gegenwert von 350 oder 190 kg reinen Silbers darstellten. Sie nahm jede Gelegenheit wahr, Geld zu verdienen; wir wissen, daß sie dem königlichen Heer die von seinen Feldzügen heimgebrachte Beute abkaufte, daß sie Gewinn aus der Vermietung von Prostitutierten an Kupplerinnen zog, daß sie aus der Organisation und der Verteilung des Wassers der künstlichen Bewässerungsanlagen enorme Profite schlug, denn derjenige, der diese Anlagen benutzte, überließ dem Bankhaus ein Viertel seiner Ernte. Man ist versucht, in den Bankinhabern nur raffgierige Geschäftsleute zu sehen, die sie zweifellos waren, bereit, die Gesetze zu verletzen, wie einige Anekdoten über die von ihren Knechten auf Dörfern verübten Diebstähle und Gewalttätigkeiten bezeugen; doch dies hieße, die wirtschaftliche Nützlichkeit eines Unternehmens verkennen, das zweifellos Konkurrenten hatte. Es war ein solides Kreditinstitut und als solches unentbehrlich; es war noch unersetzlicher, wenn man in ihm und seinesgleichen die Unternehmen sah, die allein in der Lage waren, das zu tun, was sowohl der Staat als auch die Tempel nicht mehr zu tun in der Lage waren. Als Vertreter der Großgrundbesitzer beschaffte die Firma Arbeitskräfte, Gerät und Kredit; indem sie die Arbeiten übernahm, die wir heute infrastrukturell nennen würden, machte sie die Blüte der babylonischen Landwirtschaft erst möglich, wenn sie sich ihre Dienste auch sehr teuer bezahlen ließ. Die großen Domänen erforderten Investitionen und eine straffe Betriebsführung; wir wissen, daß die Firma Muraschu auf einem Landgut 18 Wasserschöpfräder errichten mußte, die von 72 Ochsen bewegt wurden, um eine hinreichende Bewässerung zu gewährleisten.

Unsere Informationen über die Zusammensetzung der babylonischen Gesellschaft in der persischen Epoche erlauben uns nicht, alle ihre Aspekte zu erkennen; wir wissen jedoch genug, um z. B. zu behaupten, daß die wirtschaftliche und soziale Rolle der großen Tempel zugunsten der Geschäftsleute geringer geworden war, und ferner, daß die Lage der einfachen Bevölkerung sich kaum geändert hatte, wenn auch das, was das Vokabularium dieser Zeit vor allem über die Sklaven besagt, einer Korrektur bedarf. Zweifellos waren die großen Tempel noch die Seele des Wirtschaftslebens; sie besaßen und betrieben riesige Domänen, gaben Tausenden von Menschen Arbeit, spielten die Rolle von Kreditinstituten bei ihren Angestellten und hielten große Herden, von denen sie oft die Zugtiere ausliehen.

Aus der Zeit nach 404/03 v. Chr., dem Jahr, in dem schwere Unruhen die Thronbesteigung des Artaxerxes II. begleiteten, ist uns kein Dokument überliefert, das die Tätigkeit eines großen Handelshauses bezeugt. Man könnte nun annehmen, daß die Akten in Aramäisch abgefaßt wurden und daß die Dokumente aus Papyrus oder Pergament verschwunden sind; doch es ist wahrscheinlicher, daß man das Schweigen der Texte dem langsamen Niedergang Mesopotamiens zuschreiben muß, verursacht durch den Druck des Fiskus, der Männern wie den Egibis und den Muraschus keine Chancen mehr ließ. Somit blieben die Tempel, obgleich sich ihre Bedeutung vermindert hatte, Zentren wirtschaftlicher Betätigung; um sie gruppierten sich von altersher die Mitglieder einer großen Priesteraristokratie, die genügend Gewinn aus ihren Pfründen zogen, so daß der Handel mit diesen eine der ökonomischen Tätigkeiten wurde, die uns für das Ende der persischen Epoche und bis hin zur parthischen Herrschaft die größte Anzahl von Keilschriftdokumenten hinterlassen hat. Im Schatten der Tempel erhielt sich in der Tat die Tradition der akkadischen Sprache und der Keilschrift sowie die Praxis des Rechts, während sich gleichzeitig die gelehrtesten dieser Standespersonen intensiver wissenschaftlicher Arbeit und der astronomischen Mathematik widmeten. Damit ist jedoch noch nichts über die Tätigkeit der Laien ausgesagt, die gewiß geringer war, doch für sie fehlt uns die Dokumentation in aramäischer Sprache fast vollkommen.

Das Leben des gemeinen Volkes ist uns kaum bekannt. Neben einer breiten Bevölkerung, die in der Abhängigkeit der Tempel verblieb und als unmittelbare Dienerschaft bezeichnet werden kann, und neben der größeren Gruppe von Menschen, die der

Schutzherrschaft des Königs unterstanden und Ländereien als eine Art von Lehen besaßen, fristeten zahlreiche kleine Leute, die man kaum als Freie bezeichnen kann, ein kärgliches Leben als Besitzer kleiner Äcker, als Handwerker, als Arbeiter in den Städten, als eine fluktuierende Masse ärmlicher Landarbeiter. Wir vermuten die Existenz dieser kleinen Leute mehr, als daß wir sie in einer juristischen oder wirtschaftlichen Dokumentation, die wenig von den unteren Klassen spricht, entdecken. Wir wissen, daß ein Landarbeiter zu Beginn des 5. Jahrhunderts im Durchschnitt einen Silberschekel Lohn pro Monat erhielt; bei Ansetzung eines Durchschnittspreises für Lebensmittel konnte der Arbeiter etwa 60 Liter Gerste und etwa 60 Kilogramm Datteln im Monat für seinen Unterhalt und den seiner Familie kaufen. Es ist im übrigen wenig wahrscheinlich, daß dieser arme Teufel nicht Zeiten der Arbeitslosigkeit erlebte. Auf Grund einer Begriffsverwirrung, die auf die Sprache zurückzuführen ist, könnte man versucht sein, den Ärmsten unter den kleinen Leuten alle Sklaven hinzuzuzählen, die von den Texten erwähnt werden, die *ardani* (Mehrzahl von *ardu*); es gab zweifellos viele Sklaven, die mit den freien, aber armen Menschen ein gemeinsames materielles Elend teilten. Doch mit dem Wort *ardu* bezeichnete man nicht den Sklaven, wie wir ihn im Sinne des römischen Rechts zu sehen gewohnt sind, sondern Personen, die man richtiger Diener nennen muß.
Zu allen Zeiten konnte der Sklave *(ardu)* der mesopotamischen Gesellschaft Land besitzen, über ein Siegel, das Symbol einer juristischen Person, verfügen und Verwaltungsposten einnehmen; die Tatsache, daß er wie eine Sache verkauft werden konnte, schloß ihn nicht von Tätigkeiten aus, die das römische Gesetz ihm stets verbot. Das persische Recht bestätigt diese Einstellung; in einer Hierarchie, in der jeder Untergebene der Sklave *(ardu)* seines Vorgesetzten war, der Satrap der des Königs, der kleine Beamte der seines Bezirksvorstehers oder, was noch häufiger war, der einfache Diener eines kleinen Bauern derjenige des Herrn, der ihn gekauft hatte, verlor der Begriff der Sklaverei viel von seiner Härte. Der Ausdruck konnte den Status jeder abhängigen Person bezeichnen, der gegenüber der Herr Zwang und Gewalt anwenden durfte, ohne daß der Sklave deshalb zu einem Menschen ohne Bedeutung wurde. Gimillu, der Sklave des Eanna-Tempels von Uruk, beging ganz andere Verbrechen als die Gaunereien eines kleinen Dieners, der nur geringer Diebereien fähig wäre; er war eine Art Unternehmer, Besitzer riesiger Viehherden, Verwalter großer Domänen, dessen Betrügereien in einem adäquaten Verhältnis zu seiner Macht standen und dem die Justiz erst nach langen Jahren den Prozeß machen konnte. Die Firma Muraschu hatten ebenfalls Sklaven in

ihren Diensten, doch mehrere dieser *ardani* waren zumindest höhere Angestellte, Männer des Vertrauens ihrer Herren, und manche von ihnen besaßen genügend Talent und Chancen, ihrerseits Bankier zu werden, sie waren mehr an ihre Herren gebunden durch die Gemeinsamkeit ihrer Interessen als durch ihre Sklaveneigenschaft, für deren Existenz vielleicht noch die Zahlung einer Abgabe zeugte.
Die sozialen Verhältnisse waren von großer Komplexität durch die verschiedenartige Herkunft der Leute, die sich damals auf mesopotamischem Boden niederließen. Unsere sichersten Auskunftsquellen sind hier die Personennamen und die Ortsbezeichnungen. Am Ende des 6. Jahrhunderts finden wir die Erwähnung von Weilern der Perser, der Tyrier und der Kimmerier. Die Verträge liefern uns ägyptische, sabäische und edomitische neben den zahlreicheren babylonischen und assyrischen Namen; von 521 v. Chr. an nehmen die persischen Namen ständig zu, und es scheint sicher, daß die Vermischung der Bevölkerungsgruppen ziemlich rasch vor sich gegangen ist, denn es finden sich bald Menschen mit iranischen Namen, die einen Vater mit babylonischem Namen haben und noch häufiger umgekehrt. Die Entdeckung des Archivs der Muraschu vor dem Ersten Weltkrieg lieferte überraschenderweise eine lange Liste von jüdischen Namen, die sowohl die hohe Anzahl der in Mesopotamien verbliebenen jüdischen Familien als auch den Reichtum einiger von ihnen in Nippur, in Babylon und in anderen großen Zentren bezeugen. Vielleicht stammten ihre Vorfahren aus der Zeit der ersten Deportation der Israeliten im Jahre 721 v. Chr. Diejenigen, die ihnen zu Beginn des 6. Jahrhunderts folgten, hatten sich die Ratschläge des Jeremias zu Herzen genommen: »Baut Häuser und richtet euch ein; pflanzt Gärten und eßt deren Früchte ... vermehrt euch dort, werdet nicht weniger« (29, 5, 6). Als 538 der Erlaß des Kyros veröffentlicht wurde, waren nur »für jede Familie bestimmte« Kontingente fortgezogen; 520 führte Zerubbabel 50 000 Menschen mit sich, und 458 war Esra nur von 5000 seiner Glaubensgenossen begleitet. Die spätere Rolle der jüdischen Gemeinschaften in der babylonischen Diaspora würde im übrigen genügen, die zahlenmäßige Stärke der Gruppen zu bezeugen, die »an den Ufern der Flüsse Babylons« geblieben sind.
Die Begegnung von Menschen, die aus so vielen verschiedenen Ländern kamen, und die Bedeutung des iranischen Elements in der babylonischen Bevölkerung konnten nicht ohne Konsequenzen für das intellektuelle und religiöse Leben bleiben.
Das Ansehen der mesopotamischen Kultur war noch so groß, daß die siegreichen Perser sich hüteten, sie auf dem Boden zu verändern, auf dem sie sich entwickelt hatte, sie bewunderten

vielmehr ihre Ausstrahlung und nahmen von ihr zahlreiche Lehren an, so in ihrer Architektur und in der Ausschmückung ihrer riesigen Paläste; und was noch bedeutsamer war, sie erkannten die akkadische Sprache als eine Reichssprache an. Seit der Regierung des Kyros erschienen die dreisprachigen Inschriften in Altpersisch, Elamisch und Akkadisch, deren berühmtestes Beispiel die Inschrift des Dareios auf dem Felsen von Behistun ist. Das Altpersische selbst wurde in einer Keilschrift geschrieben, die von der in Mesopotamien gebräuchlichen Keilschrift übernommen, aber so vereinfacht worden war, daß sie nur noch 43 Zeichen hatte. Das Elamische blieb einer der Zeugen der Ausstrahlung der nahen babylonischen Kultur; ebenfalls in Keilschrift geschrieben, war es mit sumerischen Ideogrammen durchsetzt, und sein Vokabular war reich an babylonischen und an persischen Worten. Dies waren offizielle Sprachen, benutzt bei den dreisprachigen Inschriften, die sich bis in das 4. Jahrhundert erhielten. Immer zahlreichere Fehler schlichen sich in die altpersischen und elamischen Texte ein. Im täglichen Leben war der Rückgang dieser drei Sprachen noch rascher; von der Regierung Dareios' I. an wurde kein Text mehr in Altpersisch auf Tontäfelchen geschrieben. Das Elamische erhielt sich länger; in Persepolis war es lange Zeit die Verwaltungssprache, und bis zum Ende der Regierung des Xerxes wurde es so häufig gebraucht, daß wir heute über Zehntausende von Täfelchen und Fragmenten verfügen, die in dieser Sprache verfaßt sind. Nach 460 kam das Elamische jedoch außer Gebrauch. Das Akkadische wurde noch bis 400 allgemein für die administrativen und juristischen Texte verwendet; die Schreiber beherrschten es schlecht, mißachteten die Deklinationen, verwechselten die Casus, ohne daß man genau zu sagen weiß, ob man hierin eine Manifestation der Ignoranz von Zeitgenossen gegenüber einer aus dem Gebrauch kommenden Sprache sehen soll, oder ob diese Veränderungen nicht bedeuteten, daß das allgemein verwendete Akkadische die bei allen gesprochenen Sprachen unvermeidlichen Abnutzungserscheinungen erfuhr. Es scheint vielmehr so, daß das Akkadische aus dem allgemeinen Gebrauch kam, wie es das Schwinden der auf Tontäfelchen geschriebenen Texte zu beweisen scheint, sowie die Tatsache, daß sein Gebrauch sich allmählich auf die ziemlich kleine Gruppe der Mitglieder der Priesterkaste beschränkte, also der gebildeten Menschen, die es sich im Schatten der Tempel angelegen sein ließen, den Schatz der alten mesopotamischen Kultur zu bewahren. Überall, in Persepolis, in Susa und in Babylon, gewann das Aramäische die Oberhand, und es ist bezeichnend, daß die Täfelchen eingravierte oder öfter mit Tinte geschriebene, oft drei Zeilen lange Rubriken in Aramäisch trugen, die den Inhalt der Täfelchen wiedergaben, um eine Klassifizierung zu erleichtern. Papyri und Pergamente, auf denen das Aramäische geschrieben war, sind leider verschwunden; doch die Rolle dieser zur *lingua franca* im ganzen Orient gewordenen Sprache konnte durch die geduldige Arbeit der Philologen geklärt werden. Im allgemeinen sprach man in Babylonien ein stark verändertes Akkadisch oder das Aramäische; man schrieb hier aramäisch, oder bei den wirtschaftlichen, juristischen und administrativen Texten ein relativ korrektes Akkadisch. Als man von einer Sprache zur anderen übergehen mußte, war es das Aramäische, das die Rolle des Generalnenners spielte. Der Text der dreisprachigen Inschriften wurde zum Beispiel in Altpersisch gedacht, dann ins Aramäische übersetzt und vom Aramäischen ins Akkadische weiter übersetzt; in der Verwaltungskorrespondenz wurden die in Altpersisch gegebenen Instruktionen ins Aramäische übersetzt, in dieser Sprache verschickt und dann bei den Empfängern in die Sprache der Schreibstuben übersetzt, d. h. in Susa ins Elamische, in Babylon ins Akkadische. Das Bedürfnis nach Vereinfachung und die relative Einfachheit des Aramäischen sollten aus dieser Sprache bald, vom 4. Jahrhundert ab, die einzige allgemein geschriebene und gesprochene Sprache machen. Nichts hinderte jedoch das Elamische und das Altpersische daran, in zunehmend veränderten Formen in der Volkssprache weiterzuexistieren. Man kann annehmen, daß es dem Akkadischen ebenso erging; doch zum Unterschied von diesen anderen aus dem offiziellen Gebrauch gekommenen Sprachen blieb das Akkadische eine Sprache der Kultur, die Sprache der Schreiber, der Priester, der Gelehrten und selbst der Juristen, wenn es sich um den Schriftverkehr zwischen den Mitgliedern einer sozial wichtigen, doch zahlenmäßig sich ständig verringernden Gruppe handelte.

Was wir über das religiöse Leben wissen, bestätigt die Verschiedenartigkeit der Menschen und der Kulturen in dem Sammelbecken, das Babylonien geworden war, während gleichzeitig die Elemente der alten mesopotamischen Kultur eine bemerkenswerte Beständigkeit zeigen. Die Onomastik bezeugt die Verehrung iranischer Götter wie Mithras und Baga, ägyptischer wie Isis und Harmachis, aramäischer wie Schemesh usw., doch wo wir den Beweis für religiösen Synkretismus haben, hat die babylonische Gottheit im allgemeinen die Oberhand; ein Mann trägt einen Namen wie Harmachis, doch sein vielleicht in Babylonien geborener Sohn einen mit dem des Gottes Nabu gebildeten. Die Nachkommen der Iranier tragen Namen, die auf babylonische Götter Bezug nehmen, doch nur wenige Menschen mit babylonischen Namen haben ihren Kindern iranische Namen gegeben. Abgesehen von der Krise von 482, als die Truppen des Xerxes den Esagil von Babylon zerstörten, hatten die Tempel unter der persischen Eroberung nicht zu leiden; bis zu Xerxes machten die Sieger es sich zur Aufgabe, die Heiligtümer der alten Städte zu unterhalten, wie es die chaldäischen Könige getan hatten. Nach Xerxes wurden die Geschenke der königlichen Großmut weniger reichlich, doch wir wissen z. B., daß Dareios II. zur Ausstattung bestimmter Gebäude des Eanna in Uruk beitrug und daß er zweifellos verantwortlich war für den Bau des Archivs, in dem Tausende von Texten wiedergefunden wurden und das ein höchst modernes Bewässerungssystem hatte, um durch Feuchthaltung der Luft die Konservierung der Täfelchen zu gewährleisten. Für Nabu in Borsippa, für Enlil in Nippur, für Anu und Ischtar in Uruk, für Marduk in Babylon bis 482 usw., für alle diese Götter und für die ehrwürdigsten Heiligtümer wurde alles getan, um den Fortbestand ihrer jahrhundertelangen Existenz zu sichern. Wenn das Heiligtum des Nannar in Ur rasch zerfiel, so folgte es dem Schicksal der Stadt selbst vom Ende des 6. Jahrhunderts an; sieht man von den Gewalttätigkeiten der von Xerxes durchgeführten Repressalien ab, so scheinen die persischen Herrscher nichts getan zu haben, was auf ihren Wunsch, eine feindselig betrachtete Religion zu vernichten, hindeuten könnte. Die relative Gleichgültigkeit, mit der sie mesopotamische Götter und Heiligtümer nach der Regierung des Xerxes behandelten, ist im Rahmen der allgemeinen Geschichte des Perserreiches zu sehen; vom 5. Jahrhundert an hatten die Herrscher immer weniger Beziehungen zu den verschiedenen Teilen ihres Reiches, und man hat manchmal von Iranismus gesprochen, um die Indifferenz der Eroberer gegenüber ihren Untertanen zu erklären sowie die Rigorosität einer Verwaltung, die nur noch dazu diente, die Reichtümer der Provinzen für die achämenidischen Hauptstädte auszubeuten.

Von den Bevölkerungsgruppen, die damals Mesopotamien bewohnten, mußte vor allem die der Israeliten das größte Interesse der Gebildeten auf sich lenken. Wir haben bereits ihre zahlenmäßige Stärke und ihre Rolle in der Wirtschaft erwähnt. Das Studium ihrer Namen ermöglicht uns, ihre religiöse Haltung zu beurteilen; seit langem hat der Text der Bibel enthüllt, daß viele der Exulanten fremde Namen angenommen hatten, die unter Verwendung der Namen heidnischer Götter gebildet waren. 520 v. Chr. trug der Enkel des Königs Jehoiakim, als er ein zweites Kontingent von Exulanten nach Jerusalem zurückführte, den Namen Zerubbabel, und seine Stellvertreter trugen die persischen Namen Mardochai, Bilsa und Bigevai; sein Vorgänger, der im Jahre 538 aus dem Exil zurückgekehrt war, nannte sich Scheschbazar oder Schamash-apal-usur. Die in den Archiven der Muraschu enthaltenen Namen haben das Material beträchtlich erweitert; ein Teil dieser Namen be-

zeugt auch die Annahme von Namen, die mit babylonischen Götternamen gebildet waren; ein Mann mit einem mit Jahwe gebildeten Namen hatte einen Sohn, dessen Name den des Gottes Nabu enthielt, und sein Enkel trug einen andern mit dem Namen eines iranischen Gottes gebildeten Namen; ein gewisser Bel-Iau (›Jahwe ist mein Herr‹) hatte Nachkommen, deren Namen die der Götter Marduk und Nabu enthielten usw. Darf man hieraus auf den Abfall zahlreicher Juden schließen? Es war unvermeidlich, daß dies geschah, vielleicht sogar sehr häufig; aber man kann aus der Annahme eines heidnischen Namens nicht immer auf den Glaubensabfall desjenigen schließen, der den Namen trug, wie es die Beispiele des Scheschbazar und des Zerubbabel zeigten. Außerdem nahmen viele Israeliten in der babylonischen Welt gebräuchliche Namen an, ersetzten jedoch die heidnische Gottheit durch den Namen des Gottes Israels in der Form von El, Jeho, Jahu; und was noch überzeugender sein dürfte, man schuf einen absolut neuen Namen, wie Schabettai (›Der vom Sabbat‹), und brachte den alten Namen Hag(g)ai wieder zu Ehren, der sich auf die Feste, vor allem auf das des Tabernakels, bezog. Das Studium der Namen hat es ermöglicht, unerwartete Zeugnisse für die Glaubenstreue vieler Exulanten zu erbringen und die nationale und religiöse Reaktion der israelitischen Gemeinschaft nach dem Beginn der Restauration eines Priesterstaates in Judäa zu betonen. Solche Zeugnisse können im übrigen nicht überraschen angesichts dessen, was wir bereits über die Rolle der Israeliten Mesopotamiens in der Entwicklung des Judaismus wissen; unter ihnen wurde das Gesetz des Moses erarbeitet, das Esra im Jahre 458 in Jerusalem anerkennen ließ; ihrer ökonomischen Macht, ihrem Einfluß und dem Glauben, der sie belebte, verdankten die Israeliten von Judäa, daß sie Menschen und Geld erhielten, verdankten sie auch das überraschende königliche Wohlwollen, ohne das das Werk eines Nehemia nach 445 nicht möglich gewesen wäre.
Ihre Sprache bewahrend, konservativ auch in der Religion trotz der Anwesenheit zahlreicher mit ihren Gottheiten eingewanderter Fremder, blieb die mesopotamische Zivilisation auch Erbin der Generationen, die die Existenz des Rechts anerkannt hatten. Wie die vorangegangenen Jahrhunderte hat uns die persische Epoche nur Dokumente geliefert, in denen sich die juristische Praxis offenbart, und keine Texte, die uns über die Arbeit von Gesetzgebern oder Spezialisten des Rechts informieren könnten. Wir können feststellen, daß die Perser das gesetzgeberische Erbe der Vergangenheit bewahrten. Fragmente einer Kopie der Gesetzessammlung des Hammurabi bezeugen das Interesse, das man noch immer für sie bewies, ein Interesse, das sich auch in den von Kyros und Dareios I. benutzten Formeln zeigt, deren

Inschriften eine unmittelbar aus dem berühmten Codex übernommene Phraseologie aufweisen; die Rechtshistoriker haben die sukzessive Übernahme dieser Formeln in die verschiedenen Gesetzessammlungen des Alten Orients nachweisen können, und als letztes wurde das unter der Regierung des Partherkönigs Mithridates I. am Ende des 2. Jahrhunderts v. Chr. veröffentlichte Anti-Dämonen-Gesetz von diesen Formeln geprägt. Auf diese Weise bewahrt, nutzte das babylonische Recht das weite Feld, das ihm die administrative Einheit eines großen Reiches bot, und der zunehmende Handelsverkehr gab oft Gelegenheit zur Ausdehnung seiner Prinzipien auf neue Gebiete. Von Nebukadnezar bis zu Dareios I. wurden babylonische Kolonisten in Neirab bei Aleppo, etwa 100 km vom Mittelmeer, angesiedelt; sie knüpften vielfältige Bande mit der einheimischen Bevölkerung, eheliche und wirtschaftliche, und die Texte, die uns diese Beziehungen berichten, zeigen den Vorrang des babylonischen Rechts über die örtlichen Rechtsauffassungen, denn Kontrakte und Verschreibungen wurden ausschließlich nach den Prinzipien eines importierten Rechts und sogar in den Ausdrücken der babylonischen Formulare abgefaßt.

Allerdings gab es auch Änderungen; so unvermeidlich sie auch waren, sie blieben sehr beschränkt und machen sich kaum vor 500 bemerkbar. Manche Einzelheiten in den Formulierungen und Formularen zeigen Verschiedenheiten, die den Iraniern zuzuschreiben sind; so wurde z. B. nach der Aufzählung der Garantieklauseln gegen die Schwierigkeiten, die der Verpächter dem Pächter bereiten konnte, in der persischen Epoche den üblichen Formeln jene angefügt, die vorsah, daß es, selbst gegen die Intervention eines Dritten, der Verpächter sein sollte, der vor einem Gericht zu bürgen hatte. Von größerer Konsequenz war die nach 519 erfolgte Veröffentlichung eines königlichen Gesetzes, einer *data*, um den gebräuchlichen iranischen Ausdruck zu benutzen. Der Inhalt der Gesetzessammlung ist nahezu unbekannt; wir wissen von ihrer Existenz nur durch einige spärliche Anspielungen, und zwar dort, wo im Text von Verträgen auf ›das Gesetz des Königs‹ hingewiesen wird. Es handelte sich um eine Sammlung von Rechtssprüchen, die bei der Einrichtung eines Hafenzolls, beim Verkauf von Sklaven oder der Deponierung einer Geldsumme angeführt werden. Es wurden wohl besondere Beamte beauftragt, die Fälle genau zu überwachen, bei denen das Gesetz befolgt werden sollte; sicher jedenfalls die beiden Richter, die in Babylon auf der Richterbank den König vertraten.

In der persischen Epoche waren die sozialen und intellektuellen Voraussetzungen vereinigt, die die Entfaltung des ersten wissenschaftlichen Denkens ermöglichten; weniger reich als früher und überwacht durch die persische Verwaltung, waren die Tempel mehr als je die Erhalter der mesopotamischen Kultur, sie waren die letzten Bastionen, auf denen die vor allem eine Angelegenheit der Gebildeten gewordene akkadische Sprache bis 75 n. Chr. benutzt wurde. Jahrhundertelang kamen die Schreiber in die Tempel, um hier die Sammlungen religiöser, literarischer und lexikographischer Texte zu kopieren, ohne deren Arbeit unsere Kenntnis von der mesopotamischen Kultur noch weitaus größere Lücken aufwiese. Um ihr wirtschaftliches Primat gebracht, bewahrten die Tempel noch genug Mittel, um in jeder großen Stadt eine Priesteraristokratie zu unterhalten, deren begabteste Mitglieder, Schreiber und Theologen, gleichzeitig Männer der Wissenschaft waren.

Wir haben keine Unterlagen, um das Datum der ersten Erfolge dieser Forscher zu bestimmen. Wir wissen z. B., daß die Astronomen gegen 500 v. Chr. auf befriedigende Weise die Länge des Sonnenjahres bestimmt hatten, ohne jedoch ihren Zeitgenossen einen praktischen Kalender zu schenken. Unter Nabonassar, im Jahre 747, hatte man die Gleichwertigkeit von 19 Sonnenjahren und von 19 Mondjahren zu 12 Mondmonaten, vermehrt um 7 Mondmonate, erkannt. Lange zögerte man, die 7 zusätzlichen Monate in den Zyklus der 19 Mondjahre einzuschalten; erst unter Kyros und Kambyses entschlossen sich die Priester von Babylon dazu, und zwei ihrer Briefe versichern uns, daß ihre Entscheidung in allen Tempeln Babyloniens befolgt wurde. Erst im 4. Jahrhundert, im Jahre 383 oder im Jahre 367, wurde endgültig ein Einschaltungssystem befohlen. Im Verlauf des 5. Jahrhunderts schufen sich die Gelehrten ein neues, in der Folge für ihre Arbeiten unentbehrliches Instrument, sie bestimmten den Zodiakus, die mathematische Idealisation, die ihnen ermöglichte, die Genauigkeit ihrer astronomischen Beobachtungen zu verbessern; man konnte jetzt nicht nur die Örter in Beziehung auf bestimmte helle Sterne, sondern in Graden innerhalb des Sternbildes angeben. Ohne es zu wollen, hatten die Astronomen gleichzeitig das Mittel zur Entwicklung einer Pseudowissenschaft geliefert, der Horoskopastrologie, die die Wissenschaft *par excellence* der griechisch-römischen Welt werden sollte. Ihre Anfänge waren langsam und bescheiden in der babylonischen Welt; das erste astrologische Horoskop, begründet auf die Beobachtung der Planeten, ihren Wert und ihre Stellung zu den Tierkreiszeichen, stammt aus dem Jahre 410.

Die Aufstellung eines Kalenders und die Schaffung eines praktischen Bezugssystems waren nicht die einzigen Leistungen dieser finsteren Jahrhunderte; verschiedene Rechenmethoden wurden ausgearbeitet, wie man auch Tabellen herstellte, auf denen die periodischen Beziehungen zwischen den Bewegungen des

Mondes und denen der Planeten erfaßt waren. Zwischen 500 und 300 v. Chr. schufen sich die Astronomen die Instrumente, ohne die die Entwicklung der mathematischen Astronomie in der hellenistischen Epoche nicht möglich gewesen wäre; doch so wie wir die Etappen dieser Entdeckungen nicht kennen, kennen wir auch nicht die Namen derer, die sie gemacht haben. Die Griechen und die Römer haben uns hierzu Überlieferungen vermittelt, die kürzlich durch die gründlichere Kenntnis der Keilschrifttexte fragwürdig geworden sind. Man datierte die Arbeiten des Naburiannos ins 5. Jahrhundert, seinen akkadischen Namen Naburimannu glaubte man wiedergefunden zu haben, und man schrieb ihm eines der Systeme der Bestimmung der Mondphasen zu. Heute wird die Lesung des Namens Naburimannu als unsicher angesehen; es ist unmöglich geworden, weder den Arbeiten, die man ihm zu verdanken glaubte, irgendein Datum noch ihm selbst die Urheberschaft irgendeiner Entdeckung zuzuschreiben. Die Identifizierung des Kidenas, eines Zeitgenossen des Artaxerxes, mit einem Kidinnu, dem Verfasser einer Reihe von astronomischen Täfelchen, erscheint dagegen wohl begründet. Es ist möglich, daß er das Phänomen der Präzession der Tag- und Nachtgleichen entdeckt hat; doch es ist nicht erlaubt anzunehmen, daß er der Erfinder eines zweiten Systems der Bestimmung der Mondphasen war, das mit dem Naburimannu zugeschriebenen konkurrierte. Die Täfelchen, die uns diese Entdeckungen berichten, können in Wirklichkeit Kopien älterer Arbeiten sein, und die Erwähnung des Namens des Schreibers muß nichts über den Urheber der Entdeckung aussagen.

Am 1. Oktober 331 vernichtete Alexander der Große bei Gaugamela im Norden Assyriens das letzte Heer des Großkönigs. In den darauffolgenden Wochen eroberte er ganz Mesopotamien und hielt seinen Einzug in Babylon, das ihm ohne Widerstand, weder von seiten seiner Einwohner noch von seiten des Satrapen Mazaios, ausgeliefert wurde. Der Eroberer wurde mit Hymnen begrüßt, Weihrauch brannte auf den Altären, und die Straßen waren mit Blumen übersät. Dankbar, vielleicht mit dem Gedanken spielend, sie zur Hauptstadt seines Reiches zu machen, befahl Alexander den Wiederaufbau der Tempel der Stadt und zunächst des Marduk-Tempels. Wer war dieser junge Eroberer für die Babylonier? Der Rächer des Xerxes? Derjenige, der Babylon seinen einstmaligen Glanz wiedergeben würde? Der Mann, dessen Entschlossenheit mehr wert war als der Verfall, in dem ein altes Volk dahindämmerte? Zweifellos alles dies gleichzeitig.

Die Babylonier glaubten vielleicht, sie würden in eine neue Welt eintreten, die sich zu ihrem Vorteil gestalten konnte; in Wirklichkeit sollten die zwei Jahrhunderte makedonischer Herrschaft nichts Wesentliches an der Situation Babyloniens ändern, wenn man bedenkt, was seit dem Ende des 5. Jahrhunderts aus ihm geworden war. Noch reich, würde es dies lange bleiben, doch ohne die ökonomische Überlegenheit, die es bis zur Regierung Dareios' I. besessen hatte. Wichtig durch seine Lage im Herzen des Nahen Ostens und durch die Zahl seiner Menschen, sollte es doch nie wieder eine politische Bedeutung ersten Ranges erhalten. Die Zusammensetzung seiner Bevölkerung war tiefgreifend verändert. Die Vorzüge des Aramäischen und Griechischen mit ihrem alphabetischen Schriftsystem ließen allmählich die Zahl derjenigen, die den Schatz seiner alten Kultur noch zu würdigen und zu bewahren wußten, zu einer kleinen Elite zusammenschrumpfen.

Die mesopotamische Zivilisation war zu groß und zu alt, um mit einem Schlag zu enden. Während des finsteren 4. Jahrhunderts hatte sie genug getan, ihr Bestes zu retten, für die Nachwelt lebendig zu erhalten; sie leistete eine große Arbeit in der Sammlung von Texten, sie bewahrte ein juristisches Denken, sie entdeckte die Mittel eines wissenschaftlichen Strebens, das die erste mathematische Astronomie schaffen sollte. Von alledem sollte die hellenistische Epoche die Vollendung erleben.

18. Das Judentum in Palästina während der Perserzeit

Das Buch Esra berichtet, daß Kyros der Große in seinem ersten Jahr, nämlich nach seiner Eroberung Babylons im Jahre 538, ein Dekret erließ, das allen vom Volke Jahwes in seinem Herrschaftsbereich erlaubte, nach Jerusalem zu gehen und den Tempel zu bauen (Esra 1.1–4). Etwa 50000 Personen kehrten unter der Führung des persischen Statthalters von Judäa, Zerubbabel (vgl. Haggai 1.1), und des Hohenpriesters, Josua, zurück. Sie errichteten einen Altar, begannen einen regelmäßigen Opferdienst und legten im folgenden Jahr die Fundamente des Tempels (Esra 1.5–3.10). Esra 4.4f. datiert diese Ereignisse etwa in die Jahre 537/6. Diesem Datum widersprechen die Prophezeiungen des Haggai, die besagen, daß vor dem zweiten Jahr des Dareios I. (520) »nicht ein Stein auf den andern gelegt war im Tempel Jahwes« (2.15 vgl. 18). Die Liste der zurückgekehrten Verbannten in Esra 2 benutzt verschiedenartige Quellen (zwei genealogische, eine territoriale). Der Erlaß des Kyros kehrt in veränderter Form in 6.3f. wieder, also stammt er jedenfalls aus der Überlieferung: Hätte der Autor ihn erfunden, würde er an beiden Stellen die gleiche Erfindung benutzt haben. Doch die zweite Form des Erlasses, in der Kyros den Bau befiehlt und Mittel für ihn bewilligt, ist kaum echt, denn der Befehl wurde nie durchgeführt. Die Echtheit des ersten Erlasses ist daher ebenfalls zweifelhaft. (Kyros schickte einige Mesopotamier in ihre Heimat zurück[61] und hat vielleicht das gleiche mit den Juden getan, doch die Möglichkeit ist kein Beweis.)

Obwohl die Einzelheiten der Rückkehr der Verbannten unklar sind, kann man die durch ihre Heimkehr verursachte Situation mit Hilfe von Hinweisen rekonstruieren, die von der früheren Geschichte geliefert werden. In der Königszeit hatte ein Konflikt bestanden zwischen denen, die glaubten, Jahwe verlange von den Israeliten, daß sie ihn allein verehrten, und jenen, die glaubten, er könne zusammen mit andern Gottheiten verehrt werden. Die erstere (monolatristische) Gruppe ist repräsentiert durch die Dokumente des Alten Testaments, die letztere (synkretistische) hatte eine größere Gefolgschaft im Volke und kontrollierte gewöhnlich die Regierung und den Tempel. Während der Verbannung (587–539) wurde die gebildete Führerschaft der monolatristischen Gruppe nach Babylonien gebracht. Der babylonischen Periode schreibt man glaubwürdig die Entwicklung mehrerer Eigentümlichkeiten zu, die auffällig sind im nach-

priester Josua und der Opferkult an dem wiedererrichteten Altar in Jerusalem von der monolatristischen Gruppe für »unrein« erklärt worden zu sein. Diese Angriffe sollten aufhören. Der Wandel in den Zielen wird durch die Vision des Propheten von Jahwes Eingriff in den Status Josuas entschuldigt. Dem Hohenpriester wird zugesichert, daß er, wenn er das Gesetz achtet (nämlich so, wie es die monolatristische Gruppe interpretiert), als legales Oberhaupt des Tempels anerkannt würde.

Dieses Übereinkommen fordert keine Abschaffung von Kulten anderer Götter. Anscheinend wurden sie nicht mehr praktiziert. Jetzt geht es um die Reinheit. Offenbar behauptete die monolatristische Gruppe, daß ein Götze unrein sei wie ein toter Körper[75]. Infolgedessen würden Priester, die im Privatleben andere Götter anbeteten oder mit Anbetern anderer Götter verkehrten, selbst unrein und die Opfer des offiziellen Kults unrein und für Jahwe unannehmbar machen. Daher die Anklage gegen den Kult und den Hohenpriester, sie seien unrein, und die Forderung, daß der Hohepriester das Gesetz achte, d. h. das Gesetz der Reinheit, wie die monolatristische Gruppe es auslegte. Da die Priester die Autoritäten für die Reinheit und das Kultgesetz waren, stellt diese Forderung einen Eingriff in ihre Domäne dar. Von nun an geht es bei den Gruppenkonflikten in Jerusalem hauptsächlich um die Reinheit, und die Konvertiten zur monolatristischen Gruppe werden beschrieben als »Solche, die sich von der Unreinheit des Volkes im Lande getrennt haben«, d. h. das Reinheitsgesetz der Gruppe anerkannt haben[76].

Der mahnende und apologetische Ton dieser Orakel über das Übereinkommen zwischen Zerubbabel und Josua zeigt, daß nicht alle Mitglieder der monolatristischen Gruppe die Abmachung billigten. Es gab verschiedene Gesetzestraditionen innerhalb der Gruppe, wie das von ihr bewahrte, widerstreitende gesetzliche Schrifttum zeigt — deuteronomische und priesterliche Elemente, der Verfassungsentwurf des Hesekiel usw. Ein weiteres Beispiel: Haggai ermahnte »alles Volk im Lande«, beim Wiederaufbau des Tempels zu helfen (2.4), doch als einige ihre Hilfe anboten, wies Zerubbabel ihr Angebot zurück (Esra 4.1 ff.).

Hier hat der Redaktor des Esra die Dinge verwirrt, indem er das »Volk im Land« mit den Samaritanern identifizierte (4.2 b und 4), eine Reflexion seiner eigenen Zeit (nach Nehemia)[77]. Doch der Wiederaufbau des Tempels durch Zerubbabel war eine Angelegenheit, die nur die Einwohner Judäas anging, und es gibt keinen Beweis, daß die Samaritaner davon Notiz nahmen. Dagegen gibt es Beweise für eine Feindschaft zwischen den Judäern und der monolatristischen Gruppe in Jerusalem. Das Zerbrechen des Bundesstabes durch Zacharias soll die Trennung Judas von Jerusalem bedeuten[78]. Die Folgen dieses Zerbrechens

sind vorausgesagt durch Zacharias 12.2–10[79]. Am Ende »wird das Volk von Juda bei der Belagerung gegen Jerusalem dabei sein«, doch Jahwe wird ihnen die Augen öffnen; sie werden zu sich selbst sagen: »Die Bewohner von Jerusalem haben über mich die Oberhand gewonnen, durch Jahwe der Heerscharen, ihren Gott«, und sie werden übergehen zu den Jerusalemern und die Heiden vernichten. Dann wird Jahwe den Sieg zuerst den Judäern geben, doch er wird den schwächsten von ihnen machen wie David und das Haus des David wie einen Gott.

Die Bedeutung, die diese Prophezeiung dem Hause David beimißt, erinnert an die Zeit des Zerubbabel, der letzten großen Gestalt aus diesem Hause (I. Chronik 3.19). Und Zerubbabels plötzliches Verschwinden erklärt vielleicht, warum die Prophezeiung im Augenblick des Triumphes schließt: »Und über das Haus David und über die Bürger von Jerusalem will ich ausgießen den Geist der Gnade und des Gebets ... und sie werden (zurück?) schauen auf den, den sie zerstochen haben, und ihn beklagen, wie man einen einzigen Sohn beklagt.« Vielleicht wurde Zerubbabel von Verschwörern ermordet, die von andern Mitgliedern des Hauses David angeführt wurden. Sein messianischer Anspruch hätte sie ruiniert, wenn er gescheitert wäre, und vielleicht auch, wenn er Erfolg gehabt hätte.

Der Tod Zerubbabels führte wahrscheinlich zu der Untersuchung durch die Beamten der persischen Satrapie, die in Esra 5.3–6.13 berichtet wird (es gab offenbar keinen Statthalter in der Stadt zu dieser Zeit). Der Stadtrat erklärte, der Wiederaufbau sei von Dareios autorisiert. Ein Dekret, das den Wiederaufbau nicht nur autorisierte, sondern auch unterstützte, wurde im Reichsarchiv (wohin im Sekretariat beschäftigte Judäer es vielleicht gebracht hatten) gefunden, und der Tempel wurde im sechsten Jahr des Dareios vollendet mit der Hilfe nicht nur synkretistischer Judäer, sondern auch heidnischer Beamter (Esra 6.13–15). Von dieser Zeit an verzeichnet das persische Dossier über Jerusalem jedoch einen Aufstandsversuch[80].

Die Zeit von 515–458 scheint eine Epoche synkretistischer Vorherrschaft gewesen zu sein. Die Beschuldigungen des Götzendienstes in Tritojesaja und »Zacharias« gehören wahrscheinlich hierher, ebenso wie die Klage in Hesekiel 14.21, daß »Kanaanäer« im Tempel seien, vielleicht ein Vorwurf gegen Priester, die aus Ehen mit palästinensischen Nachbarn hervorgegangen waren (Esra 9.1 f.). Maleachi rügt Ehen mit Heiden und die falsche Auslegung des Gesetzes durch die Priester. Maleachi ist »der letzte der Propheten«, nicht weil die Prophetie aufhörte, sondern weil die monolatristische Gruppe wissentlich keine späteren Sammlungen von Prophezeiungen aufbewahrte[81]. Sie hatte alles, was sie zu homiletischen Zwecken brauchte, und

weitere Voraussagen des Tages Jahwes führten (wie der Fall Zerubbabels gezeigt hatte) möglicherweise zu Schwierigkeiten mit der persischen Regierung.

Doch die persische Regierung hatte eigene Schwierigkeiten. In den Anfängen der Regierungszeit Artaxerxes' I. revoltierte Ägypten. Die Athener unterstützten die Revolte und besetzten Dor an der palästinensischen Küste, etwa sechzig Meilen von Jerusalem, als Stützpunkt auf dem Wege nach Ägypten[82]. Wenn eine Stadt wie Jerusalem revoltieren und die Athener zu Hilfe rufen würde, wären die persischen Verbindungen mit Ägypten abgeschnitten, Ägypten ginge verloren und vielleicht auch Palästina. Deshalb war der persische Hof darauf bedacht, seinen palästinensischen Untertanen gefällig zu sein. Doch er war durch die monolatristische Gruppe über die Verhältnisse in Jerusalem falsch informiert worden. Daher schickte er im Jahre 458 einen judäischen Priester namens Esra[83] nach Jerusalem, der das Schreiberamt bei der persischen Regierung versah und nun beauftragt wurde, in Judäa eine Gesetzesreform durchzuführen, von der die Regierung annahm, daß das Volk sie wünschte[84].

Esra kam in Jerusalem mit einer Schar von Gehilfen an und mit Geschenken zur Gewinnung der Priesterschaft und des Volkes, mit einem Text, den er das »Gesetzbuch des Moses« nannte (nicht den jetzigen Pentateuch, da er nicht die Begehung des Versöhnungstages vorschrieb)[85]. Er versuchte, aus der Einführung des neuen Gesetzes ein öffentliches Fest zu machen (Nehemia 8.9 ff.), doch der Inhalt des Gesetzes brachte das »ganze Volk« zum Weinen. Zu den Gründen seines Kummers gehörte das Verbot der Ehe mit Nichtjudäern. Esra wurde bald »informiert«, daß viele solcher Ehen geschlossen worden waren. Er legte auffällige Trauer an den Tag, zog eine große Menschenmenge an, bewegte sie durch seine Beredsamkeit zu Tränen und zwang die Führer des Volkes zu schwören, daß sie sich um der Reinigung Israels willen von ihren fremden Frauen scheiden lassen würden (Esra 10.2 ff.). Zu diesem Zweck wurde eine Versammlung einberufen, die ein Untersuchungskomitee einsetzte, und dieses Komitee stellte eine Liste von Missetätern auf (Esra 10.9–14).

Hier bricht der Text ab. Was weiter geschah, wird nicht berichtet. Sehr wahrscheinlich wurde Esra von der persischen Regierung zurückberufen. Sein Ehescheidungsprogramm muß über Judäa hinaus Ärger verursacht haben. Die fremden Frauen waren Töchter des Adels der benachbarten Provinzen, die sich mit ihren Klagen denen der Judäer anschlossen. Schließlich versuchte Esra vielleicht auch, die Mauer von Jerusalem wiederaufzubauen. Esra 4.11–23 enthält eine falsch eingereihte Geschichte eines solchen Versuchs, der unter der Regierung des Artaxerxes gemacht und auf Grund einer Denunziation bei den Persern abgebrochen wurde. Was auch immer geschah, die Mauern wurden nicht vollendet, und die Ehen wurden nicht geschieden. Als Nehemia etwa vierzehn Jahre später in die Stadt kam, lagen die ersteren noch in Trümmern, und die letzteren waren noch in Kraft.

Nehemia[86] war Mundschenk Artaxerxes' I. und erhielt die Erlaubnis, Jerusalem wieder zu befestigen. Dies geschah im Jahre 444. Die Athener waren nicht mehr in Dor, die ägyptische Revolte war niedergeschlagen worden, und Jerusalem scheint unter Beduinenüberfällen gelitten zu haben (I. Esra 4.45, 50; Nehemia 1.3). So war die Erlaubnis durch die Umstände gerechtfertigt. Nehemia gehörte der monolatristischen Gruppe an[87]; deshalb waren die Adligen der Nachbarländer, die an Esra dachten, ihm feindlich gesinnt, sobald er ankam (2.10, 19; 3.33), obwohl (oder eher weil) sie enge Beziehungen zu den oberen Schichten Jerusalems unterhielten (6.17 ff.; 13.4 ff., 23 ff., 28). Ihre Jerusalemer Verwandten waren vielleicht noch feindseliger, was Nehemias Heimlichkeit in bezug auf seine Pläne und die Schnelligkeit seiner Aktionen erklärt (2.11—18). Als persischer Statthalter hatte er die persische Garnison zu seiner Unterstützung (2.9; 4.10, 17; 5.10, 15 f.; 7.2; 13.19); doch um die gewünschten Reformen durchzuführen, mußte er das Volk für sich gewinnen, das bisher auf der Seite der Synkretisten gestanden hatte.

Also begann er mit einer Sache von allgemeinem Interesse, mit dem Wiederaufbau der Stadtmauern. Die Priesterschaft und der Adel, gezwungen durch die öffentliche Meinung, kooperierten (3.1—32). Das Schlimmste, was seine Gegner in Judäa zu unternehmen wagten, war ein geringer passiver Widerstand und die Verbreitung von defaitistischen Versen[88]. Sie blieben in Kontakt mit den Ausländern (6.17 ff.), und diese mögen eine militärische Aktion geplant haben, wagten aber nicht, sie durchzuführen (4.2, 5 ff. usw.). Um die dem Volk durch den Bau der Mauer auferlegte Bürde zu erleichtern (4.4; 5.18), führte Nehemia die einzige deuteronomische Reform durch, die ihn sicher beim Volk beliebt machen konnte — er erzwang die Abschaffung des Zinses, die Freigabe von Vermögen, die wegen Schulden beschlagnahmt worden waren, und den Erlaß von Schulden. Dies tat er nicht durch amtlichen Befehl (was er gekonnt hätte); statt dessen machte er aus der Sache eine große Szene, in der er als Vorkämpfer für die Armen gegen den Geld ausleihenden Adel auftrat (5.7 ff.). Ferner ermäßigte er die Abgaben für den Unterhalt des Statthalters, bewirtete jedoch täglich etwa hundertfünfzig »Judäer« (wahrscheinlich Führer der örtlichen Clans) und niedere Beamte[89]. Und er stärkte die Macht der Stadt, indem er in ihr Menschen aus den umliegenden

Städten ansiedelte – vermutlich seine Freunde (7.4 f.). Hier brechen die Memoiren ab. Anderswo hören wir von einer Feier bei der Vollendung der Mauern (Nehemia 12), von einer Sammlung von Schriften über die Könige und die Propheten (II. Makkabäer, 2.13) und von zusätzlichen Bauten im Tempel[90].
Die Memoiren werden wiederaufgenommen, nachdem Nehemia 432 von einem Besuch am persischen Hof zurückgekehrt war. Offensichtlich im Vertrauen auf Unterstützung in Susa[91] und auf seine Volkstümlichkeit in Jerusalem begann er jetzt seine religiösen Reformen. Zunächst vertrieb er aus dem Tempel einen Verbündeten der synkretistischen Gruppe, Tobias, den Statthalter von Ammon, der hier von dem Hohenpriester ein Zimmer erhalten hatte (13.4–9). Außerdem ließ er das Zimmer reinigen. Der Name des Tobias und der seines Sohnes Jochanan (6.18) beweisen, daß die Familie Jahwe anbetete. Nehemia vertrieb ihn nicht als Heiden, sondern als Synkretisten. So stoßen wir hier wiederum auf den Konflikt mit der Priesterschaft über das Reinheitsgesetz. Nehemia, ein Laie (6.10 f.), der sich auf die Gesetzestradition seiner Partei stützte, hat dem Hohenpriester in einer Frage der Reinheit widersprochen.
Nehemias nächster Schlag galt der Kontrolle des Tempels durch die Priesterschaft. Er etablierte die Leviten im Tempel und finanzierte sie durch eine zehnprozentige Steuer auf Judäas landwirtschaftliche Produktion (13.10–14). Die Leviten waren Priester, die durch die Zerstörung der heiligen Stätten in der Provinz bei der babylonischen Eroberung und durch die Weigerung der Jerusalemer Priesterschaft, sie in Jerusalem amtieren zu lassen, beschäftigungslos geworden waren. Nehemia gewann, indem er ihr Einkommen sicherte, für sich und seine Partei eine Gruppe ergebener und nützlicher Anhänger. Im Tempel konnten sie bei den Priestern die Beachtung seines Reinheitsgesetzes durchsetzen, in der Stadt konnten sie helfen, für die Einhaltung des Sabbat zu sorgen, der bis jetzt von dem Marktvolk unter dem Schutz des örtlichen Adels vernachlässigt worden war (13.15–22).
Mit den Leviten, seiner Garnison und der Unterstützung des Volkes konnte Nehemia schließlich die Frage der gemischten Ehen angehen. Durch Auspeitschen und Folter[92] zwang er seine Gegner zum Schwur, daß sie in Zukunft solche Ehen nicht mehr erlauben würden; er trieb einen Enkel des Hohenpriesters, der eine Tochter Sanballats, des Statthalters von Samaria, geheiratet hatte, sowie andere Priester und Leviten, die solche Ehen eingegangen waren, ins Exil. Da die Priesterschaften gewöhnlich in Faktionen gespalten waren, hatte er wahrscheinlich Anhänger unter den Priestern, und er stärkte deren Stellung durch Lieferung von Opfergaben für den Tempel (13.31).

Auch hier war das Motiv für Nehemias Handeln der Glaube, daß die Priester und mit ihnen der Kult unrein würden durch die Heirat mit synkretistischen Anbetern Jahwes (13,29 f.). In diesem Falle ist der Synkretismus erwiesen. Sanballat gab seinen Söhnen Delaia und Shelemia jahwistische Namen[93], doch sein eigener Name zeugt für die Anbetung des Sin (des mesopotamischen Mondgottes), und Delaia und Shelemia halfen beim Wiederaufbau des Tempels in Elephantine in Ägypten, wo eine Kolonie von judäischen Söldnern Jahwe, Anath und Bethel verehrte[94].

Mit diesen Ereignissen und einem Gebet enden Nehemias Memoiren. Sie wurden zur Verteidigung seiner Handlungen geschrieben, ein Beweis, daß die Opposition noch stark war. Wie lange er an der Macht blieb, ist nicht bekannt. Er ist nicht in einem 411 an die judäischen Behörden gerichteten Brief erwähnt[95]. Seine Bekehrung des Volkes von Jerusalem zur monolatristischen Gruppe und seine Etablierung dieser Gruppe, vertreten durch die Leviten, im Tempel unterbanden die Abwanderung der Priesterschaft zum Synkretismus. Hätte er dieses nicht getan, dann hätte der monolatristische Kult, wenn überhaupt, nur als eine Diaspora-Religion, die mit Jerusalem nur durch eine Tradition verbunden war, überleben können. Die Erhaltung der territorialen Bindungen des Judaismus mit ihren gewaltigen historischen Konsequenzen war demnach das Werk Nehemias.

So hatte der monolatristische Kult in Jerusalem gesiegt. Offizieller Synkretismus war nun ausgeschlossen. Privat hielt er sich nur heimlich. Der Konflikt lag nun zwischen der Richtung Nehemias, den »Separatisten«, und der Gruppe seiner Gegner, den »Assimilationisten«. Auf der Seite der Separatisten standen einige wenige Priester, die meisten der Leviten und die Plebs von Jerusalem; auf der Seite der Assimilationisten standen die meisten Priester, der Adel und vielleicht auch die judäische Bauernschaft. Von diesen Gruppen sind der Adel, die Leviten und die Priester durch Schriften im Alten Testament vertreten, die ihren Charakter und ihre Geschichte enthüllen.

Vom Adel stammen wahrscheinlich die weltklugen Sammlungen von Sprüchen (vor allem 22.17–31.31)[96] und sicherlich die Überreste des ursprünglichen Hiob (3–27), die auf Grund stilistischer und theologischer Verwandtschaft mit Deuterojesaia und verblüffender Ähnlichkeit mit der griechischen Tragödie, besonders mit dem Gefesselten Prometheus[97] in das fünfte Jahrhundert datiert worden sind. Hiobs Hybris verleitet ihn, von Gott Gerechtigkeit zu fordern. Der Kern des ›Predigers‹[98], geschrieben ein Jahrhundert später, verspottete die menschliche Anmaßung, über solche Dinge zu spekulieren. Die kurzen Geschichten Ruth, Jonas, Judith und Tobias spiegeln assimilationistische Anschauungen wider und entstammen wahrscheinlich dem Adel, wie das erlesene Liebesgedicht, das ›Lied der Lieder‹. Alle diese Werke unterscheiden sich als Belletristik von den nationalen Legenden und Geschichten, Gesetzen und Prophezeiungen, die durch die monolatristische Gruppe erhalten wurden. Dieses belletristische Schrifttum ist ein Beweis für ein gebildetes Laientum, das mit der Kultur seiner Umwelt in Berührung stand. Seine literarische Produktion ändert sich mit der internationalen Mode — gnomische Verse im 6. Jahrhundert, poetisches Drama im 5., philosophische Reflektion im 4. (die Ähnlichkeit des ›Predigers‹ mit Epikur ist oft vermerkt worden), romantische Kurzgeschichten[99] und erotische Lyrik im 3. und später. Die gleiche Folge von Werken zeigt, wie der Adel sich mit dem Judaismus ausgleicht. Das frühere Schrifttum in den Sprüchen und Hiob 3—27 kennt das jüdische Ritual und die jüdische Tradition nicht. Der Ecclesiastes kennt, wie viele griechische Philosophen, eine volkstümliche Frömmigkeit, die er praktiziert, an die er aber nicht glaubt[100]. Ruth feiert eine Ehe mit einem Moabiter; Ionas stellt die Heiden als von Jahwe unterwiesen und für ihren Gehorsam belohnt dar. Doch Ruth stützt sich auf die nationale Legende (2.12; 4.11 usw.), und Jonas ist um den Ruhm des Tempels in Jerusalem (2.5) besorgt. Judith und Tobias sind strenggläubige Juden, doch beide Bücher sind Verteidigungen der Nordisrealiten, und Judith feiert die Bekehrung eines Ammoniters (verboten durch Dt. 23.4; vgl. Nehemia 13.1). So hielt der Adel an seinen Bündnissen mit den Nachbarvölkern fest und paßte sich nicht nur dem Judaismus an, sondern auch diesen sich selbst.

Mit Ausnahme der Sprüche[101] sind diese Bücher aus dem Adel originale Arbeiten, annähernd datierbar und (abgesehen von Einschiebungen) konsequente Äußerung der persönlichen Meinungen der einzelnen Verfasser. Die literarischen Nachlässe der Leviten und der Priester sind Kompilationen von altem und von neuem Material, so oft von neuem herausgegeben, daß ihre Quellen und ihr Aufbau noch immer umstritten sind. Dies zeigt ihren unterschiedlichen »Sitz im Leben« an.

Von den Leviten haben wir die Chronik, Esra, Nehemia und den Psalter, während wir über sie einige priesterliche Überlieferungen im Exodus, Leviticus und in den Numeri besitzen[102]. In diesen Überlieferungen wird von den Leviten gesagt, daß sie »Wache halten« am Tempelzelt, um es vor Unreinheit zu bewahren[103]. Die militärische Terminologie und die polizeiliche Bestätigung bezeugen, daß Nehemia sie benutzte, um seine Reinheits- und Sabbatgesetze durchzusetzen. Außerdem trugen sie das Zelt und dessen Geräte, vor allem die ›Bundeslade‹. Dies reflektiert einen nahöstlichen Brauch, nach dem ein heiliger Behälter, der

eine Gottheit darstellte oder beherbergte, in einer Prozession umhergetragen wurde[104]. Die levitischen Priester von Jerusalem hatten so die Lade bis zum 7. Jahrhundert getragen (II. Chronik 35.3), und der Brauch wurde, wahrscheinlich von der levitischen Tradition, durch die Synagoge übernommen, wobei jetzt die Lade das göttliche Gesetz enthielt[105]. Scheinbar waren die Leviten an der allgemeinen Einführung des synagogalen Gottesdienstes an Stelle des Opfers, die um diese Zeit den palästinensischen Jahwekult veränderte, aktiv beteiligt; daher das paränetische Schrifttum des Chronisten[106] und seine Darstellung der Leviten als Missionare (I. Chronik 17) und als Interpreten des Gesetzes (vgl. Nehemia 8, ein synagogaler Gottesdienst).
Im Tempel versuchten die Leviten, einige priesterliche Funktionen auszuüben, doch die Priester verhinderten das[107]. Dann verloren sie ihre Polizeigewalt und verschmolzen allmählich mit den Sängern und den Torhütern[108]. So verschwinden die »liturgischen Leviten« in der Chronik[109], und in dem Dekret Antiochos' III. sind die Leviten die Sänger geworden[110]. Die Bedeutung der Psalmen in der Synagoge und in der Chronik, und auch der Psalter, spiegeln diese Entwicklung wider. Die Besorgnis des Psalters um die Armen bezeugt nicht nur die Armut der Leviten selbst, sondern auch die Politik des Nehemia und die Tatsache, daß die separatistische Partei sich in der Hauptsache auf die Plebs von Jerusalem stützte. Die Heroen ihrer Geschichte (Chronik-Esra-Nehemia) sind David, der die Leviten einsetzte, und Nehemia, der sie rehabilitierte[111]. Mit dem Psalter schufen die Leviten vielleicht das einflußreichste Buch der abendländischen Literatur – dasjenige der Bibel, das fast in jedem christlichen und jüdischen Gottesdienst gelesen wird und die tägliche Lektüre des größten Teils aller privaten Frömmigkeit darstellt. Mehr als drei Viertel der Psalmen handeln von der Befreiung durch Jahwe, gewöhnlich von unspezifizierten Feinden. Die historische Identität dieser Feinde (wenn sie überhaupt existierten) ist ein Rätsel; die Konsequenzen, die eine solche ständige Beschäftigung mit Feinden und mit der Befreiung für die westliche Religion hatte, können hier nicht diskutiert werden.
Im Gegensatz zum levitischen Schrifttum ist der priesterliche Pentateuch überraschend widersprüchlich[112]. Dies zeugt für die Spaltungen der Priesterschaft, von der verschiedene Mitglieder in der synkretistischen und in der monolatristischen Richtung führend waren[113]. Indem er einen Bewerber für das Hohepriesteramt ausschaltete, half Nehemia einem andern, vermutlich einem, der der separatistischen Richtung folgen und sie nach Nehemias Ableben auf die Leviten und die Plebs stützen würde. Daher erhielten im Jahre 411 die Judäer von Elephantine, als sie nach Jerusalem um Hilfe beim Wiederaufbau ihres synkretistischen

Tempels schrieben, von dem Hohenpriester Jochanan[114] keine Antwort. Die Leviten waren auf der Höhe ihrer Macht. Sie hatten durch Nehemia die Unterstützung des Volkes gewonnen, die Priesterschaft war gespalten, der Hohepriester war von ihnen abhängig, viele Assimilationisten waren ins Exil getrieben worden, der neue Statthalter, ein Perser[115], würde zunächst vorsichtig sein. In diese Zeit sollten wir die Versuche der Leviten, priesterliche Funktionen im Tempel zu übernehmen, datieren. Die durch diesen Versuch hervorgerufene Unruhe trug wahrscheinlich zu dem Entschluß des Statthalters bei, Jochanan durch seinen Bruder zu ersetzen, höchstwahrscheinlich durch jenen Bruder, der Sanballats Tochter geheiratet hatte und die Unterstützung der samaritanischen Behörden, die Freunde des Statthalters waren, besaß. Als man sein Vorgehen durch die Ermordung des Kandidaten vereitelte, rächte er sich durch eine Steuer auf die Tempelopfer. Dies und der Skandal des Mordes trugen zweifellos zum Machtverlust der Separatistenpartei etwa am Ende des 5. Jahrhunderts bei. Doch sie genossen immer noch starke Unterstützung von seiten der Plebs, nicht nur infolge des Andenkens Nehemias und der deuteronomischen Armengesetze, sondern auch infolge der volkstümlichen Lehren und Predigten der Leviten.

Also übten die Assimilationisten bei der Wiedergewinnung der Herrschaft Mäßigung. Die Leviten blieben Untergeordnete im Tempel, doch sie blieben. Die Chronik und die Psalmen zeigen, daß sie sich mit ihren priesterlichen Vorgesetzten versöhnten. Diese Priester stellten eine neue Ausgabe von Gesetzen zusammen und fügten Legenden an, in der Hauptsache den jetzigen Pentateuch[116], der Material von beiden Parteien enthielt und von ihnen anerkannt wurde.

Eine solche Sammlung, die Codices mit widersprüchlichen Gesetzen enthält, setzt eine harmonisierende Exegese voraus. Die Exegeten waren in der Hauptsache die Priester, von des Großkönigs Gnaden die Autoritäten in Fragen des Kultgesetzes. (Das Gesetz des Pentateuchs ist Kultgesetz – die von den Anbetern Jahwes zu beachtenden Gebote; Fragen des bürgerlichen Rechts und des Strafrechts werden nur selten berührt.) Doch die Separatistenpartei pflegte ihre eigene exegetische Tradition. Die Chronik macht die Leviten zu Richtern (vielleicht fälschlicherweise)[117] und zu Lehrern des Gesetzes (II. Chronik 17.7 ff.; 35.3, wahrscheinlich zu Recht). Wenn sich ein Laie auf eine solche Tradition berief, konnte sogar er einem Hohenpriester widersprechen. Nehemia hatte es getan, die Makkabäer, die Essener, die Pharisäer und die Christen werden es tun. Diese Tradition der Laienexegese sollte eines der wichtigsten Merkmale des Judaismus werden.

Wenden wir uns dem interpretierten Text zu: Die Leviten wurden durch die Aufnahme (als Anhang) ihres geliebten deuteronomischen Gesetzes mit seinen zahlreichen Maßnahmen für die Armen versöhnt[118]. Hiermit verbunden war das Gebot, das Gesetz ständig zu studieren (6.6 ff. Begründung der rabbinischen Praxis), und das Gebot, Jahwe zu lieben (6.5, die Verknüpfung der gesetzlichen und der mystischen Traditionen). Ein anderes deuteronomisches Element war die Beschränkung des kultischen Opfers auf Jerusalem (12.3 ff.) und die sich daraus ergebende Erlaubnis zur profanen Schlachtung von Haustieren (12.15 ff.). Die Priester der ländlichen Jahweheiligtümer widersetzten sich der Beschränkung des Opfers auf Jerusalem, stellten ein Gegengesetz auf und an seine Spitze (und diese betonte Stellung bezeugt polemische Absichten) das alte Verbot des profanen Schlachtens ohne Opfer. Dieses »Heiligkeitsgesetz« schlossen die priesterlichen Redaktoren ebenfalls in ihre Sammlung ein (Lev. 17–26).
Die Interessen der Redaktoren selbst[119] werden durch die Hauptmasse der Gesetze vertreten: tägliches Opfer und Festtage, Opfer, Zehnter, Gelübde und andere Quellen der Tempeleinkünfte, Reinheitsgesetze (Ehegesetze). Als Erbaristokratie priesen sie Genealogien und umgaben die nationale Legende mit einem Kranz von falschen Legenden[120]. Andere Zusätze spiegeln die vergrößerte Macht und die Ansprüche auf Königswürde des Hohenpriesters wider[121] (Ansprüche, die vor dem Zusammenbruch der persischen Provinzialverwaltung im 4. Jahrhundert, der in der Satrapenrevolte kulminierte, kaum möglich waren). Doch andere Gesetze vertreten die Interessen der assimilationistischen Partei: In ihnen wird Toleranz gegenüber den alten volkstümlichen Riten geübt, und gleichzeitig werden neue, oft von Babylon inspirierte Elemente eingeführt; jedes Jahr sollen die Sünden des Volkes auf einen Bock geladen werden, der vom Tempel aus für Azazel[122] in die Wildnis geschickt wird. Man findet hier größere Freundlichkeit gegenüber den Nachbarvölkern[123]. Besonders wichtig ist die Entwicklung eines neuen rechtlichen Begriffs, des Begriffs des ›Proselyten‹; der Fremde, der das Gesetz angenommen hat, unterliegt all seinen Forderungen und genießt alle seine Vorteile. Die Unterwerfung fremder Einwohner unter die Forderungen des Kultgesetzes hatte mit dem Heiligkeitsgesetz begonnen[124], doch die Privilegien des Gesetzes (Teilnahme an den israelitischen Opfern, an der Versöhnung und an der Reinigung) wurden ihnen erst jetzt gewährt[125]. Dies machte es für Nichtjudäer möglich, gereinigt zu werden. So wurde unmittelbar dem Einwand der Separatistenpartei gegen die Mischehe (als Verunreinigung) begegnet, und in der späten hellenistischen Periode wurde der Judaismus eine

proselytenmachende Religion und bereitete so die Aufnahme des Christentums vor. Die unmittelbare Konsequenz beweist das Datum der Gesetzgebung: weder Esra noch Nehemia kannten die Möglichkeit, daß fremde Frauen Proselyten werden könnten.

Der Erfolg des Pentateuch als Sammelwerk erreichte mit seiner Annahme in Samaria seinen Höhepunkt. Um dies zu ermöglichen (denn die Samaritaner müssen ihren eigenen Jahweopferkult gehabt haben), mußten die deuteronomischen Gesetze, die das Opfer außerhalb Jerusalems verboten, »erklärt« werden, doch eine solche Exegese war bereits entwickelt worden, um das deuteronomische Gesetz mit dem Heiligkeitsgesetz zu versöhnen. Die Annahme des Jerusalemer Codex durch die Samaritaner war motiviert durch politische Überlegungen. In dem niedergehenden Reich Artaxerxes' II. konnte eine Kultvereinigung der Judäer und der Samaritaner eine bedeutende Macht darstellen. Doch wegen der Anhängerschaft der Separatisten in Judäa konnte eine solche Vereinigung nur gesichert werden, wenn die Samaritaner das Gesetz Jerusalems annahmen. Diese Annahme wurde durch die Verwandtschaft der herrschenden Familien beider Städte[126] und durch die Verwandtschaft der Bevölkerungen erleichtert. (Selbst die Autoren der Chronik sprechen, wenn sie nicht gerade polemisch schreiben, von den Nordpalästinensern lieblos als »Israeliten«[127].) Schließlich bestand der Pentateuch weitgehend aus Werken, die israelitische, in Samaria und in Judäa geläufige Traditionen verkörperten. Seine Annahme belebte höchstens einige absterbende Gebräuche von neuem, wie die Einhaltung des Sabbat (Nehemia 13.15 ff.), und half, andere abzuschaffen, wie den Opferdienst in örtlichen Heiligtümern. (Das lokale Heiligtum konnte nicht mit der lokalen Synagoge konkurrieren; Gebet und Lobgesang waren billiger als Opfer, vgl. Strabon, Geographica, 16.2.36.) Die Gesetzesüberwachung war in Samaria lax; synkretistische Namen gab es noch bis in die Zeit Alexanders des Großen[128]. Aus Jerusalem besitzen wir auch einige Münzen dieser Periode mit männlichen Köpfen und athenischen Eulen, und eine zeigt eine Gottheit, vielleicht Jahwe, in griechischer Kleidung, auf einem geflügelten Thron einer dionysischen Maske gegenübersitzend[129].

Die durch neue Kultvereinigungen gebildete (und durch die neuen Münzen bezeugte) Macht verbündete sich wahrscheinlich mit Ägypten, als Tachos mit spartanischer Unterstützung im Jahre 360 in Palästina einfiel[130]. Die Verbindungen der Juden mit den Spartanern mögen aus dieser Zeit stammen[131]. Artaxerxes III. eroberte die Stadt wieder in den späten Fünfzigern des 4. Jahrhunderts und schickte einen großen Teil der antipersischen Partei ins Exil[132]. Die Bücher der Propheten, die etwa um diese Zeit gesammelt wurden, sind mit mehr oder weniger interpolierten Stellen durchsetzt, die die Allianz mit Ägypten *ex eventu* rügen[133]. Der Parteienwechsel in Jerusalem mag die Beziehungen zu Samaria zeitweilig abgekühlt haben[134]; doch dies war vorübergehend. Nach zwanzig Jahren trat Alexander der Große auf den Plan.

19. Syrien in der Perserzeit

Die Geschichte Syriens in den zweihundert Jahren persischer Herrschaft weist bis zur Eroberung durch den Makedonen Alexander viele weiße Blätter auf. Während sich die religiöse Entwicklung des Judentums, vor allem dank den Schriften des Alten Testaments und den in ihm erhaltenen Urkunden, in großen Zügen verfolgen läßt (s. S. 356 ff.), sind nur wenige Einzelheiten aus der Geschichte Syriens, und zwar mehr oder weniger durch Zufall, auf uns gekommen. Unter Syrien wird hier das Gebiet von Poseideion im Norden bis hin zur ägyptischen Grenze verstanden. Es ist dies der 5. Nomos (Steuerbezirk) Herodots, das Verbindungsland zwischen Ägypten und Mesopotamien, das von jeher eine wichtige Vermittlerrolle in Vorderasien gespielt hat. Das Charakteristische an Syrien ist die gewaltige Länge, das Land erstreckt sich über mehr als 700 Kilometer von der Orontes-Mündung bis in die Gegend südlich von Gaza. Sehr viel geringer ist dagegen die Breitenausdehnung, sie geht an der breitesten Stelle kaum über 250 Kilometer hinaus. Die wichtigsten Landschaften Syriens sind, im Norden beginnend, das Gebiet zwischen dem Mittelländischen Meer und dem mittleren Euphrat, es ist dies das eigentliche Syrien, in der hellenistischen Zeit *Seleukis* genannt, daran anschließend folgt *Koilesyrien* — der griechische Name bedeutet das ›hohle Syrien‹, es ist wahrscheinlich eine volksetymologische Umbildung eines alten einheimischen Namens —, den Abschluß bildet im Süden *Palästina*, das nach den alten Philistern benannt ist. Der Küstensaum zwischen Arados im Norden und Ake, dem späteren Ptolemaïs im Süden, wird von den großen phönikischen Handelsmetropolen eingenommen, von ihnen sind Byblos, Sidon und Tyros die wichtigsten. Die Abgrenzung der einzelnen Landschaften gegeneinander ist im übrigen vielfach wechselnd und im einzelnen oft strittig, hier mag nur gesagt sein, daß der Begriff Koilesyrien im Laufe der Zeit verschiedene Wandlungen durchgemacht hat, ursprünglich bezeichnete er ein sehr viel größeres Gebiet, d. h. mehr oder weniger ganz Syrien (mit Ausnahme von Phönikien). In hellenistischer Zeit gehörte auch *Kommagene* (zwischen dem Amanusgebirge, den östlichen Ausläufern des Taurus und dem Euphrat) mit zu Syrien. Bis zum Ende des 5. Jahrhunderts v. Chr. aber hat Kommagene aller Wahrscheinlichkeit nach zu dem persischen Vasallenstaat Kilikien gehört. Über sein Schicksal im 4. Jahrhundert ist nichts bekannt.

Verschieden wie die Landschaften Syriens sind auch seine Völker. Im nördlichen Teil des 5. herodoteischen Nomos wohnen Aramäer, die auch in weiten Gebieten Mesopotamiens zu finden sind. Sie sind mit den Kanaanäern stammesverwandt. Die Bevölkerung Palästinas war einst kanaanäisch; als die israelitischen Stämme das Land besetzten, mußten die Kanaanäer den neuen Herren Platz machen, mancherorts sind sie auch mit den Israeliten eine Verbindung eingegangen. Zu den Kanaanäern gehören auch die Phöniker.
Nach Herodot hatte der 5. Nomos, zu dem übrigens auch Cypern gehörte, einen jährlichen Tribut von 350 Talenten an den Perserkönig zu entrichten. Zweifellos hatten hiervon die phönikischen Handelsstädte einen großen Teil aufzubringen. In Phönikien endeten die aus dem mittleren Asien kommenden Karawanenstraßen; mit phönikischen Schiffen gelangten die Produkte Asiens, vor allem Metalle und Spezereien, aber auch die Erzeugnisse Phönikiens, insbesondere Glas und Purpur, in alle Welt.
Bald nach dem Zusammenbruch des neubabylonischen (chaldäischen) Reiches (im Jahre 539) war Syrien in die Gewalt der Perser gekommen, wahrscheinlich im Jahre 534 (nach W. Galling). Die persische Herrschaft bedeutete für das Land einen neuen Anfang. Syrien und Phönikien gehörten zuerst zu der großen Satrapie *Babili û Êbir-nâri* (»Babylonien und das Land jenseits des Stromes«, d. i. Syrien). Die Verwaltung der Riesensatrapie ließ sich jedoch nur schwer bewältigen, zumal wenn der Satrap seinen Sitz in der alten Königsstadt Babylon, weit von Syrien entfernt, hatte. Man entschloß sich daher zur Abtrennung der Gebiete jenseits des Euphrats (von Babylon aus gesehen), *Êbir-nâri* (aramäisch: *Abarnahara*) wurde eine eigene Provinz mit einem eigenen Satrapen. Er residierte, wie es scheint, in der Stadt Tripolis. Die phönikischen Metropolen galten mehr oder weniger als Verbündete, nicht als Untertanen des Großkönigs, in ihre inneren Verhältnisse hat sich die persische Zentralregierung im allgemeinen nicht eingemischt. Die restliche Provinz, d. h. Syrien, bestand aus einer Reihe von kleinen Untersatrapien (im Griechischen in der Regel als ›Hyparchien‹ bezeichnet). Von diesen sind etwa Samaria, Idumäa, die Moabitis und die Ammonitis durch die Quellen bezeugt. Wirtschaftlich war die Satrapie *Abarnahara,* wie sie im amtlichen persischen Sprachgebrauch, d. h. im Reichsaramäischen, genannt wurde, ein sehr glückliches Gebilde. Natürlich dürfte es nicht immer leicht gewesen sein, die zahlreichen Völker des Landes, die nach ihrer Herkunft, ihrer geschichtlichen Vergangenheit, ihrer Religion und nicht zum wenigsten auch in ihren wirtschaftlichen Interessen verschieden waren, zu einer großen lebendigen Gemeinschaft zusammenzu-

fassen. Aber die Perser waren außerordentlich tolerant, und diese Toleranz haben die Völker Syriens, vor allem auf dem Gebiet der Religion, mit besonderer Dankbarkeit empfunden. Wenn es auch an gelegentlichen Erschütterungen, zumeist hervorgerufen durch Selbständigkeitsbestrebungen der phönikischen Metropolen, nicht gefehlt hat, so ist es der persischen Verwaltung doch im großen und ganzen gelungen, bei den Bewohnern Vertrauen zu erwecken, Syrien in das Reich einzugliedern und darüber hinaus ein gewisses Reichsgefühl wachsen zu lassen: Die Bewohner rühmten sich mit berechtigtem Stolz, einem Reiche anzugehören, das viele Jahrzehnte eine wirkliche Weltmacht, und zwar zu ihrer Zeit die einzige, gewesen ist. Die persischen Satrapen verwuchsen fest mit dem Lande; in Syrien war es die Familie des Belesys. Sie verfügte über großen Grundbesitz in der Satrapie. Xenophon erwähnt ein Schloß und einen Tierpark des Satrapen in der Nähe von Aleppo (Xenophon, Anab. I 4,10). Der besondere Wert der phönikischen Städte bestand für den Großkönig in ihrer Flotte, sie hat an allen großen Unternehmen, zumeist mit Auszeichnung, teilgenommen. Die Phöniker kämpften im Ionischen Aufstand gegen die Flotte der kleinasiatischen Ioner, sie waren an den Operationen zur See gegen Griechenland unter Xerxes, auch an den Schlachten beim Artemision und bei Salamis, maßgebend beteiligt, sie kämpften am Eurymedon und in Ägypten, wo sie zur Niederlage der Athener bei Memphis ihren Teil beitrugen. In Ägypten hatten sie unter dem Befehl des Megabyzos gestanden, dieser Mann ist später zum Satrapen von *Abarnahara* (Syrien) bestellt worden (454?). Megabyzos war ein Enkel des Mannes gleichen Namens, der als einer der Helfer des Dareios I. in der Verschwörung gegen den Magier Gaumata, den falschen Smerdis, genannt wird. Der Enkel war ein Vertrauter des Xerxes und stand auch noch bei dessen Nachfolger Artaxerxes I. (465/64–425) in hohen Ehren. Im Jahre 448 machte er den Versuch, sich als Satrap von Syrien von der Herrschaft des Großkönigs zu emanzipieren, im Kampfe gegen die Perser soll er wahre Wunder der Tapferkeit vollbracht haben, schließlich aber hielt er es doch für richtig, sich wieder mit Artaxerxes I. auszusöhnen. Übrigens hatte er sich bei dem Aufstand vor allem auf hellenische Söldner gestützt, die in aller Welt als tüchtige Krieger hoch geschätzt waren.

Aus der 1. Hälfte des 5. Jahrhunderts v. Chr. stammt ein berühmtes archäologisches Denkmal Phönikiens, es ist der Sarkophag des Königs Eschmunazar von Sidon. Das Grabmonument, aus schwarzem Basalt gearbeitet, stellt einen sogenannten anthropoiden Sarkophag dar. Gefunden wurde er vor mehr als 100 Jahren, 1855, in der Nähe des alten Sidon (heute Saida). Es ist eine unverkennbar ägyptisierende Arbeit. Den Historiker aber wird vor allem die Inschrift in phönikischer Sprache interessieren. Ihr wichtigster Teil lautet in deutscher Übersetzung (nach W. Galling): »Und ferner gab uns der Herr der Könige Dor und Jafa, die prächtigen Getreideländer, die in der Ebene Saron liegen, den gewaltigen Taten entsprechend, die ich tat, und wir fügten sie dem Gebiet des Landes hinzu, daß sie für immer den Sidoniern gehören.« Manches spricht dafür, daß unter den »gewaltigen Taten« die Teilnahme der phönikischen, insbesondere der sidonischen Schiffe, am Zuge des Xerxes gegen Hellas im Jahre 480 zu verstehen ist[135]. Xerxes hätte demnach dem König von Sidon die fruchtbaren Fluren der Ebene Saron zugewiesen, ein Geschenk, das für die Sidonier von ganz besonderem Wert gewesen ist, da das an Umfang sehr geringe Hinterland für die Versorgung der städtischen Bevölkerung im allgemeinen kaum ausgereicht haben dürfte. Ob auch die anderen am Kriege gegen die Griechen beteiligten Phönikerstädte (Tyrus und Arados) in ähnlicher Weise belohnt worden sind, entzieht sich unserer Kenntnis.

Schon im früheren 5. Jahrhundert weist die phönikische Kunst neben ägyptischen auch deutliche griechische Einflüsse auf. Sie sind ein untrügliches Zeichen für die Anwesenheit griechischer Künstler in dem alten Kulturlande. Wer die beiden Köpfe der anthropoiden Sarkophage von Sidon[136] betrachtet, wird in ihnen unschwer Züge der gleichzeitigen griechischen Reliefkunst finden. Hier haben griechische (wahrscheinlich ionische) Bildhauer Denkmäler geschaffen, die sich deutlich von den gleichzeitigen Schöpfungen der Kunst des Alten Orients abheben.

Den weiten Radius des phönikischen Handels bezeugt ein zufällig erhaltenes attisches Ehrendekret für den König Straton von Sidon[137]. Der König war ein ungefährer Zeitgenosse des Nikokles von Cypern und des Makedonen Philipp II., des Vaters Alexanders. Die Athener haben dem Straton und seinen Nachkommen in aller Form die Proxenie verliehen, d. h. die Ehrenbürgerschaft, die beträchtliche Privilegien mit sich brachte. In dem Ehrendekret ist zu lesen, daß der athenische Rat *symbola* herstellen ließ, es sind dies ›Beweiszeichen‹ *(tesserae hospitales)*, wie sie im Umgang zwischen befreundeten und durch Gastverträge miteinander verbundenen Staaten im Gebrauch waren. Man würde sie am ehesten in ihrer Funktion mit den Siegelringen vergleichen (im Lateinischen bedeutet *symbolum* soviel wie Siegelring). Das attische Dekret setzt als etwas ganz Selbstverständliches die Tatsache voraus, daß zwischen beiden Städten Abgesandte hin- und herfuhren.

Das wichtigste Ereignis der Geschichte Syriens und Phönikiens aber ist in der Mitte des 4. Jahrhunderts der Abfall des Tennes, des Königs von Sidon (350 oder 349 v. Chr.). Für diesen Aufstand gibt es eine verhältnismäßig ausführliche Überlieferung in der ›Universalgeschichte‹ des Diodor (XVI 41 ff.), die mancherlei Einzelheiten zu berichten weiß. Offenbar steht dieser Aufstand in Zusammenhang mit dem Angriff des Artaxerxes III. Ochos auf Ägypten im Jahre 351(?). Wie dieser ägyptische Feldzug im einzelnen verlaufen ist, läßt sich nicht sagen, nur das eine ist ganz sicher, daß er als Fehlschlag endete und dadurch den Abfall der großen phönikischen Handelsstadt hervorrief. Ihren Ausgang hatte die Bewegung in der Stadt Tripolis (zwischen Arados und Byblos). Tripolis hatte 3 Quartiere, die voneinander ein Stadion entfernt waren, die Quartiere der Aradier, Sidonier und Tyrier. In Tripolis pflegten die phönikischen Städte ihre gemeinsamen Ratsversammlungen abzuhalten. Angeblich sollen nun die persischen Satrapen und Strategen, die sich in dem sidonischen Quartier befanden, den Sidoniern mit Hochmut und Überheblichkeit entgegengetreten sein. Daraufhin hätten sich die Sidonier zum Abfall entschlossen. Sie nahmen Verbindung zu dem ägyptischen König Nektanebos II. auf, der dem Angriff der Perser getrotzt hatte. Die Aufständischen zerstörten den Park des Großkönigs in der Nähe von Sidon, sie verbrannten die Vorräte, die zur Versorgung der persischen Reiterei aufgestapelt worden waren. Der Zorn der Sidonier aber galt hauptsächlich den persischen Funktionären, sie wurden ergriffen und der Rache der Sidonier überantwortet.

Der Großkönig zog in Babylonien ein beträchtliches Heer zusammen und marschierte damit nach Phönikien, die Satrapen Belesys von Syrien und Mazaios von Kilikien leisteten Waffenhilfe. Nektanebos II. dagegen sandte den Sidoniern 4000 griechische Söldner zur Unterstützung, sie standen unter dem Befehl des Rhodiers Mentor. Diesem gelang es, zusammen mit dem Aufgebot der phönikischen Städte, die persischen Satrapen zu besiegen, sie sahen sich gezwungen, große Teile Phönikiens zu räumen. Verschlimmert wurde die Lage für die Perser durch den Abfall von 9 kyprischen Stadtfürsten, die mit den Phönikern gemeinsame Sache machten. So zogen die Unruhen weitere Kreise: Auch Kilikien und Judäa sind von ihnen nicht unberührt geblieben, angeblich sollen Juden nach Babylonien und in das ferne Hyrkanien am Kaspischen Meere zwangsweise umgesiedelt worden sein. Außerdem berichtet eine babylonische Keilschrifttafel von Gefangenen aus Sidon *(Sidanu)*, die im Oktober 345 in Babylon und in Susa angekommen sind. Dieses Datum bezeichnet aber noch keineswegs das Ende des phönikischen Aufstands.

Es war das persische Übergewicht, das schließlich den sidonischen König Tennes veranlaßte, insgeheim in Verhandlungen mit dem Großkönig Artaxerxes III. Ochos einzutreten. Auch

Mentor war in diese Pläne miteingeweiht. Wie es heißt, soll Tennes in treuloser Weise dem Großkönig nicht weniger als 500 der vornehmsten Bürger Sidons in die Hände gespielt haben. Die Stadt selbst war zwar für die Verteidigung aufs beste gerüstet, sie geriet aber durch den Verrat ihres Herrschers in die Gewalt der Perser. Vorher hatten die Sidonier all' ihre Schiffe verbrannt, um zu verhindern, daß jemand aus der Stadt diese zur Flucht benutzte. Als die Mauern von den Persern erstiegen worden waren, stürzten sich viele Einwohner mitsamt ihren Familien in die Flammen, nicht weniger als 40 000 Menschen sollen umgekommen sein. Der Großkönig aber habe den rauchenden Schutthaufen, der die einst so stolze Seestadt bezeichnete, für teures Geld verkauft, denn im Schutt habe sich viel Gold und Silber gefunden, das durch das Feuer geschmolzen worden war. Doch scheint die Zerstörung keineswegs die katastrophalen Ausmaße angenommen zu haben, die man nach dem Bericht des Diodor (XVI 45,5–6) anzunehmen hätte, denn Sidon ist bald wieder bewohnt worden. Auch die anderen Phönikerstädte sind wieder unter die Herrschaft der Perser zurückgekehrt (wohl im Jahre 344 oder 343), wenn auch nur noch für eine verhältnismäßig kurze Zeit. Als Alexander nach der Schlacht bei Issos (o. S. 290) im Jahre 333/32 in Syrien erschien, bereitete ihm Sidon einen großartigen Empfang, während sich Tyros weigerte, den Makedonen in seine Mauern aufzunehmen. Wie Alexander den Widerstand der Tyrier gebrochen hat, das ist an anderer Stelle erzählt worden (S. 292). Die Stadt Sidon erhielt durch Alexander in Abdalonymos einen neuen König. Der Name zeigt, daß es sich um einen Phöniker handelt, vielleicht darf man in ihm den Grabherrn des berühmten Alexandersarkophags sehen, wenngleich hierfür auch andere historische Persönlichkeiten von der Forschung in Betracht gezogen worden sind.

20. Arabien

»Die Araber waren niemals den Persern untertan, wurden aber ihre Verbündeten, nachdem sie – 525 – Kambyses den Durchzug nach Ägypten erlaubt hatten; denn wenn die Araber nicht guten Willens gewesen wären, so hätten die Perser nicht in Ägypten einfallen können.« So liest man bei Herodot. Und an einer anderen Stelle sagt er, an der Straße nach Ägypten gibt es eine Enklave mit Handelsplätzen, die dem König der Araber gehören, an einer dritten, daß das Land der Araber steuerfrei sei[138]. Dieser Zustand hatte eine Vorgeschichte: gegen 735 wurden die Stämme des *Idib'il* vom König von Assur als Grenzschutz gegen Ägypten in jene Gegend verlegt und ihm 15 Orte zugewiesen (? der Text ist hier beschädigt). Waren sie die Ahnen

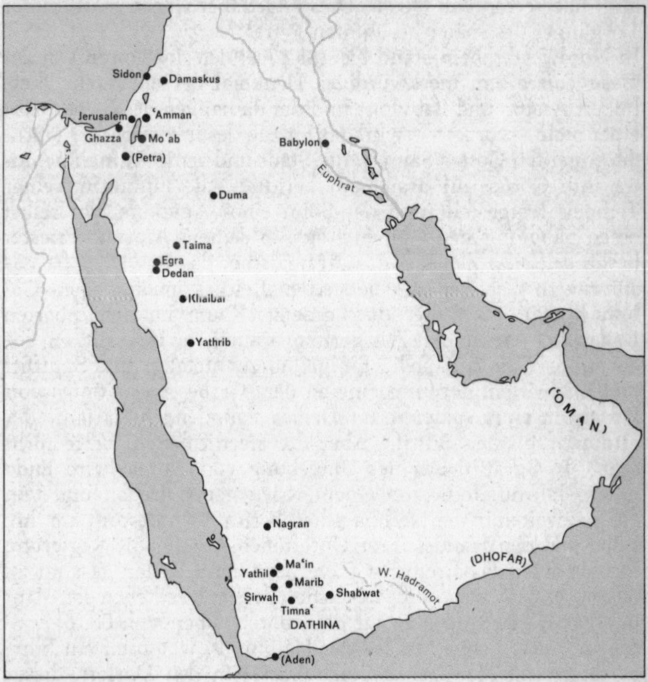

Abb. 22: Arabien

der Araber, die Herodot erwähnt? Und hatten sie ihre Identität bewahrt wie ein zweiter Stamm jener frühen Schicht der Nordaraber, die in Bd. 4 behandelt wird? Unter den Männern, die dem Nehemia feindlich gegenübertraten, als er 445 in Judäa eintraf, um diesen Bezirk im Auftrag des persischen Hofes als Provinz einzurichten und die Stadtmauer von Jerusalem wiederaufzubauen, befand sich auch ein Araber namens Geshem/Gashmu/Gusham. Aus Nehemia 4,1 geht hervor, daß sein Stamm im Süden wohnte, also aus Edom nach dem Westufer des Toten Meeres vorgedrungen war. Ein glücklicher Fund im Wadi Tumilat, einem alten Zugang Ägyptens südlich des Küstenweges, lehrt ihn uns näher kennen: zwei Silberschalen, persische Arbeit um 400, mit aramäischen Inschriften. Darauf steht: Qainu, Sohn des Geshem, König(s?) der *Qedar*[139]. Er ist wohl als ein Enkel des biblischen Geshem anzusehen, nicht als dieser selbst. Zu trennen sind sie nicht. (Man wundere sich nicht, daß Nehemia diesen Titel verschweigt; denn mit dem Statthalter von Samaria verfährt er ebenso.) Statt der Qedar könnte man auch übersetzen von Qedar. Dieser Ort aber war vermutlich der Vorgänger des später berühmten Petra[140].

In Nordwestarabien stand bis 1884 (seitdem im Louvre) in der Oase *Taima'* ein merkwürdiges Denkmal der einstigen Oberhoheit Assurs und Babylons und der damaligen der Perser. Auf einer Stele – vor 450 – wird der Einzug des in assyrischer Tracht dargestellten Gottes Salm in die Stadt und seine Aufnahme unter ihre Götter auf aramäisch berichtet, die Einkünfte seines Tempels festgestellt und der Sohn eines Ägypters, der selbst einen babylonischen Namen trägt, in seinem Amt als Priester bestätigt[141]. So hat sich das Aramäische, das in vielen fremdsprachigen Gebieten des persischen Reiches im amtlichen Gebrauch war, auch hier durchgesetzt. Kaum im benachbarten *Dedan,* wo eine in den Fels geritzte aramäische Inschrift, ein sogenanntes Sgraffito, steht. Einige Jahrzehnte älter sind Sgraffiti und Inschriften, darunter eine an dem Grabe eines Königs von Dedan, in einer späteren aus Dedan stammenden Variante der altnordarabischen Schrift. Aber die Herrlichkeit dauerte nicht lange. In Sgraffiti aus der Umgebung von Taima' wird Ende des 5. Jahrhunderts von einem Krieg gegen Dedan und von einem zweiten in der Nachbarschaft berichtet[142]. Besorgt um ihre Zölle und den Handel ihrer Untertanen, scheint die Regierung damals einen Peha, einen Gouverneur, nach Dedan gesandt zu haben, es sei denn, daß dies schon früher geschehen ist. Amt und Name gingen später auf Eingeborene über (vgl. Bd. 6).

Nagran, ›das lieblichste Tal der Halbinsel‹, war rund ein Jahrtausend lang die Grenze Südarabiens. In den Dörfern dieser Oasenlandschaft, zum Teil auch in der gleichnamigen Stadt, wohnte eine Gemeinschaft mit Namen Amir. Gemeinschaft sagen wir, nicht Stamm, wie man sonst zu schreiben pflegt; denn das könnte den Leser irreführen. Die Stämme umfaßten nämlich auf dem Lande Gemeinden von Bauern (und Hirten), in der Stadt die Bewohner eines Viertels, die sich in Geschlechter und Familien teilten. Was man sonst Stämme nennt, politische Gemeinschaften wandernder Hirten, meist Kamelzüchter, kommt in Südarabien erst im 2. Jahrhundert n. Chr. auf. – Unter den Herden der Amir gab es Kamele, sonst nur bei ihren Verwandten. Aus diesen und späteren Anzeichen schließt man, daß sie für die Karawanen Tiere lieferten, die Weihrauch und Myrrhen nach Norden trugen (Ghul II 433 ff.). Zwei Tagereisen weiter im Süden lag die Oase *Ragma* mit einer Stadt und vielen Dörfern. Wie gern möchte man in ihr das biblische Ra'ma aus Ezechiel 27,22 wiedererkennen! – Ragma und Nagran erscheinen zuerst in einer langen Inschrift (R 3945), in welcher der Sabäer Karib'il Watar gegen Ende seines Lebens um 490 die Eroberungen aufzählt, die er zu Ehren seines Gottes und zum Wohl seines Landes gemacht hat. Karib'il hatte auf Grund eines Orakels die minäischen Städte Nashan und Nashq drei Jahre lang eingeschlossen, bis sie sich ergaben. Nashq wurde zu Saba' geschlagen, Nashan unter entwürdigenden Bedingungen dessen Vasall. Dem König der minäischen Stadt Kamnah und dem von Haram, eines Bezirkes, der eine Sonderstellung zwischen minäischer und sabäischer Gesittung einnahm, wurde erobertes Land verliehen, weil sie neutral geblieben waren. Nun brach Karib'il gegen Ragma und Nagran auf und schlug sie im Felde. Sie verloren Tausende an Toten, Gefangenen und Vieh (selbst wenn man ein bis zwei Nullen streicht, wie man es an gewissen Stellen des Alten Testamentes und der assyrischen Königsinschriften tun muß). Ragma wurde tributpflichtig.

Ma'in lag im Norden und Nordwesten der drei anderen Reiche Südarabiens, Saba', Qataban und Ḥaḍramot. Es hieß amtlich ›Ma'in und Yathil‹ nach dem Namen der Residenz und der nächstgrößten Stadt, obwohl es noch andere Städte umfaßte, wie wir eben erfahren haben. Aber auch die Bewohner der Residenz hießen Ma'in, ebenso das ganze Volk, in diesen beiden Bedeutungen von uns als Minäer wiedergegeben. Das Land hatte schwer unter den Sabäern gelitten und blieb bis zum Ende der hier behandelten Epoche ihr Vasall oder ihr Verbündeter. Ma'in unterschied sich von den anderen Reichen durch die Festigkeit seines Königtums und durch seine städtische Verfassung. Auch hing das Land mehr als die anderen vom Handel ab. Dieser nahm seit der Gründung einer Kolonie in Dedan zu, deren Anfänge in die Mitte des 4. Jahrhunderts fallen[143]. Sie diente als Relaisstation für die Karawanen und war befestigt. Später wurde in der 15 km weiter nördlich liegenden Oase Ḥigra/Egra/al-Ḥigr, wo die Route von Taima' in die Weihrauchstraße mündet, eine Nebenstation eingerichtet. Auch bildeten sie Fremdenkolonien in Südarabien, eine zu Ṣirwaḥ in Saba', eine in Timnà und eine in Shabwat (N 82), den Hauptstädten von Qataban und Ḥaḍramot. In Timna' und erst recht in Dedan finden sich manche Beispiele des Einwirkens fremder Gesittung auf die Kolonisten. Die Obrigkeit in Dedan führte den Titel: ›Die beiden Vorsteher d e r Kolonie und der Minäer der Kolonie‹. Dort müssen im Frieden und gegen Entrichtung von Durchgangszoll auch Sabäer Station gemacht haben; das zeigen die Sabäismen in einer berühmten Inschrift (R 3022). Sonst mußten jene den schwierigen Richtweg von Yathrib/Medina über Khaibar und Taima' nach dem Ostjordanland einschlagen. Alle minäischen Kolonisten, vielmehr deren Ahnen, stammten aus Yathil und fast alle hatten dort Verwandte. – Die älteste minäische Königsinschrift[144] fällt in das Ende des 5. Jahrhunderts. Wir geben sie wieder, weil sie nicht ihresgleichen hat: »'Ammiyatha' Nabaṭ, Sohn des Abikarib, König von Ma'in, samt den Minäern und Yathilern, zerfleischte sein Antlitz und tat Buße vor 'Athtar . . ., weil er Urkunden g e w i s s e r M ä n n e r aus Ihren Tempeln in der Stadt Yathil entfernt hatte, Urkunden der M i n ä e r und deren (in den Schutz der Götter von Ma'in und Y. gestellte) G a b e n / und weil er (selbst) die bekanntgegebene Verordnung über das Ufergelände von Yathil übertreten hatte, in welcher er das Ufergelände in den Schutz der Götter von Ma'in und Yathil stellte, damit es nicht bewohnt werde / und weil sich g e w i s s e G e m e i n d e n, um die G a b e n der M i n ä e r für den Herrn (Ba'l) von Yathil für 'Athtar . . . und für die (anderen) Götter von Ma'in und Yathil nicht gekümmert haben.« – Der Herr (Ba'l) von Yathil am Ende ist mit dem Gotte 'Athar . . . am Anfang idenidentisch. Das Ufergelände wird künstlich bewässert, während der vom Monsunregen zweimal im Jahre verursachte Strom die Wadis füllt. – Ihren Tempeln? Es wird doch nur einer genannt! Im zweiten Abschnitt erscheint die merkwürdige Schlußformel: in den Schutz der Götter stellen. Sie ist ein Zeugnis für die panische Furcht der Minäer und anderer Südaraber vor dem Fluch, der bei ihren Nachbarn die Urkunden und deren Gegenstände vor Änderung schützte. – In dem 1. und 3. Abschnitt wird über denselben Vorgang gesprochen, nämlich daß der König im Einverständnis mit den Gebern und den Empfängern Weihgeschenke samt den dazu gehörenden Urkunden aus mehreren Tempeln entfernt hat. Zum Verständnis des Frevels, den der König allein beging, erinnern wir daran, daß wir oben die Erklärung der Tatsache, daß alle minäischen Kolonisten aus Yathil stammten, schuldig geblieben sind. Sie ist hier zwischen den Zeilen zu lesen. Die ländliche Umgebung der Stadt konnte die wachsende Einwohnerschaft nicht mehr ernähren. Daher wurde die Verwendung landwirtschaftlich nutzbaren Bodens für Bauzwecke streng verboten. Der König hatte also durch Gewährung einer Ausnahme gegen ein hohes Entgelt seine eigene Verordnung übertreten. Was lag vor? Ein Notstand. Die Sabäer hatten einen erfolgreichen Feldzug im Süden geführt und bereiteten nun ein Unternehmen gegen den Norden vor, so daß man in Ma'in rüsten mußte. Es war gewiß nicht das erste Mal, daß das göttliche Recht unter solchen Umständen verletzt wurde. Dieses Mal aber entbrannte der Zorn der Götter. Die Minäer wurden mit ihren Verbündeten geschlagen. Auf dem Rückmarsch belagerten die Sabäer Yathil so lange, bis sie die Ernte geraubt, die Bewässerungsdämme und Steinschleusen zertrümmert und die Schleusenbretter der Kanäle verbrannt hatten. Eben deshalb zog der König an der Spitze einer Prozession von Büßern in Yathil und Ma'in von Tempel zu Tempel. Sofort wurde dieser Vorgang in einer Inschrift den Irdischen und den Himmlischen bekanntgemacht; die Eile erklärt den oben vermerkten Fehler. Warum aber steht im 1. Abschnitte gewisse Männer und im 3. gewisse Gemeinden? Um die einzelnen vor besonderen Strafen zu bewahren, nachdem sie die der Gesamtheit erduldet hatten.

Es war ein nobile officium der durch den Handel reich gewordenen Kaufleute und überhaupt der Auslandsminäer, etwas für ihre Heimat zu tun, z. B. für den Neubau der Befestigungen von Ma'in und Yathil. Allerdings stifteten auch die Einheimischen, Könige, Familienhäupter, Schiedsrichter und Priester ähnliche Bauten, öfter Tempel, Altäre und Bewässerungsanlagen. Schon in der ältesten hierher gehörenden Inschrift (R 2771; T 11), etwa 370, ist eine Notiz über die Handelsreise des Urhebers nach Ägypten, Ghazza und Syrien/A'shur[145] mit einem viel älteren Protokoll über das Verfahren bei solchen öffentlichen Arbeiten gekoppelt: Am Anfang bezeichnete der Urheber sich und die Seinigen als loyale Untertanen des Königs, und dies bedeutet, daß sie ihre Steuern bezahlt haben[146], also nicht auf öffentliche Kosten gute Werke tun. Dann geschah folgendes: Er hatte dem Gott, d. h. dessen Tempel, gegenüber eine Zahlungsverpflichtung einzugehen und zu erfüllen. Darauf lieferte er dem Tempel, der als Bank oder damals noch als Verwertungsgenossenschaft fungierte, eine Erntesteuer in geringerer Höhe als an den König und manchmal dazu den Zehnten des Zehnten (für Palmpflanzungen?)[147]. Inzwischen ging der Bau vor sich, der mit einem Opfer abgeschlossen wurde. Dann kam die Angelegenheit vor den König und den Rat, die den Stiftern Immunität (?)[148] und die Fähigkeit, Ämter zu bekleiden, zusprachen. Auch verlieh der König oft Land an die Stifter, eine Gabe, die zuerst Geld und Mühe kostete und erst später Gewinn verhieß. – In der oben erwähnten Inschrift wird das Verfahren dadurch verlängert, daß sowohl der federführende Stifter und seine Vettern als auch ihre Väter Schulden bei den Göttern/Tempeln hatten. Sie müssen daher durch die Volksversammlung von Ma'in und Yathil insgesamt für schuldenfrei erklärt werden, ehe sie vor den König und Rat treten.

Saba'. Die Herrschaft der Kaste der Makrab, die um 510 durch den Putsch einiger Prinzen des königlichen Hauses unter Führung von Karib'il Watar an die Macht gekommen zu sein scheint, dauerte etwa 200 Jahre. Herrschaft? Wenn man darunter versteht, diese sei von einer Reihe aufeinanderfolgender Regenten ausgeübt worden, so trifft das wohl nur für die zweite Generation und den einen oder anderen unter den Späteren zu. Bei den drei, alsbald vier Linien, in denen gleichzeitig mindestens ein Mitglied Anspruch auf die Macht erheben konnte, scheint eine geregelte Thronfolge unmöglich. Aber das Land war weiträumig, und aus Königsgut und den Eroberungen Karib'ils besaßen die Makrab so viel Grund und Boden, daß die Familienhäupter dort ungestört regieren konnten. Das Reich, das Karib'il in unablässigen Feldzügen zusammengerafft hatte, schrumpfte allmählich ein. Gegen 400 unternahm Sumhu-'alay Yanaf[149] einen privaten Feldzug gegen das einst verbündete Qataban, wie sein Intendant voller Stolz, daß er die Truppe ausgerüstet hatte, berichtet. – Der Übergang zum Königtum: Zuerst nahm ein Makrab, dann zwei Verwandte von ihm den Königstitel an. Sie führten zusammen mit drei Prinzen einen mindestens fünfjährigen Krieg gegen Qataban (R 3858[150]). Dann folgte ein neuer Karib'il Watar, der aber nicht in Mârib gebot und daher in Ṣirwaḥ residierte[151].

An die Stelle des großen Eroberers war ein großer Bauherr getreten, Yada''il Dhariḥ. Er errichtete in Ṣirwaḥ und anderen Orten Tempel für den sabäischen Nationalgott Alamqah, vor allem aber die mächtige ovale Umfassungsmauer des Tempels 'Auwam (und diesen selbst?) bei Marib. Man kann die Baugeschichte des Westteils – der Ostteil konnte nur oberflächlich untersucht werden – mit Hilfe der Inschriften verfolgen. Als Yada''il starb, war das Werk unvollendet. Nach langer Pause wurde der Westeingang durchgebrochen, nach einer etwas kürzeren die Westseite erhöht, das Mausoleum/nṭà an der östlichen erbaut und zwei große Pfeiler/mḥfd (vor dem Haupteingang) aufgestellt. Zwischen 350 und 330 wurde die gesamte Mauer vollendet, eine Plattform/mhy' vor dem Haupteingang hergerichtet und 16 Pfeiler in zwei Reihen in sie eingelassen. Auch vor dem Westtor standen zwei Pfeiler[152]. Sie wurden alle später beim Bau der

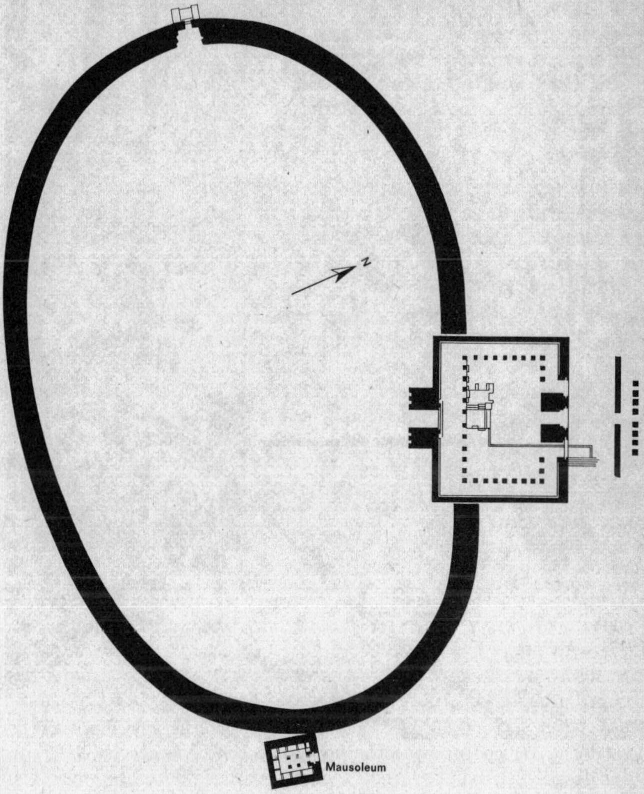

Abb. 23: Tempel 'Auwam des Mondgottes in Marib; Grundriß

Abb. 24: Tempel 'Auwam des Mondgottes in Marib; südlicher Gang der Vorhalle gegen Westen, dahinter die große Mauer

Vorhalle benutzt. Nur die letzte Reihe — man beachte den größeren Umfang der Pfeiler —, die von einem der drei Könige errichtet wurde[152], steht noch frei. — Es waren nicht mehr Makrab-Prinzen, die seit der zweiten Bauperiode an der Tempelmauer arbeiten ließen, sondern Angehörige eines neu aufkommenden Standes, der Intendanten. Diese verwalteten die Ländereien der prinzlichen Großgrundbesitzer, aber auch die Stadt Marib und den Tempel 'Auwam.

Qataban war einst auf das Stromgebiet zweier Wadis beschränkt, die aus der Hochebene nach Nordosten und Norden in den Sand führen. An dem östlichen, das sehr früh besiedelt worden ist, lag die Hauptstadt Timna', stromaufwärts manche größeren Orte. Das Land grenzte im Nordwesten an Saba', im Nordosten an Ḥaḍramot. Sonst war es ringsum von kleineren politisch selbständigen Gebieten eingeschlossen. Sie reichten im Südwesten bis gegenüber (Aden) hinaus, auch im Süden durch die Datina — so ähnlich heißt sie noch heute — bis an den Indischen Ozean. Im Südosten schob sich Ausan zwischen Qataban und Ḥaḍramot. Die Hauptstadt von Ausan hieß Wasr/Wusr und lag südöstlich von Timna', und in dieser Richtung halbwegs zwischen Timna' und dem Meere. Gegen Ende des 6. Jahrhunderts, zu der Zeit, als der Sabäer Karib'il Watar seinen Siegeszug begann, wenn nicht schon früher, erstand auch dem Lande Ausan ein kriegslüsterner König. Er glich Karib'il, den er zu verhöhnen liebte, in der Geste des Eroberers und an wilder Energie, aber nicht an Klugheit. Übrigens war seine Ausgangsbasis zu klein, wenn er sich auch Mühe gab, sie zu vergrößern. Zuerst nahm er den Ḥaḍramotern die nahen Oasen von 'Abadan (bei dem heutigen Niṣab/Anṣab) weg, dann im Norden die Oasen des Wadi Gurdan/Jirdan, wodurch er Ḥaḍramot von Qataban trennte, besetzte einen Teil von Qataban — und vermutlich den ganzen Süden. Auf die Nachricht, daß Karib'il in die Südwestecke Arabiens eingedrungen sei, ließ er sich von den beiden zunächst gefährdeten Ländern südwestlich Qataban mehrere Plätze für sich und seine Soldaten einräumen. Dann zog er dem Sabäer entgegen, verlor aber die Schlacht. Jener beunruhigte ihn durch Streifzüge tief ins Land hinter seiner Front, ließ die zunächst gefährdeten Länder links liegen und schlug ihn in Datina und vor seiner Hauptstadt, »bis er Ausan und dessen König ... fortfegte«. — Erst in einem zweiten Feldzug fiel er mit Brennen und Morden über die zunächst verschonten Länder her. Der Friede sah für diese böse aus: Qataban und Ḥaḍramot erhielten die ihnen geraubten Gebiete zurück. Alles, was an Saba' direkt oder indirekt grenzte, wurde einverleibt, so daß nur ein König ohne Land übrig blieb (R 3945). Auf die Dauer ließ sich die sabäische Gewaltherrschaft nicht aufrechterhalten. Qataban verband sich mit einigen unterjochten Ländern, und die beiden Kriege, von denen wir auf S. 382 und in der Anm. 150 gelesen haben, konnten den natürlichen Lauf der Dinge nicht aufhalten. Alle diese Länder kamen allmählich an Qataban, auch Ausan, das bald nach der Eroberung wieder selbständig geworden war. Sie erscheinen zwar erst im Protokoll eines Herrschers aus der ersten Hälfte des 2. Jahrhunderts[153]. Das kann aber nicht als terminus ad quem gelten, weil dergleichen sonst im Protokoll nicht vorkommt. Bis gegen 350 sind vier Könige – die Titel fehlen zufällig – von Qataban bekannt. Dann treten nebeneinander ein Makrab, Sohn des letzten Herrschers, und ein Königssohn, selbst König, auf; schließlich kommen die beiden in einer Inschrift vor[154]. Der Titel Makrab scheint also erst spät den Sabäern entlehnt worden zu sein – für einen nicht thronberechtigten Prinzen? –, ebenso das Prinzip der Teilung der Macht, aber nur unter zwei Personen.

Ḥaḍramot war und ist eigentlich ein Wadi, das parallel, aber fern von der Küste des Indischen Ozeans verläuft. Das gleichnamige Königreich aber erstreckte sich zu beiden Seiten des Tales und nach Westen und Osten. Die Hauptstadt Shabwat lag nahe der Grenze von Qataban. Das Land stand in Sprache, Bildung und Kunst hinter den anderen zurück und dem sabäischen Einfluß offen, der durch eine Kolonie in Shabwat vermittelt wurde[155]. Unter der Hut der Könige gedieh weit im Osten das Weihrauchland.

Dhofar/Ẓafar. Diesen Namen, der eigentlich eine Stadt bezeichnet, trägt das Weihrauchland auf den Karten. Es gehört heute politisch zu Oman, obwohl es von diesem durch weite Steppen und Sandwüsten getrennt wird – die einzige Landschaft mit tropischer Vegetation in Arabien. An der Küste wächst die Kokospalme (so schon Ibn Baṭṭūṭah um 1331)[156]. Die Hänge der hohen Berge, welche die Küstenebene einschließen, sind dicht bewaldet. Ein großer Wasserfall stürzt von ihnen herab, im welligen Gelände der Hochtäler gedeihen üppige Wiesen. Nahe der Wasserscheide, wo dies Paradies in die öden Tafeln aus rötlichem Sandstein übergeht, liegt die Zone des Weihrauchs[157]. Von Ḥaḍramot nach Qataban aber erstreckte sich einst der Bereich der Myrrhen. Beides sind Harze mannshoher Sträucher. Dies aber war der Schatz, aus dem die südarabische Kultur gespeist wurde.

Schlußwort

Die knapp zwei Jahrhunderte persischer und griechischer Geschichte von 520–323 v. Chr. sind der unbestrittene Höhepunkt der gesamten antiken Kultur. Das Drama, die Kunst und die Geschichtsschreibung der Hellenen haben in dieser Zeit, vor allem im 5. Jahrhundert, einen Gipfel erklommen, der später nie mehr erreicht, geschweige denn übertroffen worden ist. Die hohen kulturellen Leistungen stehen in untrennbarer Verbindung mit der griechischen Polis, dem ›Gemeindestaat‹. In ihm haben sich die Griechen eine Staatsform geschaffen, die, entstanden um 800 v. Chr., im 5. Jahrhundert den Höhepunkt erreicht hat. Mit der Konzentration des politischen Lebens auf engstem Raum verbindet die Polis eine hervorragende Aufgeschlossenheit für kulturelle Einflüsse, von welcher Seite sie auch kommen mögen. Die Stadt ist die Heimat ungezählter Männer aus dem Reich des Geistes, die fast alle an dem politischen Leben der Gemeinschaft als Bürger persönlichen Anteil nehmen. Die Polis ist mit dem Staat der Politen, der Bürger, wesensgleich, und diese Identität ist ihre eigentliche Stärke und Schwäche zugleich. In der Polis ist zum ersten Mal der Gedanke der Selbstverwaltung durch freie Bürger in die Wirklichkeit umgesetzt worden. Auf diesem Boden haben die Athener im Zeitalter des Perikles in Politik und Kunst einzigartige Leistungen hervorgebracht, die für alle Zeiten vorbildlich bleiben. Die Kunst der Politik aber besteht im Maßhalten, und auf diese schwere Kunst haben sich insbesondere manche unter den Nachfolgern des Perikles nicht mehr verstanden. Dadurch ist aber nicht nur die Größe Athens zerstört, sondern auch der Niedergang Griechenlands heraufgeführt worden. An die Stelle einer politischen Ethik, auf die kein Kulturvolk verzichten kann, tritt in Griechenland vielerorts die Hybris. Ein Beispiel hierfür ist der Gewaltmensch Alkibiades. Seit dem Ende des Peloponnesischen Krieges geht es mit der Welt der griechischen Polis unaufhaltsam abwärts, im späteren 4. Jahrhundert wird der Gemeindestaat der Griechen aus der Politik durch die Monarchie makedonischer Prägung verdrängt. Der Sieg der Monarchie ist um so vollständiger, als es Alexander gelingt, das Perserreich zu erobern und im Osten eine absolute Monarchie makedonisch-persischer Prägung zu errichten.

Auch das Perserreich ist ein Kulturstaat mit einer vorzüglichen Verwaltung auf feudaler Grundlage. In dem Aufbau des Staates und in der Gesellschaft spielt die Treue in dem Verhältnis zwischen Herren und Vasallen eine entscheidende Rolle. Diese ethischen Bindungen dürfen niemals übersehen werden, denn sie geben dem Leben der Perser ihren eigentlichen Inhalt. Der erbitterte Widerstand der iranischen Völker gegen den Eroberer Alexander zeigt, daß diese Bindungen nicht nur ein Bekenntnis der Lippen gewesen sind. Und die fremden Völker im Perserreich, die Babylonier, Phöniker, Lyder, Ägypter, Juden und die anderen — sie alle hatten die Möglichkeit, sich nach ihrer eigentümlichen Begabung zu betätigen, und sie haben dies auch dankbar anerkannt. Doch wie die griechische Polis, so beginnt auch das Perserreich zu stagnieren, es fehlt an frischen Kräften und an neuen Ideen. Dieser Zustand, der unter Artaxerxes II. Mnemon (404—359/58) klar zutage tritt, ist der Anfang vom Ende.

Am Rande der gewaltigen politischen Veränderungen steht das Schicksal der einzelnen Menschen, der Griechen, der Perser und der anderen, die sich im Bannkreis dieser Völker befanden. Kann man davon sprechen, daß sie Gelegenheit hatten, ein ihren Fähigkeiten entsprechendes Leben zu führen? Was die Griechen der klassischen Zeit betrifft, so haben sie es zweifellos verstanden, sich ihr Leben nach eigenem Willen einzurichten. Sie haben dafür in den Perserkriegen Opfer gebracht, aber diese Opfer haben sich gelohnt. Unendlich viele der Griechen konnten ihre Begabung voll entfalten, und manche haben auf dem Feld der Politik, der Kunst und Wissenschaft Überragendes geleistet. So ist das Zeitalter des Perikles nicht nur für Athen und seine Bürger, sondern auch für viele andere Menschen der griechischen Welt eine Epoche der Blüte und des Wohlstandes gewesen. Von den unteren Schichten des griechischen Volkes erfährt man jedoch nur wenig, und das gleiche gilt, mit geringen Ausnahmen, für die Bevölkerung des Achämenidenreiches.

Eine vollständige Veränderung der gesellschaftlichen Verhältnisse bringt das Werk Alexanders. Mit seinem Sieg über die Perser hat er den Griechen und Makedonen eine neue Welt eröffnet, ohne doch den Unterlegenen, den Persern, die Möglichkeit zu nehmen, ihr Leben nach eigenem Willen zu gestalten. Die Freiheit und die Autonomie, die Grundpfeiler der griechischen Polis, sind allerdings stark eingeschränkt worden, in dem ungleichen Zweikampf zwischen der Polis und der Monarchie hat die letztere ein entscheidendes Übergewicht gewonnen, das sie nie mehr aus der Hand gegeben hat. Aber die größere Weite des Alexanderreiches, seine unerschöpflichen wirtschaftlichen, militärischen und wissenschaftlichen Möglichkeiten haben auch der Welt der Griechen ein anderes Gesicht gegeben. Die bewundernswerten Leistungen der griechischen Poleis erhalten nun durch das Alexanderreich ihre Krönung.

Was die Griechen im Zeitalter der Polis geschaffen haben, ist nicht umsonst gewesen. Was in der Polis gesät worden war, das hat in den neuen Monarchien des Ostens, die aus dem Alexanderreich hervorgegangen sind, reiche Frucht getragen, und durch das Medium der hellenistischen Kultur ist auch die Welt der Römer und nicht minder die Welt des Christentums von griechischem Geist geprägt worden. In der Idee des Menschlichen, des Humanen aber wirkt der griechische Geist noch heute, und er wird nicht aufhören, die Menschen zu bilden, solange eine abendländische Kultur auf unserer Erde existiert.

Anmerkungen

1 DITTENBERGER – PURGOLD, Inschriften von Olympia Nr. 144 (MORETTI, *Iscr. agonistiche.* 1953, Nr. 13).

2 I G I², 329.

3 Die neuere Literatur bei H. BENGTSON, *Griechische Geschichte.* 2. Aufl. 1960, S. 279; dazu H. BERVE, *Dion.* Abh. Akad. Mainz 10, 1956, S. 7 ff.

4 Allgemeines zur Geschichte der Perser: Vgl. A. T. OLMSTEAD, *History of the Persian Empire.* Chicago 1948.

5 Allgemeine Werke über die ägyptische Geschichte mit Kapiteln über die Spätzeit: A. WIEDEMANN, *Ägyptische Geschichte.* Gotha 1884; E. DRIOTON und J. VANDIER, L'Égypte. 4. Aufl. Paris 1962. Speziell für die saïtische und die persische Zeit: A. WIEDEMANN, *Geschichte Ägyptens von Psammetich I. bis auf Alexander den Großen.* Leipzig 1880; F. K. KIENITZ, *Die politische Geschichte Ägyptens vom 7. bis zum 4. Jahrhundert vor der Zeitwende.* Berlin 1953.

6 Über Ägypten während der Perserherrschaft: G. POSENER, *La première domination perse en Égypte.* Kairo 1936; F. K. KIENITZ, a. a. O.; E. BRESCIANI, *La satrapia d'Egitto* in: Studi Classici e Orientali VII. Pisa 1958, S. 132 ff. Über die Beziehungen der Griechen zu Ägypten: D. MALLET, *Les rapports des Grecs avec l'Égypte de la conquête de Cambyses* (525) *à celle d'Alexandre* (332). Kairo 1922; F. K. KIENITZ, a. a. O.

7 G. POSENER, a. a. O., Anm. 3; Erörterung S. 171 ff. Über das Verhalten des Kambyses auch: A. KLASENS, *Cambyses en Égypte,* in: Ex Oriente Lux, 1946, S. 339 ff.

8 G. POSENER, a. a. O., Anm. 4.

9 G. POSENER, a. a. O., Anm. 5.

10 G. POSENER, a. a. O., Anm. 1; G. BOTTI-ROMANELLI, *Le sculture del Museo Gregoriano greco-egizio.* Vatikanstadt 1951, S. 33, Tafel 28.

11 A. E. COWLEY, *Aramaic Papyri of the fifth century B. C.* Oxford 1923, Anm. 30 (S. 13–14).

12 W. SPIEGELBERG, *Die sogenannte demotische Chronik des Pap. 215 der Bibliothèque Nationale zu Paris.* Leipzig 1914, S. 32–33.

13 F. K. KIENITZ, a. a. O., S. 52–54.

14 F. K. KIENITZ, a. a. O., S. 85.

15 W. SPIEGELBERG, a. a. O., S. 30–32; E. MEYER, *Ägyptische Dokumente aus der Perserzeit.* Bd. II: Sitzungsbericht d. Preuß. Akademie d. Wissenschaften, 1915, S. 304 ff.

16 So sieht es N. Reich, *The codification of the Egyptian Laws by Darius and the origin of the ›Demotic Chronicle‹*: Mizraim I, 1933, S. 78 ff. Dagegen siehe E. Seidl, *Ägyptische Rechtsgeschichte der Saiten- und Perserzeit.* 1956, S. 60.

17 Über ›Lebenshäuser‹: A. H. Gardiner, *The House of Life*, in: Journ. Egypt. Archaeol. 24 (1938), S. 157 ff.

18 Über die Tempel von Kargeh: E. Winlock-Davies, *The Temple of Hibis in el Khārgeh.* Bd. I. New York 1941.

19 W. Spiegelberg, *Drei demotische Schreiben aus der Korrespondenz des Pherendates, des Satrapen Darius' I., mit den Chnum-Priestern von Elephantine.* Sitzungsbericht d. Preuß. Akad. d. Wiss., 1928, S. 604 ff.

20 G. Posener, a. a. O., S. 180–181; F. K. Kienitz, a. a. O., S. 65.

21 G. Posener, a. a. O., Anm. 8, 9, 10.

22 G. R. Driver, *Aramaic Documents of the fifth Century B. C.* Oxford 1954, L. V. 6; VII, 1–4; VIII, 2.

23 Über die jüdische Kolonie von Elephantine, den Tempel und seine Zerstörung: E. G. Kraeling, *The Brooklyn Museum Aramaic Papyri.* New Haven 1953, S. 41ff. und 100 ff.

24 E. G. Kraeling, a. a. O.

25 E. G. Kraeling, a. a. O., S. 111.

26 Vor allem: E. Bresciani, a. a. O.

27 Der Satrap besaß in Ägypten große Güter, die einem *peqid* anvertraut waren, von dem er Pachtzins erhielt: Über diesen speziellen administrativen Aspekt, die Dokumente für den Satrapen Arsames (etwa 454–404 v. Chr.) vgl. G. R. Driver, a. a. O.

28 H. H. Schaeder, Iranische Beiträge. Bd. I. 1930, S. 202.

29 Vgl. oben Anm. 19.

30 G. Posener, a. a. O., S. 178.

31 Veröffentlicht von J. D. Cooney, *The Portrait of an Egyptian collaborator.* Bullet. Brooklyn Museum XV (1953), S. 1–16.

32 Veröffentlicht in: Recueil de Travaux 2 (1899), S. 67–68.

33 Sie sind nur erwähnt in dem aramäischen Papyrus N. I, veröffentlicht von E. Bresciani, *Papiri aramaici egiziani di epoca persiana presso il Museo Civico di Padova*, in: Rivista degli Studi Orientali XXXV. Rom 1960, S. 11 ff.

34 F. Griffith, *Catalogue of the demotic papyri in the John Rylands Library.* Bd. III und Bd. IX.

35 Vgl. E. G. Kraeling, a. a. O., S. 36–37.

36 E. Seidl, *Ägyptische Rechtsgeschichte der Saïten- und Perserzeit.* 1956.

37 Wichtig für das Problem ist das kürzlich erschienene Buch: R. Yaron, *Introduction to the law of the Aramaic Papyri.* Oxford 1961, speziell S. 114 ff.

38 Über die in West-Hermopolis gefundenen aramäischen Briefe vgl. M. Kamil, Bull. Institut d'Égypte 28 (1947), S. 256.

39 Vgl. E. BRESCIANI, *La satrapia d'Egitto*, S. 150–151.

40 Die Dokumente über das Arsenal: N. AIMÉ-GIRON, *Textes araméens d'Égypte.* Kairo 1931, S. 12 ff.

41 E. BRESCIANI, *Papiri aramaici egiziani di epoca persiana presso il Museo Civico di Padova.*

42 J. J. RABINOWITZ, *Aramaic Inscriptions of the Fifth Century B. C. E. from a North-Arab Shrine in Egypt*, in: Journ. Near Eastern Studies, 1956, S. 2 ff.

43 Zu dieser Frage: A. SEGRÉ, *Circolazione tolemaica e pretolemaica in Egitto*, in: Riv. italiana di Numismatica, 1920, S. 6 ff.; E. G. KRAELING, a. a. O., S. 38–40.

44 Zu den zahlreichen Monumenten dieser Art: E. BRESCIANI, *La satrapia d'Egitto. Appendice archeologica*, S. 177 ff.

45 A. ERMAN, *Die Religion der Ägypter.* 3. Aufl. Berlin 1934, Kap. XIX.

46 Veröffentlicht von S. R. K. GLANVILLE, *The Instructions of 'Onchsheshonqy.* London (= Catalogue of Demotic Papyri in the British Museum. Bd. II); vgl. S. DONADONI, *Storia della letteratura egiziana antica.* Mailand 1957, S. 308–310.

47 Klare Analyse des Problems: B. V. BOTHMER u. H. DE MEULENAERE, *Egyptian Sculpture of the Late Period*, in: The Brooklyn Museum, 1960, S. 78–79 und 81–82.

48 J. D. COONEY, *The Lions of Leontopolis*, in: Bullet. Brooklyn Museum XV (1953), S. 6.

49 Es tragen Halsbänder des persischen Typs: Ptah-hotep im Brooklyn Museum und die Statue (von der nur der Torso erhalten ist), veröffentlicht von G. BOTTI, *Busto di un dignitario della XXVII dinastia nel Museo Egizio di Firenze*, in: Bollettino d'Arte del Min. Pubbl. Istruz. II (1956), S. 1–3. Armbänder tragen die Statuen des Ptah-hotep und des Udjahorresne im Vatikanischen Museum.

50 Vgl. E. BRESCIANI, *La satrapia d'Egitto, Appendice archeologica.*

51 J. D. COONEY, a. a. O., S. 17 ff.; A. ROES, *Achemenid influence upon Egyptian and Nomad Art*, in: Artibus Asiae XV (1952), 21 ff.

52 A. ROES, a. a. O., S. 19.

53 G. POSENER, a. a. O., S. 190, Anm. 2. Über den Einfluß der ägyptischen Architektur auf die persische vgl. PERROT-CHIPIEZ, *Histoire de l'Art dans l'Antiquité*, S. 510 und 885–887; DIEULAFOY, *L'Art antique de la Perse*, S. 5 und 198.

54 Wichtig F. K. KIENITZ, a. a. O., S. 76 ff.

55 B. V. BOTHMER und H. DE MEULENAERE, a. a. O., S. 95 ff. Ein demotischer Text, die sogenannte ›Demotische Chronik‹ (W. SPIEGELBERG, a. a. O.) behandelt in prophetischer Form die letzten drei Dynastien; hierzu F. K. KIENITZ, a. a. O., S. 136 ff.

56 Neuere Untersuchung von E. WILL, *Chabrias et les finances de Tachôs*, in: Revue des Études Anciennes LXII (1960), S. 254 ff.

57 F. K. KIENITZ, a. a. O., S. 107.

58 F. K. KIENITZ, a. a. O., S. 185 ff.
59 F. K. KIENITZ, a. a. O., S. 189.
60 F. K. KIENITZ, a. a. O., S. 111.
61 ANET 316 a–b.
62 S. COOK, *The Religion of Ancient Palestine in the Light of Archeology*. London 1930 (Schweich Lectures, 1925), 41–71, besonders 57, 63, 70 und 82 f.; Y. AHARONI, *Excavations at Ramath Rahel*, in: Biblical Archeologist 24 (1961), S. 104 ff.
63 B. MAISLER, *Golë Yisra'el be Gozan, Yedi'ot habebrah ha'ibrit lehaqirat Erez Yisra'el* 15 (1950), S. 83 ff.
64 A. E. COWLEY, *Aramaic Papyri of the Fifth Century B. C.* Oxford 1923, Nr. 30; E. G. KRAELING, *The Brooklyn Museum Aramaic Papyri*. New Haven 1953, S. 42 ff., 82 ff., 86; *Jeremias* 44.15 ff.; *Jesaja* 19.19.
65 S. DAICHES, *The Jews in Babylonia at the Time of Ezra and Nehemiah*. London 1910, S. 21 ff.; *Ezekiel* 14.1 ff.; 20.31; *Zacharias* 5.5 ff.; *Esra* 8.17 (?). Trotz der Apologetik von Daiches ist die Implikation der Namen unmißverständlich.
66 E. BICKERMAN, *The Altars of Gentiles*, in: Revue internationale des droits de l'antiquité, 3. Reihe, Bd. 5 (1958), 137 ff. Bickerman's Behauptung, daß ›Juden‹ nicht an diesem Gottesdienst teilnahmen, ist nicht überzeugend.
67 A. COWLEY, *Papyri*, Nr. 30 und 31.
68 *Esra* 4.1; 6.19 f.; 8,35 usw., auch einfach ›die Exulanten‹ 9.4; 10.6; *Zacharias 6.10*.
69 *Nehemia* 10.31 f. vgl. 13.25; *Esra* 4.4; vgl. 6.21 und *Nehemia* 10.29. In vorexilischen Dokumenten bedeutete der Ausdruck einfach ›die Bürgerschaft‹, und dieser frühere Gebrauch überlebte gelegentlich, vgl. R. DE VAUX, *Les Institutions de l'Ancien Testament*. 2 Bde. 2. Aufl. Paris 1960–61, Bd. I, S. 112.
70 Zum Beispiel bezeugt Sesbazars Name zumindest, daß seine Eltern Sin oder Shamash anbeteten: W. ALBRIGHT, *The Biblical Period from Abraham to Ezra*. New York 1963, S. 86; vgl. M. NOTH, *Geschichte Israels*. 4. Aufl. Göttingen 1959, S. 279. Anm. 2.
71 II *Könige* 23; *Hesekiel* 8. Die berichteten Ereignisse konnten sich nicht ohne die Kooperation der Priesterschaft im Tempel abgespielt haben.
72 *Zacharias* 9–14 werden im allgemeinen als untergeschoben betrachtet.
73 *Haggai* 2.23; *Zacharias* 6.9 ff. (hierzu siehe unten).
74 Text äußerst entstellt. Grundlegend ist der Kommentar von J. WELLHAUSEN, *Die Kleinen Propheten*. 3. Aufl. Berlin 1898 (ihm folgt, mit kleineren Änderungen, O. EISSFELDT, *Einleitung in das Alte Testament*. 2. Aufl. Tübingen 1956, S. 529; M. NOTH, *Geschichte Israels*, S. 282).
75 *Mishnah Abodah Zarah* 3.6 mag ein Überleben zeigen.

76 *Esra* 6.21; vgl. *Nehemia* 10.29.

77 4.2 b ist eindeutig polemische Erfindung: Die Samaritaner waren nicht die assyrischen Deportierten von vor 200 Jahren. So auch 4.9 b–10, ebenfalls basierend auf II. Könige 17.24–41. Eine andere polemische Linie erscheint in 9.1 f. Der Redaktor hat Zerubbabels Weigerung in die Regierungszeit des Kyros verlegt, um die ›Unterbrechung‹ des Baus von etwa 537 bis 520 zu erklären, und sammelte nach ihr feindselige Berichte über die Judäer, bis zu den Zeiten des Artaxerxes (4.6–23). Die ›Unterbrechung‹ ist eine Erfindung, um die Überlieferung von der Rückkehr unter Kyros mit der Tatsache des Wiederaufbaus unter Dareios zu versöhnen.

78 *Zacharias* 11.14 gemäß den Codices 62 und 147 der Septuaginta.

79 Siehe J. Wellhausen, *Die Kleinen Propheten*, a. a. O. *Zacharias* 14.14 ist wahrscheinlich eine Erinnerung an diese Stelle. Die Behauptung in I. Esdras 4.45 (Text B), daß die Judäer den Tempel niederbrannten, ist wahrscheinlich textlich entstellt und soll lauten ›die Idumäer‹, vgl. V. 50.

80 *Esra* 4.12, 15, 19. Der Aufstand gegen die Babylonier (587), der (gegenüber 458) über ein Jhdt. früher stattfand, dürfte kaum in persischen Annalen gestanden haben; 4.15 d und 20 sind redigiert.

81 Die Prophetie wurde fortgesetzt (Nehemia 6.7, 9–14), und einige spätere Prophezeiungen gelangten in den Kanon als Interpolationen oder als pseudonyme Werke, z. B. Jona, Daniel.

82 F. Heichelheim, *Ezra's Palestine and Periclean Athens*, in: Zeitschrift für Religions- und Geistesgeschichte 3 (1951), S. 251 ff.

83 Esra ist vielleicht die umstrittenste Gestalt des Alten Testaments. Siehe W. Rudolph, *Esra und Nehemia*, Tübingen 1949. Hier wird angenommen, daß die Originalgeschichte von Esra enthalten ist (ungefähr) in *Esra* 7–8, *Nehemia* 8 und *Esra* 9–10; vgl. O. Eissfeldt, *Einleitung in das Alte Testament*, S. 676 ff.

84 Zu einer ähnlichen persischen Reform religiöser Institutionen in Ägypten siehe G. Posener, *La première domination perse en Egypte*. Kairo 1936, S. 22; A. Cowley, *Papyri*. Nr. 21.

85 *Nehemia* 8.2, 13 ff.; 9,1; vgl. R. de Vaux, *Institutions. Bd.* 2, S. 419; M. Noth, *Geschichte Israels*, S. 302 ff.

86 Zumindest 1–7.5a und 13.4–31 sind Teile der echten ›Memoiren‹ des Nehemia; vgl. O. Eissfeldt, *Einleitung in das Alte Testament*, S. 676.

87 Parteiunterstützung erscheint in 2.12; 5.8 (›Wir‹ sind die Diaspora-Juden der monolatristischen Richtung.)

88 3.5; 4.4. Die passiven Resistenzler gehörten zum Adel.

89 5.14 ff. Man bemerke das Fehlen des Adels *(horim)* in der Gästeliste, vgl. 5.7; 6.17, usw.

90 II *Makk.* 1.18; *Jesaja* 56.5; *Sirach* 49.13 d; *Nehemia* 2.8; vgl. *Esra* 6.14 (der Tempel wird erst in der Zeit des Artaxerxes vollendet).

91 Zweifellos mußte er diese Unterstützung gewinnen, indem er den Bericht des Esra durch sein Leben widerlegte und zeigte, daß ein Mitglied der monolatristischen Gruppe ein volkstümlicher Statthalter von Jerusalem werden und die Stadt ruhig und loyal halten konnte.

92 13.25 – *'Akkeh* bedeutet wahrscheinlich Auspeitschen und nicht Hinrichten, da das Haare-Ausreißen als etwas Schlimmeres folgt.

93 A. Cowley, *Papyri.* Nr. 30.

94 E. Kraeling, *Brooklyn Papyri,* S. 82 ff., besonders 88.

95 A. Cowley, *Papyri.* Nr. 30.

96 Zur Interpretation und Datierung der in diesem Absatz besprochenen Werke siehe entsprechende Stellen in O. Eissfeldt, *Einleitung in das Alte Testament* und R. Pfeiffer, *Introduction to the Old Testament.* 2. Aufl. New York 1953.

97 Besprochen durch H. Kallen, *The Book of Job as a Greek Tragedy.* New York 1918. Weder im Falle des Hiob noch in dem des Predigers liegt ein Grund vor, eine literarische Verwandtschaft zwischen diesen ähnlichen Werken anzunehmen.

98 Jetzt entstellt durch unzählige fromme Interpolationen.

99 Über diese M. Braun, *History and Romance in Graeco-Oriental Literature.* Oxford 1938.

100 *Prediger* 7.16; 8.14 ff.; 9.7 f.

101 *Sprüche* gleicht in dieser, wie in vielen anderen Hinsichten, dem *Corpus Theognideum.*

102 Die wesentlichsten Werke über die Leviten sind immer noch W. von Baudissin, *Die Geschichte des alttestamentlichen Priesterthums.* Leipzig 1889, und G. Hölscher, *Levi,* in: Paulys Real-Encyclopädie 12 (1925), Spalte 2155 ff.

103 *Num.* 1.53; 18.3; vgl. 4.3, 23, 30; 8.24 usw. W. von Baudissin, *Geschichte,* S. 33 ff.

104 S. Cook, *Religion,* S. 164 ff.

105 S. Cook, *Religion,* S. 214 ff.; E. Goodenough, *Jewish Symbols in the Greco-Roman Period.* 11 Bde. New York 1953 ff., Index, unter Torah Shrine.

106 Hierzu siehe G. von Rad, *Die levitische Predigt in den Büchern der Chronik.* Festschrift Otto Procksch. Leipzig 1934, S. 113 ff.

107 *Num.* 16. Die vergessene Studie von H. Vogelstein, *Der Kampf zwischen Priestern und Leviten.* Stettin 1889, enthält den höchst interessanten Versuch einer historischen Ordnung der Polemik und entsprechender Stellen der Chronik und des priesterlichen Pentateuch-Schrifttums. Siehe a. R. Pfeiffer, *Introduction,* S. 264 und 795–901.

108 Die Etappen der Fusion sind aufgezeichnet von G. Hölscher, *Levi,* Sp. 2185 ff.

109 H. Vogelstein, *Der Kampf zwischen Priestern und Leviten,* S. 84.

110 JOSEPHUS, *Antiquitates*, 12.142.

111 W. RUDOLPH, *Chronikbücher*. Tübingen 1955, VIII ff., auch G. VON RAD, *Das Geschichtsbild des chronistischen Werkes*, Stuttgart 1930.

112 Vgl. (z. B.) *Ex.* 20.24 und *Deut.* 12.4 ff.; *Lev.* 17.1 und *Deut.* 12.2 ff.; *Ex.* 21.7 und 15.12; *Ex.* 12.9 und *Deut.* 16.7; *Deut.* 14.22–29 und *Num.* 18.21–24; *Lev.* 10.14 und *Deut.* 18.3.

113 Monolatristisch, Hilkiah (II *Könige* 22.8 ff.); Esra. Synkretistisch, vgl. oben, Nr. 71, später Josua (*Zacharias* 3,3 ff.), Eliashib (*Neh.* 13.4 ff., 28).

114 A. COWLEY, *Papyri*. Nr. 30. JOSEPHUS, *Antiquitates*, 11.297 ff. Jochanan ist Johannes (*Neh.* 12.10 Jonathan; 12.22 Jochanan).

115 Ib. (Bigvai-Bagoas).

116 Die Formen, die die Kompilation in ihren späteren Phasen annahm, sind umstritten; mit den Anschauungen in O. EISSFELDT, *Einleitung* und R. PFEIFFER, *Introduction* vgl. M. NOTH, *Überlieferungsgeschichte des Pentateuch*. Stuttgart 1948. Die offizielle Form im 4. Jahrhundert muß diejenige gewesen sein, die die Samaritaner und die Juden jetzt gemeinsam haben.

117 H. VOGELSTEIN, *Der Kampf zwischen Priestern und Leviten*, S. 70; W. VON BAUDISSIN, *Die Geschichte des alttestamentlichen Priestertums*, S. 165.

118 Die Verehrung des Deuteronomiums durch die Leviten ist gezeigt durch G. VON RAD, *Das Geschichtsbild des chronistischen Werkes*.

119 Über das priesterliche Schrifttum im allgemeinen siehe besonders G. VON RAD, *Die Priesterschrift im Hexateuch*. Berlin 1934.

120 Vgl. die gleiche Mode in Griechenland, dargestellt (z. B.) von Hekataios von Milet und Pherekydes.

121 R. DE VAUX, *Institutions*. Bd. I, S. 162, 175, 320; Bd. II, S. 241, 267, 270 ff.

122 a. a. O., Bd. II, S. 415 ff.

123 G. VON RAD, *Priesterschrift*, S. 21–28, in Gen. 17.1–27; 27.46 und 28.1–9.

124 *Lev.* 17.8–15; 18.26; 20.2; 22.18; 24.16; 25.47–54.

125 *Ex.* 12.43–50; *Num.* 9.14; 15.1–31.

126 Der Abschluß der Vereinbarung mag gefeiert worden sein durch weitere Familienverbindungen, die Josephus veranlaßten, die Ereignisse unter den Regierungen des Artaxerxes I. und des III. zu verwechseln; vgl. JOSEPHUS, *Antiquitates* 11.302 ff., F. CROSS, *The Discovery of the Samaria Papyri*, in: Biblical Archaeologist 26 (1963) S. 115 ff.

127 II *Chr.* 30.5,25; 35.18. Zacharias prophezeite immer noch sowohl »dem Hause Israel« wie »dem Hause Juda« (8.13).

128 F. CROSS, *The Discovery of the Samaria Papyri*, S. 115.

129 E. GOODENOUGH, *Symbols*, Bd. I, S. 270 f. und Bd. III, Nr. 668–670.

130 DIODORUS, *Bibliotheca Historica*, 15. 92.2; NEPOS, XII (CHABRIAS). 2.3; PLUTARCH, *Agesilaus*, 36 *ff*.

131 Der Brief in I *Makk.* 12.19 ff. ist eine Fälschung, doch die Tradition wurde vor der Makkabäerzeit begründet, II *Makk.* 5.9.

132 E. Schürer, *Geschichte des jüdischen Volkes im Zeitalter Jesu Christi.* 3 Bde. 3.–4. Aufl. Leipzig 1901–9, Bd. III, S. 7 ff.; E. Bikkerman, *From Ezra to the Last of the Maccabees.* New York 1962, S. 11 f. und Anm. 8 bringt die Einnahme in Verbindung mit der von Sidon, die widergespiegelt ist in einem babylonischen Inhaltsvermerk, übersetzt in S. Smith, *Babylonian Historical Texts.* London 1924, S. 148 f.

133 *Jes.* 19; 20 (besonders 5 f.); 30.1–5; 31.1–3, vgl. 36.6,9 und II *Könige* 18.21,24; *Jer.* 2.18 f.; 24.9; 37.7; 42; 43; 44; 46; *Hes.* 17.26 ff.; 29 (besonders 16); 30; 31; 32.

134 Dies mag der Grund für die Verlegung des Tempelbaus zu dieser Zeit auf Gerizim sein; vgl. Josephus, *Antiquitates*, 11.320 ff. (Der Tempel macht keinen gesetzlichen Unterschied; was das Gesetz verbot, war das Opfer.)

135 W. Galling, Zeitschr. des Deutschen Palästina-Vereins 79 (1963), S. 140 ff.

136 Der eine Kopf befindet sich heute in der Ny Carlsberg Glyptothek in Kopenhagen, der andere (gefunden in Sakkara) in Berlin; siehe *Handbuch der Archäologie*, hg. v. W. Otto, I, Tafelband, Abb. 197, 1. u. 2.

137 Dittenberger, *Sylloge* I³ Nr. 185.

138 Herodot III 88. 4–5, 91. Die Begrenzung, zu der natürlich ein Hinterland von unbekannter Weite gehört, stimmt zur Stellung von Arabien unter den unterworfenen Ländern in den Inschriften zu Persepolis und Naqsh-i Rustam, die von Kambyses' Nachfolger Dareios herrühren.

139 S. z. B. W. F. Albright, *The Biblical Tribe of Massa' and some congeners* ... Estratto dagli Studi Orientalistici in onore di Giorgio Levi Della Vida, I. Rom 1956, S. 12, Anm. 4.

140 Vgl. Qedar in den Hierodulenlisten von Ma'in (hier in Bd. 6) mit Agatharchides § 87.

141 M. Lidzbarski, *Handbuch der nordsemitischen Epigraphik.* Weimar 1898. Hildesheim 1962, I 447; II Tafel 27; G. A. Cooke, *A Text-Book of North-Semitic Subscriptions.* Oxford 1903, 69; R. Dussaud, *La pénétration des Arabes en Syrie avant l' Islam.* Paris 1955, S. 176.

142 Zu Dedan s. Werner Caskel, *Lihyan und Lihyanisch.* Arbeitsgemeinschaft für Forschung des Landes Nordrhein-Westfalen. Geisteswiss. Heft 4 (Abh.) Köln-Opladen 1954, S. 37, wo aber die Daten zu berichtigen sind, auch wurde ein zweiter König entdeckt; für das folgende A. Van den Branden, *Les textes thamoudéens de Philby.* 2 Bde. Löwen 1956, 266 a; ac; ag. (wenn richtig gelesen).

143 A. Jaussen und R. Savignac, *Mission archéologique en Arabie, mars-mai 1907. De Jérusalem au Hedjaz. Médaïn Saleh. II: El-'Ela,*

d'Hégra à Teima, Harrah de Tebouk (Publ. de la Société française des fouilles archéologiques) Texte et Atlas. Paris 1909, 1914 (erschienen 1920), 324, pl. XCIV, CXXXVIII, versehentlich unter Lihyanisch gestellt (J. PIRENNE, *Paléographie des inscriptions sud-Arabes* . . ., t. I . . . Brüssel 1956, S. 98; in den folgenden Anmerkungen als PIRENNE I zitiert). Die Urkunde rührt wohl von einem Nachkommen einer seit langem dort ansässigen Familie her, denn die Schrift ist archaisch.

144 *Répertoire d'épigraphie sémitique publié par la Commission du CIS*, t. V–VII, rédigés par G. Ryckmans (in den folgenden Anmerkungen als R zitiert), 2980 = A. FAKHRY, *An Archeological Journey to Yemen.* 1,2: G. RYCKMANS, *Epigraphical Texts*, 3. Kairo 1951/52, 14; J. PIRENNE I 257–60 hat das Verdienst, die Urkunde mit R 3943 kombiniert zu haben. Wir weichen aber von den beiden Übersetzungen dort ab.

145 S. EDUARD SCHWARTZ, Philologus 86 (1931), S. 373–99.

146 Ähnlich GHUL, BSOAS XXII (1959), 17. Mahmud 'Ali Ghul war der erste, der (ohne es zu wissen) in die traditionelle Auffassung dieser inzwischen durch neue Texte und Fragmente vermehrten Gattung von Urkunden auf Grund seiner hervorragenden Kenntnis des Koran und der Überlieferung eine Bresche geschlagen hat. Man kann noch hinzufügen, daß alles Land, soweit nicht Tempelbesitz, Königsland war. – Jene Tradition las aus den Inschriften heraus, daß die Stifter Steuern erhoben. Daß dies ein Irrtum war, erhellt daraus, daß jene mit einer Ausnahme, R 3022, Privatleute waren. Kurzum, man kann nur von der in Anm. 147 angedeuteten Auffassung Conti Rossinis ausgehen (1/10 des Zehnten). Da aber die dabei herauskommende Summe gegenüber den herzustellenden Bauten zu gering erscheint, ist darauf hinzuweisen, daß die Seinigen hier 12 Personen sind. – Aus den erwähnten Tatsachen ergibt sich, daß *far'* nicht ›Erstlinge‹ bedeuten kann, die für die Finanzierung eines Baues nicht in Betracht kamen, sondern von dem ursprünglichen Sinn ›Ernte‹ abzuleiten ist. – Endlich wurde die Naht zwischen Leistung und Belohnung verkannt und der Stifter zum Verwalter von Ländereien ernannt, die im Zusammenhang mit seiner Steuererhebung gesehen wurden. Zu dem zweiten Privilegium (zum ersten s. Anm. 148) sei bemerkt, daß *sšr'* schlechthin die Fähigkeit, Ämter zu bekleiden, bedeutet, wie aus der Inschrift R 3022 ersichtlich ist. Die Stifter sind hier nämlich Amtspersonen. – Die erste Klausel des Finanzierungsverfahrens lautet gewöhnlich: *bkbwdt|ktrb|* . . . *'Attar|'hl|sbrr* »durch eine (Zahlungs-) Verpflichtung, die N. N. dem 'Athtar übergab, welche er erfüllt hat«. Das ist eine Art Anzahlung, die wohl dazu diente, die Leistungsfähigkeit des Stifters zu prüfen. Es gibt eine spätere Inschrift (R 2774), in der der Stifter die Zahlungsverpflichtung nicht erfüllte: *bkbwdt|dyns|* *'Attar* »durch eine (Zahlungs-) Verpflich-

tung, die er ʿAthtar schuldig blieb«. Diese Schuld wurde aber durch Erfüllung der übrigen Leistungen kompensiert. War man dazu nicht imstande, so ging die Schuld von den Vätern auf die Söhne über, die für die Toten hafteten, und wenn sie sich selbst der gleichen Verfehlung schuldig machten, weil etwa Mißernten oder Verluste im Handel die Wiedergutmachung verzögerten, so mußte »das Verfahren verlängert werden«. So im Text nach Anm. 148. Dahinter am Ende des Absatzes gibt ›insgesamt‹ ›Freie und Sklaven‹ der Urkunde wieder. Das ist aber ein Ausdruck *per merismum* und daher wie oben zu übersetzen.

147 *frʿ* (R 2774: *frʿ hy*) *frʿ s*, der Form nach wie bei C. Conti Rossini, *Chrestomathia arabica meridionalis*, Rom 1931, S. 220, zu verstehen, ebenso dem Sinne dem Zehntel des Zehntels entsprechend zu deuten.

148 *tʾmn*. Auch bei Sabäern, im Verein mit dem folgenden, übliches Privileg. Seine Inhaber *ʾmnhtn* werden einmal zu Amtsgeschäften herangezogen, R 3562.

149 Sohn des Yithʿiʾamar, vgl. A. Jamme, *Sabaean Incriptions from Mahram Bilqîs (Mârib)*. Publications of the American Foundation for the Study of Man, ed. by W. F. Albright. Baltimore 1962, 555 (in den folgenden Anmerkungen als Ja zitiert) mit Pirenne I, Tableau généalogique; er ist also nicht mit dem anonymen Verfasser von R 3943 identisch, der wahrscheinlich, vgl. Pirenne I 148, der eine der beiden Erbauer der Südschleuse des Dammes von Marib ist.

150 Obwohl in R 3858 nicht unter den drei Makrab-Prinzen genannt, hat Yakrubmalik, der einer anderen Linie entstammte als diese, laut Ja 550 an jenem Kriege teilgenommen, wenn auch nicht persönlich und nur durch defensive Maßnahmen. Das geht aus den teils prahlenden, teils mißvergnügten Worten seines Intendanten hervor, der zuerst drei Jahre Wache halten und dann eine Diversion gegen einen unbedeutenden Ort in Feindesland machen mußte, von der er zwei Jahre später bei Friedensschluß seine 80 Mann wohlbehalten nach Hause führte. Übrigens empfing er den amtlichen Dank nicht von seinem Chef, sondern von dessen Sohn, obwohl jener noch am Leben war. Zufall oder Brauch? Die gleiche Frage stellt sich ein, wenn man erfährt, daß ein Namensvetter seinen Sohn von dem Intendanten hat adoptieren lassen.

151 *Corpus Inscriptionum Semiticarum*, pars quarta, t. I. III, 37 Paris 1889–1932, 37; vgl. Pirenne I 191 f.

152 Ja 552, 555, 554, 557, 550, 551, p. 389 und die Skizze Plate C. – ›16 Pfeiler in zwei Reihen‹ steht freilich nicht da, sondern 551: alle Pfeiler (der letzten Reihe), genau so 550 für die vorletzte Reihe. Die im Text vor den südarabischen Worten stehenden Übersetzungen ergeben sich aus dem archäologischen Befund und den Inschriften. Dazu kommt noch *mġbb*: Sing. *maġabbat* (in un-

serem Text übergangen) Ausschachtungen (für die Pfeiler). – Die beiden Ausschachtungen, 556, für einen Pfeiler, vgl. 557, werden durch R. LeBaron Bowen und Frank P. Albright, *Archaeological Discoveries in South Arabia*, Baltimore 1958, S. 224, letzter Absatz, verständlich.

153 Pirenne I 229.

154 Pirenne I 172 ff.

155 Pirenne I 148 f., anders Beeston.

156 *Voyages d'Ibn Batoutah*. 5. Aufl. Paris 1949, Bd. 2, S. 204.

157 Bertram Thomas, *Arabia Felix*. New York 1932, S. 36–105, 122.

Literaturverzeichnis

Eine ausführliche neuere Übersicht über die antiken Quellen und die moderne Forschung findet sich in dem Werk von H. BENGTSON, Griechische Geschichte von den Anfängen bis in die römische Kaiserzeit (Handbuch der Altertumswissenschaft III, 4), 2. Aufl. München 1960. Die griechischen Staatsverträge sind gesammelt und erklärt von H. BENGTSON, Die Staatsverträge der griechisch-römischen Welt von 700 bis 338 v. Chr. München 1962.
Außerdem sind folgende Werke anzuführen (siehe auch die Bibliographie bei H. BENGTSON, Einführung in die alte Geschichte, 4. Aufl., München 1962, S. 158 ff.):

1. *Universalgeschichtliche Darstellungen:*

MEYER, E. Geschichte des Altertums. 5 Bde. Stuttgart 1884–1902. In Betracht kommen hier Band III, 3. Aufl. v. H. E. Stier, 1937; Bd. IV, 1 und 2, V; 4. Aufl. v. H. E. Stier, 1939, 1956 u. 1958

ROSTOVTZEFF, M. A history of the ancient world. 2 Bde. Oxford 1926 und 1927. Deutsche Übersetzung unter dem Titel: ›Geschichte der Antiken Welt‹ v. H. H. Schaeder. 2 Bde., in: Sammlung Dieterich 72 u. 73, Leipzig. 1941

The Cambridge Ancient History, ed. by J. B. Bury, S. A. Cook, F. E. Adcock, M. P. Charlesworth, N. H. Baynes. 12 Bde. Cambridge 1924–39. Hiervon kommen in Betracht die Bände IV: The Persian Empire and the West, Neudruck 1953; V: Athens 478–401, ND 1958; VI: Macedon 401–301, ND 1953, alle Bände mit reicher Bibliographie.

Historia Mundi. Ein Handbuch der Weltgeschichte in 10 Bänden, begründet v. F. Kern, hg. v. F. Valjavec. Bd. III (1954): Der Aufstieg Europas

Histoire Générale des Civilisations, publ. sous la direction de Maurice Crouzet. Bd. I: L'Orient et la Grèce antique, v. A. Aymard u. J. Auboyer. 2. Aufl. Paris 1957

2. *Darstellungen der persischen Geschichte:*

NÖLDEKE, TH. Aufsätze zur persischen Geschichte. Leipzig 1887

PRAŠEK, J. V. Geschichte der Meder und Perser. 2 Bde. Gotha 1906–10

SCHAEDER, H. H. Das persische Weltreich. Breslau 1941

JUNGE, P. J. Dareios I., König der Perser. Leipzig 1944

OLMSTEAD, A. T. A history of the Persian Empire. Chicago 1948. ND 1959

GHIRSHMAN, R. Iran. Pelican 1955. Neuaufl. 1964

MEYER, E. Der Papyrusfund von Elephantine. Dokumente einer jüdischen Gemeinde aus der Perserzeit und das älteste erhaltene Buch der Weltliteratur. Leipzig 1912

3. *Darstellungen der griechischen Geschichte*

BUSOLT, G. Griechische Geschichte bis zur Schlacht bei Chäroneia. 3 Bde. 2. Aufl. Gotha 1893–1904. In Betracht kommen Band II, III, 1 und 2; das Werk reicht entgegen seinem Titel nur bis zum Ende des Peloponnesischen Krieges (404 v. Chr.)

BELOCH, K. J. Griechische Geschichte. 4 Bde. zu je 2 Teilen. 2. Aufl. Straßburg-Berlin 1912–27. In Betracht kommen die Bände I (Ende) bis IV (Anfang)

GLOTZ, G. Histoire grecque. 4 Bde. Paris 1938–45 (Nouvelle édition, avec la collaboration de R. Cohen)

BERVE, H. Griechische Geschichte. 2 Bde. 2. Aufl. Freiburg i. Br. 1950/51, in: Geschichte der führenden Völker Bd. IV u. V

BURY, J. B. A History of Greece to the death of Alexander the Great. 3. Aufl. London 1951

DE SANCTIS, G. Storia dei Greci dalle origini alla fine del secolo V. 2 Bde. Neuaufl. Firenze 1961

WILCKEN, U. Griechische Geschichte im Rahmen der Altertumsgeschichte. 9. Aufl. hg. v. G. Klaffenbach. München 1962

BENGTSON, H. Griechische Geschichte von den Anfängen bis in die römische Kaiserzeit. 2. Aufl. München 1960

4. *Einzelne Epochen der griechischen Geschichte*

LÉVÊQUE, P. und P. VIDAL-NAQUET. Clisthène l'Athénien. Paris 1964

GRUNDY, G. B. The great Persian war and its preliminaries. London 1901

BURN, A. R. Persia and the Greeks. London 1962

COOK, J. M. The Greeks in Ionia and the East. London 1962

NESSELHAUF, H. Untersuchungen zur Geschichte der delisch-attischen Symmachie (Klio-Beiheft 30). Leipzig 1933

WADE-GERY, H. T. The peace of Kallias, in: Essays in Greek history. Oxford 1958, S. 201 ff.

DE SANCTIS, G. Pericle. Milano-Messina 1944

HENDERSON, B. W. The great war between Athens and Sparta. A companion to the military history of Thucydides. London 1927

STERN, E. v. Geschichte der spartanischen und thebanischen Hegemonie vom Königsfrieden bis zur Schlacht bei Mantineia. Dorpat 1884

STROHEKER, K. F. Dionysios I. Gestalt und Geschichte des Tyrannen von Syrakus. Wiesbaden 1958

BENGTSON, H. Die griechische Polis bei Aeneas Tacticus, in: Historia 11 (1962), S. 458 ff.

CLOCHÉ, P. La politique étrangère d'Athènes de 404 à 338 av. J.-C. Paris 1934

Mossé, Cl. La fin de la démocratie athénienne. Paris 1962
Momigliano, A. Filippo il Macedone. Firenze 1934
Wüst, F. R. Philipp II. von Makedonien und Griechenland in den Jahren von 346–338 v. Chr. München 1938
Bickermann, E. u. J. Sykutris. Speusipps Brief an König Philipp. Leipzig 1928
Berve, H. Das Alexanderreich auf prosopographischer Grundlage. 2 Bde. München 1926
Wilcken, U. Alexander der Große. Leipzig 1931
Radet, G. Alexandre le Grand. 7. Aufl. Paris 1950
Tarn, W. W. Alexander the Great. 2 Bde. Cambridge 1948

5. *Kulturgeschichte*

Otto, W. Kulturgeschichte des Altertums. Ein Überblick über neue Erscheinungen. München 1925
Christensen, A. Die Iranier, in: Handbuch der Altertumswissenschaft, III, 3; hg. v. W. Otto. München 1933
Osten, H. H. v. d. Die Welt der Perser. Stuttgart 1956. (= Große Kulturen der Frühzeit. Bd. 5)
Burckhardt, J. Griechische Kulturgeschichte, hg. v. J. Oeri. 4 Bde. Berlin 1898–1902; jetzt zu benutzen in der Gesamtausgabe, Bd. VIII–XI, eingel. v. F. Stähelin
Jaeger, W. Paideia. Die Formung des griechischen Menschen. 3 Bde. Berlin 1936–47
Ehrenberg, V. The People of Aristophanes. 2. Aufl. Oxford 1951
Dodds, E. R. The Greeks and the Irrational. Berkeley-Los Angeles 1951
Marrou, H. I. Histoire de l'éducation dans l'antiquité. 2. Aufl. Paris 1950. Deutsche Übersetzung: Freiburg i. Br. 1956

6. *Staat und Heerwesen*

Bengtson, H., in: Gnomon 1937, S. 113 ff. (zum persischen Staat)
Barker, E. Greek political theory. Plato and his predecessors. 4. Aufl. London 1951
Wilamowitz-Moellendorff, U. v. Staat und Gesellschaft der Griechen, in: Hinneberg, P., Kultur der Gegenwart II, 4, 1. 2. Aufl. Leipzig-Berlin 1923
Busolt, G. Griechische Staatskunde. 2 Bde. (Bd. II bearb. v. H. Swoboda), in: Handbuch der Altertumswissenschaft IV 1, 1. München 1920 u. 1926
Glotz, G. La cité grecque. Neuaufl. Paris 1952
Hammond, M. City state and world state in Greek and Roman political theory until Augustus. Cambridge (Mass.) 1951
Jones, A. H. M. Athenian Democracy. Oxford 1957
Ehrenberg, V. Der Staat der Griechen. Bd. I: Der hellenische Staat. Leipzig 1957. Englische Fassung: The Greek state. Oxford 1960

KROMAYER, J. u. G. VEITH. Heerwesen und Kriegführung der Griechen und Römer, in: Handbuch der Altertumswissenschaft IV 3, 2. München 1928

KROMAYER, J. u. G. VEITH. Antike Schlachtfelder. 4 Bde. Berlin 1903–31 (mit ›Schlachtenatlas zur antiken Kriegsgeschichte‹. Leipzig 1922 ff.)

ADCOCK, F. E. The Greek and Macedonian art of war. Berkeley 1957

7. *Wirtschaft*

PÖHLMANN, R. v. Geschichte der sozialen Frage und des Sozialismus in der antiken Welt. 2 Bde. 3. Aufl., hg. v. F. Oertel. München 1925

HASEBROEK, J. Staat und Handel im alten Griechenland. Tübingen 1928

MICHELL, H. The economics of ancient Greece. 2. Aufl. Cambridge 1956

FINLEY, M. (Hg.). Slavery in Classical Antiquity. Cambridge 1960

8. *Religion*

NYBERG, H. S. Die Religionen des alten Iran. Deutsche Übersetzung v. H. H. Schaeder. Leipzig 1938

ROHDE, E. Psyche. Seelenkult und Unsterblichkeitsglaube der Griechen. 9. u. 10. Aufl. v. O. Weinreich. Tübingen 1925

GUTHRIE, W. K. C. The Greeks and their Gods. London 1954

NILSSON, M. P. Geschichte der griechischen Religion. 2 Bde., in: Handbuch der Altertumswissenschaft V, 2; 2. Aufl. München 1955 u. 1961

WEINREICH, O. Menekrates Zeus und Salmoneus. Stuttgart 1933

ROSE, H. J. A Handbook of Greek Mythology. 6. Aufl. 1958

9. *Wissenschaft und Philosophie*

ZELLER, E. Grundriß der Geschichte der griechischen Philosophie, neubearb. v. W. Nestle. 13. Aufl. Leipzig 1928

CAPELLE, W. Geschichte der Philosophie. Die griechische Philosophie von Thales bis Cicero, in: Sammlung Göschen, Bd. 857–859, 863. 2. Aufl. Berlin 1953/54

JAEGER, W. Aristoteles. Grundlegung einer Geschichte seiner Entwicklung. Berlin 1923

REHM, A. u. K. VOGEL. Exakte Wissenschaften, in: Gercke-Norden, Einleitung in die Altertumswissenschaft II, 5. 4. Aufl. Leipzig u. Berlin 1933

POHLENZ, M. Hippokrates und die Begründung der wissenschaftlichen Medizin. Berlin 1938

HERZOG, R. Die Wunderheilungen von Epidauros. Leipzig 1931

SAMBURSKY, S. The Physical World of the Greeks. London 1956

RANDALL, H. J. Aristotle. New York 1960

10. *Literatur und Kunst*

SCHMIDT, E. F. Persepolis I–II. Chicago 1953 u. 1957

WYCHERLY, R. E. How the Greeks Built Cities. 2. Aufl. London 1962

BEAZLEY, J. D. Attic red-figured vase painters. Oxford 1942

Buschor, E. Griechische Vasen. München 1940
Cook, R. M. Greek Painted Pottery. London 1960
Lippold, G. Die griechische Plastik, in: Handbuch der Archäologie, 5. Lieferung. München 1950
Carpenter, Rh. Greek Sculpture. Chikago 1960
Rumpf, A. Malerei und Zeichnung, in: Handbuch der Archäologie, 6. Lieferung. München 1953
Lesky, A. Geschichte der griechischen Literatur. 2. Aufl., Bern 1963
Schmid, W. Geschichte der griechischen Literatur. Bd. I, 1 – I, 5, in: Handbuch der Altertumswissenschaft VII, 1. München 1929–48
Bury, J. B. The Ancient Greek Historians. Neuaufl. New York 1958

11. *Historische Atlanten*

Atlante storico, v. M. Baratta, P. Fraccaro, L. Visintin. Novara 1954
Großer Historischer Weltatlas des Bayerischen Schulbuchverlages. Teil I: Vorgeschichte und Altertum (mit Erläuterungen in einem eigenen Band) v. H. Bengtson u. V. Milojčić, 3. Aufl. München 1958

12. *Ägypten*

Elgood, P. G. Later Dynasties of Egypt. Oxford 1951
Kienitz, F. K. Die politische Geschichte Ägyptens vom 7. bis zum 4. Jahrhundert vor der Zeitwende. Berlin 1953
Posener, G. La première domination perse en Egypte. Recueil d'inscriptions hiéroglyphiques. Kairo 1936
Wiedemann, A. Geschichte Ägyptens von Psammetich I. bis auf Alexander den Großen. Leipzig 1880

13. *Mesopotamien*

Zur allgemeinen Geschichte des Perserreiches konsultiere man

Cambridge Ancient History, Bd. IV: The Persian empire and the West. Cambridge 1953 und Bd. VI: Macedon (401–301). Cambridge 1953
Olmstead, A. T. A history of the Persian Empire. Chicago 1948. ND 1959
Schaeder, H. Das persische Weltreich. Breslau 1941

Von den Arbeiten über bestimmte Aspekte der persischen Zivilisation behandeln auch die Geschichte Mesopotamiens:

Cameron, Persepolis treasury tablets. University of Chicago Oriental Institute Publications. Bd. 65. Chicago 1948, und sein Beitrag in dem Buch: The idea of history in the ancient Near East. New Haven 1955
Schlumberger, D. L'argent grec dans l'empire achéménide. Paris 1953
Leuze, O. Die Satrapieneinteilung in Syrien und im Zweistromland von 520 bis 320. Halle 1935
Foucher, A. Les satrapies orientales de l'empire achéménide. Compte rendu de l'Acad. des Inscr. et B.-Lettres. Paris 1938, S. 336 ff.

Die Dokumente, die die Geschichte Mesopotamiens in der Perserzeit betreffen, sind sehr zahlreich und waren Gegenstand von Veröffentlichungen, die über mehr als ein halbes Jahrhundert verstreut sind. Die letzte dieser Veröffentlichungen ist

SAN NICOLÒ, M. u. PETSCHOW, H. Babylonische Rechtsurkunden aus dem 6. Jahrhundert v. Chr. München 1960. (Hier findet man die Liste aller früheren Veröffentlichungen.)

Von großem Interesse ist auch

CARDASCIA, G. Les Archives des Murashu (455–403). Paris 1951, wo zahlreiche Texte zum erstenmal übersetzt und von einem ausführlichen historischen, philologischen und juristischen Kommentar begleitet sind.

Zur Orientierung über einige Fundstellen konsultiere man die Texte von HERODOT und von XENOPHON in den klassischen Sammlungen und als Ergänzung

SVEND PALLIS, History of Babylon (538–93 B. C.) in den Mélanges Pedersen, S. 275–294

WETZEL, Fr. Babylon zur Zeit Herodots, in: Zeitschrift für Assyriologie, N. F. 14 (1944), S. 45–68,

sowie die Ergebnisse der archäologischen Arbeiten, und zwar in den Bänden der ›Wissenschaftlichen Veröffentlichungen der Deutschen Orient-Gesellschaft‹:

REUTHER, OSCAR. Die Innenstadt von Babylon (47). Leipzig 1926

KOLDEWEY, R. Die Königsburgen von Babylon (54 u. 55). Leipzig 1931/32

WOOLLEY, L. The Neo-Babylonian and Persian periods. London 1962, Berlin 1957

Zu den Grabungen in Ur siehe

WOOLLY, L. The Neo-Babylonien and Persianperiods. London 1962,

sowie im Reallexikon der Assyriologie I (Berlin und Leipzig 1932) die Artikel Assur (E. UNGER) und Babylon (E. UNGER)

Die Probleme der Chronologie dieser Epoche haben eine sehr umfangreiche Bibliographie angeregt. Wir verweisen nur auf die Gesamtstudie von

PARKER, R. A., DUBBERSTEIN, W. H. Babylonian chronology (626 B. C. – 75 A. D.). Providence 1956 (eine neue Auflage ist angekündigt)

und auf den Artikel, der auch die Krise in der Regierung des Xerxes behandelt, von

DE LIAGRE BÖHL, Th. Die babylonischen Prätendenten zur Zeit des Xerxes – Bibliotheca Orientalis XIX (1962), S. 110–114

Über die Aspekte des ökonomischen und des sozialen Lebens siehe

DUBBERSTEIN, W. H. Commemorative prices in later Babylonia (625 bis 400), in: Amer. Journal of Semitic languages and liter. 56 (1939), S. 20–43

WEINGORT, SAUL. Das Haus Egibi in neubabylonischen Rechtsurkunden. Berlin 1939, S. 57–64 (vgl. im Archiv für Orientforschung XIV den Artikel von A. UNGNAD)

EBELING, E., der Artikel ›Bankhaus‹ in Bd. I des Reallexikons der Assyriologie, N. F. 16 (1952), S. 203–213

ROBINSON, E. S. G. A silversmith's hoard from Mesopotamia, in: Iraq 12 (1950), S. 44–51

PORADA, E. Greek coin impressions from Ur, in: Iraq 13 (1951), S. 95 bis 101

Zu den in Mesopotamien angesiedelten Israeliten ziehe man außer der Literatur über die allgemeine Geschichte Israels die Arbeiten von:

EBELING, E. Aus dem Leben der jüdischen Exulanten in Babylon. 1914

SIDERSKY. L'onomastique hébraique des tablettes de Nippur, in: Revue des études juives 78 (1929), S. 177–199 heran.

Zur Entwicklung des Rechts siehe die klassische Arbeit von

SAN NICOLÒ, M. Beiträge zur Rechtsgeschichte im Bereich der keilschriftlichen Rechtsquellen. Oslo 1931

Zur Geschichte der Wissenschaften verweisen wir auf die am Ende des Kapitels ›Mesopotamien unter der Herrschaft der Seleukiden‹ in Fischer Weltgeschichte, Band 6, gegebene Bibliographie.

Eine Vorstellung von der ständigen Bereicherung unserer Dokumentation erhält man z. B. bei der Lektüre von

UNGNAD, A. Neubabylonische Privaturkunden aus der Sammlung Amherst, in: Archiv für Orientforschung XIX (1962), S. 74–82, und im Bericht von J. J. A. VAN DIJK über die in Uruk/Warka während der 18. Kampagne entdeckten Texte in Bd. 18 von: Vorläufige Berichte über die Ausgrabungen in Uruk/Warka, Berlin 1961, S. 39–41.

14. *Palästina*

COOK, S. The Religion of Ancient Palestine in the Light of Archeology. London 1930 (Schweich Lectures 1925)

EISSFELDT, O. Einleitung in das Alte Testament. 2. Aufl. Tübingen 1956

NOTH, M. Geschichte Israels. 4. Aufl. Göttingen 1959

DE VAUX, R. Les Institutions de l'Ancien Testament. 2. Aufl. 2 Bde. Paris 1961/62

VOGELSTEIN, H. Der Kampf zwischen Priestern und Leviten. Stettin 1889

15. *Syrien*

OTTO, W. Beiträge zur Seleukidengeschichte (Abh. Bayer. Akad. XXXIV, 1), 1928, S. 30 ff.: Ebir-nari, Koilesyrien und Seleukis

LEUZE, O. Die Satrapieneinteilung in Syrien und im Zweistromlande von 520–320 (Schriften der Königsberger Gelehrten Gesellschaft 11, 4), Halle a. d. S. 1935 (dazu H. BENGTSON, Gnomon 1937, S. 113 ff.)

GALLING, K. Studien zur Geschichte Israels im persischen Zeitalter, Tübingen 1964 (Gesammelte Aufsätze).

16. *Arabien*

LEBARON BOWEN, R. u. ALBRIGHT, FRANK P. Archaeological Discoveries in South Arabia, with contributions by Berta Segall, J. Ternbach, A. Jamme, H. Comfort and Gus W. Van Beek (Publications of the American Foundation for the Study of Man, ed. by W. Albright (Bd. II). Baltimore 1958

JAMME, A. Sabaean Inscriptions from Maḥram Bilqîs (Mârib). Publications of the American Foundation for the Study of Man, ed. by W. F. Albright (Bd. III). Baltimore 1962

CASKEL, W. Lihyan und Lihyanisch (Arbeitsgemeinschaft für Forschung des Landes Nordrhein-Westfalen, Geisteswiss.), Heft 4 (Abh.). Köln u. Opladen 1954

NAMI, KH. Y. Nuqush khirbat Baraqish ala dau' magmu at M. Tawfik. 1., 2., 3. Kairo 1954, 1955, 1956, 1957 (Fiṣal min magallat kulliyat al-adab, 1954, 1955, 1956)

PIRENNE, J. Paléographie des inscriptions sud-Arabes . . ., t. I . . . (Verh. knkl. vlaamse Ac. . . . von Belgie, Kl. d. Letteren, nr. 26). Bruxelles 1956

TAWFIK, M. Les monuments de Ma'in . . . – arabisch (Publ. de l'Inst. Franç. d'Arch. orientale du Caire, Etudes sud-arabiques, t. I), Le Caire 1951

Verzeichnis und Nachweis der Abbildungen

19 *Das Alexanderreich:* nach Großer Historischer Weltatlas I, herausgegeben vom Bayerischen Schulbuchverlag, München

20 *Naosträgerstatue des Psamtek-sa-Neit:* Museum, Kairo

21 *Naosträgerstatue des Henata:* Museo Archeologico, Florenz; Foto Alinari, Rom

22 *Arabien:* nach einer Vorlage von Herrn Prof. Caskel

23 *Tempel 'Auwam des Mondgottes in Marib; Grundriß:* The American Foundation for the Study of Man

24 *Tempel 'Auwam des Mondgottes in Marib; südlicher Gang der Vorhalle gegen Westen, dahinter die große Mauer:* Foto The American Foundation for the Study of Man

Dr. Jakob Seibert (Tübingen) fertigte die Vorlagen für die Reinzeichnung der Abbildungen 4, 13, 15, 19 an.

Register

Die Bearbeitung des Registers erfolgte durch die Redaktion der Fischer Weltgeschichte.

Bitte umblättern:

auf den nächsten Seiten informieren wir Sie über weitere interessante Fischer Taschenbücher.